Aufgaben und Befugnisse der Sozialpartner im Europäischen Arbeitsrecht und die Europäisierung der Arbeitsbeziehungen

Europäische Hochschulschriften
Publications Universitaires Européennes
European University Studies

Reihe II
Rechtswissenschaft

Série II Series II
Droit
Law

Bd./Vol. 3408

PETER LANG
Frankfurt am Main · Berlin · Bern · Bruxelles · New York · Oxford · Wien

Hella Schmidt

Aufgaben und Befugnisse der Sozialpartner im Europäischen Arbeitsrecht und die Europäisierung der Arbeitsbeziehungen

PETER LANG
Europäischer Verlag der Wissenschaften

Die Deutsche Bibliothek - CIP-Einheitsaufnahme

Schmidt, Hella:

Aufgaben und Befugnisse der Sozialpartner im Europäischen Arbeitsrecht und die Europäisierung der Arbeitsbeziehungen / Hella Schmidt. - Frankfurt am Main ; Berlin ; Bern ; Bruxelles ; New York ; Oxford ; Wien : Lang, 2002
(Europäische Hochschulschriften : Reihe 2, Rechtswissenschaft ; Bd. 3408)
Zugl.: Berlin, Freie Univ., Diss., 2001
ISBN 3-631-39330-X

D 188
ISSN 0531-7312
ISBN 3-631-39330-X

www.peterlang.de

Vorwort

Die vorliegende Arbeit hat dem Fachbereich Rechtswissenschaften der Freien Universität Berlin im Sommersemester 2001 vorgelegen und wurde im Wintersemester 2001/2002 als Dissertation angenommen.

Bezüglich der Arbeitnehmermitbestimmung im Betrieb oder Unternehmen sei angemerkt, daß am 17. 12. 2001 die Verabschiedung der Richtlinie des Europäischen Parlaments und des Rates zur Festlegung eines allgemeinen Rahmens für die Unterrichtung und Anhörung der Arbeitnehmer in der Europäischen Gemeinschaft gelang. Da bis zur Drucklegung noch keine amtlichen Dokumente hierzu veröffentlicht waren, habe ich auf eine nachträgliche Darstellung verzichtet.

Mein besonderer Dank gilt meinem Doktorvater Herrn Prof. Dr. Jochem Schmitt für die Betreuung der Arbeit und die Erstellung des Erstgutachtens sowie Herrn Prof. Dr. Helmut Lecheler für die Übernahme des Zweitgutachtens.

Ferner danke ich Jutta Seidel, Sabine Schlimm, Leslie und Tobias Schmidt sowie meinem Vater für die hilfreichen und umfangreichen Korrekturarbeiten sowie allen, die mir während des Entstehens dieser Arbeit bis hin zum Rigorosum beigestanden haben.

Last but not not least seien meine Eltern erwähnt, bei denen ich mich herzlich für die Hilfe und Unterstützung bedanken möchte, mit denen sie meine Ausbildung begleitet und gefördert haben.

Berlin, im Januar 2002 Hella Schmidt

Inhaltsverzeichnis

Literatur- und Quellenverzeichnis

Arl, Thorsten Günther: Sozialpolitik nach Maastricht, Kompetenzgefüge und Rechtssetzung unter EWG/EG – Vertrag und Sozialabkommen, Frankfurt am Main, Berlin, Bern, New York, Paris, Wien, 1997.

Balze, Wolfgang: Die sozialpolitischen Kompetenzen der Europäischen Union, Baden – Baden, 1994.

Bardenhewer, Angela: Einführung, in: EU- und EG-Vertrag, Konsolidierte Fassungen im Rahmen des Vertrages von Amsterdam, Baden – Baden, 1997, S. 13 – 19.

Barth, Bruno: Neue Lösungsansätze erforderlich, Bundesarbeitsblatt 1996, Heft 9, S. 9 – 12.

Beratender Ausschuß: Geschäftsordnung des Beratenden Ausschusses der Europäischen Gemeinschaft für Kohle und Stahl, 1986, 7. Fassung, ABl. EG 1986, C 149, S. 1.

Bercusson, Brian: Europäisches und nationales Arbeitsrecht – Die gegenwärtige Situation, Zeitschrift für internationales Arbeits- und Sozialrecht 1991, S. 1 – 40.

Bercusson, Brian: The Dynamic of European Labour Law after Maastricht, Industrial Law Journal 1994, S. 1 – 31.

Bercusson, Brian; Deakin, Simon; Koistinen, Pertti; Kravaritou, Yota; Münchenberger, Ulrich; Supiozt, Alain; Veneziani, Bruno A Manifesto for Social Europe, Brüssel, 1996.

Betten, Lammy: The Amsterdam Treaty: Some General Comments on the New Social Dimension, The International Journal of Comparative Labour Law and Industrial Relations 1997, S. 188 – 192.

Birk, Rolf: Die Realisierung des europäischen Binnenmarktes 1992 und ihre Auswirkungen auf das Arbeitsrecht, Neue Zeitschrift für Arbeitsrecht 1989, S. 329 – 334.

Birk, Rolf: Die Rechtmäßigkeit des Streiks auf ausländischen Schiffen in deutschen Häfen (Gutachten), London, 1983.

Blank, Michael: Europäische Kollektivverträge und Sozialer Dialog; in Däubler, Wolfgang; Bobke, Manfred; Kehrmann, Karl (Hrsg.), Arbeit und Recht, Festschrift für Albert Gnade, Köln, 1992, S. 649 – 660.

Blank, Michael: Perspektiven der Mitbestimmung in der EG, Arbeit und Recht 1993, S. 229 – 235.

Blanke, Hermann-Josef: Der Unionsvertrag von Maastricht – Ein Schritt auf dem Weg zu einem europäischen Bundesstaat?, Die öffentliche Verwaltung 1993, S. 412 – 423.

Blanpain, Roger: 1992 und danach: Die Auswirkungen des Europäischen Gemeinschaftsrechts auf die Arbeitssrechtssysteme der Mitgliedstaaten der Gemeinschaft, Zeitschrift für internationales Arbeits- und Sozialrecht 1991, S. 95 – 103.

Blanpain, Roger: Labour Law and Industrial Relations of the European Union, Deventer, Boston, 1992.

Blanpain, Roger: Representation of Employers at the Level of the Enterprise and the EEC, Recht der Arbeit 1992, S. 127 – 131.

Blanpain, Roger; Klein, Elisabeth: Europäisches Arbeitsrecht, Baden – Baden, 1992.

Blanpain, Roger; Schmidt, Marlene; Schweibert, Ulrike: Europäisches Arbeitsrecht, 2. Auflage, Baden – Baden, 1996.

Bleckmann, Albert: Der Vertrag über die Europäische Union, Deutsches Verwaltungsblatt 1992, S. 335 – 343.

Bleckmann, Albert: Europarecht, Das Recht der Europäischen Union und der Europäischen Gemeinschaften, 6. Auflage, Köln, Berlin, Bonn, München, 1997.

Bobke, Manfred: Information und Konsultation in grenzüberschreitend tätigen Unternehmen, Arbeitsrecht im Betrieb 1993, S. 355 – 364.

Bobke, Manfred; Müller, Torsten: Chancen für eine Neugestaltung des Systems der Arbeitsbeziehungen auf der europäischen Ebene, WSI Mitteilungen 1992, S. 654 – 661.

Bödding, Benedikt: Die europarechtlichen Instrumentarien der Sozialpartner, Baden – Baden, 1996.

Borchmann, Michael; Memminger, Gerhard: Das Subsidiaritätsprinzip, in: Borkenhagen, Franz H. U.; Bruns-Klöss, Christian; Memminger, Gerhard; Stein, Otti (Hrsg.), Die deutschen Länder in Europa, Baden – Baden, 1992, S. 17 – 25.

Britz, Gabriele; Schmidt, Marlene: Die institutionalisierte Mitwirkung der Sozialpartner an der Rechtssetzung der Europäischen Gemeinschaft, Europarecht 1999, Heft 4, S. 467 – 498.

Brok, Elmar: Keine Papiertiger: der Vertrag von Amsterdam, Zeitgespräch, in: Wirtschaftsdienst 1997/VII, S. 375 – 378.

Buchner, Herbert: Die sozialpolitische Entwicklung der Europäischen Gemeinschaft im Spannungsfeld von hoheitlicher Regelung und tarifautonomer Gestaltung, Recht der Arbeit 1993, S. 193 – 203.

Buda, Dirk: Arbeitnehmertreffs quer durch Europa unterstützen die internationale Interessenvertretung, Die Mitbestimmung 1991, S. 241 – 244.

Buda, Dirk: Auf dem Weg zu europäischen Arbeitsbeziehungen ?, Zur Perspektive des Sozialen Dialogs in der Europäischen Union in: Mesch, Michael (Hrsg.) Sozialpartnerschaft und Arbeitsbeziehungen in Europa, Wien, 1995, S. 289 – 313.

Bundesminister für Arbeit und Sozialordnung (Hrsg.): Der EG-Binnenmarkt und die Sozialpolitik, Band. II, 1990.

Bundesrat: Unterrichtung durch die Bundesregierung, Vorschlag für eine Richtlinie des Rates über die Einrichtung eines Europäischen Ausschusses oder die Schaffung eines Verfahrens zur Unterrichtung und Anhörung der Arbeitnehmer in gemeinschaftsweit operierenden Unternehmen und Unternehmensgruppen, Bundesratsdrucksache 453/94 vom 10. 5. 1994.

Busch, Klaus: Die Wirtschafts- und Währungsunion in Europa und die Konsequenzen für die Tarifpolitik der Gewerkschaften, WSI Mitteilungen 1992, S. 267 – 273.

Callies, Christian; Ruffert, Matthias (Hrsg.): Kommentar zu EU – Vertrag und EG – Vertrag (Kommentar des Vertrages über die Europäische Union und des Vertrages zur Gründung der Europäischen Gemeinschaft EUV / EGV), Neuwied, Kriftel, 1999.

Clever, Peter: Gemeinschaftscharta sozialer Grundrechte und soziales Aktionsprogramm der EG-Kommission – Zwischenbilanz und Ausblick, Zeitschrift für Sozialhilfe und Sozialgesetzbuch 1990, S. 225 – 235.

Clever, Peter: Sozialer Dialog – ein Mittel europäischer Sozialpolitik, Zeitschrift für Sozialhilfe und Sozialgesetzbuch 1996, S. 188 – 192.

Coen, Martin: Abgestufte soziale Integration nach Maastricht, Europäische Zeitschrift für Wirtschaftsrecht 1995, S. 50 – 52.

Coen, Martin: Diskussionsbericht, Recht der Arbeit 1992, S. 74.

Coen, Martin: Europäische Gemeinschaft und Tarifautonomie, Betriebs Berater 1992, S. 2068 – 2070.

Damme, Par Francois van: Quel espace contractuel pour les partenaires sociaux après le traité de Maastricht ? Revue du Marche Commun et de l'union europeéne 1992, S. 788 – 792.

Däubler, Wolfgang: Die Richtlinie über Europäische Betriebsräte, Arbeit und Arbeitsrecht 1995, S. 153 – 156.

Däubler, Wolfgang: EG-Arbeitsrecht auf dem Vormarsch, Neue Zeitschrift für Arbeitsrecht 1992, S. 577 – 585.

Däubler, Wolfgang: Europäische Tarifverträge nach Maastricht, Europäische Zeitschrift für Wirtschaftsrecht 1992, S. 329 – 336.

Däubler, Wolfgang: Möglichkeiten und Grenzen europäischer Tarifverträge, in: Heinemann, Hermann, Das kollektive Arbeitsrecht in der Europäischen Gemeinschaft - Dokumentation einer Fachtagung des Arbeitskreises Europäisches Sozialrecht und des Ministeriums für Arbeit, Gesundheit und Soziales Nordrhein-Westfalen, Berlin, 1991, S. 16 – 36.

Däubler, Wolfgang: Tarifvertragsrecht, Ein Handbuch, 3. Auflage, Baden – Baden, 1993.

Däubler, Wolfgang: Völker- und Europarecht in der Rechtsprechung der Arbeitsgerichte, in: Die Arbeitsgerichtsbarkeit, Festschrift zum 100 jährigen Bestehen des Deutschen Arbeitsgerichtsverbandes, Neuwied, Kriftel, Berlin, 1994, S. 619 – 651.

Dötsch, Jochen: Vereinbarungen europäischer Sozialpartner, Arbeit und Arbeitsrecht 1998, S. 262 – 264.

Dubois, Jean-Pierre: Multinationale Unternehmen und die Möglichkeiten des Abschlusses internationaler Tarifverträge (I. Teil), Arbeit und Recht 1975, S. 129 – 142.

Dubois, Jean-Pierre: Multinationale Unternehmen und die Möglichkeiten des Abschlusses internationaler Tarifverträge (II. Teil), Abeit und Recht 1975, S. 172 – 175.

Eichenhofer, Eberhard: Das Europäische Sozialrecht – Bestandsaufnahme und Entwicklungsperspektiven, Juristen Zeitung 1992, S. 269 – 277.

Erasmy, Walter; Süllwald, Ralf: Die Justitiabilität des Subsidiaritätsprinzips, Arbeitgeber 1994, S. 127 – 131.

Erdmann, Ernst-Gerhard: Europäische Tarifverträge ?, Sozialer Fortschritt 1963, S. 217 – 220.

Erdmann, Ernst-Gerhard: Freiheitliche Sozialpolitik für Europa, in: Birk, Rolf; Erdmann, Ernst-Gerhard; Lampert, Heinz; Muhr, Gerd, Europäischer Binnenmarkt und Harmonisierung des Arbeitsrechts, Mannheim, Wien, Zürich, 1991, S. 41 – 61.

Eser, Gisbert: Arbeitsrecht im Multinationalen Unternehmen, Ein Beitrag zu den Arbeitsbeziehungen im Multinationalen Unternehmen, dargestellt am Individual- und Kollektivarbeitsrecht der Bundesrepublik Deutschland unter Berücksichtigung des EG-Arbeitsrechts, Frankfurt am Main, Berlin, Bern, New York, Paris, Wien, 1994.

Eser, Gisbert: Europarechtliche Aspekte der Arbeitnehmermitbestimmung in Multinationalen Unternehmen, Arbeit und Recht 1994, S. 91 – 100.

Euro-FIET: Euro-FIET, Kurzbericht über die 8. Euro-FIET-Konferenz, 1998.

Europäische Kommission, 1971: Vorläufige Ausrichtung für ein Programm einer Gemeinschaftlichen Sozialpolitik vom 17. März 1971, Bulletin der EG 4 – 1971, Sonderbeilage 2/1971.

Europäische Kommission, 1985 : Achtzehnter Gesamtbericht über die Tätigkeit der Europäischen Gemeinschaften 1984, Brüssel, Luxemburg, 1985.

Europäische Kommission, 1985: Kooperationsstrategie zu Wachstum und Beschäftigung, in: Europäischer Rat, Wirtschaftspolitische Leitlinien für 1986, in: Jahresbericht über die Wirtschaftslage der Gemeinschaft vom 20. 12. 1985, ABl. EG 1985, L 377, S. 1., Anhang, Teil 1.

Europäische Kommission, 1985: Vollendung des Binnenmarktes, Weißbuch der Kommission an den Europäischen Rat, KOM (85) 310 endg. vom 14. 6. 1985.

Europäische Kommission, 1986: Neunzehnter Gesamtbericht über die Tätigkeit der Europäischen Gemeinschaften 1985, Brüssel, Luxemburg, 1986.

Europäische Kommission, 1988: Antwort von Marin im Namen der Kommission auf die Parlamentarische Anfrage Nr. 2844/87 vom 28. 3. 1988 von M. van Hemeldonck an die Kommission der Europäischen Gemeinschaften, Abl. EG 1989, C 1, S. 27.

Europäische Kommission, 1988: Die soziale Dimension des Binnenmarktes (Zwischenbericht der interdirektionalen Gruppe); Soziales Europa 1988, Sondernummer.

Europäische Kommission, 1989: Mitteilung der Kommission über ihr Aktionsprogramm zur Anwendung der Gemeinschaftscharta der sozialen Grundrechte, KOM (89) 568 endg. vom 29. 11.1989.

Europäische Kommission, 1989: Vorentwurf Gemeinschaftscharta der sozialen Grundrechte (von der Kommission vorgelegt), KOM (89) 248 endg. vom 20. 5. 1989.

Europäische Kommission, 1990: 23. Gesamtbericht über die Tätigkeit der Europäischen Gemeinschaften 1989, Brüssel, Luxemburg, 1990.

Europäische Kommission, 1991: 24. Gesamtbericht über die Tätigkeit der Europäischen Gemeinschaften 1990, Brüssel, Luxemburg, 1991.

Europäische Kommission, 1991: Arbeitsprogramm der Kommission für 1991, abgedruckt in: Bulletin der Europäischen Gemeinschaften, Beilage 1/1991, S. 15 – 28.

Europäische Kommission, 1991: Arbeitszeit, Beschäftigung und Produktionskapazitäten, Umgestaltung und Verkürzung der Arbeitszeiten; Soziales Europa, Beiheft 4/1991.

Europäische Kommission, 1993: Grünbuch über die europäische Sozialpolitik - Weichenstellung für die europäische Union, KOM (93) 551 endg. vom 17. 11. 1993.

Europäische Kommission, 1993: Mitteilung der Kommission über die Anwendung des Protokolls über die Sozialpolitik an den Rat und an das europäische Parlament, KOM (93) 600 endg. vom 14. 12. 1993.

Europäische Kommission, 1993: Wachstum, Wettbewerbsfähigkeit, Beschäftigung, Herausforderungen der Gegenwart und Wege ins 21. Jahrhundert, Weissbuch der Kommission, KOM 93 (700) endg. vom 5. 12. 1993.

Europäische Kommission, 1994: Weißbuch: Europäische Sozialpolitik, Ein zukunftsweisender Weg für die Union; KOM (94) 333 endg. vom 24./27. 7. 1994.

Europäische Kommission, 1995: Der soziale Dialog in der Gemeinschaft: Eine Bestandsaufnahme, Soziales Europa 2/1995, Luxemburg, 1996.

Europäische Kommission, 1995: Mitteilung der Kommission an den Rat, das Europäische Parlament, den Wirtschafts- und Sozialausschuß und den Ausschuß der Regionen, Mittelfristiges sozialpolitisches Aktionsprogramm 1995 – 1997, KOM (95) 134 endg. vom 12. 4. 1995.

Europäische Kommission, 1995: Mitteilung der Kommission zur Information und Konsultation der Arbeitnehmer, KOM (95) 547 endg. vom 14. 11. 1995.

Europäische Kommission, 1995: Sozialer Dialog auf europäischer Ebene, Dokumentationsreihe, Gesetzliche und tarifvertragliche Bestimmungen über bestimmte Aspekte der Arbeitszeitgestaltung in der Gebäudeindustrie, Brüssel, Luxemburg, 1995.

Europäische Kommission, 1996: Mitteilung der Kommission zur Entwicklung des sozialen Dialogs auf Gemeinschaftsebene, KOM (96) 448 endg. vom 18. 9. 1996.

Europäische Kommission, 1996: Monatlicher Brief der Europäische Kommission, Generaldirektion Information, Kommunikation, Kultur, Audiovisuelle Medien, ISSN-1021-2345, Januar 1996, darin: Pádraig Flynn, Mitglied der Kommission, Der soziale Dialog auf europäischer Ebene; (zit.: Flynn, in: Kommission, Monatlicher Brief, Januar 1996, Der soziale Dialog auf europäischer Ebene).

Europäische Kommission, 1997: Grünbuch: Eine neue Arbeitsorganisation im Geiste der Partnerschaft; Bulletin der europäischen Union, Beilage 4/1997.

Europäische Kommission, 1998: Beschluß der Kommission vom 20. 5. 1998 über die Einsetzung von Ausschüssen für den sektoralen Dialog zur Forderung des Dialogs zwischen den Sozialpartnern auf europäischer Ebene, Abl. EG 1998, L 225, S. 27.

Europäische Kommission, 1998: Mitteilung der Kommission zur Anpassung und Förderung des sozialen Dialogs auf Gemeinschaftsebenen, KOM (1998) 322 endg. vom 20. 5. 1998. Die Mitteilung ist auch zusammengefaßt in IP /98/452, Brüssel 20. 5. 1998.

Europäische Kommission, 1998: Mitteilung der Kommission, Modernisierung der Arbeitsorganisation – den Wandel als Chance begreifen, KOM (1998) 592 endg. vom 25. 11. 1998.

Europäische Kommission, 1998: Sozialpolitisches Aktionsprogramm 1998 – 2000, KOM (98) 258 endg. vom 29. 4. 1998.

Europäische Kommission, 2000: Gesamtbericht über die Tätigkeit der Europäischen Union 1999, Brüssel, Luxemburg, 2000.

Europäischer Rat, 1974: Entschließung des Rates vom 21. 1. 1974 über ein sozialpolitisches Aktionsprogramm, ABl. EG 1974, C 13, S. 1.

Europäischer Rat, 1974: Entschließung des Rates vom 27. 6. 1974 über das erste gemeinschaftliche Aktionsprogramm zur beruflichen Rehabilitation von Behinderten, ABl. EG 1974, C 80, S. 30.

Europäischer Rat, 1981: Entschließung des Rates und der im Rat vereinigten Vertreter der Regierungen der Mitgliedsstaaten vom 21. 12. 1981 über die soziale Integration der Behinderten, Abl. EG 1981, C 347, S. 1.

Europäischer Rat, 1982: Entschließung des Rates vom 12. 7. 1982 über eine Gemeinschaftsaktion zur Bekämpfung der Arbeitslosigkeit, Abl. EG 1982, C 186, S. 1.

Europäischer Rat, 1984: Entschließung des Rates vom 7. 6. 1984 über den Beitrag der örtlichen Beschäftigungsinitiativen zur Bekämpfung der Arbeitslosigkeit, Abl. 1984, C 161, S. 1.

Europäischer Rat, 1984: Schlußfolgerung des Rates vom 22. 6. 1984 über ein mittelfristiges Aktionsprogramm der Gemeinschaft im Sozialbereich; ABl. EG 1984, C 175, S.1.

Europäischer Rat, 1985: Entschließung des Rates vom 19. 12. 1984 zur Bekämpfung der Langzeitarbeitslosigkeit, ABl. EG 1985, C 2, S. 3.

Europäischer Rat, 1985: Wirtschaftspolitische Leitlinien für 1986, in: Jahresbericht über die Wirtschaftslage der Gemeinschaft vom 20. 12. 1985, ABl. EG 1985, L 377, S. 1.

Europäischer Rat, 1992: Europäischer Rat in Birmingham vom 16. 10. 1992, Schlußfolgerungen des Vorsitzes, Bulletin der Bundesregierung, Nr. 115 vom 23. 10. 1992, S. 1057, Anlage I, Erklärung von Birmingham, Eine bürgernahe Gemeinschaft (S. 1058 – 1059).

Europäischer Rat, 1992: Schlußfolgerungen des Vorsitzes des Europäischen Rates in Lissabon, Bulletin der Bundesregierung Nr. 71 vom 1. 7. 1992, S. 673 – 688.

Europäischer Rat, 1992: Schlußfolgerungen des Vorsitzes des Europäischen Rates in Edinburgh, Bulletin der Bundesregierung, Nr. 140 vom 28. 12. 1992, S. 1277 – 1304.

Europäischer Rat, 1993: Aktionsplan des Rates vom 10./11. 12. 1993, Bulletin der EG 12/1993, S. 7 – 11.

Europäischer Rat, 1994: Entschließung des Rates vom 6. 12. 1994 zu bestimmten Perspektiven einer Sozialpolitik der Europäischen Union: Ein Beitrag zur wirtschaftlichen und sozialen Konvergenz in der Union, ABl. EG 1994, C 368, S. 6.

Europäisches Arbeits- und Sozialrecht (EAS): Oetker, Hartmut; Preis, Ulrich; Teil B: Systematische Darstellungen, Heidelberg, Stand Oktober 1999.

Europäisches Parlament, 1984: Entwurf eines Vertrages zur Gründung der Europäischen Union vom 14. 2. 1984, (sog. Spinelli-Entwurf), in: Protokoll der Sitzung vom 14. 2. 1984 des Europäischen Parlaments, ABl. EG 1984, C 77, S. 2 (27).

Europäisches Parlament, 1990: Entschließung zum Grundsatz der Subsidiarität vom Europäischen Parlament, vom 21. 11. 1990. ABl. EG 1990, C 324, S. 167.

Europäisches Parlament, 1990: Entschließung zum Subsidiaritätsprinzip vom Europäischen Parlament vom 12. 7. 1990, ABl. EG 1990, C 231, S. 163.

Europäisches Parlament, 1992: Entschließung des Europäischen Parlaments zu den Regierungskonferenzen vom 7. 4. 1992, Abl. EG 1992, C 125, S. 81.

Europäisches Parlament, 1994: Entwurf einer gemeinsamen Erklärung des Europäischen Parlaments, des Rates und der Kommission, die zusammen an dem Legislativverfahren für die Umsetzung des Protokolls Nr. 14 und des Abkommens über die Sozialpolitik im Anhang zum Vertrag über die Europäische Union beteiligt sind, in: Protokoll der Sitzung des Europäischen Parlaments vom 24. 2. 1994, ABl. EG 1994, C 77, Anlage S. 32 – 33.

Europäisches Parlament, 2000: Entschließung vom 16. März 2000 über die Erarbeitung der Grundrechte-Charta der EU, abgedruckt in: EuGRZ 2000, S. 189 – 191.

Everling, Ulrich: Probleme atypischer Rechts- und Handlungsformen bei der Auslegung des europäischen Gemeinschaftsrechts, in: Bieber, Roland; Ress, Georg (Hrsg.), Die Dynamik des europäischen Gemeinschaftsrechts, Baden – Baden, 1987, S. 417 – 433.

Franzen, Martin: Rechtsangleichung der Europäischen Union im Arbeitsrecht, Zeitschrift für Europäisches Privatrecht 1995, S. 796 –826.

Gaul, Björn: Die Einrichtung Europäischer Betriebsräte, Neue Juristische Wochenschrift 1995, S. 228 – 232.

Geiger, Rudolf: Kommentar zu dem Vertrag zur Gründung der Europäischen Gemeinschaft, 2. Auflage, München 1995.

Gester, Heinz; Bobke, Manfred: Europäischer Binnenmarkt und betriebliche Mitbestimmung der Arbeitnehmer, in: Däubler, Wolfgang; Bobke, Manfred; Kehrmann, Karl (Hrsg.), Arbeit und Recht, Festschrift für Albert Gnade, Köln, 1992, S. 729 – 752.

Gipfeltreffen, 1972: Erklärung der Pariser Gipfelkonferenz, abgedruckt in: Bulletin der Bundesregierung Nr. 148 vom 24. 10. 1972, S. 1761 – 1768.

Goos, Wolfgang: Kommt der Europäische Betriebsrat ?, Neue Zeitschrift für Arbeitsrecht 1994, S. 776 – 781.

Goppel, Thomas: Die Bedeutung des Subsidiaritätsprinzips, Europäische Zeitschrift für Wirtschaftsrecht 1993, S. 367 – 370.

Grabitz, Eberhard; Hilf, Meinhard: Das Recht der Europäischen Union (Kommentar), München, Stand Oktober 1999; Altband I: EUV, Art. 1 – 136 a EGV (Maastrichter Fassung); Altband II: Art. 137 – 248 EGV (Maastrichter Fassung), EWGV (Römische Fassung); Band 1: EUV/EGV (Amsterdamer Fassung); Band 2: Sekundärrecht.

Grimm, Dieter: Effektivität und Effektivierung des Subsidiaritätsprinzip, Kritische Vierteljahresschrift für Gesetzgebung und Rechtswissenschaft 1994, S. 6 – 12.

Groeben, Hans von der; Thiesing, Jochen; Ehlermann, Claus-Dieter: Kommentar zum EU – /EG – Vertrag, 5. Auflage; Band 3: Art. 102 a – 136 a EGV, Baden – Baden, 1999; Band 4: Art. 137 – 209 a EGV, Baden – Baden, 1997.

Hagemeier, Christian; Kempen, Otto Ernst; Zachert, Ulrich; Zilius, Jan: Tarifvertragsgesetz, Kommentar für die Praxis, 2. Auflage, Köln, 1990.

Hans-Böckler-Stiftung (Hrsg.): Europäische Betriebsräte, 2. Auflage, Düsseldorf, 1991.

Hauschka, Christoph E.: Arbeitsrechtliche Rahmenbedingungen des EG- Binnenmarktes 1992, Recht der internationalen Wirtschaft 1990, S. 81 – 91.

Heidemann, Winfried; Kruse, Wilfried; Paul-Kohlhoff, Angela; Zeuner, Christine: Sozialer Dialog und Weiterbildung in Europa: neue Herausforderungen für die Gewerkschaften, Berlin, 1994.

Heinrich, Gerhard: Sozialer Dialog. Die Position der UNICE, in: Mesch, Michael (Hrsg.), Sozialpartnerschaft und Arbeitsbeziehungen in Europa, Wien, 1995, S. 369 – 375.

Heinze, Meinhard: Europa und das nationale Arbeits- und Sozialrecht - Maastricht und die Konsequenzen-; in: Heinze, Meinhard; Söllner, Alfred (Hrsg.), Arbeitsrecht in der Bewährung, Festschrift für Otto Rudolf Kissel, München, 1994; S. 363 – 386.

Heinze, Meinhard: Europarecht im Spannungsverhältnis zum nationalen Arbeitsrecht, Zeitschrift für Arbeitsrecht 1992, S. 331 – 359.

Heinze, Meinhard: Probleme der Mitbestimmung und Betriebsverfassung bei einer grenzüberschreitenden Umstrukturierung von Unternehmen im Binnenmarkt, Zeitschrift für Unternehmens- und Gesellschaftsrecht 1994, S. 47 – 65.

Heise, Arne; Küchle, Hartmut: Fördert oder behindert die Europäische Währungsunion die Integration Europas ?, WSI Mitteilungen 1992, S. 761 – 765.

Hepple, Bob A.: Social Rights in the European Economic Community: A british perspective, Comparative Labour Law Journal 1990, S. 425 – 440.

Hergenröder, Curt Wolfgang: Der Arbeitskampf im europäischen Zusammenhang, in: Heinemann, Hermann, Das kollektive Arbeitsrecht in der Europäischen Gemeinschaft – Dokumentation einer Fachtagung des Arbeitskreises Europäisches Sozialrecht und des Ministeriums für Arbeit, Gesundheit und Soziales Nordrhein-Westfalen, Berlin, 1991, S. 49 – 106.

Hilf, Meinhard; Willms, Benno: Europa 1992: Europäisches Arbeits- und Sozialrecht, Juristische Schulung 1992, S. 368 – 372.

Hochbaum, Ingo: Kohäsion und Subsidiarität, Maastricht und die Länderkulturhoheit, Die öffentliche Verwaltung 1992, S. 285 – 292.

Hoffmann, Pierre; Langwieler, Albert: Noch sind wir da! Arbeiter im multinationalen Konzern, Der Erfolg des ersten internationalen Solidaritätsstreiks in Westeuropa, Reinbeck bei Hamburg, 1974.

Hohenstatt, Klaus-Stefan: Der Europäische Ausschuß, Europäische Zeitschrift für Wirtschaftsrecht, EuZW 1994, S. 427 – 431.

Höland, Armin: Partnerschaftliche Setzung und Durchführung von Recht in der Europäischen Gemeinschaft – Die Beteiligung der Sozialpartner nach dem Maastrichter Sozialabkommen, Zeitschrift für internationales Arbeits- und Sozialrecht 1995, S. 425 – 451.

Hornung-Draus, Renate: EBR-Richtlinie: Umsetzung stellt Gesetzgeber vor neue Aufgaben, Informationsdienst Europäisches Arbeits- und Sozialrecht 1996, S. 49 – 50.

Hornung-Draus, Renate: Elternurlaub: Erste Sozialpartner-Verhandlung auf der Grundlage des Sozialabkommens, Informationsdienst Europäisches Arbeits- und Sozialrecht 1995, S. 147 – 148.

Hornung-Draus, Renate: Kommissionsmitteilung zur Information und Konsultation der Arbeitnehmer – aus Arbeitgebersicht, Informationsdienst Europäisches Arbeits- und Sozialrecht 1996, S. 46 – 47.

Hromadka, Wolfgang: Rechtsfragen zum Eurobetriebsrat, Der Betrieb 1995, S. 1125 – 1131.

Isensee, Josef: Subsidiaritätsprinzip und Verfassungsrecht, Berlin, 1968.

Jacobi, Otto: Der Soziale Dialog in der Europäischen Union, in: Mesch, Michael (Hrsg.), Sozialpartnerschaft und Arbeitsbeziehungen in Europa, Wien, 1995, S. 257 – 285.

Jäger, Rolf: Erste Schritte zur Europäisierung der Interessenvertretung in der chemischen Industrie, Die Mitbestimmung 1991, S. 245 – 247.

Jansen, Bernhard: Das Arbeits- und Sozialrecht im Zweck- und Kompetenzgefüge der Europäischen Gemeinschaften, Europarecht 1990, Beiheft 1, S. 1 – 15.

Junker, Abbo: Arbeits- und Sozialrecht in der Europäischen Union, Juristen Zeitung 1994, S. 277 – 286.

Junker, Abbo: Der „Europäische Betriebsrat in rechtsvergleichender Perspektive, Juristen Zeitung 1992, S. 1100 – 1106.

Kampmeyer, Eva: Protokoll und Abkommen über die Sozialpolitik der Europäischen Union, Köln, Berlin, Bonn, München, 1998.

Karthaus, Boris: Subsidiarität: Rechtsgrundlage europäischer Tarifverträge, Arbeit und Recht 1997, S. 221 – 223.

Kasseler Handbuch zum Arbeitsrecht: Leinemann, Wolfgang; Band 2: Besondere Arbeitsverhältnisse mit erhöhtem Schutz, Kollektives Arbeitsrecht, Arbeitsgerichtliche Verfahren, Neue Bundesländer, Europarecht; Neuwied, Kriftel, Berlin, 1997.

Keller, Berndt: Supranationale Regulierung von Arbeitsverhältnissen – Das Beispiel der EU, oder: Der Fortschritt ist eine Schnecke und manchmal nicht einmal dies, WSI Mitteilungen 1999, S. 109 – 118.

Kempen, Otto Ernst: Subsidiaritätsprinzip, europäisches Gemeinschaftsrecht und Tarifautonomie, Kritische Vierteljahresschrift für Gesetzgebung und Rechtswissenschaft 1994, S. 13 – 56.

Ketelsen, Jörg Volker: Die soziale Dimension des Binnenmarktes – Gemeinschaftscharta der sozialen Grundrechte der Arbeitnehmer und Aktionsprogramm der EG-Kommission, Die Angestellten Versicherung 1990, S. 139 – 144.

Kirchner, Dieter: Die Bedeutung der Sozialpartner für die Weiterentwicklung der europäischen Integration - Europäische Tarifpolitik ja oder nein ?, in: Biskup,

Reinhold (Hrsg.), Europa - Einheit in der Vielfalt; Orientierungen für die Zukunft der europäischen Integration, Bern, Stuttgart, 1988; S. 151 – 169.

Klein, Eckart: Neuere Entwicklungen des Rechts der Europäischen Gemeinschaften, Die öffentliche Verwaltung 1985, S. 900 – 909.

Klein, Eckart; Haratsch, Andreas: Neuere Entwicklungen des Rechts der Europäischen Gemeinschaften -1.Teil-, Die öffentliche Verwaltung 1993, S. 785 – 798.

Klinkhammer, Heiner: Ausgewählte Problemschwerpunkte der Richtlinie, in: Europäische Betriebsräte in der Praxis –Dokumentation der Fachtagung der Universität Bielefeld vom 15./16. 5. 1995, Klinkhammer, Heiner; Welslau, Dietmar (Hrsg.), Neuwied, Kriftel, Berlin, 1995, S. 65 – 91.

Klinkhammer, Heiner: Das kollektive Arbeitsrecht in der Europäischen Gemeinschaft, in: Heinemann, Hermann, Das kollektive Arbeitsrecht in der Europäischen Gemeinschaft – Dokumentation einer Fachtagung des Arbeitskreises Europäisches Sozialrecht und des Ministeriums für Arbeit, Gesundheit und Soziales Nordrhein-Westfalen, Berlin, 1991, S. 11 – 15.

Knevels, Peter: Vorstellung der Tarifpartner zum europäischen Tarifvertrag aus der Sicht der Arbeitgeberverbände, in: Heinemann, Hermann, Das kollektive Arbeitsrecht in der Europäischen Gemeinschaft – Dokumentation einer Fachtagung des Arbeitskreises Europäisches Sozialrecht und des Ministeriums für Arbeit, Gesundheit und Soziales Nordrhein-Westfalen, Berlin, 1991, S. 37 – 48.

Kohte, Dieter: Thema: Regierungsentwurf zum Europäischen Betriebsräte –Gesetz, Informationsdienst Europäisches Arbeits- und Sozialrecht 1996, S. 115 – 120.

Kolvenbach, Walter: Die weitere Entwicklung der Betriebsverfassung und Unternehmensmitbestimmung in den Mitgliedstaaten der Europäischen Union in: Festschrift für Ulrich Everling, Band I, Due Ole; Lutter, Marcus; Schwarze, Jürgen (Hrsg.), Baden – Baden 1995, S. 669 – 689.

Kolvenbach, Walter: Europäische Betriebsräte – Großbritannien, Neue Zeitschrift für Arbeits- und Sozialrecht 1998, S. 582 – 585.

Kolvenbach, Walter: Europäische Betriebsräte – Neue Initiativen, Der Betrieb 1991, S. 805 – 807.

Kolvenbach, Walter: Vom „Europäischen Betriebsrat“ zum „Europäischen Ausschuß“, Recht der Arbeit 1994, S. 279 – 284.

Konow, Gerhard: Zum Subsidiaritätsprinzip des Vertrags von Maastricht, Die öffentliche Verwaltung 1993, S. 405 – 412.

Konzen, Horst: Der europäische Einfluß auf das deutsche Arbeitsrecht nach dem Vertrag über die Europäische Union, Europäische Zeitschrift für Wirtschaftsrecht 1995, S. 39 – 50.

Köpke, Günter: Tarifpolitische Perspektiven im europäischen Binnenmarkt: Hemmnisse und Chancen, Gewerkschaftliche Monatshefte 1990, S. 757 – 766.

Köstler, Roland: Europäische Betriebsräte – wenig verpflichtend und zu kurzgreifend, Die Mitbestimmung 1991, S. 67 – 68.

Kreimer-de Fries, Joachim: EU-Teilzeitvereinbarung – kein gutes Omen für die Zukunft der europäischen Verhandlungsebenen, Arbeit und Recht 1997, S. 314 – 317.

Krimphove, Dieter: Europäisches Arbeitsrecht, Europäische Zeitschrift für Wirtschaftsrecht 1993, S. 244 – 250.

Krimphove, Dieter: Europäisches Arbeitsrecht, München, 1996.

Kruse, Martin: Die Leistungsfähigkeit des britischen, deutschen und französischen Tarifvertrags- und Arbeitskampfrechts im Vergleich, Überlegungen zu einer europäischen Arbeitsmarktordnung, Baden – Baden, 1996.

Küller, Hans-Detlef: Kommissionsmitteilung zur Information und Konsultation der Arbeitnehmer – aus Sicht des DGB, Informationsdienst Europäisches Arbeits- und Sozialrecht 1996, S. 48 – 49.

Le Friant, Martine: Die Tarifverhandlungen in grenzüberschreitenden Unternehmen, Neue Zeitschrift für Arbeitsrecht 1994, S. 158 – 162.

Lecheler, Helmut: Das Subsidiaritätsprinzip, Strukturprinzip einer Europäischen Union, Berlin 1993.

Lecheler, Helmut: Die Fortentwicklung des Rechts der Europäischen Union durch den Amsterdam-Vertrag, Juristische Schulung 1998, S. 392 – 397.

Lecher, Wolfgang: Konturen europäischer Tarifpolitik, WSI-Mitteilungen 1991, S. 194 – 201.

Lecher, Wolfgang: Perspektiven europäischer Kollektivverhandlungen, in: Bispinck, Reinhard; Lecher, Wolfgang, Tarifpolitik und Tarifsysteme in Europa: Ein Handbuch über 14 europäische Länder, Köln, 1993, S. 401 – 420.

Lecher, Wolfgang: Zur Lage der Gewerkschaften in Europa, Die Mitbestimmung 1989, S. 293 – 296.

Leinemann, Wolfgang: Die Zukunft des Arbeitsrechts im gemeinsamen Markt, Zeitschrift für Wirtschaftsrecht 1989, S. 1224 – 1229.

Leinemann, Wolfgang: Kasseler Handbuch zum Arbeitsrecht, Band 2: Besondere Arbeitsverhältnisse mit erhöhtem Schutz, Kollektives Arbeitsrecht, Arbeitsgerichtliche Verfahren, Neue Bundesländer, Europarecht, Neuwied, Kriftel, Berlin, 1997.

Lenz, Carl Otto (Hrsg.): EGV-Kommentar, Kommentar zu dem Vertrag zur Gründung der Europäischen Gemeinschaften, in der durch den Amsterdamer Vertrag geänderten Fassung, 2. Auflage, Köln, Basel, Genf, Wien, München, 1999.

Lo Faro, Antonio: EC Social policy and 1993: The Dark Side of European Integration ?, Comparative Labour Law Journal 1992, S. 1 – 32.

Löwisch, Manfred: Arbeitsrecht, 4. Auflage, Düsseldorf, 1996.

Mesch, Michael: Arbeitsbeziehungen in Westeuropa: ein Resümee; in: Mesch, Michael (Hrsg.), Sozialpartnerschaft und Arbeitsbeziehungen in Europa, Wien, 1995, S. 11 – 49.

Mozet, Peter: Vereinbarungen über Europäische Betriebsräte, Der Betrieb 1997, S. 477 – 479.

Muhr, Gerd: Die Arbeits- und Sozialrechtsnormen der Internationalen Arbeitsorganisation; in Däubler, Wolfgang; Bobke, Manfred; Kehrmann, Karl (Hrsg.), Arbeit und Recht, Festschrift für Albert Gnade; Köln 1992; S. 699 – 710.

Münchener Handbuch zum Arbeitsrecht; Richardi, Reinhard; Wlotzke, Otfried; Band 1: Individualarbeitsrecht I, München 1992; Band 2: Kollektives Arbeitsrecht, München 1993.

Nagel, Bernhard: Der EG-Richtlinienentwurf zum Europäischen Betriebsrat, Arbeit und Recht 1991, S. 161 – 166.

Nagel, Bernhard: Von der lex mercatoria zur lex laboris, Zur rechtlichen Bewältigung der Internationalen Arbeitsbeziehungen, in: Däubler, Wolfgang; Bobke, Manfred; Kehrmann, Karl (Hrsg.), Arbeit und Recht, Festschrift für Albert Gnade, Köln, 1992, S. 711 – 727.

o. V.: Betriebskontakte auf europäischer Ebene, Recht der Arbeit 1991, S. 48 – 49.

o. V.: Die Zukunft des Sozialen Dialogs – aus Arbeitgebersicht, Informationsdienst Europäisches Arbeits- und Sozialrecht 1996, S. 198 – 199.

o. V.: Die Zukunft des sozialen Dialogs auf europäischer Ebene, Informationsdienst Europäisches Arbeits- und Sozialrecht 1996, S. 159 – 162.

o. V.: Europäische Betriebsräte mit Modellcharakter, EU-Nachrichten, Nr. 26 vom 4. 7. 1996, S. 5.

o. V.: Europäische Betriebsräte mit Modellcharakter, Europäische Zeitung für Wirtschaftsrecht 1996, S. 547.

o. V.: Gesamtbetriebsvereinbarung „Europa-Forum“ bei der Bayer AG, Recht der Arbeit 1991, S. 363.

o. V.: Regierungskonferenz 1996 und Sozialpolitik, Informationsdienst Europäisches Arbeits- und Sozialrecht 1996, S. 110 – 111.

Oetker, Harmut; Preis, Ulrich: Europäisches Arbeits- und Sozialrecht, EAS, Rechtsvorschriften, Systematische Darstellungen, Entscheidungssammlung; Teil B: Systematische Darstellungen, Heidelberg, Stand Oktober 1999.

Ojeda-Avilés, Antonio: European Collective Bargaining: A Triumph of the Will? The international Journal of Comparative Labour Law and Industrial Relations 1993, S. 279 – 296.

Oppermann, Thomas: Europarecht, Ein Studienbuch, München, 1991.

Otto, Hansjörg: Tarifautonomie unter Gesetzes- und Verfassungsvorbehalt, in: Bettermann, Karl August; Löwisch, Manfred; Hansjörg Otto; Schmidt, Karsten

(Hrsg.), Festschrift für Albert Zeuner (zum siebzigsten Geburtstag), Tübingen, 1994, S. 121 – 145.

Pipkorn, Jörn: Arbeitnehmerbeteiligung in Unternehmen auf Europäischer Grundlage, Recht der Arbeit 1992, S. 120 – 127.

Pipkorn, Jörn: Das Subsidiaritätsprinzip im Vertrag über die Europäische Union - rechtliche Bedeutung und gerichtliche Überprüfbarkeit, Europäische Zeitschrift für Wirtschaftsrecht 1992, S. 697 – 700.

Pitschas, Rainer; Peters, Rosemarie: Europäische Arbeitsförderung und „sozialer Dialog“ - Zur Entstehung autonomer Arbeitsmarktverantwortung der Sozialpartner in der EU am Beispiel Portugals, Vierteljahresschrift für Sozialrecht, 1996, S. 21 – 47.

Pius XI.: Über die Gesellschaftliche Ordnung, ihre Wiederherstellung und ihre Vollendung nach dem Heilsplan der Frohbotschaft zum 40. Jahrestag des Rundschreibens Leo´s XIII. „Rerum novarum“, in: Texte zur Katholischen Soziallehre (Die sozialen Rundschreiben der Päpste und andere Dokumente), Bundesverband der Katholischen Arbeitnehmer –Bewegung (KAB) Deutschlands, 4. Auflage, Kevelar 1977, Kapitel 5.

Pohl, Rüdiger: Tarifpolitik bei fortschreitender europäischer Integration, WSI-Mitteilungen 1992, S. 755 – 757.

Rademacher, Ulf: Der europäische Betriebsrat, Die Richtlinie 94/45/EG des Rates vom 22. 9. 1994 und ihre Umsetzung in nationales Recht, Baden – Baden, 1996.

Ress, Georg: Die Europäische Union und die neue juristische Qualität der Beziehungen zu den europäischen Gemeinschaften, Juristische Schulung 1992, S. 985 – 991.

Richardi, Reinhard; Wlotzke, Otfried: Münchener Handbuch zum Arbeitsrecht; Band 1: Individualarbeitsrecht I, München 1992; Band 3: Kollektives Arbeitsrecht, München 1993; (zit.: Münchener Handbuch zum Arbeitsrecht – Bearbeiter).

Sadtler, Götz: Europäische Tarifverträge, Neue Juristische Wochenschrift 1969, S. 962 – 965.

Schaub, Günter: Europäisierung des deutschen Arbeitsrechts, Neue Zeitschrift für Arbeitsrecht, 1994, S. 769 – 775.

Schiek, Dagmar: Europäisches Arbeitsrecht, Baden – Baden, 1997.

Schmidhuber, Peter M.: Das Subsidiaritätsprinzip im Vertrag von Maastricht, Deutsches Verwaltungsblatt 1993, S. 417 – 422.

Schmidhuber, Peter M.; Hitzler, Gerhard: Die Verankerung des Subsidiaritätsprinzips im EWG-Vertrag - ein wichtiger Schritt auf dem Weg zu einer föderalen Verfassung der Europäischen Gemeinschaft, Neue Zeitschrift für Verwaltungsrecht 1992, S. 720 – 725.

Schmidt, Marlene: Die neue EG-Richtlinie zur Teilzeitarbeit, Neue Zeitschrift für Arbeitsrecht 1998, S. 576 – 582.

Schmidt, Marlene: Parental Leave: Contested Procedure, Creditable Results, The International Journal of Comparativ Labour Law and Industrial Relations 1997, S. 113 – 126.

Schmitz, Klaus: Der soziale Dialog als Element eines einheitlichen Sozialraumes Europa - die Sicht der Gewerkschaften, in: Birk, Rolf (Hrsg.) Die soziale Dimension des Europäischen Binnenmarktes - Referate zur Tagung des Arbeitskreises Europäische Integration e. V. in Hamburg vom 19. bis 21. Oktober 1989, Baden – Baden, 1990, S. 103 – 106.

Schnorr, Gerhard: Arbeits- und sozialrechtliche Fragen der europäischen Integration, Erweiterter Vortrag gehalten vor der Berliner Juristischen Gesellschaft am 16. Januar 1974; Schriftenreihe der juristischen Gesellschaft e.V. Berlin, Heft 48; Berlin, New York, 1974.

Schnorr, Gerhard: Kollektivverträge in einem integrierten Europa, Das Recht der Arbeit 1994, S. 193 – 199. Die italienische Fassung in: I Contratti Collettivi in un Europa Integrata, Rivista italiana di diritto del lavoro 1993, S. 319 – 338.

Schnorr, Gerhard: Rechtsfragen europäischer Tarifverträge, Sozialer Fortschritt 1963, S. 155 – 162.

Schulten, Thorsten: „Europäische Betriebsräte“ - Stand und Perspektiven einer europaweiten Regulierung der Arbeitsbeziehungen auf der Ebene transnationaler Konzerne, in: Mesch, Michael (Hrsg.), Sozialpartnerschaft und Arbeitsbeziehungen in Europa, Wien, 1995, S. 335 – 359.

Schulz, Otto: Auf dem Weg zur Sozialunion, Die Ergebnisse des Gipfels von Maastricht, Sozialer Fortschritt 1992, S. 79 – 84.

Schulz, Otto: Maastricht und die Grundlagen einer Europäischen Sozialpolitik, Köln, Berlin, Bonn, München, 1996.

Schuster, Gunnar: Rechtsfragen der Maastrichter Vereinbarungen zur Sozialpolitik, Europäische Zeitschrift für Wirtschaftsrecht 1992, S. 178 – 187.

Siedentopf, Heinrich : Europäische Gemeinschaft und kommunale Beteiligung, Die Öffentliche Verwaltung 1988, S. 981 – 988.

Simitis, Spiros: Europäisierung oder Renationalisierung des Arbeitsrechts ?, in: Heinze, Meinhard; Söllner, Alfred (Hrsg.), Arbeitsrecht in der Bewährung, Festschrift für Otto Rudolf Kissel, München, 1994, S. 1097 – 1120.

Sörries, Bernd; Bansbach, Matthias: Ergebnisse und Perspektiven des europäischen sozialen Dialogs im Telekommunikationssektor, WSI Mitteilungen 1999, S. 723 – 731.

Steinberg, Friedhelm: Der Europäische Tarifvertrag, Recht der Arbeit 1971, S. 18 – 25.

Steinmeier, Heinz-Dietrich: Das europäische Sozialrecht nach Maastricht, Vierteljahresschrift für Sozialrecht 1996, S. 49 – 65.

Stiller, Klaus Peter: Europäische Tarifverträge als Instrumente der sozialen Integration der Gemeinschaft, Zeitschrift für internationales Arbeits- und Sozialrecht 1991, S. 194 – 222.

Stöckel, Ingrid: Gewerkschaftsausschüsse in der EG – Die Entwicklung der europäischen Fachgewerkschaften und ihre Möglichkeiten zur gewerkschaftlichen Interessenvertretung im Rahmen der europäischen Gemeinschaft, Kehl am Rhein, Straßburg, Arlington, 1986.

Streinz, Rudolf: Europarecht, 3. Auflage, Heidelberg, 1996.

Thierron, Bert: Einführende Thesen zum Podiumsgespräch: Sozialer Staatenbund Europa – Herausforderung für gewerkschaftliche Tarifpolitik, in: Tarifpolitik im Strukturwandel, IG Metall (Hrsg.), Köln 1988, S. 245 – 248.

Thierron, Bert: Möglichkeiten und Grenzen Europäischer Tarifverträge, in Heinemann, Hermann (Hrsg.), Das kollektive Arbeitsrecht in der Europäischen Gemeinschaft – Dokumentation einer Fachtagung des Arbeitskreises Europäisches Sozialrecht und des Ministeriums für Arbeit, Gesundheit und Soziales Nordrhein-Westfalen, Berlin 1991, S. 43 – 48.

Thun-Hohenstein, Christoph: Der Vertrag von Amsterdam, Die neue Verfassung der EU, Wien, 1997.

Thüsing, Rolf: Der soziale Dialog als Element eines einheitlichen Sozialraumes Europa - Die Sicht der Arbeitgeber, in Birk, Rolf (Hrsg.), Die soziale Dimension des Europäischen Binnenmarktes - Referate zur Tagung des Arbeitskreises Europäische Integration e. V. in Hamburg vom 19. bis 21. Oktober 1989, Baden-Baden 1990, S. 107 – 109.

Tocqueville, Alexis de: Das Zeitalter der Gleichheit, Nachdruck Stuttgart 1954, Kapitel I, Über die Demokratie in Amerika.

Traxler, Franz; Schmitter, Philippe C.: Arbeitsbeziehungen und europäische Integration, in: Mesch, Michael (Hrsg.), Sozialpartnerschaft und Arbeitsbeziehungen in Europa, Wien, 1995, S. 231 – 252.

Voss, Rüdiger von: Arbeitgeberverbände und Europäische Integration, Zur Vertretung wirtschaftlicher Interessen in Europa, in: Verbände und europäische Integration, Meessen, Karl Matthias (Hrsg.), Baden – Baden, 1980, S. 87 – 102.

Waas, Bernd: Der Stand des europäischen Arbeitsrechts, Zeitschrift für Tarifrecht 1995, S. 294 – 302.

Walz, Stefan: Multinationale Unternehmen und internationaler Tarifvertrag, Eine arbeitsrechtliche Untersuchung, Baden – Baden, 1981.

Wank, Rolf: Arbeitsrecht nach Maastricht, Recht der Arbeit 1995, S. 10 – 26.

Watson, Philippa: Social Policy after Maastricht, Common Market Law Review 1993, S. 481 – 513.

Wedderburn, Lord: Consultation and Collectiv Bargaining in Europe: Success or Ideology ?, Industrial Law Journal 1997, S. 1 – 34.

Weiss, Manfred: Arbeitnehmermitwirkung in der europäischen Gemeinschaft, in: Farthmann, Friedhelm; Hanau, Peter; Isenhardt, Udo; Preis, Ulrich (Hrsg.), Arbeitsgesetzgebung und Arbeitsrechtssprechung, Festschrift zum siebzigsten Geburtstag von Eugen Stahlhacke, Neuwied, Kriftel, Berlin, 1995, S. 657 – 673.

Weiss, Manfred: Der soziale Dialog als Katalysator koordinierter Tarifpolitik in der EG; in: Heinze Meinhard; Söllner Alfred (Hrsg.), Arbeitsrecht in der Bewährung, Festschrift für Otto Rudolf Kissel, München, 1994; S. 1253 – 1267.

Weiss, Manfred: Die Bedeutung von Maastricht für die EG-Sozialpolitik; in Däubler, Wolfgang; Bobke, Manfred; Kehrmann, Karl (Hrsg.), Arbeit und Recht, Festschrift für Albert Gnade, Köln, 1992; S. 583 – 596.

Welslau, Dietmar: Überblick über wesentliche Regelungsinhalte und Problemstellungen der Richtlinie zur Errichtung Europäischer Betriebsräte, in: Klinkhammer, Heiner; Welslau, Dietmar (Hrsg.), Europäische Betriebsräte in der Praxis – Dokumentation der Fachtagung der Universität Bielefeld vom 15./16. 5. 1995, Neuwied, Kriftel, Berlin, 1995, S. 1 – 22.

Welslau, Dietmar: Zum Regierungsentwurf eines Gesetzes über Euro-Betriebsräte, Informationsdienst Europäisches Arbeits- und Sozialrecht 1996, S. 78 – 79.

Whiteford, Elaine A.: Social policy after Maastricht, European Law Review 1993, S. 202 – 222.

Willemsen, Heinz Josef; Hohenstatt, Klaus-Stefan: Chancen und Risiken von Vereinbarungen gemäß Artikel 13 der „Euro-Betriebsrat“-Richtlinie, Neue Zeitschrift für Arbeitsrecht 1995, S. 399 – 403.

Windbichler, Christine: Arbeitsrecht und Wettbewerb in der europäischen Wirtschaftsverfassung, Recht der Arbeit 1992, S. 74 – 85.

Wirmer, Anton: Die Richtlinie Europäische Betriebsräte – Ein zentraler Baustein europäischer Sozialpolitik, Der Betrieb 1994, S. 2134 – 2137.

Wirtschafts- und Sozialausschuß, 1996: Stellungnahme des Wirtschafts- und Sozialausschusses zu der „Mitteilung der Kommission zum Thema 'Information und Konsultation der Arbeitnehmer'“ vom 29. 5. 1996. ABl. EG 1996, C 212, S. 36.

Wirtschafts- und Sozialausschuß: Geschäftsordnung des Wirtschafts- und Sozialausschusses in der revidierten Fassung vom 8. 9. 1986, Abl. EG 1986, L 354, S. 1.

Wisskirchen, Alfred: Der soziale Dialog in der Europäischen Gemeinschaft, in: Die Arbeitsgerichtsbarkeit, Festschrift zum 100 jährigen Bestehen des Deutschen Arbeitsgerichtsverbandes, Neuwied, Kriftel, Berlin, 1994, S. 653 – 677.

Wisskirchen, Alfred: Die Rolle der Verbände in der Entwicklung des europäischen Arbeitsrechts, in: Anzinger, Rudolf; Wank, Rolf (Hrsg.), Entwicklungen im Arbeitsrecht und Arbeitsschutzrecht, Festschrift für Otfried Wlotzke zum 70. Geburtstag, München, 1996, S. 793 – 806.

Wißmann, Hellmut: Die Mitbestimmung der Arbeitnehmer in der Europäischen Aktiengesellschaft (SE), Recht der Arbeit 1992, S. 320 – 330.

Wlotzke, Otfried: EG-Binnenmarkt und Arbeitsrechtsordnung - Eine Orientierung, Neue Zeitschrift für Arbeitsrecht 1990, S. 417 – 423.

Wunsch-Semmler, Bettina: Entwicklungslinien einer europäischen Arbeitnehmermitwirkung – Eine Untersuchung vor dem Hintergrund rechtlicher und politischer Machbarkeit und Notwendigkeit, Baden – Baden, 1995.

Zachert, Ulrich: EG-Binnenmarkt und Arbeitsrecht, Arbeit und Recht 1989, S. 161 – 167.

Zachert, Ulrich: Neues zur europäischen Arbeits- und Sozialpolitik, Arbeitsrecht im Betrieb 1994, S. 226 – 228.

Zuleeg, Manfred: Die Rolle des Arbeitsrechts in der europäischen Integration, Recht der Arbeit 1992, S. 133 – 141.

Zuleeg, Manfred: Eine neue Gemeinschaftscharta der sozialen Grundrechte ?, Arbeit und Recht 1995, S. 429 – 430.

Zwanziger, Manfred: Zur Zuständigkeit der Europäischen Gemeinschaft, Arbeit und Recht 1995, S. 430 – 438.

Zwickel, Klaus: Tarifpolitik in einem gemeinsamen Europa, Die Mitbestimmung 1988, S. 635 – 638.

Abkürzungsverzeichnis

AbkSozP	Abkommen über die Sozialpolitik
ABl. EG	Amtsblatt (der Europäischen Gemeinschaften)
AG	Aktiengesellschaft
AiB	Arbeitsrecht im Betrieb
ArbuR	Arbeit und Recht
Art.	Artikel
AuA	Arbeit und Arbeitsrecht
BArbBl.	Bundesarbeitsblatt
BB	Der Betriebsberater
BDA	Bundesvereinigung der Deutschen Arbeitgeberverbände
BDI	Bundesverband der Deutschen Industrie
BGB	Bürgerliches Gesetzbuch
BGBl.	Bundesgesetzblatt
BGH	Bundesgerichtshof
Bull.	Bulletin
Bull. der EG	Bulletin der Europäischen Gemeinschaften
BVerfG	Bundesverfassungsgericht
CECD	Europäische Vereinigung des Einzelhandels
CEDEFOP	Europäisches Zentrum für die Förderung der Berufsbildung
CEEP	Europäische Zentrale der öffentlichen Wirtschaft
CESI	Europäischer Verband unabhängiger Gewerkschaften
CLLJ	Comparative Labour Law Journal
CMLR(ev)	Common Market Law Review
COCCEE	Spitzenverband des Handels
COPA	Ausschuß der berufsständischen landwirtschaftlichen Organisation der EG, Comité des Organisations Agricole
DAngVers	Die Angestellten Versicherung
DB	Der Betrieb
DGB	Deutscher Gewerkschaftsbund
DÖV	Die öffentliche Verwaltung
DRdA	Das Recht der Arbeit (Österreichische Zeitschrift)
DVBl	Deutsches Verwaltungsblatt
EAGV	Europäischer Atomvertrag
EAS	Europäisches Arbeits- und Sozialrecht
EEA	Einheitliche Europäische Akte
EG	Europäische Gemeinschaften
EGB/ETUC	Europäischer Gewerkschaftsbund
EGBGB	Einführungsgesetz zum Bürgerlichen Gesetzbuch

EGKSV	Vertrag zur Gründung der Europäischen Gemeinschaft für Kohle und Stahl
EGV	Europäischer Gemeinschaftsvertrag
ELR(ev)	European Law Review
EMB	Europäischer Metallarbeiterbund
EMRK	Konvention zum Schutze der Menschenrechte und Grundfreiheiten
ETTUC	Komitee der europäischen Lehrergewerkschaft
EU	Europäische Union
EuG	Europäisches Gericht erster Instanz
EuGH	Europäischer Gerichtshof
EuGRZ	Europäische Grundrechtezeitschrift
EuR	Europarecht (Zeitschrift)
EuroAS	Informationsdienst Europäisches Arbeits- und Sozialrecht
Euro-FIET	Europäische Regionalorganisation der des internationalen Bundes der Privatangestellten
EuZW	Europäische Zeitung für Wirtschaftsrecht
EWG	Europäische Wirtschaftsgemeinschaft
FIET	Internationaler Bund der Privatangestellten
Fn.	Fußnote
GmbH	Gesellschaft mit beschränkter Haftung
GMH	Gewerkschaftliche Monatshefte
IAO/ILO	Internationale Arbeitsorganisation
IBBH	Internationaler Bund der Bau- und Holzarbeiter
IG	Industriegewerkschaft
IJCLLIR	The International Journal of Comparative Labour Law and Industrial Relations
ILJ	Industrial Law Journal
JuS	Juristische Schulung
JZ	Juristenzeitung
KOM	Dokumente der Kommission der Europäischen Gemeinschaften
KritV	Vierteljahresschrift für Gesetzgebung und Rechtswissenschaft
NJW	Neue juristische Wochenschrift
NZA	Neue Zeitschrift für Arbeits- und Sozialrecht
PSI	Europäisches Komitee des öffentlichen Dienstes
RdA	Recht der Arbeit

RevMC	Revue du Marché commun
RIW	Recht der Internationalen Wirtschaft, Außenwirtschaftsdienst des Betriebs Beraters
RL	Richtlinie
Rn.	Randnummer
Rs.	Rechtssache
SE	Societas Europae
SF	Sozialer Fortschritt
Slg.	Sammlung
TVG	Tarifvertragsgesetz
Uabs.	Unterabsatz
UEAPME	Europäische Union des Handwerks und der kleinen und mittleren Betriebe
UNICE	Union der Industrie der Europäischen Gemeinschaft
VO	Verordnung
Vor.	Vorbemerkung
W.E.M.	Westeuropäische Metallarbeitgeber Organisation
WSA	Wirtschafts- und Sozialausschuß
WWU	Wirtschafts- und Währungsunion
ZEuP	Zeitschrift für europäisches Privatrecht
ZfA	Zeitschrift für Arbeitsrecht
ZfSH/SGB	Zeitschrift für Sozialhilfe und Sozialgesetzbuch
ZGR	Zeitschrift für Unternehmens- und Gesellschaftsrecht
ZIAS	Zeitschrift für ausländisches und internationales Arbeitsrecht
Ziff.	Ziffer
ZIP	Zeitschrift für Wirtschaftsrecht
zit.:	zitiert
ZTR	Zeitschrift für Tarifrecht

Einleitung

A. Die Notwendigkeit Europäischer Tarifverträge

Europäische Tarifverträge zwischen europäischen Sozialpartnern werden heute noch nicht abgeschlossen. Dies verwundert angesichts eines seit 1993 verwirklichten Binnenmarktes, gemeinsamer Außenzölle der Mitgliedsstaaten, gemeinsamer Preise zum Beispiel in der Landwirtschaft und der mit dem 1. 1. 1999 begonnenen letzten Stufe der Wirtschafts- und Währungsunion sowie der sich stetig verdichtenden sozialen Integration. Es stellt sich die Frage, warum das Institut des Tarifvertrags auf europäischer Ebene noch keinen Eingang gefunden hat. Die ökonomische Verflechtung auf internationaler Ebene vollzieht sich seit Jahrzehnten, ohne daß dies zu einer gleichzeitigen Internationalisierung des arbeitsrechtlichen Tarifvertrags geführt hat.[1]

Als Gründe für eine fehlende „Europäisierung" des Tarifvertragswesens werden unüberbrückbare Unterschiede zwischen den Mitgliedsstaaten in bezug auf Tariffähigkeit, Tarifgebundenheit und in der Wirkung von Tarifverträgen angeführt.[2] Zwischen den verschiedenen nationalen Arbeitsrechtssystemen, die infolge der Gründung des Europäischen Wirtschaftsraumes[3] aus mittlerweile 18 Staaten in die Gemeinschaft eingebracht werden, bestünden gravierende Traditionsunterschiede bezüglich der Rolle der Gesetzgebung im Verhältnis zu Tarifverträgen und bezüglich der rechtlichen oder faktischen Machtverhältnisse zwischen den Gewerkschaftsvertretern der Arbeitnehmer und dem Management.[4] Bereits aus diesem Grunde sei es äußerst schwierig, einen gemeinsamen Nenner zu finden.[5]

Im Hinblick auf die wirtschaftlichen und politischen Entwicklungen in der Europäischen Union könnte sich aber die Notwendigkeit zur Koordination solcher Unterschiede und zum Abschluß europäischer Tarifverträge ergeben. Durch Tarifverhandlungen werden die Arbeits- und Wirtschaftsbedingungen geregelt. Ein national ausgerichtetes Tarifrecht stößt an seine Grenzen, wenn sich diese Bedingungen in wesentlichen Teilen nicht mehr national bestimmen.[6]

Bereits in den sechziger Jahren, also fast unmittelbar nach der Gründung der Europäischen Wirtschaftsgemeinschaft, wurde über die Einführung europäischer Tarifverträge diskutiert.[7] Hierbei handelte es sich in erster Linie um theoretische Überlegungen, die Anfang der siebziger Jahre praktische Bedeutung zu erlangen schienen. In den Vordergrund allgemeinen Interesses rückten multinationale beziehungsweise trans-

---

1 Stiller, ZIAS 1991, S. 194 (203).

2 EAS – Schwarze, B 8100, Rn. 3; Kirchner, in Biskup, Die Bedeutung der Sozialpartner, 1988, S. 151 (157 ff); Stiller, ZIAS 1991, S. 194 (215); Wisskirchen, Festschrift für Otfried Wlotzke, 1996, S. 793 (804).

3 Abkommen über den Europäischen Wirtschaftsraum (EWR-Abommen), Sartorius II, 310.

4 Blanpain/Schmidt/Schweibert, Europäisches Arbeitsrecht, 1996, Rn. 683.

5 Blanpain/Schmidt/Schweibert, Europäisches Arbeitsrecht, 1996, Rn. 683.

6 Bödding, Die europarechtlichen Instrumentarien der Sozialpartner, S. 15.

7 Erdmann, Europäische Tarifverträge ?, SF 1963, S. 217 – 220; Sadtler, Europäische Tarifverträge, NJW 1969, S. 962 – 965; Schnorr, Rechtsfragen europäischer Tarifverträge, SF 1963, S. 155 – 162.

nationale Unternehmen und Unternehmenszusammenschlüsse sowie die darauf bezogenen, anschließenden Gesetzgebungsvorschläge der Kommission.[8] Grund dafür war die Veränderung der Funktionsbedingungen der nationalen Tarifautonomie durch die zunehmende Internationalisierung von Unternehmen.[9] Die Einbindung eines nationalen Unternehmens in einen großen Konzern bedeutet nämlich einen Verlust an Entscheidungskompetenz des nationalen Unternehmens im Rahmen der kollektiven Vereinbarungen, ohne daß die im Ausland sitzende Konzernspitze als eigentliche Entscheidungsträgerin an den Verhandlungstisch gebracht werden kann.[10] Anhörungs- und Beratungsrechte werden dadurch erheblich in ihrer Wirkung beschränkt. Außerdem ist es möglich, daß transnationale Unternehmen dem gewerkschaftlichen Druckmittel des Streiks durch kurzfristige Produktionsverlagerungen ausweichen.[11] Schließlich kann sich die innerhalb eines multinationalen Unternehmens oft besonders ausgeprägte Standortkonkurrenz hemmend auf die Durchsetzung besserer Arbeitsbedingungen auswirken, da die Konzernspitze bei der Auftragsvergabe Tochterunternehmen in Staaten bevorzugen wird, in denen für sie günstigere Arbeitsbedingungen bestehen.[12] Hier können unterschiedliche mitgliedsstaatliche Regelungen, zwischen denen die Unternehmen „wählen" können, zu künstlichen Produktionsverlagerungen führen.[13]

Die in multinationalen Unternehmen vorgenommene Zentralisierung stört also die Parität und birgt die Gefahr eines Machtverlusts insbesondere für die nationalen Gewerkschaften.[14] Während die Unternehmen zur treibenden Kraft auf den Märkten geworden sind, verlieren die Gewerkschaften an Einfluß.[15] Die Unternehmen verfolgen ihre eigenen Strategien, in denen Gewerkschaften eine immer geringere oder auch gar

---

8 Groeben/Thiesing/Ehlermann – Schulte, Vorbemerkungen zu Art. 117 bis 127 und 129, Rn. 34; Steinberg, Der Europäische Tarifvertrag, RdA 1971, S. 18 – 25 (zu konkreten Fällen S. 25); Dubois, Multinationale Unternehmen und die Möglichkeit des Abschlusses internationaler Tarifverträge, AuR 1975, I. Teil S. 129 – 138, II. Teil S. 172 – 175. Bereits 1988/1989 fanden 53 % der Unternehmenszusammenschlüsse im Europäischen Binnenmarkt zwischen mindestens zwei Unternehmen verschiedener europäischer Mitgliedsstaaten statt; so Däubler, AuA 1995, S. 153 (153).

9 Dubois, Multinationale Unternehmen und die Möglichkeit des Abschlusses internationaler Tarifverträge, AuR 1975, I. Teil mit Beispielen S. 129 (131 f).

10 Thierron, in: IG Metall, Tarifpolitik im Strukturwandel, 1988, S. 245 (246); Dubois, Multinationale Unternehmen und die Möglichkeit des Abschlusses internationaler Tarifverträge, AuR 1975, I. Teil mit Beispielen S. 129 (131 f).

11 Groeben/Thiesing/Ehlermann – Schulte, Vorbemerkungen zu Art. 117 bis 127 und 129, Rn. 35; Thierron, in: IG Metall, Tarifpolitik im Strukturwandel, 1988, S. 245 (246). Als Beispiele für die Ankündigung von Produktionsverlagerungen nannten Hoffmann/Langwieler, Noch sind wir da!, 1974, S. 9 – 10 bereits in den siebziger Jahren die Konzerne AKZO, Siemens, Ford, Müller-Wüpperfürth, Prix-AG und ITT.

12 Däubler, EuZW 1992, S. 329 (335).

13 Groeben/Thiesing/Ehlermann – Schulte, Vorbemerkungen zu Art. 117 bis 127 und 129, Rn. 34.

14 Däubler, EuZW 1992, S. 329 (335); Thierron, in: IG Metall, Tarifpolitik im Strukturwandel, 1988, S. 245 (246).

15 Blanpain/Schmidt/Schweibert, Europäisches Arbeitsrecht, 1996, Rn. 702.

keine Rolle mehr spielen.[16] Die Machtverhältnisse zwischen Management und Arbeitnehmern verändern sich also erheblich.[17]

Andererseits sehen die Unternehmen ihre einheitliche Geschäftspolitik mit einander widersprechenden innerstaatlichen Anforderungen konfrontiert. Auch wenn zu erwarten ist, daß die Eröffnung kollektiver Verhandlungen auf europäischer Ebene von den Gewerkschaften ausgehen wird,[18] können also durchaus die Arbeitgeber ein Interesse daran haben, insbesondere im Rahmen multinationaler Unternehmen zu gemeinschaftsweiten Abmachungen zu kommen.[19] Hinzu kommt die Befürchtung, daß die nationalen Gewerkschaften verstärkt Fimentarifverträge erzwingen werden, wenn sich herausstellt, daß neue ausländische Arbeitgeber nicht Mitglieder der tarifschließenden, deutschen Arbeitgeberverbände sind.[20]

Schließlich könnte die Vollendung der Wirtschafts- und Währungsunion, die am 1. Januar 1999 ihre dritte und letzte Stufe erreicht hat, Bedeutung für die Europäisierung der Arbeitsbeziehungen erlangen.[21] Die WWU verändert zusätzlich die Rahmenbedingungen für die Sozialpartner und dürfte eine Antriebswirkung für eine gesteigerte Zusammenarbeit der Parteien besitzen.[22] Zum einen verbessern sich die Handlungsoptionen der Arbeitgeberseite, da gegebenenfalls ein Standortwechsel leichter als bisher möglich sein wird.[23] Zum anderen werden aber vor allem die Gefahren von „Sozialkostenwettbewerb“ und „Sozialdumping“ durch die europäische Währungsunion verstärkt: Die Wechselkurse zwischen den beteiligten Volkswirtschaften sind weggefallen, und eine währungspolitische Abwertung ist nicht mehr möglich. Unterschiedliche Arbeitskosten können nicht mehr durch eine Wechselkursänderung ausgeglichen werden.[24] Ungleiche Zuwachsraten oder Lohnstückkosten in den Mitgliedsstaaten der Währungsunion werden sich wegen des Fortfalls des Wechselkurses unmittelbar in Verschiebungen der Wettbewerbsposition der beteiligten Volkswirtschaften niederschlagen.[25] Es besteht die Gefahr, daß einige oder gar mehrere Mitgliedsstaaten den Verlust dieses mitgliedsstaatlichen Instruments der Wirtschaftspolitik durch eine sozialpolitische Abwertung auszugleichen versuchen, um im Binnenmarkt konkurrenzfähig zu bleiben.[26] Darauf muß eine vor allem an der Vermeidung

---

16 Blanpain/Schmidt/Schweibert, Europäisches Arbeitsrecht, 1996, Rn. 702.

17 Blanpain/Schmidt/Schweibert, Europäisches Arbeitsrecht, 1996, Rn. 702.

18 Stiller ZIAS 1991, S. 194 (204): in der Geschichte des Tarifwesens wäre es zumindest ungewöhnlich, wenn die Arbeitgeber auf eine Ausweitung der Kollektivverträge dringen würden, denen eine Kartellwirkung bezüglich der Arbeitsbedingungen zukommt.

19 Blank, Festschrift für Albert Gnade, 1992, S. 649 (652); Däubler, EuZW 1992, S. 329 (329).

20 Heinze, ZGR 1994, S. 47 (56).

21 Mit dem Eintritt in die dritte Stufe wurden die beteiligten Währungen unwiderruflich auf die Wechselkurse festgelegt (Art. 109 l EGV a. F.).

22 So bereits Blank, Festschrift für Albert Gnade, 1992, S. 649 (650); eine Veränderung der Rahmenbedingungen sieht auch Däubler, Tarifvertragsrecht, Rn. 1766.

23 Däubler, Tarifvertragsrecht, Rn. 1766.

24 Diskussionsbericht nach Coen, RdA 1992, S. 74.

25 Karthaus, ArbuR 1997, S. 221 (221); Coen, BB 1992, S. 2068 (2069); Busch, WSI Mitteilungen 1992, S. 267 (269).

26 Blanpain/Schmidt/Schweibert, Europäisches Arbeitsrecht, 1996, Rn. 9; Coen, BB 1992, S. 2068

von Wettbewerbsverzerrungen orientierte supranationale Sozialpolitik reagieren.[27] Um diese Gefahren einzudämmen und die Rahmenbedingungen für eine gemeinsame Währung auf europäischer Ebene zu steuern, müßten also Kompetenzen zur einheitlichen Entscheidung über die wichtigsten wirtschaftspolitischen Daten (Lohnniveau, Tarifverträge, Butget-ansätze usw.) bestehen.[28] Da diese wirtschaftspolitischen Eckdaten in den meisten Ländern der Gemeinschaft in den Wirkungsbereich der Sozialpartner fallen, wäre es also an ihnen, sich dieser Steuerung anzunehmen. Folglich wird der Tarifpolitik mit der durch die WWU erreichten Konvergenz der Währungen eine bedeutende Verantwortung für die Wirtschaftslage übertragen.[29] Im Umfeld von Geld- und Finanzpolitik fällt es den Tarifpartnern zu, Löhne zu vereinbaren, die mit Vollbeschäftigung und Preisstabilität in den einzelnen Ländern der Wirtschafts- und Währungsunion und im Euro-Raum vereinbar sind.[30] Gäbe es europäische Tarifverträge, könnten sich also Arbeitnehmer in verschiedenen Mitgliedsstaaten auf vergleichbare Tarifverträge berufen, dann wäre die Gefahr von Sozialkostenwettbewerb und Sozialdumping zumindest auf europäischer Ebene entschärft.[31] In der Währungsunion trägt die Lohnpolitik also eine noch höhere Verantwortung als zuvor.[32] Besonders im Hinblick auf die WWU ergibt sich damit eine erhöhte Notwendigkeit zum alsbaldigen Abschluß europäischer Tarifverträge.[33]

Der fortschreitende Prozeß der europäischen Integration und die zunehmende Globalisierung der Märkte können also reale oder vermeintliche „Sachzwänge" für ein gemeinschaftsweites Handeln schaffen. Insoweit ist es wirtschaftspolitisch notwendig, die Regelung der Arbeitsbedingungen auf die europäische Ebene zu übertragen und die nationalen Regelungen zu koordinieren.

Daraus ergibt sich für die Sozialpartner zugleich die rechtliche Notwendigkeit, auf europäischer Ebene selbst tätig zu werden. Der Gemeinschaftsgesetzgeber würde nämlich um so mehr zum Gestalter der europäischen Koordination der Arbeitsbedingungen, je weniger die Sozialpartner auf ein Instrumentarium für europaweite Regelungen hinwirken.[34] Zu fragen ist also, ob der Fortgang der Globalisierung allein dem wettbewerbsgesteuerten Markt und der staatlichen Intervention überlassen werden kann, oder ob quasi als dritte Komponente der europäische Tarifvertrag eingeführt werden muß.[35] Die Beantwortung dieser Frage ist eng verknüpft mit der Überlegung

---

(2068 f); Däubler, Tarifvertragsrecht, Rn. 1766.

27 Diskussionsbericht nach Coen, RdA 1992, S. 74.

28 So Ress, JuS 1992, S. 985 (990).

29 Bödding, Die europäischen Instrumentarien der Sozialpartner, 1996, S. 17; eine Ausführliche sozialwissenschaftliche Betrachtung bei Busch, WSI Mitteilungen 1992, S. 267 – 273 (267, 268 – 270), der zu dem Ergebnis kommt, daß die WWU für Hochlohnländer eine nichtakzeptable Tarifpolitik erzwingen werde; Heise/Küchle, WSI Mitteilungen 1992, S. 761 – 765 (763); Pohl, WSI Mitteilungen 1992, S. 755 – 757.

30 Meyer, FAZ vom 25. Januar 1999, S. 31.

31 Karthaus, ArbuR 1997, S. 221 (221).

32 Meyer, FAZ vom 25. Januar 1999, S. 31.

33 Bödding, Die europarechtlichen Instrumentarien der Sozialpartner, 1996, S. 17.

34 EAS – Schwarze, B 8100, Rn. 2.

35 Diskussionsbericht nach Coen, RdA 1992, S. 74; Windbichler, RdA 1992, S. 74 (81 – 83).

zur Etablierung einer europäischen Arbeitsverfassung mit einem funktionsfähigen (kollektiven) europäischen Arbeitsrecht.[36]

Als Gesetzgeberin kommt für diesen Fall nur die Gemeinschaft in Betracht, da die Mitgliedsstaaten auf ihr nationales Hoheitsgebiet beschränkt sind. Sie kann aber nur dort für eine Angleichung unterschiedlicher Verhältnisse in den Mitgliedsstaaten sorgen, wo die Differenzen das Resultat staatlicher Kompetenzausübung sind[37] und sie von den Mitgliedsstaaten zur Regelung des betreffenden Bereichs ermächtigt ist. Ermächtigt werden kann sie wiederum nur, wenn auf nationaler Ebene staatliche Kompetenzen bestehen, die der Europäischen Gemeinschaft übertragen werden könnten.[38] Im Bereich des Arbeitsrechts spielen jedoch in allen nationalen Rechtsordnungen der EU-Staaten die Gewerkschaften und Arbeitgeberverbände eine große Rolle.[39] Ihre Hauptaufgabe ist die Regelung von Arbeitsbedingungen durch Tarifverträge. Durch den Abschluß von Tarifverträgen bürgen sie dafür, daß ein wesentlicher Teil der Arbeitsbedingungen gerade frei von staatlicher Bevormundung geregelt wird.[40] Diese Befugnis könnte ihnen im Hinblick auf die verfassungsrechtlichen Wertentscheidungen der Mitgliedsstaaten durch Gemeinschaftsrecht nicht entzogen werden.[41] So beinhaltet etwa Art. 9 Abs. 3 GG für die Bundesrepublik Deutschland Kompetenzschranken für den arbeitsrechtlichen Gesetzgeber.[42] Wenn auch eine scharfe Trennlinie im Einzelfall nur schwer zu ziehen ist, verlangt der Kernbereich der Tarifautonomie nach ständiger Rechtsprechung des BVerfG doch eine Prärogative für Regelungen durch die Tarifvertragsparteien.[43] Im Rahmen des Art. 9 Abs. 3 GG hat der Staat seine Rechtssetzungszuständigkeit zurückgenommen und die Ausgestaltung der Rechtsordnung in weitem Maße den Tarifvertragsparteien überlassen.[44] Auch eine mehr oder weniger unbeschränkte europäische Gesetzgebungskompetenz für das Arbeitsrecht erscheint also ausgeschlossen.

Damit ist aber noch nicht geklärt, wieweit den Sozialpartnern auf Gemeinschaftsebene ein Anspruch eingeräumt werden soll, auch bei der gesetzgeberischen Ausgestaltung der Sozialordnung mit einbezogen und dafür mit dem erforderlichen rechtlichen Instrumentarium ausgestattet zu werden. Die Reichweite ihres Vorbehalts, Arbeitsbe-

---

36 Krimphove, Europäisches Arbeitsrecht, 1996, S. 32.

37 Stiller, ZIAS 1991, S. 194 (202).

38 Stiller, ZIAS 1991, S. 194 (194 ff).

39 EAS – Schwarze, B 8100, Rn. 1.

40 EAS – Schwarze, B 8100, Rn. 1.; Stiller, ZIAS 1991, S. 194 (194 ff).

41 Buchner, RdA 1993, S. 193 (199); Wisskirchen, Der soziale Dialog, 1994, S. 653 (658 – 659).

42 Wisskirchen, Der soziale Dialog, 1994, S. 653 (658); Zu der Reichweite der Funktionsgarantie des Art. 9 Abs. 3 GG ausführlich Otto, Festschrift für Albrecht Zeuner, 1994, S. 121 – 145.

43 BVerfG, Beschluß vom 19. 10. 1966, Rs. 1 BvL 24/65, Band 20, S. 312 – 322 (317); BVerfG, Beschluß vom 24. 5. 1977, Rs. 2 BvL 11/74, Band 44, S. 322 – 353 (340 – 341); BVerfG, Entscheidung vom 1. 3. 1979, Rs. 1 BvR 532, 533/77, 419/78 und 1 BvL 21/78, Band 50, S. 290 – 381 (367); BVerfG, Beschluß vom 14. 6. 1983, Rs. 2 BvR 488/80, Band 64, S. 208 – 216 (215); Däubler, EuZW 1992, S. 329 (331 f); Wisskirchen, Der soziale Dialog, 1994, S. 653 (658); Karthaus, ArbuR 1997, S. 221 (222).

44 BVerfG, Beschluß vom 24. 5. 1977, Rs. 2 BvL 11/74, Band 44, S. 322 – 353 (340); BVerfG, Beschluß vom 14. 6. 1983, Rs. 2 BvR 488/80, Band 64, S. 208 – 216 (215).

ziehungen durch Verträge selbst zu regeln, ist fraglich. Daß auch auf europäischer Ebene ein Regelungsvorbehalt der Sozialpartner anzuerkennen ist, sagt nämlich noch nichts darüber aus, ob die Autonomie der Sozialpartner auf Gemeinschaftsebene in dem Maße gesichert wird, wie es in den nationalen Rechtsordnungen der Fall ist. Dies wird in der Zukunft im wesentlichen von den Sozialpartnern selbst abhängen.[45]

Zwar normiert Art. 139 Abs. 1 EGV n. F.[46] das Prinzip der freiwilligen Mitwirkung der Beteiligten.[47] Sofern die Sozialpartner aber nicht beginnen, ihre nationalen Befugnisse auf die europäische Ebene zu übertragen, laufen sie Gefahr, daß ihnen aus gemeinschaftlichen Regelungen zum materiellen Arbeitsrecht eine Konkurrenz erwächst, die auf lange Sicht ihre bislang starke Position in den nationalen Arbeitsverfassungen gefährden wird.[48] Daß der Gemeinschaftsgesetzgeber auf die Regelungsfelder beschränkt bleibt, die in Deutschland ohnehin in der Hand des Gesetzgebers liegen, ist keineswegs sicher.[49] Durch das Abkommen über die Sozialpolitik wurde den Mitgliedsstaaten des Abkommens ein weitreichendes Tätigkeitsfeld auch für die Regelung von Arbeitsbedingungen eröffnet, das seit dem Vertrag von Amsterdam für die gesamte Gemeinschaft gilt. Vor allem durch Art. 137 EGV n. F.[50] werden dem Ministerrat heute Kompetenzen eingeräumt, die den nationalen Regierungen im nationalen Rahmen gar nicht zukommen, nämlich Normen zu erlassen, die in den Bereich der Tarifautonomie fallen.[51] Dies sollte für die Sozialpartner Grund genug sein, Vorkehrungen für eine europäische Dimension kollektiver Arbeitsbeziehungen zu treffen und sich damit den ihnen zukommenden Einfluß auf die Europäisierung der Arbeitsbedingungen zu sichern.[52]

Auch wenn den Sozialpartnern durch das Maastrichter Protokoll über die Sozialpolitik eine Art Vetoposition eingeräumt wurde, die es ihnen ermöglicht, Regelungsbereiche an sich zu ziehen, fällt bei Untätigkeit beziehungsweise Scheitern einer Vereinbarung die Kompetenz zur Ausarbeitung eines Regelungsvorschlags wieder an die Kommission zurück.[53] Hierin liegt ein Drohpotential, das einen Konsens beschleunigen dürfte, weil die Akteure beider Seiten möglicherweise der Meinung sind, es sei allemal besser, selbst die Dinge in die Hand zu nehmen, als sie den Gemeinschaftsgesetzgebern zu überlassen.[54] Erst recht deshalb, weil Regelungen über Arbeitsbedin-

---

45 Schulz, SF 1992, S. 79 (82).

46 Art. 118 b EGV a. F.

47 Kirchner, in: Biskup, Die Bedeutung der Sozialpartner, 1988, S. 151 (153): Der Vorwurf an die Kommission, sich in Angelegenheiten einzumischen, die allein Sache der Sozialpartner sind, ist offenbar stark von der deutschen Rechtsordnung geprägt. In anderen Mitgliedsstaaten ist aber die Rolle der jeweiligen Regierung im Tarifsystem wesentlich ausgeprägter als im deutschen Arbeitsrecht.

48 EAS – Schwarze, B 8100, Rn. 2.

49 EAS – Schwarze, B 8100, Rn. 2.

50 Art. 2 AbkSozP.

51 Karthaus, ArbuR 1997, S. 221 (222).

52 EAS – Schwarze, B 8100, Rn. 2.

53 Weiss, Festschrift für Otto Rudolf Kissel, 1994, S. 1253 (1264, 1265); Karthaus, ArbuR 1997, S. 221 (222); Zwanziger, ArbuR 1995, S. 430 (435).

54 Weiss, Festschrift für Otto Rudolf Kissel, 1994, S. 1253 (1265).

gungen im weitesten Sinne im Rat nur noch der qualifizierten Mehrheit bedürfen und deshalb der Erfolg eines Kommissionsvorschlags wahrscheinlich ist.[55]

Zugleich ist eine Mitwirkung der Sozialpartner auf der europäischen Ebene auch geboten.[56] Sollen die nationalen Wertentscheidungen nicht leerlaufen, müssen die Sozialpartner auf europäischer Ebene für eine Harmonisierung beziehungsweise Koordinierung sorgen, soweit unterschiedliche Verhältnisse in den Mitgliedsstaaten aus den Vereinbarungen der Sozialpartner resultieren und in einen Bereich fallen, den nur sie regeln können und dürfen.[57] Die Gemeinschaft erfüllt ihre Aufgabe, die Integration der Mitgliedsstaaten zu fördern, durch hoheitliche Rechtssetzung in Form von Richtlinien und Verordnungen. Dementsprechend müßten die Sozialpartner die soziale Integration der Mitgliedsstaaten fördern, indem sie sich ihres Instrumentes, des Tarifvertrags, auf europäischer Ebene bedienen.[58] Sie sind als Rechtssubjekte im EGV anerkannt und dort mit Rechten und Pflichten ausgestattet. Organe oder auch „Hilfsorgane" der Gemeinschaft sind sie aber nicht. Die Betätigung der im nationalen und übernationalen Rahmen gebildeten Koalitionen auf europäischer Ebene wird durch die allgemeine, auch auf europäischer Ebene akzeptierte Handlungsfreiheit gedeckt.[59] Daß die Sozialpartner auch auf europäischer Ebene zum Dialog befugt und zum Abschluß vertraglicher Vereinbarungen in der Lage sind, bedarf keiner gesonderten EG-vertraglichen Ermächtigung.[60] Zudem wird der Tarifvertrag heute im Primärrecht gemäß Art. 137 Abs. 4 und Art. 139 Abs. 2 EGV als Regelungselement vorausgesetzt.

Schließlich ist zwar eine allmähliche Angleichung von Rahmenbedingungen auch ohne europaweit einheitliche Tarifverträge zu verzeichnen,[61] die sich aus Reaktionen eines Mitgliedsstaates und der in ihm tätigen Sozialpartner auf bestimmte Entwicklungen in einem Nachbarstaat ergibt.[62] Dies kann jedoch nicht darüber hinwegtäuschen, daß mit dem Fortschreiten der wirtschaftlichen Integration eine Reihe von Fragen entstanden sind, die mit den Mitteln der nationalen Tarifsysteme nicht befriedigend geregelt werden können.[63] Sollen die in allen Mitgliedsstaaten über Jahrzehnte hinweg erkämpften Möglichkeiten der Gewerkschaften, ein Gegengewicht zu den Arbeitgebern zu bilden und damit Einfluß auf die Regelung von Arbeitsbedingungen zu nehmen, nicht ihre Bedeutung verlieren, muß in einem Europa, das Stück für Stück an eigener Staatlichkeit gewinnt und zugleich eine „soziale Dimension" zu ge-

---

55 Weiss, Festschrift für Otto Rudolf Kissel, 1994, S. 1253 (1265).

56 Wisskirchen, Der soziale Dialog, 1994, S. 653 (658).

57 Stiller, ZIAS 1991, S. 194 (202).

58 Stiller, ZIAS 1991, S. 194 (202).

59 Buchner, RdA 1993, S. 193 (199).

60 Buchner, RdA 1993, S. 193 (199).

61 Stiller, ZIAS 1991, S. 194 (207).

62 Das wird nach Kirchner, in: Biskup, Die Bedeutung der Sozialpartner, 1988, S. 151 (169), der als Beispiele Mitbestimmung, Gleichstellung von Arbeitern und Angestellten, Vermögensbildung, Vorruhestand und Rationalisierungsschutz anführt, auch von der Arbeitgeberseite nicht bestritten.

63 So auch Bödding, Die europarechtlichen Instrumentarien der Sozialpartner, 1996, S. 19.

stalten beginnt, die Rolle der Sozialpartner bestimmt und ihre Autonomie auf Gemeinschaftsebene gesichert werden.[64] Dies ist um so dringlicher, als die Sozialpartner – und zwar die Gewerkschaften ebenso wie die Arbeitgeberverbände – zunehmend Mitglieder verlieren, auf nationaler ebenso wie auf europäischer und stärker sogar noch auf globaler Ebene.[65]

Mit dem Verfahren nach dem Abkommen über die Sozialpolitik hatte der Gesetzgeber hierfür ein Instrumentarium bereitgestellt.[66] Es wurde durch den Vertrag von Amsterdam in die Sozialvorschriften des neuen EGV aufgenommen und gilt somit nun für alle Mitgliedsstaaten. Die Frage nach der Rolle der Sozialpartner stellt sich damit dringender als zuvor.[67] Die Inanspruchnahme der Möglichkeiten könnte zu einer erheblichen Stärkung der Arbeitgeber- und Gewerkschaftsdachverbände auf europäischer Ebene führen.[68] Europa hat die Chance, der Globalisierung der Märkte ein politisches Gegengewicht gegenüberzustellen. Diese Chance gilt insbesondere auch für die Sozialpartner.

Die anhaltend hohe Arbeitslosigkeit in fast allen Staaten der Gemeinschaft,[69] vor der auch die Europäische Union ihre Augen nicht mehr verschließt, muß zudem auch ein Thema werden, mit dem sich die Sozialpartner auf europäischer Ebene beschäftigen. Die Sicherung der bestehenden Arbeitsplätze durch Tarifverträge kann angesichts der Arbeitsmarktsituation nicht mehr das Hauptanliegen der Sozialpartner sein. Auf europäischer Ebene ist ihnen in dem neuen Titel über die Beschäftigung die Möglichkeit eröffnet worden, sich konstruktiv an der Beschäftigungspolitik der Gemeinschaft zu beteiligen.

Für ein kollektives Arbeitsrecht, durch das die Sozialpartner ihrer Aufgabe zur Regelung der Arbeitsbedingungen auf europäischer Ebene nachkommen könnten, bräuchte es also handlungsfähige Parteien und ein Handlungsgefüge, das den Parteien ein Tätigwerden auf europäischer Ebene ermöglicht. Im folgenden wird untersucht, ob diese Erfordernisse heute schon erfüllt beziehungsweise inwieweit Voraussetzungen für sie geschaffen worden sind.

---

64 Jacobi, in: Mesch, Der Soziale Dialog in der Europäischen Union, 1995, S. 257 (262), spricht von einem „institutionellen Design“ auf dem Feld der Arbeitsbeziehungen; EAS - Schwarze, B 8100, Rn. 1.

65 Blanpain/Schmidt/Schweibert, Europäisches Arbeitsrecht, 1996, Rn. 702.

66 Schulz, SF 1992, S. 79 (82).

67 EAS – Schwarze, B 8100, Rn. 12.

68 Junker, JZ 1994, S. 277 (280); Heinze, ZfA 1992, S. 331 (338).

69 Zu dem Problem der Arbeitslosigkeit in Europa als eine der größten sozialen Katastrophen der modernen Gesellschaft Blanpain/Schmidt/Schweibert, Europäisches Arbeitsrecht, 1996, Rn. 679, 680.

B. Vorgehensweise in dieser Arbeit

Im Rahmen dieser Arbeit wird das Arbeits- und Sozialrecht zunächst in die Systematik des europarechtlichen Normengefüges eingeordnet und seine geschichtliche Entwicklung dargestellt. Im zweiten Teil werden die heutigen Kompetenzen der Gemeinschaft auf dem Gebiet des Arbeitsrechts beleuchtet. Besondere Aufmerksamkeit wird dabei dem Subsidiaritätsprinzip geschenkt, das für die Beziehungen der Gemeinschaft zu den Sozialpartnern nach dem hier vertretenen Ansatz schlechthin bestimmend ist.

Im Anschluß daran werden im dritten Teil die theoretischen Voraussetzungen, die an europäische Sozialpartner zu stellen wären, erörtert, und es wird im Rahmen einer Nachzeichnung der Entwicklung der Beziehungen zwischen den Sozialpartnern und einer Charakterisierung der Akteure des Sozialen Dialogs auf europäischer Ebene untersucht, ob in der Praxis bereits zumindest Ansätze für eine Europäisierung der Arbeitsbeziehungen verwirklicht sind.

Im vierten Teil folgen Überlegungen zu den theoretischen Grundlagen europäischer Tarifverträge. Inwieweit diese Grundlagen in das europäische Primär- und Sekundärrecht bereits Eingang gefunden haben, beziehungsweise für ihre Verwirklichung Rechtsgrundlagen geschaffen wurden, wird in der anschließenden Analyse der den Sozialpartnern eingeräumten Befugnisse untersucht. Die Analyse schließt auch eine exemplarische Darstellung von Sekundärrecht, das die Rolle der Sozialpartner im europäischen Arbeitsrecht betrifft, ein. Die bei den Untersuchungen gewonnenen Erkenntnisse werden schließlich zusammengefaßt dargestellt und für den Ausblick auf die mögliche Weiterentwicklung in diesem Rechtsbereich herangezogen.

Um den Rahmen der Arbeit nicht zu sprengen, beschränkt sich die Darstellung des Europarechts im wesentlichen auf den Europäischen Gemeinschaftsvertrag in der Fassung, die er durch den Vertrag von Amsterdam erhalten hat und auf das auf der Grundlage des EGV ergangene Sekundärrecht. Diese Vorgehensweise rechtfertigt sich dadurch, daß die beiden anderen Gemeinschaftsverträge, der Vertrag über die Europäische Atomgemeinschaft (EAV)[70] und der Vertrag über die Europäische Gemeinschaft für Kohle und Stahl (EGKSV),[71] lediglich eine auf einzelne Wirtschaftssektoren begrenzte Integration zum Ziel haben.[72] Sie beschränken sich daher auf spezifische Gruppen von Arbeitnehmern.[73] Zudem ist beabsichtigt, daß spätestens mit dem Ende der vertraglich vorgesehenen Geltungsdauer des EGKSV im Jahr 2002 zumindest der Montanbereich in den EGV überführt wird.[74] Unter Umständen wird dann auch der Europäische Atomvertrag in den EGV integriert.

---

70 EAGV als einer der beiden römischen Verträge vom 25. März 1957.

71 EGKSV vom 18. April 1951.

72 Blanpain/Schmidt/Schweibert, Europäisches Arbeitsrecht, 1996, Rn. 20.

73 Blanpain/Schmidt/Schweibert, Europäisches Arbeitsrecht, 1996, Rn. 223.

74 Schmidhuber/Hitzler, NVwZ 1992, S. 720 (721).

1. Teil Systematische und geschichtliche Einordnung

A. Systematische Einordnung des Arbeitsrechts als Gegenstand des Europarechts

Zum gegenwärtigen Zeitpunkt existiert noch keine ausdrückliche und allgemein anerkannte Definition des europäischen Arbeitsrechts.[75] Sie kann aber aus dem Begriff des Arbeitnehmers abgeleitet werden, den der Europäische Gerichtshof im Rahmen der Freizügigkeit gemäß Art. 48 ff EGV a. F.[76] entwickelt hat. Nach diesem Begriff ist ein Arbeitnehmer eine Person, die ihre Arbeit im Rahmen eines Über-/Unterordnungsverhältnisses erbringt.[77] Dementsprechend kann Arbeitsrecht als die Summe der gemeinschaftsrechtlichen Bestimmungen bezeichnet werden, welche die individuellen und kollektiven Arbeitsbeziehungen zwischen Arbeitgebern und so definierten Arbeitnehmern regeln. Das europäische Arbeitsrecht erstreckt sich dabei auch auf Arbeitsverhältnisse im öffentlichen Dienst.[78] Kennzeichnend für die nationalen Arbeitsrechte sind kollektive Arbeitsbeziehungen, da in keinem anderen Rechtsgebiet kollektive Rechte so stark ausgeprägt sind wie in diesem Rechtsgebiet.[79] Gerade um diese kollektiven Arbeitsbeziehungen soll es nachfolgend gehen.

Bei den die Sozialpartner betreffenden Regelungen handelt es sich um einen Teil des kollektiven Arbeitsrechts, zu dem neben dem Recht der autonomen Regelung der Arbeitsbeziehungen durch die Koalitionen der Arbeitnehmer und Arbeitgeber (Sozialpartner) auch das Recht der Beteiligung der Arbeitnehmer an betrieblichen und wirtschaftlichen Entscheidungen gehört.[80] Im Rahmen dieser Arbeit ist vorrangig der erste Teilbereich von Interesse.

Im Recht der Europäischen Gemeinschaft bildet das Arbeitsrecht keinen eigenständigen Regelungsgegenstand, sondern ist Bestandteil der Bestimmungen über die Sozialpolitik, deren Funktion in der Ausschaltung von Wettbewerbsverfälschungen sowie der Verbesserung der Lebens- und Arbeitsbedingungen besteht.[81] Diese Unterordnungen offenbarten sich in Art. 118 Satz 1 2. Spiegelstrich EGV a.F.,[82] der den Begriff des Arbeitsrechts im Titel über die Sozialpolitik als eine der „sozialen Fragen“ verstand, in denen die Kommission die enge Zusammenarbeit der Mitgliedsstaaten fördert, und zwar neben der Beschäftigung, den Arbeitsbedingungen, der beruflichen Ausbildung und Fortbildung, der sozialen Sicherheit, der Verhütung von Berufsunfällen und -krankheiten, dem Gesundheitsschutz bei der Arbeit, dem Koalitionsrecht

---

75 Blanpain/Schmidt/Schweibert, Europäisches Arbeitsrecht, 1996, Rn. 3.

76 Art. 39 ff EGV n. F.

77 EAS – Preis, B 1100; Rn.3; Blanpain/Schmidt/Schweibert, Europäisches Arbeitsrecht, 1996, Rn. 4; zum Begriff des Arbeitnehmers siehe auch Teil 2 , D., II., S. 91. Im Rahmen dieser Arbeit wird das Europäische Arbeitsrecht aus EG-rechtlicher Perspektive betrachtet. Zu den unterschiedlichen Perspektiven vgl. Schiek, Europäisches Arbeitsrecht, 1997, S. 24 – 26.

78 Blanpain/Schmidt/Schweibert, Europäisches Arbeitsrecht, 1996, Rn. 4.

79 Schiek, Europäisches Arbeitsrecht, 1997, S. 23.

80 Schiek, Europäisches Arbeitsrecht, 1997, S. 231.

81 Diskussionsbericht nach Coen, RdA 1992, S. 74.

82 Art. 137 EGV n. F. erwähnt das Arbeitsrecht nicht mehr ausdrücklich, allerdings ohne daß sich daraus eine Änderung der systematischen Einordnung ergibt.

und den Kollektivverhandlungen.[83] Arbeits- und Sozialrecht bilden nach der Terminologie des EGV also ein einheitliches Rechtsgebiet,[84] wobei das Arbeitsrecht als Unterfall der Sozialpolitik verstanden wird.[85] Der Sprachgebrauch in der Europäischen Union hat sich damit dem des romanischen Rechtskreises[86] angeschlossen, der unter dem Begriff „Droit Social" alle privaten und öffentlich-rechtlichen Normen zusammenfaßt, die das Arbeitsverhältnis sowie die daran anknüpfende soziale Vorsorge betreffen.[87] Dies entspricht der Terminologie der meisten anderen Mitgliedsstaaten.[88]

Aus deutscher Sicht erscheint diese Unterordnung des Arbeitsrechts unter die Sozialpolitik im Hinblick auf die verschiedenen Zielsetzungen und die dementsprechend unterschiedlichen Ausgestaltungen der beiden Rechtsgebiete im bundesrepublikanischen Recht problematisch.[89] Die diesbezüglich vom europäischen Gesetzgeber getroffene Entscheidung ist jedoch bindend und wird hier im Interesse einer eigenen europäischen Begrifflichkeit nicht in Frage gestellt.[90] Tarifverträge[91] sind somit nach dem Europarecht Gegenstände der Sozialpolitik.

---

83 Schiek, Europäisches Arbeitsrecht, 1997, S. 26.

84 Hilf/Willms, Jus 1992, S. 368 (369).

85 Bödding, Die europarechtlichen Instrumentarien der Sozialpartner, 1996, Fn. 25; Krimphove, Europäisches Arbeitsrecht, 1996, S. 8; Junker, JZ 1994, S. 277 (278); Zuleeg, RdA 1992, S. 133 (134).

86 Das heißt insbesondere der französischen Rechtstradition.

87 Das Recht der Arbeit und das Recht der Sozialen Sicherheit nach deutschem Verständnis werden also in einem Rechtsgebiet zusammengefaßt. EAS – Preis, B 1100, Rn. 5; Schiek, Europäisches Arbeitsrecht, 1997, S. 27; Junker JZ 1994, S. 277 (278); EAS - Eichenhofer, B 1200 Rn. 5, der aber selbst dem deutschen Verständnis vom Sozialrecht folgt; Eichenhofer, JZ 1992, 269 (270).

88 Nach Bundesminister für Arbeit und Sozialordnung (Hrsg.), Der EG-Binnenmarkt und die Sozialpolitik, Bd. II, 1990, S. 28 war der Themenbereich der „Sozialen Dimension" im Zuge der Vorbereitung des Europäischen Binnenmarktes dementsprechend weit. Er umfaßte die Verwirklichung der Freizügigkeit der Menschen in Europa, den Ausbau und die Förderung beruflicher Bildung und Weiterbildung, die Gestaltung der Arbeitsbedingungen, die Mitwirkung der Arbeitnehmer in den Unternehmen, die Gewährleistung der Koalitionsfreiheit und des Streikrechts, und das gesamte System der sozialen Leistungen mit den Vorsorgebereichen Alterssicherung, Sicherung im Krankheitsfall, bei Invalidität und Arbeitslosigkeit, das System der Sozialhilfe und des Familienlastenausgleichs.

89 Krimphove, Europäisches Arbeitsrecht, 1996, S. 8; Schiek, Europäisches Arbeitsrecht, 1997, S. 27: Das Sozialrecht bezweckt die finanzielle Absicherung des Arbeitnehmers außerhalb von Arbeitsverhältnissen. Das Arbeitsrecht will dagegen einen Ausgleich zwischen den gegenläufigen Interessen der Arbeitnehmer und Arbeitgeber schaffen. Das Sozialrecht ist Teil des „öffentlichen" Verwaltungsrechts, das Arbeitsrecht dagegen gehört zum Zivilrecht. Darüber hinaus hat das Arbeitsrecht eine engere Beziehung zum Wirtschaftsrecht, während das Sozialrecht eine wichtige Grundlage für die Verwertungsbedingungen der Arbeitskraft aus Sicht der Arbeitnehmer bildet.

90 A. A. Krimphove, Europäisches Arbeitsrecht, 1996, S. 8; Schiek, Europäisches Arbeitsrecht, 1997, S. 27.

91 Der europäische Gesetzgeber hat sich selbst für die Unterscheidung zwischen Tarifverträgen und Betriebsvereinbarungen entschieden (siehe die Entschließung des Rates vom 21. Januar 1974 über ein Sozialpolitisches Aktionsprogramm, ABl. EG 1974, C 13, S. 1 – 4 (3)). Dieser Unterscheidung wird daher auch hier gefolgt. Der Begriff des Kollektivvertrags wird als Oberbegriff zu Betriebsvereinbarungen und Tarifverträgen verwendet.

B. Geschichtliche Entwicklung des europäischen Arbeitsrechts

Die europäische Integration ist als Prozeß eines immer engeren Zusammenschlusses europäischer Staaten zu begreifen mit dem Ziel des weiteren Ausbaus der mitgliedsstaatlichen Verflechtungen und einem Endprodukt und Ergebnis, dessen Gestaltung derzeit noch völlig offen ist.[92]

Zunächst verfolgte der EWGV eine rein wirtschaftliche Zielsetzung. Geschaffen werden sollte eine supranationale Wirtschaftsgemeinschaft, in der Zölle und Handelshemmnisse abgeschafft und der Personen-, Dienstleistungs-, Kapital- und Zahlungsverkehr frei sind. Der Wettbewerb in Europa sollte vor beeinträchtigenden Maßnahmen geschützt und die nationalen Politiken im Bereich der Landwirtschaft, der gewerblichen Wirtschaft und des Verkehrs sollten aufeinander abgestimmt werden.[93] Ausgehend von dieser ausschließlich wirtschaftlichen Zielsetzung entwickelte sich der Integrationsprozeß in Richtung auf eine stetig umfassender werdende europäischen Gemeinschaft, die schließlich zusammen mit den beiden anderen Gemeinschaften und den neu eingefügten Politiken der gemeinsamen Außen- und Sicherheitspolitik und der Zusammenarbeit in Justiz und Innerem zur europäischen Union wurde.[94]

Wesentliche Etappen des Integrationsprozesses waren nach dem Vertrag zur Gründung der europäischen Wirtschaftsgemeinschaft die Verabschiedung der Einheitlichen Europäischen Akte 1986, der Vertrag zur Gründung der Europäischen Union 1992 und der Vertrag von Amsterdam 1998.[95] Das europäische Arbeitsrecht wurde jedoch vor allem durch unverbindliche Maßnahmen und Programme außerhalb der Verträge entwickelt. Zu nennen sind insbesondere das Aktionsprogramm der Kommission von 1974, die Gemeinschaftscharta sozialer Grundrechte von 1989 und das zu ihrer Umsetzung ergangene Aktionsprogramm. Erst mit dem Inkrafttreten des Vertrags von Amsterdam ist zum erstenmal ein umfassendes (kollektives) europäisches Arbeitsrecht als integrativer Bestandteil des EGV geschaffen worden.

Verfolgt man die wesentlichen Entwicklungslinien des europäischen Arbeitsrechts, zeichnen sich im wesentlichen fünf Phasen ab. Nach zunächst nur rudimentären Ansätzen im EWGV verstärkten sich die sozialpolitischen Aktivitäten in den siebziger

---

[92] Klein/Haratsch, DÖV 1993, S. 785 (798); Blanke, DÖV 1993, S. 412 (412 f (I. Die politische Finalität der EG), S. 414): In der ursprünglichen Präambel des EWGV vom 25. März 1957 hieß es zuerst, daß die „Grundlagen für einen immer engeren Zusammenschluß der europäischen Völker“ geschaffen werden sollten. Die durch die EEA geänderte Präambel des EWGV sprach bereits von der Umwandlung der „Gesamtheit der Beziehungen“ zwischen den Staaten „in eine europäische Union“. Mit dem Vertrag von Maastricht (erster Erwägungsgrund der Präambel) wurde der „mit der Gründung der Europäischen Gemeinschaften eingeleitete Prozeß der europäischen Integration auf eine neue Stufe“ gehoben. Die fortschreitende Integration als Strukturprinzip macht sich auch in den „flexiblen“ Begriffsdefinitionen und der Abgrenzung der Gesetzgebungsbefugnisse, die sich nach dem jeweiligen Entwicklungs- und Integrationsstand immer wieder ändern, bemerkbar.

[93] Krimphove, Europäisches Arbeitsrecht, 1996, S. 10.

[94] Vertrag über die Europäische Union vom 2. 2. 1992.

[95] Lecheler, JuS 1998, S. 392 (393).

Jahren. Nach einer Stagnation der Entwicklung Anfang der achtziger Jahre bekam die Europäische Gemeinschaft erst in der zweiten Hälfte der achtziger Jahre und in den neunziger Jahren eine wirklich soziale Dimension, die mit der Konsolidierung des Arbeitsrechts durch den Vertrag von Amsterdam ihren vorläufigen Abschluß erreichte.[96] Diese „wellenartige“ Entwicklung war dabei immer geprägt von der Kontroverse zwischen der Auffassung, daß das Spiel der Marktkräfte allein zur angestrebten Integration und Hebung der Lebensstandards führen würde, und der Auffassung, daß unterschiedlich hohe Sozialkosten eine Wettbewerbsverzerrung darstellen, die durch Rechtsangleichung zu beseitigen ist.[97] Der Streit um die Regulierung der Märkte oder ihre Deregulierung fiel dabei mal zugunsten und mal zuungunsten der Regulierung aus. Auch wenn dieser Prozeß sich derzeit in Richtung von Mindeststandards der Regulierung neben dem freien Spiel der Kräfte eingependelt zu haben scheint, ist die primärrechtliche europäische Wirtschaftsverfassung noch heute von diesen widerstreitenden Ansätzen geprägt.[98]

I. Gründungsvertrag der Europäischen Wirtschaftsgemeinschaft

Der Gründungsvertrag FN 113 war von der neoliberalen Wirtschaftstheorie geprägt, nach der die arbeits- und sozialpolitische Integration als zwangsläufige Folge der wirtschaftlichen Entwicklung begriffen wurde, so daß ein gezieltes arbeits- und sozialpolitisch motiviertes Eingreifen der Gemeinschaft nicht erforderlich schien.[99] Dementsprechend enthielt der Vertrag in seiner ursprünglichen Fassung nur bruchstückhafte Aussagen zur Arbeits- und Sozialpolitik, deren Regelungen der wirtschaftlichen Integration der damaligen Mitgliedsstaaten untergeordnet waren.[100] So sollte nach der Präambel des EWGV durch gemeinsames Handeln der soziale Fortschritt gesichert und „die stetige Besserung der Lebens- und Beschäftigungsbedingungen als wesentliches Ziel“ angestrebt werden. Nach Art. 2 des ursprünglichen Vertrages[101] war es „Aufgabe der Gemeinschaft, durch die Errichtung eines Gemeinsamen Marktes eine beschleunigte Hebung der Lebenshaltung zu fördern“.

Diesen allgemeinen Zielsetzungen korrespondierten jedoch keine Ermächtigungsgrundlagen, die nach dem Prinzip der begrenzten Einzelermächtigung[102] ein umfas-

---

96 EAS – Schwarze, B 8100, Rn.2; Wisskirchen, Der soziale Dialog, 1994, S. 653 (653).

97 Windbichler, RdA 1992, S. 77; Zu dieser Kontroverse ausführlich auch Kruse, Die Leistungsfähigkeit, 1996, S. 203 – 207.

98 Windbichler, RdA 1992, S. 75; Siehe auch die neuere Auseinandersetzung bei Bercusson, A Manifesto für Social Europe, 1996, Kapitel 3, S. 47 – 61 und Pitschas/Peters, VSSR 1996, S. 21 (22 – 23).

99 Groeben/Thiesing/Ehlermann – Schulte, Vorbemerkungen zu Art. 117 bis 127 und 129, Rn. 4; Kasseler Handbuch – Heinze, 11 Europarecht, Rn.1; EAS – Schwarze, B 8100, Rn. 2; Wank, RdA 1995, S. 10 (11); Konzen, EuZW 1995, S. 39 (40); Geiger, Art. 117, Rn. 2.

100 Kasseler Handbuch – Heinze, 11 Europarecht, Rn.1; Krimphove, Europäisches Arbeitsrecht, 1996, S. 13; Junker, JZ 1994, S. 277 (278); Weiss, Festschrift für Albert Gnade, 1992, S. 583 (583) bezeichnet die Sozialpolitik im ursprünglichen EWGV auch als „Fremdkörper“.

101 Art. 2 EGV n. F.

102 Das Prinzip der begrenzten Einzelermächtigung gemäß Art. 5 Abs. 1 Satz 2 EGV verlangt als

sendes Tätigwerden der Gemeinschaft zur inhaltlichen Gestaltung sozialpolitischer Aufgaben gerechtfertigt hätten. Spezielle Kompetenzvorschriften enthielt der EWGV lediglich im Rahmen der Freizügigkeit für das Gebiet der sozialen Sicherheit gemäß Art. 51 EWGV a. F.[103] In den Art. 117 bis 122 EWGV a. F.[104] schuf er allgemeine sozialpolitische Grundsätze für die Gemeinschaft, die im Gemeinschaftsgebiet einzuhalten waren, räumte aber auch hier keine Legislativermächtigungen zum Erlaß verbindlicher Maßnahmen ein.[105] Insbesondere Art. 118 EGV a. F., nannte nur unverbindliche Maßnahmen der Kommission, nämlich Untersuchungen, Stellungnahmen und die Vorbereitung von Beratungen als Mittel zur Herbeiführung der Zusammenarbeit der Mitgliedsstaaten.[106] Daß der Kommission lediglich ein Einwirken auf die Zusammenarbeit der Mitgliedsstaaten ermöglicht wurde, verdeutlicht einmal mehr, daß die sozialpolitischen Kompetenzen bei den Mitgliedsstaaten verblieben waren[107] und daß die Gemeinschaft nur befugt war, sich um eine Koordination der nationalen Politiken zu bemühen. Die Mitgliedsstaaten hatten nach wie vor einen grundsätzlichen und ausschließlichen Vorrang zur Entwicklung von Recht in diesem Bereich. Ein eigenständiges, systematisches europäisches Arbeits- und Sozialrecht existierte nicht.[108]

Zwar waren sich die Mitgliedsstaaten darüber einig, daß die in der Präambel des EWGV angekündigte soziale Integration nicht völlig automatisch der wirtschaftlichen Integration folgen werde, sondern daß hierfür ergänzende Maßnahmen erforderlich seien; hierbei ging es aber lediglich darum, die sozialen Konsequenzen marktwirtschaftlicher Fehlentwicklungen zu korrigieren.[109] Allein die Europäische Kommission vertrat anfänglich die Auffassung, daß die soziale Dimension energischer betrieben

---

unbedingte Voraussetzung für jedwedes legislative Tätigwerden der Gemeinschaft eine ausdrückliche Ermächtigungsgrundlage. Zu dem Prinzip der begrenzten Einzelermächtigung in der Fassung des Art. 3 EGV a. F. BVerfG, Entscheidung vom 12. 10. 1993, Rs. 2 BvR 2134, 2159/92, Band 89, S. 155 – 213 (S. 192 ff); aus der Literatur: Bleckmann – Bleckmann, Europarecht, 1997, Rn. 380 – 399; Oppermann, Europarecht, Rn. 432 – 436. Außerdem siehe dazu Teil 2, A., III., 2., S. 51.

103 Art. 42 EGV n. F.

104 Art. 136 – 145 EGV n. F.

105 Schuster, EuZW 1992, S. 178 (179); für Art. 117 EWGV insbesondere EuGH vom 15. 6. 1978, Rs. 149/77, Gabrielle Defrenne gegen Société anonyme belge de navigation aérienne Sabena, Slg. 1978, S. 1365 – 1390 zu Art. 117, 118, 119 EWGV a. F. (1378, Rn. 19/23); EuGH vom 13. 5. 1986, Rs. 170/84, Bilka-Kaufhaus GmbH gegen Karin Weber von Hartz, Slg. 1986, S. 1607 – 1631, zu Art. 119 EGV a. F. (1627, Rn. 31; 1628, Rn. 36 – 37; 1629 – 1630, Rn. 41, 43); EuGH vom 29. 9. 1987, Rs. 126/86, Fernando Roberto Giménez Zaera gegen Instituto Nacional de la Seguridad Social und Tesorería General de la Seguridad Social, Slg. 1987, S. 3697 – 3718 zum programmatischen Charakter des Art. 117 Abs. 1 EGV a. F. (3716, Rn. 13); Münchener Handbuch zum Arbeitsrecht – Birk, § 18, Rn. 28, der aber auf die später eingefügte Ausnahme des Art. 118 a EWGV verweist; Wank, RdA 1995, S. 10 (18); Von den programmatischen Grundsätzen dürfte die folgenreichste Bestimmung für das deutsche Arbeitsrecht Art. 119 EWGV a. F. gewesen sein, der den Grundsatz des gleichen Entgelts für Männer und Frauen festschrieb, Junker, JZ 1994, S. 277 (278).

106 Geiger, Art. 118, Rn. 3.

107 Geiger, Art. 117, Rn. 6; Krimphove, Europäisches Arbeitsrecht, 1996, S. 26.

108 Krimphove, Europäisches Arbeitsrecht, 1996, S. 9.

109 Groeben/Thiesing/Ehlermann – Schulte, Vorbemerkungen zu Art. 117 bis 127 und 129, Rn. 5.

werden müsse und sprach in den Jahren 1960 bis 1967 eine größere Anzahl von Empfehlungen betreffend die Arbeits- und Sozialpolitik aus. Sie wurde in ihren Aktionen jedoch durch den geschlossenen Widerstand der Mitgliedsstaaten gebremst,[110] der schließlich zu der Vereinbarung führte, daß Studien- und Tätigkeitsprogramme der Kommission nur noch im Einvernehmen mit dem Rat aufgestellt werden sollten und Empfehlungen der einstimmigen Billigung des Rates bedurften.

II. Phase der vorsichtigen Annäherung von 1957 bis 1972

Der wirtschaftlichen Ausrichtung der Gründungsverträge entsprechend sind die ersten fünfzehn Jahre nach dem Inkrafttreten des EWGV im Bereich des Arbeitsrechts gekennzeichnet durch eine vorsichtige Annäherung und das erst langsam erwachende Bewußtsein, daß eine eigene europäische Arbeits- und Sozialpolitik erforderlich sein würde.[111] Deshalb sind in dieser ersten Phase nur wenige arbeitsrechtlich relevante europäische Rechtsakte ergangen, die zudem meist wirtschaftlich motiviert waren.[112] Zu nennen sind Verordnungen im Bereich der Arbeitnehmerfreizügigkeit und des internationalen Sozialrechts[113] sowie Verordnungen im Bereich des Ausländerrechts.[114] In den Zeitraum der ersten Phase fällt auch die Gründung des europäischen Sozialfonds gemäß Art. 123 bis 125 EWGV a. F.,[115] der am 1. September 1960 seine Tätigkeit aufnahm.[116] Außerdem sah der EWGV von Anfang an eine Reihe von Bereichen vor, in denen die Sozialpartner - in erster Linie die überfachlichen Verbände - mitwirken sollten und konnten.[117] Hierzu wurden einige Gremien unter Beteiligung von Vertretern der Wirtschaft und der Arbeitnehmer aus einzelnen Mitgliedsstaaten gebildet, die bis heute als Konsultations- und Beratungsgremien der Gemeinschaft tätig

---

110 Dazu Grabitz/Hilf – Langenfeld/Jansen, Vorbemerkung zu Art. 117, Rn. 2; Groeben/Thiesing/Ehlermann – Schulte, Vorbemerkungen zu Art. 117 bis 127 und 129, Rn. 29.

111 Blanpain/Schmidt/Schweibert, Europäisches Arbeitsrecht, 1996, Rn. 187.

112 Kasseler Handbuch – Heinze, 11 Europarecht, Rn. 3.

113 Verordnung (EWG) Nr. 1612/68 des Rates vom 15. 10. 1968 über die Freizügigkeit der Arbeitnehmer innerhalb der Gemeinschaft, ABl. EG 1968, L 257, S. 2; Verordnung (EWG) Nr. 1408/71 des Rates vom 14. 6. 1971 zur Anwendung der Systeme der sozialen Sicherheit auf Arbeitnehmer und deren Familien, die innerhalb der Gemeinschaft zu- und abwandern, ABl. EG 1971, Nr. L 149, S. 2.

114 Richtlinie 68/360/EWG des Rates vom 15. 10. 1968 zur Aufhebung der Reise- und Aufenthaltsbeschränkungen für Arbeitnehmer der Mitgliedsstaaten und ihre Familienangehörigen innerhalb der Gemeinschaft, ABl. EG 1968, L 257, S. 13; Verordnung (EWG Nr. 1251/70) der Kommission vom 29. 6. 1970 über das Recht der Arbeitnehmer, nach Beendigung einer Beschäftigung im Hoheitsgebiet eines Mitgliedsstaates zu verbleiben, ABl. EG 1970, L 142, S. 24; Richtlinie 64/221/EWG des Rates vom 25. 2. 1964 zur Koordinierung der Sondervorschriften für die Einreise und den Aufenthalt von Ausländern, soweit sie aus Gründen der öffentlichen Ordnung, Sicherheit oder Gesundheit gerechtfertigt sind, ABl. EG 1964, S. 850.

115 Art. 146 – 148 EGV n. F.

116 Verordnung Nr. 9 des Rates vom 25. 8. 1960, ABl. EG 1960, S. 1189.

117 Kirchner, in: Biskup - Einheit in der Vielfalt, S. 155 nennt insbesondere Art. 18 EGKSV vom 18. 4. 1951, Art. 47 (Landwirtschaft) und Art. 83 (Verkehrswesen) EWGV vom 25. 3. 1957.

sind.[118] Als Beispiel sind der Wirtschafts- und Sozialausschuß zu nennen,[119] der sich allerdings zum überwiegenden Teil mit Fragen aus dem wirtschafts- und handelspolitischen Bereich im engeren Sinne beschäftigt, und der ständige Ausschuß für Beschäftigungsfragen.[120]

Mit den politischen Veränderungen der Jahre 1968 bis 1972 wandelte sich auch das allgemeine Bewußtsein bezüglich des wirtschaftlichen Wachstums. Dieses sollte nicht mehr als Ziel an sich angestrebt, sondern der Aufgabe untergeordnet werden, die Lebensqualität zu verbessern.[121] Auf ihrer Konferenz in Den Haag im Dezember 1969 erklärten die Staats- und Regierungschefs der Mitgliedsstaaten, daß eine Reform des Sozialfonds „im Rahmen einer weitgehenden Abstimmung der Sozialpolitik" angebracht sei.[122]

Hinzu kamen Fälle marktwirtschaftlicher Fehlentwicklungen auf europäischer Ebene, wie zum Beispiel die künstliche Produktionsverlagerung beim AKZO-Konzern.[123] Der Konzern führte eine ursprünglich in Deutschland und in den Niederlanden geplante Massenentlassung in Belgien durch, da dort im Gegensatz zu den beiden anderen Ländern kein ausgebauter Kündigungsschutz bestand. Eine Kompensation dieser Entwicklungen schien sowohl in materieller als auch in ideeller Hinsicht erforderlich. Daneben wurden zunehmend Forderungen laut nach mehr Beteiligung des einzelnen an wichtigen, ihn betreffenden Entscheidungen, insbesondere auch im wirtschaftlichen Bereich. Außerdem begannen die Mitgliedsstaaten mangels europarechtlichen Handlungsgefüges die Ergebnisse des marktwirtschaftlichen Wirtschaftsablaufs durch innerstaatliche Maßnahmen der Verteilungspolitik zu korrigieren. Im Interesse einer freien europäischen Marktwirtschaft waren diese einzelstaatlichen Maßnahmen jedoch unerwünscht. Diese Entwicklungen machte die Notwendigkeit einer eigenständigen Arbeits- und Sozialordnung offenkundig.

Als Reaktion auf diese unbefriedigende Situation verabschiedete die Kommission 1971 ein vorläufiges Programm für eine gemeinschaftliche Sozialpolitik.[124] Mit dieser Ankündigung einer veränderten liberalen Grundhaltung endete die Phase der vorsichtigen Annäherung.

---

118 Kirchner, in: Biskup, Die Bedeutung der Sozialpartner, 1988, S. 151 (155).

119 Siehe Art. 193 EWGV a. F., nunmehr geregelt in Art. 257 ff EGV.

120 Kirchner, in: Biskup, Die Bedeutung der Sozialpartner, 1988, S. 151 (155).

121 Groeben/Thiesing/Ehlermann – Schulte, Vorbemerkungen zu Art. 117 bis 127 und 129, Rn. 33; Junker, JZ 1994, S. 277 (278).

122 Zitiert nach Groeben/Thiesing/Ehlermann – Schulte, Vorbemerkungen zu Art. 117 bis 127 und 129, Rn. 36.

123 Eine umfassende Analyse des Falls bei Hoffmann/Langwieler, Noch sind wir da!, 1974; Ausführlicher auch Jansen, EuR Beiheft 1/1990, S. 1 (9 – 15). Diese künstliche Produktionsverlagerung zu verhindern wäre Aufgabe der europäischen Rechtsangleichung gewesen. Daraufhin verabschiedete der Rat die auf Art. 100 EWGV a. F. gestützte Richtlinie 75/129/EWG des Rates vom 17. 2. 1975 zur Angleichung der Rechtsvorschriften der Mitgliedsstaaten über Massenentlassungen, ABl. EG 1975, L 48, S. 29.

124 Vorläufige Ausrichtung für ein Programm einer gemeinschaftlichen Sozialpolitik vom 17. März 1971, Bulletin der EG 4 – 1971, Sonderbeilage 2/1971.

III. Hochzeit des europäischen Arbeitsrechts von 1972 bis 1980

1. Die Pariser Gipfelkonferenz von 1972

Mit dem Pariser Gipfel vom Oktober 1972 änderte sich der Stellenwert des Arbeitsrechts im Rahmen des Gemeinschaftsrechts grundlegend.[125] In ihrer Schlußerklärung[126] betonten die Staats- und Regierungschefs, daß einem energischen Vorgehen im sozialpolitischen Bereich die gleiche Bedeutung zukomme wie der Verwirklichung der Wirtschafts- und Währungsunion. Dazu hielten sie es unter anderem für unerläßlich, zu einer wachsenden Beteiligung der Sozialpartner an den wirtschaftlichen und sozialen Entscheidungen der Gemeinschaft zu gelangen.[127] Mit ihrer Erklärung wiesen die Staats- und Regierungschefs dem europäischen Arbeitsrecht zum ersten Mal einen eigenen Stellenwert neben der Wirtschaftspolitik zu und stellten einen Wegweiser für die folgende Entwicklung des europäischen Arbeitsrechts auf.[128] Seit dem Appell des Pariser Gipfels hat die Sozialpolitik eine stetige Aufwertung im Rahmen der Gemeinschaftsaktivitäten erfahren.[129] Weil aber immer noch Ermächtigungsgrundlagen fehlten, konnte auch diese Änderung des Grundverständnisses das Problem der praktischen Umsetzung sozialpolitischer Konzepte nicht lösen.[130]

2. Das Sozialpolitische Aktionsprogramm von 1974

In Anlehnung an die Schlußerklärung der Pariser Gipfelkonferenz und in konsequenter Beibehaltung des Grundgedankens des vorläufigen Programms von 1971 verabschiedete der Rat in seiner Entschließung vom 21. Januar 1974 ein sozialpolitisches Aktionsprogramm.[131] Damit wurde eine Grundlage für eigene sozialpolitische Tätigkeiten der Gemeinschaft geschaffen.[132] Das Programm leitete die sogenannte „Hochzeit des europäischen Arbeitsrechts“[133] ein, die nicht zuletzt auch durch das in diesen Zeitraum fallende wirtschaftliche Wachstum der Unternehmen in Europa begünstigt wurde.[134]

Die drei Hauptziele des Programms waren die Bekämpfung der Arbeitslosigkeit, die Verbesserung der Lebens- und Arbeitsbedingungen und die Verstärkung der Beteili-

---

125 Kasseler Handbuch – Heinze, 11 Europarecht, Rn. 3.

126 Die Erklärung der Pariser Gipfelkonferenz ist abgedruckt in: Bulletin der Bundesregierung Nr. 148 vom 24. 10. 1972, S. 1761 – 1768, Ziff. 6.

127 Groeben/Thiesing/Ehlermann – Schulte, Vorbemerkungen zu Art. 117 bis 127 und 129, Rn. 36.

128 Krimphove, Europäisches Arbeitsrecht, 1996, S. 14; Kasseler Handbuch – Heinze, 11 Europarecht, Rn. 3.

129 Weiss, Festschrift für Albert Gnade, 1992, S. 583 (584).

130 Weiss, Festschrift für Albert Gnade, 1992, S. 583 (584).

131 Entschließung des Rates vom 21. 1. 1974 über ein sozialpolitisches Aktionsprogramm, ABl. EG 1974, C 13, S. 1.

132 Geiger, Art. 117, Rn. 13.

133 Blanpain/Schmidt/Schweibert, Europäisches Arbeitsrecht, 1996, Rn. 190.

134 Bercusson, Europäisches und nationales Arbeitsrecht, ZIAS 1991, S. 1 (9); Krimphove, Europäisches Arbeitsrecht, 1996, S. 14.

gungsrechte der Sozialpartner als Hinweis auf die Festschreibung kollektiver Arbeitnehmer- und Arbeitgeberrechte.[135] Die verstärkte Beteiligung der Sozialpartner sollte durch die stärkere Inanspruchnahme des ständigen Ausschusses für Beschäftigungsfragen, die Unterstützung der Gewerkschaftsorganisationen, die schrittweise Förderung der Mitwirkung der Arbeitnehmer oder ihrer Vertreter am Leben der Unternehmen und Betriebe in der Gemeinschaft, die Erleichterung des Abschlusses europäischer Tarifverträge und die stärkere Beteiligung der Sozialpartner an den wirtschafts- und sozialpolitischen Entscheidungen der Gemeinschaft erreicht werden.[136] Zur Umsetzung der angesprochenen Ziele konnte das Aktionsprogramm seiner Natur nach allerdings keine zwingenden Rechtsinstrumente zur Verfügung stellen, und die bisherigen sozialpolitischen Regelungen enthielten keine ausreichenden Ermächtigungsgrundlagen. Als Lösung dieser Kompetenzprobleme betonte das Programm aber die Möglichkeit, Rechtsakte mit sozialpolitischem Inhalt auf die allgemeine Harmonisierungsermächtigung des Art. 100 EWGV a. F.[137] und die „Lückenfüllungskompetenz"[138] nach Art. 235 EWGV a. F.[139] zu stützen.[140] Damit entdeckte es diese Normen als Ermächtigungsgrundlagen für ein sozialpolitisches Handeln der Gemeinschaft. In extensiver Auslegung dieser beiden Ermächtigungsgrundlagen[141] arbeiteten die Gemeinschaftsorgane die Ziele des Aktionsprogramms in der Folgezeit Schritt für Schritt ab und verabschiedeten zahlreiche Harmonisierungsrichtlinien.[142] Zu nennen sind vor allem die Richtlinie 75/129/EWG des Rates vom 17. Februar 1975 zur Angleichung der Rechtsvorschriften der Mitgliedsstaaten über Massenentlassungen,[143] die Richtlinie 77/187/EWG des Rates vom 14. Februar 1977 zur Angleichung der Rechtsvorschriften der Mitgliedsstaaten über die Wahrung von Ansprüchen der Arbeitnehmer beim Übergang von Unternehmen, Betrieben oder Betriebsteilen[144] und die Richtlinie 80/987/EWG des Rates vom 20. Oktober 1980 zur Angleichung der Rechtsvorschriften der Mitgliedsstaaten über den Schutz der Arbeitnehmer bei Zahlungsunfähigkeit des Arbeitgebers.[145] Darüber hinaus ergingen Richtlinien vor allem

---

135 Die Entschließung des Rates vom 21. 1. 1974 über ein sozialpolitisches Aktionsprogramm, ABl. EG 1974, C 13, S. 1 (2) nennt zum Beispiel Vollbeschäftigung und bessere Beschäftigung in der Gemeinschaft, Verbesserung der Lebens- und Arbeitsbedingungen; dazu auch Groeben/Thiesing/Ehlermann – Schulte, Vorbemerkungen zu Art. 117 bis 127 und 129, Rn. 37; Blanpain/Schmidt/Schweibert, Europäisches Arbeitsrecht, 1996, Rn. 189.

136 Entschließung des Rates vom 21. 1. 1974 über ein sozialpolitisches Aktionsprogramm, ABl. EG 1974, C 13, S. 1 (3); Blanpain/Schmidt/Schweibert, Europäisches Arbeitsrecht, 1996, Rn. 189.

137 Art. 94 EGV n. F.

138 Ausdruck bei Geiger, Art. 117, Rn. 6.

139 Art. 308 EGV n. F.

140 Zur Problematik der Anwendung dieser Rechtsgrundlagen im Arbeitsrecht: Kasseler Handbuch – Heinze, 11 Europarecht, Rn. 2 und 3.

141 Die beiden Generalklauseln dienten teilweise auch zusammen als Ermächtigungsgrundlage, Schuster, EuZW 1992, S. 178 (179).

142 Bercusson, Europäisches und nationales Arbeitsrecht, ZIAS 1991, S. 1 (9); Krimphove, Europäisches Arbeitsrecht, 1996, S. 14.

143 ABl. EG 1975 L 48, S. 29.

144 ABl. EG 1977 L 61, S. 26.

145 ABl. EG 1980, L 283, S. 23.

auf den Gebieten der Gleichbehandlung am Arbeitsplatz[146] und des Arbeitsschutzes.[147] Außerdem wurden das Zentrum zur Förderung der Berufsausbildung in Berlin[148] und die Stiftung zur Verbesserung der Lebens- und Arbeitsbedingungen in Dublin[149] eingerichtet, mit denen rechtsfähige Organisationseinheiten zur Verwirklichung von Maßnahmen des Aktionsprogramms geschaffen wurden.[150] An jenen wurden auch die Sozialpartner von Anfang an beteiligt. Die weitere Umsetzung des Aktionsprogramms stagnierte wie die übrige Entwicklung des Europäischen Arbeitsrechts 1980.[151]

IV. Stagnation der Entwicklung des europäischen Arbeitsrechts von 1980 bis 1986

Ausgelöst durch die beiden Ölkrisen in den Jahren 1974 und 1979, die jeweils ein drastisches Ansteigen der Arbeitslosigkeit in der Gemeinschaft nach sich zogen,[152] folgte Anfang der achtziger Jahre eine Kehrtwende im Bereich des europäischen Arbeitsrechts.[153] Unter der Ratspräsidentschaft von Margaret Thatcher änderte sich der Kurs von der zunehmenden Regulierung in der zweiten Phase hin zu Deregulierung und Flexibilität.[154] Der Vorstellung entsprechend, daß mehr Eingriffe in die Wirtschaft zu mehr Arbeitslosigkeit führen,[155] trat eine Verlangsamung in der Schaffung

---

146 Richtlinie 75/117/EWG des Rates vom 10. Februar 1975 zur Angleichung der Rechtsvorschriften der Mitgliedsstaaten über die Anwendung des Grundsatzes des gleichen Entgelts für Männer und Frauen, ABl. EG 1975, L 45, S. 19; Richtlinie 76/207/EWG des Rates vom 9. Februar 1976 zur Verwirklichung des Grundsatzes der Gleichbehandlung von Männern und Frauen hinsichtlich des Zugangs zur Beschäftigung, zur Berufsbildung und zum beruflichen Aufstieg sowie in bezug auf die Arbeitsbedingungen, ABl. EG 1976, L 39, S. 40; Richtlinie 79/7/EWG des Rates vom 19. Dezember 1978 zur schrittweisen Verwirklichung des Grundsatzes der Gleichbehandlung von Männern und Frauen im Bereich der sozialen Sicherheit, ABl. EG 1979, L 6, S. 24.

147 Richtlinie 77/576/EWG des Rates vom 25. Juli 1977 zur Angleichung der Rechts- und Verwaltungsvorschriften der Mitgliedsstaaten über die Sicherheitskennzeichnung am Arbeitsplatz, ABl. EG 1977, L 229, S. 12; Richtlinie 80/1107/EWG des Rates vom 27. November 1980 zum Schutz der Arbeitnehmer vor der Gefährdung durch chemische, physikalische und biologische Arbeitsstoffe bei der Arbeit, ABl. EG 1980, L 327, S. 8.

148 Verordnung 337/75 des Rates vom 10. Februar 1975 über die Errichtung eines Europäischen Zentrums für die Förderung der Berufsbildung, ABl. EG 1975, L 39, S. 1.

149 Geschaffen durch die auf Art. 235 EWGV gestützte Verordnung (EWG) Nr. 1365/75 des Rates vom 26. 5. 1975 über die Gründung einer Europäischen Stiftung zur Verbesserung der Lebens- und Arbeitsbedingungen, ABl. EG 1975, L 139, S. 1.

150 Groeben/Thiesing/Ehlermann – Schulte, Vorbemerkungen zu Art. 117 bis 127 und 129, Rn. 37.

151 Blanpain/Schmidt/Schweibert, Europäisches Arbeitsrecht, 1996, Rn. 189; Krimphove, Europäisches Arbeitsrecht, 1996, S. 14. Obwohl das Aktionsprogramm nur zum Teil umgesetzt wurde, kann es einen nicht unbeachtlichen Erfolg verbuchen. Es hat nicht zuletzt Einfluß auf das noch zu untersuchende Protokoll über die Sozialpolitik gehabt.

152 Groeben/Thiesing/Ehlermann – Schulte, Vorbemerkungen zu Art. 117 bis 127 und 129, Rn. 37; Zwischen 1974 und 1978 verdoppelte sich die Zahl der Arbeitslosen in der Gemeinschaft von drei auf sechs Millionen und von 1978 bis 1985 erneut bis auf 12,8 Millionen.

153 Blanpain/Schmidt/Schweibert, Europäisches Arbeitsrecht, 1996, Rn. 192.

154 Blanpain/Schmidt/Schweibert, Europäisches Arbeitsrecht, 1996, Rn. 192.

155 Blanpain/Schmidt/Schweibert, Europäisches Arbeitsrecht, 1996, Rn. 192.

neuen Gemeinschaftsrechts auf dem Gebiet des Arbeitsrechts ein. Damit ging eine Abkehr von der „Überstrapazierung" der Rechtsgrundlagen der Art. 100 EWGV a. F.[156] und Art. 235 EWGV a. F.[157] einher.[158] Zahlreiche Richtlinienentwürfe und Verordnungen erreichten die Zustimmung im Rat nicht mehr oder wurden erst gar nicht weiterverfolgt.[159] Die stattdessen verabschiedeten Entschließungen des Rates,[160] so wie das mittelfristige sozialpolitische Aktionsprogramm vom 22. Juni 1984,[161] hatten vor allem die Bekämpfung der Arbeitslosigkeit zum Ziel, die in den Vordergrund des allgemeinen Interesses getreten war. Lediglich die Sicherheit am Arbeitsplatz wurde noch zum Gegenstand einiger Richtlinien gemacht.[162] Außerdem wurden

156 Art. 94 EGV n. F.

157 Art. 308 EGV n. F.

158 Kasseler Handbuch – Heinze, 11 Europarecht, Rn. 4.

159 Vorschlag einer Verordnung (EWG) des Rates über das Statut für europäische Aktiengesellschaften, Vorschlag der Kommission, ABl. EG 1970, C 124, S. 1; Vorschlag einer fünften Richtlinie zur Koordinierung der Schutzbestimmungen, die in den Mitgliedsstaaten den Gesellschaften im Sinne des Art. 58 Abs. 2 des Vertrages im Interesse der Gesellschafter sowie Dritter hinsichtlich der Struktur der Aktiengesellschaft sowie der Befugnisse und Verpflichtungen ihrer Organe vorgeschrieben sind, ABl. EG 1972, C 131, S. 49; Vorschlag für eine Richtlinie des Rates zur Regelung der freiwilligen Teilzeitarbeit, Vorschlag der Kommission, ABl. EG 1982, C 62, S.7 und geänderter Vorschlag für eine Richtlinie des Rates zur Regelung der freiwilligen Teilzeitarbeit, ABl. EG 1983, C 18, S. 5; Geänderter Vorschlag der Kommission für eine Richtlinie über die Unterrichtung und Anhörung der Arbeitnehmer, ABl. EG 1983, C 217, S. 3 (sog. Vredeling-Entwurf); Entwurf einer Empfehlung des Rates zur Verkürzung und Neugestaltung der Arbeitszeit, Vorschlag der Kommission, KOM (83) 543 endg. in ABl. EG 1983, C 290, S. 4; Änderungen des Vorschlags für eine Richtlinie des Rates zur Regelung der Zeitarbeit und der befristeten Arbeitsverträge, Vorschlag der Kommission, KOM (84) 159 endg. in ABl. EG 1984, C 133, S. 1; dazu auch Blanpain/Schmidt/Schweibert, Europäisches Arbeitsrecht, 1996, Rn. 192; Kasseler Handbuch - Heinze, 11 Europarecht, Rn. 4.

160 Z. B. Entschließung des Rates vom 12. 7. 1982 über eine Gemeinschaftsaktion zur Bekämpfung der Arbeitslosigkeit, ABl. EG 1982, C 186, S. 1; Entschließung 84/C 161/01 des Rates vom 7. 6. 1984 über den Beitrag der örtlichen Beschäftigungsinitiativen zur Bekämpfung der Arbeitslosigkeit, ABl. EG 1984, C 161, S. 1; Entschließung 84/C 161/02 des Rates vom 7. 6. 1984 zur Bekämpfung der Frauenarbeitslosigkeit, ABl. EG 1984, C 161, S. 4; Entschließung 85/ C 2/03 des Rates vom 19. 12. 1984 zur Bekämpfung der Langzeitarbeitslosigkeit, ABl. EG 1985, C 2, S. 3.

161 Schlußfolgerungen des Rates vom 22. 6. 1984 über ein mittelfristiges Aktionsprogramm der Gemeinschaft im Sozialbereich, ABl. EG 1984, C 175, S. 1.

162 Richtlinie 80/1107/EWG des Rates vom 27. 11. 1980 zum Schutz der Arbeitnehmer vor der Gefährdung durch chemische, physikalische und biologische Arbeitsstoffe bei der Arbeit, ABl. EG 1980, L 327, S. 8; Richtlinie 82/501/EWG des Rates vom 24. 6. 1982 über die Gefahren schwerer Unfälle bei bestimmten Industrietätigkeiten, ABl. EG 1982, L 230, S. 1; Richtlinie 82/605/EWG des Rates vom 28. 7. 1982 über den Schutz der Arbeitnehmer gegen die Gefährdung durch metallisches Blei und seine Ionenverbindungen am Arbeitsplatz, ABl. EG 1982, L 247, S. 12; Richtlinie 83/477/EWG des Rates vom 19. September 1983 über den Schutz der Arbeitnehmer gegen Gefährdung durch Asbest am Arbeitsplatz, ABl. EG L 263, S. 25; Richtlinie 86/188/EWG des Rates vom 12. 5. 1986 über den Schutz der Arbeitnehmer gegen die Gefährdung durch Lärm am Arbeitsplatz, ABl. EG 1986, L 137, S. 28; Richtlinie 88/364/EWG des Rates vom 9. 6. 1988 zum Schutz der Arbeitnehmer durch ein Verbot bestimmter Arbeitsstoffe und/oder Arbeitsverfahren, ABl. EG 1988, L 179, S. 44.

Maßnahmen zugunsten bestimmter Personengruppen getroffen.[163] Nicht unerwähnt bleiben soll, daß das neue soziale Aktionsprogramm die Intensivierung des Dialogs zwischen Arbeitgeber- und Arbeitnehmervertretungen auf europäischer Ebene ansprach.[164] Durch die getroffenen Maßnahmen wurden aber keine großen Fortschritte im Bereich des Arbeits- und Sozialrechts mehr erreicht.[165]

V. Wiederbelebung der arbeitsrechtlichen Integration von 1986 bis 1999

1. Die Einheitliche Europäische Akte von 1986

Mitte der achtziger Jahre setzte eine erneute Weiterentwicklung des Gemeinschaftsrechts auf dem Gebiet des Arbeitsrechts ein.[166] Grund dafür waren die Abschlußbemühungen um die Errichtung eines einheitlichen europäischen Binnenmarktes zum 1. Januar 1993,[167] dessen Vollendung mit der geplanten Vertragsrevision durch die Einheitliche Europäische Akte ins Primärrecht aufgenommen werden sollte.[168] Nach mühsamen Verhandlungen wurde die Einheitliche Europäische Akte (EEA) am 17. und 28. Februar 1986 in Luxemburg und Den Haag beschlossen und trat am 1. Juli 1986 in Kraft.[169] Sie stellte die erste umfassende Ergänzung und Revision der Gründungsverträge dar.

Von der dem Abschluß der EEA vorausgegangenen Diskussion um die Ausgestaltung des Binnenmarktes und der sich ab 1986 abzeichnenden Verbesserung der Wirtschaftslage gingen neue Impulse für das europäische Arbeitsrecht aus.[170] So legte das Europäische Parlament einen Vertragsentwurf[171] vor, der der zu errichtenden Europäischen Union die Zuständigkeit für eine große Zahl sozialpolitischer Themen ein-

---

163 Z. B. Maßnahmen zugunsten Behinderter: Entschließungen des Rates vom 27. 6. 1974 über das erste gemeinschaftliche Aktionsprogramm zur beruflichen Rehabilitation von Behinderten, ABl. EG 1974, C 80 S. 30; Entschließung des Rates und der im Rat vereinigten Vertreter der Regierungen der Mitgliedsstaaten vom 21. 12. 1981 über die soziale Integration der Behinderten, ABl. EG 1981, C 347, S. 1.

164 Blanpain/Schmidt/Schweibert, Europäisches Arbeitsrecht, 1996, Rn. 192.

165 Groeben/Thiesing/Ehlermann – Schulte, Vorbemerkungen zu Art. 117 bis 127 und 129, Rn. 37.

166 Kasseler Handbuch - Heinze, 11 Europarecht, Rn. 5; Krimphove, Europäisches Arbeitsrecht, 1996, S. 17.

167 Krimphove, Europäisches Arbeitsrecht, 1996, S. 17.

168 Siehe den mit der EEA eingeführten Art. 8 a EGV: „Die Gemeinschaft trifft die erforderlichen Maßnahmen, um bis zum 31. Dezember 1992 ... den Binnenmarkt schrittweise zu verwirklichen. Der Binnenmarkt umfaßt einen Raum ohne Binnengrenzen, in dem der freie Verkehr von Waren, Personen, Dienstleistungen und Kapital gemäß den Bestimmungen dieses Vertrages gewährleistet ist.“

169 Einheitliche Europäische Akte, BGBl. 1986 II, S. 1104 – 1115. Zu den Arbeitsrechtsbestimmungen der EEA Leinemann, Die Zukunft des Arbeitsrechts im gemeinsamen Markt, ZIP 1989, S. 1224 – 1229; Zachert, ArbuR 1989, S. 161 – 167; Birk, Die Realisierung des europäischen Binnenmarktes 1992 und ihre Auswirkungen auf das Arbeitsrecht, NZA 1989, S. 329 – 334.

170 Groeben/Thiesing/Ehlermann – Schulte, Vorbemerkungen zu Art. 117 bis 127 und 129, Rn. 38.

171 Entwurf eines Vertrages zur Gründung der Europäischen Union vom 14. 2. 1984, ABl. EG 1984, C 77, S. 33 ff (sog. Spinelli-Entwurf).

schließlich der Beschäftigung, der Arbeitsbedingungen, des Koalitionsrechts und der Kollektivverhandlungen sowie der Mitbestimmung der Arbeitnehmer übertrug.[172] Demgegenüber enthielt das Weißbuch der Kommission zur Vollendung des Binnenmarktes[173] nur wenige Hinweise auf sozialpolitische Angelegenheiten und diese vor allem im Bereich der Arbeitnehmerfreizügigkeit.[174] Außerdem widersetzten sich einige Mitgliedsstaaten einem weiteren Voranschreiten im Bereich der Sozialpolitik.[175] Den Abschluß von Tarifverträgen betreffend hatte zum Beispiel die französische Delegation im November 1985 einen Vorschlag unterbreitet, nach dem Kollektivverträge, die von den Sozialpartnern in mindestens drei Mitgliedsstaaten abgeschlossen worden waren, vom Rat mit qualifizierter Mehrheit und auf Vorschlag der Kommission für die Gemeinschaft für allgemeinverbindlich erklärt werden könnten. Dieser Vorschlag war für einige Delegationen unannehmbar, die die volle Tarifautonomie der Sozialpartner bewahren wollten.[176]

Der schließlich zwischen den kontroversen Auffassungen im Bereich der Sozialpolitik gefundene Kompromiß bestand einerseits in einer weiterhin geübten Zurückhaltung des EWGV bei der Einräumung von Befugnissen im Bereich des Arbeits- und Sozialrechts und andererseits in einer Konkretisierung der sozialpolitischen Zielsetzung des EWGV.[177] Der „sozialen Dimension" sollte nach dem Willen der Mitgliedsstaaten bei der Verwirklichung des Binnenmarktes eine wichtige Rolle zukommen, unter anderem, um die Akzeptanz der Gemeinschaft bei ihren Bürgern zu steigern.[178] Demzufolge enthielt der durch die EEA eingefügte neue Art. 8 a EWGV[179] eine allgemeine Handlungsanweisung, um dem bisher unvollendeten gemeinsamen Markt auch auf arbeitsrechtlichem Gebiet einen neuen Anstoß zu geben.[180]

Konkrete Änderungen für den Arbeits- und Sozialbereich brachte die EEA durch Zuweisung neuer Kompetenzen im Bereich des Arbeitsschutzes gemäß Art. 118 a EWGV,[181] durch die Stärkung des Dialogs der Sozialpartner mit dem neu eingefügten

---

172 Siehe Art. 56 des Entwurfs. Außerdem enthielt der Entwurf in Art. 12 Abs. 2 Satz 2 bereits eine generelle Subsidiaritätsklausel; dazu Klein/Haratsch, DÖV 1993, S. 785 (790).

173 KOM (85) 310 endg. vom 14. 6. 1985; Groeben/Thiesing/Ehlermann – Schulte, Vorbemerkungen zu Art. 117 bis 127 und 129, Rn. 38.

174 KOM (85) 310 endg. vom 14. 6. 1985, III. S. 24, 25.

175 Groeben/Thiesing/Ehlermann – Schulte, Vorbemerkungen zu Art. 117 bis 127 und 129, Rn. 39.

176 Diesbezüglich machte die Kommission bei den Verhandlungen einen Kompromißvorschlag, der zum Text von Art. 118 b EWGV führte. Groeben/Thiesing/Ehlermann – Schulte, Vorbemerkungen zu Art. 117 bis 127 und 129, Rn. 40.

177 Kasseler Handbuch - Heinze, 11 Europarecht, Rn. 5; Krimphove, Europäisches Arbeitsrecht, 1996, S. 17.

178 Münchener Handbuch zum Arbeitsrecht – Birk, § 18, Rn. 179.

179 Art. 8 a EWGV: „Die Gemeinschaft trifft die erforderlichen Maßnahmen, um bis zum 31. Dezember 1992 gemäß dem vorliegenden Artikel, den Artikeln (...) unbeschadet der sonstigen Bestimmungen dieses Vertrages den Binnenmarkt schrittweise zu verwirklichen." Der Artikel wurde nach der Vollendung des Binnenmarktes gegenstandslos und ist im Zuge der Vertragsrevision von Maastricht wieder aus dem EWGV gestrichen worden.

180 Leinemann, ZIP 1989, S. 1224 (1225).

181 Art. 138 EGV n. F. ist an die Stelle des bisherigen Art. 118 a EGV getreten, gibt aber im wesentlichen Art. 3 des späteren Abkommens über die Sozialpolitik wieder.

Art. 118 b EWGV[182] und durch die Neuausrichtung des europäischen Sozialfonds im Rahmen der Politik des wirtschaftlichen und sozialen Zusammenhalts, Art. 130 a bis 130 e EWGV[183].[184]

Mit der Einführung des Art. 118 b EWGV[185] durch die EEA erhielt der soziale Dialog auf Gemeinschaftsebene seine erste gesetzliche Verankerung. Der Kommission wurde mit Art. 118 b EWGV aufgegeben, sich um die Entwicklung des Dialogs zwischen den Sozialpartnern auf europäischer Ebene zu bemühen, der, wenn diese es für wünschenswert hielten, zu vertraglichen Beziehungen führen könnte. Durch diese Veränderungen wurden die schon zuvor in Val Duchesse geführten Gespräche zwischen der Kommission und den auf europäischer Ebene organisierten Arbeitgeberverbänden[186] und Gewerkschaften,[187] sowie die zunehmende Beteiligung dieser Sozialpartner an den Vorarbeiten der Richtlinienentwürfe durch die Kommission[188] institutionell verankert und auf die Ebene des Primärrechts gehoben.[189] Damit wurde die bis dahin geübte Vernachlässigung der Sozialpartner sowie die Ignorierung der Tarifautonomie durch den EWGV ein Stück weit aufgehoben und der Grundstein zu einem kollektiven europäischen Arbeitsrecht gelegt.[190]. Unklar blieben jedoch die Funktion des Sozialen Dialogs und die Rolle, die den Gewerkschaften und Arbeitgeberverbänden bei der Schaffung des Sozialraums Europa zukommen sollte[191] sowie der genaue Regelungsinhalt der Norm.[192] Mit der herrschenden Meinung hatte Art. 118 b EGV jedoch

---

182 Art. 139 Abs. 1 EGV n. F.

183 Art. 146 bis 148 EGV n. F.

184 Grabitz/Hilf - Langenfeld/Jansen, Vorbemerkung zu Art. 117, Rn. 4; Krimphove, Europäisches Arbeitsrecht, 1996, S. 18 – 19; Schuster, EuZW 1992, S. 178 (179).

185 Art. 139 Abs. 1 EGV n. F.

186 Die Union der Industrie der Europäischen Gemeinschaft (UNICE) und die Europäische Zentrale der öffentlichen Wirtschaft (CEEP).

187 Der Europäische Gewerkschaftsbund (EGB).

188 Dieses Verfahren hatte die Kommission gewählt, um die Akzeptanz ihrer Regelungsvorschläge zu erhöhen und bereits im Vorfeld Kritik zu absorbieren. Diese „Änderung" des vertraglich vorgesehenen Rechtssetzungsverfahrens wurde später im Abkommen über die Sozialpolitik (Art.3 AbkSozP (Art. 138 EGV n.F.)) vertraglich verankert. Siehe Weiss, Festschrift für Albert Gnade, 1992, S. 583 (585 – 586); siehe dazu auch 1. Teil, B., V., 5., S. 33.

189 Bleckmann – Coen, Europarecht, 1997, Rn. 2508; Blank, Festschrift für Albert Gnade, 1992 S. 649 (649); Weiss, Festschrift für Albert Gnade, 1992, S. 583 (586).

190 Krimphove, Europäisches Arbeitsrecht, 1996, S. 18; Münchener Handbuch des Arbeitsrechts – Birk, § 18, Rn. 179.

191 Weiss, Festschrift für Albert Gnade, 1992, S. 583 (586). Während der Soziale Dialog von der Arbeitgeberseite zum bloßen Forum für Gedankenaustausch heruntergespielt wurde, wollte ihn die Gewerkschaftsseite zu einer Institution aufwerten, deren primäre Aufgabe es sein sollte, verbindliche Vereinbarungen zu treffen.

192 Diskutiert wurde, ob Art. 118 b EGV bereits als Rechtsgrundlage für den Abschluß von Tarifverträgen auf europäischer Ebene anzusehen war (Däubler, in Heinemann, Möglichkeiten und Grenzen europäischer Tarifverträge, 1991, S. 16 – 32 (19) und Däubler, EuZW 1992, S. 329 (331), nach dessen Auffassung sich zumindest effektiv zustande gekommene Vereinbarungen durchaus auf diese Vorschrift stützen lassen könnten) oder zumindest als Ermächtigungsgrundlage für die Gemeinschaft zur Schaffung eines supranationalen Tarifvertragsrechts betrachtet werden könnte (Bleckmann – Coen, Europarecht, 1997, Rn. 2512 leitet aus der Verpflichtung

lediglich den Charakter eines bloßen Programmsatzes, durch den weder neue Befugnisse für die europäischen Sozialpartner noch für die Gemeinschaft entstanden waren.[193] Er enthielt vielmehr eine unverbindliche Aufforderung an die Tarifparteien, der Ausübung ihrer Autonomie eine europäische Dimension zu geben.[194] Für diese Auffassung spricht nicht zuletzt die Streichung dieses Artikels durch den Vertrag von Amsterdam. Die in allen Mitgliedsstaaten in unterschiedlicher Ausprägung bestehende Normsetzungsprärogative der Sozialpartner[195] fand auf europäischer Ebene damit immer noch kein Pendant.

Im Ergebnis hat die EEA keine grundsätzlichen Änderungen der Gestaltungsmöglichkeiten im Sozialbereich gebracht.[196] Es blieb gemäß Art. 117 Abs. 2 EWGV[197][198] bei der „Kompromißphilosophie",[199] daß das Voranschreiten der europäischen Integration im Bereich des Arbeitsrechts sowohl durch Mindestvorschriften in einigen wenigen Bereichen als auch durch die marktmäßigen Wirkungen der allgemeinen Wirtschaftspolitik erreicht werden sollte. Gleichwohl wurde in der Folgezeit der sozialen Dimension wachsende Bedeutung geschenkt.[200] Die Existenz eines europäischen Arbeits- und Sozialrechts ist seitdem nicht mehr in Frage gestellt worden.

2. Die Gemeinschaftscharta sozialer Grundrechte von 1989[201]

Die Kommission nahm die von der EEA ausgehenden Impulse zur Wiederbelebung des arbeitsrechtlichen Integrationsprozesses auf und veröffentlichte am 14. September

---

der Kommission in Art. 118 b EGV die Verpflichtung der EG her, den Sozialpartnern ein gemeinschaftliches Tarifvertragsrecht zur Verfügung zu stellen). Zu diesem Streitpunkt auch Junker, JZ 1994, S. 277 (279); Blank, Festschrift für Albert Gnade, 1992, S. 649 (650); Wank RdA 1995, S. 10 (18 – 19).

193 EAS – Preis/Bütefisch, B 1100, Rn. 47; Krimphove, Europäisches Arbeitsrecht, 1996, S. 263; Wank, RdA 1995, S. 10 (19 und Fn. 108); nach Grabitz/Hilf – Langenfeld/Jansen, Art. 118b EGV, Rn. 2, 3 wurden der Kommission durch diese Norm zwar das Recht zu verfahrensmäßigen Vorkehrungen eingeräumt, aber auch sie sehen in Art. 118 b EGV lediglich einen Programmsatz; ähnlich Groeben/Thiesing/Ehlermann – Schulte, Vorbemerkungen zu Art. 117 bis 127 und 129, Rn. 40; Hauschka, RIW 1992, S. 81 (89).

194 Wank, RdA 1995, S. 10 (19).

195 Münchener Handbuch des Arbeitsrechts – Birk, § 18, Rn. 19.

196 Grabitz/Hilf – Langenfeld/Jansen, Vorbemerkung zu Art. 117, Rn. 4.

197 Art. 136 Abs. 3 EGV n. F.

198 Kasseler Handbuch - Heinze, 11 Europarecht, Rn. 5; Oppermann, Europarecht, 1991, Rn. 1550; Windbichler, RdA 1992, S. 74 (77).

199 Oppermann, Europarecht, 1991, Rn. 1550.

200 Grabitz/Hilf - Langenfeld/Jansen, Vorbemerkung zu Art. 117, Rn. 4.

201 Gemeinschaftscharta der Sozialen Grundrechte der Arbeitnehmer vom 9. Dezember 1989, Sartorius II, 190 = KOM (89) 248 endg. vom 30. 5. 1989; dazu Clever, Gemeinschaftscharta sozialer Grundrechte und soziales Aktionsprogramm der EG-Kommission - Zwischenbilanz und Ausblick, in ZfSH/SGB 1990, S. 225 – 235; Ketelsen, Die soziale Dimension des Binnenmarktes - Gemeinschaftscharta der sozialen Grundrechte der Arbeitnehmer und Aktionsprogramm der EG - Kommission, DAngVers 1990, S. 139 – 144.

1988 ihr Dokument zur sozialen Dimension des Binnenmarktes.[202] Damit ging die Wiederholung des Satzes aus dem Jahr 1972 auf dem Gipfel in Madrid 1989 einher, daß dem Vorangehen im sozialpolitischen Bereich die gleiche Bedeutung zukommen müsse wie der Verwirklichung der Wirtschafts- und Währungsunion.[203] In konsequenter Weiterführung der wieder aufkeimenden Entwicklung des europäischen Arbeitsrechts legte die Kommission ihren Entwurf für eine Gemeinschaftscharta der sozialen Grundrechte vor.[204] Leitbilder des Entwurfs waren die am 18. Oktober 1961 in Turin verabschiedete Europäische Sozialcharta als Übereinkommen der Internationalen Arbeitsorganisation[205] und die am 4. November 1950 vereinbarte Konvention zum Schutz der Menschenrechte und Grundfreiheiten.[206] An dem Widerstand des Vereinigten Königreichs gegen die Unterzeichnung einer Gemeinschaftscharta zeigte sich jedoch, daß der erneute Wunsch nach einer arbeitsrechtlichen Integration nicht mehr von allen Mitgliedsstaaten getragen wurde.[207] Mit seiner Weigerung, sich an der Charta zu beteiligen, leitete Großbritannien seine fast ein Jahrzehnt dauernde Abwesenheit von der Arbeits- und Sozialpolitik der Gemeinschaft ein. Gleichwohl wurde am 9. Dezember 1989 in Straßburg unter der engagierten Führung von Kommissionspräsident Jacques Delors die „Gemeinschaftscharta der Sozialen Grundrechte der Arbeitnehmer“[208] von elf der damals zwölf Mitgliedsstaaten angenommen. Mit ihr wurde zum erstenmal im Rahmen der Europäischen Gemeinschaft ein umfassendes Arbeitsrecht geregelt.

Inhaltlich soll die Charta der Verbesserung der Lebens- und Arbeitsbedingungen dienen und den sozialen Konsens der Mitgliedsstaaten fördern.[209] Letzterer wird als essentielle Voraussetzung für eine positive Wirtschaftsentwicklung angesehen. Titel I der Charta nennt in zwölf Abschnitten die sozialen Grundrechte der Arbeitnehmer. Nach Unterpunkt neun sollen die Arbeitsbedingungen durch Tarifvertrag oder in einem Individualarbeitsvertrag geregelt werden. In Punkt elf wird die positive und negative Koalitionsfreiheit garantiert. Unterabschnitt zwölf gewährt das Recht zum Aushandeln und Abschließen von Tarifverträgen. Der Ausbau eines europaweiten

---

202 Kommission der Europäischen Gemeinschaften, Soziales Europa 1988, Sondernummer: Die soziale Dimension des Binnenmarktes (Zwischenbericht der interdirektionalen Gruppe). Die Gruppe ist zu der Auffassung gelangt, daß die Berücksichtigung der sozialen Dimension des Binnenmarktes ein entscheidendes Erfolgsmoment für seine Verwirklichung ist, (S. 7 des Dokuments).

203 Blanpain/Schmidt/Schweibert, Europäisches Arbeitsrecht, 1996, Rn.195.

204 Entwurf für eine Gemeinschaftscharta der sozialen Grundrechte, KOM (89) 248 endg. vom 30. 5. 1989. Die Erklärung wurde in den Erwägungsgründen der Charta erneut aufgegriffen.

205 Für die Bundesrepublik Deutschland BGBl. II, 1964, S. 1262 – 1286 = Sartorius II, 115.

206 Für die Bundesrepublik Deutschland zuerst BGBl. II, 1952, S. 686 – 700 = Sartorius II, 130.

207 Groben/Thiesing/Ehlermann – Schulte, Vorbemerkungen zu Art. 117 bis 127 und 129, Rn. 45.

208 Sartorius II, 190 = KOM (89) 248 endg. vom 30. 5. 1989.

209 Präambel der Charta, erster Erwägungsgrund: „Die Mitgliedsstaaten sind sich nach Art. 117 EWG-Vertrag über die Notwendigkeit einig, auf eine Verbesserung der Lebens- und Arbeitsbedingungen der Arbeitnehmer hinzuwirken und dadurch auf dem Wege des Fortschritts ihre Angleichung zu ermöglichen.“ Zum Inhalt der Charta siehe den umfassenden Überblick bei Blanpain/Schmidt/Schweibert, Europäisches Arbeitsrecht, 1996, Rn. 127 ff.

Dialogs zwischen den Sozialpartnern auch auf branchenübergreifender und sektoraler Ebene ist erwünscht. Nach Punkt dreizehn dürfen bei Interessenkonflikten Kollektivmaßnahmen, zu denen auch der Streik gehört, ergriffen werden. Zur Beilegung von Arbeitsstreitigkeiten sollen Vermittlungs-, Schlichtungs- und Schiedsverfahren eingerichtet werden. Die Punkte siebzehn und achtzehn schließlich sprechen die Notwendigkeit der Weiterentwicklung des Rechts der Arbeitnehmer an, vor der Durchführung nachhaltig beeinflussender unternehmerischer Maßnahmen von der Unternehmensleitung informiert zu werden.[210]

Indem die Charta einerseits auf das Recht verweist, unter den Bedingungen der einzelstaatlichen Rechtsvorschriften und Gepflogenheiten Tarifverträge auszuhandeln und abzuschließen, andererseits aber auf den Sozialen Dialog auf europäischer Ebene verweist, unterscheidet sie zwischen Tarif- beziehungsweise Kollektivverträgen auf nationaler Ebene und Vertragsverhältnissen im Rahmen des Sozialen Dialogs auf europäischer Ebene. Ein Tarifvertragssystem auf europäischer Ebene ist daher nach der Gemeinschaftscharta nicht vorgesehen.[211]

Die Charta hat jedoch nicht den Rang verbindlichen primären Gemeinschaftsrechts. Da sie in Form einer Erklärung der Staats- und Regierungschefs verabschiedet wurde, kommt ihr keine unmittelbare Rechtswirkung zu, und ihre Regelungen sind nicht gerichtlich einklagbar.[212] Sie ist als politische Absichtserklärung der unterzeichnenden Staaten zu betrachten, sich auf die in der Charta genannten Ziele zu verpflichten.[213] Nach ihrer Präambel und den in Titel II getroffenen Regelungen zu ihrer Anwendung hat die Charta keine neuen verbindlichen Rechtsgrundlagen für ein Tätigwerden der Gemeinschaft geschaffen und damit nicht zu einer Erweiterung ihrer Kompetenzen geführt.[214] Auch gibt sie den Arbeitnehmern, deren Vertretungen, den Gewerkschaften, Arbeitgebern und Arbeitgeberverbänden keine eigenen Rechtspositionen oder einklagbare Ansprüche.[215] Eine verbindliche Rechtsposition des kollektiven Arbeitsrechts ist daher auch durch die Charta nicht festgelegt worden.[216]

Dennoch ist sie für das europäische Gemeinschaftsrecht nicht ohne Belang. Seit dem Beitritt Großbritanniens liegt den Regelungen der Charta ein von allen Mitgliedsstaaten unterzeichneter Vertrag zugrunde. Die beschriebenen sozialen Grundrechte sind daher als allgemeine Grundsätze des Gemeinschaftsrechts sowohl bei der Ausle-

---

210 Krimphove, Europäisches Arbeitsrecht, 1996, S. 262.

211 Blank, Festschrift für Albert Gnade, 1992, S. 649 (653).

212 Grabitz/Hilf – Langenfeld/Jansen, Vorbemerkung zu Art. 117, Rn. 5; Schuster, EuZW 1992, S. 178 (179); Erdmann, in: Birk/Erdmann/Lampert/Muhr, Feierliche Sozialpolitik für Europa, 1991, S. 41 – 61 (43, 44, 52); Krimphove, Europäisches Arbeitsrecht, 1996, S. 23; Klinkhammer, in: Heinemann, Das kollektive Arbeitsrecht in der Europäischen Gemeinschaft, 1991, S. 11 (12).

213 Hepple, CLLJ 1990 S. 425 (425); Groeben/Thiesing/Ehlermann – Schulte, Vorbemerkungen zu Art. 117 bis 127 und 129, Rn. 45; Krimphove, Europäisches Arbeitsrecht, 1996, S. 23.

214 Blanpain/Schmidt/Schweibert, Europäisches Arbeitsrecht, 1996, Rn. 198, 199.

215 Kasseler Handbuch – Heinze, 11 Europarecht, Rn. 5; Krimphove, Europäisches Arbeitsrecht, 1996, S. 261.

216 Krimphove, Europäisches Arbeitsrecht, 1996, S. 263.

gung von verbindlichen Rechtsakten durch den Europäischen Gerichtshof als auch bei deren Anwendung sowie bei der Weiterentwicklung des Gemeinschaftsrechts zu beachten.[217] Die Charta erhält auf diese Weise mittelbare Rechtsverbindlichkeit und ist als grundlegende Norm für das kollektive Europäische Arbeitsrecht zu bewerten.[218]

3. Das Aktionsprogramm der Kommission zur Anwendung der Gemeinschaftscharta

Am 29. November 1989 verabschiedete die Kommission ihr „Aktionsprogramm der Kommission der europäischen Gemeinschaften zur Anwendung der Gemeinschaftscharta der sozialen Grundrechte",[219] das von allen Mitgliedsstaaten, die die Charta unterzeichnet hatten, gebilligt wurde.[220] Die in der Gemeinschaftscharta niedergelegten Ziele und politischen Absichtserklärungen erhielten durch das Programm erhebliches Gewicht.[221] Von ihm gingen wichtige Impulse für die weitere Sozialgesetzgebung der Gemeinschaft aus.[222] Das Aktionsprogramm enthielt mit einem umfangreichen Maßnahmenkatalog, der circa zwanzig Vorschläge für verbindliche Rechtsakte und für etwa dreißig weitere Maßnahmen machte und für die folgenden Jahre noch weitere Schritte ankündigte, ein weitreichendes Arbeitsprogramm.[223] Nahezu die Hälfte der Vorschläge betraf Maßnahmen des Arbeitsschutzes nach Art. 118 a EWGV[224].[225] Für andere wichtige Themen, wie etwa das Koalitionsrecht, das in der Charta angesprochen worden war,[226] wurden dagegen angesichts einer fehlenden Gemeinschaftskompetenz keinerlei verbindliche Rechtsakte angekündigt.[227] Allerdings kündigte die Kommission eine Mitteilung über die Weiterentwicklung der Tarifverhandlungen einschließlich der Tarifverträge auf europäischer Ebene und insbesondere der Verfahren zur Beilegung von Arbeitskonflikten sowie die weitere enga-

---

217 Grabitz/Hilf – Langenfeld/Jansen, Vorbemerkung zu Art. 117 EGV, Rn. 5; Kasseler Handbuch – Heinze, 11 Europarecht, Rn. 6; Heinze, Festschrift für Otto Rudolf Kissel, 1994, S. 363 (379); Krimphove, Europäisches Arbeitsrecht, 1996, S. 24.

218 Krimphove, Europäisches Arbeitsrecht, 1996, S. 262.

219 Mitteilung der Kommission über ihr Aktionsprogramm zur Anwendung der Gemeinschaftscharta der sozialen Grundrechte, KOM (89) 568 endg. vom 29. 11. 1989.

220 Großbritannien schloß sich konsequenterweise auch dem Aktionsprogramm nicht an.

221 Krimphove, Europäisches Arbeitsrecht, 1996, S. 22; Schuster, EuZW 1992, S. 178 (179).

222 Grabitz/Hilf- Langenfeld/Jansen, Vorbemerkung zu Art. 117 EGV, Rn. 5.

223 Kasseler Handbuch – Heinze, 11 Europarecht, Rn. 6; Krimphove, Europäisches Arbeitsrecht, 1996, S. 22.

224 Art. 138 EGV n. F.

225 Grabitz/Hilf - Langenfeld/Jansen, Vorbemerkung zu Art. 117 EGV, Rn. 5.

226 In Art. 5 und 6 hatte die europäische Sozialcharta die Unterzeichnerstaaten verpflichtet, das Koalitionsrecht für Arbeitgeber und Arbeitnehmer und das Recht zum Abschluß von Kollektivvereinbarungen anzuerkennen und zu fördern. Nach Krimphove, Europäisches Arbeitsrecht, 1996, S. 22, 261 fand sich hier bereits die erste gesetzliche Verankerung der Sozialpartner auf europäischer Ebene.

227 Groeben/Thiesing/Ehlermann – Schulte, Vorbemerkungen zu Art. 117 bis 127 und 129, Rn. 48.

gierte Vorantreibung des Sozialen Dialogs an.[228] Anfang 1991 hatte sie die meisten der Vorschläge für verbindliche Rechtsakte vorgelegt, die größtenteils in gesetzgeberische Maßnahmen umgesetzt werden konnten.[229] Obwohl die Gemeinschaftscharta der sozialen Grundrechte und das zu ihrer Umsetzung aufgestellte Aktionsprogramm keinen verbindlichen Rechtscharakter haben, legten sie als „Prinzipienerklärungen" doch die zukünftigen Standards fest, die an die Ausgestaltung eines einheitlichen europäischen Arbeitsrechts zu stellen sind[230] und prägen das sozialpolitische Programm der Gemeinschaft bis heute.[231] Durch die Aufnahme der Charta in die Präambel des EUV und in Art. 136 Abs. 1 EGV n. F. ist ihr mit dem Vertrag von Amsterdam endlich ein offizieller Stellenwert im Primärrecht eingeräumt worden.

4. Der Vertrag über die Europäische Union 1993

Um das Europäische Primärrecht erneut zu reformieren und den Integrationsprozeß weiter voranzutreiben, wurden im Dezember 1990 in Rom zwei Regierungskonferenzen zu den Themen der Wirtschafts- und Währungsunion und der politischen Union eröffnet. Nach einjährigen schwierigen Verhandlungen, die unter anderem von der Auseinandersetzung zwischen dem Vereinigten Königreich und den kontinentaleuropäischen Mitgliedsstaaten über ein fortschrittlicheres Profil der europäischen Gemeinschaft in sozialen Angelegenheiten beherrscht wurden,[232] beschloß der Europäische Rat am 9. und 10. Dezember 1991 in Maastricht den Vertrag über die Europäische Union.[233] Er wurde am 7. Februar 1992 unterzeichnet und trat nach verschiede-

---

228 Mitteilung der Kommission über ihr Aktionsprogramm zur Anwendung der Gemeinschaftscharta der sozialen Grundrechte, KOM (89) 568 endg. vom 29. 11. 1989, S. 30, 31.

229 Groeben/Thiesing/Ehlermann – Schulte, Vorbemerkungen zu Art. 117 bis 127 und 129, Rn. 48; Krimphove, Europäisches Arbeitsrecht, 1996, S. 22; Grabitz/Hilf - Langenfeld/Jansen, Vorbemerkung zu Art. 117 EGV, Rn. 5; Blanpain/Schmidt/Schweibert, Europäisches Arbeitsrecht, 1996, Rn. 208. Zu den Vorhaben der Kommission siehe das Arbeitsprogramm der Kommission für 1991, abgedruckt in: Bulletin der Europäischen Gemeinschaften, Beilage 1/1991, (S. 15 – 28).

230 Krimphove, Europäisches Arbeitsrecht, 1996, S. 24.

231 Schuster, EuZW 1992, S. 178 (179 und Fn. 19): In vielen neueren Rechtsakten oder Vorschlägen zu solchen wurden Charta und Aktionsprogramm trotz des bisherigen routinemäßigen Protestes Großbritanniens in den Erwägungsgründen zitiert. Siehe Vorschlag für eine Empfehlung des Rates zur Kinderbetreuung, KOM (91) 233 endg. vom 28. 8. 1991, S. 13; Vorschlag für eine Empfehlung des Rates zur Förderung der Beteiligung der Arbeitnehmer an den Gewinn- und Betriebsergebnissen (einschließlich Kapitalbeteiligung), KOM (91) 259 endg. vom 3. 9. 1991, S. 30; Geänderter Vorschlag für eine Richtlinie des Rates über die Einsetzung europäischer Betriebsräte zur Information und Konsultation der Arbeitnehmer in gemeinschaftsweit operierenden Unternehmen und Unternehmensgruppen, KOM (91) 345 endg. vom 16. 9. 1991, S. 7 des Dokuments, S. 1 des geänderten Vorschlags.

232 Klein/Haratsch, DÖV 1993, S. 785 (786); Blanpain/Schmidt/Schweibert, Europäisches Arbeitsrecht, 1996, Rn. 6; Schulz, SF 1992, S. 79 (79).

233 Vertrag über die Europäische Union vom 7. 2. 1992, ABl. EG 1992, C 191, S. 1, geändert durch Beitrittsvertrag mit Österreich, Finnland und Schweden in der Fassung des Beschlusses des Rates der Europäischen Union vom 1. 1. 1995 zur Anpassung der Dokumente betreffend den Beitritt neuer Mitgliedsstaaten zur Europäischen Union, ABl. EG 1995, L 1, S. 1. = Sartorius II,

nen Ratifikationsproblemen am 1. November 1993 in Kraft. Durch die Anhebung des europäischen Integrationsprozesses „auf eine neue Stufe“[234], wurde ein Stadium erreicht, das weit über den bisherigen Stand einer wirtschaftlichen Gemeinschaft in Europa hinausgeht.[235] Mit der Gründung der Europäischen Union, die als gemeinsames Dach gemäß Art. A Abs. 3 Satz 1 EUV a. F.[236] über den drei Gemeinschaftsverträgen und den beiden neu aufgenommenen Politikbereichen der gemeinsamen Außen- und Sicherheitspolitik (GASP)[237] und Justiz und Inneres[238] steht,[239] wurde die ehemals nur an rein wirtschaftlichen Zielen orientierte Gemeinschaft der europäischen Mitgliedsländer zu einer umfassenden politischen Union ausgeweitet.[240] Mit der Übertragung zahlreicher neuer Kompetenzen und der Erweiterung und Konkretisierung bisheriger Zuständigkeiten[241] wurde eine qualitativ neue Entwicklung eingeleitet. Dies wird nicht zuletzt an der Umbenennung des EWGV in den Europäischen Gemeinschaftsvertrag (EGV) deutlich.

Als Kernstück des EUV wurde die stufenweise Verwirklichung der Wirtschafts- und Währungsunion (WWU) festgelegt.[242] Durch Art. 3 b Abs. 2 EGV a. F.[243] wurde das Subsidiaritätsprinzip zum verbindlichen Strukturprinzip für die europäische Integration gemacht, das im EUV nochmals bekräftigt wurde[244] und das für die Bundesrepublik Deutschland durch Art. 23 Abs. 1 GG zum verfassungsgerichtlich überprüfbaren Element geworden ist. Ziel des Subsidiaritätsprinzips ist es, einer drohenden gemeinschaftlichen Zentralisierung entgegenzuwirken und die Entscheidungen der Gemeinschaft möglichst bürgernah zu treffen.

Der Bereich der Sozialpolitik wurde durch die Aufnahme des Begriffs des sozialen Fortschritts in die Präambel des EUV,[245] die Aufnahme des sozialen Fortschritts und des sozialen Zusammenhalts als neue Zielsetzung in die gemeinsamen Bestimmungen[246] und durch die Aufnahme der Sozialpolitik als Tätigkeitsfeld der Gemeinschaft in Art. 3 Lit. i EGV a. F.[247] allgemein aufgewertet.[248] Die Bestimmungen in Art. 117

---

145. Im folgenden auch EUV oder Maastrichter Vertrag.

234 Titel I Art. A Abs. 2 EUV a. F.; Krimphove, Europäisches Arbeitsrecht, 1996, S. 24.

235 Heinze, Festschrift für Otto Rudolf Kissel, 1994, S. 363 (366); Klein/Haratsch, DÖV 1993, S. 785 (787, 788); Blanpain/Schmidt/Schweibert, Europäisches Arbeitsrecht, 1996, Rn. 22; Blanke, DÖV 1993, S. 412 (415, Fn. 48). Die Europäische Union selbst ist nicht rechtsfähig.

236 Art. 1 Abs. 3 S. 1 EUV n. F.

237 Titel V Art. J – J. 11 EUV a. F., Art. 11 – 28 EUV n. F.

238 Titel VI Art. K – K. 9 EUV a. F., Art. 29 – 42 EUV n. F.

239 Zu den zahlreichen Änderungen Klein/Haratsch, DÖV 1993, S. 785 (788 ff); Bleckmann, DVBL 1992, S. 335 (336); Ress, JuS 1992, S. 985 (987).

240 Krimphove, Europäisches Arbeitsrecht, 1996, S. 24.

241 Bleckmann, DVBl 1992, S. 335 (338).

242 Art. 3 a i. V. m. Art. 102 a bis Art. 109 m EGV a. F., Art. 4 i. V. m. Art. 98 - 124 EGV n. F.

243 Art. 5 Abs. 3 EGV n. F.

244 Präambel des EUV, 11. Erwägungsgrund; Art. A Abs. 2 EUV und Art. B Abs. 2 EUV; Siehe auch Heinze, Festschrift für Otto Rudolf Kissel, 1994, S. 363 (364, 365).

245 Präambel, siebter Erwägungsgrund a. F., Präambel, 8. Erwägungsgrund n. F.

246 Titel I Art. B 1. Spiegelstrich, Art. 2 EUV 1. Spiegelstrich n. F.

247 Art. 3 Lit. j EGV n. F.

248 Wank, RdA 1995, S. 10 (13).

bis Art. 122 EGV a. F.[249] als eigentliche sozialpolitische Vorschriften sind durch den Maastrichter Vertrag jedoch weitgehend unberührt geblieben.[250] Zwar hatten die dem EUV vorausgehenden Entwürfe den Abschluß von Kollektivverträgen auf europäischer Ebene aufgegriffen, und auch die Sozialpartner erklärten sich mit einer Ausweitung in diesem Bereiche einverstanden.[251] Durch das „opting out“[252] der Briten konnte aber letztlich über eine gemeinsame Bekräftigung des im sozialpolitischen Bereich erreichten acquis communautaire hinaus keine Einigung zwischen allen damaligen zwölf Mitgliedsstaaten über eine Ausweitung der gemeinsamen Sozialpolitik mit einer Erweiterung der Gemeinschaftskompetenzen erzielt werden.[253] Statt dessen kamen die zwölf Mitgliedsstaaten überein, daß nur elf von ihnen einen gemeinsamen Weg verfolgen und eine fortschrittlichere Sozialpolitik einführen würden.[254]

5. Das Abkommen über die Sozialpolitik

Ergebnis dieses Kompromisses war das von allen Mitgliedsstaaten unterzeichnete vierzehnte Protokoll über die Sozialpolitik, welches das „Abkommen zwischen den Mitgliedsstaaten der Europäischen Gemeinschaft mit Ausnahme des Vereinigten Königreichs Großbritannien und Nordirland über die Sozialpolitik“ enthielt. Es war gemäß Abschnitt II Abs. 2 der Schlußakte zum EUV dem EGV beigefügt und wurde somit gemäß Art. 239 EGV a. F.[255] dessen Bestandteil. Auf diese Weise blieb Großbritannien auf dem sozialpolitischen Niveau der EEA stehen, während die übrigen elf Mitgliedsstaaten und ab 1995 die neuen Mitgliedsstaaten mit Zustimmung Großbritanniens ermächtigt wurden, im Rahmen des Abkommens den durch die Gemeinschaftscharta sozialer Grundrechte vorgezeichneten Weg weiterzubeschreiten.[256] Zu

---

249 Art. 136 – 145 EGV n. F.

250 Grabitz/Hilf - Langenfeld/Jansen, Vorbemerkung zu Art. 117 EGV, Rn. 6; Klein/Haratsch, DÖV 1993, S. 785 (795); zu den geringfügigen Änderungen Wank, RdA 1995, S. 10 (13): Art. 118 a EGV wurde an das neu eingeführte Abstimmungsverfahren gem. Art. 189 c EGV angepaßt.

251 Kasseler Handbuch – Heinze, 11 Europarecht, Rn. 132.

252 Der Begriff des „opting out“ wird in diesem Zusammenhang unterschiedlich verwendet: Einerseits könnte der hier gefundene Kompromiß als „opting in“ bezeichnet werden, da Großbritannien in jedem Einzelfall entscheiden könne, ob es einer Regelung nach dem Abkommen zustimmen will. Schulz, SF 1992, S. 79 (80) spricht dagegen von „opting in“ der elf Staaten des Abkommens in eine gemeinsame Sozialpolitik. Da Großbritannien jedoch die Möglichkeit hatte, bei einer gemeinsamen Sozialpolitik mitzumachen, hat es durch die Ablehnung ein „generelles opting out“ bezüglich der Sozialpolitik ausgesprochen. So auch Rademacher, Der europäische Betriebsrat, 1996, S. 24.

253 Blanpain/Schmidt/Schweibert, Europäisches Arbeitsrecht, 1996, Rn. 6 und 123; Grabitz/Hilf – Langenfeld/Jansen, Vorbemerkung zu Art. 117, Rn. 6; Schuster, EuZW 1992, S. 178 (180).

254 Blanpain/Schmidt/Schweibert, Europäisches Arbeitsrecht, 1996, Rn. 6; Schulz, SF 1992, S. 79 (79).

255 Art. 311 EGV n. F.

256 Wank, RdA 1995, S. 10 (13); Krimphove, Europäisches Arbeitsrecht, 1996, S. 25. Nach Rademacher, Der Europäische Betriebsrat, 1996, S. 24 nahmen die neuen Mitglieder Finnland, Österreich und Schweden das Abkommen und das Protokoll zugleich mit ihrem Beitritt zum 1. Januar 1995 an.

diesem Zweck konnten die Abkommensmitgliedstaaten die Organe, Verfahren und Mechanismen der Europäischen Gemeinschaft in Anspruch nehmen.[257] Den Mitgliedsstaaten des Abkommens gelang es so erstmals, die rechtlich unverbindlichen Zielsetzungen der Gemeinschaftscharta der sozialen Grundrechte und des Aktionsprogramms in verbindliches Primärrecht umzusetzen[258] und einen weiteren großen Schritt auf dem Weg zu einer „Sozialunion" zu gehen.[259]

Neben den weiterhin geltenden bisherigen Vorschriften der Art. 117 bis 122 EGV a. F.[260] entstand so „eine neue soziale Dimension der Gemeinschaft".[261] Der Preis dafür war das Entstehen eines „Europas der zwei Geschwindigkeiten"[262] mit einer komplizierten Zweiteilung der Rechtsgrundlagen europäischer Arbeits- und Sozialpolitik.[263] Diese Zweiteilung warf erhebliche Rechtsfragen auf, die nicht nur die Rechtsnatur des Abkommens, sein formell gültiges Zustandekommen und seine Vereinbarkeit mit dem EGV,[264] sondern auch seinen Inhalt betrafen.[265] Da die meisten Fragen, die mit der Zweiteilung der Rechtsgrundlagen zusammenhingen, mit der Aufnahme der Regelungen in den EGV durch den Vertrag von Amsterdam obsolet geworden sind, findet eine eingehende Untersuchung hier nicht mehr statt.

Inhaltlich erfuhr die Ausgestaltung der Sozialpolitik im wesentlichen zwei bedeutende Neuerungen. Dies waren die Ausdehnung der Kompetenzen der Gemeinschaft auf nahezu alle Kernbereiche des Arbeitsrechts, in denen ihr die Befugnis zur Rechtssetzung eingeräumt wurde, und die verstärkte Einbindung der Sozialpartner in die Gemeinschaftstätigkeiten.[266] Da die neuen Regelungen mit dem Vertrag von Amsterdam inhaltlich weitgehend unverändert in den EGV übernommen wurden und im dritten und vierten Teil dieser Arbeit noch näher analysiert werden, wird nachfolgend nur ein kurzer Überblick gegeben.

---

257 Protokoll über die Sozialpolitik, Ziffer 1.

258 Krimphove, Europäisches Arbeitsrecht, 1996, S. 25; Heinze, Festschrift für Otto Rudolf Kissel, 1994, S. 363 (378, 379).

259 Bleckmann, DVBl 1992, S. 335 (339); Klein/Haratsch, DÖV 1993, S. 785 (795).

260 Art. 136 - 145 EGV n. F.

261 Blanpain/Schmidt/Schweibert, Europäisches Arbeitsrecht, 1996, Rn. 6; Wank, RdA 1995, S. 10 (13).

262 „à deux vitesses", EAS – Schwarze, B 8100, Rn. 6; Blanpain/Schmidt/Schweibert, Europäisches Arbeitsrecht, 1996, Rn. 11; Schuster, EuZW 1992, S. 178 (178); Steinmeier, VSSR 1996, S. 49 (58); Coen, EuZW 1995, S. 50 (51) spricht auch von einer abgestuften sozialen Integration.

263 EAS – Schwarze, B 8100, Rn. 6: so wurde zum Beispiel der Soziale Dialog sowohl in Art. 118 b EGV als auch in Art. 3 und 4 AbkSozP geregelt.

264 Zu den „formellen Fragen": Schuster, EuZW 1992, S. 178 (181 ff); Wank, RdA 1995, S. 10 (14 ff); Krimphove, Europäisches Arbeitsrecht, 1996, S. 29/30; zur Rechtsnatur des Abkommens auch Rademacher, Der Europäische Betriebsrat, 1996, S. 26 ff; Kampmeyer, Protokoll und Abkommen, 1998, S. 151 ff; Bercusson, ILJ 1994, S. 1 (1 – 9).

265 Kasseler Handbuch – Heinze, 11 Europarecht, Rn.7 – 10; Weiss, Festschrift für Albert Gnade, 1992, S. 583 (594); Diskussionsbericht nach Coen, RdA 1992, S. 74.

266 Däubler, EuZW 1992, S. 329 (329); Wank, RdA 1995, S. 10 (13).

In Art. 1 AbkSozP a. F.[267] verpflichteten sich die Mitglieder des Abkommens in einem umfangreichen Zielekatalog zur Förderung der Beschäftigung, zur Verbesserung der Lebens- und Arbeitsbedingungen, zur Herstellung eines angemessenen sozialen Schutzes, zur Förderung des Sozialen Dialogs, zur Entwicklung des Arbeitskräftepotentials im Hinblick auf ein dauerhaft hohes Beschäftigungsniveau und zur Bekämpfung von Ausgrenzungen. Zur Verwirklichung dieser Ziele wurden der Gemeinschaft durch Art. 2 AbkSozP a. F.[268] neue, weit über die bisherigen EWG-vertraglichen Regelungen hinausgehende Kompetenzen zum Erlaß von Richtlinien im arbeitsrechtlichen Bereich zugewiesen. Beschränkt wurde dieses nunmehr breite Mandat in sozialen Fragen[269] durch die Verpflichtung zur Wahrung der nationalen Vielfalt und zur Erhaltung der Wettbewerbsfähigkeit gemäß Art. 1 Satz 2 AbkSozP[270] sowie durch den „Ländervorbehalt" gemäß Art. 2 Abs. 5 AbkSozP a. F.,[271] der den Mitgliedsstaaten das ausdrückliche Recht einräumte, strengere Schutzmaßnahmen beizubehalten oder zu treffen. Für die neu geschaffenen Kompetenzen galten je nach Themenbereich abgestufte Mehrheitsverhältnisse und das Gesetzgebungsverfahren der Zusammenarbeit oder das Vorschlagsverfahren.[272]

Die zweite entscheidende Neuerung, die Stärkung der Rolle der Sozialpartner, ging erheblich auf das „historische" Abkommen zwischen UNICE, CEEP und EGB vom 31. Oktober 1991 in Brüssel zurück.[273] In diesem Abkommen hatten sich die Sozialpartner endlich auf die Idee von Verhandlungen und eine institutionelle Mitwirkung auf europäischer Ebene geeinigt.[274] Die gestärkte Rolle der Sozialpartner manifestierte sich in der Einführung eines obligatorischen Anhörungsverfahrens der Sozialpartner bei sozialpolitisch motivierten Rechtsakten gemäß Art. 3 AbkSozP a. F.[275] und in der für die Sozialpartner neu geschaffenen Möglichkeit, auf europäischer Ebene selbst Recht zu setzen, Art. 2 Abs. 4, Art. 3 Abs. 4, Art.4 AbkSozP a. F.[276],[277] Die Kommission hatte sich angewöhnt, wenn sie Maßnahmen im Bereich der Sozialpolitik plante, die Sozialpartner schon im Vorfeld anzuhören, um die Akzeptanz ihrer Regelungsvorschläge zu erhöhen und bereits im Vorfeld Kritik zu absorbieren. Diese

---

267 Art. 136 EGV n. F.

268 Art. 137 EGV n. F.

269 Blanpain/Schmidt/Schweibert, Europäisches Arbeitsrecht, 1996, Rn. 128.

270 Art. 136 Abs. 3 EGV n. F.

271 Art. 137 Abs. 5 EGV n. F.

272 Die neu geschaffenen Kompetenzen ließen sich nach den jeweils für eine Maßnahme erforderlichen Mehrheitsverhältnissen in drei Gruppen einteilen. Däubler, EuZW 1992, S. 329 (329); Junker, JZ 1994, S. 277 (279); Wank, RdA 1995, S. 10 (18, 19).

273 Das Abkommen ist abgedruckt bei Blanpain/Schmidt/Schweibert, Europäisches Arbeitsrecht, 1996, S. 439.

274 Blanpain/Schmidt/Schweibert, Europäisches Arbeitsrecht, 1996, Rn. 170; Wisskirchen, Der soziale Dialog, 1994, S. 653 (672).

275 Art. 138 EGV n. F.

276 Art. 137 Abs. 4, Art. 138 Abs. 4, Art. 139 EGV n. F.

277 Wank, RdA 1995, S. 10 (19).

„Änderung" des vertraglich vorgesehenen Rechtssetzungsverfahren[278] wurde mit der Institutionalisierung des Anhörungsverfahrens vertraglich verankert.

Durch die umfassenden legislativen Kompetenzerweiterungen zugunsten der Europäischen Gemeinschaft[279] wurde die bisherige Zurückhaltung auf sozialpolitischem und damit nach der Terminologie des EGV auch auf arbeitsrechtlichem Gebiet zumindest für die Mitgliedsstaaten des Abkommens aufgegeben.[280] Durch die Vorbehalte und Beteiligungsnotwendigkeit der Sozialpartner führten die Kompetenzerweiterungen aber nicht zu einer „totalen Vergemeinschaftung"[281] der Sozialpolitik, sondern zu einer erweiterten, unterstützenden und ergänzenden Tätigkeit der Gemeinschaft neben der der Mitgliedsstaaten,[282] so daß die erfolgten Umstrukturierungen zu einer erheblichen Stärkung der Arbeitgeber- und Gewerkschaftsdachverbände auf europäischer Ebene führen konnte.[283] Die Gewichte zwischen Kommission und Sozialpartnern wurden erheblich zugunsten letzterer verschoben.[284] Mit der stärkeren Beteiligung der Sozialpartner bei der Ausarbeitung der europäischen Sozialpolitik wurden die wirtschaftliche und die soziale Kohäsion gleichermaßen gestärkt und wachsende Möglichkeiten für ein faires, soziales Europa geschaffen.[285]

6. Sozialpolitische Maßnahmen nach der Gründung der europäischen Union

a) Maßnahmen zur Beschäftigungspolitik

Nachdem der Maastrichter Vertrag in Kraft getreten war, veröffentlichte die Kommission 1993 ein Weißbuch zu Wachstum, Wettbewerbsfähigkeit und Beschäftigung.[286] Das Weißbuch und das vom Rat in Brüssel am 10. und 11. Dezember 1993 verabschiedete kurz- und mittelfristige Aktionsprogramm[287] bildeten einen Wendepunkt auf dem Gebiet der Beschäftigungspolitik. Sie sahen die Ausarbeitung einer konzertierten Aktion der Union zur Bewältigung der europäischen Beschäftigungsprobleme vor, die Teil einer umfassenden Wirtschaftsstrategie sein sollte.[288] Hauptanliegen des Aktionsprogrammes war die Einleitung einer Trendwende auf dem Arbeitsmarkt und eine daran anschließende Verringerung der Arbeitslosenzahl

---

278 Weiss, Festschrift für Albert Gnade, 1992, S. 583 (585 – 586).

279 Krimphove, Europäisches Arbeitsrecht, 1996, S. 26; Heinze, Festschrift für Otto Rudolf Kissel, 1994, S. 363 (382).

280 Wank, RdA 1995, S. 10 (14); Whiteford, ELRev. 1993, S. 202 (205).

281 Schulz, SF 1992, S. 79 (91).

282 Heinze, Festschrift für Otto Rudolf Kissel, 1994, S. 363 (366).

283 Junker, JZ 1994, S. 277 (280).

284 Weiss, Festschrift für Albert Gnade, 1992, S. 583 (592).

285 Blanpain/Schmidt/Schweibert, Europäisches Arbeitsrecht, 1996, Rn. 709.

286 Wachstum, Wettbewerbsfähigkeit, Beschäftigung, Herausforderungen der Gegenwart und Wege ins 21. Jahrhundert, Weißbuch der Kommission, KOM 93 (700) endg. vom 5. 12. 1993.

287 Aktionsplan des Rates vom 10./11. 12. 1993, Bulletin der EG 12/1993, S. 7 – 11.

288 So die Erklärung der Kommission, in: Weißbuch: Europäische Sozialpolitik, Ein zukunftsweisender Weg für die Union, KOM (94) 333 endg. vom 27. 7. 1994, S. 11, Einführung, A, S. 9.

in der Europäischen Union.[289] Um dem Programm zum Erfolg zu verhelfen, forderte der Rat zu einem Sozialen Dialog über die Ziele und einzusetzenden Mittel auf. Er ersuchte die Kommission, ihre Bemühungen um eine Anregung des Sozialen Dialogs fortzusetzen und wünschte eine konstruktive Reaktion der Sozialpartner.[290]

b) Planungen für die Zukunft der Sozialpolitik

Ebenfalls 1993 verabschiedete die Kommission ein Grünbuch über die europäische Sozialpolitik,[291] welches dann, mit einer Zusammenstellung der gegenwärtigen sozialen Herausforderungen für die Gemeinschaft und die Mitgliedsstaaten, die Grundlage für eine breit angelegte Diskussion um die Zukunft der Sozialpolitik in der Gemeinschaft bildet.[292] Die Ergebnisse der Diskussionen und die sich daran anschließenden Vorstellungen zur nächsten Entwicklungsphase der Sozialpolitik (1995 – 1999) faßte die Kommission ein Jahr später in einem neuen Weißbuch, und zwar zur europäischen Sozialpolitik,[293] zusammen. Darin versuchten sie zugleich eine Neubestimmung von Inhalt und Perspektiven einer europäischen Sozialpolitik.[294] Unter der Prämisse, daß wirtschaftlicher und sozialer Fortschritt Hand in Hand gehen müßten und Wettbewerbsfähigkeit und sozialer Fortschritt sich gegenseitig bedingen und ergänzen, müsse Europa darum bemüht sein, zur Vereinbarkeit von wirtschaftlichem Wachstum und sozialem Fortschritt neue Wege zu finden.[295] Als Schlüsselfaktor für die soziale und wirtschaftliche Integration räumte die Kommission der Schaffung neuer Arbeitsplätze oberste Priorität ein und machte dieses Problem zum Schwerpunktthema des Weißbuchs.[296]

Zur Verfolgung der genannten Ziele machte das Weißbuch keine Vorschläge für Gesetzesvorhaben. Angesichts der soliden Grundlagen, die für die europäische Sozialgesetzgebung durch den EUV geschaffen worden waren, bestehe in der nächsten Zeit kein Bedarf an einem umfangreichen Programm für neue Rechtsetzungsinitiativen.[297] Eine gemeinschaftliche gesetzgeberische Tätigkeit komme nur dann in Betracht,

---

289 Aktionsplan des Rates vom 10./11. Dezember 1993, Bulletin der EG 12/1993, S. 7 (8): Als unabdingbare Voraussetzung dafür wurde eine Stärkung der europäischen Wirtschaft in ihrer Wettbewerbsfähigkeit angesehen. Geschaffen werden sollte ein gesunde, offene, solidarische und stärker dezentralisierte Wirtschaft.

290 Aktionsplan des Rates vom 10./11. Dezember 1993, Bulletin der EG 12/1993, S. 7 (11).

291 Grünbuch über die Europäische Sozialpolitik – Weichenstellung für die Europäische Union, KOM (93) 551 endg. vom 17. 11. 1993.

292 Zu dem Grünbuch ausführlich Zachert, AiB 1994, S. 226 (227 – 228).

293 Weißbuch Europäische Sozialpolitik – Ein zukunftsweisender Weg für die Union, KOM (94) 333 endg. vom 27. Juli 1994; Eine Zusammenfassung der eingegangenen Meinungsbekundungen, die Erwiderungen der Mitgliedsstaaten und der Institutionen der Union wurden als Begleitband zum Weißbuch veröffentlicht, KOM (94) 333 endg. Einführung, 8., S. 10.

294 Grabitz/Hilf – Langenfeld/Jansen, Vorbemerkung zu Art. 117, Rn. 7.

295 KOM (94) 333 endg. vom 27. Juli 1994, S. 9, 12.

296 KOM (94) 333 endg. vom 27. Juli 1994, S. 7, 12, Kapitel 1, Arbeitsplätze – Schwerpunktthema Nr. 1, S. 17 ff.

297 KOM (94) 333 endg. vom 27. Juli 1994, S. 13.

wenn die Verwirklichung der von der Union gesteckten Ziele ansonsten in keiner Weise möglich sei und wenn die betreffenden Fragen auf der Ebene der Mitgliedsstaaten nicht gelöst werden könnten.[298] Außerdem sollte bei der Verfolgung gemeinschaftsweit gleicher Ziele die Vielfalt der europäischen Gesellschaft möglichst unangetastet bleiben. Eine „totale Harmonisierung" lehnte die Kommission ab. Zur Erreichung des angestrebten sozialen Fortschritts hielt die Kommission ein partnerschaftliches Zusammenwirken der Europäischen Union, der Mitgliedsstaaten, der Sozialpartner und der europäischen Bürger für erforderlich.[299] Geschaffen werden sollte ein neues Verhältnis zwischen den Rechtsetzungsinitiativen auf Gemeinschaftsebene und den Kollektivvereinbarungen zwischen den Sozialpartnern, aber auch zwischen den auf europäischer und einzelstaatlicher Ebene getroffenen Vereinbarungen dieser Art.[300] Der massive Strukturwandel, mit dem die Union derzeit konfrontiert sei, mache neue und flexiblere soziale Regulierungsmechanismen notwendig.[301] Dies erfordere eine neue Ergänzungsfunktion von Rechtsvorschriften und Kollektivvereinbarungen, die verstärkte Mitwirkung der Sozialpartner bei der Vorbereitung von Maßnahmen auf Unions- und nationaler Ebene, sowie eine umfangreichere Zusammenarbeit zwischen Arbeitgeber- und Arbeitnehmerorganisationen. Die Strukturen des Sozialen Dialogs betreffend sah die Kommission erheblichen Handlungsbedarf, vor allem im Bereich der Zusammensetzung und Arbeitsweise der verschiedenen Ausschüsse, die in Hinblick auf eine effizientere Arbeitsweise überprüft werden sollten.[302]

Nach Vorlage des Weißbuchs durch die Kommission verabschiedete der Rat 1994 eine Entschließung zu bestimmten Perspektiven einer Sozialpolitik der Europäischen Union,[303] in der er einige zentrale Ziele benannte, auf die nach seiner Auffassung eine europäische Sozialpolitik ausgerichtet werden könnte.[304] In der Überzeugung, daß die in Generationen entstandenen nationalen Arbeits- und Sozialrechtssysteme eine strikte Rechtsangleichung in diesem Bereich verbieten, schlug der Rat die weitere behutsame Schaffung von Mindeststandards unter strikter Beachtung des Subsidiaritätsprinzips vor, um so zu einer schrittweisen Konvergenz der Systeme zu kommen.[305] Dazu ersuchte er die Sozialpartner, ihren Dialog zu intensivieren und die ihnen durch den EUV eingeräumten Möglichkeiten voll auszuschöpfen. Sie sollten das Konsultationsverfahren nutzen, um der EU verbesserte Grundlagen für eine praxis- und bürgernahe Gestaltung der europäischen Sozialpolitik zu geben und die Mög-

298 KOM (94) 333 endg. vom 27. Juli 1994, S. 13 f.
299 KOM (94) 333 endg. vom 27. Juli 1994, S. 11.
300 KOM (94) 333 endg. vom 27. Juli 1994, S. 14.
301 KOM (94) 333 endg. vom 27. Juli 1994, S. 61.
302 KOM (94) 333 endg. vom 27. Juli 1994, S. 62 f.
303 Entschließung 94/C 368/03 des Rates vom 6. Dezember 1994 zu bestimmten Perspektiven einer Sozialpolitik der Europäischen Union: Ein Beitrag zur wirtschaftlichen und sozialen Konvergenz in der Union, ABl. EG 1994, C 368, S. 6.
304 Zusammenfassend zu der Entschließung auch Wisskirchen, Festschrift für Otfried Wlotzke, 1996, S. 793 (789, 799).
305 ABl. EG 1994, C 368, S. 6 (9).

lichkeiten zum Abschluß von Vereinbarungen wahrnehmen, weil sie in der Regel näher an den Problemen und der sozialen Wirklichkeit seien.[306]

Die Kommission verabschiedete 1995 als Fortsetzung der in dem Weißbuch von 1994 dargelegten Strategie und als dritte und letzte Stufe des mit dem Grünbuch von 1993 eingeleiteten Prozeß ihr mittelfristiges sozialpolitisches Aktionsprogramm für die Jahre 1995 bis 1997.[307] Ebenfalls ohne legislativen Schwerpunkt gab das Programm einen Überblick über das geplante Vorgehen der Kommission in sozialpolitischen Fragen, das vor allem an der Bekämpfung der Arbeitslosigkeit ausgerichtet werden sollte. Es sollte in Beobachtungen, Analysen, Forschungsmaßnahmen, Maßnahmen zur Überprüfung der Rechtsvorschriften der Union für eine wirksamere Anwendung europäischer Rechtsvorschriften und der Zusammenarbeit mit den Sozialpartnern bestehen.[308] Die Kommission betonte, daß den Herausforderungen der Zukunft durch eine neue Ausgewogenheit zwischen Rechtsvorschriften und Tarifverhandlungen, sowie der verstärkten Mitwirkung der Sozialpartner bei der Ausarbeitung und Umsetzung der gemeinschaftlichen Sozialpolitik begegnet werden müsse.[309] Insoweit beabsichtigte sie, den Sozialen Dialog auch auf der sektoralen Ebene zu fördern.[310]

c) Eine neue Arbeitsorganisation im Geiste der Partnerschaft

Schließlich verabschiedete die Europäische Kommission 1997 ein neues Grünbuch über eine neue Arbeitsorganisation im Geiste der Partnerschaft,[311] mit dem sie eine neue Diskussion um einen Teil der Sozialpolitik eröffnete, um das Bewußtsein für neue Formen der Arbeitsorganisation zu schärfen und die Debatte hierüber anzuregen.[312] Insbesondere die Sozialpartner forderte sie zu einer Diskussion über die Partnerschaft auf, da die Erneuerung der Arbeitsorganisation sich nur von den Unternehmen selbst unter Einbeziehung des Managements und der Arbeitnehmer und ihrer Vertreter verwirklichen lasse.[313] Eine solche Diskussion könnte zur einer Partnerschaft für die Entwicklung eines neuen Rahmens zur Modernisierung der Arbeitsorganisation führen und dadurch einen beachtlichen Beitrag zu einer produktiven, lernenden und partizipativen Arbeitsorganisation leisten.[314] Im Anschluß an das Grün-

---

306 ABl. EG 1994, C 368, S. 6. (10).

307 Mitteilung der Kommission an den Rat, das Europäische Parlament, den Wirtschafts- und Sozialausschuß und den Ausschuß der Regionen, KOM (95) 134 endg. vom 12. 4. 1995.

308 Zum Inhalt des Aktionsprogramms auch Blanpain/Schmidt/Schweibert, Europäisches Arbeitsrecht, 1996, Rn. 211.

309 KOM (95) 134 endg. vom 12. 4. 1995, Eine aktivere Gesellschaft, S. 9.

310 KOM (95) 134 endg. vom 12. 4. 1995, Eine aktivere Gesellschaft, S. 9.

311 Eine neue Arbeitsorganisation im Geiste der Partnerschaft, Grünbuch, Bulletin der Europäischen Union, Beilage 4/1997.

312 Bulletin der Europäischen Union, Beilage 4/1997, S. 26.

313 Bulletin der Europäischen Union, Beilage 4/1997, S. 24.

314 Bulletin der Europäischen Union, Beilage 4/1997, S. 24, 25.

buch und ihre folgende Mitteilung zu Modernisierung der Arbeitsorganisation[315] richtete die Kommission 1999 ein europäisches Netz für Arbeitsorganisation ein, dessen Ziel die Förderung organisatorischer Innovation ist.[316]

d) Das aktuelle sozialpolitische Aktionsprogramm der Kommission

In ihrem sozialpolitischen Aktionsprogramm 1998 bis 2000[317] skizzierte die Kommission die nächsten Schritt für die zukünftige Entwicklung der europäischen Sozialpolitik mit Blick auf die durch den Vertrag von Amsterdam gebrachten Änderungen. Als ihre drei zukünftigen Hauptanliegen benannte sie darin die Schaffung von Arbeitsplätzen, die Verbesserung der Anpassungsmöglichkeiten an die sich verändernde Arbeitswelt und die Schaffung einer Gesellschaft, die keine Ausgrenzung zuläßt.

VI. Konsolidierung der Sozialpolitik durch den Vertrag von Amsterdam

Am 29. März 1996 wurde unter italienischer Ratspräsidentschaft in Turin die bereits in Art. N Abs. 2 EUV a. F.[318] angekündigte Konferenz zur Revision des Maastrichter Vertrags eröffnet. Nach über einem Jahr einigten sich die Staats- und Regierungschefs der Europäischen Union am 17. März 1997 bei der ersten Regierungskonferenz mit fünfzehn Mitgliedsstaaten auf einen Vertragsentwurf, der am 2. Oktober 1997 als Vertrag von Amsterdam unterzeichnet wurde.[319] Das erneut langwierige Ratifikationsverfahren wurde mit der Zustimmung des französischen Parlaments im März 1999 abgeschlossen, so daß der Vertrag von Amsterdam am 1. Mai 1999 in Kraft trat. Durch ihn sind der Vertrag über die Europäische Union, die Verträge zur Gründung der drei Europäischen Gemeinschaften sowie einige damit zusammenhängende Rechtsakte erneut geändert worden. Er ist der jüngste und vorläufig letzte Schritt auf dem Weg zu einer „immer engeren Union der Völker".[320]

In formaler Hinsicht ist bei der Revision die bisherige Struktur der Verträge beibehalten worden. Es wurde weder eine Fusion der bis dahin abgeschlossenen europäi-

---

315 Mitteilung der Kommission, Modernisierung der Arbeitsorganisation – den Wandel als Chance begreifen, KOM (1998) 592 endg. vom 25. 11. 1998.

316 Gesamtbericht über die Tätigkeit der Europäischen Union 1999, S. 49, Ziffer 103.

317 Europäische Kommission, Sozialpolitisches Aktionsprogramm 1998 – 2000, KOM (1998) 258 endg. vom 29. 4. 1998.

318 Der Artikel ist mit der Revision durch den Vertrag von Amsterdam zugunsten einer allgemeineren Formel für zukünftige Vertragsänderungen in Art. 48 EUV n. F. gestrichen worden.

319 Vertrag von Amsterdam zur Änderung des Vertrags über die Europäische Union, der Verträge zur Gründung der europäischen Gemeinschaften sowie einiger damit zusammenhängender Rechtsakte. ABl. 1997, C 340, S. 1 = Sartorius II, 147.

320 Lecheler, JuS 1998, S. 392 (393): vorläufig deshalb, weil das Protokoll „über die Organe im Hinblick auf die Erweiterung der Europäischen Union" (ABl. EG 1997, C 340, S. 111 = Sartorius II, 151, Protokoll Nr. 7) in Art. 2 spätestens ein Jahr vor dem Zeitpunkt, an dem die Zahl der Mitgliedsstaaten der Europäischen Union zwanzig übersteigt, die erneute Einberufung einer Konferenz der Vertreter der Regierungen der Mitgliedsstaaten vorsieht.

schen Verträge erreicht noch die Europäische Union zu einer eigenen Rechtspersönlichkeit gemacht.[321] Die offensichtlichste Änderung, die die Verträge erfahren haben, ist die redaktionelle Überarbeitung.[322] Die funktionslos gewordenen Bestimmungen wurden gestrichen, und der EGV wurde unter Auflösung aller Buchstabenergänzungen neu durchnumeriert. Für den EUV wurde die Buchstabenfolge durch eine Zahlenfolge ersetzt. Die konsolidierten Fassungen sind nach Inkrafttreten des Amsterdamer Vertrags wirksam geworden und bilden die derzeit gültigen Fassungen der Gemeinschaftsverträge, die dieser Arbeit zugrunde liegen.

Inhaltlich hat der Amsterdamer Vertrag vor allem folgende Neuerungen gebracht: Unter Abschaffung des Verfahrens der Zusammenarbeit ist das Mitentscheidungsverfahren ausgeweitet und durch Abschaffung der dritten Lesung vereinfacht worden. Es gilt nunmehr grundsätzlich für alle Rechtsakte „legislativer Art" und ist in Art. 251 und 252 EGV geregelt. Das bereits durch den EUV eingeführte Subsidiaritätsprinzip ist durch ein Protokoll ergänzt worden.[323] Die Sozialpolitik betreffend bestätigt der Amsterdamer Vertrag in der um Absatz Vier ergänzten Präambel des EUV die Bedeutung der Europäischen Sozialcharta von 1961 und der Gemeinschaftscharta sozialer Grundrechte der Arbeitnehmer von 1989. In Art. 3 Abs. 1 Lit. j EGV n. F. wird die Förderung der Koordinierung der Beschäftigungspolitik der Mitgliedsstaaten durch die Entwicklung einer koordinierten Beschäftigungsstrategie in den allgemeinen Aufgabenkatalog der Gemeinschaft neu aufgenommen. Dem korrespondiert der neue Titel VIII über die Beschäftigungspolitik.[324]

Das im Maastrichter Vertrag unter Ausschluß Großbritanniens vereinbarte Abkommen über die Sozialpolitik konnte in das Kapitel des EGV über die Sozialpolitik integriert werden. Die Sozialpolitik hat so wichtige Umstrukturierungen erfahren. Grund dafür war der im Mai 1997 eingetretene Regierungswechsel im Vereinigten Königreich zugunsten der Labour-Partei.[325] Die neue Regierung unter Tony Blair war bereit, die Regelungen des Abkommens zu akzeptieren, so daß das vierzehnte Protokoll und das Abkommen über die Sozialpolitik unter Aufnahme ihrer Regelungen in den EGV aufgehoben werden konnten.[326] Die in den EGV integrierten Bestimmungen des

---

321 Einführung von Angela Bardenhewer, EU- und EG-Vertrag, Konsolidierte Fassungen im Rahmen des Vertrages von Amsterdam, S. 14.

322 Lecheler, JuS 1998, S. 392 (393).

323 Inhaltlich hat das Protokoll im wesentlichen die Schlußfolgerungen des Europäischen Rates von Edinburgh (Dezember 1992) übernommen; Das Protokoll ist abgedruckt im EU- und EG-Vertrag, Konsolidierte Fassungen im Rahmen des Vertrages von Amsterdam, S. 133 ff. Zu dem Protokoll auch die Einführung von Angela Bardenhewer, S. 14.

324 Lecheler, JuS 1998, S. 392 (396): An der Verantwortung der Mitgliedsstaaten für ihre Beschäftigungspolitik ändern diese Bestimmungen allerdings nichts.

325 Schulz, SF 1992, S. 79 (91, Fn. 8): Die Labour-Opposition hatte bereits vor ihrem Wahlsieg angekündigt, daß sie dem Abkommen der elf Mitgliedsstaaten beitreten würde, falls sie die anstehenden Unterhauswahlen gewinnen würde.

326 EAS – Schwarze, B 8100, Rn. 7.; Lecheler, JuS 1998, S. 392 (396, Fn. 62): Für die Übergangszeit bis zum Inkrafttreten des Amsterdamer Vertrags versuchte man durch Zwischenlösungen eine Teilnahme Großbritanniens an der europäischen Sozialpolitik zu ermöglichen: Siehe etwa die Richtlinie 97/74/EG des Rates vom 15. 12. 1997 zur Ausdehnung der Richtlinie 94/45/EG über

Abkommens ersetzten im wesentlichen die Regelungen der bisherigen Art. 117 ff. EGV a. F. und stehen nunmehr nach der konsolidierten Fassung des EGV in Titel XI in den Art. 136 bis 145 EGV n. F.[327] Durch diese Umstrukturierung ist der bisherige Dialog nach Art. 118 b EGV a. F. und der neue Dialog nach dem Abkommen über die Sozialpolitik, die nebeneinander weiterbestanden,[328] auf ein gemeinsames rechtliches Fundament gestellt worden. Mit dem neuen Art. 136 Uabs. 1 EGV wird der Soziale Dialog zu einem Ziel der Gemeinschaft erhoben; er ist nicht mehr länger nur ein Ziel der Mitgliedsstaaten des Abkommens.[329] Der Vertrag von Amsterdam hat somit zum erstenmal eine umfangreiche Sozialpolitik als unstrittig integrativen Bestandteil des Primärrechts und eine „verbindliche Rechtsposition des kollektiven Arbeitsrechts“[330] für die gesamte Gemeinschaft geschaffen. Nachdem die Einheitliche Europäische Akte den Binnenmarkt und der Maastrichter Vertrag die Währungsunion begründet hatten, ist der Amsterdamer Vertrag ein Vertrag der sozialen Balance geworden.[331]

Inhaltlich unterscheiden sich die den Sozialen Dialog betreffenden Regelungen kaum von den bisherigen Regelungen im Abkommen.[332] Die zu dem Abkommen über die Sozialpolitik gewonnenen Erkenntnisse gelten somit für die neue gesetzliche Regelung im Rahmen des EGV fort.[333] Der Schwerpunkt für ein gemeinschaftliches Tätigwerden liegt auf Art. 137 EGV, der in Abs. 2 dem Rat eine Richtlinienbefugnis eingeräumt.[334] Die Position der Sozialpartner wird durch die präzisere Erfassung der Möglichkeiten zu autonomen Regelungen und durch die verbesserte Beteiligung der Sozialpartner an der Gemeinschaftsgesetzgebung in Art. 138 und 139 EGV gestärkt.[335] Dem Sozialen Dialog kommt damit eine zunehmend wichtige Rolle bei der Entwicklung der Sozialpolitik auf europäischer Ebene zu.[336] Außerdem wurde den Sozialpartnern im Rahmen des neuen Titels über die Beschäftigung ausdrücklich eine

---

die Einsetzung eines europäischen Betriebsrates oder die Schaffung eines Verfahrens zur Unterrichtung und Anhörung der Arbeitnehmer in gemeinschaftsweit operierenden Unternehmen und Unternehmensgruppen auf das Vereinigte Königreich, ABl. EG 1998, L 10, S. 22.

327 Die für den Dialog der Sozialpartner interessanten Änderungen sind im einzelnen: Art. 1 AbkSozP wurde mit Art. 117 EGV a. F. zu Art. 136 EGV; Art. 2 AbkSozP wurde zu Art. 137 EGV; Art. 3 AbkSozP zu Art. 138 EGV; Art. 4 AbkSozP zu Art. 139 EGV; Art. 5 AbkSozP mit einigen Änderungen zu Art. 140 EGV; Art. 6 AbkSozP zu Art. 141 EGV und Art. 7 AbkSozP zu Art. 143 EGV.

328 Wisskirchen, Festschrift für Otfried Wlotzke, 1996, S. 793 (801).

329 EAS – Schwarze, B 8100, Rn. 9.

330 Krimphove, Europäisches Arbeitsrecht, 1996, S. 263.

331 Brok, Keine Papiertiger: der Vertrag von Amsterdam, Zeitgespräch in: Wirtschaftsdienst 1997/VII, S. 375 (376).

332 Lediglich der neue Art. 140 EGV ist ausführlicher als der bisherige Art. 5 AbkSozP.

333 EAS – Schwarze, B 8100, Rn. 9; bei der Analyse der Normen im dritten und vierten Teil dieser Arbeit wird daher hauptsächlich auf Literatur zu den Regelungen nach dem Abkommen zurückgegriffen.

334 Lecheler, JuS 1998, S. 392 (396).

335 EAS – Schwarze, B 8100, Rn. 14.

336 Mitteilung der Kommission über die Anpassung und Förderung des sozialen Dialogs auf Gemeinschaftsebene, zusammengefaßt in IP/98/452 vom 20. 5. 1998.

Rolle zugewiesen.[337] Im Hinblick auf das Inkrafttreten des Vertrags von Amsterdam wurde die Bedeutung eines großen Beitrages der Sozialpartner von allen Akteuren betont, insbesondere vom Europäischen Rat in den Schlußfolgerungen des ersten Beschäftigungsgipfels, der am 20. und 21. Januar 1997 in Luxemburg stattfand.[338]

C. Zusammenfassung und sonstige Rechtsquellen

In den ersten vierzig Jahren des Europäischen Integrationsprozesses hat sich das Bewußtsein um die Notwendigkeit eines europäischen Arbeitsrechts herausgebildet. Durch den Vertrag von Amsterdam hat das europäische Arbeitsrecht, mit dem Titel VIII über die Beschäftigung und vor allem mit den Sozialvorschriften in den Art. 136 bis 145 EGV, einen nicht mehr zu übersehenden Stellenwert im europäischen Primärrecht zugewiesen bekommen. Die Rolle der Sozialpartner hat eine stetige Aufwertung im Rahmen der Sozialpolitik erfahren und ist heute im EGV vor allem durch ein Anhörungsverfahren und die Befugnis zu vertraglichen Vereinbarungen im Rahmen des Sozialen Dialogs geregelt.

Neben den primärrechtlich festgelegten Kompetenzen zum Erlaß von Arbeitsrechtsnormen ist das materielle europäische Arbeitsrecht vor allem im europäischen Sekundärrecht geregelt.[339] Die wichtigsten Regelungsinstrumentarien für den europäischen Gesetzgeber sind insoweit Richtlinien und Verordnungen.

Außer den Regelungen im EGV und dem auf seiner Grundlage ergangenen Sekundärrecht sind für den Sozialen Dialog diverse völkerrechtliche Vereinbarungen von Bedeutung, in denen unter anderem die Koalitionsfreiheit gewährleistet wird.[340] Auf solche völkerrechtlich anerkannten Menschen- und Grundrechte greift der Europäische Gerichtshof zuweilen für die Begründung grundrechtsähnlicher Garantien zurück.[341] Zudem verpflichtet Art. 6 Abs. 2 EUV die Union allgemein zur Achtung der in der Europäischen Menschenrechtskonvention niedergelegten Menschenrechte und Grundfreiheiten und damit gemäß Art. 11 EMRK auch zur Achtung der Versammlungs- und Vereinigungsfreiheit einschließlich des Rechts, sich in Gewerkschaften

---

337 Mitteilung der Kommission über die Anpassung und Förderung des sozialen Dialogs auf Gemeinschaftsebene, zusammengefaßt in IP/98/452 vom 20. 5. 1998.

338 Mitteilung der Kommission über die Anpassung und Förderung des sozialen Dialogs auf Gemeinschaftsebene, zusammengefaßt in IP/98/452 vom 20. 5. 1998.

339 Krimphove, Europäisches Arbeitsrecht, 1996, S.41 ff.

340 Krimphove, Europäisches Arbeitsrecht, 1996, S. 38 ff; EAS – Schwarze, B 8110 Rn. 11. z. B. Art. 23 Nr. 4 Allgemeine Erklärung der Menschenrechte der UN, Sartorius II, 19; Art. 8 Internationaler Pakt über wirtschaftliche, soziale und kulturelle Rechte, Sartorius II, 21; Art. 22 Internationaler Pakt über bürgerliche und politische Rechte, Sartorius II, 20; Art. 11 Europäische Menschenrechtskonvention, Sartorius II, 130; Art. 5 Europäische Sozialcharta, Sartorius II, 115; Übereinkommen Nr. 87 (Übereinkommen über die Vereinigungsfreiheit und den Schutz des Vereinigungsrechtes vom 9. 7. 1948) und Übereinkommen Nr. 98 (Übereinkommen über die Anwendung der Grundsätze des Vereinigungsrechtes und des Rechtes zu Kollektivverhandlungen vom 1. Juli 1949), die Übereinkommen sind abgedruckt in: Internationale Arbeitsorganisation, Übereinkommen und Empfehlungen 1919 – 1966, Genf, 1996.

341 EAS – Schwarze, B 8100, Rn. 11.

zusammenzuschließen. Darüber hinaus sind die Gemeinschaftscharta sozialer Grundrechte und die Europäische Sozialcharta, die in Art. 136 EGV n. F. erwähnt werden, für die Auslegung von Rechtsnormen heranzuziehen.

2. Teil Die Aufgaben der Gemeinschaft im Arbeits- und Sozialrecht

Untersuchungsgegenstand des zweiten Teils ist die heutige gesetzgeberische Rolle der Gemeinschaft nach dem EGV im Bereich des Europäischen Arbeitsrechts. Dabei wird zunächst dem Subsidiaritätsprinzip besondere Aufmerksamkeit gewidmet, das nach dem hier vertretenen Ansatz für die Aufgaben und Befugnisse der Gemeinschaft und für ihr Verhältnis zu den Sozialpartnern im europäischen Arbeitsrecht schlechthin bestimmend ist. Die anschließende Analyse der gemeinschaftlichen Befugnisse erfolgt dann mit Blick auf das Thema dieser Arbeit vor allem in den Bereichen, die für die Sozialpartner relevant sein könnten. Berichtspflichten von Rat und Kommission et cetera werden dabei außer acht gelassen.

Die soziale Dimension des Binnenmarktes und die Beteiligung der Sozialpartner daran hat in den Sozialvorschriften der Art. 136 bis 145 EGV ihren Schwerpunkt. Diese enthalten im wesentlichen das von der Europäischen Gemeinschaft zu regelnde kollektive Arbeitsrecht,[342] allerdings überwiegend kein inhaltlich eigenständiges europäisches Arbeitsrecht, sondern Kompetenznormen, über die ein solches geschaffen werden könnte.[343] Diese Kompetenznormen stecken den Rahmen ab, in dem der europäische Gesetzgeber befugt ist, regelnd in das Arbeitsrecht der Mitgliedsstaaten einzugreifen.[344] Diese Eingriffsbefugnis steht jeweils unter dem Vorbehalt der strikten Einhaltung des Subsidiaritätsprinzips. Der EGV bekennt sich nämlich gerade in den Sozialvorschriften zum Vorrang der Regelungsbefugnis der Mitgliedsstaaten und der Sozialpartner. Neben der Einräumung einer eigenen Regelungsbefugnis stellt der EGV die europäische Rechtssetzung unter die obligatorische intensivierte Beteiligung der Sozialpartner.

A. Das Subsidiaritätsprinzip im europäischen Arbeits- und Sozialrecht

I. Theoretische und historische Grundlagen

Das Subsidiaritätsprinzip ist in seiner allgemeinsten Form ein Abgrenzungskriterium zwischen den einzelnen Ebenen in jedem mehrstufig gegliederten Gemeinwesen.[345] So wie das Subsidiaritätsprinzip heute im Rahmen des Gemeinschaftsrechts Geltung beansprucht und in Art. 5 EGV geregelt ist, hat es seine theoretischen und historischen Grundlagen sowohl in der katholischen Soziallehre als auch in den liberalen Verfassungstheorien.[346] Die Ansätze beider Lehren versucht das gemeinschaftsrechtliche Subsidiaritätsprinzip miteinander zu verbinden.[347]

342 Wank, RdA 1995, S. 10 (18).

343 Krimphove, Europäisches Arbeitsrecht, 1996, S. 66.

344 Krimphove, Europäisches Arbeitsrecht, 1996, S. 66.

345 Schmidhuber, DVBl 1993, S. 417 (418); Schmidhuber/Hitzler, NVwZ 1992, S. 720 (721).

346 Kempen, KritV 1994, S. 13 (15); Erasmy/Süllwald, Arbeitgeber 1994, S. 127 (127); zu den geschichtlichen Wurzeln des „europäischen" Subsidiaritätsprinzips auch Lecheler, Das Subsidiaritätsprinzip, 1993, S. 29 – 43.

347 Schmidhuber, DVBl 1993, S. 417 (418).

Die Sozialenzyklika „quadragesimo anno" von Papst Pius XI. aus dem Jahr 1931 hat erstmalig das Subsidiaritätsprinzip in der katholischen Soziallehre eingeführt.[348] Diese Lehre geht von einer Abgrenzung der Zuständigkeiten von größeren und kleineren staatlich organisierten Einheiten zugunsten der jeweils kleineren Ordnung aus, weil dieser die jeweils intensivere „Nähe zur menschlichen Persönlichkeit" unterstellt wird.[349] Wenn es in der Enzyklika heißt, „wie dasjenige, was der Einzelmensch aus eigener Initiative und mit seinen eigenen Kräften leisten kann, ihm nicht entzogen und der Gesellschaftstätigkeit zugewiesen werden darf, so verstößt es gegen die Gerechtigkeit, das was die kleineren und untergeordneten Gemeinwesen leisten und zum guten Ende führen können, für die weitere und übergeordnete Gemeinschaft in Anspruch zu nehmen [...]. Jede Gesellschaftstätigkeit ist ja ihrem Wesen und Begriff nach subsidiär; sie soll die Glieder des Sozialkörpers unterstützen, darf sie aber niemals zerschlagen oder aufsaugen",[350] so wird von einem kompetenzverteilenden und -zuweisenden Recht aus der Sicht der „unfehlbaren höheren Ebene" von „oben" nach „unten" ausgegangen.[351] Der strikte Universalismus dieses Konzeptes, der von einem hierarchischen Kirchenverständnis ausgeht und den Zentralstaat selbst nicht in Frage stellt, verhindert jedoch, daß es zum normativ verbindlichen Verfassungsgebot in weltanschaulich bewußt neutralen Verfassungssystemen erhoben wird.[352]

Die liberalen Verfassungstheorien haben daher einen anderen Ansatz des Subsidiaritätsgedankens entwickelt.[353] Der Staatspraxis des aufgeklärten Absolutismus mit ihrer umfassenden Sorge für äußere und innere Sicherheit und ihrer den ganzen Menschen erfassenden staatlichen Vormundschaft wird das Ideal des autonomen Bürgers entgegengestellt, der seine Individualität frei von staatlicher Bevormundung entfaltet, wobei die Staatsaufgaben auf militärischen sowie polizeilichen Schutz beschränkt werden.[354] Ziel dieser Theorien war die Befreiung der autonomen bürgerlichen Gesellschaft von der Bevormundung durch eine „väterliche" Regierung.[355] Das Subsidiaritätsprinzip wird als Recht der unteren gegenüber der oberen Ebene betrachtet, so daß die Zuweisung von Entscheidungsrechten von „unten" nach „oben" erfolgt.[356] Das

---

348 Papst Pius XI., Quadragesimo anno, „Über die Gesellschaftliche Ordnung, ihre Wiederherstellung und ihre Vollendung nach dem Heilsplan der Frohbotschaft zum 40. Jahrestag des Rundschreibens Leo's XIII.", Kapitel 5, Rn. 79, S. 121; in diesem Schriftstück sehen auch Schmidhuber, DVBL 1993, S. 417 (417); Kempen, KritV 1994, S. 13 (20); Krimphove, Europäisches Arbeitsrecht, 1996, S. 66 die Grundlagen des europäischen Subsidiaritätsprinzips.

349 Kempen, KritV 1994, S. 13 (20).

350 Papst Pius XI., Quadragesimo anno, „Über die Gesellschaftliche Ordnung, ihre Wiederherstellung und ihre Vollendung nach dem Heilsplan der Frohbotschaft zum 40. Jahrestag des Rundschreibens Leo's XIII.", Kapitel 5, Rn. 79, S. 121.

351 Schmidhuber, DVBl 1993, S. 417 (418); Hochbaum, DÖV 1992, S. 285 (288).

352 Kempen, KritV 1994, S. 13 (20); Hochbaum, DÖV 1992, S. 285 (288).

353 Tocqueville, Das Zeitalter der Gleichheit, 1954, Kapitel I: Über die Demokratie in Amerika, S. 112 – 114. Zu den Staatslehren Immanuel Kants und Wilhelm von Humboldts insbesondere Isensee, Subsidiarität und Verfassungsrecht, 1968, S. 48 – 55; auch Kempen, KritV 1994, S. 13 (16); Hochbaum, DÖV 1992, S. 285 (288).

354 Kempen, KritV 1994, S. 13 (16).

355 Isensee, Subsidiarität und Verfassungsrecht, 1968, S. 49.

356 Hochbaum, DÖV 1992, S. 285 (288). Nach Schmidhuber, DVBL 1993, S. 417 (417, 418) wird

Subsidiaritätsprinzip bleibt nach diesem Verständnis auch nicht auf verschiedene „staatliche" Ebenen beschränkt, sondern gibt jedem einzelnen Individuum und den Zusammenschlüssen Privater, etwa in Vereinen und Gewerkschaften das Recht, Interessen frei wahrzunehmen und gegen staatliche Eingriffe zu verteidigen.

Indem das Subsidiaritätsprinzip des Art. 5 EGV die Kompetenzen für die Europäische Gemeinschaft begründet, zugleich aber auch beschränkt und zwischen den „staatlichen" Ebenen verteilt, verknüpft es die beiden Gedanken der katholischen Soziallehre und der liberalen Verfassungstheorien miteinander. Das Subsidiaritätsprinzip wirkt damit sowohl von „unten" nach „oben" als auch von „oben" nach „unten".

II. Diskussion über die Einführung auf Gemeinschaftsebene

Von Anfang an wurde die Rechtssetzungsgewalt der Europäischen Gemeinschaf von dem Prinzip der begrenzten Einzelzuständigkeit beherrscht, das die Aufgabenteilung zwischen der Gemeinschaftsebene und den Mitgliedsstaaten regelt.[357] Gleichwohl besaß das Subsidiaritätsprinzip weder bei der europarechtlichen Normsetzung noch bei dem Zusammentreffen nationaler und supranationaler Sozialpolitik wirklich praktische Bedeutung.[358] Aus diesem Grund sah bereits 1984 das Europäische Parlament in seinem Vertragsentwurf zur Gründung der Europäischen Union[359] eine generelle Subsidiaritätsklausel vor.[360] In der 1986 verabschiedeten EEA wurde dann jedoch lediglich für den Bereich des Umweltrechts mit Art. 130 r Abs. 4 S. 1 EWGV a. F.[361] eine der heutigen Subsidiaritätsklausel vergleichbare Regelung getroffen.[362]

---

diese Subsidiaritätsauffassung auch auf das ältere kalvinistische Kirchenrecht zurückgeführt, das das Subsidiaritätsprinzip in diesem Sinne auch im Aufbau der Kirchen und ihrem Verhältnis zueinander verwirklicht hat. Pipkorn, EuZW 1992, S. 697 (697, 698) sieht schließlich in der Theorie der kommunalen Selbstverwaltung von Lorenz von Stein Ursprünge des Subsidiaritätsprinzips.

357 Kasseler Handbuch - Heinze, 11 Europarecht, Rn. 15; Schmidhuber, DVBL 1993, S. 417 (418); Wunsch-Semmler, Entwicklungslinien einer europäischen Arbeitnehmermitwirkung, 1995, S. 41.

358 Kasseler Handbuch - Heinze, 11 Europarecht, Rn. 15.

359 Entwurf eines Vertrages zur Gründung der Europäischen Union vom 14. 2. 1984, ABl. EG 1984, C 77, S. 33 ff; näher zu dem Entwurf Klein, DÖV 1985, S. 900 - 909 (900 - 902); Klein/Haratsch, DÖV 1993, S. 785 (790). Zu dem Vertragsentwurf bereits 1.Teil, B., V., 1., S. 22.

360 Art. 12 Abs. 2 S. 2 des Entwurfs: „Die Union wird nur tätig, um die Aufgaben zu verwirklichen, die gemeinsam wirkungsvoller wahrgenommen werden können als von einzelnen Mitgliedsstaaten allein, insbesondere Aufgaben, deren Bewältigung ein Handeln der Union erfordert, weil ihre Ausmaße oder ihre Auswirkungen über die nationalen Grenzen hinausreichen."

361 „Die Gemeinschaft wird im Bereich der Umwelt insoweit tätig, als die in Abs. 1 genannten Ziele besser auf Gemeinschaftsebene erreicht werden können als auf der Ebene der einzelnen Mitgliedsstaaten."

362 Ob hier wirklich eine Ausprägung des Subsidiaritätsprinzips zu sehen war, war allerdings umstritten. Im Hinblick auf die Streichung des Artikels durch Art. G Ziff. 38 EUV a. F. wohl im Hinblick auf die mit dem EUV gleichzeitig eingefügte generelle Bestimmung des Art. 3 b Abs. 2 EGV a. F. dürfte das aber zu bejahen sein. So auch Schmidhuber/Hitzler, NVwZ 1992, S. 720

Dennoch gingen die Bemühungen um die Einführung eines allgemeinen Subsidiaritätsprinzip weiter. Von deutscher Seite aus wurde das Subsidiaritätsprinzip 1987 von der Ministerpräsidentenkonferenz der Bundesländer zur Grundlage der Europapolitik der Länder gemacht.[363] 1988 bezog sich der damalige Kommissionspräsident Jacques Delors erstmalig in einer Rede auf das Subsidiaritätsprinzip als allgemeines Prinzip.[364] In der Literatur wurde es 1988 als verfassungsrechtlicher beziehungsweise verfassungspolitischer Begriff im Europarecht eingeführt.[365] Für den Bereich des europäischen Arbeits- und Sozialrechts erhielt es mit der Verankerung in den Erwägungsgründen der Gemeinschaftscharta sozialer Grundrechte[366] erstmals einen offiziellen Stellenwert – allerdings als „unverbindlicher" Rechtsgrundsatz.[367] 1990 forderte das Europäische Parlament erneut in einer Entschließung die Aufnahme des Subsidiaritätsprinzips in den EWGV,[368] nachdem es bereits festgestellt hatte, daß „der Grundsatz der Subsidiarität bereits implizit in den Verträgen enthalten" sei.[369] Es schlug dabei die Aufnahme eines Art. 3 b EWGV in den Vertrag vor, der bereits wesentliche Grundzüge des heutigen Art. 5 EGV enthielt.[370]

Bei den Regierungskonferenzen über den Vertrag von Maastricht wurde das Subsidiaritätsprinzip dann schließlich als konstituierendes föderales Organisationsprinzip von der Bundesrepublik Deutschland in die Verhandlungen über die Europäische Union eingeführt.[371] Dem geschlossenen und hartnäckigen Eintreten der Länder und Regionen ist es letztlich zu verdanken, daß das Subsidiaritätsprinzip in seiner heutigen Form im EGV verankert wurde.[372] Als einziger föderal organisierter Mitglieds-

---

(721); Wank, RdA 1995, S. 10 (21); Wisskirchen, Festschrift für Otfried Wlotzke, 1996, S. 793 (797); Wisskirchen, Der Soziale Dialog, 1994, S. 653 (674); Erasmy/Süllwald, Arbeitgeber 1994, S. 127 (127); zum Streitstand auch Klein/Haratsch, DÖV 1993, S. 785 (790, 791).

363 So Goppel, EuZW 1993, S. 367 (367). Der Autor war, als der Aufsatz erschien, bayerischer Staatsminister.

364 Hochbaum, DÖV 1992, S. 285 (288, Fn. 40); Siedentopf, DÖV 1988, S. 981 – 988 (982).

365 Grundlegend Siedentopf, DÖV 1988, S. 981 – 988 (982).

366 Gemeinschaftscharta der Sozialen Grundrechte der Arbeitnehmer vom 9. Dezember 1989, Sartorius II, 190 = KOM (89) 248 endg. vom 30. 5. 1989; Zu dem Zustandekommen der Charta bereits 1. Teil, B., V., 2., S. 25.

367 Weiss, Festschrift für Albert Gnade, 1992, S. 583 (589). Siehe auch in der Gemeinschafts-charta der Sozialen Grundrechte der Arbeitnehmer vom 9. Dezember 1989, Sartorius II, 190 = KOM (89) 248 endg. vom 30. 5. 1989, Präambel letzter Erwägungsgrund: „Aufgrund des Subsidiaritätsprinzips sind für die Schritte zur Verwirklichung dieser sozialen Rechte die Mitgliedsstaaten und ihre Gebietskörperschaften und im Rahmen ihrer Befugnisse die Europäische Gemeinschaft zuständig."

368 Entschließung des Europäischen Parlaments zum Grundsatz der Subsidiarität vom 21. 11. 1990, ABl. EG 1990, C 324, S. 167 (167).

369 Entschließung des Europäischen Parlaments zum Subsidiaritätsprinzip vom 12. 7. 1990, ABl. EG 1990, C 231, S. 163 (163).

370 Klein/Haratsch, DÖV 1993, S. 785 (790); Schmidhuber, DVBL 1993, S. 417 (418); Wank, RdA 1995, S. 10 (21).

371 Konow, DÖV 1993, S. 405 (405); zur Diskussion über die Einführung des Subsidiaritätsprinzips auf Gemeinschaftsebene aus Sicht der Länder, umfassend Borchmann/Memminger, in: Borkenhagen/Bruns-Klöss/Memminger/Stein, Das Subsidiaritätsprinzip, 1992, S. 17 (17).

372 Borchmann/Memminger, in: Borkenhagen/Bruns-Klöss/Memminger/Stein, Das Subsidiari-

staat der Europäischen Gemeinschaft[373] befürchtete die Bundesrepublik mit der extensiven Auslegung und oft flächendeckenden Ausschöpfung der EG-Kompetenzen eine allmähliche Aushöhlung ihrer bundesstaatlichen Struktur und verlangte eine klare Kompetenzabgrenzung im Vertrag über die Europäische Union.[374] Trotz der skeptischen Haltungen der Kommission und einiger Mitgliedsstaaten gegenüber dem Subsidiaritätsprinzip wurde es schließlich mit Art. 3 b EGV a. F.[375] zum verbindlichen Strukturprinzip für die europäische Gemeinschaft gemacht. Seine besondere Bedeutung wurde dadurch unterstrichen, daß es als Leitgedanke zusätzlich in die Präambel des EUV und darüber hinaus in Art. B Abs. 2 EUV a. F.[376] aufgenommen wurde.[377] Seit dem Maastrichter Vertrag hat das Subsidiaritätsprinzip einen festen Platz im Primärrecht des EGV.[378] Nach dem Vertrag von Amsterdam ist der Inhalt des Art. 3 b EGV a. F. unverändert beibehalten worden und nunmehr in Art. 5 EGV geregelt.

Mit der klaren Verpflichtung auf das Subsidiaritätsprinzip in Art. 5 EGV sollte eine sinnvolle Abgrenzung der Aufgaben der Gemeinschaft und der Mitgliedsstaaten ermöglicht, und so die Gemeinschaft dem Ideal eines „bürgernahen Europas“ nähergebracht werden, die Akzeptanz der Europäischen Gemeinschaft bei den Bürgern erhöht und die nationale Identität der Mitgliedsstaaten gesichert werden.[379] Es weist den nationalen Identitäten und regionalen Besonderheiten wesentlich mehr Raum zur Entfaltung zu. Auf diese Weise soll einer drohenden gemeinschaftlichen Zentralisierung entgegengewirkt und die Entscheidungen der Gemeinschaft möglichst bürgernah getroffen werden.[380]

---

tätsprinzip, 1992, S. 17 (19 – 23).

373 Föderale Strukturen weist auch Österreich auf. Belgien dürfte insoweit als Sonderfall anzusehen sein. „Föderale“ Bestrebungen gibt es außerdem in Spanien und Großbritannien.

374 Die flächendeckende Ausschöpfung der Kompetenzen geschah nicht zuletzt in den Bereichen Bildung, Wissenschaft und Kultur; siehe Konow, DÖV 1993, S. 405 (406).

375 Art. 5 EGV n. F.

376 Art. 2 Abs. 2 EUV n. F.

377 Kasseler Handbuch – Heinze, 11 Europarecht, Rn. 14; Wisskirchen, Der soziale Dialog, 1994, S. 653 (673, 674).

378 Krimphove, Europäisches Arbeitsrecht, 1996, S. 66.

379 Europäischer Rat in Edinburgh, Schlußfolgerungen des Vorsitzes, Teil A, Anlage 1, Gesamtkonzept für die Anwendung des Subsidiaritätsprinzips und des Art. 3 b des Vertrags über die Europäische Union [gemeint Art. 3 b EGV] durch den Rat, I. Grundprinzipien, Bulletin der Bundesregierung 1992, Nr. 140, S. 1277 (1280 - 1283); Europäischer Rat in Birmingham vom 16. 10. 1992, Schlußfolgerungen des Vorsitzes, Bulletin der Bundesregierung, Nr. 115 vom 23. 10. 1992, S. 1057, Anlage I, Erklärung von Birmingham, Eine bürgernahe Gemeinschaft (S. 1058 – 1059); siehe jetzt das Protokoll (Nr. 30) über die Anwendung der Grundsätze der Subsidiarität und der Verhältnismäßigkeit (1997), abgedruckt in Sartorius II, 151, S. 30; Schmidhuber, DVBL 1993, S. 417 (421); zweifelnd gegenüber diesen Erwartungen Konow, DÖV 1993, 405 (406, 411, 412).

380 Gesamtkonzept für die Anwendung des Subsidiaritätsprinzips und des Art. 3 b des Vertrags über die Europäische Union [gemeint ist Art. 3 b EGV] durch den Rat, Europäischer Rat in Edinburgh, Schlußfolgerungen des Vorsitzes, Teil A, Anlage 1, I. Grundprinzipien, in: Bulletin der Bundesregierung, Nr. 140 vom 28. 12. 1992, S. 1277 (1280 – 1283).

Die erheblich verstärkte Verankerung des Subsidiaritätsgedankens im europäischen Vertragswerk seit dem Maastrichter Vertrag macht seine inhaltliche Bedeutung allerdings nicht klarer und garantiert auch nicht von selbst seine volle Beachtung.[381] Seine konkrete inhaltliche Bedeutung und Reichweite sind bis heute umstritten.[382] Subsidiarität kann verstanden werden als echte Kompetenzabgrenzung zwischen Gemeinschaft und Mitgliedsstaaten, aber auch als ein politisch dynamischer Begriff, der die Zuständigkeiten nicht bereits zuweist, sondern allenfalls deren Ausübung regelt.[383]

III. Inhalt und Reichweite des Subsidiaritätsprinzips nach Art. 5 EGV

Art. 5 EGV postuliert mit seinen drei Absätzen das grundsätzliche Anliegen der Subsidiarität durch drei Prinzipien, die in einem engen Zusammenhang stehen: das Prinzip der begrenzten Einzelermächtigung, das Subsidiaritätsprinzip im engeren Sinne und das Übermaßverbot.[384] Die Prinzipien bestimmen im wesentlichen, daß die kleinere Einheit vorrangig vor der größeren Einheit mit der Regelung einer Materie betraut werden soll, sofern sie dazu in der Lage ist.[385] Das gesamte Regelungswerk des EGV ist rechtlich zwingend den Bestimmungen des Art. 5 EGV unterstellt. Sie sind die entscheidenden Eckpfeiler der Abgrenzung zwischen supranationaler und nationaler Normsetzung.[386]

1. Die grundsätzliche Bedeutung und gerichtliche Überprüfbarkeit des Subsidiaritätsprinzips

Die besondere Bedeutung des Subsidiaritätsprinzips ergibt sich daraus, daß es derzeit noch keinen abschließenden Katalog der Zuständigkeiten der Gemeinschaft gibt. Die Zuständigkeiten sind lückenhaft in den einzelnen Politikbereichen geregelt und in ihrer Reichweite und Anwendbarkeit abhängig von dem jeweiligen Integrationsstand der Gemeinschaft. Unter Umständen können sie auch durch die „Abrundungskompetenzen" der Art. 94 und Art. 308 EGV ergänzt werden. Angesichts der Tatsache, daß sich die Gemeinschaft in einem fortdauernden Prozeß der immer weiteren Integration befindet, kann es einen solchen abschließenden Katalog auch noch gar nicht

[381] Wisskirchen, Festschrift für Otfried Wlotzke, 1996, S. 793 (797).

[382] Siehe die Zusammenfassung bei Wisskirchen, Der soziale Dialog, 1994, S. 653 (674, 675). Eine Darstellung der unterschiedlichen Vorstellungen von Subsidiarität von Kommission und Parlament sowie der Bundesländer bei Hochbaum, DÖV 1992, S. 285 (290), der selbst auch Zweifel an der Wirksamkeit des Subsidiaritätsprinzips äußert und es im Ergebnis nur als politische Maxime beurteilt. Ebenda S. 289, 290, 292.

[383] Wisskirchen, Festschrift für Otfried Wlotzke, 1996, S. 793 (797).

[384] Dementsprechend wirkt sich nach Heinze, Festschrift für Otto Rudolf Kissel, 1994, S. 363 (372) das Subsidiaritätsprinzip auf drei Stufen normativ aus.

[385] Krimphove, Europäisches Arbeitsrecht, 1996, S. 66; Kasseler Handbuch - Heinze, 11 Europarecht, Rn. 13, 15; Konow, DÖV 1993, S. 405 (407).

[386] Eingehend zu den Prinzipien des Art. 3 b EGV a. F. BVerfG 89, S. 155 – 213 (192 – 194, 210 – 212), dessen Entscheidung für Deutschland gemäß § 31 BVerfGG Bindungswirkung entfaltet.

geben.[387] Gewissermaßen an seiner Stelle steht das Subsidiaritätsprinzip und wirkt insoweit vor allem durch Art. 5 Abs. 1 EGV kompetenzbegründend. Da mit dem Vertrag von Maastricht andererseits aber ein solcher Integrationsstand erreicht worden ist, daß die Gemeinschaft nicht mehr zu ihrer eigenen Verfestigung möglichst weitreichend und vielfältig tätig werden müßte, entfaltet das Subsidiaritätsprinzip nunmehr mit Art. 5 Abs. 2 und 3 EGV zugleich auch eine kompetenzbegrenzende Wirkung auf das Wesentliche.[388] Nach Auffassung des Bundesverfassungsgerichts sind Art. 5 Abs. 2 und 3 EGV daher als Kompetenzausübungsschranken ausgestaltet.[389] Während Art. 5 Abs. 1 EGV also Kompetenzen begründet, werden die begründeten Kompetenzen durch Art. 5 Abs. 2 und 3 EGV begrenzt.

Als generelle Kompetenzzuweisungs- und -abgrenzungsnorm, die zu den Grundsätzen des EGV gehört, regelt Art. 5 EGV vorrangig das Verhältnis des europäischen Normsetzers zum nationalen Gesetzgeber.[390] Sowohl aus der nationalen Sicht der Mitgliedsstaaten als auch aus Sicht des europäischen Rechts sind die Prinzipien des Art. 5 EGV damit das generelle und grundlegende Kompetenzabgrenzungskriterium zwischen europäischem und nationalem Recht.[391] Sie sollen als strikte Grenze für das Tätigwerden der Gemeinschaft, die der Rechtskontrolle durch den Europäischen Gerichtshof nach Art. 173 EGV unterliegt, eine Richtschnur für eine sachgerechte Arbeitsteilung zwischen den einzelnen Ebenen bilden.[392] Bei der Beurteilung, ob die Voraussetzungen für ein Tätigwerden nach Art. 5 Abs. 2 und 3 EGV vorliegen, ist der Kommission und dem Rat ein Beurteilungs- und Ermessensspielraum zuzubilligen, vor allem, wenn die Bewertung komplexer wirtschaftlicher Umstände nötig ist.[393] Insoweit erweist sich das Subsidiaritätsprinzip als nicht vollständig justitiabel.

Für die Bundesrepublik Deutschland wurde mit der Verankerung des Subsidiaritätsprinzips in der Strukturklausel des Art. 23 Abs. 1 S. 1 GG der Integrationsgewalt darüber hinaus eine zusätzliche materielle, verfassungsgerichtlich überprüfbare Schranke gezogen, die zu einer doppelten Zuständigkeit des Europäischen Gerichtshofes einerseits und des Bundesverfassungsgerichts andererseits führt.[394] In seinem

---

387 Schmidhuber, DVBl. 1993, S. 417 (418).

388 Schmidhuber, DVBl 1993, S. 417 (420).

389 BVerfG 89, S. 155 – 213 (193), noch zu dem inhaltsgleichen Art. 3 b EGV a. F.

390 Konow, DÖV 1993, S. 405 (407); Kasseler Handbuch - Heinze, 11 Europarecht, Rn. 15.

391 Kasseler Handbuch – Heinze, 11 Europarecht, Rn. 36 konkret zum Arbeits- und Sozialrecht.

392 Europäischer Rat in Edinburgh, Schlußfolgerungen des Vorsitzes, Teil A, Anlage 1, Gesamtkonzept zur Anwendung des Subsidiaritätsprinzips und des Artikels 3 b des Vertrags über die Europäische Union [gemeint war EGV] durch den Rat, Bulletin der Bundesregierung 1992, Nr. 140, S. 1277 (S. 1280); Kasseler Handbuch - Heinze, 11 Europarecht, Rn. 16, 32; Wank, RdA 1995, S. 10 (22); Schmidhuber, DVBl 1993, S. 417 (418, 420); EAS – Preis/Bütefisch, B 1100, Rn. 59, 178.

393 EAS – Preis/Bütefisch, B 1100, Rn. 59, 178; Schmidhuber, DVBl 1993, S. 417 (420). Zur Frage der effektiven gerichtlichen Kontrolle der Beachtung des Subsidiaritätsprinzips Klein/Haratsch, DÖV 1993, S. 785 (791).

394 Klein/Haratsch, DÖV 1993, S. 785 (790); Kasseler Handbuch - Heinze, 11 Europarecht, Rn. 36; hierin ist eine zusätzliche Verankerung des Subsidiaritätsprinzips von „unten“ nach „oben“ zu sehen.

Urteil zum Maastrichter Vertrag[395] hat das Bundesverfassungsgericht diesbezüglich entschieden, daß Maßnahmen und Entscheidungen der Gemeinschaftsorgane dann stets aufgrund zwingenden deutschen Verfassungsrechts für Deutschland unverbindlich, das heißt nichtig sind, wenn sie die Grenze der legalen und legitimen Normsetzungskompetenzen insbesondere nach dem Prinzip der begrenzten Einzelermächtigung, dem Subsidiaritätsprinzip im engeren Sinn und dem Übermaßverbot überschreiten oder verletzen. Sie sind dann nicht mehr vom Rechtsanwendungsbefehl des deutschen Zustimmungsgesetzes gedeckt und dürfen von den nationalen Organen nicht mehr angewendet werden.[396]

Zur Konkretisierung der Prinzipien in Art. 5 EGV und ihrer Umsetzung in der Praxis hat der Europäische Rat der Staats- und Regierungschefs in seinen Tagungen im Juni 1992 in Lissabon[397] und am 11. und 12. Dezember 1992 in Edinburgh[398] ein Gesamtkonzept für die Anwendung des Subsidiaritätsprinzips erarbeitet.[399] Auf diese Weise sollten die Prinzipien des Art. 3 b EGV a. F.[400] operationabel gemacht werden.[401] Mit dem Vertrag von Amsterdam ist das Gesamtkonzept weitestgehend unverändert in das Protokoll über die Anwendung der Grundsätze der Subsidiarität und der Verhältnismäßigkeit[402] in den EGV aufgenommen worden. Es beinhaltet eine Kommentierung der Grundprinzipien des Art. 5 EGV, eine Aufstellung von Leitlinien, anhand derer die Vereinbarkeit einer Gemeinschaftsmaßnahme mit Art. 5 EGV geprüft werden soll, und eine Festlegung zum Verfahren bei der Anwendung der Prüfkriterien.[403] Nicht zuletzt schrieb der Rat darin eine Begründungspflicht für gemeinschaftliche Rechtsakte im Hinblick auf das Subsidiaritätsprinzip fest. Dennoch bereitet die Auslegung und Anwendung von Art. 5 EGV erhebliche Schwierigkeiten, da sich die Regelungen neben der Bezugnahme auf eine problematische Kompetenzverteilung auch durch eine begriffliche Unschärfe und inhaltliche Unbestimmtheit auszeichnen.[404]

---

395 BVerfG, Entscheidung vom 12. 10. 1993, Rs. 2 BvR 2134, 2159/92, Band 89, S. 155 – 213.

396 BVerfG, Entscheidung vom 12. 10. 1993, Rs. 2 BvR 2134, 2159/92, Band 89, S. 155 – 213 (156, 5. und 6. Leitsatz, 210).

397 Europäischer Rat in Lissabon, Schlußfolgerungen des Vorsitzes, I. 4. Eine bürgernahe Union, Bulletin der Bundesregierung 1992, Nr. 71, S. 673 – 688 (674, 675).

398 Europäischer Rat in Edinburgh, Schlußfolgerungen des Vorsitzes, Teil A, Anlage 1, Gesamtkonzept zur Anwendung des Subsidiaritätsprinzips und des Artikels 3 b des Vertrags über die Europäische Union [gemeint war der EGV] durch den Rat, Bulletin der Bundesregierung 1992, Nr. 140, S. 1277 (S. 1280 – 1283).

399 Zu dem Konzept auch Goppel, EuZW 1993, S. 367 (367); Schmidhuber, DVBL 1993, S. 417 (417); Pipkorn, EuZW 1992, 697 – 700.

400 Art. 5 EGV n. F.

401 Klein/Haratsch, DÖV 1993, S. 785 (791); Wank, RdA 1995, S. 10 (22).

402 Das Protokoll ist abgedruckt in Sartorius II, 151, Protokoll (Nr. 30) über die Anwendung der Grundsätze der Subsidiarität und der Verhältnismäßigkeit (1997), S. 30.

403 Goppel, EuZW 1993, S. 367 (368) noch zu dem Gesamtkonzept zu Art. 3 b EGV a. F.

404 Klein/Haratsch, DÖV 1993, S. 785 (791); ähnlich Wank, RdA 1995, S. 10 (22).

2. Das Prinzip der begrenzten Einzelermächtigung gemäß Art. 5 Abs. 1 EGV

Art. 5 Abs. 1 EGV enthält das Prinzip der begrenzten Einzelermächtigung.[405] Art. 5 Abs. 1 Satz 2 EGV verlangt als unbedingte Voraussetzung für jedwedes legislative, bindende Tätigwerden der Gemeinschaft eine ausdrückliche Ermächtigungsgrundlage. Danach dürfen die Gemeinschaftsorgane nur innerhalb der Grenzen und der ihnen im EGV zugewiesenen Befugnisse und Ziele tätig werden. Art. 5 EGV bindet sowohl Legalität als auch Legitimität europarechtlicher Normen an den Nachweis von Vertragsziel und Durchsetzungskompetenz in jedem Einzelfall.[406] Die Erfüllung der Kriterien des Abs. 1 ist eine Bedingung für jedes Tätigwerden der Gemeinschaft.[407] Die Gemeinschaftsorgane sind nur dann zum Erlaß von Verordnungen und Richtlinien ermächtigt, wenn der EGV unmittelbar oder implizit eine Gesetzgebungszuständigkeit der Gemeinschaft für die zu regelnde Materie vorsieht; im übrigen verbleibt die Rechtsetzungskompetenz allein bei den Mitgliedsstaaten.[408] Es besteht also eine Vermutung für die Zuständigkeit der Mitgliedsstaaten.[409] An dem Wortlaut und dem systematischen Zusammenhang der konkreten Rechtsgrundlage, die nach Abs. 1 von der Gemeinschaft für eine konkrete Maßnahme in Anspruch genommen wird, hat sich die weitere Überprüfung der Grundsätze aus Art. 5 Abs. 2 und 3 EGV zu orientieren. Die Ermächtigungsgrundlagen enthalten insoweit für die weitere Überprüfung Auslegungshinweise.[410] Aufgeweicht wird dieses strenge Prinzip der begrenzten Einzelermächtigung allerdings durch die Vertragsergänzungsklausel des Art. 308 EGV, nach der in Ausnahmefällen EG-Befugnisse durch einstimmigen Ratsbeschluß ergänzt werden können.[411]

Gesetzgeberische Befugnisse im Arbeitsrecht hat die Gemeinschaft nach dem Prinzip der begrenzten Einzelermächtigung im Bereich der Sozialpolitik, der Arbeitnehmerfreizügigkeit und gem. Art. 93, 308 EGV. Dabei weist Art. 137 EGV dem Rat die Kompetenz zum Erlaß von Richtlinien, Art. 40 EGV die Kompetenz zum Erlaß von Richtlinien und Verordnungen, Art. 94 EGV die Kompetenz zum Erlaß von Richtlinien und Art. 308 EGV zum Erlaß jeglicher erforderlicher Maßnahmen zu.

---

405 Zu dem Prinzip der begrenzten Einzelermächtigung in der Fassung des Art. 3 EGV a. F. BVerfG 89 S. 155 – 213 (S. 192 ff); aus der Literatur: Bleckmann – Bleckmann, Europarecht, 1997, Rn. 380 – 399; Oppermann, Europarecht, Rn. 432 – 436.

406 Kasseler Handbuch - Heinze, 11 Europarecht, Rn. 17.

407 Europäischer Rat in Edinburgh, Schlußfolgerungen des Vorsitzes, Teil A, Anlage 1, Gesamtkonzept zur Anwendung des Subsidiaritätsprinzips und des Artikels 3 b des Vertrags über die Europäische Union [gemeint war der EGV] durch den Rat, Bulletin der Bundesregierung 1992, Nr. 140, S. 1277 (S. 1280 – 1283 (II. Leitlinien, Abs. 1, S. 1281)).

408 EAS - Preis/Bütefisch, B 1100, Rn. 18.

409 Konow, DÖV 1993, S. 405 (407); Wank, RdA 1995, S. 10 (23).

410 Schmidhuber, DVBl 1993, S. 417 (420).

411 Konow, DÖV 1993, S. 405 (407); Lecheler, Das Subsidiaritätsprinzip, 1993, S. 99.

3. Das Subsidiaritätsprinzip im engeren Sinne gemäß Art. 5 Abs. 2 EGV

Sofern der Nachweis einer Gesetzgebungszuständigkeit für die Gemeinschaft nach Art. 5 Abs. 1 EGV geführt werden kann, begrenzt Art. 5 Abs. 2 EGV die Gesetzgebungsmöglichkeit der Gemeinschaft, wenn ihr eine nicht ausschließliche Zuständigkeit obliegt. Das Subsidiaritätsprinzip im engeren Sinn gilt nur, wenn Gebiete betroffen sind, die einerseits der Zuständigkeit der Mitgliedsstaaten zuzuordnen sind, andererseits aber auch, mit unterschiedlicher Intensität, Kompetenzen der Gemeinschaft berühren.[412] In diesen Fällen darf die Gemeinschaft gemäß Art. 5 Abs. 2 EGV nur tätig werden, „sofern und soweit die Ziele der in Betracht gezogenen Maßnahmen auf Ebene der Mitgliedsstaaten nicht ausreichend erreicht werden können und daher wegen ihres Umfangs oder ihrer Wirkungen besser auf Gemeinschaftsebene erreicht werden können." Im Bereich der ausschließlichen Gemeinschaftskompetenzen gilt dagegen allein das Übermaßverbot und Verhältnismäßigkeitsprinzip des Art. 5 Abs. 3 EGV.[413] Da Art. 5 Abs. 2 EGV auf die vorgegebene Kompetenzverteilung nach dem Prinzip der begrenzten Einzelermächtigung Bezug nimmt, kommt dem Subsidiaritätsprinzip im engeren Sinne eher die Bedeutung einer Kompetenzausübungsmaxime zu.[414] Es ist zu verstehen als Prinzip der Dezentralisierung.[415]

a) Die nicht ausschließliche Zuständigkeit der Gemeinschaft

Da grundsätzlich eine Vermutung für die Zuständigkeit der Mitgliedsstaaten besteht, gilt die konkurrierende, das heißt die nicht ausschließliche Zuständigkeit. Eine nicht ausschließliche Gesetzgebungszuständigkeit der Gemeinschaft liegt vor, wenn grundsätzlich die Mitgliedsstaaten der Gemeinschaft zur Regelung berufen sind, unter den Voraussetzungen des Art. 5 EGV im Einzelfall aber die Gemeinschaft tätig werden darf.

Welche der beiden Zuständigkeitsformen vorliegen, ergibt sich erst aus der jeweiligen Kompetenzbestimmung. Aus ihr muß ermittelt werden, ob diese Kompetenz ausschließlich der Gemeinschaft zukommen soll, oder ob es sich nur um eine konkurrierende Kompetenz handelt, bei der die Mitgliedsstaaten das Recht zur Gesetzgebung jedenfalls nicht vollständig verloren haben.[416]

Die Bereiche der nicht ausschließlichen Zuständigkeit können nur unter Rückgriff auf die ausschließliche Zuständigkeit der Gemeinschaft definiert werden. Nicht ausschließliche Zuständigkeiten liegen nämlich vor, wenn nicht ausnahmsweise eine ausschließliche Zuständigkeit der Gemeinschaft besteht. Es stellt sich damit zunächst die Frage, in welchen Bereichen eine ausschließliche Normsetzungskompetenz der

---

412 Hochbaum, DÖV 1992, S. 285 (291).

413 So Schmidhuber, DVBl 1993, S. 417 (418) zu Art. 3 b EGV a. F.

414 Klein/Haratsch, DÖV 1993, S. 785 (791).

415 Schmidhuber, DVBl 1993, S. 417 (418).

416 Lecheler, Das Subsidiaritätsprinzip, 1993, S. 101.

Gemeinschaft besteht und ob hierzu das Arbeitsrecht, insbesondere das kollektive Arbeitsrecht zählt.

(1) Abgrenzung zur ausschließlichen Zuständigkeit der Gemeinschaft

Der EGV enthält weder eine Definition des Begriffs der ausschließlichen Zuständigkeiten noch eine im einzelnen als ausschließlich bezeichnete EG-Zuständigkeit.[417] Es muß sich jedenfalls um solche Fälle handeln, bei denen nach Zweck und Wirkung eine Zuständigkeit der Mitgliedsstaaten nicht in Betracht kommen kann.[418] Darüber, wie dies zu bestimmen ist, werden in Literatur und Praxis unterschiedliche Ansätze diskutiert, die derzeit aber im wesentlichen zu gleichen Ergebnissen kommen.

Überwiegend wird in der Literatur auf den dynamischen Ansatz der Kommission zurückgegriffen, der für die Abgrenzung der beiden Zuständigkeitsarten einerseits auf den Grad der Handlungsverpflichtung der Gemeinschaft in der jeweiligen Kompetenznorm und andererseits auf die Fortschritte bei der europäischen Integration abstellt.[419] Derzeit sei es nicht möglich, die Kompetenzen für die einzelnen Politikbereiche abschließend einer der insgesamt vier Ebenen Gemeinden, Regionen beziehungsweise Länder, Mitgliedsstaaten und Gemeinschaft zuzuweisen.[420] Die Grenze zwischen ausschließlichen und nicht ausschließlichen EG-Zuständigkeiten müsse daher dynamisch interpretiert werden und von der Entwicklung der Gemeinschaft abhängen.[421] Beide Faktoren bedingen sich dabei gegenseitig. Eine ausschließliche Zuständigkeit bestehe dann, wenn sich aus der konkreten Ermächtigungsgrundlage im Lichte des jeweils gegenwärtigen Standes der Integration eine Verpflichtung der Gemeinschaft ergäbe, als allein zuständige Instanz bei der Wahrnehmung bestimmter Aufgaben tätig zu werden und Ergebnisse zu erreichen.[422] Dies soll derzeit nur in eng begrenzten Ausnahmefällen der Fall sein. So werden weitgehend übereinstimmend nur in der gemeinsamen Landwirtschafts- und Fischereipolitik,[423] der Handelspolitik gegenüber Drittstaaten[424] und der Beihilfekontrolle[425] ausschließliche Gemeinschaftskompetenzen angenommen.[426]

Darüber hinaus kann eine ausschließliche Gemeinschaftszuständigkeit für eine beabsichtigte Maßnahme zumindest vermutet werden, wenn diese in eindeutigem Zusam-

---

417 Klein/Haratsch, DÖV 1993, S. 785 (791).
418 Konow, DÖV 1993, S. 405 (407).
419 Konow, DÖV 1993, S. 405 (408).
420 Schmidhuber, DVBL 1993, S. 417 (419, 420).
421 Konow, DÖV 1993, S. 405 (411).
422 Nach Konow, DÖV 1993, S. 405 (407).
423 Art. 38 ff EGV a. F.
424 Art. 100 ff EGV a. F. insbesondere Art. 113 a. F.
425 Art. 92 ff EGV a. F.
426 Schmidhuber, DVBL 1993, S. 417 (418); Schmidhuber/Hitzler, NVwZ 1992, S. 720 (721); Klein/Haratsch, DÖV 1993, S. 785 (791, Fn. 76); Kasseler Handbuch – Heinze, 11 Europarecht, Rn. 19: Heinze, Festschrift für Otto Rudolf Kissel, 1994, S. 363 (372); Pipkorn, EuZW 1992, S. 697 (699).

menhang mit einer bereits früher von der Gemeinschaft rechtmäßig erlassenen Maßnahme steht.[427] Ob für die Maßnahme selbst eine ausschließliche Zuständigkeit bestand, ist dabei unerheblich, solange die Maßnahme nur rechtmäßig war.[428] Andernfalls könnten die Mitgliedsstaaten unter Berufung auf eine eigene Regelungszuständigkeit durch eine spätere Rechtssetzung die Gesetzgebung der Gemeinschaft und die daran anknüpfende Integration aushöhlen. Durch eine gemeinschaftsrechtliche Normsetzung wird daher der jeweils in Frage stehende Regelungsbereich der nationalen Gesetzgebung entzogen, wenn die Gemeinschaftsmaßnahme oder die zugehörige Ermächtigungsgrundlage nicht selbst ausdrücklich eine strengere Maßnahme der Mitgliedsstaaten zulassen.[429] Insoweit entfalten Gemeinschaftsrechtsakte Sperrwirkung.

(2) Die Kompetenzen im Arbeitsrecht

Das Arbeitsrecht gehört nicht zu den Gebieten, auf denen eine ausschließliche Gesetzgebungszuständigkeit der Gemeinschaft anerkannt ist.[430] Allgemein wird angenommen, daß die gemeinschaftlichen Kompetenzen im Bereich des Arbeits- und Sozialrechts der konkurrierenden Zuständigkeit unterliegen und durch das Subsidiaritätsprinzip im engeren Sinne begrenzt werden.[431] Dies gilt für die Inanspruchnahme der Kompetenzen nach den Sozialvorschriften und erst recht für arbeitsrechtlich motivierte Maßnahmen im Bereich der Arbeitnehmerfreizügigkeit nach Art. 39, 40 EGV und ergänzende Maßnahmen nach Art. 94 EGV und Art. 308 EGV.

Das Subsidiaritätsprinzip wird damit auch in Zukunft für den Bereich arbeitsrechtlicher Rechtssetzung den Maßstab für die Ausübung der Gemeinschaftskompetenzen bilden, indem es auch hier erzwingt, daß die europarechtliche Normsetzung grundsätzlich unzulässig ist, wo nationale Normsetzung möglich ist[432]. Eine unbeschränkte europäische Gesetzgebungskompetenz ist für das Arbeitsrecht ausgeschlossen. Der Wortlaut in den Sozialvorschriften macht deutlich, daß nur eine Mitzuständigkeit der Gemeinschaft zusammen mit den Mitgliedsstaaten begründet wird.[433] Angesichts der sehr zögerlichen und oft umkämpften Entwicklung von Kompetenzen für die Gemeinschaft in diesem Bereich machte etwas anderes auch keinen Sinn. Da die Mitgliedsstaaten mit dem Vertrag von Amsterdam erstmals überhaupt „umfassende" Ge-

---

427 Schmidhuber/Hitzler, NVwZ 92, S. 720 (723).

428 Kasseler Handbuch – Heinze, 11 Europarecht, Rn. 19.

429 Ähnlich Diskussionsbericht nach Coen, RdA 1992, S. 74.

430 Heinze, Festschrift für Otto Rudolf Kissel, 1994, S. 363 (372); Konzen, EuZW 1995, S. 39 (44); EAS – Preis/Bütefisch, B 1100, Rn. 18; Wunsch-Semmler, Entwicklungslinien einer europäischen Arbeitnehmermitwirkung, 1995, S. 42.

431 Wank, RdA 1995, S. 10 (21); Blanpain/Schmidt/Schweibert, Europäisches Arbeitsrecht, 1996, Rn. 682; Diskussionsbericht nach Coen, RdA 1992, S. 74; Wisskirchen, Festschrift für Otfried Wlotzke, 1996, S. 793 (796); Wisskirchen, Der soziale Dialog, 1994, S. 653 (673, 674); Heinze, Festschrift für Otto Rudolf Kissel, 1994, S. 363 (372); Schaub, NZA 1994, S. 769 (771).

432 Wank, RdA 1995, S. 10 (21); Wisskirchen, Der soziale Dialog, 1994, S. 653 (659); Kasseler Handbuch - Heinze, 11 Europarecht, Rn. 19, 20; Heinze, Festschrift für Otto Rudolf Kissel, 1994, S. 363 (372).

433 Wisskirchen, Festschrift für Otfried Wlotzke, 1996, S. 793 (796) noch zu dem AbkSozP.

biete des Arbeitsrechts im EGV geregelt haben, nachdem Art. 117 EGV a. F.[434] noch von einem grundsätzlichen und ausschließlichen Vorrang der Mitgliedsstaaten zur Entwicklung des Europäischen Arbeitsrechts ausgegangen war[435] und der Vertrag von Maastricht die Kompetenzen der Gemeinschaft in dem Abkommen über die Sozialpolitik zwar erweitert hatte, aber nur für elf der Mitgliedsstaaten,[436] kann man nicht annehmen, daß sie den Mitgliedsstaaten die Regelungsmaterie gleich vollkommen entziehen wollten.

Dies wird um so deutlicher, als mit den 1992 einsetzenden allmählichen Kompetenzverschiebungen gleichzeitig zusätzliche Hinweise auf das Subsidiaritätsprinzip in die arbeitsrechtlichen Normen aufgenommen wurden, die zum Teil sogar über Art. 5 EGV hinausgehende zusätzliche Subsidiaritätsschranken enthalten.[437] Insbesondere der neue Art. 137 Abs. 2 EGV bestimmt, daß die Gemeinschaft „unter Berücksichtigung der in den einzelnen Mitgliedsstaaten bestehenden Bedingungen und technischen Regelungen" die Tätigkeiten der Mitgliedsstaaten unterstützt und ergänzt und Richtlinien erlassen darf, die „keine verwaltungsmäßigen, finanziellen oder rechtlichen Auflagen vorschreiben" dürfen, „die der Gründung und Entwicklung von kleinen und mittleren Unternehmen entgegenstehen".[438] Auch der Rat hat in seiner Entschließung „zu bestimmten Perspektiven einer Sozialpolitik der Europäischen Union"[439] besondere Hinweise auf das Subsidiaritätsprinzip aufgenommen, indem er

434 Art. 136 EGV n. F.

435 Krimphove, Europäisches Arbeitsrecht, 1996, S. 26; Münchener Handbuch zum Arbeitsrecht – Birk, § 18, Rn. 28; EuGH vom 29. 9. 1987, Rs. 126/86, Fernando Roberto Giménez Zaera gegen Instituto Nacional de la Seguridad Social und Tesorería General de la Seguridad Social, Slg. 1987, S. 3697 – 3718 (3716, Rn. 13) und implizit bereits in EuGH vom 8. 4. 1976, Rs. 43/75, Gabrielle Defrenne gegen Société anonyme belge de navigation aérienne Sabena, Slg. 1976, S. 455 – 493 (473); Wank, RdA 1995, S. 10 (18).

436 Krimphove, Europäisches Arbeitsrecht, 1996, S. 26. Da die Neuerungen für das Arbeits- und Sozialrecht aber im Abkommen über die Sozialpolitik ausgegliedert worden waren, stellte sich die Frage, ob das Subsidiaritätsprinzip des Art. 3 b EGV a. F. überhaupt auf seine Regelungen anwendbar war. Dies wurde von der herrschenden Meinung bejaht (Wank, RdA 1995, S. 10 (22); Heinze, ZfA 1992, S. 331 (340)). Mit der Einordnung des Abkommens als bloß völkerrechtlichen Vertrag hätte man die direkte Geltung des Art. 3 b EGV a. F. ablehnen müssen (Watson, CMLRev. 1992, S. 481 (496, 497)). Derartige Unklarheiten sind mit der Integration des Abkommens in den EGV beseitigt worden.

437 Krimphove, Europäisches Arbeitsrecht, 1996, S. 26. So enthielten bereits die im Protokoll enthaltene Formel, „daß durch dieses Protokoll und das genannte Abkommen dieser Vertrag, insbesondere die Bestimmungen, welche die Sozialpolitik betreffen und Bestandteil des gemein schaftlichen Besitzstandes sind, nicht berührt wird", und Art. 2 Abs. 1 AbkSozP mit der Bestimmung, daß die Gemeinschaft zur Verwirklichung der Ziele des Absatzes 1 die Tätigkeit der Mitgliedsstaaten (lediglich) unterstützt und ergänzt, Anklänge an das Subsidiaritätsprinzip. Wank, RdA 1995, S. 10 (22); Schmidhuber, DVBL 1993, S. 417 (419).

438 Die entsprechende Subsidiaritätsschranke enthielt bisher Art. 118 a Abs. 2 EGV a. F.

439 Entschließung des Rates vom 6. 12. 1994 zu bestimmten Perspektiven einer Sozialpolitik der Europäischen Union: Ein Beitrag zur wirtschaftlichen und sozialen Konvergenz in der Union, ABl. EG 1994, C 368, S. 6.

die nationalen Sozial- und Arbeitsrechtssysteme und deren besondere Bedeutung in den Mitgliedsstaaten mehrfach hervorgehoben hat.[440]

Mit den Artikeln des Abkommens, die mit dem Vertrag von Amsterdam in den EGV integriert wurden, normierten die Mitgliedsstaaten eine generelle, umfassende „subsidiäre Ordnungsbeziehung“ zwischen europäischer und nationaler Sozialpolitik ohne eine ausschließliche Zuständigkeit der Gemeinschaft zu begründen.[441] Die arbeitsrechtlichen Befugnisse stehen insoweit noch deutlicher unter dem Vorbehalt, daß die auf sie gestützten Gemeinschaftsrechtsakte zur Erreichung der Vertragsziele oder zu Errichtung oder dem Funktionieren des Gemeinsamen Marktes erforderlich sein müssen.[442] Da mit der Integration des Abkommens über die Sozialpolitik in den EGV die bisher gebotene restriktive Auslegung der arbeitsrechtlichen Vorschriften aufzugeben ist, dürfte dieser Erkenntnis noch gesteigerte Bedeutung zukommen.

(3) Ergebnis

In dem hier interessierenden Arbeitsrecht hat die Gemeinschaft keine Kompetenz zur ausschließlichen Gesetzgebung gegenüber den Mitgliedsstaaten. Grundsätzlich sind die Mitgliedsstaaten zur Regelung der Sozialpolitik berufen. Die Gemeinschaft hat nur eine nicht ausschließliche Zuständigkeit. Das Subsidiaritätsprinzip im engeren Sinne gemäß Art. 5 Abs. 2 EGV findet bei der Ausübung von Gemeinschaftskompetenzen im Arbeitsrecht Anwendung.

b) Die Prüfung des „Ob“ und des „Wie“

Ist eine nicht ausschließliche Zuständigkeit der Gemeinschaft festgestellt, nehmen die gesetzgebenden Gemeinschaftsorgane[443] eine zweistufige Prüfung vor, bei der der Subsidiaritätsgedanke des Art. 5 Abs. 2 EGV in jeder Stufe auf jeweils zwei Ebenen zum Tragen kommt. Auf der ersten Stufe wird geprüft, ob und wie die gemeinschaftlichen Ziele auf der Ebene der Mitgliedsstaaten ausreichend verwirklicht werden können. Ist das überhaupt nicht oder nur begrenzt der Fall (Nachweis fehlender Voraussetzungen), wird auf der zweiten Stufe geprüft, ob und wie die Ziele auf Gemeinschaftsebene besser erreicht werden können (Prüfung gegebener Voraussetzungen). Die Prüfung des „Ob“ und des „Wie“ folgt aus dem Wortlaut „sofern und soweit“.[444]

---

440 Entschließung des Rates vom 6. 12. 1994 zu bestimmten Perspektiven einer Sozialpolitik der Europäischen Union: Ein Beitrag zur wirtschaftlichen und sozialen Konvergenz in der Union, ABl. EG 1994, C 368, S. 6 (6. und 7. Erwägungsgrund (S.7)); Wisskirchen, Festschrift für Otfried Wlotzke, 1996, S. 793 (798 f).

441 Kasseler Handbuch – Heinze, 11 Europarecht, Rn. 20; Heinze, Festschrift für Otto Rudolf Kissel, 1994, S. 363 (372).

442 Wisskirchen, Der soziale Dialog, 1994, S. 653 (673).

443 Die Prüfung erfolgt in erster Linie durch die Kommission, die die Gemeinschaftsrechtsakte vorbereitet und dann dem Rat zur Entscheidung vorlegt.

444 Konow, DÖV 1993, S. 405 (407); Schmidhuber, DVBL 1993, S. 417 (418); Wank, RdA 1995, S. 10 (22); Kasseler Handbuch – Heinze, 11 Europarecht, Rn. 22 bereits konkret zu sozialpoliti-

Von einer konkreten Zielbestimmung ausgehend, umfaßt die Subsidiaritätsprüfung also zwei Schritte mit einer positiven und einer negativen Abgrenzung.[445]

Bereits bezüglich der Frage, „Ob" ein genereller Handlungsbedarf auf Gemeinschaftsebene besteht,[446] verlangt Art. 5 EGV eine Gesamtbetrachtung der jeweiligen Rechtssysteme in der Weise, daß sich eine punktuelle Betrachtung im Detail verbietet.[447] Durch das „Wie" beziehungsweise „Soweit" wird dann der Eingriff der europarechtlichen Normsetzungsbefugnis in das jeweilige nationale, soziale und rechtliche System inhaltlich materiell begrenzt. Europäische „Eingriffe" in die nationalen Sozial- und Rechtssysteme werden nur insoweit legitimiert, als diese Systeme selbst nicht zu einer ausreichenden Regelung imstande sind.[448] Sowohl die Regelungsreichweite, als auch die -intensität und -tiefe des europarechtlichen Eingriffs in die nationalen Systeme werden beschränkt.[449] Selbst bei Bejahung des „ob" ist also eine weitere Prüfung der Regelungstiefe einer europarechtlichen Normsetzung erforderlich.[450]

Die Prüfungen erfolgen jeweils anhand der charakteristischen Merkmale einer Maßnahme, also unter Berücksichtigung ihres „Umfanges" und ihrer „Wirkungen".[451] Zwar sind „Umfang" und „Wirkungen" nach dem Wortlaut des Art. 5 Abs. 2 EGV erst dem zweiten Prüfungsschritt zugeordnet; vernünftigerweise kann die Frage der ausreichenden Zielverwirklichung auf der Ebene der Mitgliedsstaaten aber nur anhand der charakteristischen Merkmale einer Maßnahme geprüft werden.[452] Zum „Umfang" gehören in erster Linie der verwaltungsmäßige und der finanzielle Aufwand.[453] Zu den „Wirkungen" gehört die Frage, ob die zur Zielverwirklichung notwendigen Maßnahmen wegen ihres Inhalts und ihrer Tragweite die Grenzen der einzelnen Mitgliedsstaaten überschreitende Lösungen erfordern, also gewissermaßen nach der Natur der Sache zentral ausgerichtet und einheitlich gestaltet werden müssen.[454]

---

schen Maßnahmen.

445 Konow, DÖV 1993, S. 405 (408); Schmidhuber, DVBL 1993, S. 417 (419); Kasseler Handbuch - Heinze, 11 Europarecht, Rn. 20 spricht auch von einer normativen Auswirkung des Subsidiaritätsprinzips auf drei Stufen: Zunächst muß ein im Vertrag konkretisierter europäischer Zweck vorliegen, der eine Verdrängung des nationalen Gesetzgebers rechtfertigen kann. Zweitens muß das europarechtliche Ziel dem Grunde nach eine europarechtliche Intervention notwendig machen. Wo nationale Gesetzgeber die Aufgabe in gleicher Weise und in hinreichendem Umfang erfüllen können, bedarf es eines Tätigwerdens des europäischen Gesetzgebers von vornherein nicht.

446 Schmidhuber, DVBL 1993, S. 417 (418).

447 Kasseler Handbuch - Heinze, 11 Europarecht, Rn. 22 konkret zu sozialpolitischen Maßnahmen; Heinze, Festschrift für Otto Rudolf Kissel, 1994, S. 363 (373).

448 Kasseler Handbuch - Heinze, 11 Europarecht, Rn. 24; Heinze, Festschrift für Otto Rudolf Kissel, 1994, S. 363 (374, 375).

449 Kasseler Handbuch - Heinze, 11 Europarecht, Rn. 24.

450 Kasseler Handbuch - Heinze, 11 Europarecht, Rn. 24; Heinze, Festschrift für Otto Rudolf Kissel, 1994, S. 363 (375).

451 Konow, DÖV 1993, S. 405 (408).

452 Siehe Konow, DÖV 1993, S. 405 (408) noch zu Art. 3 b Abs. 2 EGV a. F.

453 Konow, DÖV 1993, S. 405 (408).

454 Konow, DÖV 1993, S. 405 (408).

c) Die ausreichende Verwirklichung auf der Ebene der Mitgliedsstaaten als 1. Prüfungsstufe

Zu klären ist, was im Rahmen der ersten Prüfungsstufe unter der „Ebene der Mitgliedsstaaten" zu verstehen ist und was der Maßstab für eine „ausreichende" Zielverwirklichung auf dieser Ebene sein soll.

In seiner *primären* Dimension normiert und konkretisiert Art. 5 Abs. 2 EGV das unmittelbare Verhältnis der Gemeinschaft zu den Mitgliedsstaaten auf zentralstaatlicher Ebene.[455] Darüber hinaus könnte der Begriff „der Ebene der Mitgliedsstaaten" in einer quasi *sekundären* Dimension aber auch das Verhältnis der Gemeinschaft zu dezentralen staatlichen Instanzen erfassen.[456] Dies wären etwa Bundesländer und Gemeinden oder andere regionale Verwaltungseinheiten, sofern ihnen durch das nationale Verfassungsrecht originäre, das heißt verfassungsunmittelbare europapolitische Kompetenzen zugewiesen werden, die mit den vertraglichen Zielen und Zuständigkeiten der Gemeinschaft direkt konkurrieren können und damit Raum für die Anwendung des Subsidiaritätsprinzip eröffnen. Aus Sicht des Gemeinschaftsrechts bleiben solche dezentralen Untereinheiten Teil des föderal/regional/kommunal aufgebauten Mitgliedsstaates. Im Verhältnis zur Gemeinschaft handelt es sich dann aber nicht um das Verhältnis zu den Mitgliedsstaaten als nationale Entscheidungseinheiten selbst, sondern zu Einheiten auf mitgliedsstaatlicher Ebene. Zweifel, ob die Einheiten auf mitgliedsstaatlicher Ebene auch von Art. 5 Abs. 2 EGV erfaßt werden, könnten sich aus dem Wortlaut anderssprachiger Textfassungen ergeben, die nicht „die Ebene der Mitgliedsstaaten", sondern „die Mitgliedsstaaten" bezeichnen.[457] Die sprachlich abweichende deutsche „Sonderversion" des Art. 5 Abs. 2 EGV läßt sich jedoch mit der gemeinschaftsweiten Einmaligkeit der speziell deutschen Variante des Föderalismus begründen.[458] Die sprachlich abweichende Textfassung für die Bundesrepublik Deutschland hat damit lediglich klarstellende Funktion, ohne einen prinzipiell anderen Bedeutungsinhalt der Norm herbeizuführen. Im Ergebnis gehört zur „Ebene der Mitgliedsstaaten" also der gesamte öffentliche Bereich in den Mitgliedsstaaten, einschließlich der kommunalen Ebene, sofern eine Verpflichtung zum Handeln innerstaatlich begründet werden kann,[459] damit die gemeinschaftliche Zielsetzung erreicht wird. Mit dem Ausdruck der „Ebene der Mitgliedsstaaten" regelt Art. 5 Abs. 2 EGV also auch das Verhältnis der Gemeinschaft zu den etwaigen europapolitisch aktiven

455 Kempen, KritV 1994, S. 13 (28 ff).

456 Dazu im folgenden Kempen, KritV 1994, S. 13 (30 – 31).

457 Französische Textfassung: par les États membres; englische: by the member states; flämische: de Lid-Staaten; nach Kempen, KritV 1994, S. 13 (32/33); Karthaus, ArbuR 1997, S. 221 (222).

458 Kempen, KritV 1994, S. 13 (33). Nach Karthaus, ArbuR 1997, S. 221 (222) läßt sich seit der letzten Generation der Dezentralisierungsgesetze in Frankreich selbst die französische Fassung so verstehen, daß nicht nur die Zentralgewalt gemeint sein muß. Karthaus nennt als Beispiel Loi du 4. 2. 1995, das den französischen Regionen unter bestimmten Voraussetzungen erlaubt, mit Gebietskörperschaften anderer Mitgliedsstaaten oder der Gemeinschaft vertragliche Beziehungen einzugehen.

459 Konow, DÖV 1993, S. 405 (408); Wank, RdA 1995, S. 10 (22).

Untereinheiten der Mitgliedsstaaten.[460] Auf die verfassungsmäßige Struktur kommt es nicht an.[461] Da gem. Art. 74 Abs. 1 Nr. 12 GG das Arbeitsrecht in der Bundesrepublik Deutschland der konkurrierenden Gesetzgebungszuständigkeit unterliegt, findet das Subsidiaritätsprinzip in diesem Bereich auch in einer *sekundären* Dimension Anwendung.[462]

„Ob" und „wie" die Mitgliedsstaaten beziehungsweise ihre Untergliederungen zu einer ausreichenden Zielverwirklichung in der Lage sind, ist anhand von Effizienzerwägungen festzustellen, mit denen geprüft wird, ob die Mitgliedsstaaten über Mittel, einschließlich der finanziellen Mittel, zur Erreichung der Ziele verfügen.[463] Angesichts der unterschiedlichen administrativen und finanziellen Leistungsfähigkeit der Mitgliedsstaaten und ihres unterschiedlichen wirtschaftlich-sozialen Entwicklungsstandes ist jedoch kaum eine Konstellation denkbar, bei der für ein Handeln auf Gemeinschaftsebene nicht „bessere" Ergebnisse erreicht werden könnten. Daher ist bei einem Vergleich zwischen der angestrebten Zielverwirklichung durch die Mitgliedsstaaten mit der möglichen Zielverwirklichung auf Gemeinschaftsebene Vorsicht geboten, denn eine solche Auslegung würde die Regelung des Art. 5 Abs. 2 EGV praktisch leerlaufen lassen. Vielmehr muß es genügen, daß die Ziele überhaupt und irgendwie erreicht werden.[464] Es kommt nicht darauf an, daß die Lösungen auf der Ebene der Mitgliedsstaaten einheitlich, optimal, hervorragend und die „denkbar besten" sind.[465] Vielmehr müssen die Mitgliedsstaaten und ihre Untereinheiten durch eine eigenständige Problemlösung überfordert sein.[466] An die „ausreichende" Zielverwirklichung ist daher kein besonders strenger Maßstab anzulegen. Auch läßt sich kein Erfordernis eines gemeinsamen Handelns der Mitgliedsstaaten aus der Formulierung der „Ebene der Mitgliedsstaaten" entnehmen.[467]

Eine nicht ausreichende Zielverwirklichung kann etwa vorliegen, wenn die zu regelnde Frage transnationale Aspekte enthält, die durch Maßnahmen der Mitgliedsstaaten nicht zufriedenstellend geregelt werden können, oder wenn alleinige Maßnahmen der Mitgliedsstaaten beziehungsweise das Fehlen gemeinschaftlicher Maßnahmen zu den Erfordernissen des Vertrags im Widerspruch stehen oder die Interessen der Mitgliedsstaaten erheblich beeinträchtigen würden.[468]

---

460 Kempen, KritV 1994, S. 13 (31).

461 Konow, DÖV 1993, S. 405 (408); Wank, RdA 1995, S. 10 (22).

462 Soweit ersichtlich, hat praktisch aber der Bund bisher allein die Zuständigkeit ausgeübt.

463 Schmidhuber/Hitzler, NVwZ 1992, S. 720 (723); Schmidhuber, DVBL 1993, S. 417 (418, 419). Zum Zeitpunkt des Artikels war Schmidhuber Mitglied der Kommission.

464 Konow, DÖV 1993, S. 405 (409); Heinze, Festschrift für Otto Rudolf Kissel, 1994 S. 363 (373).

465 Konow, DÖV 1993, S. 405 (409).

466 Schmidhuber, DVBl 1993, S. 417 (419).

467 A. A. Hochbaum, DÖV 1992, S. 285 (292).

468 Europäischer Rat in Edinburgh, Schlußfolgerungen des Vorsitzes, Teil A, Anlage 1, Gesamtkonzept zur Anwendung des Subsidiaritätsprinzips und des Artikels 3 b des Vertrags über die Europäische Union [gemeint war der EGV] durch den Rat, Bulletin der Bundesregierung 1992, Nr. 140, S. 1277 (S. 1280 – 1283 (II. Leitlinien, Absatz 2, ii, S. 1281)).

Um dem Vorrang der ausreichenden Zielverwirklichung auf der Ebene der Mitgliedsstaaten praktische Wirksamkeit zu verleihen, sind die Mitgliedsstaaten schließlich gemäß Art. 10 EGV verpflichtet, selbst die notwendigen Maßnahmen zu treffen, wenn etwa auf der Ebene der Mitgliedsstaaten nur in ein oder zwei Staaten keine Möglichkeit zur Zielverwirklichung besteht, diese aber mit vertretbarem Aufwand geschaffen werden könnte.[469]

d) Die bessere Verwirklichung auf Gemeinschaftsebene als 2. Prüfungsstufe

Nur wenn und soweit die ausreichende Verwirklichung auf der Ebene der Mitgliedsstaaten zu verneinen ist, erfolgt eine weitere Prüfung. Erst dann und soweit darf geprüft werden, ob ein gemeinschaftliches Handeln einen „europäischen Mehrwert" ergibt, das heißt ob Maßnahmen auf Gemeinschaftsebene eine bessere Zielverwirklichung erwarten lassen.[470] Dies ist dann der Fall, wenn der Nachweis erbracht werden kann, daß Maßnahmen auf Gemeinschaftsebene aufgrund ihrer Größenordnung oder ihrer Auswirkungen im Verhältnis zu einem Tätigwerden auf der Ebene der Mitgliedsstaaten deutliche Vorteile bringen würden.[471]

Durch die Abfolge und Verknüpfung der beiden Prüfungsschritte in Art. 5 Abs. 2 EGV („daher") wird deutlich gemacht, daß Maßnahmen der Gemeinschaft überhaupt und nur soweit zum Zuge kommen, als die Maßnahmen auf der Ebene der Mitgliedsstaaten zur Zielverwirklichung nicht ausreichen.[472] Das bessere Erreichen der europarechtlichen Ziele durch Normierung auf der Gemeinschaftsebene ist der sekundäre Aspekt gegenüber der primär ausschlaggebenden Frage, ob und wieweit die Ziele ausreichend auf der Ebene der Mitgliedsstaaten erreicht werden können.[473] Der Aspekt der „besseren Wirkung", also der des „europäischen Mehrwerts", vermag für sich genommen keine europarechtliche Normierung zu rechtfertigen, sondern setzt stets den eindeutigen Nachweis voraus, daß eine Rechtssetzung im jeweiligen Recht der nationalen Mitgliedsstaaten „nicht ausreichend" der Verwirklichung der gemeinschaftlichen Ziele dient, potentiell also unwirksam ist.[474] Diese sekundäre Filterfunk-

---

469 Europäischer Rat in Edinburgh, Schlußfolgerungen des Vorsitzes, Teil A, Anlage 1, Gesamtkonzept zur Anwendung des Subsidiaritätsprinzips und des Artikels 3 b des Vertrags über die Europäische Union [gemeint war der EGV] durch den Rat, Bulletin der Bundesregierung 1992, Nr. 140, S. 1277 (S. 1280 – 1283 (I. Grundprinzipien, 4., S. 1281)); Konow, DÖV 1993, S. 405 (409, 410).

470 Konow, DÖV 1993, S. 405 (409); Schmidhuber, DVBL 1993, S. 417 (419); Schmidhuber/Hitzler, NVwZ 1992, S. 720 (723).

471 Europäischer Rat in Edinburgh, Schlußfolgerungen des Vorsitzes, Teil A, Anlage 1, Gesamtkonzept zur Anwendung des Subsidiaritätsprinzips und des Artikels 3 b des Vertrags über die Europäische Union [gemeint war der EGV] durch den Rat, Bulletin der Bundesregierung 1992, Nr. 140, S. 1277 (S. 1280 – 1283 (II. Leitlinien, Absatz 2, ii), S. 1281).

472 Konow, DÖV 1993, S. 405 (409).

473 Kasseler Handbuch – Heinze, 11 Europarecht, Rn. 23; Heinze, Festschrift für Otto Rudolf Kissel, 1994, S. 363 (373 – 375).

474 Kasseler Handbuch – Heinze, 11 Europarecht, Rn. 23 so bereits ausdrücklich für die Sozialpolitik; Heinze, Festschrift für Otto Rudolf Kissel, 1994, S. 363 (374); Schmidhuber DVBl. 1993, S.

tion des Merkmals der besseren Wirkung auf Gemeinschaftsebene gilt sowohl für das „ob“ als auch für das „wie“ von Gemeinschaftsmaßnahmen.[475] Eine Auslegung des Art. 5 Abs. 2 EGV durch die Kommission nach Maßgabe der „Wirksamkeitstheorie“, die eine Effizienzprüfung bedeuten würde ohne Rücksicht darauf, ob eine ausreichende Zielverwirklichung auf der Ebene der Mitgliedsstaaten möglich ist, ist mit Art. 5 Abs. 2 EGV nicht vereinbar.[476]

Dem Vorrang der Regelung auf der Ebene der Mitgliedsstaaten entsprechend, müssen sich die Maßnahmen der Gemeinschaft im übrigen darauf beschränken, die auf der Ebene der Mitgliedsstaaten möglichen und notwendigen Maßnahmen so weit zu ergänzen und zu unterstützen, wie es zur Verwirklichung der Ziele der Gemeinschaft erforderlich ist.[477] Das schließt ein, daß die ergänzenden und unterstützenden Maßnahmen der EG für die einzelnen Mitgliedsstaaten differenziert werden, sofern die für die Verwirklichung der Gemeinschaftsziele relevante Situation in den Mitgliedsstaaten sehr verschieden ist.[478]

4. Das Übermaßverbot gemäß Art. 5 Abs. 3 EGV

Art. 5 Abs. 3 EGV bestimmt als letzten Grundsatz, daß bei der Ausübung sowohl der ausschließlichen als auch der konkurrierenden Gemeinschaftszuständigkeiten nicht über das zur Erreichung der Ziele notwendige Maß hinaus gegangen werden darf (Grundsatz der Verhältnismäßigkeit). Von mehreren zur Erreichung eines bestimmten Ziels zur Verfügung stehenden Instrumenten darf nur das am wenigsten weitreichende Mittel mit der geringstmöglichen Wirkung eingesetzt werden, und das angewendete Mittel darf zum erstrebten Erfolg nicht „unangemessen“ sein.[479] Die Konsequenzen, Ergebnisse, Folgewirkungen, die Verwerfungen und Widersprüche im jeweiligen nationalen Arbeits- und Sozialrecht verlangen an dieser Stelle Berücksichtigung.[480]

---

417 (419); Schmidhuber/Hitzler, NVwZ 1992, S. 720 (723); Pipkorn, EuZW 1992, S. 697 (699); Goppel, EuZW 1993, S. 367 (367, Fn. 7).

475 Kasseler Handbuch – Heinze, 11 Europarecht, Rn. 24.

476 Dies wurde dennoch befürchtet von Konow, DÖV 1993, S. 405 (411); Gegen diese Befürchtung spricht aber nicht zuletzt die Tatsache, daß bei der Vertragsrevision von Amsterdam die vielfältig geforderte Konkretisierung des Subsidiaritätsprinzips, etwa durch eine vertragliche Definition der ausschließlichen Gesetzgebungszuständigkeit der Gemeinschaft oder eines Kompetenzkatalogs, unterblieben ist. Dies zeigt, daß sich das Subsidiaritätsprinzip in seiner derzeitigen Ausgestaltung durchgesetzt hat. Für den Bereich der Sozialpolitik dürfte auch die starke Stellung des Rates bei etwaigen Maßnahmen eine verstärkte Beachtung des Subsidiaritätsprinzips mit sich bringen.

477 Konow, DÖV 1993, S. 405 (409, 410); nach Europäischer Rat in Edinburgh, Schlußfolgerungen des Vorsitzes, Teil A, Anlage 1, Gesamtkonzept zur Anwendung des Subsidiaritätsprinzips und des Artikels 3 b des Vertrags über die Europäische Union [gemeint war der EGV] durch den Rat, Bulletin der Bundesregierung 1992, Nr. 140, S. 1277 (S. 1280 – 1283 (II. Leitlinien, Absatz 3, vi), vii), S. 1282)) ist dies eher eine Frage des Art. 5 Abs. 3 EGV.

478 Konow, DÖV 1993, S. 405 (409, 410).

479 Heinze, Festschrift für Otto Rudolf Kissel, 1994, S. 363 (376).

480 Heinze, Festschrift für Otto Rudolf Kissel, 1994, S. 363 (377).

Art. 5 Abs. 3 EGV limitiert Inhalt und Ausmaß einer Gemeinschaftsmaßnahme ebenso wie die Auswahl der Regelungsinstrumente[481] und gilt für den Erlaß von Maßnahmen ebenso wie für ihre Ausführung.[482] Das Übermaßverbot bestimmt die Erforderlichkeit, Geeignetheit und Verhältnismäßigkeit im engeren Sinne, das heißt die Angemessenheit der konkreten Mittel und Wege der europarechtlichen Normsetzung im Verhältnis zur angestrebten Zielsetzung.[483] Das Übermaßverbot verlangt also, daß ein angemessenes Verhältnis zwischen dem gesellschaftlichen oder politischen Nutzen und den damit verbundenen Beeinträchtigungen für die Bürger oder Unternehmen bestehen muß und generell das geringstmögliche Mittel zu wählen ist.[484] Insbesondere bei der Beurteilung der Regelungsdichte einer gemeinschaftlichen Maßnahme kommt das Übermaßverbot zum Tragen, indem es der Gemeinschaft aufgibt, das am wenigsten weitreichende Mittel zu wählen, das den Handlungsspielraum der Mitgliedsstaaten am wenigsten einschränkt.[485] Damit rechtfertigt auch das Übermaßverbot eine gemeinschaftliche Maßnahme oder schließt sie aus.[486]

Nach der Vorstellung des Europäischen Rates[487] stellt das Übermaßverbot sämtliche Gemeinschaftsmaßnahmen insbesondere unter die Prämisse, daß die finanzielle oder administrative Belastung so gering wie möglich gehalten werden und in einem angemessenen Verhältnis zu dem angestrebten Ziel stehen muß. Die Gemeinschaftsmaßnahmen sollen den Mitgliedsstaaten soviel Entscheidungsspielraum belassen, wie mit der Gewährleistung des Ziels der Maßnahmen und der Einhaltung der Bestimmungen des Vertrags vereinbar ist. Nach Möglichkeit sind Mindestnormen zu erlassen und für die gemeinschaftliche Maßnahme ist eine möglichst einfache Form zu wählen. Die Rechtsetzungstätigkeit der Gemeinschaft darf über das erforderliche Maß nicht hinausgehen, das heißt eine Richtlinie wäre einer Verordnung und eine Rahmenrichtlinie einer detaillierten Maßnahme vorzuziehen. Auch die Zweckmäßigkeit fakultativer Maßnahmen ist dabei zu erwägen.[488] Bevorzugt werden sollen solche Maßnahmen, mit denen die Zusammenarbeit der Mitgliedsstaaten gefördert wird und die die Maß-

---

481 Auch Art und Umfang der Gemeinschaftsmaßnahmen sind künftig der Subsidiaritätsprüfung unterworfen. Wank, RdA 1995, S. 10 (22); Konow, DÖV 1993, S. 405 (407).

482 Konow, DÖV 1993, S. 405 (407, 410).

483 Kasseler Handbuch – Heinze, 11 Europarecht, Rn. 21, 25; Schmidhuber/Hitzler, NVwZ 1992, 720 (722).

484 Schmidhuber/Hitzler, NVwZ 1992, S. 720 (722). Nach Schmidhuber, DVBL 1993, S. 417 (419), der diese Prüfung allerdings schon bei Abs. 2 vornimmt, gliedert sich die „Hierarchie der Mittel" wie folgt: gegenseitige Anerkennung vor Harmonisierung, Unterstützungsmaßnahmen vor einer Reglementierung, Empfehlungen vor Richtlinien, Richtlinien vor Verordnungen; Rahmenregelungen vor detaillierten Regelungen.

485 Siehe Schmidhuber/Hitzler, NVwZ 1992, S. 720 (722).

486 Kasseler Handbuch des Arbeitsrechts – Heinze, 11 Europarecht, Rn. 21; Heinze, Festschrift für Otto Rudolf Kissel, 1994, S. 363 (373).

487 Europäischer Rat in Edinburgh, Schlußfolgerungen des Vorsitzes, Teil A, Anlage 1, Gesamtkonzept zur Anwendung des Subsidiaritätsprinzips und des Artikels 3 b des Vertrags über die Europäische Union [gemeint war der EGV] durch den Rat, Bulletin der Bundesregierung 1992, Nr. 140, S. 1277 (S. 1280 – 1283 (II. Leitlinien, Absatz 3, S. 1282)).

488 Von dieser Möglichkeit ist insbesondere bei der Richtlinie über Europäische Betriebsräte Gebrauch gemacht worden.

nahmen der Mitgliedsstaaten koordinieren, ergänzen, vervollständigen oder unterstützen. Bei örtlich begrenzten Schwierigkeiten, die nur bestimmte Mitgliedsstaaten betreffen, dürfen die Gemeinschaftsmaßnahmen schließlich nicht auf andere Mitgliedsstaaten ausgedehnt werden, wenn dies nicht zur Erreichung des Vertragsziels unbedingt erforderlich ist.

Insbesondere im Bereich der konkurrierenden Gesetzgebung wird also nach der Feststellung, daß die Gemeinschaft im Gegensatz zu den Mitgliedsstaaten zu einer zielentsprechenden Maßnahme in der Lage ist, die Notwendigkeit und Verhältnismäßigkeit der für die Gemeinschaftsmaßnahme angewandten Mittel zu dem Maß der dadurch erreichten Zielverwirklichung in Relation gesetzt.[489] Es mißt die Mittel nach ihrer „Notwendigkeit" und „Verhältnismäßigkeit", die Legitimität des Zwecks läßt es dahingestellt.[490] Das Subsidiaritätsprinzip des Art. 5 Abs. 2 EGV steht also in besonderem Verhältnis zum Übermaßverbot des Art. 5 Abs. 3 EGV.[491] Das Übermaßverbot bildet die notwendige Komplementärnorm zum Subsidiaritätsprinzip im engeren Sinn.[492] Denn erst, wenn am Subsidiaritätsprinzip die Ziele, das „Ob" und das „Wie" europarechtlicher Normsetzung, als rechtmäßig beurteilt und bewertet worden sind, „ist dem Übermaßverbot das Maß der zulässigen Verwirklichung zu entnehmen".[493] Erst in Verbindung mit dem Übermaßverbot wird folglich das Gebot subsidiärer Zweckverwirklichung normativ effizient.[494]

IV. Subsidiarität als allgemeines Strukturprinzip der Gemeinschaft

Fraglich ist, ob sich die Bedeutung des Subsidiaritätsprinzips in der Kompetenzbegründung und Begrenzung des Art. 5 EGV im Verhältnis der Gemeinschaft zu ihren Mitgliedsstaaten und deren verfassungsrechtlichen Ebenen erschöpft, oder ob es darüber hinaus als allgemeines Handlungsprinzip der Europäischen Gemeinschaft zu bewerten ist.

Einerseits wird die Interpretation des Subsidiaritätsprinzips als allgemeines Handlungsprinzip entschieden abgelehnt.[495] Dem korrespondiert aber gleichzeitig eine weite Definition des Begriffs der „Ebene der Mitgliedsstaaten", der nach dieser Auffassung auch den privaten Sektor einschließlich der Tarifparteien umfaßt.[496] Deshalb sei im Rahmen des Subsidiaritätsprinzips auch zu überlegen, ob nicht den Tarifpart-

---

489 Heinze, Festschrift für Otto Rudolf Kissel, 1994, S. 363 (376).

490 Heinze, Festschrift für Otto Rudolf Kissel, 1994, S. 363 (376, 377).

491 Kasseler Handbuch – Heinze, 11 Europarecht, Rn. 25; ähnlich aber nicht konkret zum Subsidiaritätsprinzip des EGV, Isensee, Subsidiaritätsprinzip und Verfassungsrecht, 1968, S. 91.

492 Heinze, Festschrift für Otto Rudolf Kissel, 1994, S. 363 (376).

493 Kasseler Handbuch – Heinze, 11 Europarecht, Rn. 25.

494 Kasseler Handbuch – Heinze, 11 Europarecht, Rn. 25; Heinze, Festschrift für Otto Rudolf Kissel, 1994, S. 363 (377); Isensee, Subsidiaritätsprinzip und Verfassungsrecht, 1968, S. 91.

495 Konow, DÖV 1993, S. 405 (408).

496 Konow, DÖV 1993, S. 405 (408); Zwanziger, ArbuR 1995, S. 430 (437); vorsichtiger Wank, RdA 1995, S. 10 (22).

nern in den Mitgliedsstaaten eine Regelung überlassen werden könne.[497] Begründet wird dies damit, daß das Subsidiaritätsprinzip in seiner sozialethischen Zielsetzung den Vorrang des Individuums und der gesellschaftlichen Gruppen gegenüber dem Staat gewährleisten soll.[498] Eine weitergehende Bedeutung, etwa die Festlegung der Subsidiarität als allgemeines Vertragsprinzip, sei aus Art. 5 Abs. 2 EGV nicht abzuleiten.[499] Art. 5 Abs. 2 EGV sei eine konkrete Anwendung des Subsidiaritätsprinzips, so wie es in den Art. 126 bis 128 EGV a. F. weitere Anwendungsfälle gebe.[500] Das Subsidiaritätsprinzip könne nicht abstrakt als Rechtsprinzip verstanden werden, sondern es sei in den politischen Kontext eingebunden.[501] Dies gelte um so mehr, als die „Verfassung" der Gemeinschaft sich nach wie vor dynamisch weiterentwickele. Die Begründung eines allgemeinen Handlungsprinzips läßt sich nach dieser Auffassung auch nicht darauf stützen, daß das Subsidiaritätsprinzip in Art. 5 Abs. 2 EGV ausdrücklich genannt wird.[502] Diese Formulierung gebe lediglich die Motivation für die getroffene Regelung an. Soweit das Subsidiaritätsprinzip nicht an anderer Stelle seinen Niederschlag gefunden habe, werde es daher erst wieder im Zuge weiterer Vertragsänderungen oder Vertragsergänzungen relevant.[503]

Andererseits wird dem Subsidiaritätsprinzip durchaus eine über die Abgrenzung der Kompetenzen der Gemeinschaft und Mitgliedsstaaten einschließlich ihrer staatlichen Untergliederungen hinausreichende Funktion beigemessen, so daß man zu einer quasi *tertiären* Dimension[504] des Subsidiaritätsprinzips kommt.[505] Nach dieser Meinung, die zugleich eine enge Auffassung des Begriffs der Ebene der Mitgliedsstaaten vertritt, gilt das Subsidiaritätsprinzip in der Beziehung der Gemeinschaft zu ihren Mitgliedsstaaten einschließlich ihrer Untereinheiten und darüber hinaus in der Beziehung der Gemeinschaft zu bürgerlich-grundrechtlichen Selbstorganisationen, zum Beispiel Koalitionen.[506] Die Bekräftigung des Subsidiaritätsprinzips in den Zielbestimmungen des Art. 2 EUV unter Verweis auf Art. 5 EGV verleihe dem Begriff Subsidiarität in Art. 5 EGV eine besondere, eigenständige normative Bedeutung.[507] Er enthalte, ausweislich der Präambel des EUV, ein zusätzliches Primat zugunsten von Bürgernähe, die sich nicht bereits in mitgliedsstaatlichen Maßnahmen erfüllte.[508] Es sei davon auszugehen, daß das Subsidiaritätsprinzip in Art. 5 EGV der autonomen Selbstregulierung der Bürger im Bereich grundrechtlicher Freiheiten den Vorrang gegenüber gemeinschaft-

497 Zwanziger, ArbuR 1995, S. 430 (437).

498 Borchmann/Memminger, in: Borkenhagen/Bruns-Klöss/Memminger/Stein, Das Subsidiaritätsprinzip, 1992, S. 17 (18).

499 Konow, DÖV 1993, S. 405 (407).

500 Konow, DÖV 1993, S. 405 (407) zu Art. 3 b Abs. 2 EGV.

501 Schmidhuber, DVBl 1993, S. 417 (422).

502 Konow, DÖV 1993, S. 405 (407).

503 Konow, DÖV 1993, S. 405 (407).

504 Kempen, KritV 1994, S. 13 (34 ff).

505 Goppel, EuZW 1993, S. 367 (367); Karthaus, ArbuR 1997, S. 221 (222).

506 Karthaus, ArbuR 1997, S. 221 (222).

507 Kempen, KritV 1994, S. 13 (35); Karthaus, ArbuR 1997, S. 221 (222).

508 Kempen, KritV 1994, S. 13 (35); Karthaus, ArbuR 1997, S. 221 (222).

lichen Maßnahmen einräume.[509] Das Subsidiaritätsprinzip statuiere daher auch den Vorrang von autonomer Selbstregulierung der Bürger im Bereich grundrechtlicher Freiheiten gegenüber gemeinschaftlichen Maßnahmen.[510] Einen ähnlichen Ansatz vertritt auch der Bundesrat, wenn er „die Aufnahme des Subsidiaritätsprinzips als rechtsverbindlichen Grundsatz in den EGV, insbesondere dessen Art. 3b EGV a. F.[511]" begrüßt.[512]

Beide Ansätze kommen zu dem Ergebnis, daß nach dem Subsidiaritätsprinzip auch Individuen und ihre privatrechtlichen Vereinigungen von der Gemeinschaft zu berücksichtigen sind. Der Unterschied besteht darin, daß die erste Ansicht diese tertiäre Dimension auch aus dem Begriff der „Ebene der Mitgliedsstaaten" ableitet, die zweite Ansicht dagegen dem Subsidiaritätsprinzip über die Ebene der Mitgliedsstaaten hinaus als allgemeines Prinzip Wirkung zuspricht. Da auch letztere Meinung durch die analoge Anwendung des Art. 5 EGV zu einer vergleichbaren Prüfung kommt, ist die praktische Relevanz dieser Streitigkeit gering.

Dennoch ist der Interpretation des Subsidiaritätsprinzips als allgemeines Strukturprinzip der Europäischen Gemeinschaft der Vorzug zu geben. Dafür spricht zum einen, daß der EGV und insbesondere die Sozialvorschriften an vielen Stellen Hinweise auf das Subsidiaritätsprinzip auch außerhalb offensichtlicher Kompetenznormen enthalten.[513] Außerdem könnten andernfalls überstaatliche und zugleich „untergemeinschaftliche" Ebenen, das heißt auf europäischer Ebene kollektiv wahrgenommene privatrechtliche Interessen etwa in europäischen Vereinigungen, nicht von dem Subsidiaritätsprinzip erfaßt werden. Sie unter den Begriff der „Ebene der Mitgliedsstaaten" zu fassen oder gar als „Mitgliedsstaaten" zu bezeichnen, würde den Wortlaut der Norm deutlich überstrapazieren. In Anknüpfung an die im Wortlaut des Art. 5 Abs. 2 EGV ausdrücklich geregelte primäre und sekundäre Dimension des Subsidiaritätsprinzips existiert darüber hinaus also eine *tertiäre* Dimension, die die privatrechtliche Interessenwahrnehmung erfaßt.

V. Tätigwerden der Sozialpartner im Lichte des Subsidiaritätsprinzips

Die Bejahung der *tertiären* Dimension des Subsidiaritätsprinzips führt gerade im Arbeits- und Sozialrecht zu der Frage, ob und inwieweit künftig Subsidiaritätsüberlegungen verstärkt auch das Verhältnis zwischen Gemeinschaftsmaßnahmen und Vereinbarungen der Sozialpartner beeinflussen.[514] Die Rolle der Sozialpartner unter dem Aspekt der Subsidiarität wird in Praxis und Literatur nur marginal behandelt.[515]

---

509 Karthaus, ArbuR 1997, S. 221 (222).

510 Kempen, KritV 1994, S. 13 (35).

511 Art. 5 EGV n. F.

512 Konow, DÖV 1993, S. 405 (407).

513 Krimphove, Europäisches Arbeitsrecht, 1996, S. 26. Zu den zusätzlichen Erwähnungen des Subsidiaritätsprinzips in den Sozialvorschriften bereits, 2. Teil, A., III., 3., (2), S. 51.

514 Wank, RdA 1995, S. 10 (23).

515 Z. B. Goppel, EuZW 1993, S. 367 (368) verweist auf einen Ministerratsbeschluß der Bayerischen Staatsregierung vom 9. 2. 1993, in dem die Ressorts gebeten wurden, bei der Subsidiari-

Zunächst spricht für die Beachtung des Subsidiaritätsprinzips in diesem Verhältnis die in Art. 136 EGV getroffene Zielbestimmung auf den Sozialen Dialog. Trifft die Gemeinschaft sozialpolitisch motivierte Regelungen, hat sie stets auch das Ziel des Sozialen Dialogs zu beachten. Zwar ist die Kommission bei der Auswahl der jeweils anzustrebenden konkreten Ziele im Rahmen ihres pflichtgemäßen Ermessens grundsätzlich frei.[516] Wenn Art. 137 Abs. 2 EGV der Gemeinschaft die Befugnis zur Verwirklichung der in Art. 136 Abs. 1 EGV genannten Ziele überträgt, ist die Ausübung dieser Gesetzgebungskompetenzen aber stets auch im Lichte dieser Zielverwirklichungen zu sehen.

Darüber hinaus folgt diese Anwendung auch aus der *tertiären* Dimension des Subsidiaritätsprinzips selbst. Es gibt in allen Mitgliedsstaaten eine unterschiedlich wirkende, aber grundrechtlich befestigte Regelungsprärogative für Tarifverträge gegenüber staatlichen Arbeitsrechtsnormen.[517] Diese Normsetzungsprärogative gegenüber der subsidiären Zuständigkeit des Staates im selben Zuständigkeitsbereich ist das in allen Mitgliedsstaaten am meisten praktizierte Anwendungsgebiet des Subsidiaritätsprinzips.[518] Die autonome Regelung von Arbeits- und Wirtschaftsbedingungen durch die arbeitsrechtlichen Koalitionen, deren Hauptaufgabe traditionell der Abschluß kollektiver Vereinbarungen und Tarifverträge darstellt, ist sogar der geradezu klassische Fall von autonomer Selbstregulierung der Bürger in diesem Sinne.[519] Indem das Subsidiaritätsprinzip in seiner *tertiären* Dimension der autonomen Selbstregulierung der Bürger Vorrang gegenüber gemeinschaftlichen Maßnahmen einräumt,[520] vollzieht es diese Normsetzungsprärogative auch auf europäischer Ebene. Das Subsidiaritätsprinzip strukturiert somit auch das Verhältnis zwischen Gemeinschaftsgesetzgeber und Sozialpartnerschaft.[521] Subsidiär ist die Gemeinschaftskompetenz gerade auch gegenüber autonomen gesellschaftlichen Regelungen.[522] Auch die Tarifautonomie ist damit eine Schranke für den Gemeinschaftsgesetzgeber im Bereich der Sozialpolitik.[523] Dementsprechend sieht der Rat in der Stärkung der Sozialpartner im Sozialen Dialog einen konkreten Beitrag zur Verwirklichung des Subsidiaritätsprinzips.[524] Die Kom-

---

tätsprüfung u. a. zu überprüfen, ob die Ziele der in Betracht gezogenen Maßnahme durch die Sozialpartner oder durch private Initiativen bzw. deren Unterstützung ausreichend verwirklicht werden können.

516 Konow, DÖV 1993, S. 405 (408).

517 Kempen, KritV 1994, S. 13 (37).

518 Kempen, KritV 1994, S. 13 (24).

519 Karthaus, ArbuR 1997, S. 221 (222); Kempen, KritV 1994, S. 13 (19) geht sogar soweit, daß er in der Entwicklung des autonomen kollektiven Arbeitsrechts eine weitere gemeineuropäische Wurzel des Subsidiaritätsprinzips neben den liberalen Verfassungstheorien sieht.

520 Karthaus, ArbuR 1997, S. 221 (222).

521 EAS – Schwarze, B 8100, Rn. 33.

522 EAS – Schwarze, B 8100, Rn. 33; Kempen KritV 1994, S. 13 (34, 35); Lo Faro, CLLJ 1992, 1 (18); Wank, RdA 1995, S. 10 (22). Goos, NZA 1994, S. 776, (780 f) befaßt sich vor allem mit einer möglichen Reichweite des Subsidiaritätsgedankens, ohne eine abschließende Entscheidung zu treffen.

523 Diese Frage wird auch aufgeworfen in Diskussionsbericht nach Coen, RdA 1992, S. 74.

524 Entschließung des Rates vom 6. 12. 1994 zu bestimmten Perspektiven einer Sozialpolitik der europäischen Union: Ein Beitrag zur wirtschaftlichen und sozialen Konvergenz in der Union, ABl.

mission spricht von doppelter Subsidiarität der gemeinschaftlichen Gesetzgebung gegenüber den Mitgliedsstaaten und gegenüber den Sozialpartnern.[525] Gerade im Bereich der Tarifautonomie sind daher die Voraussetzungen für die Anwendung des Subsidiaritätsprinzips in seiner *tertiären* Dimension erfüllt.[526]

Wenn Art. 138 Abs. 4 EGV den Sozialpartnern als bürgernahen Selbstorganisationen die Möglichkeit einräumt, die institutionelle Regulierung durch eine koalitionsförmige Regulierung im Sozialen Dialog zu ersetzen, ist auch das Ausdruck des Subsidiaritätsprinzips.[527] Die institutionelle Gemeinschaftsebene ist also subsidiär zur Ebene der europäischen Sozialpartner, letztere haben im Sinne von Art. 5 EGV die vorrangige Regelungskompetenz.[528] Das Subsidiaritätsprinzip betrifft damit nicht nur die Frage, ob Entscheidungen auf europäischer oder nationaler Ebene zu treffen sind, sondern auch, ob diese vom Gesetzgeber oder den Sozialpartnern getroffen werden müssen.[529] Sowohl die Gemeinschaft als auch die Mitgliedsstaaten werden also in die Pflicht genommen, dem Subsidiaritätsprinzip auch im Verhältnis zu der nichtstaatlichen Ebene zur Wirksamkeit zu verhelfen.

Fraglich ist aber, ob Sozialpartnervereinbarungen auf europäischer Ebene auch Vorrang vor den mitgliedsstaatlichen Rechtsordnungen haben. Dies wird teilweise bejaht:[530] Wenn die Sozialpartner Vereinbarungen schließen, die einen Bereich betreffen, in dem der Rat gemäß Art. 137 Abs. 2 EGV mit qualifizierter Mehrheit beschließen würde, sollen die Vereinbarungen Vorrang vor den mitgliedsstaatlichen Regelungen haben. Mit der Einräumung von Mehrheitsentscheidungen an die Gemeinschaft hätten die Mitgliedsstaaten ihren ordre public insoweit zurückgenommen. Gegen eine Ratsentscheidung könnten sie sich ja auch nicht mehr „zur Wehr setzen".

Eine so weitreichende Wirkung europäischer Tarifvereinbarungen läßt sich dem EGV aber nicht entnehmen. Gerade mit den abschließend festgeschriebenen Umsetzungsmöglichkeiten in Art. 139ff wollte der Gesetzgeber das Verhältnis der Vereinbarungen zum Gemeinschaftsrecht und den nationalen Rechtsordnungen abschließend festlegen. Den nationalen Rechtsordnungen oder dem Umsetzen der Ratsbeschlüsse obliegt damit die letzte Entscheidung, wie diese Vereinbarungen in nationales Recht umgesetzt werden können. Dies ist eine Frage jeder nationalen Rechtsordnung und keine Frage des Gemeinschaftsrechts. Einen so weitreichenden Vorrang bestimmt das Gemeinschaftsrecht nicht.

EG 1994, C 368, S. 6 (I., Nr. 20, S. 9).

525 Mitteilung der Kommission über die Anwendung des Protokolls über die Sozialpolitik an den Rat und an das Europäische Parlament, KOM 93 (600) endg. vom 14. 12. 1993, S. 7, Einführung, Ziff. 6 c).

526 Kempen, KritV 1994, S. 13 (37).

527 Karthaus, ArbuR 1997, S. 221 (222).

528 Karthaus, ArbuR 1997, S. 221 (222) noch zu Art. 3 b EGV.

529 Blanpain/Schmidt/Schweibert, Europäisches Arbeitsrecht, 1996, Rn. 682.

530 So Karthaus, ArbuR 1997, S. 221 (223). Zu der Gemeinschaftsgesetzgebung nach Art. 137 näher unter 2. Teil, B., II., 1., S. 72. Zu den sich nach Karthaus ergebenden weiteren Konsequenzen des ordre-public-Verzichts, im 4. Teil, C., II., 1., a), (2), S. 193.

Eine andere Frage ist, ob die europäische sozialpartnerschaftliche Regelungsbefugnis im Verhältnis zu den nationalen Regelungsautonomien der (nationalen) Sozialpartner nach Maßgabe des Subsidiaritätsprinzips zu beschränken ist.[531] Die europäischen Sozialpartner dürfen dann nur in den Fällen tätig werden, in denen dies für das Funktionieren des Marktes notwendig ist oder gemeinschaftsweite soziale Nachteile als Folge wirtschaftlicher Maßnahmen zu verhindern sind. Eine solche Interpretation würde jedoch dem Gedanken der Tarifautonomie widersprechen. Bei der Zuweisung und Begrenzung von Befugnissen der europäischen Sozialpartner handelt es sich um ein „verbandsrechtliches Internum", über das allein den nationalen Verbänden als Mitgliedern der europäischen Sozialpartner die Entscheidung obliegt. Diese Entscheidung treffen die Mitgliedsverbände in den Satzungen für ihre europäischen Dachorganisationen. Eine inhaltliche Vorgabe dieser Satzungen nach dem Subsidiaritätsprinzip würde in den Kernbereich der Selbstbestimmtheit eingreifen, der den Sozialpartnern in allen Mitgliedsstaaten und nach der europäischen Charta sozialer Grundrechte sowie der EMRK eingeräumt ist. Die Sozialpartner sind damit aus dem Subsidiaritätsprinzip grundsätzlich nur berechtigt, aber nicht zugleich innerhalb ihrer Untergliederungen von Gesetzes wegen verpflichtet.

Im Ergebnis gilt danach ganz allgemein, daß nationale Tarifverträge mit europäischer, das heißt mindestens transnationaler Auswirkung nach dem Subsidiaritätsprinzip in seiner *tertiären* Dimension Regelungszuständigkeiten der Gemeinschaft auf dem Gebiet der Sozialpolitik verdrängen können, wenn sie vergleichbar effektiv sind.[532] Gleiches dürfte für die aus dem Sozialen Dialog des Art. 139 EGV resultierenden Vereinbarungen gelten, die von europäischen Arbeitsrechtsverbänden koalitionsförmig auf Gemeinschaftsebene abgeschlossen würden, sofern deren Effektivität wiederum den ihnen gegenüber subsidiären Gemeinschaftsmaßnahmen adäquat wäre.[533] In diesem Sinne erlangt das Subsidiaritätsprinzip unter dem Aspekt der *tertiären* Dimension besondere Bedeutung.

VI. Die zusätzliche gemeinschaftsrechtliche Garantie des Art. 139 EGV

Die *tertiäre* Dimension des Subsidiaritätsprinzips wird im Bereich des kollektiven Arbeitsrechts schließlich ergänzt durch die gemeinschaftsrechtliche Garantie des Art. 139 Abs. 1 EGV. In Art. 139 EGV werden die Sozialpartner als eigenständige Normsetzungseinheiten angesehen. Entsprechend dem Subsidiaritätsprinzip haben diese

---

531 An die Möglichkeit einer solchen Beschränkung denkt Goos, NZA 1994, S. 776 (780); in diese Richtung wohl auch Junker JZ 1994, S. 277 (280), der die Sozialpartner auf europäischer Ebene an die Angleichungsschranken in Art. 2 Abs. 2 und Art. 1 AbkSozP (jetzt Art. 137 Abs. 2 EGV und Art. 136 EGV n. F.) gebunden sieht; Schnorr, DRdA 1994, S. 193 (196) nimmt ausdrücklich eine subsidiäre Geltung gegenüber nationalen Kollektivverträgen an und hält die Vereinbarungsbefugnis der europäischen Sozialpartner für sehr beschränkt. Eine strenge Begrenzung europäischer Tarifverträge auf Rahmenbedingungen und Mindeststandards fordert auch Stiller, ZIAS 1991, S. 194 (196, 213).

532 Kempen, KritV 1994, S. 13 (37) noch zu Art. 118 b EGV a. F.

533 Kempen, KritV 1994, S. 13 (37) noch zu Art. 118 b EGV a. F.

Einheiten des europäischen Arbeitsrechtes die Befugnis, ihre arbeitsrechtlichen Interessenkonflikte selbst und eigenständig durch Vereinbarungen zu regeln.[534]

Eher dogmatischer Natur ist die Frage, ob hier eine besondere Ausprägung des Subsidiaritätsprinzips zu sehen ist,[535] oder ob es sich um eine eigenständige primärrechtliche Garantie handelt, die dem Gemeinschaftsgesetzgeber nur dann eine Regelungsbefugnis erteilt, wenn die Sozialpartner der Regelungsaufgabe nicht gewachsen sind.[536] Das Gemeinschaftsrecht nimmt sich der Sozialpartner an, weil sie im Rahmen ihrer Möglichkeiten sachnäher und stärker den Willen der Beteiligten abbilden können.[537] Dieser Vorstellung der besseren „Gesetzgebung" durch die Sozialpartner würde die Möglichkeit mehr oder weniger beschränkter Regelungszugriffe durch den europäischen Gesetzgeber aber widersprechen. Ebensowenig würde sich ein beliebiger Zugriff des Gemeinschaftsgesetzgebers mit der in Art. 138 Abs. 1 EGV normierten Förderungspflicht vertragen.[538] Den Sozialpartnern steht in diesem Umfang eine subjektives Recht zu.[539] Das ist insbesondere deshalb von Belang, weil die Gemeinschaft im Ergebnis mit der Befugnis zur Regelung von Arbeitsbedingungen nach Art. 137 Abs. 1 EGV auch Bereiche regeln kann, die sonst in die Regelungsmacht der Sozialpartner nach den nationalen Rechtsordnungen fallen würden.[540] Art. 139 EGV normiert daher eine zusätzliche primärrechtliche Garantie, die den Sozialpartnern die Befugnis eigener Regelungen zubilligt, ohne dem Gemeinschaftsgesetzgeber ausgesetzt zu sein.[541]

Möglicherweise entfaltet der Gedanke der Subsidiarität durch Art. 139 EGV auch noch in anderer Richtung Wirkung. Gemeint ist eine Beschränkung der gesetzlichen Maßnahmen zur Verwirklichung der sozialen Ziele der Gemeinschaft nur noch auf solche Fälle, mit denen Rahmenbedingungen für das Funktionieren des Sozialen Dialogs geschaffen werden. Im übrigen würde der gemeinschaftliche Gesetzgeber nur noch dann subsidiär tätig, wenn der Dialog keine oder nur unzureichende Ergebnisse hervorbringt. Mit einer solchen Interpretation würde das Subsidiaritätsprinzip jedoch deutlich überstrapaziert. Vereinzelt könnte ein solcher Ansatz zwar sinnvoll sein; er muß aber in jedem Einzelfall sehr differenziert angewendet werden; er birgt nämlich die Gefahr, daß nur organisierte Arbeitnehmerinteressen, nicht aber die der atypisch beschäftigten Arbeitnehmer oder der Arbeitslosen berücksichtigt werden. Der Schutz

---

534 Krimphove, Europäisches Arbeitsrecht, 1996, S. 66 noch zu Art. 4 AbkSozP..

535 Krimphove, Europäisches Arbeitsrecht, 1996, S. 66 noch zu Art. 4 AbkSozP. Ähnlich Kempen, KritV 1994, 13 (34ff und 38) der unabhängig von der Norm den Sozialpartnern grundsätzlich die Regelungsprärogative zubilligt, dem Subsidiaritätsprinzip in seiner tertiären Dimension aber gleichzeitig eine besonders umfassende Reichweite beimißt.

536 EAS – Schwarze, B 8100, Rn. 30, 32.

537 EAS – Schwarze, B 8100, Rn. 30.

538 EAS – Schwarze, B 8100, Rn. 30.

539 EAS – Schwarze, B 8100, Rn. 30.

540 Siehe zu den Befugnissen im 2. Teil, B., II., 1., a), (1), S. 73.

541 Das Subsidiaritätsprinzip als einzige Grundlage des Vorrangs der Sozialautonomie gegenüber Gemeinschaftshandeln betrachtet Simitis, Festschrift für Otto Rudolf Kissel, 1994, . S. 1097 (1114), der aber zugleich diese Wurzel als unzureichend betrachtet und ein eigenständiges Grundrecht für die Tarifautonomie fordert.

dieser „unspezifischen" Ideen wird durch das der Tätigkeit der Gemeinschaft zugrundeliegende demokratische Prinzip besser als durch den an Partikularinteressen gebundenen Sozialen Dialog gefördert. Deshalb ist zwischen Subsidiarität und einem im Hinblick auf die Ziele der Gemeinschaft optimalem Schutz der Rechte und Interessen der Arbeitnehmer bei jedem sozialpolitischen Gemeinschaftsvorhaben unter Berücksichtigung aller Umstände ein angemessener Ausgleich herzustellen.

VII. Ergebnis

Im Ergebnis weisen die Grundsätze des Art. 5 EGV der Gemeinschaft eine gegenüber den Mitgliedsstaaten vor allem im Bereich der konkurrierenden Gesetzgebung deutlich nachgeordnete Funktion zu. Nur auf das unabdingbar notwendige Maß wird die europäische Normsetzung sowohl bezüglich des „Ob" als auch des „Wie" beschränkt.[542] Dadurch werden die nationalen Sozial- und Rechtssysteme der Mitgliedsstaaten, ihre sozialpolitische wie rechtskulturelle Eigenart und Vielfalt anerkennend geachtet und in Einklang gebracht mit der supranationalen Harmonisierung und Angleichung der europäischen Rechtspolitik.[543] Eine sinnvolle Anwendung der Grundgedanken des Subsidiaritätsprinzips verbietet es der europäischen Sozialpolitik, eine den nationalen Sozialpolitiken vergleichbare Regelungsdichte zu erreichen.[544] Dies bedeutete aber nicht, daß ein Verlust an nationalen Kompetenzen in vollem und geradezu identischem Umfang durch die Beteiligungsrechte auf Gemeinschaftsebene ausgeglichen werden müßte.[545]

Die Sozialpartner werden durch das Subsidiaritätsprinzip auf europäischer Ebene besonders geschützt. In seiner *tertiären* Dimension räumt das Subsidiaritätsprinzip nämlich auch der privatrechtlichen Interessenwahrnehmung besondere Bedeutung gegenüber der Gemeinschaft ein. Die Gemeinschaft wird auf die Berücksichtigung und Förderung der privaten Verwirklichung gemeinschaftlicher Ziele verpflichtet. Flankiert wird diese Verpflichtung im Arbeits- und Sozialrecht durch die Förderpflicht des Sozialen Dialogs gemäß Art. 138 Abs. 1 EGV und die zusätzliche gemeinschaftsrechtliche Garantie des Art. 139 EGV.

B. Die Gemeinschaftskompetenzen nach den Sozialvorschriften

Der Gemeinschaft wurde durch das Abkommen über die Sozialpolitik ein breites Mandat in sozialen Fragen erteilt,[546] das mit dem Vertrag von Amsterdam in den EGV übertragen wurde. Gemäß Art. 136 und Art. 137 EGV unterfallen nunmehr wesentliche Teile des Arbeitsrechts auch den Befugnissen der Gemeinschaft.[547] Sie er-

---

542 Kasseler Handbuch – Heinze, 11 Europarecht, Rn. 26; Heinze, Festschrift für Otto Rudolf Kissel, 1994, S. 363 (377).

543 Kasseler Handbuch – Heinze, 11 Europarecht, Rn. 26.

544 Wisskirchen, Der soziale Dialog, 1994, S. 653 (659).

545 Wisskirchen, Der soziale Dialog, 1994, S. 653 (659).

546 Blanpain/Schmidt/Schweibert, Europäisches Arbeitsrecht, 1996, Rn. 128.

547 Blanpain/Schmidt/Schweibert, Europäisches Arbeitsrecht, 1996, Rn. 124.

öffnen dem Rat eine weitgehende Kompetenz in der Schaffung eines europäischen Arbeitsrechts.[548] Das Mandat wird durch die programmatische Verpflichtung zur Wahrung der nationalen Vielfalt und zur Erhaltung der Wettbewerbsfähigkeit beschränkt.[549] Die neue Sozialpolitik steht dabei in engem Zusammenhang mit dem gleichfalls neuen Beschäftigungskapitel gemäß Art. 125 ff EGV.[550]

Für die Auslegung der sozialen Befugnisse gilt der Grundsatz des effét utile. Das Gebot der restriktiven Handhabung der Befugnisse nach dem Abkommen über die Sozialpolitik ist, da es nicht für alle Mitgliedsstaaten galt, mit seiner Integration in den EGV weggefallen. Eine restriktive Interpretation im Lichte allgemeiner sonstiger Befugnisse, wie des einschränkenden Art. 95 Abs. 2 EGV[551], ist wegen der deutlichen Kompetenzverschiebung in den spezielleren Sozialvorschriften und der nun umfassenden Regelung einer neuen gemeinschaftseigenen Sozialpolitik im EGV ebenfalls nicht mehr geboten.[552]

I. Die Ziele der Sozialpolitik gemäß Art. 136 EGV

In Art. 136 EGV wird der Anwendungsbereich der Maßnahmen der Gemeinschaft im Bereich der Sozialpolitik umrissen. Danach verfolgen die Gemeinschaften und die Mitgliedsstaaten als Ziele die Förderung der Beschäftigung, die Verbesserung der Lebens- und Arbeitsbedingungen, einen angemessenen sozialen Schutz, den sozialen Dialog, die Entwicklung des Arbeitskräftepotentials im Hinblick auf ein dauerhaft höheres Bechäftigungsniveau und die Bekämpfung von Ausgrenzungen. Zu diesem Zweck sollen die Gemeinschaft und die Mitgliedsstaaten Maßnahmen durchführen, die der Vielfalt der einzelstaatlichen Gepflogenheiten, insbesondere in den vertraglichen Beziehungen sowie der Notwendigkeit, die Wettbewerbsfähigkeit der Wirtschaft der Gemeinschaft zu erhalten, Rechnung tragen. Die vertraglichen Beziehungen betreffen insbesondere kollektivrechtliche Beziehungen, die zum Großteil von dem Anwendungsbereich des Art. 137 EGV ausgenommen sind.[553] Vertragliche Beziehungen können Bereiche wie Tarifverhandlungen und diverse Formen der Arbeitnehmerbeteiligung umfassen.[554]

---

548 Krimphove, Europäisches Arbeitsrecht, 1996, S. 26.

549 Blanpain/Schmidt/Schweibert, Europäisches Arbeitsrecht, 1996, Rn. 128.

550 Lecheler, JuS 1998, S. 392 (396). Zum Beschäftigungskapitel noch ausführlich unter 2. Teil, C., S. 85.

551 Art. 100 a Abs. 2 EGV a. F.

552 Ähnlich Blanpain/Schmidt/Schweibert, Europäisches Arbeitsrecht, 1996, Rn. 124, die die restriktive Handhabung aber unter der Geltung des Abkommens über die Sozialpolitik ablehnten mit der Begründung, daß die Befugnisse mit ihrer Ausgliederung aus dem EGV ausschließlich im Lichte ihrer eigenen Bedeutung und Berechtigung zu interpretieren seien und nicht den durchdringenden Auswirkungen des Art. 100 a Abs. 2 EGV unterworfen seien.

553 Blanpain/Schmidt/Schweibert, Europäisches Arbeitsrecht, 1996, Rn. 128., nach denen beide Beschränkungen im Hinblick auf die unterschiedlichen nationalen Regelungsformen der Arbeitsbeziehungen und die Notwendigkeit der Erhaltung eines hohen Beschäftigungsniveaus auch angemessen erscheinen.

554 Blanpain/Schmidt/Schweibert, Europäisches Arbeitsrecht, 1996, Rn. 128.

II. Gesetzgebung nach Art. 137 EGV

Art. 137 EGV ist die bedeutendste Ermächtigungsgrundlage zum Erlaß von Richtlinien im Kapitel über die Sozialpolitik und der inhaltliche Schwerpunkt der neuen Sozialvorschriften.[555] Sie besteht aus im wesentlichen drei Elementen: erstens aus der Ermächtigungsgrundlage zum Erlaß von Richtlinien nach Art. 137 Abs. 2 und 3 in Verbindung mit Abs. 6 EGV sowie den Anforderungen an die erlassenen Richtlinien in Abs. 2 und 5; zweitens aus der Regelung in Abs. 4, die den Mitgliedsstaaten die Möglichkeit eröffnet, die Durchführung der Richtlinien den Sozialpartnern zu übertragen und drittens aus der Grundlage für eine unterstützende Tätigkeit der Gemeinschaft zur Bekämpfung sozialer Ausgrenzung.[556] Da das zweite Element Aufgaben der Sozialpartner betrifft, wird es erst im vierten Teil dieser Arbeit untersucht.[557]

1. Die Richtlinienbefugnis des Art. 137 EGV

Welche Materien aus dem Bereich der Sozialpolitik von der Richtlinienkompetenz erfaßt sind, bestimmen Art. 137 Abs. 1, 3 und 6 abschließend.[558] Sie gliedern den Zuständigkeitskatalog des europäischen Gesetzgebers nach dem für die Maßnahme erforderlichen Stimmenverhältnis in drei Gruppen: In Maßnahmen für die gemäß Abs. 1 das Mehrheitsprinzip gilt, für die gemäß Abs. 3 Einstimmigkeit erforderlich ist und für die der Gemeinschaft gemäß Abs. 6 weiterhin eine Kompetenz fehlt.[559] Da die in Art. 137 Abs. 1 und 3 sogenannten Gebiete allgemein umschrieben sind und sich teilweise decken und die in Art. 137 Abs. 6 EGV genannten Bereiche Berührungspunkte mit beiden Katalogen haben, ist die Abgrenzung der Alternativen problematisch.[560]

Art. 137 EGV räumt der Gemeinschaft die Befugnis zum Erlaß von Richtlinien ein.[561] Die Richtlinie ist vor allem das Instrument der Angleichung, mit dem die Gemeinschaft die nationalen Rechtsordnungen inhaltlich aufeinander abstimmt.[562] Diese Harmonisierung ist nicht in erster Linie die Vereinheitlichung der Rechtsnormen im Sinne einer vollständigen Verdrängung der nationalen Rechte, sondern vielmehr eine Rechtsangleichung, die Mindeststandards setzt und das Günstigkeitsprinzip achtet.[563]

---

555 Callies/Ruffert – Krebber, Art. 137 EGV, Rn. 1; Lecheler, JuS 1998, S. 392 (396).

556 Callies/Ruffert – Krebber, Art. 137 EGV, Rn. 1.

557 Siehe 4. Teil, H., I., S. 262.

558 Callies/Ruffert – Krebber, Art. 137 EGV, Rn. 4.

559 Heinze, Festschrift für Otto Rudolf Kissel, 1994, S. 363 (379); Junker, JZ 1994, S. 277 (279, 280); Wank, RdA 1995, S. 10 (18); Däubler, EuZW 1992, S. 329 (329); alle noch zu den Regelungen des AbkSozP; Weiss, Festschrift für Albert Gnade, 1992, S. 583 (587) sprach auch von Dreistufigkeit.

560 Callies/Ruffert – Krebber, Art. 137 EGV, Rn. 4.

561 A. A.: Blanpain/Schmidt/Schweibert, Europäisches Arbeitsrecht, 1996, Rn. 129, die offenbar auch eine Verabschiedung von Verordnungen und Empfehlungen für zulässig halten.

562 Junker, JZ 1994, S. 277 (280).

563 Junker, JZ 1994, S. 277 (280).

a) Der Erlaß von Richtlinien mit qualifizierter Mehrheit gemäß Art. 137 Abs. 1 EGV

(1) Die von der qualifizierten Mehrheit erfaßten Bereiche

Art. 137 Abs. 1 EGV befugt zum Erlaß von Richtlinien mit qualifizierter Mehrheit zur Verbesserung der Arbeitsumwelt zum Schutz der Gesundheit und der Sicherheit der Arbeitnehmer, im Bereich der Arbeitsbedingungen, der Unterrichtung und Anhörung der Arbeitnehmer, der beruflichen Eingliederung der aus dem Arbeitsmarkt ausgegrenzten Personen, und der Chancengleichheit von Männern und Frauen auf dem Arbeitsmarkt sowie der Gleichbehandlung am Arbeitsplatz.

Bedeutsam in Bezug auf die Aufgaben der Sozialpartner ist die Möglichkeit zur Regelung der Arbeitsbedingungen und der Unterrichtung und Anhörung durch die Gemeinschaft. Der Begriff der Arbeitsbedingungen hat eine breite Bedeutung, zumal er nach dem Wortlaut nahezu keine Einschränkung erfährt.[564] Er nimmt fast generalklauselartige Züge an und bezieht sich auf alle Bedingungen, unter denen abhängige Arbeit von Arbeitnehmern zugunsten eines Arbeitgebers erbracht wird.[565] Systematisch läßt er sich durch die gleichfalls vorhandene Ermächtigung für den Arbeits- und Gesundheitsschutz lediglich insoweit begrenzen, als technische Arbeitsbedingungen unter den Arbeits- und Gesundheitsschutz fallen sollen, die von ihm erfaßten Arbeitsbedingungen daher nur rechtliche Bedingungen meinen und diese nur insoweit, als nicht eine ausdrückliche anderweitige Kompetenz gegeben ist.[566] Unter rechtliche Arbeitsbedingungen fallen zum Beispiel die Regelung der Rechte und Pflichten der Parteien während des Arbeitsverhältnisses, die Regelung der Arbeitszeit und des Urlaubs. Die Regelung von Arbeitsbedingungen ist traditioneller Weise aber das Hauptbetätigungsfeld der nationalen Arbeitgeberverbände und Gewerkschaften durch Tarifverträge. Durch diese Ermächtigung wird der Gemeinschaft also ermöglicht, in weiten Teilen der „Sozialpartnerdomänen" selbst materiell regelnd tätig zu werden.

Die Ermächtigung zum Erlaß von Richtlinien im Bereich der Unterrichtung und Anhörung der Arbeitnehmer wirft Abgrenzungsprobleme auf, insbesondere deshalb, weil Abs. 3 die Vertretung und kollektive Wahrnehmung der Arbeitnehmer- und Arbeitgeberinteressen dem Einstimmigkeitserfordernis unterstellt.[567] Insbesondere bei der Richtlinie 94/54/EG über Europäische Betriebsräte[568] war lange umstritten, ob

---

564 Blanpain/Schmidt/Schweibert, Europäisches Arbeitsrecht, 1996, Rn. 134; Wank, RdA 1995, S. 10 (19).

565 Wank, RdA 1995, S. 10 (19). Eine Aufzählung der möglichen Regelungsbereiche bei Blanpain/Schmidt/Schweibert, Europäisches Arbeitsrecht, 1996, Rn. 134.

566 Wank, RdA 1995, S. 10 (19).

567 Wank, RdA 1995, S. 10 (19); Weiss, Festschrift für Albert Gnade, 1992, S. 583 (588); Grabitz/Hilf – Langenfeld, Nach Art. 122, Art. 2 AbkSozP, Rn. 4.

568 Richtlinie 94/45/EG vom 22. September 1994 über die Einsetzung eines europäischen Betriebsrates oder die Schaffung eines Verfahrens zur Unterrichtung und Anhörung der Arbeitnehmer, ABl. 1994, L 254, S. 64; zu der Richtlinie ausführlich in 4. Teil, I., II., S. 283.

Abs. 2 oder Abs. 3 EGV die richtige Grundlage für die Richtlinie war.[569] Naheliegend erscheint, die Abgrenzung nach der „Repräsentationsstruktur" zu treffen.[570] Bleibt diese unangetastet und werden lediglich Informations- und Konsultationsverfahren etabliert, gilt die qualifizierte Mehrheit, wird hingegen die Repräsentationsstruktur als solche verändert, ist Einstimmigkeit erforderlich.[571]

Mit dem Begriff der Unterrichtung wird die Weitergabe von Wissen an die Arbeitnehmer bezeichnet, denen vom Arbeitgeber Informationen und Erläuterungen zugeleitet und Fragen beantwortet werden.[572] Der Begriff der Anhörung ist unschärfer und in Abgrenzung zur weitergehenden Konsultation und Führung von Verhandlungen zu definieren.[573] Unter dem Gesichtspunkt des Einflusses der Arbeitnehmer auf die unternehmerische Entscheidung schließt die Anhörung den Austausch von Meinungen einschließlich die Erörterung von Vorschlägen und Gegenvorschlägen sowie eine vertiefte Diskussion zwischen Arbeitnehmerschaft und Arbeitgeber ein, ohne aber die Entscheidungsmacht und –befugnis des Arbeitgebers einzuschränken. Nachdem der Arbeitgeber die Bedenken und Ansichten der Arbeitnehmer zur Kenntnis genommen hat, verbleibt ihm die Letztentscheidungsbefugnis.[574]

(2) Das Verfahren der Mitentscheidung gemäß Art. 137 Abs. 2 EGV

Der Rat beschließt gemäß Art. 137 Abs. 2 EGV über Richtlinien nach Art. 137 Abs. 1 EGV nach Anhörung des Wirtschafts- und Sozialausschusses. Indem Art. 137 Abs. 2 EGV auf das Verfahren nach Art. 251 EGV verweist, ermöglicht er eine Entscheidung mit qualifizierter Mehrheit. Nachdem das Abkommen über die Sozialpolitik noch auf das Verfahren der Zusammenarbeit gemäß Art. 189 c EGV verwiesen hatte, gilt seit dem Vertrag von Amsterdam also das Verfahren der Mitentscheidung, so daß

---

569 Goos, NZA 1994, S. 776 (778, 779); Blanpain/Schmidt/Schweibert, Europäisches Arbeitsrecht, 1996, Rn. 138; Wank, RdA 1995, S. 10 (19). Letztlich wurde die Richtlinie auf Art. 2 Abs. 2 AbkSozP gestützt siehe Richtlinie 94/4/EG des Rates vom 22. 9. 1994 über die Einsetzung eines Europäischen Betriebsrates oder die Schaffung eines Verfahrens zur Unterrichtung und Anhörung der Arbeitnehmer in gemeinschaftsweit operierenden Unternehmen und Unternehmensgruppen, Erster Erwägungsgrund.

570 Weiss, Festschrift für Albert Gnade, 1992, S. 583 (588); a. A.: Blanpain/Schmidt/Schwei-bert, Europäisches Arbeitsrecht, 1996, Rn. 138.

571 Aber auch dies kann zu absurden Ergebnissen führen, wie der Vergleich zwischen der sog. Vredeling-Richtlinie und der Richtlinie 94/45/EG über Europäische Betriebsräte gezeigt hat. So Weiss, Festschrift für Albert Gnade, 1992, S. 583 (588). Ausdrücklich dagegen Grabitz/Hilf – Langenfeld, Nach Art. 122, Art. 2 AbkSozP, Rn. 4, der die Abgrenzung danach vornimmt, ob sich die in Rede stehende Maßnahme auf die Etablierung von Informations- und Konsultationsverfahren beschränkt oder ob sie darüber hinausgehend eine Mitbestimmung der Arbeitnehmer bei für das betreffende Unternehmen relevanten Entscheidungen vorsieht. Dies ist aber insoweit nicht sachgerecht, als nur noch ein Bereich für Abs. 3 übrig bliebe, der ersichtlich nur einen (kleinen) Teil dieser Ermächtigung ausmacht.

572 Blanpain/Schmidt/Schweibert, Europäisches Arbeitsrecht, 1996, Rn. 135.

573 Blanpain/Schmidt/Schweibert, Europäisches Arbeitsrecht, 1996, Rn. 135, 136.

574 Blanpain/Schmidt/Schweibert, Europäisches Arbeitsrecht, 1996, Rn. 135.

auch das Parlament eine entscheidende Rolle bei der Verabschiedung arbeitsrechtlicher Richtlinien hat. Der Rat kann sich bei dem Erlaß arbeitsrechtlicher Richtlinien nicht mehr über den erklärten Willen des Europäischen Parlaments hinwegsetzen. Mit der Möglichkeit der Entscheidung mit qualifizierter Mehrheit räumt Art. 137 EGV dem Rat, in den Regelungsbereichen des Abs. 2, die Möglichkeit ein, einzelne Mitgliedsstaaten zu überstimmen und Mindestvorschriften über die obengenannten Arbeitsbedingungen, selbst gegen deren Willen, zu erlassen.[575] Lediglich in den Fällen, in denen der Rat sich über ablehnende Stellungnahmen der Kommission hinwegsetzt, muß er einstimmig beschließen.

b) Die Erforderlichkeit der Einstimmigkeit gemäß Art. 137 Abs. 3 EGV

(1) Die Bereiche der Einstimmigkeit

Art. 137 Abs. 3 EGV stellt die Verabschiedung von Richtlinien unter das Erfordernis der Einstimmigkeit. Das Erfordernis betrifft die soziale Sicherheit und den sozialen Schutz der Arbeitnehmer, den Schutz der Arbeitnehmer bei Beendigung des Arbeitsvertrags, die Vertretung und kollektive Wahrnehmung der Arbeitnehmer- und Arbeitgeberinteressen, einschließlich der Mitbestimmung, vorbehaltlich des Abs. 6, die Beschäftigungsbestimmungen der Staatsangehörigen dritter Länder, die sich rechtmäßig im Gebiet der Gemeinschaft aufhalten und die finanziellen Beiträge zur Förderung der Beschäftigung und zur Schaffung von Arbeitsplätzen, und zwar unbeschadet der Bestimmungen über den Sozialfonds.

Art. 137 Abs. 3 EGV betrifft erstmals Grundelemente eines jeden nationalen Arbeitsrechts. In den dort genannten Basisgebieten wollten die Mitgliedsstaaten dem Rat nicht die Möglichkeit geben, sich mit dem Mehrheitsprinzip über Vorstellungen einzelner Mitgliedsstaaten hinwegzusetzen.[576] Dies hätte eine zu große Beeinträchtigung der nationalen Gesetzgebungskompetenzen auf dem Gebiet des nationalen Arbeitsrechts zur Folge gehabt.[577] In diesem Katalog finden sich Gebiete, die in Deutschland eher dem Sozialrecht zuzurechnen wären, ferner das Kündigungsschutzrecht sowie im wesentlichen das gesamte von der Gemeinschaft überhaupt zu regelnde kollektive Arbeitsrecht. Hier wird deutlich, daß der Gemeinschaft Rechtsetzungsgewalt in Gebieten erwächst, die ihr bislang weitgehend verschlossen waren.[578] Die Aufnahme des Kündigungsschutzes und die ausdrückliche Erwähnung kollektiver Interessenwahrnehmung zeigt, daß hier die „Kernbereiche" des Arbeitsrechts Erwähnung finden, in denen es zuvor keine ausdrückliche Regelungskompetenz der Gemeinschaft sämtlicher Mitgliedsstaaten gegeben hat.[579]

---

575 Krimphove, Europäisches Arbeitsrecht, 1996, S. 27 noch zu Art. 2 AbkSozP.
576 Krimphove, Europäisches Arbeitsrecht, 1996, S. 27, 28.
577 Krimphove, Europäisches Arbeitsrecht, 1996, S. 27, 28.
578 Wank, RdA 1995, S. 10 (18).
579 Wank, RdA 1995, S. 10 (18).

Erwähnenswert ist vor allem die Befugnis zum Erlaß von Richtlinien gemäß Art. 137 Abs. 3 EGV, mit denen die „Vertretung und kollektive Wahrnehmung der Arbeitnehmer- und Arbeitgeberinteressen einschließlich der Mitbestimmung, vorbehaltlich des Abs. 6 EGV“ geregelt wird. Diese Ermächtigungsgrundlage muß im Zusammenhang mit Art. 137 Abs. 1 und Abs. 6 gelesen werden.[580] Abs. 6 regelt, daß grundsätzlich keine Befugnis zur Regelung von Arbeitsentgelt, Koalitionsrecht und Aussperrungsrecht besteht. Die „Vertretung“ der Arbeitnehmer nach Abs. 3 bezieht sich dabei unter anderem auf Betriebsräte, gewerkschaftliche Vertrauensleute und auf Vertretungen auf Gewerkschaftsebene und anderen Ebenen, wie zum Beispiel den Betrieb, das Unternehmen, den Konzern sowie multinationale Unternehmen einschließlich der Branchenebene, der nationalen und der europäischen Ebene. Die „Mitbestimmung“ erfaßt alle Formen der Arbeitnehmerbeteiligung, die eine Vertretung von (gewählten) Arbeitnehmern, Gewerkschaftsrepräsentanten oder Personen, denen die Arbeitnehmer ihr Vertrauen ausgesprochen haben, in dem Aufsichtsrat oder der Leitung eines Unternehmens vorsehen.

Die „kollektive Wahrnehmung der Arbeitnehmer- und Arbeitgeberinteressen“ betrifft, berücksichtigt man Abs. 6, insbesondere Tarifverhandlungen. Die Formulierung bezieht sich auf die Befugnis zum Abschluß von Tarifverträgen, den Inhalt und die Form derartiger Verträge, die Ebene der Verhandlungen, die Bindungswirkung von Tarifverträgen sowie die Allgemeinverbindlichkeitserklärung.[581] Ferner kann auf die vergleichsweise Beilegung von Arbeitsrechtsstreitigkeiten im Rahmen von Schlichtungsverfahren hingewiesen werden.[582] Damit könnte Art. 137 Abs. 3 EGV als Ermächtigungsgrundlage für die Gemeinschaft zum Erlaß eines zumindest eingeschränkten Tarifvertragsgesetzes dienen.

(2) Das Vorschlagsverfahren gemäß Art. 250 EGV

Art. 137 Abs. 3 EGV legt der Gesetzgebungskompetenz mit dem Erfordernis der Einstimmigkeit eine erheblich höhere Hürde auf, als in den Fällen des Abs. 1. Gleichzeitig ist eine wesentlich geringere Beteiligung des Europäischen Parlaments vorgesehen. Es ist lediglich anzuhören und hat kein wirkliches Mitentscheidungsrecht. Da auf Art. 251 oder 252 EGV nicht ausdrücklich Bezug genommen wird, gilt nur das Vorschlagsverfahren des Art. 250 EGV. Dem Rat verbleibt damit letztlich die alleinige Entscheidungskompetenz.

c) Die weiterhin fehlende Kompetenz der Gemeinschaft gemäß Art. 137 Abs. 6 EGV

Art. 137 Abs. 6 EGV schließt eine Gesetzgebung für das Arbeitsentgelt, das Koalitionsrecht, das Streikrecht sowie das Aussperrungsrecht aus. Unter dem Aspekt, daß

---

[580] Blanpain/Schmidt/Schweibert, Europäisches Arbeitsrecht, 1996, Rn. 144.
[581] Blanpain/Schmidt/Schweibert, Europäisches Arbeitsrecht, 1996, Rn. 146.
[582] Blanpain/Schmidt/Schweibert, Europäisches Arbeitsrecht, 1996, Rn. 146.

mit der eigenständigen Sozialpolitik die Errichtung eines sozialen Europas beabsichtigt wird, muß Art. 137 Abs. 6 EGV als eine Ausnahme von der generellen Regelung gesehen werden und ist daher restriktiv zu interpretieren.[583] Mit dem Ausschluß einer gemeinschaftlichen Rechtssetzung in Abs. 6 EGV bleiben die dort genannten Bereiche ausschließlich nationale Angelegenheiten. Gleichwohl haben sie auch im Rechtssystem der Gemeinschaft eine spezifische Bedeutung[584] und sind gemeinschaftsrechtlich zu bestimmen.

Bezüglich des Begriffs des Arbeitsentgelts wird überwiegend auf die Definition im Bereich des Art. 141 EGV zurückgegriffen werden.[585] Unter Arbeitsentgelt sind dort alle zumindest mittelbar aus einer beruflichen Tätigkeit resultierenden Vergütungen sowie damit im Zusammenhang stehende finanzielle Leistungen zu verstehen.[586] Dieser Definition ist grundsätzlich auch im Bereich des Art. 137 Abs. 6 EGV zuzustimmen, allerdings mit der Einschränkung, daß der Begriff des Art. 141 EGV in Hinblick auf sein Ziel einer möglichst weitreichenden Gleichbehandlung weit auszulegen ist, Art. 137 Abs. 6 EGV wegen seines Ausnahmecharakters dagegen eng. Mit dem Ausschluß des Arbeitsentgelts ist der Gemeinschaft die Befugnis zur Gesetzgebung in einem wesentlichen Teil der Arbeitsbedingungen im Sinne von Abs. 1 verwehrt, so daß dieser Teil den Sozialpartnern verbleibt. Die Ausklammerung des Arbeitsentgelts ist insbesondere nach deutschem Verständnis wichtig für die nationale Koalitionsbetätigungsgarantie gemäß Art. 9 Abs. 3 GG, deren Kernbereich auch durch eine europäische Rechtssetzung nicht ausgehöhlt werden darf.[587] In Absatz 6 kündigt sich eine solche Anerkennung eines Kernbereiches auch auf Gemeinschaftsebene an.

Die Begriffe der Koalitionsfreiheit, des Streikrechts und des Aussperrungsrechts nach Art. 137 Abs. 6 EGV bezeichnen miteinander verwobene Rechtsgebiete, die keine vollberechtigte selbständige Bedeutung haben und kaum voneinander abzugrenzen sind.[588] Das Koalitionsrecht im Sinne des Abs. 6 umfaßt das Recht, Gewerkschaften,

---

583 Kampmeyer, Protokoll und Abkommen, 1998, S. 71; Blanpain/Schmidt/Schweibert, Europäisches Arbeitsrecht, 1996, Rn. 150; a. A.: Callies/Ruffert – Krebber, Art. 137, Rn. 6.

584 Blanpain/Schmidt/Schweibert, Europäisches Arbeitsrecht, 1996, Rn. 150.

585 Kampmeyer, Protokoll und Abkommen, 1998, S. 70; Blanpain/Schmidt/Schweibert, Europäisches Arbeitsrecht, 1996, Rn. 151

586 EuGH vom 25. 5. 1971, Rs. 80/70, Gabrielle Defrenne gegen Belgischen Staat, Slg. 1971, S. 445 – 463 (451, Rn. 5/6, Rn. 7/12); Kampmeyer, Protokoll und Abkommen, 1998, S. 70.

587 Zu diesem Problem bereits in der Einleitung, A., S. 5. Zum Kernbereich des Art. 9 Abs. 3 GG insbesondere: BVerfG, Beschluß vom 19. 10. 1966, Rs. 1 BvL 24/65, Band 20, S. 312 – 322 (317); BVerfG, Beschluß vom 24. 5. 1977, Rs. 2 BvL 11/74, Band 44, S. 322 – 353 (340 – 341); BVerfG, Entscheidung vom 1. 3. 1979, Rs. 1 BvR 532, 533/77, 419/78 und 1 BvL 21/78, Band 50, S. 290 – 381 (367); BVerfG, Beschluß vom 14. 6. 1983, Rs. 2 BvR 488/80, Band 64, S. 208 – 216 (215); aus der Literatur: Däubler, EuZW 1992, 329 (331 f); Karthaus, ArbuR 1997, S. 221 (222). Buchner, RdA 1993, S. 193 (199); Konzen, EuZW 1995, S. 39 (42); Simitis, Festschrift für Otto Rudolf Kissel, 1994, S. 1097 (1105); Wisskirchen, Der soziale Dialog, 1994, S. 653 (658/659).

588 Blanpain/Schmidt/Schweibert, Europäisches Arbeitsrecht, 1996, Rn. 149. So schließen sich etwa Arbeitnehmer gerade deshalb zusammen, um ihre Interessen gemeinsam durch Tarifverhandlungen zu wahren und notfalls mit Streik durchzusetzen. Dementsprechend schließt das Recht der Vereinigungsfreiheit nach Auffassung der ILO auch das Recht zum Streik ein.

Arbeitnehmerverbände und Arbeitgeberverbände zu gründen, ihnen beizutreten oder ihnen fernzubleiben, das Recht dieser Organisationen, sich eine eigene Verfassung zu geben, ihre Vertreter zu wählen und ihre Programme zu formulieren.[589] Es schließt das Recht zur Gründung und zum Beitritt zu nationalen Vereinigungen von Gewerkschaften und Arbeitgeberverbänden sowie zu europäischen und internationalen Organisationen ein. Schließlich wird hiervon auch die Erlangung einer Rechtspersönlichkeit sowie das Recht zum Erwerb von Eigentum, zum Abschluß von Verträgen et cetera umfaßt.[590] Das Streikrecht betrifft das Recht der Arbeitnehmer, gemeinsam die Arbeit zu verweigern, um auf die Arbeitgeber Druck auszuüben.[591] Mit Aussperrung wird die Praxis der Arbeitgeber umschrieben, den Arbeitnehmern die Möglichkeit zur Arbeitsleistung im Zusammenhang mit Arbeitskämpfen zu verweigern.[592] Erwähnenswert ist, daß hier das Streik- und das Aussperrungsrecht einander gleichgestellt werden, was in vielen Mitgliedsstaaten nicht der Fall ist.

In den Bereichen des Art. 137 Abs. 6 EGV würde eine europaeinheitliche Regelungskompetenz einen erheblichen Eingriff in die mitgliedsstaatlichen Arbeitsrechte bedeuten.[593] Sie unterliegen nämlich in den meisten Mitgliedsstaaten der Regelungskompetenz der Tarifparteien und sind von deren Tarifautonomie umfaßt,[594] oder der richterrechtlichen Rechtsfortbildung überlassen. Mit Art. 139 Abs. 6 EGV sollte sichergestellt werden, daß die ausgenommenen Bereiche auch weiterhin den Sozialpartnern zur Regelung verbleiben und ihnen weder durch staatliche noch durch gemeinschaftliche Regelungen entzogen werden.[595] Die Ausnahmen des Art. 137 Abs. 6 EGV sichern folglich die Tarifautonomie auch innerhalb der Gemeinschaft und machen die Zurückhaltung des Rates bei der Vertragsänderung insoweit verständlich.[596] Trotz – oder gerade auf Grund – der Restriktion im Bereich des kollektiven Arbeitsrechtes wurden in die Sozialvorschriften eine Anzahl neuer Bestimmungen hinsichtlich der Aufgaben und Kompetenzen der Sozialpartner im europäischen Arbeitsrecht aufgenommen,[597] die im vierten Teil dieser Arbeit untersucht werden

Zusammenfassend läßt sich sagen, daß dem Gemeinschaftsgesetzgeber Kompetenzen in nahezu allen Gebieten des Arbeitsrechts eröffnet worden sind, die auch der bundesdeutsche Gesetzgeber kodifizieren könnte.[598] Die Verbesserungen insbesondere der Arbeitsumwelt zum Schutz der Gesundheit und der Sicherung der Arbeitnehmer, vor allem aber die Nennung der Arbeitsbedingungen sowie die Unterrichtung und

---

589 Blanpain/Schmidt/Schweibert, Europäisches Arbeitsrecht, 1996, Rn. 152.

590 Blanpain/Schmidt/Schweibert, Europäisches Arbeitsrecht, 1996, Rn. 152.

591 Blanpain/Schmidt/Schweibert, Europäisches Arbeitsrecht, 1996, Rn. 153, die offenbar allerdings auch den „politischen Streik“ unter Abs. 6 subsumieren.

592 Blanpain/Schmidt/Schweibert, Europäisches Arbeitsrecht, 1996, Rn. 153.

593 Krimphove, Europäisches Arbeitsrecht, 1996, S. 28.

594 Kampmeyer, Protokoll und Abkommen, 1998, S. 71.

595 Kampmeyer, Protokoll und Abkommen, 1998, S. 71.

596 Krimphove, Europäisches Arbeitsrecht, 1996, S. 28; Kampmeyer, Protokoll und Abkommen, 1998, S. 71.

597 Krimphove, Europäisches Arbeitsrecht, 1996, S. 28.

598 Wank, RdA 1995, S. 10 (19).

Anhörung der Arbeitnehmer, betreffen einen wesentlichen Kernbereich der jeweiligen nationalen Arbeitsvertragsrechte.[599] Ausgespart werden lediglich Bereiche, die im bundesdeutschen Recht der Aushandlung der Tarifparteien oder der richterlichen Rechtsfortbildung des Bundesarbeitsgerichts überlassen bleiben,[600] diese allerdings auch nicht vollständig.

d) Abgrenzung zwischen den unterschiedlichen Mehrheitserfordernissen

Wenn auf der Grundlage objektiver Elemente, wie Ziel und Inhalt einer Gemeinschaftsmaßnahme, ein Rechtsakt aufgrund unterschiedlicher Rechtsgrundlagen erlassen werden kann, sollte der Akt zunächst grundsätzlich auf alle denkbaren Rechtsgrundlagen gestützt werden, aus denen eine Kompetenz der Gemeinschaft folgt.[601] Es ergibt sich dann unter Umständen eine doppelte Rechtsgrundlage für einen Gemeinschaftsrechtsakt.

Probleme treten aber auf, wenn eine Gemeinschaftsmaßnahme sowohl Regelungen enthält, die mit qualifizierter Mehrheit im Verfahren der Mitentscheidung verabschiedet werden können, als auch solche Regelungen, für deren Verabschiedung nach bloßer Anhörung des Europäischen Parlaments Einstimmigkeit erforderlich wäre. Eine Aufspaltung des Rechtsakts in Teile, die einstimmig entschieden werden können und in Mehrheitsbereiche[602] ist abzulehnen, sofern der Rechtsakt ein einheitliches Regelungswerk enthält. Andernfalls würde eine unnötige Zersplitterung in eine Vielzahl von Rechtsakten entstehen. Geht man daher von der Notwendigkeit einer einheitlichen Entscheidung aus, ist die für die Entscheidung anzuwendende Mehrheit nach dem Schwerpunkt der Maßnahme zu bestimmen. Liegt dieser in einem Bereich, für den die qualifizierte Mehrheit reicht, ist die ganze Maßnahme mit qualifizierter Mehrheit zu entscheiden, wenn die Bereiche, für die eigentlich Einstimmigkeit erforderlich wäre, sinnvoller Weise mit geregelt werden müssen. Insoweit besteht dann eine „Annexkompetenz. Eine Angelegenheit, die insgesamt dem Anwendungsbereich der qualifizierten Mehrheit unterliegt, kann danach auf der Basis einer qualifizierten Mehrheit geregelt werden, auch wenn sie Elemente enthält, für die allein Einstimmigkeit erforderlich wäre.[603]

Zwar ließe sich aus Art. 139 Abs. 2 EGV, nach dem der Rat über die Umsetzung einer Sozialpartnervereinbarung mit qualifizierter Mehrheit entscheidet, „sofern nicht die betreffende Vereinbarung eine oder mehrerer Bestimmungen betreffend einen der in Art. 137 Abs. 3 EGV genannten Bereiche enthält und somit ein einstimmiger Beschluß erforderlich ist“, auch das Gegenteil herleiten. Dabei würde man aber verkennen, daß Art. 139 Abs. 2 EGV als Ausnahmeregelung formuliert ist und damit eine

599 Heinze, Festschrift für Otto Rudolf Kissel, 1994, S. 363 (380).
600 Wank, RdA 1995, S. 10 (19).
601 Blanpain/Schmidt/Schweibert, Europäisches Arbeitsrecht, 1996, Rn. 130.
602 So aber Callies/Ruffert – Krebber, Art. 137, Rn. 5.
603 Blanpain/Schmidt/Schweibert, Europäisches Arbeitsrecht, 1996, Rn. 130.

Abweichung von einem grundsätzlichen Rechtsprinzip darstellt.[604] Sollten die Mitgliedsstaaten tatsächlich von dem allgemeinen Rechtsprinzip der Gemeinschaftsgesetzgebung gemäß Art. 136 und Art. 137 Abs. 1 bis 3 EGV abweichen wollen, so hätten sie dies ausdrücklich regeln müssen. Da bis zuletzt bei den Maastrichter Verhandlungen umstritten war, ob nicht immer das Einstimmigkeitserfordernis über einen Rechtsakt entscheiden solle, wenn auch nur am Rand Bereiche erfaßt würden, die der Einstimmigkeit vorbehalten sind, hätten sie es auch ausdrücklich geregelt, wenn sie sich dafür entschieden hätten.[605]

Richtet sich die erforderliche Mehrheit nach dem Schwerpunkt der Maßnahme und bestehen Zweifel darüber, wo er liegt, sind diese zugunsten der Befugnis zum Erlaß mit qualifizierter Mehrheit zu entscheiden.[606] Dies ergibt sich daraus, daß bei der Entscheidung mit qualifizierter Mehrheit zugleich das Europäische Parlament im Wege der Mitentscheidung zu beteiligen ist. Bei den Fällen des Abs. 3 hat es lediglich ein Anhörungsrecht. Der Europäische Gerichtshof hat bereits entschieden,[607] daß sogar die Abstimmung mit der qualifizierten Mehrheit der Stimmen einschließlich der Zusammenarbeit mit dem Europäischen Parlament Vorrang hat, da die Einbeziehung des Europäischen Parlaments auf der Ebene der Gemeinschaft ein fundamentales demokratisches Prinzip beinhaltet, nämlich die Beteiligung der Völker Europas durch die Zwischenschaltung ihrer Repräsentanten. Dieses Argument wiegt nach der Ersetzung des Verfahrens der Zusammenarbeit durch das Verfahren der Mitentscheidung in Art. 137 Abs. 2 EGV noch schwerer, da das Europäische Parlament nun eine „echte“ Mitentscheidungsbefugnis hat.

Sperrwirkung entfalten allerdings die Bereiche, für die nach Abs. 6 keine Befugnis besteht. Dadurch hatten sich die Mitgliedsstaaten ausdrücklich gegen eine gemeinsame Integration entschieden. Diese Entscheidung kann die Gemeinschaft nicht durch eine Mitregelung dieser Bereiche in Rechtsakten, für die ihr eine Befugnis eingeräumt wurde, umgehen. Eine Mitregelung des Bereichs des Abs. 6 ist nicht zulässig. Nicht zuletzt aus diesem Grund ist Abs. 6 eng auszulegen.

e) Die besonderen Anforderungen an die erlassenen Richtlinien

Schließlich stellt Art. 137 Abs. 2 Uabs. 1 EGV alle aufgrund des Art. 137 EGV erlassenen Richtlinien, unabhängig davon, ob sie ihre Grundlage in Art. 137 Abs. 1 oder Abs. 3 EGV haben, unter insgesamt vier Vorbehalte.[608] Es dürfen erstens nur Min-

---

[604] Blanpain/Schmidt/Schweibert, Europäisches Arbeitsrecht, 1996, Rn. 130.

[605] Siehe Heinze, Festschrift für Otto Rudolf Kissel, 1994, S. 363 (379); auch Schulz, SF 1992, S. 79 (80), mit einer eingehenden Darstellungen der Verhandlungen bei der Regierungskonferenz, der für diese Position insbesondere auf den zweiten niederländischen Vertragsentwurf hinweist.

[606] Im Ergebnis ebenso Blanpain/Schmidt/Schweibert, Europäisches Arbeitsrecht, 1996, Rn. 130.

[607] EuGH vom 11. 6. 1991, Rs. C – 300/89, Kommission der Europäischen Gemeinschaften gegen den Rat der Europäischen Gemeinschaften, Slg. 1991, S. 2867 – 2902 (2900 – 2901, Rn. 19 – 20). Gegenstand des Verfahrens war die Richtlinie 89/428/EWG des Rates, die die Kommission angefochten hatte und die der EuGH für nichtig erklärte.

[608] Die Vorbehalte gelten auch für die Richtlinien nach Abs. 3, da dieser nur eine Sonderregelung

destvorschriften erlassen werden, die zweitens die in den einzelnen Mitgliedsstaaten bestehenden Bedingungen und technischen Regelungen zu berücksichtigen haben, die drittens nur schrittweise angewendet werden dürfen und die schließlich keine verwaltungsmäßigen, finanziellen oder rechtlichen Auflagen vorschreiben sollen, die der Gründung und Entwicklung von kleinen und mittleren Unternehmen entgegenstehen.

Nach der Rechtsprechung des Europäischen Gerichtshofs[609] bestimmt Art. 137 Abs. 5 EGV dabei abschließend, daß unter Mindestvorschriften zu verstehen ist, daß die Mitgliedsstaaten – auch durch Eingehen völkerrechtlicher Verpflichtungen zum Beispiel im Rahmen der ILO[610] – weitgehendere Maßnahmen treffen können, als sie das Gemeinschaftsrecht vorsieht.[611] Natürlich steht diese Möglichkeit unter dem Vorbehalt, daß die weitergehenden Maßnahmen mit dem Gemeinschaftsrecht vereinbar sind.[612]

Die Vorbehalte zwei und drei dienen dem Schutz wirtschaftlich schwächerer Mitgliedsstaaten und Regionen vor einer Überforderung durch Harmonisierungsmaßnahmen, erfordern aber auch ganz allgemein Übergangsvorschriften, die je nach Mitgliedsstaat unterschiedlich lang sein können und auch innerhalb eines Mitgliedsstaates differenziert werden können.[613] Da es bei dem Erlaß von Richtlinien nach Abs. 2 allerdings gerade um die Verbesserung der bestehenden nationalen Regelungen geht, können die in den einzelnen Mitgliedsstaaten bestehenden Bedingungen und technischen Regelungen nicht in dem Sinne „berücksichtigt" werden, daß sie seitens der Europäischen Gemeinschaft in jedem Falle zu respektieren sind.[614] Die Vorgabe ist daher so zu verstehen, daß eine gemeinschaftliche Regelung, wenn Regelungsalternativen zur Verfügung stehen, nationale Strukturen so weit belassen soll, wie dies unter Wahrung des von der Gemeinschaft verfolgten Vertragsziels möglich ist.[615] Auffallend ist, daß im Vergleich zur Vorgängernorm des Art. 118 a EGV, der Passus „bei gleichzeitigem Fortschritt" gestrichen worden ist. Nunmehr ist daher auch die Möglichkeit gegeben, ein bestehendes – auch relativ niedriges – Niveau als Mindeststandard auf Gemeinschaftsebene zu übernehmen.[616]

---

für die erforderlichen Mehrheitsverhältnisse statuiert. Callies/Ruffert – Krebber, Art. 137 EGV, Rn. 23; Arl, Sozialpolitik nach Maastricht, 1997, S. 176. Allerdings unterteilt Arl insgesamt sieben Leitlinien, die die Gemeinschaftsmaßnahmen einschränken.

609 Die Entscheidungen ergingen noch zu Art. 118 a Abs. 3 EGV.

610 EuGH, Gutachten 2/91 vom 19. 3. 1993, Slg. 1993, S. 1061 – 1084 (1079, Rn. 18). Das Gutachten wurde zu Abkommen Nr. 170 der ILO erstellt.

611 EuGH, Entscheidung vom 12. 11. 1996, Rs. C – 84/94, Vereinigtes Königreich Großbritannien und Nordirland gegen Rat der Europäischen Union, Slg. 1996, S. 5755 – 5818 (5800 – 5801, Rn. 17; 5811, Rn. 56); auch EAS – Preis/Bütefisch, B 1100, Rn. 45 bereits zu Art. 118 a EGV a. F. und Rn. 54 zu Art. 2 Abs. 2 AbkSozP; Grabitz/Hilf – Langenfeld/Jansen, Art. 118 a, Rn. 8; Groeben/Thiesing/Ehlermann – Willms, Art. 118 a, Rn. 25.

612 Callies/Ruffert – Krebber, Art. 137 EGV, Rn. 24.

613 Callies/Ruffert – Krebber, Art. 137 EGV, Rn. 25.

614 Buchner, RdA 1993, S. 193 (194).

615 Buchner, RdA 1993, S. 193 (194).

616 Callies/Ruffert – Krebber, Art. 137 EGV, Rn. 25.

Die Reichweite des mit dem vierten Vorbehalt bezweckten Schutzes kleinerer Unternehmen ist unklar. Zum einen wird vertreten, dieser Vorbehalt sei eher programmatischer Natur und enthalte lediglich eine Aufforderung an den Gemeinschaftsgesetzgeber, aber kein subjektives Recht der kleineren und mittleren Unternehmen.[617] Nach Auffassung des Europäischen Gerichts[618] wird dagegen mit dieser Bestimmung eine materiell-rechtliche Verpflichtung aufgestellt, deren Einhaltung jeder Betroffene, das heißt die kleineren und mittleren Unternehmen, mittels des geeigneten Rechtsbehelfs durch den Gemeinschaftsrichter überprüfen lassen kann. Selbst bei Annahme eines solchen subjektiven Rechts eröffnet der Wortlaut „sollen" aber zumindest auch einen Beurteilungsspielraum von Rat und Kommission, so daß für die gerichtliche Überprüfung nur eine Mißbrauchskontrolle des Beurteilungsspielraums nach Art. 230 Abs. 4 EGV übrigbleibt.[619] Trotz dieser Schutzklausel ist allerdings allen Arbeitnehmern zumindest ein Mindestmaß an Gesundheitsschutz und Sicherheit zu gewähren.[620]

2. Zusätzliche Maßnahmen gemäß Art. 137 Abs. 2 Uabs. 3 EGV

Art. 137 EGV räumt schließlich – und das ist neu – dem Rat die Befugnis ein, ebenfalls im Mitentscheidungsverfahren nach Art. 251 EGV nach Anhörung des Wirtschafts- und Sozialausschusses sowie des Ausschusses der Regionen Maßnahmen zur Bekämpfung sozialer Ausgrenzung zu treffen.[621]

Was unter sozialer Ausgrenzung zu verstehen ist, bleibt jedoch unklar. Nicht genannt ist vor allem der Grund der Ausgrenzung. Aus der Stellung in Art. 137 EGV kann man aber entnehmen, daß eine enger Zusammenhalt mit dem Arbeitsleben erforderlich sein soll, so daß allgemeine gesellschaftspolitische oder kulturelle Maßnahmen auf dieser Grundlage ausgeschlossen sind.[622] In Abgrenzung zur Beschäftigungspolitik werden ebenfalls keine dort genannten Maßnahmen zur Bekämpfung sozialer

---

617 Callies/Ruffert – Krebber, Art. 137 EGV, Rn. 26; EAS – Preis/Bütefisch, B 1100, Rn. 45; Buchner, RdA 1993, , S. 193 (194) noch zu Art. 118 a Abs. 2 S. 2 a. F.; Kampmeyer, Protokoll und Abkommen, 1998, S. 62; Balze, Die sozialpolitischen Kompetenzen der Europäischen Union, 1994, S. 111.

618 EuG vom 17. 6. 1998, Rs. T-135/96, Union européenne de l'artisanat et des petites et moyennes entreprises gegen den Rat der Europäischen Union, Slg. 1998 II, S. 2335 – 2381 (2368, Rn. 80). Da es sich hierbei aber nur um eine „Randerwägung" der Entscheidung handelt, ist insoweit keine Rechtskraft entstanden.

619 Auch für eine Überprüfung des Beurteilungsspielraums, aber nach Ablehnung des subjektiven Rechts konsequent nur nach Art. 230 Abs. 2 EGV Callies/Ruffert – Krebber, Art. 137 EGV, Rn. 26.

620 Callies/Ruffert – Krebber, Art. 137 EGV, Rn. 26; Kampmeyer, Protokoll und Abkommen, 1998, S. 62 verweist diesbezüglich zugleich auf die dem Abkommen beigefügte Erklärung, durch die zusätzlich gesichert werden sollte, daß für Arbeitnehmer in kleinen und mittleren Unternehmen grundsätzlich dieselben arbeitsschutzrechtlichen Standards gelten wie für Arbeitnehmer in Großunternehmen.

621 Lecheler, JuS 1998, S. 392 (396).

622 Callies/Ruffert – Krebber, Art. 137 EGV, Rn. 31.

Ausgrenzung erfaßt.[623] Gemeint sind also Folgen der Erwerbslosigkeit, die mit den Mitteln der Sozialpolitik bekämpft werden können.[624]

Art. 137 Abs. 2 Uabs. 3 EGV erlaubt der Gemeinschaft auch nicht, eigene Maßnahmen zur Bekämpfung sozialer Ausgrenzungen zu treffen. Ausweislich des Wortlauts kann nur die Zusammenarbeit der Mitgliedsstaaten gefördert werden, das heißt, eine Förderung und Erleichterung des Informationsaustausches zwischen den Mitgliedsstaaten. Ein Versuch der Kommission, selbst in diesem Bereich tätig zu werden, wurde zuletzt durch den Europäischen Gerichtshof unterbunden.[625] In Uabs. 3 ist auch keine Ermächtigungsgrundlage zum Erlaß verbindlicher Maßnahmen zu sehen. Letztlich ist die eigentliche Grundlage für die Förderung der Zusammenarbeit der Mitgliedsstaaten Art. 140 EGV, dessen Aufgabenkatalog weiter gefaßt ist und der sich auf die in Art. 137 EGV genannten Bereiche erstreckt.[626]

III. Die allgemeine Förderpflicht der Kommission nach Art. 138 Abs. 1 EGV

Art. 138 Abs. 1 EGV normiert eine allgemeine Pflicht der Kommission, die Anhörung der Sozialpartner auf Gemeinschaftsebene zu fördern und deren Dialog zu erleichtern, wobei sie auf die Ausgewogenheit der Unterstützung der verschiedenen Gruppen zu achten hat.[627] Diese Förderungspflicht bezieht sich prinzipiell auf alle Maßnahmen der Gemeinschaft, die in ihren Zuständigkeitsbereich fallen, das heißt, sowohl auf den förmlichen als auch den informellen Sozialen Dialog.[628] Fraglich ist aber, ob Art. 138 Abs. 1 EGV der Gemeinschaft zugleich auch eine Normsetzungsbefugnis für Fördermaßnahmen einräumt.

Zum einen wird vertreten, daß Art. 138 Abs. 1 EGV mit Ausnahme der Neutralitätsverpflichtung nur programmatischen Charakter habe, was insbesondere aus seiner weiten Formulierung folge.[629] Er enthalte daher keine Ermächtigungsgrundlage, sondern bringe lediglich die gehobenen Stellung des Sozialen Dialogs bei der Gestaltung der gemeinschaftsrechtlichen Sozialpolitik zum Ausdruck.[630] Bei einem solchen Verständnis wäre die Kommission zu keiner wie auch immer gearteten aktiven Unterstüt-

---

623 Callies/Ruffert – Krebber, Art. 137 EGV, Rn. 31.

624 Callies/Ruffert – Krebber, Art. 137 EGV, Rn. 31.

625 EuGH, Entscheidung vom 12. 5. 1998, Rs. C – 106/96, Vereinigtes Königreich Großbritannien und Nordirland gegen Kommission der Europäischen Gemeinschaften, Slg. 1998, S. 2729 – 2761 (2756, Rn. 30 – 31). In der Entscheidung wurde das letzte Aktionsprogramm der Kommission zur Bekämpfung sozialer Ausgrenzungen für nichtig erklärt. Das Programm hatte vorgesehen, daß Beihilfen gewährt werden sollten. Darin sah der EuGH einen Verstoß gegen Art. 4 EGV, da ein notwendiger „Basisrechtsakt" gefehlt habe.

626 Callies/Ruffert – Krebber, Art. 137 EGV, Rn. 32. Zu Art. 140 EGV siehe den folgenden Abschnitt.

627 Konzen, EuZW 1995, S. 39 (46); EAS – Schwarze, B 8100, Rn. 63; Grabitz/Hilf – Langenfeld, Nach Art. 122, Art. 3 AbkSozP, Rn. 2.

628 Callies/Ruffert – Krebber, Art. 138, Rn. 26.

629 Konsequent hält Callies/Ruffert – Krebber, Art. 138, Rn. 26 diesen Teil der Verpflichtung auch für mißverständlich.

630 Callies/Ruffert – Krebber, Art. 138, Rn. 26.

zung der Sozialpartner befugt.[631] Dann würde die anschließend normierte Verpflichtung der Kommission zur Neutralität bei der Unterstützung der Sozialpartner aber keinen Sinn machen und wäre überflüssig.[632] Erkennbar ist das vom Gesetzgeber nicht gewollt.

Die Gegenmeinung hält die Kommission in diesem Rahmen zum Erlaß aller „zweckdienlichen Maßnahmen" für befugt.[633] Dies würde organisatorische Maßnahmen sowie jedwede technische Unterstützung einschließen und darüber hinaus auch verfahrensrechtliche Maßnahmen zulässig machen.[634] Eine so weitreichende Ermächtigung läßt sich aber aus der bloßen Förderpflicht der Kommission nicht entnehmen und würde das Prinzip der begrenzten Einzelermächtigung verletzen.

Richtig dürfte daher der Mittelweg zwischen den beiden Auffassungen sein. Danach darf die Kommission alle zweckdienlichen organisatorischen Maßnahmen einschließlich finanzieller Aspekte zur Förderung des Dialogs ergreifen.[635] Eine Befugnis zur Normsetzung – zum Beispiel verfahrensrechtlicher Regelungen – erhält sie durch Art. 138 Abs. 1 EGV nicht.[636]

So unbedeutend die Förderpflicht zunächst erscheinen mag, erlangt sie doch in Verbindung mit dem Subsidiaritätsprinzip und der gemeinschaftsrechtlichen Garantie des Art. 139 EGV besondere Bedeutung. Sie verpflichtet nämlich die Kommission, sofern eine Regelung auf Sozialpartnerebene möglich ist und die Sozialpartner den Willen bekundet haben, diese Möglichkeit zu nutzen, zu allen erforderlichen Maßnahmen, um diesem Wunsch praktische Wirksamkeit zu verleihen. Durch sie wird die Kommission also in den Dienst der Sozialpartner gestellt.

IV. Zusätzliche Befugnisse der Gemeinschaft nach Art. 140 EGV bis Art. 145 EGV

Art. 140 EGV schließlich gestattet der Kommission im Hinblick auf die Erreichung der Ziele des Art. 136 EGV die Zusammenarbeit zwischen den Mitgliedsstaaten zu fördern und die Abstimmung ihres Vorgehens in allen unter das Kapitel der Sozialpolitik fallenden Bereichen zu erleichtern. Als Handlungsmöglichkeiten stellt Art. 140 EGV der Kommission Untersuchungen, Stellungnahmen und die Vorbereitung von Beratungen zur Verfügung. Von der Sache her deckt sich diese Befugnis mit den Möglichkeiten des Rates nach Art. 129 EGV.[637]

Gemäß Art. 141 Abs. 3 EGV hat der Rat die zusätzliche spezielle Befugnis, im Verfahren der Mitentscheidung nach Anhörung des Wirtschafts- und Sozialausschusses Maßnahmen zu treffen, die die Anwendung des Grundsatzes der Chancengleichheit und der Gleichbehandlung von Männern und Frauen in Arbeits- und Beschäftigungs-

---

631 Callies/Ruffert – Krebber, Art. 138, Rn. 26.
632 Callies/Ruffert – Krebber, Art. 138, Rn. 26.
633 Grabitz/Hilf – Langenfeld, Nach Art. 122, Art. 3 AbkSozP, Rn. 2.
634 Grabitz/Hilf – Langenfeld, Nach Art. 122, Art. 3 AbkSozP, Rn. 2.
635 EAS – Schwarze, B 8100, Rn. 64; Kampmeyer, Protokoll und Abkommen, 1998, S. 86.
636 EAS – Schwarze, B 8100, Rn. 64.
637 Callies/Ruffert – Krebber, Art. 129, Rn. 6.

fragen, einschließlich des Grundsatzes des gleichen Entgelts bei gleicher oder gleichwertiger Arbeit gewährleisten.

Schließlich eröffnet Art. 144 EGV dem Rat die Möglichkeit, einstimmig nach Anhörung des Wirtschafts- und Sozialausschusses der Kommission die Durchführung gemeinsamer Maßnahmen zu übertragen, im besonderen auf dem Gebiet der sozialen Sicherheit der in den Art. 39 bis 42 EGV erwähnten aus- oder einwandernden Arbeitskräfte.[638]

V. Ergebnis der Zuständigkeiten nach den Sozialvorschriften

Für den Bereich des kollektiven Arbeitsrechts werden in erster Linie in Art. 137 Abs. 1 3. Spiegelstrich und Art. 137 Abs. 3 3. Spiegelstrich EGV Kompetenzen für die Gemeinschaft festgelegt. Sie ist danach zum Erlaß von Richtlinien im Bereich der Unterrichtung und Anhörung der Arbeitnehmer und im Bereich der Vertretung und kollektiven Wahrnehmung der Arbeitnehmer- und Arbeitgeberinteressen, einschließlich der Mitbestimmung, zur Regelung befugt. Art. 137 Abs. 6 EGV schließt mit dem Arbeitsentgelt, Koalitionsrecht, Streikrecht und dem Aussperrungsrecht allerdings auch einen Großteil kollektivrechtlicher Bestimmungen von den neuen Kompetenzen aus.

Im Ergebnis hat die Gemeinschaft durch das Abkommen und nun mit Art. 136 ff EGV in fast allen Gebieten des Arbeitsrechts Kompetenzen erhalten, die in der Bundesrepublik Deutschland der Bundesgesetzgebung unterliegen, mit Ausnahme einiger Bereiche, die im bundesdeutschen Recht der Aushandlung der Tarifparteien (zum Beispiel das Arbeitsentgelt) oder der richterlichen Rechtsfortbildung des BAG (Koalitions-, Streik-, Aussperrungsrecht) überlassen bleiben.

Allerdings kann sie mit der Ermächtigung zur Regelung von Arbeitsbedingungen gemäß Art. 137 Abs. 1 2. Spiegelstrich EGV auch materielle Regelungen treffen, deren Regelung dem deutschen Gesetzgeber wegen des Regelungsvorbehalts für die Sozialpartner verwehrt wäre. Insoweit geht die Gemeinschaftsbefugnis über die Befugnis des bundesdeutschen Gesetzgebers hinaus.

C. Gemeinschaftskompetenzen nach dem neuen Beschäftigungskapitel

I. Konzept des Beschäftigungskapitels

Als Antwort auf das „innenpolitische Problem Nummer eins“ in allen Mitgliedsstaaten der Union – die Arbeitslosigkeit - wurde mit dem Amsterdamer Vertrag ein neuer Abschnitt „Beschäftigung“ eingefügt. Durch ihn werden der Gemeinschaft und den Mitgliedsstaaten neue Rechte und Pflichten zugewiesen und es soll eine koordinierte Beschäftigungsstrategie in der Gemeinschaft gefördert werden.[639] Ziel des neuen Titels ist, die bestehende Arbeitslosigkeit zu bekämpfen und das Entstehen weiterer Ar-

---

638 Zur arbeitsrechtlichen Gesetzgebung nach Art. 39 ff EGV siehe unten 2. Teil, D., II., S. 90.

639 Lecheler, JuS 1998, S. 392 (396).

beitslosigkeit zu verhindern.[640] Gegenüber der bisherigen Ablehnung einer gemeinschaftlichen Beschäftigungspolitik stellt das neue Kapitel eine bedeutende politische Kehrtwende dar.[641]

Der neue Titel konkretisiert die in Art. 2 EUV und Art. 2 EGV als Tätigkeit der Gemeinschaft aufgenommene Förderung eines hohen Beschäftigungsniveaus, einschließlich der Förderung der Koordinierung der Beschäftigungspolitik der Mitgliedsstaaten und der Entwicklung einer koordinierten Beschäftigungsstrategie gem. Art. 3 i EGV. Die konkreten Ziele der Beschäftigungspolitik werden nach Art. 125 EGV über die Bezugnahme auf die Ziele von Art. 2 EUV und Art. 2 EGV definiert. Durch diese Bezugnahme wird die Beschäftigungspolitik in das Gesamtgefüge der Gemeinschaftspolitiken eingebettet und, da zahlreiche der in Art. 2 EGV genannten Ziele wirtschaftspolitischer Natur sind, wirtschaftspolitischen Grundsätzen untergeordnet.[642]

Nach dem Konzept des Beschäftigungskapitels arbeiten die Gemeinschaft und die Mitgliedsstaaten zusammen, insbesondere bei der Förderung der Qualifikation, der Ausbildung und Anpassungsfähigkeit der Arbeitnehmer, sowie bei der Fähigkeit der Verbesserung der Arbeitskräfte, auf die Erfordernisse des wirtschaftlichen Wandels zu reagieren.[643] An der grundsätzlichen Verantwortung der Mitgliedsstaaten für ihre Beschäftigungspolitik ändern die Bestimmungen des neuen Beschäftigungskapitels allerdings nichts.[644] Auch in Zukunft wird die Beschäftigungspolitik maßgeblich von dem politischen Willen der Mitgliedsstaaten geprägt werden, denen die unmittelbare Kompetenz für die Beschäftigungspolitik verbleibt.[645] Die Förderung der Beschäftigung ist eher ein „Kooperationsvertrag" und kein Integrationsbereich.[646] Eine echte gemeinschaftliche Beschäftigungspolitik ist nicht vorgesehen.[647] Allerdings setzt bereits die bloße Existenz eines eigenen Titels zur Beschäftigungspolitik inhaltliche Akzente und weist der Gemeinschaft in politischer Hinsicht eine Mitverantwortlichkeit für die Beschäftigungspolitik zu.[648]

Die der Gemeinschaft zugewiesenen Handlungsmöglichkeiten sind auf zwei unterschiedlichen Ebenen angesiedelt.[649] Art. 128 EGV weist der Gemeinschaft die Kompetenz zum Erlaß von Leitlinien zur Abstimmung der mitgliedsstaatlichen Beschäftigungspolitiken zu. Art. 129 EGV räumt dem Rat eine beschränkte Möglichkeit zum Ergreifen eigener beschäftigungspolitischer Maßnahmen ein. Da beide Ebenen durch den Rat wahrgenommen werden, bleiben die Mitgliedsstaaten zusätzlich über ihre Vertreter im Rat maßgeblich beteiligt, so daß sie ihre Herrschaft über die Beschäfti-

640 Callies/Ruffert – Krebber, Art. 125 EGV, Rn. 6.
641 Keller, WSI Mitteilungen 1999, S. 109 (115).
642 Callies/Ruffert – Krebber, Art. 125 EGV, Rn. 8.
643 Lecheler, JuS 1998, S. 392 (396).
644 Lecheler, JuS 1998, S. 392 (396); ähnlich Betten, IJCLLIR 1997, S. 188 (189).
645 Callies/Ruffert – Krebber, Art. 125 EGV, Rn. 1, 3.
646 Thun-Hohenstein, Der Vertrag von Amsterdam, 1997, S. 82.
647 Thun-Hohenstein, Der Vertrag von Amsterdam, 1997, S. 82.
648 Ähnlich Callies/Ruffert – Krebber, Art. 125 EGV, Rn. 2.
649 Callies/Ruffert – Krebber, Art. 125 EGV, Rn. 5.

gungspolitik letztlich auch dort behalten haben, wo sie die Kompetenzen auf die Gemeinschaft übertragen haben.[650] Der Gegenstand der Beschäftigungspolitik ist weit, da kaum eine andere Politik Beschäftigungsfragen unberührt läßt.[651] Das Beschäftigungskapitel betrifft jedoch keine inhaltlichen Fragen des Arbeitsrechts; insoweit gehen die spezielleren Regelungen in den Sozialvorschriften der Art. 136 ff EGV vor.[652]

Art. 125 EGV stellt mit der Entwicklung einer koordinierten Beschäftigungsstrategie, der Förderung der Qualifizierung, Ausbildung, Anpassungsfähigkeit der Arbeitnehmer sowie der Arbeitsmärkte, auf wirtschaftlichen Wandel zu reagieren, Eckpfeiler auf, innerhalb derer sich die Beschäftigungspolitik bewegen soll.

II. Die Leitlinienkompetenz des Rates gemäß Art. 128 EGV

Der Programmsatz des Art. 126 EGV, umschreibt die Haltung und Pflichten der Mitgliedsstaaten in Bezug auf die Beschäftigungspolitik.[653] Art. 126 Abs. 2 EGV stellt dabei die Abstimmung der nationalen Beschäftiungsförderungen unter den Vorbehalt der nationalen Sozialpartner, deren Gepflogenheiten von den Mitgliedsstaaten und der Gemeinschaft zu berücksichtigen sind.[654] Artikel 126 wird durch Art. 128 konkretisiert.

Art. 128 Abs. 2 und 4 EGV weisen dem Rat eine Leitlinienkompetenz zu. Auf Vorschlag der Kommission und nach Anhörung des Europäischen Parlaments, des Wirtschafts- und Sozialausschusses und des neuen Beschäftigungsausschusses gemäß Art. 139 EGV legt er unter Berücksichtigung der mitgliedsstaatlichen Beschäftigungspolitiken die Leitlinien mit qualifizierter Mehrheit fest. Bereits vor dem Inkrafttreten des Vertrags von Amsterdam hat der Rat diese neue Leitlinienkompetenz zum ersten Mal auf einer Gipfelkonferenz im November 1997 genutzt und die ersten Leitlinien für eine europäische Beschäftigungsstrategie mit vier Aktionslinien (Verbesserung der Beschäftigungsfähigkeit, Entwicklung des Unternehmergeistes, Förderung der Anpassungsfähigkeit von Unternehmen und Arbeitnehmern und Stärkung der Chancengleichheit) beschlossen. In Zukunft wird der Fachministerrat „Arbeit und Soziale Angelegenheiten" jedes Jahr neue beschäftigungspolitische Leitlinien verabschieden, die die Mitgliedsstaaten im Rahmen eines nationalen Aktionsplans umsetzen müssen.

Über Leitlinien können Eckpfeiler allgemeiner Art festgehalten werden, die den Mitgliedsstaaten die Freiheit lassen, ihre eigene Beschäftigungspolitik zu bestimmen und sie zu gestalten. Problematisch ist aber ihr Verbindlichkeitsgrad.[655] Art. 128 Abs. 2 EGV normiert eine Berücksichtigungspflicht der Leitlinien für die Mitgliedsstaaten, was deutlich weniger ist, als eine Pflicht zur Einhaltung der Leitlinien. Dies läßt sich

---

650 Callies/Ruffert – Krebber, Art. 125 EGV, Rn. 5.

651 Callies/Ruffert – Krebber, Art. 125 EGV, Rn. 6.

652 Callies/Ruffert – Krebber, Art. 125 EGV, Rn. 6.

653 Callies/Ruffert – Krebber, Art. 126 EGV, Rn. 1.

654 Zu der Rolle, die den Sozialpartnern dadurch zugewiesen wird ausführlich in 4. Teil, H., II., S. 272.

655 Callies/Ruffert – Krebber, Art. 128, Rn. 6.

im Gegenschluß aus Art. 128 Abs. 4 EGV entnehmen, der der Gemeinschaft lediglich ermöglicht, Empfehlungen auszusprechen. Es ergibt keinen Sinn, wenn auf das Nichteinhalten einer Verpflichtung lediglich mit unverbindlichen Empfehlungen reagiert wird. Daher ist eine Pflicht zur Einhaltung der Leitlinien für die Mitgliedsstaaten abzulehnen.[656] Der Rat ist daher darauf beschränkt, zu prüfen, ob ein Mitgliedsstaat die Leitlinien berücksichtigt hat. Inhaltlich hat er jedoch kein umfassendes Recht zur Überprüfung der Beschäftigungspolitiken der Mitgliedsstaaten, da ein solches nicht mit der Systematik des Art. 128 EGV und dem allgemeinen Ansatz des Beschäftigungskapitels, die Kompetenz für die Beschäftigungspolitik bei den Mitgliedsstaaten zu belassen, vereinbar ist.[657]

Nach der Prüfung der mitgliedsstaatlichen Beschäftigungspolitiken kann der Rat gemäß Art. 128 Abs. 4 EGV Empfehlungen gegenüber den Mitgliedsstaaten aussprechen, die trotz des geringen rechtlichen Gehalts unverbindlicher Empfehlungen im Einzelfall doch erhebliche politische Bedeutung erlangen können. Über den Ausspruch einer Empfehlung entscheidet der Rat nach einer Initiative der Kommission mit qualifizierter Mehrheit.

III. Der Ansatz einer gemeinschaftlichen Beschäftigungspolitik gemäß Art. 129 EGV

Die Zuweisung des wiederum programmatischen Art. 127 Abs. 1 EGV wird durch Art. 129 Abs. 1 EGV rechtlich verbindlich gemacht. Art. 127 Abs. 1 EGV umschreibt die Möglichkeiten für ein begrenztes eigenes Tätigwerden der Gemeinschaft bei gleichzeitiger Bekräftigung der Zuständigkeit der Mitgliedstaten.[658] Er weist ihr die Förderung der Zusammenarbeit der Mitgliedsstaaten sowie die Unterstützung der mitgliedsstaatlichen Maßnahmen zu.

Art. 129 EGV enthält Ansätze für eine eigene inhaltliche Kompetenz der Gemeinschaft in der Beschäftigungspolitik, indem er dem Rat eine inhaltlich sehr eingeschränkte Möglichkeit zuweist, im Rahmen der Beschäftigungspolitik über die Leitlinienkompetenz des Art. 128 EGV hinaus eigene Maßnahmen zu ergreifen.[659] Die Möglichkeit zur Harmonisierung der mitgliedsstaatlichen Rechte ist nach Art. 129 Abs. 2 EGV allerdings schlechthin ausgeschlossen.[660] Das Harmonisierungsverbot ist dabei inhaltlich definiert („Diese Maßnahmen") und umfaßt eine Harmonisierung aufgrund aller möglichen Ermächtigungsgrundlagen des EGV. Dieses Verbot schließt auch ein Verbot der sogenannten mittelbaren Harmonisierung ein, das heißt, die Gemeinschaft darf etwa die Vergabe von Fördermitteln im Sinne des Art. 129 Abs. 1 EGV nicht von einer bestimmten inhaltlichen Ausgestaltung der mitgliedsstaatlichen

656 Callies/Ruffert – Krebber, Art. 128, Rn. 6.
657 Callies/Ruffert – Krebber, Art. 128, Rn. 8.
658 Callies/Ruffert – Krebber, Art. 127 EGV, Rn. 1, 2. In dieser Zuweisung liegt gleichwohl keine Ermächtigungsgrundlage.
659 Callies/Ruffert – Krebber, Art. 127 EGV, Rn. 2; Art. 128, Rn. 1; Art. 129, Rn. 1.
660 Callies/Ruffert – Krebber, Art. 125, Rn. 5; Art. 129, Rn. 2.

Beschäftigungspolitik oder gar des mitgliedstaatlichen Rechts abhängig machen.[661] Es wäre nicht überzeugend, wenn das Harmonisierungsverbot unterlaufen werden könnte, in dem die Gemeinschaft finanzielle Anreize zu einer bestimmten Ausgestaltung des mitgliedsstaatlichen Rechts schaffen würde.[662]

Art. 129 Abs. 1 EGV ermächtigt den Rat zu Fördermaßnahmen für die Zusammenarbeit zwischen den Mitgliedsstaaten und zur Unterstützung der Beschäftigungsmaßnahmen der Mitgliedsstaaten.[663] Er kann Initiativen ergreifen, deren mögliche Ziele abschließend auf den Austausch von Informationen und bewährten Verfahren, das Erstellen vergleichbarer Analysen und Gutachten, die Förderung innovativer Ansätze sowie die Bewertung von Erfahrungen konkretisiert werden. Zur Durchführung stellt Art. 129 EGV insbesondere Pilotverfahren zur Verfügung. Da Pilotverfahren nur ein Beispiel für Anreizmaßnahmen sind, kann die Gemeinschaft auch andere ähnliche Maßnahmen mit Modellcharakter treffen. Nach der zu Art. 129 EGV verabschiedeten Erklärung,[664] sollen die Beschlüsse folgende Angaben enthalten: erstens Angaben über die Gründe für die Maßnahmen auf der Grundlage einer objektiven Notwendigkeit und des Vorhandenseins eines zusätzlichen Nutzens auf Gemeinschaftsebene, zweitens Angaben über ihre Geltungsdauer, die fünf Jahre nicht überschreiten sollte und drittens Angaben über die Obergrenze für die Finanzierung, die zudem den Anreizcharakter der Maßnahme widerspiegeln soll. Die Mittel für die Maßnahmen sind dem allgemeinen Haushalt der Gemeinschaft zu entnehmen.

Zusammenfassend läßt sich feststellen, daß die Möglichkeiten des Art. 129 Abs. 1 EGV inhaltlich nicht über das hinausgehen, was der Gemeinschaft über den Europäischen Sozialfonds ohnehin möglich ist und daß die Wege zur Förderung der Zusammenarbeit der Mitgliedsstaaten ihrerseits nicht weiter gehen, als das, was der Kommission nach Art. 140 EGV gestattet ist.[665] Die Vorschrift bringt daher nichts wirklich Neues.

Darüber hinaus hat der Rat gemäß Art. 130 EGV einen „neuen" Beschäftigungsausschuß[666] aus Mitgliedern der Mitgliedsstaaten und der Kommission zu gründen, der bei der Förderung der Koordinierung der Beschäftigungspolitik der Mitgliedsstaaten beratende Funktion hat.[667] Seine Aufgabe bei der Gestaltung der gemeinschaftlichen Beschäftigungspolitik ist daher beschränkt. Er ist dort nicht eingeschaltet, wo die Tätigkeit der Gemeinschaft über eine Koordinierung hinausgeht und wird daher bei

661 Callies/Ruffert – Krebber, Art. 129, Rn. 4

662 Callies/Ruffert – Krebber, Art. 129, Rn. 4

663 Die folgende Zusammenfassung erfolgt nach Callies/Ruffert – Krebber, Art. 129, Rn. 5.

664 23. Erklärung zu den in Artikel 129 des Vertrags zur Gründung der Europäischen Gemeinschaft genannten Anreizmaßnahmen; abgedruckt in Sartorius II, 147 a, S. 15.

665 Callies/Ruffert – Krebber, Art. 129, Rn. 6.

666 Der Ausschuß ist nicht zu verwechseln mit dem Ausschuß für Beschäftigungsfragen, bei dem hauptsächlich die Sozialpartner Mitglieder sind. Zum Ausschuß für Beschäftigungsfragen Teil 3, C., II., 2., a), S. 115 und zur Anhörung der Sozialpartner durch den neuen Beschäftigungsausschuß 4. Teil, H., II., S. 272.

667 Callies/Ruffert – Krebber, Art. 130 EGV, Rn. 1.

Art. 129 EGV und auch im Rahmen des Europäischen Sozialfonds nicht beteiligt.[668] Der Beschäftigungsausschuß hat die Sozialpartner anzuhören.[669]

D. Sonstige arbeitsrechtliche Gesetzgebung

I. Die Zulässigkeit der sonstigen Gesetzgebung

Als das Abkommens über die Sozialpolitik galt, war insbesondere umstritten, wie das Verhältnis der Regelungen direkt im EGV gemäß Art. 117 ff EGV a. F. zu denen des Abkommens über die Sozialpolitik zu bestimmen war.[670] Mit der Integration des Abkommens in den EGV ist dieser Streitpunkt weggefallen. Übrig bleibt aber die Frage, wie die einzelnen Befugnisse, nach denen die Gemeinschaft nun sozialpolitische Rechtsakte erlassen kann, voneinander abzugrenzen sind. Dabei handelt es sich aber um eine rein vertragsinterne Frage.

Nach der umfassenden Regelung der Sozialpolitik in den Art. 136 ff EGV und dem neuen Beschäftigungskapitel stellt sich insbesondere die Frage, ob überhaupt noch weitere Ermächtigungsgrundlagen für arbeitsrechtlich motivierte Maßnahmen benutzt werden dürfen oder ob die Kataloge des Art. 137 EGV abschließend sind. Dies ist mangels einer grundsätzlichen Entscheidung in den Sozialvorschriften[671] jeweils im Einzelfall zu entscheiden.

II. Gesetzgebung nach Art. 39, 40 EGV

Einstimmigkeit besteht zunächst darin, daß die der Gemeinschaft durch Art. 39 ff EGV verliehenen Kompetenzen zur Regelung der Freizügigkeit der Arbeitnehmer unangetastet bleiben.[672]

Die Freizügigkeit der Arbeitnehmer als Unterfall der Freiheit des Personenverkehrs als eine der vier Grundfreiheiten gemäß Art. 14 Abs. 2 EGV ist in Titel III in den Art. 39 bis 42 EGV geregelt. Gewährt wird ein allgemeines Recht auf Freizügigkeit als Grundrecht für jeden Arbeitnehmer und seine Familie in Europa.[673] Dieses Grundrecht ist jedoch kein autonomes, sondern ein zweckgebundenes Recht, das durch die wirtschaftliche Zielsetzung der Gemeinschaft definiert und begrenzt wird.[674] Das bedeutet, daß die Freizügigkeit nur gewährt wird, um dem Arbeitnehmer die Ausübung

---

668 Callies/Ruffert – Krebber, Art. 130 EGV, Rn. 1.

669 Dazu siehe noch im 4. Teil, II., S. 272.

670 Ausführlich zu diesem Streitpunkt Wank, RdA 1995, S. 10 (23 f); Kampmeyer, Protokoll und Abkommen, 1998, Drittes Kapitel, S. 151 ff.

671 Eine grundsätzliche Entscheidung wird in anderen Politiken durch sogenannte Querschnittsklauseln getroffen. Zum Beispiel in Art. 6, Art. 127 Abs. 2, Art. 178 EGV.

672 Weiss, Festschrift für Albert Gnade, 1992, S. 583 (588) noch zu der Maastrichter Fassung.

673 Krimphove, Europäisches Arbeitsrecht, 1996, S. 83; Blanpain/Schmidt/Schweibert, Europäisches Arbeitsrecht, 1996, Rn. 224.

674 Blanpain/Schmidt/Schweibert, Europäisches Arbeitsrecht, 1996, Rn. 224.

seiner wirtschaftlichen Betätigung auf dem europäischen Markt zu ermöglichen.[675] Dazu gehören allerdings alle Rechtspositionen, die in einem unverzichtbaren Zusammenhang zum Arbeitseinsatz stehen. Erfaßt werden also auch Angehörige und aus dem Erwerbsleben Ausgeschiedene.[676]

Ihrem Inhalt nach gewährt die Freizügigkeit gemäß Art. 39 Abs. 2 EGV das Recht, in einem anderen Mitgliedsstaat unter denselben Bedingungen wie die dortigen Arbeitnehmer zu arbeiten. Das schließt gemäß Art. 39 Abs. 3 EGV ein, sich um eine tatsächlich angebotene Stelle zu bewerben, sich zu diesem Zweck im Hoheitsgebiet der Mitgliedsstaaten frei zu bewegen, sich in einem Mitgliedsstaat aufzuhalten, um dort eine Beschäftigung auszuüben und schließlich nach Beendigung der Beschäftigung im Gastgeberland zu verbleiben. Der Begriff des Arbeitnehmers ist dabei im Europarecht nicht ausdrücklich definiert. Der Europäische Gerichtshof befand, daß der Begriff des Arbeitnehmers im Sinne von Art. 48 EGV a. F.[677] nicht je nach dem nationalen Recht unterschiedlich ausgelegt werden könne, sondern, da die Freizügigkeit der Arbeitnehmer eines der Grundprinzipien der Gemeinschaft sei, eine eigenständige gemeinschaftsrechtliche Bedeutung habe und daher gemeinschaftsrechtlich einheitlich zu bestimmen sei.[678] Da der gemeinschaftsrechtliche Begriff des Arbeitnehmers den Anwendungsbereich dieser Grundfreiheit festlege, sei er weit auszulegen.[679] Er müsse anhand objektiver Kriterien festgelegt werden und umfasse jede Person, die während einer bestimmten Zeit für eine andere unter deren Leitung Arbeitsleistungen gegen Entgelt erbringe, sofern diese Tätigkeit einen Teil des Wirtschaftslebens darstellt und nicht in so geringem Umfang ausgeübt werde, daß sie sich als völlig untergeordnet und unwesentlich darstellt.[680] Im einzelnen ist dabei zu beachten, daß der Begriff des Arbeitnehmers in verschiedenen gemeischaftsrechtlichen Instrumenten unterschiedlich ausgelegt wird.

Art. 40 EGV ermächtigt den Rat, gemäß Art. 251 EGV nach Anhörung des Wirtschafts- und Sozialausschusses durch Richtlinien oder Verordnungen alle erforderlichen Maßnahmen zu treffen, um die Freizügigkeit der Arbeitnehmer im Sinne des Art. 39 EGV herzustellen.

---

675 Krimphove, Europäisches Arbeitsrecht, 1996, S. 85.

676 Krimphove, Europäisches Arbeitsrecht, 1996, S. 85.

677 Art. 39 EGV a. F.

678 EuGH vom 3. 7. 1986, Rs. 66/85, Deborah Lawrie-Blum gegen das Land Baden-Württemberg, Slg. 1986, S. 2121 – 2148 (S. 2144, Rn. 16); EuGH vom 3. 6. 1986, Rs. 139/85, R. H. Kempf gegen Staatssecretaris van Justitie, Slg. 1986, S. 1741 – 1752 (S. 1750, Rn. 13, S. 1751, Rn. 15); EuGH vom 21. 6. 1988, Rs. 197/86, Steven Malcolm Brown gegen Secretary of State for Scotland, Slg. 1988, S. 3205 – 3248 (S. 3244, Rn. 21).

679 EuGH vom 3. 7. 1986, Rs. 66/85, Deborah Lawrie-Blum gegen das Land Baden-Württemberg, Slg. 1986, S. 2121 – 2148 (S. 2144, Rn. 16); EuGH vom 3. 6. 1986, Rs. 139/85, R. H. Kempf gegen Staatssecretaris van Justitie, Slg. 1986, S. 1741 – 1752 (S. 1750, Rn. 13).

680 EuGH vom 3. 7. 1986, Rs. 66/85, Deborah Lawrie-Blum gegen das Land Baden-Württemberg, Slg. 1986, S. 2121 – 2148 (S. 2144, Rn. 17); EuGH vom 21. 6. 1988, Rs. 197/86, Steven Malcolm Brown gegen Secretary of State for Scotland, Slg. 1988, S. 3205 – 3248 (S. 3244, Rn. 21). Zum Begriff des Arbeitnehmers auch Blanpain/Schmidt/Schweibert, Europäisches Arbeitsrecht, 1996, Rn. 3; Geiger, Art. 48, Rn.6, 7.

III. Gesetzgebung nach Art. 94, 308 EGV

Der Vollständigkeit halber werden an dieser Stelle noch die allgemeinen vom EGV zur Verfügung gestellten Rechtsinstitute für ein Tätigwerden der Gemeinschaft erwähnt. Die beiden Ergänzungsvorschriften der Art. 94 und Art. 308 EGV sind nicht spezifisch arbeitsrechtlich, sondern betreffen den gemeinsamen Markt. Dennoch sind in der Vergangenheit viele arbeitsrechtliche Richtlinien vor allem auf Art. 100 EWGV a. F.[681] gestützt worden, ohne daß hinterfragt wurde, ob die Regelungen im Sinne der Vorschrift „erforderlich" waren.[682]

1. Arbeitsrechtliche Gesetzgebung nach Art. 94, 95 EGV

Eine arbeitsrechtliche Gesetzgebung nach Art. 94 EGV wird für allgemein zulässig gehalten. Gemäß Art. 94 EGV kann der Rat einstimmig auf Vorschlag der Kommission und nach Anhörung des Europäischen Parlaments und des Wirtschafts- und Sozialausschusses Richtlinien für die Angleichung der Rechts- und Verwaltungsvorschriften der Mitgliedsstaaten erlassen, die sich unmittelbar auf die Errichtung oder das Funktionieren des gemeinsamen Marktes auswirken. Art. 94 EGV erlaubt damit grundsätzlich keine originäre Gemeinschaftssozialpolitik, sondern setzt als Rechtsangleichungskompetenz unterschiedliche oder nicht vorhandene nationale Regelungen voraus, die das Funktionieren des gemeinsamen Marktes unmittelbar beeinträchtigen.[683] Art. 94 EGV legitimiert damit in erster Linie eine ergänzende Sozialpolitik.[684] Da die Errichtung und das Funktionieren des gemeinsamen Marktes aber nicht nur für die Ausgewogenheit der wirtschaftlichen, sondern auch die der sozialen Entwicklung der Gemeinschaft wichtig ist, legitimiert Art. 94 EGV auch eine gemeinschaftliche Sozialpolitik.[685]

Die gemäß Art. 95 EGV in Abweichung zu Art. 94 EGV grundsätzlich mögliche Verabschiedung mit qualifizierter Mehrheit ist für Bestimmungen über die Rechte und Interessen der Arbeitnehmer gemäß Art. 95 Abs. 2 EGV nach wie vor ausgeschlossen.[686] Wegen dieser noch immer vorhandenen Einschränkung und der nunmehr gemäß Art. 137 EGV möglichen Verabschiedung von Richtlinien, die Arbeitsbedingungen betreffen, mit qualifizierter Mehrheit, dürfte Art. 94 EGV für arbeitsrechtliche Maßnahmen aber in Zukunft kaum noch Bedeutung haben. Wenn die Regelung von Arbeitsbedingungen mit qualifizierter Mehrheit möglich ist, dann verliert die Sperre des Art. 95 Abs. 2 EGV ihre Bedeutung. Daran ändert auch Art. 137 Abs. 3 EGV, der wiederum einige Bereiche der Arbeitsbedingungen weiterhin dem Ein-

---

681 Art. 94 EGV n. F.

682 Mit Beispielen Konzen, EuZW 1995, S. 39 (41); Streinz, Europarecht, 1996, Rn. 885.

683 Bleckmann – Coen, Europarecht, 1997, Rn. 2544.

684 Bleckmann – Coen, Europarecht, 1997, Rn. 2544.

685 Bleckmann – Coen, Europarecht, 1997, Rn. 2544.

686 Dies ist noch ein Relikt der Einheitlichen Europäischen Akte, mit der Art. 100 und Art. 100 a EWGV in das Vertragswerk aufgenommen worden waren.

stimmigkeitserfordernis beläßt, nichts.[687] Es bleibt noch genügend übrig, was unter den weiteren Begriff der Arbeitsbedingungen subsumiert werden kann, um das Prinzip der qualifizierten Mehrheit jetzt als das zumindest für die übrigen Bereiche des Individualarbeitsrechts ausschlaggebende einstufen zu können.[688] Dennoch ist eine arbeitsrechtliche Maßnahme aufgrund von Art. 94 EGV zukünftig unbedenklich, sofern nur ihre Prämissen exakt beachtet werden, etwa die Erforderlichkeit für das Funktionieren des gemeinsamen Marktes.[689] Dies ist insoweit von großer Bedeutung, als das Subsidiaritätsprinzip im engeren Sinne gemäß Art. 5 Abs. 2 EGV keine Wirkung entfalten kann, da das Ziel des Art. 94 EGV, nämlich die Vermeidung von Wettbewerbsverzerrungen, kaum auf der Ebene der Mitgliedsstaaten verwirklicht werden kann.[690]

2. Die Vertragsergänzungskompetenz des Art. 308 EGV im Arbeitsrecht

Probleme ergeben sich aber bei der Frage, ob man Arbeitsrechtsakte zukünftig noch auf Art. 308 EGV stützen kann. Die Unbedenklichkeit der zukünftigen arbeitsrechtlichen Gesetzgebung nach Art. 94 EGV gilt nicht ohne weiteres auch für die Abrundungskompetenz des Art. 308 EGV.

Art. 308 EGV ermöglicht dem Rat auf Vorschlag der Kommission und nach Anhörung des Europäischen Parlaments den einstimmigen Erlaß der geeigneten Vorschriften, sofern ein Tätigwerden der Gemeinschaft erforderlich erscheint, um im Rahmen des gemeinsamen Marktes eines ihrer Ziele zu verwirklichen und im EGV hierfür keine Befugnisse vorgesehen sind.

Bei der Beurteilung der Anwendbarkeit des Art. 308 EGV ist zum einen zu beachten, daß nach der Entscheidung des Bundesverfassungsgerichts[691] über den Vertrag von Maastricht ein sehr restriktiver Umgang insbesondere mit der Abrundungskompetenz des Art. 308 EGV geboten ist.[692] In seiner Urteilsbegründung führte das BVerfG aus, daß die Kompetenzkompetenz auch nach dem Vertrag von Maastricht bei den Mitgliedsstaaten geblieben sei.[693] Insbesondere sei zu beachten, daß der Unionsvertrag zwischen der Wahrnehmung einer begrenzt eingeräumten Hoheitsbefugnis und der Vertragsänderung unterscheidet, seine Auslegung deshalb in ihrem Ergebnis nicht einer Vertragserweiterung gleichkommen dürfe.[694] Diese gesetzgeberische Entschei-

---

687 Weiss, Festschrift für Albert Gnade, 1992, S. 583 (587) noch zur Rechtslage nach dem Maastrichter Vertrag.

688 Weiss, Festschrift für Albert Gnade, 1992, S. 583 (587). Insoweit dürfte das in Art. 100 a Abs. 2 EGV a. F. enthaltende Prinzip der Einstimmigkeit aufgegeben worden ist.

689 Konzen, EuZW 1995, S. 93 (43).

690 Zwanziger, ArbuR 1995, S. 430 (437).

691 BVerfG, Entscheidung vom 12. 10. 1993, 2 BvR 2134, 2159/92, Band 89, S. 155 – 213.

692 So auch Klein/Haratsch, DÖV 1993, S. 785 (791).

693 BVerfG, Entscheidung vom 12. 10. 1993, 2 BvR 2134, 2159/92, Band 89, S. 155 – 213 (S. 181, 192 ff, 194, 209).

694 BVerfG, Entscheidung vom 12. 10. 1993, 2 BvR 2134, 2159/92, Band 89, S. 155 – 213 (S. 156, 6. Leitsatz).

dung darf also nicht durch eine Überstrapazierung von Art. 308 EGV umgangen werden, so daß die „Vertragsergänzungskompetenz“ zukünftig nur noch in Ausnahmefällen anzuwenden ist.

Für die Ablehnung der Anwendung des Art. 308 EGV im Arbeitsrecht gilt diese Argumentation seit dem Vertrag von Amsterdam in besonderem Maße. Die Ablehnung kann jetzt zwar nicht mehr damit begründet werden, daß das Ausscheren Großbritanniens aus einer Sozialunion beim Vertrag von Maastricht nicht durch die „Gründung“ einer solchen auf dem Weg des Art. 308 EGV umgangen werden dürfte.[695] Die Integration des Abkommens über die Sozialpolitik läßt sich aber für den Gedanken fruchtbar machen, daß nunmehr umfassend und abschließend eine gemeinschaftliche Sozialpolitik geregelt ist, die der Abrundungskompetenz vorgeht. Mit der umfassende Zielbeschreibung in Art. 136 EGV, zu deren Verwirklichung gemäß Art. 137 EGV die Gemeinschaft die Maßnahmen der Mitgliedsstaaten „auf folgenden Gebieten“ „unterstützt und ergänzt“, hat der europäische Gesetzgeber einen Katalog kodifiziert, der nicht ohne weiteres durch Rekurs auf Art. 308 EGV erweitert werden kann.[696] Da mit den ausgebauten Sozialvorschriften im neuen EGV nach Amsterdam das Arbeits- und Sozialrecht nunmehr umfassend in einem speziellen Politikbereich geregelt ist, der weitreichend und grundsätzlich abschließend die derzeitigen Befugnisse der Gemeinschaft auf diesem Gebiet bestimmt, dürften sozialpolitisch geprägte Rechtsakte zukünftig nur noch in Einzelfällen auf die Ergänzungsvorschrift des Art. 308 EGV gestützt werden. Die mitgliedsstaatlich vereinbarte Erweiterung der gemeinschaftlichen Sozialpolitik darf nicht über die Abrundungskompetenz des Art. 308 EGV umgangen und ausgeweitet werden.

IV. Ergebnis

Arbeitsrechtliche Maßnahmen zur Verwirklichung der Arbeitnehmerfreizügigkeit nach Art. 40 EGV sind in Zukunft neben den sozialpolitischen Kompetenzen aus den Sozialvorschriften grundsätzlich möglich. Bedeutsam ist diese Möglichkeit insoweit, als Art. 40 EGV den Rat auch zum Erlaß von Verordnungen ermächtigt und damit die einzige Möglichkeit schafft, im Arbeitsrecht Verordnungen zu erlassen.

Auch Maßnahmen zur Verwirklichung des gemeinsamen Marktes gemäß Art. 94 EGV kommen zukünftig in Betracht. Diese Ermächtigung ist allerdings durch die strengen Voraussetzungen der Vorschrift nicht unerheblich eingeschränkt und auch das Einstimmigkeitserfordernis stellt eine hohe Hürde auf. Allerdings gilt im Rahmen dieser Vorschrift das Subsidiaritätsprinzip im engeren Sinne gemäß Art. 5 Abs. 2 EGV nicht.

Eine Ergänzung der sozialpolitischen Kompetenzen durch die Anwendung des Art. 308 EGV kommt dagegen grundsätzlich nicht mehr in Betracht.

---

695 So begründete Konzen, EuZW 1995, S. 39 (44) die grundsätzliche Unanwendbarkeit der Abrundungskompetenz des Art. 235 EGV.

696 Weiss, Festschrift für Albert Gnade, 1992, S. 583 (588) bereits zu den Regelungen des AbkSozP.

Abschließend kann man allerdings feststellen, daß die Kommission ihre durch mehrere Kompetenzregelungen gedeckten Initiativen nach Möglichkeit auf Art. 137 zu stützen hat, da sie nur so ihrer allgemeinen Förderungspflicht gemäß Art. 138 Abs. 1 EGV genügt.[697] Zu beachten bleibt auch, daß bei jeder sozialpolitisch motivierten Maßnahme das Gesetzgebungsverfahren durch Art. 138 EGV zusätzlich dahingehend modifiziert wird, daß die Kommission die Sozialpartner anzuhören hat.[698]

E. Zusammenfassung und Ausblick

Der europäische Gesetzgeber hat durch die Vertragsänderungen von Maastricht und Amsterdam erhebliche Kompetenzen im Arbeitsrecht erhalten. Diese stehen in einem gewissen Spannungsverhältnis zu den mitgliedsstaatlichen Arbeitsrechtsordnungen und den Handlungsautonomien der Sozialpartner. Dies gilt insbesondere für die neue Gemeinschaftskompetenz zur Regelung der „Arbeitsbedingungen“ gemäß Art. 137 Abs. 1 EGV.

Gerade im Arbeits- und Sozialrecht treffen aber die neuen und erheblichen Kompetenzausweitungen des europäischen Gesetzgebers und die durch den Maastrichter Vertrag und das Bundesverfassungsgericht geschaffene Bedeutung des Subsidiaritätsprinzips aufeinander. Ein Tätigwerden ist nur nach einer klaren, nachweisbaren Gesetzgebungskompetenz im Rahmen der Vertragsziele und unter Berücksichtigung des „Ob“, des „Wie“ und des Übermaßverbotes gestattet.[699] Die Koordinatenveränderung, die geprägt ist durch die enorme Ausweitung der Kompetenzen des europäischen Gesetzgebers vor allem durch Art. 137 EGV einerseits und durch seine Eingrenzung mittels des Subsidiaritätsprinzips andererseits, gilt für das Arbeitsrecht in besonderer Weise.[700]

Gerade dadurch, daß die Gesetzgebungszuständigkeit der Gemeinschaft durch das Abkommen über die Sozialpolitik praktisch auf alle wesentlichen Bereiche im Arbeits- und Sozialrecht ausgedehnt wurde, und diese Ausdehnung nunmehr nach dem Vertrag von Amsterdam in allen Mitgliedsstaaten gilt, erlangen das Subsidiaritätsprinzip eine besondere Bedeutung.[701] Damit ist grundsätzlich jedes künftige Tätigwerden der Gemeinschaft im Bereich des Arbeits- und Sozialrechts vollumfänglich am Subsidiaritätsprinzip das Art. 5 EGV zu messen. Das Subsidiaritätsprinzip ist jetzt das generelle Kompetenz- und Legitimationskriterium der Normsetzung durch die Europäische Gemeinschaft einerseits, die Mitgliedsstaaten und ihre Untergliederungen andererseits und damit für die Sozialpolitik im europäischen wie im nationalen Rahmen ein entscheidendes Kriterium.[702] Das Subsidiaritätsprinzip schützt die Mitgliedsstaaten gegenüber dem Gesamtverbund dadurch, daß es ihnen den Vorrang in

---

697 EAS – Schwarze, B 8100, Rn. 62.

698 Zu dieser neuen Anhörungspflicht ausführlich im 4. Teil, D., S. 229.

699 Ähnlich Kasseler Handbuch – Heinze, 11 Europarecht, Rn. 38.

700 Kasseler Handbuch – Heinze, 11 Europarecht, Rn. 44.

701 Kasseler Handbuch – Heinze, 11 Europarecht, Rn. 38; Goppel, EuZW 1993, S. 367 (370) beide noch zu dem Abkommen.

702 Kasseler Handbuch – Heinze, 11 Europarecht, Rn. 15.

der gemeinsamen Aufgabenbewältigung nicht zuletzt auf sozialpolitischem Gebiet zuerkennt.[703]

In diesem Spannungsverhältnis werden durch Art. 136, 138 und Art. 139 EGV die Sozialpartner eingeführt, deren Aufgabe es sein wird, die gegenläufigen Tendenzen – mehr Kompetenzen für ein europäisches Arbeitsrecht, weniger Kompetenzen aufgrund eines ausgeprägten Subsidiaritätsprinzips – [704] in eine einheitliche Richtung zu lenken. Sollten die Sozialpartner mit dieser Aufgabe überfordert sein, besteht für die Gemeinschaft gemäß Art. 138 Abs. 1 EGV die Pflicht, sie bei der Wahrnehmung ihrer Aufgaben zu unterstützen. Die Befürchtung einer noch stärkeren Vernachlässigung der Sozialpolitik durch die Gemeinschaft mit dem Argument, daß nun die Sozialpartner an erster Stelle gefordert sein,[705] ist also unbegründet. Der Vorrang der Sozialpartner vor Regelungen durch den Gemeinschaftsgesetzgeber ergibt sich zwingend aus der durch Art. 136 Uabs. 1 EGV geprägten Auslegung des Art. 139 EGV und dem Subsidiaritätsprinzip des Art. 5 EGV.[706] Er ist ein vertragliches Gebot und keine „politische Überfrachtung“[707] des Sozialen Dialogs. Aus der Anwendung des Subsidiaritätsprinzips folgt zwingend die Übertragung der Sozialpolitik auf die Sozialpartner in den Bereichen, in denen diese es wünschen. Solange diese keinen Handlungsbedarf sehen, wäre auch eine gemeinschaftliche Sozialpolitik verfehlt. Etwaige Verletzungen der Garantie aus Art. 139 EGV oder des Subsidiaritätsprinzips – zum Beispiel durch nicht gerechtfertigte gemeinschaftsrechtliche Regelungseingriffe – können die Sozialpartner mit der Nichtigkeitsklage gemäß Art. 230 Abs. 4 EGV vor dem Europäischen Gerichtshof beziehungsweise Europäischen Gericht bekämpfen, soweit sie unmittelbar und individuell betroffen sind.[708]

Andererseits gewinnt auch die nationale Sozialpolitik auf arbeitsrechtlichem Gebiet durch das Subsidiaritätsprinzip einen erheblichen Freiraum zurück. Denn durch dieses Prinzip bleibt die nationale Sozialpolitik in der Lage, dort tätig zu werden, wo die sozialpolitischen Ziele ausreichend auf der nationalen Ebene realisiert werden können, auch und gerade wenn man die europarechtlichen Ziele mitberücksichtigt.[709] Die nationale Sozialpolitik ist damit unausweichlich und zwingend auf die europäische Politik auf dem Gebiet des Arbeits- und Sozialrechts bezogen.[710] Dabei ist die besondere Rolle der Sozialpartner auch im Hinblick auf die neue, im Europarecht wieder gestiegene Position der nationalen Arbeitsrechtspolitiken zu betonen. Eine hohe europäische Regelungsdichte und die Bevormundung der Sozialpartner sind als Verstoß gegen das Subsidiaritätsprinzip zu bewerten.[711] Sowohl die Rechte der Mitgliedsstaaten, als auch die Rechte der Sozialpartner auf nationaler und europäischer Ebene

703 Kasseler Handbuch – Heinze, 11 Europarecht, Rn. 26.

704 Wank, RdA 1995, S. 10 (26).

705 Blank, Festschrift für Albert Gnade, 1992, S. 649 (659).

706 EAS – Schwarze, B 8100, Rn. 33.

707 Ausdruck bei Blank, Festschrift für Albert Gnade, 1992, S. 649 (658).

708 EAS - Schwarze, B 8100, Rn. 34.

709 Kasseler Handbuch – Heinze, 11 Europarecht, Rn. 38.

710 Kasseler Handbuch – Heinze, 11 Europarecht, Rn. 40.

711 Goppel, EuZW 1993, S. 367 (370).

würden dadurch verletzt. Für die Gemeinschaft bedeutet dies, daß sie sich bei Erlaß einer Maßnahme gemäß der bereits oben erörterten Befugnisse nach dem Grundsatz der Subsidiarität und nach dem Grundsatz der Verhältnismäßigkeit auf die Begründung einer Handlungsverpflichtung der Mitgliedsstaaten, in der Regel also auf eine Rahmenrichtlinie, die nur das Ziel festlegt, beschränken muß.[712]

Die Frage nach der Rolle der Sozialpartner und dem Abschluß europäischer Tarifverträge hat durch das mit der Aufnahme des Abkommens über die Sozialpolitik in den EGV geschaffene neue Fundament für ein Tätigwerden der Sozialpartner und durch die seit dem 1. Januar 1999 unwiderruflich festgelegte einheitliche Währung erneut an Aktualität gewonnen. Sorgen die Sozialpartner nicht für eine „Europäisierung" ihrer nationalen Beziehungen, laufen sie Gefahr, daß die überkommenen nationalen Gewichtsverteilungen zwischen staatlicher und selbstbestimmter Regelung durch die nach den neuen Kompetenzen ermöglichte europäische Rechtssetzung zu ihren Lasten verschoben werden.[713] Da es, je größer die Gemeinschaft wird, um so schwerer wird, „den notwendigen Willen zu pflegen, eine angemessene soziale Dimension für die Bürger Europas zu entwickeln,"[714] ist Eile um so mehr geboten. Sowohl rechtlich als auch faktisch sind die Sozialpartner also „gezwungen", für eine Europäisierung ihrer Arbeitsbeziehungen zu sorgen.

712 Konow, DÖV 1993, S. 405 (409).

713 EAS – Schwarze, B 8100, Rn. 12.

714 Blanpain/Schmidt/Schweibert, Europäisches Arbeitsrecht, 1996, Rn. 709.

3. Teil Die europäischen Sozialpartner

Im Rahmen dieser Arbeit wird in erster Linie die autonome Regelung der Arbeitsbeziehungen durch die Koalitionen der Arbeitgeber und Arbeitnehmer untersucht. Die klassischen Voraussetzungen in ihrer allgemeinsten Form dafür sind das Vorhandensein von Koalitionen, die sich kraft ihres Rechts, sich in Gewerkschaften und Arbeitgebervereinigungen zusammenzuschließen (Koalitionsrecht) gebildet haben und das Recht der Kollektivverträge, das heißt der Tarifverträge und Betriebsvereinbarungen.[715] Nachfolgend geht es um die erste dieser Voraussetzungen. Das Recht der Verträge wird im vierten Teil der Arbeit untersucht.

Um auf europäischer Ebene Arbeitsbeziehungen zu regeln, braucht es handlungsfähige europäische Verbände auf Seiten der Arbeitgeber und Arbeitnehmer, die Vertragsparteien europäischer Tarifverträge sein können und die europäische Regelungen für erforderlich halten, und ein Interesse an solchen Verhandlungen haben.[716] Handlungsfähig sind die Koalitionen, wenn sie die erforderliche Befugnis zum Abschluß von Tarifverträgen haben, daß heißt mit einem entsprechenden Verhandlungsmandat von ihren Mitgliedern ausgestattet sind und, wenn sie auf europäischer Ebene die entsprechende Macht besitzen, um ihre Forderungen in den Verhandlungen durchzusetzen.[717] Diese Durchsetzungsmacht ist in jedem Mitgliedsstaat unabdingbare Voraussetzung für Kollektivverhandlungen.[718] Die Regelungsgegenstände solcher Verhandlungen könnten den nationalen Tarifverträgen vergleichbar etwa Mindestentgelte oder Grundregeln der Arbeitszeiten sein.[719]

In der folgenden Analyse der heutigen Sozialpartner auf europäischer Ebene und der zwischen ihnen entwickelten Beziehungen wird überprüft, ob und inwieweit diese Voraussetzungen zumindest in Ansätzen bereits verwirklicht sind beziehungsweise, ob die Entwicklung überhaupt auf eine Europäisierung des Tarifwesens abzielt. Vorab sei dabei angemerkt, daß sich die Beziehungen zwischen den Sozialpartnern auf europäischer Ebene bis heute auf verbandsinterner Ebene entwickeln und sich vor allem in informellen Treffen und Vereinbarungen bewegen, die nur selten zu festen Vereinbarungen führen. Da diese „Beziehungen" nur selten nach außen dringen, beruht die folgende Darstellung im wesentlichen auf Sekundärliteratur oder älteren veröffentlichten Stellungnahmen der beteiligten Organisationen. Offizielle und aktuelle Stellungnahmen waren kaum zu bekommen. Sofern sie dennoch erfolgt sind, wurden sie eingearbeitet, so daß die folgende Darstellung nicht unbedingt der augenblicklichen Bedeutung der einzelnen Verbände entspricht. So sind von den wichtigsten Sozialpartnern, nämlich UNICE und *EGB* kaum aktuelle Stellungnahmen zugänglich, von CEEP fehlt sogar jegliche eigene öffentliche Erklärung.

---

715 Schiek, Europäisches Arbeitsrecht, 1997, S. 231.

716 Schiek, Europäisches Arbeitsrecht, 1997, S. 233, 251; Stiller, ZIAS 1991, S. 194 (203) spricht auch von einer „Europäisierung" der Sozialpartner.

717 Blank, Festschrift für Albert Gnade, 1992, S. 649 (652).

718 Blank, Festschrift für Albert Gnade, 1992, S. 649 (652).

719 Schiek, Europäisches Arbeitsrecht, 1997, S. 253.

Die Entwicklung der Beziehungen und Tätigkeiten der Sozialpartner auf europäischer Ebene werden allgemein als „Sozialer Dialog“ bezeichnet. Der Soziale Dialog stellt dabei kein in sich geschlossenes rechtliches „Institut“ dar, sondern ist ein deskriptiver Begriff für die verschiedenen Erscheinungsformen der Einbindung der Sozialpartner in die Gestaltung der europäische Sozialpolitik.[720]

A. Definition des Begriffs der europäischen Sozialpartner

Die Koalitionen der Arbeitnehmer und Arbeitgeber werden als Sozialpartner bezeichnet. Das europäische Primärrecht erwähnt an keiner Stelle den Begriff „europäische Sozialpartner“. Es spricht lediglich von Sozialpartnern überhaupt, Art. 137 EGV, und der Anhörung sowie dem Dialog der Sozialpartner auf Gemeinschaftsebene gemäß Art. 138 und Art. 139 EGV.[721] Wen es unter diesen Sozialpartnern versteht, definiert das Gemeinschaftsrecht selbst nicht.[722] In Betracht kommen die europäischen Dachorganisationen der nationalen Sozialpartner und/oder Gewerkschaften und Arbeitgeberverbände mit europäischer Mitgliederstruktur,[723] aber auch die nationalen Sozialpartner und einzelne Arbeitgeber, sofern es um transnationale Sachverhalte geht.[724] Zum Teil wendet sich das Primärrecht auch direkt an die nationalen Sozialpartner ohne europäischen Bezug.[725] Darüber hinaus verwendet das Europarecht den Begriff der Sozialpartner auch nicht einheitlich, sondern weist ihm unterschiedliche Bedeutungen zu. Bestimmend für den Begriff sind insoweit die Regelungsinhalte der jeweiligen Norm, die im vierten Teil eingehend bearbeitet werden.

Vorab ist zu konstatieren, daß der Begriff der Sozialpartner im Gemeinschaftsrecht weit auszulegen ist.[726] Er kann sowohl Gewerkschaften als auch Arbeitgeberverbände und deren Spitzenorganisationen umfassen.[727] Nicht umsonst hat sich der europäische Gesetzgeber bei der Definition und der Regelung der Handlungsmöglichkeiten für die Sozialpartner zurückgehalten. Auch die Kommission[728] ist der Ansicht, daß allein die

---

720 Callies/Ruffert – Krebber, Art. 138 EGV, Rn. 5.

721 Die Formulierung „Dialog zwischen den Sozialpartnern auf europäischer Ebene“ in dem alten Art. 118 b EGV ist durch den Vertrag von Amsterdam gestrichen und durch die Formulierung aus dem Abkommen „Dialog zwischen den Sozialpartnern auf Gemeinschaftsebene“ in dem neuen Art. 139 Abs. 1 EGV ersetzt worden. Die sich um die ursprüngliche Formulierung rankenden Fragen (siehe dazu Wisskirchen, Der soziale Dialog, 1994, S. 653 (663)) haben sich somit erledigt.

722 EAS – Schwarze, B 8100, Rn. 16; EAS – Goos, B 8110, Rn. 5, 18; Wisskirchen, Festschrift für Otfried Wlotzke, 1996, S. 793 (803).

723 EAS – Schwarze, B 8100, Rn. 18; Hergenröder, in: Heinemann, Der Arbeitskampf im europäischen Zusammenhang, 1991, S. 49 (78, 79).

724 EAS – Schwarze, B 8100, Rn. 19; Blanpain, Labour Law and Industrial Relations of the European Union, 1992, Rn. 131, 132; Stiller, ZIAS 1991, S. 194 (216) hält auch die Bildung von „ad hoc Tarifkommissionen“ der entsprechend mandatierten nationalen Sozialpartner für möglich.

725 Dies ist etwa bei Art. 137 Abs. 4 EGV der Fall. Zu dieser Norm siehe 4. Teil, H., I., 1., S. 263.

726 EAS – Goos, B 8110, Rn. 30.

727 EAS – Goos, B 8110, Rn. 30.

728 Mitteilung der Kommission über die Anwendung des Protokolls über die Sozialpolitik an den Rat und an das Europäische Parlament, KOM (93) 600 endg. vom 14. 12. 1993, S. 13, Ziff. 26.

Organisationen selbst in der Lage seien, eigene Dialog- und Verhandlungsstrukturen aufzubauen. Begriffsbestimmende Merkmale für die Anerkennung als Sozialpartner werden sich daher erst mit der Entwicklung der Beziehungen und Herausarbeitung von Strukturen bilden.

Mit Rücksicht auf die großen systematischen und strukturellen Unterschiede in den nationalen Rechtsordnungen und die Praxisvielfalt der Mitgliedsstaaten können aber aus der bisherigen Entwicklung einige Ansatzpunkte für die Definition hergeleitet werden. So spielt das Merkmal der Repräsentativität eine gewisse Rolle.[729] Die in Frage kommenden Organisationen müssen aufgrund ihrer transnationalen Bedeutung von anderen Sozialpartnern als gleichwertiger Gesprächs- und Verhandlungspartner auf sozialpolitischem Gebiet anerkannt sein und eine rechtlich fundierte Ordnungsfunktion im Bereich der Arbeitgeber-Arbeitnehmerbeziehungen haben.[730] Keine Sozialpartner sind demnach Organisationen, die vorwiegend oder ausschließlich andere Interessen vertreten, wie etwa reine Wirtschaftsverbände et cetera[731] Um als europäische Sozialpartner angesehen werden zu können, müssen sie darüber hinaus über eine Struktur auf europäischer Ebene verfügen.[732]

B. Derzeitige Hauptakteure des Sozialen Dialogs

Unabhängig vom Regelungsgehalt der einzelnen Europarechtsnormen und einer fehlenden Begriffsbestimmung haben sich jedenfalls auf europäischer Ebene kraft ihres auf völkerrechtlicher und europarechtlicher Ebene anerkannten Autonomierechts[733] verschiedene europäische Dachorganisationen nationaler Verbände gebildet, die als europäische Sozialpartner anerkannt sind. Dies sind auf der Arbeitgeberseite zunächst die Union der Industrie der Europäischen Gemeinschaft (Union of Industrial and Employers' Confederation of Europe, UNICE), in der sich die nationalen Dachorganisationen der Wirtschafts- und Arbeitgeberverbände des privaten Sektors auf überfachlicher Ebene zusammengeschlossen haben. Für die Unternehmen des öffentlichen Sektors gibt es die Europäische Zentrale der öffentlichen Wirtschaft (Centre Européen des Entreprises Publiques, CEEP). Die Vertretung der Arbeitnehmer auf europäischer Ebene obliegt im wesentlichen dem Europäischen Gewerkschaftsbund (EGB), der damit zugleich der wichtigste Gegenspieler von UNICE ist.[734] Bezüglich überfachlicher Themen besteht Einvernehmen, daß in erster Linie diese Organisationen als Sozialpartner anzusehen sind.[735] Sie bestritten bisher im wesentlichen den So-

---

729 Buchner, RdA 1993, S. 193 (202); EAS – Schwarze, B 8100, Rn. 17; Wisskirchen, Festschrift für Otfried Wlotzke, 1996, S. 793 (803).

730 EAS – Goos, B 8110, Rn. 30; Wisskirchen, Festschrift für Otfried Wlotzke, 1996, S. 793 (803); ähnlich auch Kampmeyer, Protokoll und Abkommen, 1998, S. 103.

731 EAS – Goos, B 8110, Rn. 30.

732 EAS – Goos, B 8110, Rn. 30.

733 Däubler, Völker und Europarecht in der Rechtsprechung der Arbeitsgerichte, 1994, S. 619 (623 – 625) Zu den einzelnen Quellen siehe 4. Teil, A., I., S. 166.

734 Blanpain/Schmidt/Schweibert, Europäisches Arbeitsrecht, 1996, Rn. 101.

735 Wisskirchen, Festschrift für Otfried Wlotzke, 1996, S. 793 (803); EAS – Goos, B 8110, Rn. 5.

zialen Dialog und die Entwicklung der Anerkennung und Stärkung der Rolle der Sozialpartner im Gemeinschaftsrecht und werden vermutlich auch auf absehbare Zeit weiterhin diese Aufgabe erfüllen ohne daß sich die verbandsmäßige Interessenvertretung auf Gemeinschaftsebene auf diese drei Spitzenverbände der Arbeitgeber und Arbeitnehmer rechtlich festlegen ließe.[736] Im Folgenden werden meist auch sie mit dem Begriff der europäischen Sozialpartner bezeichnet.

Neben den Beteiligten am überfachlichen Dialog spielen auch Branchenverbände eine wichtige Rolle.[737] Sie werden von beiden Seiten der genannten europäischen Organisationen in unterschiedlicher Weise in die Arbeit einbezogen, haben aber auch begonnen „eigene" Beziehungen zu knüpfen.[738] Der größte Branchenverband dürfte derzeit der Europäische Metallgewerkschaftsbund (EMB) sein.[739]

I. Arbeitgeberseite

Die Verbände der Arbeitgeber befinden sich in Europa immer noch in einem Entwicklungsprozeß, der von den Fortschritten und Rückschlägen in der Integrationspolitik abhängig ist.[740] Das Ziel einer fortschreitenden Integration gibt ihnen das Recht zu sprechen und stellt sie vor immer neue Aufgaben.[741] Auf Arbeitgeberseite sind die einflußreichsten Sozialpartner derzeit UNICE und CEEP.

1. Union der Industrie der Europäischen Gemeinschaft

Der wichtigste Sozialpartner der Arbeitgeber auf europäischer Ebene ist die UNICE.[742] Sie wurde 1958 bereits kurz nach dem Inkrafttreten der Römischen Verträge gegründet[743] und vereint mittlerweile siebenunddreißig Mitglieder der nationalen Dachverbände aus fünfundzwanzig europäischen Staaten.[744] Die Mitgliedschaft in der UNICE ist nicht auf Verbände der EU-Mitgliedsstaaten beschränkt. Vielmehr sind nur zwanzig ihrer Mitglieder Verbände aus der EU. Neben Verbänden aus Staaten der Europäischen Freihandelszone (EFTA-Staaten)[745] und anderen europäischen Staaten außerhalb der EU[746] sind seit 1996 mit der Slowakischen Republik, der Tschechischen Republik, Kroatien, Slowenien, Polen, Ungarn und Litauen insbesondere Arbeitnehmer- und Arbeitgeberorganisationen aus Osteuropa hinzu gekommen, die eine rasche Aufnahme in die Europäischen Gemeinschaften anstreben. Für die

---

736 Buchner, RdA 1993, S. 193 (202).
737 Wisskirchen, Festschrift für Otfried Wlotzke, 1996, S. 793 (803).
738 Wisskirchen, Festschrift für Otfried Wlotzke, 1996, S. 793 (803).
739 Kirchner, in: Biskup, Die Bedeutung der Sozialpartner, 1988, S. 151 (157).
740 Von Voss, in: Meessen, Arbeitgeberverbände und Europäische Integration, 1980, S. 87 (100).
741 Von Voss, in: Meessen, Arbeitgeberverbände und Europäische Integration, 1980, S. 87 (100).
742 Blanpain/Schmidt/Schweibert, Europäisches Arbeitsrecht, 1996, Rn. 96.
743 Informationsmaterial der UNICE, The Voice of Business in Europe. Stand Februar 1999.
744 Aufstellung von UNICE, Stand 8. Februar 1999.
745 Z. B. Island, Norwegen, Schweiz.
746 Wie Malta, San Marino, Türkei und Zypern.

Bundesrepublik Deutschland sind der Bundesverband der Deutschen Industrie (BDI) und die Bundesvereinigung der Deutschen Arbeitgeberverbände (BDA) Mitglieder der UNICE.

An der Spitze der UNICE steht ihr Präsident. Ihm steht der Präsidentenrat zur Seite, in dem die jeweiligen Präsidenten der nationalen Mitgliedsorganisationen vertreten sind. Der Rat bestimmt die Linien der Politik, die von UNICE vertreten werden und ist das oberste Entscheidungsorgan. Der Vorstand von UNICE (Executiv Commitee) setzt sich zusammen aus den geschäftsführenden Vorstandsmitgliedern der Mitgliederorganisationen und vollzieht die Arbeit des Rates und sorgt für die Durchführung seiner Beschlüsse. Er wird unterstützt von einem Finanzausschuß. Durch einen Ausschuß der ständigen Vertreter werden die siebenunddreißig Mitgliedsorganisationen in Brüssel repräsentiert und die unmittelbare Koordinierung zwischen den Mitgliedsverbänden und dem Generalsekretariat in allen politischen und technischen Fragen vorgenommen. Daneben gibt es den Generalsekretär als Vorsteher des Sekretariats in Brüssel. Das Generalsekretariat ist für die tägliche Geschäftsführung von UNICE zuständig und koordiniert insgesamt fünf Ausschüsse zu verschiedenen Politiken.[747] Diese Ausschüsse setzten sich aus Fachleuten der Mitgliedsverbände, aus Vertretern der Industriebereiche oder aus Sachverständigen der Unternehmen zusammen und erarbeiteten die Stellungnahmen (Position Papers), deren Abgabe einen wesentlichen Teil der Tätigkeit von UNICE ausmacht.[748] Sie werden unterstützt durch insgesamt circa sechzig Arbeitsgruppen, in denen 1.500 Mitarbeiter aktiv sind. Damit arbeitet UNICE mit ähnlichen Verfahren, wie modern strukturierte und organisierte Spitzenorganisationen in der Bundesrepublik.[749]

Stukturmerkmal und Erklärung für die relativ geringe Mitgliederzahl von UNICE sind, daß ihr weder nationale noch europäische Branchenverbände angehören. Um dennoch die notwendige Koordination auf Arbeitgeberseite durchzuführen, hat UNICE das European Employers' Network initiiert, in dem die meisten europäischen Fachspitzenverbände vertreten sind.[750] In diesem Rahmen finden regelmäßig Treffen zwischen UNICE und den Fachspitzenverbänden auf europäischer Ebene statt.[751] Da aber keiner der sektoralen Euro-Verbände der Unternehmer in die internen Willensbildungsprozesse der UNICE wirklich eingebunden ist, leidet die europäische Arbeit-

---

747 Durch diese fünf Ausschüsse wird die Arbeit von UNICE in die Bereiche Economic and Financial Affairs, Social Affairs, Industrial Affairs, Companie Affairs and External Relations unterteilt. Daneben gibt es eine Einheit, die zuständig ist für Kommunikation.

748 Gab die UNICE 1961 nach 2 Stellungnahmen gegenüber den Organen der EG ab, so waren es 1980 bereits 50 bis 60 pro Jahr; von Voss, in: Meessen, Arbeitgeberverbände und Europäische Integration, 1980, S. 87 (99).

749 Von Voss, in: Meessen, Arbeitgeberverbände und Europäische Integration, 1980, S. 87 (99).

750 EuroAS 1996, Die Zukunft des Sozialen Dialogs aus Arbeitgebersicht, S. 198 (199); Wisskirchen, Festschrift für Otfried Wlotzke, 1996, S. 793 (803).

751 Wisskirchen, Festschrift für Otfried Wlotzke, 1996, S. 793 (803).

geberschaft unter dem strukturellen Mangel an jeglicher Möglichkeit, „sektorale Interessen zu aggregieren“.[752]

Die Arbeit von UNICE ist vielfältig. Ihre Hauptaufgabe ist die Interessenvertretung ihrer Mitglieder gegenüber den Organen der Gemeinschaft. Sie tritt als „Sprecher“ der europäischen Wirtschaft in wirtschafts- und sozialpolitischen Fragen auf und ist das heute wohl wichtigste Abstimmungs- und Artikulationsorgan der wirtschafts- und sozialpolitischen Verbände auf europäischer Ebene gegenüber den Institutionen und Organen der Europäischen Gemeinschaft. Sie ist offizieller Gesprächspartner der Gemeinschaft und ihrer Institutionen. Sie wird insbesondere von der Kommission konsultiert und berät diese.[753]

In allen europäischen Organisationen, in denen Vertreter der beiden Hauptinteressengruppen der Industrie Mitglieder sind, ist auch UNICE vertreten.[754] Neben dem Wirtschafts- und Sozialausschuß[755] sind der Europäische Sozialfonds, das Europäische Zentrum für die Förderung der Berufsbildung (CEDEFOP) und die Europäische Stiftung zur Verbesserung der Lebens- und Arbeitsbedingungen Foren für UNICE. Zudem nimmt sie an zahlreichen von der Kommission einberufenen Arbeitsgruppen teil.[756] Schließlich ist eine der Aufgaben von UNICE die Vertretung der Arbeitgeberseite als Verhandlungspartner im Rahmen des Sozialen Dialogs.[757]

In sozialpolitischen Fragen ist offizieller Gesprächspartner allerdings der sogenannte „Arbeitgeberverbindungsausschuß“.[758] In diesem Gremium sind neben der UNICE die europäischen Verbände des Handels, des Handwerks und der Versicherungen gemeinsam vertreten.[759] Er nimmt als sozialpolitische Sprechergruppe zum Beispiel an den Sitzungen des Ständigen Ausschusses für Beschäftigungsfragen sowie an den Dreierkonferenzen für wirtschaftliche und soziale Angelegenheiten teil.[760]

Zwar steht hinter UNICE ein beachtliches ordnungspolitisches und wirtschaftliches Gewicht. Dennoch klaffen ihre Sprecheraufgabe und ihre tatsächliche Macht weit

---

752 Traxler/Schmitter, in: Mesch, Arbeitsbeziehungen und europäische Integration, 1995, S. 231 (242).

753 Von Voss, in: Meessen, Arbeitgeberverbände und Europäische Integration, 1980, S. 87 (99).

754 Blanpain/Schmidt/Schweibert, Europäisches Arbeitsrecht, 1996, Rn. 96.

755 UNICE ist zwar nicht als Organisation Mitglied des Ausschusses, „überwacht“ aber die Handlungen derjenigen Mitglieder des Wirtschafts- und Sozialausschusses, die die Arbeitgeberseite repräsentieren. Blanpain/Schmidt/Schweibert, Europäisches Arbeitsrecht, 1996, Rn. 96; von Voss, in: Meessen, Arbeitgeberverbände und Europäische Integration, 1980, S. 87 (99). Zu Zusammensetzung und Aufgaben des Wirtschafts- und Sozialausschusses siehe auch unten 4. Teil, H., III., 1., S. 274.

756 Siehe zuletzt die Arbeitsgruppe „Legislative Simplification“ (SLIM), die sich aus fünf Vertretern der Mitgliedsstaaten und fünf Gesellschaftsrechtsexperten zusammensetzt, und am 12. Februar 1999 zum ersten Mal zusammentrat. UNICE Information, Februar 1999.

757 Blanpain/Schmidt/Schweibert, Europäisches Arbeitsrecht, 1996, Rn. 96.

758 Von Voss, in: Meessen, Arbeitgeberverbände und Europäische Integration, 1980, S. 87 (99).

759 Von Voss, in: Meessen, Arbeitgeberverbände und Europäische Integration, 1980, S. 87 (99).

760 Von Voss, in: Meessen, Arbeitgeberverbände und Europäische Integration, 1980, S. 87 (99).

auseinander.[761] Als Zusammenfassung der nationalen Verbände aus den Mitgliedsstaaten der Gemeinschaft sind die Handlungsmöglichkeiten von UNICE abhängig von dem Willen ihrer Mitglieder. Diese haben aber unterschiedliche Interessen und stehen in einigen Ländern in Konkurrenz zueinander und zum Teil in scharfem Wettbewerb bis hin zu Existenzfragen in wichtigen Wirtschaftsbereichen. Wegen ihrer divergierenden Interessen haben ihre Mitglieder der UNICE kein eigenes Mandat für eine eigenständige europäische Politik gegeben. Sie sind vielmehr bemüht, einen größtmöglichen Konsens zu erzielen. Mehrheitsbeschlüsse in der UNICE sind zwar möglich, kommen aber selten vor und weisen auch dann häufig die abweichenden Auffassungen einzelner Mitglieder aus (Dissenting Votes), mit der Folge, daß diese sich jederzeit dem Mehrheitsvotum entziehen können. Die zentrale Schwäche aller supranationalen Unternehmerverbände liegt in der fehlenden Kontrollfähigkeit gegenüber ihren Mitgliedern.[762]

Erst recht hat UNICE kein Mandat zum Abschluß von Tarifverträgen mit der Arbeitnehmerseite. Hinzu kommt das Problem, daß einige Mitgliedsverbände Spitzenorganisationen sind, die selbst kein Mandat zum Abschluß solcher Verträge haben und ein solches daher auch nicht auf UNICE übertragen können.

2. Europäische Zentrale der öffentlichen Wirtschaft

Der zweite wichtige europäische Sozialpartner auf Arbeitgeberseite ist die Spitzenorganisation CEEP. Über ihre innerverbandliche Struktur liegen allerdings keine näheren Angaben vor.[763] Sie ist ein freiwilliger Zusammenschluß nationaler Verbände und öffentlicher Unternehmen mit direkter Mitgliedschaft, die ihre Interessen auf europäischer Ebene gemeinsam vertreten wollen. Ihre Mitgliedsunternehmen kommen im wesentlichen aus den Bereichen Energie, Verkehr, Telekommunikation, Post und öffentliche Banken. Aber auch Gebietskörperschaften können Mitglieder sein. Der Mitgliederkreis der CEEP ist wesentlich kleiner als der von UNICE und erstreckt sich nur auf das Gebiet der Union; außerdem schließt er das Vereinigte Königreich nicht mit ein. Ein besonderes Problem der CEEP ist der unterschiedliche Handlungsspielraum ihrer Mitglieder. Teils werden die Mitgliedsunternehmen wie Privatunternehmen geführt und haben dann einen entsprechend großen Handlungsspielraum, in anderen Mitgliedsstaaten sind sie rechtlich und faktisch als Staatsunternehmen nur bedingt autonom in ihrer Arbeitgeberstellung. Nach einer EU-Studie soll die CEEP als Arbeitgeberverband im nationalen Rahmen zumeist keine repräsentative Rolle spielen; gleichwohl wird in der Studie angenommen, daß es sich bei der CEEP „um einen bedeutenden Arbeitgeberverband auf EG-Ebene handelt“.[764]

---

761 Mit diesem Problem setzt sich insbesondere Von Voss, in: Meessen, Arbeitgeberverbände und Europäische Integration, 1980, S. 87 (97 – 98) auseinander.

762 Traxler/Schmitter, in: Mesch, Arbeitsbeziehungen und europäische Integration, 1995, S. 231 (242).

763 Die einzigen und nachfolgend zusammengefaßten Angaben waren zu finden bei EAS – Goos, B 8110, Rn. 28.

764 Zitiert nach EAS – Goos, B 8110, Rn. 28.

3. Interessenvertretungen auf Branchenebene

Neben den beiden großen überfachlichen Sozialpartnern existieren eigene europäische Zusammenschlüsse der Arbeitgeber für die meisten Produktionszweige. Zu nennen ist etwa das Comité des Organisations Agricole (COPA) für die Landwirtschaft, der europäische Verband der Stahlindustrie (Eurofer) oder der Verband der Textilindustrie.[765]

COPA ist als Interessenvertreterin der europäischen Politik der Landwirte der nächst wichtige europäische Verband auf Arbeitgeberseite neben der UNICE.[766] Auch die Handelsverbände sind nach wie vor von großem Gewicht, obwohl sich ihr Spitzenverband des Handels, COCCEE, im Herbst 1978 aufgelöst hat.[767] Dieser Spitzenverband ist nicht zuletzt aufgrund unterschiedlicher Interessen, insbesondere des Großhandels und des Einzelhandels, auseinandergebrochen.[768]

a) Europäische Union des Handwerks und der kleinen und mittleren Betriebe

Danach rangiert die (Union européenne de l'artisanat et des petites et moyennes entreprises UEAPME*)* als Spitzenverband des Handwerks. Die UEAPME vertritt die kleinen und mittleren Unternehmen auf europäischer Ebene und nimmt deren Interessen war.[769] Dies schließt nach ihrer eigenen Einschätzung insbesondere die Einhaltung von Art. 137 Abs. 2 Satz 2 EGV durch die Gemeinschaftsorgane ein,[770] die durch die Vorschrift verpflichtet werden, keine verwaltungsmäßigen, finanziellen oder rechtlichen Auflagen vorzuschreiben, die der Gründung und Entwicklung von kleinen und mittleren Unternehmen entgegenstehen.

Der Verband steht wegen seines Mitgliederkreises in einer gewissen Interessenkollision mit UNICE.[771] Die UNICE ist zwar stark beeinflußt von den Interessen der Industrie, bemüht sich aber ihrerseits auch um die Interessen der Klein- und Mittelbetriebe.[772] Anläßlich des Rechtsstreits zwischen UEAPME und dem Rat, der in Zusammenhang mit der Richtlinie über Elternurlaub[773] stand,[774] haben sich UNICE und

---

765 Blanpain/Schmidt/Schweibert, Europäisches Arbeitsrecht, 1996, Rn. 95; Kirchner, in: Biskup, Die Bedeutung der Sozialpartner, 1988, S. 151 (156).

766 Von Voss, in: Meessen, Arbeitgeberverbände und Europäische Integration, 1980, S. 87 (99).

767 Von Voss, in: Meessen, Arbeitgeberverbände und Europäische Integration, 1980, S. 87 (99).

768 Von Voss, in: Meessen, Arbeitgeberverbände und Europäische Integration, 1980, S. 87 (99).

769 EuG vom 17. 7. 1998, Rs. T-135/96, Union européenne de l'artisanat et des petites et moyennes entreprises gegen den Rat der Europäischen Union, Slg. 1998 II, S. 2335 – 2381 (2341).

770 EuG vom 17. 7. 1998, Rs. T-135/96, Union européenne de l'artisanat et des petites et moyennes entreprises gegen den Rat der Europäischen Union, Slg. 1998 II, S. 2335 – 2381 (2369, Rn. 55).

771 Von Voss, in: Meessen, Arbeitgeberverbände und Europäische Integration, 1980, S. 87 (99).

772 Von Voss, in: Meessen, Arbeitgeberverbände und Europäische Integration, 1980, S. 87 (99, 100).

773 Richtlinie 96/34/EG des Rates vom 3. 6. 1996 zu der von UNICE, CEEP und EGB geschlossenen Rahmenvereinbarung über Elternurlaub, ABl. EG 1996, L 145, S. 4.

774 EuG vom 17. 7. 1998, Rs. T-135/96, Union européenne de l'artisanat et des petites et moyennes entreprises gegen den Rat der Europäischen Union, Slg. 1998 II, S. 2335 – 2381 (2341/2342,

UEAPME auf eine künftige Kooperation verständigt. Sie soll es der UAPME ermöglichen, zukünftig im Gefolge von UNICE stärker an Verhandlungen beteiligt zu werden.

b) Westeuropäische Metallarbeitgeber-Organisation

Als für die europäische Sozialpolitik bedeutsame Branchenorganisation ist die (W. E. M.) hervorzuheben. Ihre Mitglieder sind grundsätzlich nationale Arbeitgeberverbände, die die sozialpolitischen Interessen der Metall- und verwandter Industrien vertreten und staats- und gewerkschaftsunabhängig sind.[775] W. E. M. ist nicht auf den Bereich der Europäischen Gemeinschaft beschränkt, sondern umfaßt die zuständigen nationalen Arbeitgeberverbände der Metallindustrie in fast allen europäischen Ländern.[776] Für Deutschland ist die Organisation „Gesamtmetall" in der W.E.M. vertreten.[777]

Die W. E. M. ist der einzige internationale Branchenverband, der sich ausschließlich mit sozialpolitischen Themen befaßt.[778] Sie hat die Aufgabe, den allgemeinen tarif- und sozialpolitischen Informations- und Meinungsaustausch auf sozialpolitischem Gebiet und die Zusammenarbeit zwischen ihren Mitgliedern durch die Bildung und Abgabe gemeinsamer Stellungnahmen, falls erforderlich auch gegenüber internationalen Einrichtungen, zu fördern.[779] Mit der Europäischen Kommission unterhält W. E. M. allerdings grundsätzlich keine Kontakte.[780] W. E. M. hat kein Mandat zur Aufnahme oder zum Abschluß von Verhandlungen auf europäischer Ebene und ist nach Angaben ihres potentiellen Sozialpartners EMB, des Europäischen Metallarbeiter-Bundes, in der Vergangenheit nur begrenzt zu Gesprächen auf europäischer Ebene bereit gewesen.[781]

II. Arbeitnehmerseite

Die Arbeitnehmerseite wird in erster Linie durch den Europäischen Gewerkschaftsbund (European Trade Union Confederation, ETUC oder EGB) vertreten.

Rn. 2).

775 EAS – Goos, B 8110, Rn. 28, 29.

776 Kirchner, in: Biskup, Die Bedeutung der Sozialpartner, 1988, S. 151 (156).

777 Kirchner, in: Biskup, Die Bedeutung der Sozialpartner, 1988, S. 151 (156).

778 Kirchner, in: Biskup, Die Bedeutung der Sozialpartner, 1988, S. 151 (156).

779 EAS – Goos, B 8110, Rn. 29; Kirchner, in: Biskup, Die Bedeutung der Sozialpartner, 1988, S. 151 (156).

780 Kirchner, in: Biskup, Die Bedeutung der Sozialpartner, 1988, S. 151 (156).

781 So Bobke/Müller, WSI Mitteilungen 1995, S. 654 (658) mit Hinweis in Fn. 24 auf W.E.M. Position concerning „Social Dialogue at European Sector Level", 1. Bobke war bis 1995 stellv. Generalsekretär des Europäischen Metallgewerkschaftsbundes.

1. Der Europäische Gewerkschaftsbund

Im Vergleich zur UNICE formierte sich der Europäische Gewerkschaftsbund erst relativ spät im Jahr 1973.[782] Bereits 1977 verkündete er aber dann ein Aktionsprogramm, das die Errichtung einer gewerkschaftlichen Gegenmacht auf europäischer Ebene zum Ziel hatte und verbindliche soziale Kontrollen auf der Basis eines gesetzlich fixierten internationalen Rahmens gegenüber multinationalen Unternehmen forderte.[783]

Der EGB repräsentiert gegenwärtig ungefähr fünfundvierzig Millionen Arbeitnehmer, die vierzig nationalen Gewerkschaften aus einundzwanzig Ländern angehören.[784] Dies sollen circa sechsundachtzig Prozent aller Gewerkschaftsmitglieder in der Gemeinschaft sein.[785] Für Deutschland sind im EGB der Deutsche Gewerkschaftsbund (DGB) und die Deutsche Angestelltengewerkschaft (DAG) vertreten. Erwähnenswert ist, daß die kommunistischen Gewerkschaften Frankreichs, Portugals und Spaniens nicht im EGB vertreten sind.[786]

Die Organe des EGB sind der Kongreß, der Vorstand und das Sekretariat. Der Vorstand legt die Verhandlungsstrategie für Verhandlungen mit den europäischen Arbeitgeberorganisationen fest, regelt das Verhältnis zu den europäischen Institutionen und entscheidet über die Vorgehensweise des Gewerkschaftsbundes zur Unterstützung und Durchsetzung seiner Positionen und Forderungen.[787]

Für die einzelnen Wirtschaftssektoren sind besondere Unterorganisationen zuständig, sogenannte Sektorenkomitees. Der EGB war bis 1991 primär eine koordinierende Vereinigung der assoziierten nationalen Verbände. Da die Sektorenkomitees in die Entscheidungsstrukturen nicht integriert waren, wurde auf dem Luxemburger Kongreß im Mai 1991 gegen den Widerstand des britischen TUC und der skandinavischen Gewerkschaften eine supranationale Struktur geschaffen.[788] Die Sektorenkomitees wurden in den EGB integriert, die finanzielle Ausstattung des Gewerkschaftsbundes verbesserte sich und die Entscheidungsstrukturen wurden gestärkt.

Die Aufgaben des EGB ähneln denen von UNICE sehr. Er vertritt die Belange seiner Mitglieder gegenüber den Organen der EU.[789] Die Organisation überwacht die Ar-

---

782 Blanpain/Schmidt/Schweibert, Europäisches Arbeitsrecht, 1996, Rn. 101; Zur Entstehung der gewerkschaftlichen Strukturen auf europäischer Ebene ausführlich Stöckel, Gewerkschaftsausschüsse in der EG, 1986, (Dissertation).

783 Eser, Arbeitsrecht im Multinationalen Unternehmen, 1994, S. 149.

784 Stand Mai 1996, dargestellt nach Blanpain/Schmidt/Schweibert, Europäisches Arbeitsrecht, 1996, Rn. 101; nach Löwisch, Arbeitsrecht, 1996, Rn. 189 waren 1988 im EGB 36 nationale gewerkschaftlichen Spitzenorganisationen und 13 europäische Fachspitzenverbände zusammengeschlossen.

785 Traxler/Schmitter, in: Mesch, Arbeitsbeziehungen und europäische Integration, 1995, S. 231 (240).

786 Blanpain/Schmidt/Schweibert, Europäisches Arbeitsrecht, 1996, Rn. 111.

787 Blanpain/Schmidt/Schweibert, Europäisches Arbeitsrecht, 1996, Rn. 103.

788 Blanpain/Schmidt/Schweibert, Europäisches Arbeitsrecht, 1996, Rn. 169.

789 Löwisch, Arbeitsrecht, 1996, Rn. 189; Blanpain/Schmidt/Schweibert, Europäisches Arbeits-

beitnehmervertreter im Wirtschafts- und Sozialausschuß, sie ist in verschiedenen beratenden Ausschüssen vertreten und ist der Ansprechpartner schlechthin für die Arbeitnehmerbelange im Rahmen des Sozialen Dialogs.[790] Seitdem 1995 seine Satzung geändert wurde, will der EGB insbesondere für die Konvergenz der Forderungs- und Tarifpolitiken der Mitgliedsorganisationen auf europäischer Ebene sorgen.[791]

Ein Verhandlungsmandat für die Führung von Tarifverhandlungen hat aber auch der EGB nicht. Hier stellt sich das gleiche Problem wie für UNICE.[792] Einige nationale Mitgliedsverbände des EGB sind selbst nicht befugt, Tarifverträge abzuschließen und können daher ihre Kompetenz auch nicht auf den EGB übertragen.[793] Sie haben nach dem Verbandsrecht der Mitgliedsstaaten selbst kein allgemeines Mandat, für die Arbeitnehmer verbindlich Recht zu setzen.[794] So verfügt beispielsweise der DGB als einer der mitgliedsstärksten Spitzenverbände im EGB nicht über ein entsprechendes Generalmandat zum Abschluß branchenübergreifender Tarifverträge, da er auch auf nationaler Ebene keine kollektive Verhandlungsfähigkeit besitzt und nicht zu tariflicher Normsetzung befugt ist.[795] Die nationalen Mitgliedsverbände müßten wiederum ihre Mitgliedsverbände für eine tarifliche Umsetzung der vom EGB abgeschlossenen Vereinbarungen erst noch gewinnen.[796] Insbesondere den Gewerkschaften fehlen daher auf europäischer Ebene die verbandsrechtlichen Durchsetzungsmöglichkeiten.[797] Andererseits sind aber mit Ausnahme des britischen Dachverbandes TUC und des deutschen Dachverbandes DGB alle anderen Dachverbandsorganisationen grundsätzlich tariffähig.[798] Ein unüberwindbares Hindernis für europäische Tarifverträge sollte dieses Problem daher nicht sein.

2. Europäischer Verband unabhängiger Gewerkschaften

1990 konstituierte sich eine neue Vereinigung der Arbeitnehmer auf europäischer Ebene,[799] und zwar der Europäische Verband unabhängiger Gewerkschaften (European Confederation of Independent Trade Unions, CESI) Der Verband steht neben dem EGB als Arbeitnehmerorganisation auf europäischer Ebene und ist nicht in dessen Arbeit oder Organisation eingebunden. Seine bisherigen Mitglieder sind europäische Dachorganisationen, nationale Gewerkschaftsverbände und nationale Einzelgewerk-

---

recht, 1996, Rn. 102.

790 Blanpain/Schmidt/Schweibert, Europäisches Arbeitsrecht, 1996, Rn. 102.

791 Bleckmann – Coen, Europarecht, 1997, Rn. 2569; Lenz – Coen, Art. 138, Rn. 6.

792 Zu der fehlenden Mandatierung der UNICE bereits 3. Teil, B., I., 1., S. 104.

793 Allgemein für die Europäischen Gewerkschaften Blanpain/Schmidt/Schweibert, Europäisches Arbeitsrecht, 1996, Rn. 508.

794 Buchner, RdA 1993, S. 193 (200).

795 Buchner, RdA 1993, S. 193 (200); Blanpain/Schmidt/Schweibert, Europäisches Arbeitsrecht, 1996, Rn. 508; Bobke/Müller, WSI Mitteilungen 1995, S. 654 (657).

796 Buchner, RdA 1993, S. 193 (200).

797 Blank, Festschrift für Albert Gnade, 1992, S. 649 (652); Buchner, RdA 1993, S. 193 (200).

798 Lecher, WSI-Mitteilungen 1991, S. 194 (197).

799 Blanpain/Schmidt/Schweibert, Europäisches Arbeitsrecht, 1996, Rn. 110.

schaften ohne parteipolitische oder andere Bindung. Nach eigenen Angaben sind in dem Verband über sieben Millionen Arbeitnehmer aus insgesamt siebzehn europäischen Staaten organisiert.[800]

3. Arbeitnehmerorganisationen auf Branchenebene

Der EGB hat die Gründung zahlreicher Unterorganisationen für einzelne Wirtschaftssektoren auf europäischer Ebene gefördert. Zu nennen ist etwa der Europäische Metallarbeiterbund (EMB).[801] Die europäischen sektoralen Vereinigungen von Gewerkschaften werden zum Teil auch als europäische Industriekomitees bezeichnet, wie etwa das Europäische Komitee des Öffentlichen Dienstes (PSI) oder das Komitee der Europäischen Lehrergewerkschaft (ETTUC).[802]

Diese Unterorganisationen versuchen ihrerseits, Einfluß auf die europäischen Institutionen zu nehmen und die (nationalen) Tarifverhandlungen durch die Formulierung gemeinsamer Ansprüche, zu koordinieren sowie Kontakte mit multinationalen Konzernen zu knüpfen.[803] Die Organisationen sind allerdings nach wie vor relativ schwach und weder mit ausreichenden Mitteln noch den Befugnissen ausgestattet, um die multinationalen Konzerne an einen europäischen Verhandlungstisch zu zwingen.[804]

Hervorzuheben ist die Europäische Regionalorganisation des internationalen Bundes der Privatangestellten (Euro-FIET). Sie hat sich als Gruppe der internationalen Vereinigung der Arbeitnehmer im Bereich Handel, Administration und Technik konstituiert und kann als europäische Vereinigung von Gewerkschaften auf Branchenebene gelten. Euro-FIET ist ein anerkannter Gewerkschaftsverband im EGB.[805]

III. Ergebnis

Auf europäischer Ebene gibt es heute noch keine Sozialpartner wie im deutschen Recht, das heißt Arbeitgeberverbände und Gewerkschaften, die dazu legitimiert wären, „echte" Tarifabkommen mit normativer Wirkung zu schließen.[806] Die europäischen Spitzenverbände auf Arbeitgeber- und Arbeitnehmerseite besitzen keine Abschlußvollmacht für die ihnen angeschlossenen Organisationen.[807] Für sie ist geradezu charakteristisch, daß sie keinerlei tarifpolitisches Mandat haben.[808] Zwar ist es ihnen

---

800 Blanpain/Schmidt/Schweibert, Europäisches Arbeitsrecht, 1996, Rn. 110.

801 Blanpain/Schmidt/Schweibert, Europäisches Arbeitsrecht, 1996, Rn. 103.

802 Siehe die umfangreiche Aufzählung bei Blanpain/Schmidt/Schweibert, Europäisches Arbeitsrecht, 1996, Rn. 111.

803 Blanpain/Schmidt/Schweibert, Europäisches Arbeitsrecht, 1996, Rn. 103.

804 Blanpain/Schmidt/Schweibert, Europäisches Arbeitsrecht, 1996, Rn. 103.

805 Euro-FIET, Kurzbericht über die 8. Euro-FIET-Konferenz, 1998, S. 34.

806 Blank, Festschrift für Albert Gnade, 1992, S. 649 (652); Kirchner, in: Biskup, Die Bedeutung der Sozialpartner, 1988, S. 151 (155).

807 Däubler, EuZW 1992, S. 329 (334).

808 Konzen, EuZW 1995, S. 39 (46).

möglich, untereinander Verträge zu schließen, in denen sie sich selbst verpflichten, auf ihre Mitglieder im Sinne des dort Festgelegten einzuwirken und sie zur Befolgung des Inhalt der Vereinbarungen anzuhalten. Allerdings sind sie kaum in der Lage, die Durchführung der Vereinbarungen dann auch wirklich sicherzustellen.[809]

Es gibt aber europäische Organisationen der nationalen Arbeitgeber und Gewerkschaften, die wirtschafts- und sozialpolitische Interessen mit dem Ziel vertreten, die Politik der EG-Institutionen zu beeinflussen.[810] Diese sind in erster Linie befugt, die Interessen ihrer Mitglieder gegenüber der Europäischen Gemeinschaft, insbesondere der Kommission, zu bündeln und zu vertreten.[811] Sie sind Spitzenverbände verschiedener nationaler Arbeitnehmer- oder Arbeitgeberverbände.[812]

C. Die Entwicklung der Beziehungen zwischen den Sozialpartnern

Die Entwicklung der Beziehungen zwischen den europäischen Sozialpartnern vollzog sich in Anlehnung an die Epochen der Entwicklung des europäischen Arbeitsrechts und in Abhängigkeit von der wachsenden Übertragung von Zuständigkeiten im Gebiet des Arbeits- und Sozialrechts auf die Gemeinschaft

Angesichts der überragenden Bedeutung, die Kollektivverträgen in den Ländern der Gemeinschaft zukommt, war bereits in den sechziger Jahren über europäische Kollektivverträge diskutiert worden.[813] Ziel dieser Diskussion war ein vollwertiges europäisches Kollektivvertragssystem auf einer gemeinschaftsrechtlichen Grundlage oder unter Rückgriff auf Hilfskonstruktionen, die ohne eine gemeinschaftsrechtliche Regelung den Abschluß europäischer Kollektivverträge möglich machen sollten.[814] Als in der Praxis die fehlende Bereitschaft einer solch erheblichen Umstrukturierung offenkundig wurde, ebbte die theoretische Diskussion ab.[815] Die tatsächliche Entwicklung begann dann erst Anfang der siebziger Jahre gleichzeitig mit der Hochzeit des europäischen Arbeitsrechts und ging mit der Erkenntnis der relativ geringen Kompetenzen des europäischen Gesetzgebers in diesem Bereich einher.[816]

Unter dem „Dach" des Sozialen Dialogs entwickelten sich die Beziehungen auf drei Ebenen: zum einen auf überfachlicher Ebene mit Treffen zwischen den europäischen

---

809 Buchner, RdA 1993, S. 193 (200).

810 Von Voss, in: Meessen, Arbeitgeberverbände und Europäische Integration, 1980, S. 87 (95); Kirchner, in: Biskup, Die Bedeutung der Sozialpartner, 1988, S. 151 (155).

811 Von Voss, in: Meessen, Arbeitgeberverbände und Europäische Integration, 1980, S. 87 (92); Kirchner, in: Biskup, Die Bedeutung der Sozialpartner, 1988, S. 151 (155).

812 Buchner, RdA 1993, S. 193 (200).

813 Blank, Festschrift für Albert Gnade, 1992, S. 649 (652); Umfangreiche Nachweise bei Schnorr, Arbeits- und sozialrechtliche Fragen der europäischen Integration, 1974, S. 53, Fn. 94.

814 Blank, Festschrift für Albert Gnade, 1992, S. 649 (652, 653); Schnorr, Arbeits- und sozialrechtliche Fragen der europäischen Integration, 1974, S. 56, 57; Walz, Multinationale Unternehmen und internationaler Tarifvertrag, 1981, S. 138 – 140; Für diese Auffassung auch noch Hagemeier, in: Hagemeier/Kempen/Zachert/Zilius, Tarifvertragsgesetz, 1990, § 4, Rn. 79.

815 Wisskirchen, Festschrift für Otfried Wlotzke, 1996, S. 793 (793).

816 Wisskirchen, Der soziale Dialog, 1994, S. 653 (658).

Sozialpartnern und der Kommission, die als Forum für einen Gedankenaustausch mit Ergebnissen in Form von Stellungnahmen dienten, zum anderen auf der Branchenebene und schließlich auf der Betriebs- und Unternehmensebene (Firmenebene) mit unternehmensinternen Vereinbarungen. Die langfristige Entwicklung dieser drei Ebenen würde im wesentlichen zu den auf europäischer Ebene denkbaren Arten von Tarifverträgen führen, nämlich zu europäischen branchenübergreifenden Tarifverträgen, europäischen Branchentarifverträgen und europäischen Firmentarifverträgen.[817] Allerdings besteht nicht notwendig Deckungsgleichheit zum Beispiel zwischen den Akteuren des überfachlichen Dialogs und den Parteien überfachlicher Tarifverträge. Auch mehrere Branchenorganisationen zusammen könnten etwa einen branchenübergreifenen Tarifvertrag schließen.

I. Ebenen von Tarifverträgen

In erster Linie könnten die Konferenzen der europäischen Dachverbände zu europäischen branchenübergreifenden Tarifverträgen führen, die entweder für mehrere Branchen gleichzeitig oder sogar für den gesamten privaten Sektor abgeschlossen werden könnten.[818] Ein oder mehrere Zusammenschlüsse europäischer Gewerkschaften oder nationaler Vereinigungen würden dann die Tarifverhandlungen führen. Vorstellbar ist aber auch, daß nationale Verbände selbst Partei eines derartigen Tarifwerkes sind. Auf Arbeitgeberseite können sowohl eine oder mehrere europäische Vereinigungen von Arbeitgeberverbänden oder auch nationale Vereinigungen Vertragspartei sein.

Es besteht ferner die Möglichkeit, europäische Tarifverträge auf Branchenebene zu schließen. Parteien wären dann verschiedene nationale Gewerkschaften, die die Arbeitnehmer einer bestimmten Branche repräsentieren und über die erforderliche Verhandlungskompetenz verfügen, oder europäische Industriegewerkschaften, die zu Verhandlungen und zum Abschluß von Verträgen befugt sind, oder ein Verhandlungskomitee beauftragen, daß von mehreren nationalen Gewerkschaften für europäische Verhandlungen eingesetzt wird. Vertragspartner könnten auch Fachspitzenverbände, wie zum Beispiel Gesamtmetall und IG Metall sein. Im Falle von Tarifverträgen, die nur für einzelne Bereiche einer Branche abgeschlossen werden, ist es vorstellbar, daß diejenigen nationalen Gewerkschaften, die diese Bereiche repräsentieren, selbst Vertragspartner der Tarifverträge werden. Nichts anderes gilt für die Arbeitgeberseite, auf der sowohl ein oder mehrere europäische Vereinigungen von Arbeitgeberverbänden oder auch nationale Vereinigungen Vertragspartei solcher begrenzter Branchentarifverträge sein können.

---

817 Entwicklungen und Versuche auf diesen drei Ebenen sieht auch, Kirchner, in: Biskup, Die Bedeutung der Sozialpartner, 1988, S. 151 (163 – 167), der ihnen allerdings ablehnend gegenübersteht; Zu diesen drei Ebenen aus Gewerkschaftssicht: Lecher, in: Bispinck/Lecher, Perspektiven europäischer Kollektivverhandlungen, 1993, S: 401 (409 – 414).

818 Folgende Darstellung nach Blanpain/Schmidt/Schweibert, Europäisches Arbeitsrecht, 1996, Rn. 504 – 510.

Die dritte wesentliche Ebene bezeichnet europäische Firmentarifverträge in multinationalen Unternehmen. Auf Arbeitgeberseite wäre Partei eines solchen Vertrags entweder ein Unternehmen oder Vertreter mehrerer rechtlich selbständiger Unternehmen mit Sitz in den Mitgliedsstaaten, die Teil eines multinationalen Konzerns sind. Es müssen dabei nicht alle Konzerngesellschaften innerhalb der Gemeinschaft angesiedelt sein oder alle Konzerngesellschaften innerhalb der Gemeinschaft einbezogen werden. Die Arbeitnehmervertretung würde von Vertretern der Gewerkschaften, die die Arbeitnehmer in den jeweiligen nationalen Niederlassungen repräsentieren, oder von Repräsentanten einer europäischen Gewerkschaft, die beauftragt wurde, in einem bestimmten gemeinschaftsweit operierenden Unternehmen Vereinbarungen auszuhandeln und abzuschließen, wahrgenommen werden. Denkbar ist auch, daß ein europäischer Betriebsrat einen gemeinschaftsweit geltenden Tarifvertrag verhandelt, sofern er ein Mandat zur Führung von Verhandlungen auf europäischer Ebene besitzt.[819] Eines ausdrücklichen Mandates bedarf es jedenfalls dort, wo den Betriebsratsmitgliedern aufgrund der jeweiligen nationalen Rechtsordnung nicht die Kompetenz zukommt, Tarifverhandlungen zu führen. Ein solcher Vorbehalt für die Gewerkschaften ist im deutschen Recht in § 77 Abs. 3 BetrVG festgeschrieben, der Arbeitsentgelte und sonstige Arbeitsbedingungen, die üblicherweise durch Tarifvertrag geregelt werden, als Regelungsgegenstand einer Betriebsvereinbarung ausschließt, sofern ein Tarifvertrag den Abschluß ergänzender Betriebsvereinbarungen nicht ausdrücklich zuläßt.[820] Schließlich steht auch dem Abschluß von Firmentarifverträgen, die in mehreren Unternehmen zur Anwendung gelangen, nichts entgegen.[821]

Der Vollständigkeit halber sollen hier noch europäische Regionaltarifverträge erwähnt werden, mit denen bestimmte Regionen innerhalb der Europäischen Gemeinschaft erfaßt würden. Derartige Vereinbarungen sind sowohl branchenweit als auch branchenübergreifend denkbar, könnten aber auch in Form eines Firmentarifvertrags abgeschlossen werden, so daß die Einordnung in eine eigene Kategorie letztlich zweifelhaft ist.

II. Die Entwicklung der Beziehungen auf überfachlicher Ebene

Um zu der Entwicklung der europäischen Arbeitsbeziehungen zurückzukommen, ist mit der Entwicklung der Beziehungen auf überfachlicher Ebene zu beginnen. Dabei fällt auf, daß sich nach allmählichen zähen Entwicklungen ein Bruch nach dem Vertrag von Maastricht abzeichnet, der zum erleichterten und institutionalisierten Abschluß von Vereinbarungen geführt hat.

819 Ausführlich zu dieser Möglichkeit Blanpain/Schmidt/Schweibert, Europäisches Arbeitsrecht, 1996, Rn. 505.

820 § 18 Abs. 1 Nr. 2 EBRG (BGBl. 1996, Teil I, Nr. 53, S. 1548) stellt Zuständigkeit und Aufgaben des Europäischen Betriebsrates in die Vertragsfreiheit der Parteien.

821 Blanpain/Schmidt/Schweibert, Europäisches Arbeitsrecht, 1996, Rn. 506.

1. Ansätze nach den Gründungsverträgen der Europäischen Gemeinschaften

Die europäischen Gemeinschaftsverträge sahen von Anfang an eine Reihe von Bereichen vor, in denen die überfachlichen Verbände der Sozialpartner mitwirken sollten und konnten.[822] Ihre Beteiligung auf Gemeinschaftsebene wurde in Komitees, Fachgruppen und gemischten Ausschüssen garantiert und institutionalisiert, denen als bloße Konsultations- und Beratungsorgane der EG allerdings keine Entscheidungsbefugnisse eingeräumt wurden.[823] Bereits im EGKSV wurde die Rolle der Sozialpartner durch einen Beratenden Ausschuß[824] anerkannt, dem Vertreter der Regierungen und der Sozialpartner angehörten. Besonders bekannt und wichtig ist auch der Wirtschafts- und Sozialausschuß (WSA),[825] der als einziges dieser Beratungsgremien gemäß Art. 257 EGV[826] im EGV verankert, aber ebenfalls kein Organ der Gemeinschaft ist. An ihm sind nicht nur die Sozialpartner, sondern zugleich andere Gruppen beteiligt.[827] Der WSA hat beratende Funktion für Fragen und Probleme der Europäischen Gemeinschaft und Europäischen Atomgemeinschaft und beschäftigt sich überwiegend mit rein wirtschafts- und handelspolitischen Fragen.[828]

Daneben existieren noch sechs weitere beratende Ausschüsse im Bereich der Sozialpolitik: der Ausschuß des Europäischen Sozialfonds, die beratenden Ausschüsse für die soziale Sicherheit der Wanderarbeitnehmer, für die Freizügigkeit der Arbeitnehmer, für die Berufsbildung, für Sicherheit, Arbeitshygiene und Gesundheitsschutz am Arbeitsplatz und für die Chancengleichheit von Frauen und Männern.[829] Die Mitglieder dieser Ausschüsse sind Vertreter der Regierungen, der Gewerkschaften und der Arbeitgeberverbände, die von der Kommission auf Vorschlag der Mitgliedsstaaten ernannt werden.[830] Die Ausschüsse werden von der Kommission regelmäßig zu fachlichen und politischen Fragen gehört.[831] Diese überfachlichen Ausschüsse zielen aber nicht auf die Europäisierung der Arbeitsbeziehungen zwischen den Sozialpartnern ab.

---

822 Kirchner, in: Biskup, Die Bedeutung der Sozialpartner, 1988, S. 151 (155).

823 Von Voss, in: Meessen, Arbeitgeberverbände und Europäische Integration, 1980, S. 87 (91); Kirchner, in: Biskup, Die Bedeutung der Sozialpartner, 1988, S. 151 (155); Wisskirchen, Der soziale Dialog, 1994, S. 653 (662); Wisskirchen, Festschrift für Otfried Wlotzke, 1996, S. 793 (794).

824 Siehe Art. 18 EGKSV.

825 Zu dem beratenden Ausschuß nach dem EGKSV und dem WSA ausführlich in 4. Teil, H., III., 1., S. 274.

826 Art. 193 EGV a. F.

827 Wisskirchen, Der soziale Dialog, 1994, S. 653 (662); Wisskirchen, Festschrift für Otfried Wlotzke, 1996, S. 793 (794).

828 Kirchner, in: Biskup, Die Bedeutung der Sozialpartner, 1988, S. 151 (155); von Voss, in: Meessen, Arbeitgeberverbände und Europäische Integration, 1980, S. 87 (91).

829 Mitteilung der Kommission zur Entwicklung des sozialen Dialogs auf Gemeinschaftsebene, KOM (96) 448 endg. vom 18. 9. 1996, S. 5.

830 Mitteilung der Kommission zur Entwicklung des sozialen Dialogs auf Gemeinschaftsebene, KOM (96) 448 endg. vom 18. 9. 1996, S. 5.

831 Mitteilung der Kommission zur Entwicklung des sozialen Dialogs auf Gemeinschaftsebene, KOM (96) 448 endg. vom 18. 9. 1996, S. 5.

2. Ausschuß für Beschäftigungsfragen und Europäische Dreierkonferenz von 1974 bis 1978

Als sich Anfang der siebziger Jahre die Erkenntnis durchzusetzen begann, daß für die Verwirklichung einer Wirtschafts- und Währungsunion auch eine gemeinschaftliche Sozialpolitik unerläßlich sein würde,[832] verstärkte sich das Interesse an der Einbeziehung der Sozialpartner auf Gemeinschaftsebene, da diese Organisationen in allen Mitgliedsstaaten im Bereich der Sozialpolitiken bedeutsamen Rollen spielen. Angeregt durch diese Erkenntnis fand bereits am 27. und 28. 4. 1970 ein erstes Treffen zwischen Arbeitgeber-, Arbeitnehmerorganisationen und der durch Rat und Kommission vertretenen Gemeinschaft in Luxemburg statt.[833] Es führte zur Gründung des Ständigen Ausschusses für Beschäftigungsfragen[834] und zur Gründung der europäischen Dreiparteienkonferenz.

a) Der Ständige Ausschuß für Beschäftigungsfragen

Der ständige Ausschuß für Beschäftigungsfragen soll die Abstimmung in der Beschäftigungspolitik in der Gemeinschaft erleichtern.[835] Seine Aufgabe besteht darin, „den Dialog, die Konzertierung und die Konsultation zwischen dem Rat beziehungsweise den Vertretern der Regierungen der Mitgliedsstaaten, der Kommission und den Sozialpartnern sicherzustellen, um die Koordinierung der Beschäftigungspolitik der Mitgliedsstaaten unter Abstimmung auf die Zielsetzungen der Gemeinschaft zu erleichtern."[836] Er dient zum einen als Plattform für Diskussionen über arbeitsmarktpolitisch relevante Themen und zum anderen als beratendes Organ, das der Rat vor der Verabschiedung konkreter Entscheidungen über Arbeitsmarktfragen konsultiert.[837] Der Ausschuß ermöglicht die direkte Konfrontation zwischen den Sozialpartnern und den gemeinschaftlichen Entscheidungsträgern. Es gelang ihm jedoch kaum, seiner Existenzberechtigung und seiner geplanten Bedeutung gerecht zu werden und eine Konvergenz der nationalen Arbeitsmarktpolitiken zu fördern.[838] Die Kommission

---

832 Bleckmann – Coen, Europarecht, 1997, Rn. 2482.

833 EAS – Schwarze, B 8100, Rn. 4.

834 Beschluß 70/532/EWG des Rates vom 14. 12. 1970 zur Einsetzung des Ständigen Ausschusses für Beschäftigungsfragen der Europäischen Gemeinschaften, ABl. EG 1970, L 273, S. 25 geändert durch Beschluß 75/62/EWG des Rates vom 20. 1. 1975 zur Änderung des Beschlusses 70/532/EWG zur Einsetzung des Ständigen Ausschusses für Beschäftigungsfragen der Europäischen Gemeinschaften, ABl. EG 1975, L 21, S. 17, sowie Beschluß 1999/207/EG des Rates vom 9. 3. 1999 zur Reform des Ständigen Ausschusses für Beschäftigungsfragen und zur Aufhebung des Beschlusses 70/532/EWG, ABl. EG 1999, L 72, S. 33. Dieser Ausschuß ist nicht zu verwechseln mit dem neu geschaffenen Beschäftigungsausschuß der Mitgliedsstaaten und der Kommission gemäß Art. 130 EGV.

835 Von Voss, in: Meessen, Arbeitgeberverbände und Europäische Integration, 1980, S. 87 (91).

836 Art. 2 des Beschlusses 70/532/EWG des Rates vom 14. 12. 1970 zur Einsetzung des Ständigen Ausschusses für Beschäftigungsfragen der Europäischen Gemeinschaften, ABl. EG 1970, L 273, S. 25.

837 Bleckmann – Coen, Europarecht, 1997, Rn. 2506.

838 Bleckmann – Coen, Europarecht, 1997, Rn. 2506.

nahm daher eine Reform des Ausschusses in Angriff,[839] die ihn in die Lage versetzen sollte, seine Aufgabe im Rahmen der europäischen „Beschäftigungsstrategie“ wahrzunehmen und so den beschäftigungspolitischen Herausforderungen der Wirtschafts- und Währungsunion besser begegnen zu können.[840] Im März 1999 nahm der Rat daraufhin einen Beschluß zur Reform des Ständigen Ausschusses für Beschäftigungsfragen an, der bis heute ein wichtiges Instrument im Bereich der Beschäftigungspolitik ist.[841]

Der reformierte Ständige Ausschuß für Beschäftigungsfragen setzt sich heute aus dem Rat, der Kommission und den beiden Delegationen der Sozialpartner, höchstens 20 Vertretern zusammen.[842] Die Sozialpartner entsenden höchstens zwanzig Vertreter, die sich auf zwei gleich starke Delegationen von je zehn Vertretern der Arbeitnehmer und der Arbeitgeber verteilen. Die Koordinierung der Delegationen werden für die Arbeitgeber von UNICE und für die Arbeitnehmer vom EGB vorgenommen.

b) Europäische Dreiparteienkonferenz

Darüber hinaus führte das erste Treffen vier Jahre später im Zusammenhang mit dem sozialpolitischen Aktionsprogramm der Gemeinschaft von 1974,[843] das erstmals die Beteiligung der Sozialpartner an wirtschafts- und sozialpolitischen Entscheidungen der Gemeinschaft vorsah,[844] zur Gründung der europäischen Dreiparteienkonferenz. Durch diese Konferenz sollten die Sozialpartner in den gemeinschaftlichen Entscheidungsprozeß zur Koordinierung der Wirtschaftspolitik der Mitgliedsstaaten einbezogen werden,[845] weil die Auffassung vorherrschte, daß die für erforderlich gehaltene Wirtschaftssteuerung ohne Einkommenspolitik nicht möglich sei. Daher schien es nützlich, gemeinsam mit den für die Einkommenspolitik in erster Linie verantwortlichen Sozialpartnern die mögliche Auswirkung der Wirtschaftssteuerung auf den Arbeitsmarkt abzuschätzen.[846]

An den Konferenzen nahmen die Arbeitsminister der Mitgliedstaaten und Arbeitgeber- und Arbeitnehmervertreter teil. Die Kommission war als Beobachterin anwe-

839 Mitteilung der Kommission zur Entwicklung des sozialen Dialogs auf Gemeinschaftsebene, KOM (96) 448 endg. vom 18. 9. 1996, S. 11 – 13, Ziffer 50 – 54.

840 Bleckmann – Coen, Europarecht, 1997, Rn. 2506.

841 Gesamtbericht über die Tätigkeit der Europäischen Union 1999, S. 52, Rn. 110; Beschluß 1999/207/EG des Rates vom 9. 3. 1999 zur Reform des Ständigen Ausschusses für Beschäftigungsfragen und zur Aufhebung des Beschlusses 70/532/EWG, ABl. EG 1999, L 72, S. 33.

842 Lenz – Coen, Art. 138, Rn. 3.

843 Entschließung des Rates vom 21. 1. 1974 über ein sozialpolitisches Aktionsprogramm, ABl. EG 1974, C 13, S. 1.

844 Kasseler Handbuch – Heinze, 11 Europarecht, Rn. 128; Entschließung des Rates vom 21. 1. 1974 über ein sozialpolitisches Aktionsprogramm, ABl. EG 1974, C 13, S. 1 (1, 2, 3).

845 Kasseler Handbuch – Heinze, 11 Europarecht, Rn. 128; Wisskirchen, Festschrift für Otfried Wlotzke, 1996, S. 793 (794).

846 Groeben/Thiesing/Ehlermann –Schulte, Art. 118 b, Rn. 14.

send.[847] In den Konferenzen wurden vor allem globale Fragen der Wirtschafts- und Sozialpolitik und ihre Auswirkungen auf den Arbeitsmarkt erörtert.[848] Diese Gespräche waren aber durchaus noch vom Leitbild einer „konzertierten Aktion“ der am Wirtschaftsleben Beteiligten zur Förderung des sozialen Konsenses über die Wirtschaftspolitik geprägt und zielten weniger auf eine Europäisierung der tariflichen Beziehungen.[849]

Zwischen 1975 und 1978 kam es zu drei weiteren Treffen der Dreiparteienkonferenz und zu regelmäßigen Zusammenkünften des Ständigen Ausschusses für Beschäftigungsfragen.[850] Wegen des heftigen Widerstandes der Arbeitgeber gegen die Vorstellungen der Gewerkschaften und der Kommission über eine Fortentwicklung in Richtung europäischer Arbeitsbeziehungen verliefen die Konferenzen letztlich jedoch so unbefriedigend, daß sie auf Veranlassung des EGB ab 1978 nicht mehr einberufen wurden.[851] Dies geschah parallel zu der Stagnation der Entwicklung des europäischen Arbeitsrechts, die durch die Wirtschaftskrisen in den siebziger Jahren ausgelöst worden war.[852]

3. Treffen von Val Duchesse ab 1985 und politischer Lenkungsausschuß

1984 hatte der Rat die Intensivierung des Dialogs mit den Sozialpartnern erneut zur Aufgabe der Gemeinschaft gemacht und forderte in seinen Schlußfolgerungen über ein mittelfristiges Aktionsprogramm der Gemeinschaft im Sozialbereich[853] die Kommission auf, nach Möglichkeiten für einen Ausbau der Beziehungen zwischen den Sozialpartnern auf europäischer Ebene zu suchen.

a) Wiederbelebung des Sozialen Dialogs 1985

Daraufhin nahm Kommissionspräsident Jacques Delors im Januar 1985 informelle Kontakte zu den Sozialpartnern auf, die am 31. Januar mit einem Treffen zwischen der Kommission, UNICE, CEEP und dem EGB im Brüsseler Schloß Val Duchesse zu

---

847 Groeben/Thiesing/Ehlermann –Schulte, Art. 118 b, Rn. 13.

848 Wisskirchen, Festschrift für Otfried Wlotzke, 1996, S. 793 (749); Wisskirchen, Der soziale Dialog, 1994, S. 653 (662).

849 EAS – Schwarze, B 8100, Rn. 4; Groeben/Thiesing/Ehlermann – Schulte, Art. 118 b, Rn. 14.

850 EAS – Schwarze, B 8100, Rn. 4; Groeben/Thiesing/Ehlermann – Schulte, Art. 118 b, Rn. 13, 14.

851 Groeben/Thiesing/Ehlermann – Schulte, Art. 118 b, Rn. 13; Kasseler Handbuch - Heinze, 11 Europarecht, Rn. 128; Wisskirchen, Der soziale Dialog, 1994, S. 653 (662); EAS – Schwarze, B 8100, Rn. 4; Balze, Die sozialpolitischen Kompetenzen der Europäischen Union, 1994, S. 57, 59 – 60.

852 Zu dieser Entwicklung bereits 1. Teil, B., IV., S. 20.

853 Schlußfolgerungen des Rates 84/C 175/01 vom 22. 6. 1984 über ein mittelfristiges Aktionsprogramm der Gemeinschaft im Sozialbereich, ABl. EG 1984, C 175, S. 1 (3); teilweise auch abgedruckt in Bulletin der EG 6/1984, Ziffer 2. 1. 43, S. 46; zu den von der Kommission unternommenen Anstrengungen siehe Achtzehnter Gesamtbericht über die Tätigkeit der Europäischen Gemeinschaften 1984, S. 47, Ziffern 153, 154.

einer Wiederbelebung des Dialogs zwischen den Sozialpartnern führten.[854] Regierungsvertreter der Mitgliedsstaaten waren an diesen Treffen nicht mehr beteiligt. Gegenstand des ersten Treffens war ein umfassender Meinungsaustausch über die soziale Lage.[855]

Bereits am 12. November 1985 fand ein zweites Treffen auf dem Brüsseler Schloß statt.[856] Diskutiert wurden die von der Kommission vorgeschlagene Kooperationsstrategie zu Wachstum und Beschäftigung,[857] die eine flexiblere Ausgestaltung der Arbeitsbedingungen anstrebte, ohne den sozialen Schutz der Arbeitnehmer zu schwächen und der bei der Einführung neuer Technologien zu fördernde Dialog zwischen Arbeitgebern und Arbeitnehmern.[858] Die Teilnehmer beschlossen, den Dialog fortzusetzen und zu prüfen, inwieweit er auf gemeinschaftlicher, einzelstaatlicher und sektoraler Ebene durchgeführt werden könnte.[859] Für vertiefende Diskussionen richteten sie die Arbeitsgruppe „Makroökonomie" zur Verfolgung der wirtschaftlichen und arbeitsmarktpoltischen Entwicklung und die Arbeitsgruppe „Mikroökonomie" zur Herbeiführung eines gemeinsamen Standpunktes über die Einführung neuer Technologien ein.[860]

Durch die Einheitliche Europäische Akte von 1986 erhielten die Gespräche vom Val Duchesse mit dem neuen Art. 118 b EGV a. F.[861] als Sozialer Dialog eine normative

---

854 Kasseler Handbuch – Heinze, 11 Europarecht, Rn. 129; Eser, Arbeitsrecht im Multinationalen Unternehmen, 1994, S. 151; Bleckmann – Coen, Europarecht, 1997, Rn. 2507; Neunzehnter Gesamtbericht über die Tätigkeit der Europäischen Gemeinschaften 1985, S. 58, Ziffer 74; Jacobi, in: Mesch, Der soziale Dialog in der Europäischen Union, 1995, S. 257 (266). Die Kommission sieht hier den eigentlichen Beginn des Sozialen Dialogs und bezeichnet die informellen Kontakte der Sozialpartner bis heute nach dem Gründungsort als Sozialer Dialog vom Val Duchesse (Mitteilung der Kommission zur Entwicklung des sozialen Dialogs auf Gemeinschaftsebene, KOM (96) 448 endg. vom 18. 9. 1996, S. 3, Ziff. 9).

855 Groeben/Thiesing/Ehlermann – Schulte, Art. 118 b, Rn. 16; Neunzehnter Gesamtbericht über die Tätigkeit der Europäischen Gemeinschaften 1985, S. 58, Ziff. 74.

856 Neunzehnter Gesamtbericht über die Tätigkeit der Europäischen Gemeinschaften 1985, S. 58, Ziff. 74.

857 Die am 20. 12. 1985 mit dem Jahresbericht über die Wirtschaftslage der Gemeinschaft als wirtschaftspolitische Leitlinien für 1986 vom Rat verabschiedet wurde, ABl. EG 1985, L 377, S. 1, Anhang, Teil 1; Groeben/Thiesing/Ehlermann – Schulte, Art. 118 b EGV, Rn. 16; Neunzehnter Gesamtbericht über die Tätigkeit der Europäischen Gemeinschaften 1985, S. 90, Ziffer 134. Obwohl die Strategie in den Wirtschaftsberichten 1986/87 und 1987/88 aktualisiert und von den Sozialpartnern in einer gemeinsamen Stellungnahme unterstützt wurde (siehe dazu 3.Teil, C., II., 4., a), S. 122) konnte sie nicht aktiv umgesetzt werden.

858 Kasseler Handbuch – Heinze, 11 Europarecht, Rn. 129; Blank, Festschrift für Albert Gnade, 1992, S. 649 (650, 651); Neunzehnter Gesamtbericht über die Tätigkeit der Europäischen Gemeinschaften 1985, S. 58, Ziffer 74.

859 Kasseler Handbuch – Heinze, 11 Europarecht, Rn. 129; Groeben/Thiesing/Ehlermann – Schulte, Art. 118 b, Rn. 16; Neunzehnter Gesamtbericht über die Tätigkeit der Europäischen Gemeinschaften 1985, S. 58, Ziffer 74.

860 Blank, Festschrift für Albert Gnade, 1992, S. 649 (651); Bleckmann – Coen, Europarecht, 1997, Rn. 2507.

861 Art. 139 Abs. 1 EGV n. F.

Grundlage im Primärrecht und wurden institutionell verankert.[862] Art. 118 b EGV a. F.,[863] der die Kommission zur Bemühung um die Entwicklung des Dialogs zwischen den Sozialpartnern auf europäischer Ebene verpflichtete, beließ die Entscheidung über eine Förderung nicht mehr dem politischen Ermessen der Kommission, sondern verpflichtete sie nun, den Dialog durch konkrete Maßnahmen zu fördern.[864] Zudem machte er die Kommission zur Moderatorin des Dialogs zwischen den Sozialpartnern, aber ohne ihr die Rolle einer dritten Gesprächspartnerin zuzuweisen.[865] Mit dem Ziel der Herbeiführung einer Einigung oder einer einvernehmlichen Haltung über die erörterten Fragen ging der neue Artikel über den bisherigen bloßen Austausch von Meinungen und Absichten hinaus.[866] Der soziale Dialog war nicht mehr in der Weise, wie die Gespräche von 1974 bis 1978, wirtschaftspolitisch eingebunden und auch nicht dem Gedanken der konzertierten Aktion zwischen den Akteuren der Wirtschaftspolitik verpflichtet. Das Angebot an die Tarifparteien, nach dem neuen Art. 118 b EGV a. F.[867] im Rahmen des Sozialen Dialogs auf europäischer Ebene vertragliche Vereinbarungen abzuschließen, konnte in Ermangelung geeigneter, zum Abschluß solcher Vereinbarungen befugter und bereiter Akteure jedoch noch nicht zum Erfolg führen.[868] Da man auch die Unterschiede der nationalen Arbeitsrechtssysteme vor allem auf den Gebieten des Koalitions- und Tarifvertragsrechts unterschätzt und insgesamt die Vorschrift in zu unkonkret formuliert hatte, erreichte sie in der Folgezeit keine große praktische Relevanz und die Entwicklung der Sozialpartnerbeziehungen geriet ins Stocken.[869]

b) Intensivierung des Dialogs ab 1989

Nach seiner Rede am 12. Mai 1988 auf dem Kongreß des Europäischen Gewerkschaftsbundes in Stockholm, in der er seine Enttäuschung über den Sozialen Dialog offen zum Ausdruck brachte,[870] unternahm Kommissionspräsident Jacques Delors Anfang 1989 erneut den Versuch, den Sozialen Dialog vom Val Duchesse zu intensivieren.[871] Dies führte am 12. Januar 1989 zu einem Beschluß der Partner des Sozialen Dialogs vom Val Duchesse, mit dem sie die Rahmenbedingungen des Dialogs ver-

---

862 Wisskirchen, Festschrift für Otfried Wlotzke, 1996, S. 793 (794); Bleckmann – Coen, Europarecht, 1997, Rn. 2508.

863 Art. 139 Abs. 1 EGV n. F.

864 Groeben/Thiesing/Ehlermann – Schulte, Art. 118 b, Rn. 1; Wisskirchen, Der soziale Dialog, 1994, S. 653 (662).

865 Die Bemühungen der Kommission waren also auf einen Dialog und nicht auf einen Trialog zu richten. Wisskirchen, Der soziale Dialog, 1994, S. 653 (662); Wisskirchen, Festschrift für Otfried Wlotzke, 1996, S. 793 (801).

866 Groeben/Thiesing/Ehlermann – Schulte, Art. 118 b, Rn. 2.

867 Art. 139 EGV n. F.

868 Blank, Festschrift für Albert Gnade, 1992, S. 649 (652).

869 Kasseler Handbuch – Heinze, 11 Europarecht, Rn. 130; Eser, Arbeitsrecht im Multinationalen Unternehmen, 1994, S. 151.

870 Kasseler Handbuch – Heinze, 11 Europarecht, Rn. 131.

871 Blank, Festschrift für Albert Gnade, 1992, S. 649 (651).

bessern, ihn stärker institutionalisieren und seine Themen erweitern wollten.[872] Sie vereinbarten, daß sich der Dialog neben den im Rahmen der Arbeiten der Kommission erforderlichen Konsultationen insbesondere auf die Bildung und Ausbildung sowie auf die Perspektiven für den europäischen Arbeitsmarkt erstrecken sollte.[873]

c) Politischer Lenkungsausschuß beziehungsweise Ausschuß „Sozialer Dialog"

Dazu richteten die Sozialpartner den sogenannten politischen Lenkungsausschuß als verkleinertes Bild der Treffen mit Vertretern von EGB, UNICE und CEEP ein.[874] Der Ausschuß sollte dem Sozialen Dialog ständig neue Impulse geben, die Arbeiten planen und gemeinsame Stellungnahmen sowie ihre möglichen Auswirkungen beurteilen.[875] Am 21. März 1989 bildete der Lenkungsausschuß Arbeitsgruppen zum Thema der allgemeinen und beruflichen Bildung und zum Thema der Perspektiven des europäischen Arbeitsmarktes, die in der Folgezeit zahlreiche Erklärungen und Stellungnahmen abgaben.[876] Zudem formulierte er die Absicht, den Sozialen Dialog auf verschiedenen Ebenen, Branchen und Regionen auszuweiten.[877] Schließlich beschlossen der Lenkungsausschuß und die Kommission im Januar 1990 ein Verfahren zur gemeinsamen Anhörung der Sozialpartner über die Vorschläge der Kommission zur Ausführung ihrer Arbeitsprogramme.[878]

Gleichzeitig mit dem Maastrichter Vertrag ersetzten die Sozialpartner 1992 den politischen Lenkungsausschuß und die Ad-hoc-Arbeitsgruppen „Bildung und Ausbildung" und „Arbeitsmarkt" durch den neuen Ausschuß „Sozialer Dialog"[879]. Dadurch paßten sie ihre Arbeitsweisen an die geänderten gesetzlichen Bestimmungen an.[880] Der Ausschuß wurde in der Folgezeit zu einem für den Dialog richtungsweisenden

---

872 Blank, Festschrift für Albert Gnade, 1992, S. 649 (651).

873 Bleckmann – Coen, Europarecht, 1997, Rn. 2508.

874 23. Gesamtbericht über die Tätigkeit der Europäischen Gemeinschaften 1989, S. 200 f, Ziff. 395. Die Arbeiten des Lenkungsausschusses und seiner Arbeitsgruppen sind in den Jahresberichten über die Tätigkeit der Europäischen Gemeinschaften dargestellt, beispielsweise im 23. Gesamtbericht über die Tätigkeit der Europäischen Gemeinschaften 1989, S. 200 f, Ziff. 395; 24. Gesamtbericht über die Tätigkeit de Europäischen Gemeinschaften 1990, S. 180, Ziffer 335.

875 Groeben/Thiesing/Ehlermann – Schulte, Art. 118 b, Rn. 17; Blank, Festschrift für Albert Gnade, 1992, S. 649 (651); 23. Gesamtbericht über die Tätigkeit der Europäischen Gemeinschaften 1989, S. 200 f, Ziffer 395.

876 23. Gesamtbericht über die Tätigkeit der Europäischen Gemeinschaften 1989, S. 200 f, Ziffer 395; Groeben/Thiesing/Ehlermann – Schulte, Art. 118 b, Rn. 17; Blank, Festschrift für Albert Gnade, 1992, S. 649 (651); Bleckmann – Coen, Europarecht, 1997, Rn. 2508.

877 Blank, Festschrift für Albert Gnade, 1992, S. 649 (651); 23. Gesamtbericht über die Tätigkeit der Europäischen Gemeinschaften 1989, S. 201, Ziffer 395.

878 24. Gesamtbericht über die Tätigkeit der Europäischen Gemeinschaften 1990, S. 180, Ziffer 335.

879 Diese Umstrukturierung wurde angekündigt in der gemeinsamen Erklärung der Sozialpartner zur Zukunft des Sozialen Dialogs vom 3. 7. 1992, abgedruckt in: Europäische Kommission (Hrsg.), Soziales Europa 2/1995, S. 159.

880 Grabitz/Hilf – Langenfeld/Jansen, Art. 118 b EGV, Rn. 1; Bleckmann – Coen, Europarecht, 1997, Rn. 2509.

Forum.[881] Ihm gehören derzeit insgesamt 45 Mitglieder sowie zwei Beobachter der EFTA-Staaten an.[882] Auf der Arbeitgeberseite wird der Ausschuß durch Vertreter vom UNICE Sekretariat und den nationalen Mitgliedsorganisationen der UNICE, sowie von der CEEP beschickt. Die Gewerkschaftsseite wird vom EGB-Sekretariat, den europäischen Gewerkschaftsausschüssen und den nationalen Mitgliedsorganisationen des EGB vertreten. Der Ausschuß für den sozialen Dialog tritt bis heute zusammen.[883]

4. Gemeinsame Stellungnahmen und Rahmenabkommen des überfachlichen Dialogs

Die Gespräche vom Val Duchesse waren vorherrschend von den unterschiedlichen Erwartungen und Zielen der Teilnehmer geprägt[884] Die Gewerkschaften hofften bei den Verhandlungen „konkrete Ergebnisse" etwa in Form von Vereinbarungen zu erzielen, die sie dann als Vorgabe in die nationalen Tarifverhandlungen einbringen wollten[885] Demgegenüber hielten die Arbeitgeberverbände einen solchen Dialog lediglich als Austausch von Meinungen und Argumenten zur Sensibilisierung für die Position der jeweils anderen Seite für sinnvoll.[886] Obwohl sie regelmäßig mit sehr unterschiedlichen Positionen in die Beratungen gegangen waren, gelang es den Parteien dennoch, in einigen Fällen bemerkenswerte Kompromisse zu erzielen und zahlreiche Stellungnahmen zu verabschieden.[887] Insgesamt wurden 21 gemeinsame Stellungnahmen und Erklärungen abgegeben und sieben Gipfeltreffen abgehalten, an denen der Kommissionspräsident und Spitzenvertreter der nationalen und europäischen Organisationen der Sozialpartner teilnahmen.[888] Hinzu kamen einzelne Aktivitäten auf sektoraler Ebene.

Gemeinsame Stellungnahmen zu wirtschafts- und sozialpolitischen Themen sind bislang das meistgenutzte Handlungsinstrument der Sozialpartner im Rahmen des Sozialen Dialogs.[889] Nach traditionellen nationalen Maßstäben sind gemeinsame Stellungnahmen aber nicht mehr als eine Art Absichtserklärung, der keine rechtliche

---

881 Mitteilung der Kommission zur Entwicklung des sozialen Dialogs auf Gemeinschaftsebene, KOM (96) 448 endg. vom 18. 9. 1996, Anhang I, S. ii.

882 Eine genaue zahlenmäßige Aufstellung bei Bleckmann – Coen, Europarecht, 1997, Rn. 2509, Fn. 74.

883 Gesamtbericht über die Tätigkeiten der Europäischen Union 1999, S. 51, Ziffer 110.

884 Kirchner, in: Biskup, Die Bedeutung der Sozialpartner, 1988, S. 151 (163).

885 Nach Kirchner, in: Biskup, Die Bedeutung der Sozialpartner, 1988, S. 151 (163), der die Meinung der Gewerkschaften allerdings als Mitglied der Arbeitgeberorganisationen darstellt.

886 Kirchner, in: Biskup, Die Bedeutung der Sozialpartner, 1988, S. 151 (163).

887 Wisskirchen, Festschrift für Otfried Wlotzke, 1996, S. 793 (801); Weiss, Festschrift für Albert Gnade, 1992, S. 583 (585 – 586).

888 Mitteilung der Kommission zur Entwicklung des sozialen Dialogs auf Gemeinschaftsebene, KOM (96) 448 endg. vom 18. 9. 1996, S. 3, Ziffer 9; Jacobi, in: Mesch, Der soziale Dialog in der Europäischen Union, 1995, S. 257 (266).

889 EAS – Schwarze, B 8100, Rn. 98; Wisskirchen, Festschrift für Otfried Wlotzke, 1996, S. 793 (795); Wisskirchen, Der soziale Dialog, 1994, S. 653 (664 ff); Jacobi, in: Mesch, Der Soziale Dialog in der Europäischen Union, 1995, S. 257 (266 f).

Verbindlichkeit zukommt.[890] Weder die Parteien der Stellungnahmen noch die angeschlossenen nationalen Verbände werden durch sie verpflichtet, die gemeinsamen Standpunkte in die Praxis umzusetzen.[891] Dennoch können die Stellungnahmen als politische Zielvorgaben für die Sozialpartner im jeweils nationalen Kontext Wirkung entfalten.[892] Diese mögliche Wirkung unterliegt allerdings wiederum der Einschränkung, daß die Stellungnahmen eine differenzierte Auslegung je nach Entwicklungsstand der Arbeitgeber-Arbeitnehmerbeziehungen in den Mitgliedsstaaten der Gemeinschaft zulassen.[893]

a) Arbeitsgruppe „Makroökonomie"

Die Arbeitsgruppe „Makroökonomie" hat mit einer gemeinsamen Stellungnahme zur kooperativen Wachstumsstrategie für mehr Beschäftigung,[894] einer Stellungnahme zum Jahreswirtschaftsbericht 1987/88[895] und einer Stellungnahme zu einer erneuerten kooperativen Wachstumsstrategie für mehr Beschäftigung,[896] sowie der Stellungnahme zur Umwandlung des konjunkturellen Aufschwungs[897] wesentliche Stellungnahmen abgegeben.

In ihrer ersten Stellungnahme vom 6. November 1986 befaßte sich die Arbeitsgruppe mit den großen Linien der kooperativen Strategie für Wachstum und Beschäftigung und den allgemeinen Linien der von der Kommission für 1986 bis 1987 empfohlenen Wirtschaftspolitik.[898] Sie drängte auf den Abbau der Arbeitslosigkeit und die Förderung des Wirtschaftswachstums und verlangte die Schaffung wirtschaftlicher Rahmenbedingungen zur Stärkung der Wettbewerbsfähigkeit und Rentabilität der Unternehmen.[899] Von einer schnellen Vollendung des Binnenmarktes, der den wirtschaftlichen und sozialen Zusammenhalt der Gemeinschaft stärken werde, erwarteten die

---

890 Däubler, EuZW 1992, S. 329 (330).

891 Bleckmann – Coen, Europarecht, 1997, Rn. 2508.

892 Weiss, Festschrift für Albert Gnade, 1992, S. 583 (585 – 586).

893 Bleckmann – Coen, Europarecht, 1997, Rn. 2510.

894 Die Stellungnahme datiert auf den 6. November 1986 und ist abgedruckt in: Europäische Kommission (Hrsg.), Soziales Europa 2/1995, S. 125 – 126.

895 Die Stellungnahme datiert vom 26. November 1987 und ist abgedruckt in: Europäische Kommission (Hrsg.), Soziales Europa 2/1995, S. 130 – 131.

896 Die Stellungnahme datiert vom 3. Juli 1992 und ist abgedruckt in: Europäische Kommission (Hrsg.), Soziales Europa 2/1995, S. 156 – 158.

897 Die Stellungnahme datiert vom 16. 5. 1995 und ist abgedruckt in: Europäische Kommission (Hrsg.), Soziales Europa 2/1995, S. 189 – 191.

898 Groeben/Thiesing/Ehlermann – Schulte, Art. 118 b, Rn. 42. Die von der Kommission vorgeschlagene Strategie wurde am 20. 12. 1985 mit dem Jahresbericht über die Wirtschaftslage der Gemeinschaft als wirtschaftspolitische Leitlinien für 1986 vom Rat verabschiedet, ABl. EG 1985, L 377, S. 1, Anhang, Teil 1; Neunzehnter Gesamtbericht über die Tätigkeit der Europäischen Gemeinschaften 1985, S. 90, Ziffer 134. Siehe dazu bereits oben, 3. Teil, C., II., 3., a), S. 118.

899 Konkret forderte sie neben der Verbesserung der Inflationsrate und der Senkung der realen Zinssätze die Beseitigung wettbewerbsverfälschender Faktoren. Wisskirchen, Der soziale Dialog, 1994, S. 653 (664).

Mitglieder der Arbeitsgruppe die Freisetzung eines umfangreichen Wachstumspotentials.[900]

Nach der zweiten Stellungnahme hielt die Arbeitsgruppe an ihrem Einverständnis mit den Grundlinien der kooperativen Wachstumsstrategie für mehr Beschäftigung fest und forderte eine entschiedene gemeinsame Aktion der Regierungen der Mitgliedsstaaten, mit der das interne Wachstum der Gemeinschaft durch haushaltspolitische Anstrengungen verstärkt und der Binnenmarkt rasch verwirklicht werden sollte.

Angesichts des anstehenden Übergangs zur dritten Stufe der Wirtschafts- und Währungsunion erörterte die Arbeitsgruppe in ihrer Stellungnahme vom 3. Juli 1992 die Notwendigkeit von Konvergenzanstrengungen in Form einer Senkung der Haushaltsdefizite und Inflationsraten. Derartige Fortschritte erachtete sie für die Erreichung eines nichtinflationären, anhaltenden und beschäftigungswirksamen Wachstumstrends, der die Arbeitslosigkeit verringern und die Wettbewerbsfähigkeit der Unternehmen stärken würde, als notwendig. Schließlich schlug sie eine makroökonomische Strategie mit Strukturreformen auf nationaler Ebene vor. Indem sie die Berücksichtigung von Rentabilitätserfordernissen arbeitsplatzschaffender Investitionen, die Berücksichtigung der Wettbewerbsfähigkeit der Unternehmen auf den Weltmärkten und die Berücksichtigung der Rückwirkungen der WWU auf die Lohnentwicklung anmahnten, gelang es den Arbeitgebern, den gewerkschaftlich vertretenen Arbeitnehmern für sie bedeutsame Erklärungen abzuringen.[901]

In ihrer vierten Stellungnahme vom 16. Mai 1995 stellte die makroökonomische Gruppe Leitlinien auf, die es ermöglichen sollten, den konjunkturellen Aufschwung in einen dauerhaften und arbeitsplatzschaffenden Wachstumsprozeß umzuwandeln. Vorrangige Ziele sollten die Verbesserung der Qualität des Humankapitals, die Erleichterung der Wiedereingliederung der Arbeitslosen in das Arbeitsleben und die Erhöhung der Beschäftigungswirksamkeit des Wachstums sein.

b) Arbeitsgruppen „Mikroökonomie“ und „Sozialer Dialog und neue Technologien“

Die Arbeitsgruppe für mikroökonomische Fragen legte am 6. März 1987 eine gemeinsame Stellungnahme zur Ausbildung und Motivation sowie zur Unterrichtung und Anhörung der Arbeitnehmer vor.[902] Grundlage für diese Stellungnahme war eine bereits im Vorfeld ergangene Stellungnahme der Arbeitsgruppe „Sozialer Dialog und Neue Technologien“. Die Arbeitsgruppen befaßten sich vorrangig mit der Einführung

---

[900] Gefordert wurde, daß die Pro-Kopf-Lohnkosten unterhalb des Produktionsfortschritts gehalten und, daß Forschung, Entwicklung und Qualifikation der Arbeitnehmer nachhaltig gefördert würden. Schließlich wurden öffentliche Investitionen und Infrastrukturinvestitionen angemahnt. Wisskirchen, Der soziale Dialog, 1994, S. 653 (664).

[901] So Wisskirchen, Der soziale Dialog, 1994, S. 653 (670).

[902] Die Stellungnahme ist abgedruckt in: Europäische Kommission (Hrsg.), Soziales Europa 2/1995, S. 127 – 129.

von neuen Informationstechnologien und empfahlen, die betroffenen Arbeitnehmer und ihre Vertretungen vor der Durchführung konkreter Maßnahmen anzuhören.

Die Einführung neuer Technologien könnte nach Auffassung der Gruppen durch effizientere Ausbildung und verstärkte Motivation der Arbeitnehmer wirtschaftlich lohnender werden. Schul- und Ausbildungssysteme seien daher an den Bedürfnissen der Arbeitnehmer, der Unternehmen und der Wirtschaft auszurichten und ein System der Äquivalenz der beruflichen Befähigungsnachweise auf europäischer Ebene sei zu schaffen.[903] Dem Übergang der Jugendlichen von der Schule in das Erwerbsleben, Weiterbildungsmaßnahmen für berufstätige Arbeitnehmer sowie Umschulungsmaßnahmen und unterstützende Maßnahmen für Jugendliche unter 25 Jahren und Frauen, sofern sie ohne Qualifikation und erstmals auf der Suche nach einem Arbeitsplatz sind, sollte nach den Stellungnahmen besondere Aufmerksamkeit geschenkt werden. Für die Finanzierung solcher Maßnahmen sind nach Auffassung der Sozialpartner sie selbst neben den einzelnen Arbeitnehmern und dem Staat verantwortlich.

Die Mitglieder der Arbeitsgruppen respektieren trotz unterschiedlicher Auffassungen bezüglich der Zweckmäßigkeit des Rückgriffs auf gemeinschaftliche Rechtsinstrumente den Wunsch, die Unterrichtungen und Anhörungen der Arbeitnehmer bei der Einführung neuer Technologien zu fördern. Bezüglich der Unterrichtung und Anhörung sollten die bestehenden nationalen Verfahren optimal genutzt werden. Die Vereinbarungen sollten den nationalen Sozialpartnern der Gemeinschaft bedeutsame Orientierungsdaten geben.[904] Angesicht der vielen bis dahin gescheiterten Gemeinschaftsvorhaben im Bereich der Arbeitnehmermitbestimmung erschien die Verabschiedung einer gemeinsamen Stellungnahme trotz der fehlenden rechtlichen Verbindlichkeit bemerkenswert[905] und dürfte einen wesentlichen Schritt zur Verabschiedung der Richtlinie über Europäische Betriebsräte beigetragen haben.[906]

1991 legten die Sozialpartner eine zweite gemeinsame Stellungnahme zu den neuen Technologien, zur Arbeitsmarktorganisation und Anpassungsfähigkeit des Arbeitsmarktes vor.[907] Darin vereinbarten sie, Produktionsgewinne sowohl zur Erhöhung der Wettbewerbsfähigkeit und Wirtschaftlichkeit der Unternehmen als auch zur Förderung der Beschäftigung sowie zur Verbesserung der Arbeitsbedingungen und der Le-

---

903 Siehe zu diesem Themenkreis die heute geltenden Richtlinien 89/48/EWG des Rates vom 21. 12. 1988 über eine allgemeine Regelung zur Anerkennung der Hochschuldiplome, die eine mindestens dreijährige Berufsausbildung abschließen, ABl. EG 1989, L 19, S. 16 (= Sartorius II, 192) und die Richtlinie 92/51/EWG des Rates vom 18. 6. 1992 über eine zweite allgemeine Regelung zur Anerkennung beruflicher Befähigungsnachweise in Ergänzung der Richtlinie 89/48/EWG, ABl. EG 1992, L 209, S. 25.

904 Allerdings waren in einigen Mitgliedsstaaten (z. B. Dänemark, Bundesrepublik Deutschland, Niederlande) bereits weiterentwickelte Formen der Unterrichtung und Anhörung der Arbeitnehmer vorhanden.

905 Wisskirchen, Der soziale Dialog, 1994, S. 653 (670); Blank, Festschrift für Albert Gnade, 1992, S. 649 (651).

906 Dazu siehe unten 4. Teil, I., II., S. 283.

907 Die Stellungnahme datiert vom 10. 1. 1991 und ist abgedruckt in: Europäische Kommission (Hrsg.), Soziales Europa 2/1995, S. 140 – 142.

bensqualität einzusetzen. Mit der Verständigung der Sozialpartner darüber, daß Anpassungsfähigkeit und Flexibilität einen unverzichtbaren Beitrag zur Steigerung der Wettbewerbsfähigkeit der Unternehmen darstellen und mit der Aussprache für die Verbesserung von Arbeitsbedingungen konnten sich die Sozialpartner in für beide Seiten wichtigen Bereichen auf gemeinsame Standpunkte einigen.[908] Darüber hinaus erkannten sie die Wichtigkeit und Nützlichkeit eines konstruktiven Sozialen Dialogs an und stellten in seinem Rahmen Leitlinien in Bezug auf die Anpassungsfähigkeit des Arbeitsmarktes für verschiedene Bereiche auf.

c) Arbeitsgruppe „Allgemeine und berufliche Bildung"

Die zahlreichsten Stellungnahmen haben die Sozialpartner im Bereich der allgemeinen und beruflichen Bildung abgegeben.

Im Januar 1990 erarbeitete die Arbeitsgruppe „Allgemeine und berufliche Bildung" eine erste vorbereitende Stellungnahme zur beruflichen Grundausbildung. Im Juni 1990 weitete sie diesen Themenkreis aus und verabschiedete eine gemeinsame Stellungnahme zur Allgemeinbildung, Erstausbildung, beruflichen Bildung und Erwachsenenbildung.[909] Die Arbeitsgruppe hob die Bedeutung eines hohen Niveaus der beruflichen Grundausbildung für alle jungen Menschen hervor und legte besonderes Gewicht auf solche Maßnahmen, die geeignet sind, den Übergang vom Schulleben in das Erwerbsleben durch die Lehrlingsausbildung und die Einrichtung „Ausbildung – Arbeit" zu erleichtern.[910] Ein zweiter wesentlicher Punkt der Stellungnahme waren die berufliche Weiterqualifizierung und die Erwachsenenbildung einschließlich der Umschulung von Erwachsenen.

Die dritte Stellungnahme der Arbeitsgruppe datierte auf den 5. April 1991 und betraf den Übergang von der Schule ins Erwachsenen- und Berufsleben.[911] Die Arbeitsgruppe bemühte sich darin, die Grundsätze und Ziele einer hochwertigen Grund- und Berufsausbildung klarer zu definieren. Dazu sollten ein ausreichendes allgemeines Bildungsniveau, eine zur Anpassung an den immer rascheren Wandel befähigende berufliche Grundausbildung und eine Berücksichtigung der Bedürfnisse der Jugendlichen, nach einer qualifizierte Ausbildung gehören.

Am 20. Dezember 1991 verabschiedete die Arbeitsgruppe eine gemeinsame Stellungnahme über einen möglichst breiten und wirksamen Zugang zur beruflichen Weiterbildung.[912] Schwerpunkt dieser Stellungnahme war die Erwachsenenweiterbildung, der die Sozialpartner im Hinblick auf die Vollendung des Binnenmarktes be-

---

908 Wisskirchen, Der soziale Dialog, 1994, S. 653 (670).

909 Die Stellungnahme ist abgedruckt in: Europäische Kommission (Hrsg.), Soziales Europa 2/1995, S. 136 – 139.

910 24. Gesamtbericht über die Tätigkeit der Europäischen Gemeinschaften 1990, S. 180, Ziffer 335.

911 Die Stellungnahme ist abgedruckt in: Europäische Kommission (Hrsg.), Soziales Europa 2/1995, S. 143 – 147.

912 Die Stellungnahme datiert vom 10. 1. 1991 und ist abgedruckt in: Europäische Kommission (Hrsg.), Soziales Europa 2/1995, S. 150 – 155.

sondere Notwendigkeit einräumten. Um dieser Notwendigkeit Rechnung zu tragen schlugen sie umfangreiche Maßnahmen vor, die eine möglichst umfassende Weiterbildung auf allen Ebenen, in allen Wirtschaftsbereichen und Regionen der Gemeinschaft erreichen sollten.

1992 einigten sich die Mitglieder der Arbeitsgruppe schließlich auf einen Entwurf einer gemeinsamen Stellungnahme zu beruflichen Befähigungsnachweisen und deren Zertifizierung, die am 13. Oktober 1992 als gemeinsame Stellungnahme der Sozialpartner verabschiedet wurde.[913] Nach der Kernaussage dieser Stellungnahme lehnten die Sozialpartner einen bürokratischen und reglementierenden Ansatz, der letztlich auf die Harmonisierung der bestehenden Berufsbildungssysteme hinausliefe, ab. Sie forderten vielmehr einen Ansatz zur Herstellung von Transparenz über die beruflichen Befähigungsnachweise und Zertifikate in den einzelnen Mitgliedsstaaten, der in der Praxis die unterschiedlichen nationalen Befähigungsnachweise vergleichbar machen würde.[914]

Auch nach Inkrafttreten des Maastrichter Vertrags gab die Arbeitsgruppe noch zahlreiche Stellungnahme im Bereich der Aus- und Weiterbildung ab. In Anbetracht der neuen Möglichkeiten, eigene Vereinbarungen zu schließen und durch den Rat umsetzen zu lassen, erreichten diese Stellungnahmen aber nicht mehr die gleiche Beachtung wie zu vor. Abschließend sollen hier nur noch die „gemeinsame Stellungnahme betreffend Aktionen und die künftige Rolle der Gemeinschaft im Bereich der allgemeinen und beruflichen Bildung unter Berücksichtigung der Rolle der Sozialpartner“[915] und die „gemeinsame Stellungnahme betreffend Frauen und Berufsbildung“[916] sowie die „gemeinsame Stellungnahme zum Beitrag der beruflichen Bildung zur Bekämpfung der Arbeitslosigkeit und zur Wiedereingliederung der Arbeitslosen in den Arbeitsmarkt“[917] genannt werden.

d) Arbeitsgruppe „Perspektiven eines europäischen Arbeitsmarktes“

Nachdem die Sozialpartner die erste vorbereitende Stellungnahme der Arbeitsgruppe „Allgemeine und berufliche Bildung“ zur Kenntnis genommen hatten, verabschiedeten ihre Vertreter in der Arbeitsgruppe „Perspektiven eines europäischen Arbeitsmarktes“ im Februar 1990 eine gemeinsame Stellungnahme „betreffend die Schaffung eines europäischen Raums für berufliche und räumliche Mobilität und die Ver-

---

913 Die Stellungnahme ist abgedruckt in: Europäische Kommission (Hrsg.), Soziales Europa 2/1995, S. 160 – 167.

914 Wisskirchen, Der soziale Dialog, 1994, S. 653 (669, 671); mit diesem Thema hatte sich auch bereits die Arbeitsgruppe „Sozialer Dialog und neue Technologien“ befaßt, siehe 3. Teil, C., II., 4., b), S. 124.

915 Die Stellungnahme datiert vom 28. 7. 1992 und ist abgedruckt in: Europäische Kommission (Hrsg.), Soziales Europa 2/1995, S. 170 – 174.

916 Die Stellungnahme datiert vom 3. 12. 1993 und ist abgedruckt in: Europäische Kommission (Hrsg.), Soziales Europa 2/1995, S. 177 – 180.

917 Die Stellungnahme datiert vom 4. 4. 1995 und ist abgedruckt in: Europäische Kommission (Hrsg.), Soziales Europa 2/1995, S. 184 – 188.

besserung der Funktionsfähigkeit des Arbeitsmarktes in Europa".[918] Die wichtigsten Punkte der Stellungnahme waren die interne Anpassungsfähigkeit der Unternehmen durch die Entwicklung der Aus- und Weiterbildung während des gesamten beruflichen Lebens, die geographische Mobilität einschließlich der verschiedenen Formen der grenzüberschreitenden Beschäftigung sowie die Funktionsweise des Arbeitsmarktes.[919] Die Sozialpartner kamen überein, daß eine hochwertige Allgemeinbildung und berufliche Erstausbildung für die erfolgreiche Eingliederung aller Jugendlichen in das Berufs- und Wirtschaftsleben unverzichtbar sei. Zu diesem Zweck sollten unter anderem enge Beziehungen zwischen Unternehmen und Bildungseinrichtungen gefördert werden und die Sozialpartner zu der Ausarbeitung und Durchführung allgemein- und berufsbildender Ausbildungsmaßnahmen der Mitgliedsstaaten konsultiert und daran beteiligt werden. Bezüglich der beruflichen Qualifizierung und Erwachsenenbildung einigten sich die Sozialpartner darauf, daß sie sowohl in die Verantwortung des Arbeitgebers als auch des Arbeitnehmers fallen. Zu den bestehenden Berufsbildungsmöglichkeiten sollte ein größtmöglicher Zugang gewährt werden. Über einen generellen, selbst gewählten Bildungsurlaub konnte jedoch kein Kompromiß erreicht werden.

e) Europäischer Rahmenvertrag zwischen CEEP und EGB

Über die skizzierten gemeinsamen Stellungnahmen hinaus wurden bereits vereinzelt Empfehlungen und Rahmenabkommen geschlossen, die bezüglich ihrer Bindungswirkung über die Stellungnahmen hinausreichen. Zum Teil ist der Übergang vor allem zwischen Empfehlungen und Stellungnahmen allerdings fließend.

Am 6. September 1990 schlossen der EGB und die CEEP einen „Europäischen Rahmenvertrag".[920] Danach forderten sie die öffentlichen Unternehmen auf, unter anderem Anstrengungen zur beruflichen Aus- und Fortbildung ihrer Mitarbeiter zu unternehmen, die Ausbildungsprogramme zu beschreiben und mit den Arbeitnehmervertretungen zu erörtern, die Gleichbehandlung von Männern und Frauen sicherzustellen und zusammen mit dem EGB eine gemeinsame Studie zu Kontinuität und Übertragbarkeit von Ansprüchen an die soziale Sicherheit zu erstellen, die in Unternehmen desselben Sektors gültig sind.[921] In einer ersten Etappe sollten im Bereich des europäischen Schienenverkehrs und im Bereich der öffentlichen Energieversorgung kon-

---

918 Gemeinsame Stellungnahme betreffend die Schaffung eines europäische Raums für berufliche und räumliche Mobilität und die Verbesserung der Funktionsfähigkeit des Arbeitsmarktes in Europa vom 13. 2. 1990. Die Stellungnahme ist abgedruckt in: Europäische Kommission (Hrsg.), Soziales Europa 2/1995, S. 132 – 135. Dazu auch 24. Gesamtbericht über die Tätigkeit der Europäischen Gemeinschaften 1990, S. 180, Ziffer 335.

919 24. Gesamtbericht über die Tätigkeit der Europäischen Gemeinschaften 1990, S. 180, Ziffer 335.

920 Däubler, EuZW 1992, S. 329 (330); Köpke (Leiter des Europäischen Gewerkschaftsinstituts), GMH 1990, S. 757 (760).

921 EAS – Schwarze, B 8100, Rn. 98; Köpke GMH 1990, 757 (760); Däubler, EuZW 1992, S. 329 (330); Lecher, WSI-Mitteilungen 1991, S. 194 (200).

krete Absprachen getroffen werden.[922] Von dieser einen Ausnahme abgesehen erlangte der Soziale Dialog bis zu seiner institutionellen Verstärkung mit dem Vertrag von Maastricht jedoch nirgends eine an Tarifverträge heranreichende Verbindlichkeit.[923] Er hat auch nicht die Funktion gehabt, die unterschiedlichen nationalen Kollektivvertragssysteme durch eine „europäische Dimension" zu ergänzen.[924]

f) Gemeinsame Stellungnahme von DGB und BDA

Nicht zum Sozialen Dialog auf Gemeinschaftsebene gehören Vereinbarungen, die auf rein nationaler Ebene geschlossen werden. Da sich aber auch auf nationaler Ebene die Arbeitgeber- und Arbeitnehmervereinigungen mit europäischen Themen beschäftigen, sollen hier noch die Bemühungen der in Deutschland tätigen Spitzenverbände DGB und BDA um gemeinsame Positionen zum Binnenmarkt erwähnt werden.[925] Als Ergebnis ihrer Bemühungen veröffentlichten die beiden Organisationen am 27. Juli 1989 eine „Gemeinsame Erklärung zur sozialen Dimension des Europäischen Binnenmarktes".[926] Darin traten sie im Rahmen der für die Verwirklichung des Binnenmarktes für unverzichtbar gehaltenen sozialen Dimension unter Ablehnung einer totalen Harmonisierung in allen Bereichen der Sozialpolitik für die gemeinschaftsweite Formulierung sozialer Mindestnormen ein. Zugleich bejahten beide Seiten die Notwendigkeit einer Anerkennung qualitativer Grundrechte und Grundfreiheiten in der Europäischen Gemeinschaft. Angesichts der hohen Arbeitslosigkeit in der Europäischen Gemeinschaft maßen sie einer wirksamen Arbeitsmarktpolitik im Binnenmarkt eine besondere Bedeutung zu. Die von der EG bereitgestellten Instrumente der Bildungspolitik sollten unter der Beteiligung von Gewerkschaften und Arbeitgebern genutzt werden. Schließlich stellten die Unterzeichner fest, daß der europäische Soziale Dialog sich als ein wichtiges Diskussions- und Konsultationsgremium zwischen Arbeitgeberverbänden und Gewerkschaften in Europa erwiesen habe. Sie traten für den Ausbau dieses Gremiums ein und sprachen sich für eine Verstärkung seiner Kompetenzen aus. Als Beispiel für eine Weiterentwicklung nannten sie die Möglichkeit, Übereinstimmung in sozialpolitischen Fragen. wenn sie für Arbeitgeberverbände und Gewerkschaften europaweit von Belang sind.

---

922 Däubler, EuZW 1992, S. 329 (330); Lecher, WSI-Mitteilungen 1991, S. 194 (200); Blank, Festschrift für Albert Gnade, 1992, S. 649 (651); Im Hinblick auf die vereinbarte Umsetzung ordnen Heidmann/Kruse/Paul-Kohlhoff/Zeuner, Sozialer Dialog und Weiterbildung in Europa, 1994, S. 120 diese Vereinbarung als sektoralen Vertrag ein. Daß die praktische Umsetzung erfolgt ist, konnte allerdings nicht belegt werden.

923 Blank, Festschrift für Albert Gnade, 1992, S. 649 (651).

924 Blank, Festschrift für Albert Gnade, 1992, S. 649 (652).

925 Wisskirchen, Der soziale Dialog, 1994, S. 653 (661).

926 Die Erklärung ist in ihrem vollständigen Wortlaut wiedergegeben bei Wisskirchen, Der soziale Dialog, 1994, S. 653 (660 – 661).

III. Sozialer Dialog auf Branchenebene

Neben dem überfachlichen Dialog spielt auch der Soziale Dialog auf Branchenebene eine wichtige Rolle. Für die Europäisierung der Arbeitsbeziehungen ist er von besonderer Bedeutung, da in den meisten Ländern der Europäischen Gemeinschaft die Fachverbände die Tarifvertragsparteien sind.

1. Ausschüsse für den sektoralen Dialog

Einige der ersten Strukturen des Sozialen Dialogs entstanden auf sektoraler Ebene.[927] Seit den sechziger Jahren gibt es auf Gemeinschaftsebene paritätische Ausschüsse und informelle Arbeitsgruppen für die einzelnen Branchen, wie Kohle und Stahl, Landwirtschaft, Hochseefischerei, Straßen und Güterverkehr, Binnenschiffahrt, Bahnverkehr, Textilindustrie und Bauindustrie in denen die Vertreter von Arbeitnehmern und Arbeitgebern vertreten sind und die größtenteils von der Kommission ins Leben gerufen wurden.[928]

Die ersten Ausschüsse in der Montanindustrie, im Agrarsektor sowie in weiten Teilen des Verkehrswesens waren noch mit dem Ziel eingesetzt worden, zum Aufbau eines europäischen Systems von industriellen Beziehungen und freien Tarifverhandlungen beizutragen, blieben aber weit hinter den an sie gestellten Erwartungen zurück.[929] In den frühen achtziger Jahren wurden dann in neuen informellen Dialogen eine Reihe von Industrien sowie der Handel und die Banken eingezogen, aus denen sich im Rahmen der Vollendung des Binnenmarktes Arbeitsgruppen entwickelten, die dem Meinungsaustausch dienten und die Kommission beratend unterstützen.[930] Für den Bereich des Telekommunikationssektors bildete sich erst Anfang der neunziger Jahre mit der zunehmenden Privatisierung staatlicher Monopole in diesem Bereich ein paritätischer Ausschuß für Fernmeldewesen.[931]

In den Branchenausschüssen werden die spezifischen sozialpolitischen Probleme dieser Branchen, insbesondere in Verbindung mit strukturellen Problemen, auf europäischer Ebene erörtert.[932] Die Sozialpartner und die Kommission bemühen sich, in ihnen gemeinsame Lösungen für wirtschaftliche und soziale Fragen von spezifischem

---

927 Mitteilung der Kommission zur Entwicklung des sozialen Dialogs auf Gemeinschaftsebene, KOM (96) 448 endg. vom 18. 9. 1996, S. 7, Ziff. 28.

928 Bleckmann – Coen, Europarecht, 1997, Rn. 2505; Mitteilung der Kommission zur Entwicklung des sozialen Dialogs auf Gemeinschaftsebene, KOM (96) 448 vom 18. 9. 1996, S. 7, Ziff. 28. Kirchner, in: Biskup, Die Bedeutung der Sozialpartner, 1988, S. 151 (156); EAS - Schwarze, B 8100, Rn. 4; Jacobi, in: Mesch, Der Soziale Dialog in der Europäischen Union, 1995, S. 257 (267) benennt sie auch als „joint committees".

929 Jacobi, in: Mesch, Der Soziale Dialog in der Europäischen Union, 1995, S. 257 (267).

930 Jacobi, in: Mesch, Der Soziale Dialog in der Europäischen Union, 1995, S. 257 (268).

931 Zum Sozialen Dialog in diesem Sektor ausführlich: Sörries/Bansbach, WSI Mitteilungen 1999, S. 723 – 731.

932 Kirchner, in: Biskup, Die Bedeutung der Sozialpartner, 1988, S. 151 (156).

Belang für die jeweilige Branche zu finden.[933] Seit ihrer Einsetzung haben die Ausschüsse und Arbeitsgruppen etwa einhundert Stellungnahmen und Empfehlungen vorgelegt.[934] Diese betrafen vor allem die Vorschläge der Gemeinschaft für Rechtsvorschriften oder Regelungen, bei denen mit entsprechenden sozialen Auswirkungen für die betreffenden Branchen zu rechnen war.[935]

1998 hat die Kommission mit ihrem „Beschluß über die Einsetzung von Ausschüssen für den sektoralen Dialog zur Förderung des Dialogs zwischen den Sozialpartnern auf europäischer Ebene“[936] neun der bis dahin bestehenden paritätischen Ausschüsse[937] aufgehoben, die sie durch neue Ausschüsse für den Sozialen Dialog ersetzen will. Diese neuen Ausschüsse sollen in den Branchen gegründet werden, in denen die Sozialpartner einen gemeinsamen Antrag auf Teilnahme am Dialog auf europäischer Ebene stellen, sofern die antragstellenden Organisationen sektor- oder berufsspezifisch sind und über eine Struktur auf europäischer Ebene verfügen. Zudem müssen sie aus Verbänden bestehen, die in ihrem Land integraler und anerkannter Bestandteil des Systems der Arbeitsbeziehungen sind. Sie müssen Vereinbarungen aushandeln können, in mehreren Mitgliedsstaaten repräsentativ sein und über geeignete Strukturen verfügen, damit sie effektiv an Anhörungen teilnehmen zu können.

Gleichzeitig mit dem Beschluß hat die Kommission ihre Mitteilung über die Anpassung und Förderung des Sozialen Dialogs auf Gemeinschaftsebene veröffentlicht.[938] Darin hat sie zentrale Maßnahmen in Bereichen wie Information, Konsultation, Beschäftigungspartnerschaft und Verhandlungen vorgestellt, die zu engerer Zusammenarbeit und größerer Offenheit bei den Sozialpartnern führen und die weitere Entwicklung von vertraglichen Beziehungen sowohl auf sektorübergreifender als auch auf sektoraler Ebene fördern sollen.

Im Rahmen der Umsetzung des Beschlusses und der Mitteilung der Kommission wurden bereits 1999 zweiundzwanzig sektorale Gremien für den Sozialen Dialog eingerichtet.[939] Diese Ausschüsse haben bereits zum großen Teil ihre Arbeitsprogramme für die kommenden Jahre festgelegt.[940] Zu den vorgesehenen Diskussionsthemen gehören insbesondere: Innovation im Bereich von Berufsbildung und Mobi-

933 Bleckmann – Coen, Europarecht, 1997, Rn. 2505.

934 Mitteilung der Kommission zur Entwicklung des sozialen Dialogs auf Gemeinschaftsebene, KOM (96) 448 vom 18. 9. 1996, S. 7, Ziff. 29.

935 Mitteilung der Kommission zur Entwicklung des sozialen Dialogs auf Gemeinschaftsebene, KOM (96) 448 vom 18. 9. 1996, S. 7, Ziff. 29.

936 Beschluß der Kommission 98/500/EG vom 20. 5. 1998 über die Einsetzung von Ausschüssen für den sektoralen Dialog zur Förderung des Dialogs zwischen den Sozialpartnern auf europäischer Ebene, ABl. EG 1998, L 225, S. 27.

937 Und zwar die Paritätischen Ausschüsse für Hochseeschiffahrt, Zivilluftfahrt, Binnenschiffahrt, Straßenverkehr, Eisenbahnen, Fernmeldewesen, landwirtschaftliche Arbeitnehmer, Seefischerei und Postwesen.

938 Die Mitteilung ist zusammengefaßt in: Mitteilung der Kommission über die Anpassung und Förderung des sozialen Dialogs auf Gemeinschaftsebene, IP/98/452 vom 20. 5. 1998.

939 Gesamtbericht über die Tätigkeit der Europäischen Union 1999, S. 52, Rn. 111.

940 Gesamtbericht über die Tätigkeit der Europäischen Union 1999, S. 52, Rn. 111.

lität, Auswirkungen der neuen Informationstechnologien, Arbeitsorganisation, Schwarzarbeit, Kinderarbeit und Auswirkung der Einführung des Euro.[941]

2. Sektorale Vereinbarungen der Sozialpartner

Neben den beratenden Ausschüssen bei der Kommission gibt es in einigen Branchen schon seit längerem Ansätze zur Koordinierung der nationalen Tarifpolitiken und in wenigen Ausnahmefällen auch Absprachen und sogar „europäische Tarifverträge".[942] Auf sektoraler Ebene wurden derartige Beziehungen bisher besonders in den Bereichen Handel, Banken, Landwirtschaft, Hotel- und Gaststättengewerbe sowie Metallbau und Fischerei aktiv geführt.[943] Der Übergang von Firmentarifverträgen zum sektoralen Dialog ist dabei fließend.

Ende der sechziger Jahre gab es offenbar gemeinsame lohnpolitische Aktionen der amerikanischen, deutschen und italienischen Chemiegewerkschaften in der Saint-Gaubain-Gruppe. Die Metallarbeitergewerkschaften sollen im Hinblick auf die Konzentration und Unternehmensfusion im Flugzeugbau kooperiert haben. Der Europäische Metallgewerkschaftsbund hat in den achtziger Jahren seinen Mitgliedsverbänden gemeinsame Tarifforderungen zur Arbeitszeitverkürzung empfohlen. Das Ziel der 35-Stunden-Woche wird von der großen Mehrzahl der Metallgewerkschaften verfolgt[944] und es wurde erreicht, daß im Durchschnitt für die Metallindustrie Westeuropas heute eine 37-Stunden-Woche gilt.

a) Empfehlung von COPA und IBFG

Bereits aus der Vorgeschichte des Sozialen Dialogs ist eine Empfehlung bekannt, die zwischen dem Ausschuß der berufsständischen landwirtschaftlichen Organisation der EG (COPA) und den Arbeitsgruppen der Landarbeiter im IBFG und IBCG am 6. April 1968 für den Bereich des landwirtschaftlichen Ackerbaus vereinbart worden ist.[945] Inhalt des Abkommens war die Harmonisierung der Arbeitszeiten der ständig

---

941 Gesamtbericht über die Tätigkeit der Europäischen Union 1999, S. 52, Rn. 111.

942 Blank, Festschrift für Albert Gnade, 1992, S. 649 (649); Buda, in: Mesch, Auf dem Weg zu europäischen Arbeitsbeziehungen ?, 1995, S. 289 (309).

943 Wisskirchen, Festschrift für Otfried Wlotzke, 1996, S. 793 (803); die folgende Zusammenstellung der Beispiele erfolgte nach Blank, Festschrift für Albert Gnade, 1992, S. 649 (649, 650).

944 Für Deutschland die IG Metall siehe unten 3. Teil, D., II., 5., a), S. 162.

945 EAS – Schwarze, B 8100, Rn. 98; Däubler, Tarifvertragsrecht, 1993, Rn. 1718; Däubler, EuZW 1992, S. 329 (330); Steinberg RdA 1971, S. 19 (19); Schnorr, Arbeits- und sozialrechtliche Fragen der Europäischen Integration, 1974, S. 54, 58 bezeichnet diese Empfehlungen bereits als Rahmenkollektivvertrag; Stiller, ZIAS 1991, S. 194 (212); Däubler, in: Heinemann, Möglichkeiten und Grenzen europäischer Tarifverträge, 1991, S. 16 (17). Die Vereinbarung ist offenbar erneuert worden, siehe Buda, in: Mesch, Auf dem Weg zu europäischen Arbeitsbeziehungen ?, 1995, S. 289 (321), der eine Empfehlung zur Harmonisierung der Arbeitszeit der Beschäftigten in der Landwirtschaft zwischen COPA und EFA von 1978/1981 erwähnt.

im Ackerbau Beschäftigten auf europäischer Ebene.[946] Dieses Rahmenabkommen ist deshalb von besonderer Bedeutung, weil es zum ersten mal inhaltlich Drittbezüge aufwies. Es verpflichtete nämlich beide Seiten, auf ihre Mitgliedsverbände dahingehend einzuwirken, daß die nationalen Kollektivverträge in Übereinstimmung mit den Entwürfen zur Arbeitszeitgestaltung abgeschlossen werden.[947]

b) Sonstige Empfehlungen

Die europäische Regionalorganisation des internationalen Bundes der Privatangestellten (Euro-FIET) und die Europäische Vereinigung des Einzelhandels (CECD oder Eurocommerce) konnten sich auf ein Memorandum über Grundsätze zur Verbesserung der Ausbildung und über europäische Mindestnormen für die Ausbildung im Einzelhandel verständigen.[948] Ähnliche gemeinsame Standpunkte beziehungsweise Empfehlungen existieren auch im Bau- und im Reinigungsgewerbe.[949]

Zu der geplanten praktischen Umsetzung der Empfehlung zwischen CEEP und EGB zur Ausbildung im Schienenverkehr und der Energieversorgung[950] kam es dann aber doch nicht.[951] Nach Auffassung der Gewerkschaften sollte hierfür die mangelhafte finanzielle Unterstützung der Kommission für die vereinbarten Ausbildungsprogramme verantwortlich sein.[952] Im Schienenverkehr fehlte es offenbar aber auch am Interesse für eine praktische Umsetzung bei den Organisationen auf beiden Seiten.[953]

c) Vereinbarung in Deutschland

Eine Sonderregelung wurde Anfang der neunziger Jahre in der deutschen chemischen Industrie geschaffen. Am 31. August 1990 einigten sich die Industriegewerkschaft

---

946 Stiller, ZIAS 1991, S. 194 (212).

947 Däubler, EuZW 1992, S. 329 (330); Schnorr, Arbeits- und sozialrechtliche Fragen der Europäischen Integration, 1974, S. 58.

948 EAS – Schwarze, B 8100, Rn. 98; Heidemann/Kruse/Paul-Kohlhoff/Zeuner, Sozialer Dialog und Weiterbildung in Europa, 1994, S. 120; Buda, in: Mesch, Auf dem Weg zu europäischen Arbeitsbeziehungen ?, 1995, S. 289 (321).

949 EAS – Schwarze, B 8100, Rn. 98; Buda, in: Mesch, Auf dem Weg zu europäischen Arbeitsbeziehungen ?, 1995, S. 289 (321) verweist auf den gemeinsamen Standpunkt von FIEC und EFBH (Bauindustrie) zur Richtlinie über die Entsendung von Arbeitnehmern und die Empfehlung von EURO-FIET und EFCI betreffend die Anwendung einiger Bestimmungen die Richtlinie zur Arbeitszeitgestaltung. Die Empfehlungen von EURO-FIET und EFCI sind abgedruckt in: Sozialer Dialog auf Europäischer Ebene, Dokumentationsreihe, Gesetzliche und Tarifvertragliche Bestimmungen über bestimmte Aspekte der Arbeitszeitgestaltung in der Gebäudereinigungsindustrie, 1995, S. 19 – 20.

950 Zu der Vereinbarung siehe oben bereits 3. Teil, C., II., 4., e), S. 127.

951 Für eine Umsetzung konnten in der Literatur zumindest keine Nachweise gefunden werden.

952 Heidemann/Kruse/Paul-Kohlhoff/Zeuner, Sozialer Dialog und Weiterbildung in Europa, 1994, S. 120.

953 Heidemann/Kruse/Paul-Kohlhoff/Zeuner, Sozialer Dialog und Weiterbildung in Europa, 1994, S. 120.

Chemie-Papier-Keramik und der Bundesarbeitgeberverband Chemie auf „Hinweise für Betriebskontakte auf europäischer Ebene".[954] Diese Vereinbarung ist deshalb von besonderer Bedeutung, weil mit ihr zum ersten Mal eine gemeinsame Absichtserklärung zum grenzüberschreitenden Informationsaustausch zwischen den zuständigen Tarifparteien selbst verabschiedet und zum ersten Mal der Wille einer tarifvertragsfähigen Arbeitgeberorganisation zu einer übernationalen Gestaltung von Informationsaustausch auf der überbetrieblichen Ebene erkennbar wurde.[955] Entscheidet sich ein einzelnes Unternehmen danach für die Kontaktaufnahme zwischen deutschen Betriebsräten und vergleichbaren ausländischen Interessenvertretungen, kann jede Arbeitnehmervertretung Personen bestellen, die sich einmal jährlich zu einem Informationsaustausch treffen. Die Gesprächsthemen sind mit den beteiligten Unternehmensleitungen abzustimmen. Ziel dieser Vereinbarung sind jedoch keine Verhandlungen mit der Konzernspitze oder gemeinsame Aktionen, sondern lediglich die gegenseitige Information. Auf der Grundlage dieser Vereinbarung wurde unter anderem bei der Firma Bayer ein „Europäisches Informationsforum" geschaffen, das einmal pro Jahr in zeitlicher Nähe zur Leverkusener Betriebsräteversammlung stattfinden soll.[956]

IV. Vereinbarungen auf Unternehmensebene

Auf dritter Ebene sind im Rahmen des einsetzenden Dialogs zwischen den Sozialpartnern auf europäischer Ebene schließlich auch die zwischen den multinationalen Unternehmen und Gewerkschaftsvertretern getroffenen Vereinbarungen zu erwähnen. Sie gehören strenggenommen nur dann zum Sozialen Dialog, wenn Vereinbarungspartner eine Gewerkschaft ist.

1. Vereinbarungen über die Anhörung und Unterrichtung der Arbeitnehmer

Bei den ersten Vereinbarungen auf Unternehmensebene handelte es sich vor allem um Absprachen hinsichtlich der Anhörung und Unterrichtung der Arbeitnehmer auf europäischer Ebene, die im Anfangsstadium auf spontane Initiativen der Sozialpartner zustande kamen.[957] Da es hierbei hauptsächlich um die Arbeitnehmerbeteiligung bei Entscheidungen im Unternehmen und Betrieb, also um die Arbeitnehmermitbe-

---

[954] Die Vereinbarung ist im Wortlaut wiedergegeben in RdA 1991, S. 48 – 49; zu der Vereinbarung Däubler, EuZW 1992, S. 329 (330); Kolvenbach, DB 1991, S. 805 (805); Heinze, ZGR 1994, S. 47 (62); Gester/Bobke, Festschrift für Albert Gnade, 1992, S. 729 (739 – 740) Speziell zu dieser Vereinbarung und zur Notwendigkeit europäischer Arbeitnehmerstrukturen auch Jäger, Die Mitbestimmung, 1991, S. 245 – 247.

[955] Lecher, WSI-Mitteilungen 1991, S. 194 (196).

[956] Die Gesamtbetriebsvereinbarung „Europa Forum" bei der Bayer AG ist abgedruckt in RdA 1991, S. 363; dazu aus der Literatur Däubler, EuZW 1992, S. 329 (330).

[957] Eser, Arbeitsrecht im Multinationalen Unternehmen, 1994, S. 151; eine eindrucksvolle Zusammenstellung der europäischen Arbeitnehmertreffs in transnationalen Konzernen allein zwischen 1991 – 1993 bei Schulten, in: Mesch, „Europäische Betriebsräte", 1995, S. 335 (343 – 344).

stimmung auf Unternehmensebene geht, liegt das Hauptaugenmerk dieser Arbeit nicht auf ihrem Inhalt. Im Rahmen der Beteiligung der Sozialpartner auf Gemeinschaftsebene sind sie insoweit interessant, als sie als die ersten Anknüpfungen von Arbeitsbeziehungen auf europäischer Ebene betrachtet[958] und als Anfänge europäischer Firmentarifverträge angesehen werden können. Sie haben im Ergebnis durch die Richtlinie über Europäische Betriebsräte ihren Niederschlag im europäischen Sekundärrecht gefunden. Kraft der Richtlinie und der zu ihrer Umsetzung ergangenen nationalen Gesetze sind heute alle großen Unternehmen verpflichtet, europäischer Betriebsräte zu bilden oder Verfahren zur Unterrichtung und Anhörung der Arbeitnehmer einzurichten.[959] Außerdem sind die ersten freiwilligen Zusammenschlüsse dieser Art in der Regel von den in den Unternehmen und Betrieben vertretenen Gewerkschaften ins Leben gerufen worden.

Bereits in den siebziger Jahren wurden allein von der Arbeitnehmerseite „Weltkonzernausschüsse" ins Leben gerufen.[960] Später wurden in einigen multinationalen Unternehmen insbesondere mit Hauptsitz in Frankreich auf vertraglicher Grundlage Gremien geschaffen, um eine gleiche und rechtzeitige Information und Konsultation der Arbeitnehmervertreter europaweit sicherzustellen.[961] Sie wurden von den Gewerkschaften und/oder betrieblichen Interessenvertretungen aus den einzelnen Niederlassungen innerhalb der EG gebildet und besaßen Informationsrechte gegenüber der Konzernspitze.[962] Insgesamt bestanden bereits im Jahr 1994 circa dreißig europaweit operierende Systeme der Information und Konsultation von Arbeitnehmern im Europäischen Binnenmarkt.[963]

Als bekanntestes Beispiel vereinbarten die Firma Thomson Grand Public[964] und die in ihren Betrieben vertretenen Gewerkschaften beziehungsweise deren europäischer Gewerkschaftszusammenschluß – der EMB – im Jahr 1985 die Bildung eines Verbindungsausschusses und einer Europäischen Branchenkommission.[965] Nachdem die Vereinbarung im Dezember 1987 unbefristet verlängert worden war, wurde das alte

---

958 Ähnlich Eser, Arbeitsrecht im Multinationalen Unternehmen, 1994, S. 151.

959 Zur Richtlinie und ihrer Umsetzung ins deutsche Recht ausführlich im 4. Teil 4, I., II., S. 283.

960 Däubler, in: Heinemann, Möglichkeiten und Grenze europäischer Tarifverträge, 1991, S. 16 (17).

961 Buda, Die Mitbestimmung 1991, S. 241 (241); Däubler, EuZW 1992, S. 329 (330); Kolvenbach, DB 1991, S. 805 (805); Le Friant, NZA 1994, S. 158 (159); eine Zusammenfassung der Beispiele auch bei Bobke, AiB 1993, S. 355 (356 – 359).

962 Däubler, EuZW 1992, S. 329 (330).

963 Krimphove, Europäisches Arbeitsrecht, 1996, S. 271; Blanpain/Schmidt/Schweibert, Europäisches Arbeitsrecht, 1996, Rn. 653; Wirmer, DB 1994, S. 2134 (2134).

964 Das Unternehmen heißt seit 1989 Thomson Consumer Electronics. Le Friant, NZA 1994, S. 158 (159).

965 Krimphove, Europäisches Arbeitsrecht, 1996, S. 270; Däubler, EuZW 1992, S. 329 (330); Kolvenbach, DB 1991, S. 805 (805); Le Friant, NZA 1994, S. 158 (159); Bobke, AiB 1993, S. 356 (357); Blanpain/Klein, Europäisches Arbeitsrecht, Rn. 303; Der Fall ist eingehend beschrieben bei Blanpain/Schmidt/Schweibert, Europäisches Arbeitsrecht, 1996, Rn. 653 ff und Buda, Die Mitbestimmung 1991, S. 241 (241).

Übereinkommen 1992 durch ein neues ersetzt.[966] Beide Gremien wurden zusammengeschlossen und ein neuer europäischer Betriebsrat gebildet, dem die Unternehmensleitung sowie zwanzig Arbeitnehmervertreter angehörten.[967] Ähnliche Modelle verwirklichten die französische Firma BSN-Gervais-Danone (1986) und der französische Elektrokonzern Bull (1988).[968]

Als Resonanz auf die Gemeinschaftscharta der sozialen Grundrechte der Arbeitnehmer von 1989[969] bildeten sich Anfang der neunziger Jahre auch in der Praxis der Bundesrepublik Deutschland europäische Betriebsräte.[970] Zu nennen sind die Vereinbarung über ein „Europa-Forum" bei der Bayer Leverkusen AG[971], die Umwandlung der Jahreskonferenz Continental Car Europe AG, das European Information Meeting der Hoechst AG, das bilaterale Treffen europäischer Arbeitnehmervertreter bei der BASF AG und das entsprechende multilaterale Treffen bei der Henkel KGaA sowie die Gesamtbetriebsräte bei der Bertelsmann AG.[972] Darüber hinaus setzten die europaweit operierenden Unternehmen, Elf Aquitaine,[973] Grundig,[974] die Norsk Hydro[975] sowie die Industriekonzerne Pechiney, Nestlé, Allianz, Rhone Poulenc, Saint Gobain, Scansped Group AB, Airbus Industry und Eurocopter „Europäische Betriebsräte" in ihren Konzernunternehmen ein.[976]

Während in diesen Fällen die Kompetenzen der Betriebsräte regelmäßig auf eine Unterrichtung beschränkt waren, bildete die Mannesmann Europipe GmbH eine Ausnahme. Dort sollten nach einer Vereinbarung mit der IG Metall die deutschen und französischen Arbeitnehmer in dem Aufsichtsrat jeweils zu gleichen Teilen vertreten

---

966 Die Vereinbarung über die Verlängerung ist abgedruckt in: Hans-Böckler-Stiftung, Europäische Betriebsräte, 1991, S. 31 ff; zur neuen Vereinbarung ab 1992: Bobke, AiB 1993, S. 355 (357).

967 Bobke, AiB 1993, S. 355 (357).

968 Krimphove, Europäisches Arbeitsrecht, 1996, S. 271; Blanpain/Klein, Europäisches Arbeitsrecht, Rn. 303; Däubler, EuZW 1992, S. 329 (330); Kolvenbach, DB 1991, S. 805 (805).

969 Vorentwurf der Gemeinschaftscharta der sozialen Grundrechte, KOM (89) 248 endg. vom 30. 5. 1989 = Sartorius II, 190.

970 Kasseler Handbuch – Heinze, 11 Europarecht, Rn. 158.

971 Die Gesamtbetriebsvereinbarung „Europa-Forum" bei der Bayer AG ist abgedruckt in: RdA 1991, S. 363.

972 Eine ausführliche Beschreibung der ersten Vereinbarungen Gester/Bobke, Festschrift für Albert Gnade, 1992, S. 729 (732 – 739); Kasseler Handbuch – Heinze, 11 Europarecht, Rn. 158; eine entsprechende Aufzählung auch bei Heinze, ZGR 1994, S. 47 (63). Die Betriebsräte bei VW, Hoechst AG, Bayer AG, Bertelsmann AG sind auch beschrieben in: Europäische Betriebsräte mit Modellcharakter, EU-Nachrichten Nr. 26 vom 4. 7. 1996, S. 5.

973 Abkommen vom 19. Juli 1991, geändert durch den Nachtrag vom 7. Juli 1994, über die Bildung und das Funktionieren der Europäischen Instanz für Information und Konzertierung.

974 Europäischer GRUNDIG-Wirtschaftsausschuß, Vereinbarung vom 27. 8. 1993.

975 Vereinbarung zwischen, Fellesforbundet, NKIF und NORSK HYDRO über die Einrichtung und Struktur des sozialen Dialogs auf europäischer Ebene für NORSK HYDRO.

976 Krimphove, Europäisches Arbeitsrecht, 1996, S. 271; Zusammenstellung auch bei Le Friant NZA 1994, S. 158 (159); Bobke AiB 1993, S. 355 (356 – 359); Blanpain/Schmidt/Schweibert, Europäisches Arbeitsrecht, 1996, Rn. 653.

werden, wobei der paritätisch besetzte Aufsichtsrat zu wichtigen wirtschaftlichen und finanziellen Entscheidungen seine Zustimmung geben mußte.[977]

Die derartigen vertraglichen Vereinbarungen erreichten in der Literatur überwiegend positive Bewertungen. Hervorgehoben wird, daß diese Vereinbarungen einen viel weitgehenderen Bestandsschutz und eine größere Flexibilität bei gleichzeitigem Interessenausgleich ermöglichen würden, als dies eine europarechtliche Normsetzung, die notwendiger Weise einen zentralistischen Ansatz hätte, zu erreichen vermöge.[978]

2. Der Euro-Betriebsrat der Volkswagen AG

Gesondert erwähnt werden soll der VW Konzern. Der ohnehin „nur“ durch Firmentarifverträge gebundene Konzern gehörte zu den Unternehmen, in denen bereits in den siebziger Jahren „Weltkonzernausschüsse“ von den Arbeitnehmern gegründet worden waren. Parallel zu der allgemeinen Entwicklung nach dem Abschluß der Charta sozialer Grundrechte der Arbeitnehmer von 1989 lösten die Hinweise für Betriebskontakte auf europäischer Ebene der deutschen Chemie-Sozialpartner vom August 1990[979] die faktische Ausformung eines Euro-Betriebsrates bei der Volkswagen AG aus.[980] Die Ausformung wurde auf Seiten der Arbeitnehmer durch eine Zusammenarbeit zwischen den betrieblichen Arbeitnehmervertretern des Volkswagen-Konzerns, den Metallgewerkschaften der beteiligten Länder und dem EMB ermöglicht. Im Februar 1992 schlossen dann die Volkswagen-Konzernleitung und der faktische europäische Konzernbetriebsrat einen schriftlichen Kooperationsvertrag, in dem der Betriebsrat bei der Volkswagen AG rechtlich verankert wurde.[981] Die Vereinbarung vom 7. Februar 1992 regelte Grundsätze der Zusammenarbeit, die Organisation, den Informationsaustausch, das Konsultationsverfahren und die Kostentragung durch das Unternehmen.[982] Mit ihr hatte zum ersten Mal ein deutscher Konzern einen europäischen Betriebsrat vertraglich anerkannt und seine Rechte fixiert.[983]

---

977 Blanpain/Schmidt/Schweibert, Europäisches Arbeitsrecht, 1996, Rn. 653; Bobke, AiB 1993, S. 355 (357).

978 Heinze, ZGR 1994, S. 47 (63).

979 Kasseler Handbuch – Heinze, 11 Europarecht, Rn. 158; Zu den Hinweisen siehe bereits 3. Teil, C., III., 2., c)., S. 132.

980 Blank, Festschrift für Albert Gnade, 1992, S. 649 (659); Kasseler Handbuch – Heinze, 11 Europarecht, Rn. 158; Europäischer Volkswagen - Konzernbetriebsrat: Geschäftsordnung vom 30.8.1990, abgedruckt in : Hans-Böckler-Stiftung, Europäische Betriebsräte, 1991, S. 35 ff; sowie Vereinbarung über die Zusammenarbeit zwischen der Volkswagen-Konzernleitung und dem Europäischen Konzernbetriebsrat vom 7. 2. 1992; aus der Literatur dazu Däubler, EuZW 1992, S. 329 (330); Buda, Die Mitbestimmung 1991, 241 (242 – 243); zu diesem Fall auch eingehend Blanpain/Schmidt/Schweibert, Europäisches Arbeitsrecht, 1996, Rn. 657 – 659.

981 Kasseler Handbuch – Heinze, 11 Europarecht, Rn. 158; Gester/Bobke, Festschrift für Albert Gnade, 1992, S. 729 (734); Blank, Festschrift für Albert Gnade, 1992, S. 649 (659); Blanpain/Schmidt/Schweibert, Europäisches Arbeitsrecht, 1996, Rn. 657.

982 Blank, Festschrift für Albert Gnade, 1992, S. 649 (659).

983 Bobke, AiB 1993, S. 355 (357).

Mit dem Vertrag wollen die Parteien einen Sozialen Dialog auf europäischer Ebene etablieren, und einen aktiven Beitrag zur zukünftigen Verständigung und zum Aufbau einer politischen Union der europäischen Staaten innerhalb eines einheitlichen europäischen Marktes zu leisten.[984] Während der Konzern seine soziale Verpflichtung gegenüber der Arbeitnehmerschaft und den Standorten auf der Basis einer aktiven Zusammenarbeit mit den Arbeitnehmervertretern und Gewerkschaften anerkannt hat, haben die Arbeitnehmer akzeptiert, daß eine erfolgreiche soziale Entwicklung von der internationalen Wettbewerbsfähigkeit abhängt, die nur durch ein hohes Niveau an Produktivität und Flexibilität erreicht werden kann.[985]

Der Europäische Konzernbetriebsrat setzt sich aus 17 Mitgliedern zusammen: acht Vertretern der Volkswagen AG (Deutschland), zwei Vertretern der Audi AG (Deutschland), fünf Vertretern von Seat S. A. (Spanien) und zwei Vertretern von Volkswagen Brüssel S. A. (Belgien).[986] Beide Seiten haben zudem ihren Willen bekundet, die Vereinbarung bei Bedarf zu verändern und sie „dynamisch neuen Anforderungen des Sozialen Dialogs in Europa einvernehmlich anzupassen".[987]

3. Vereinbarung zwischen Hochtief und IG Bau und IBBH

Als eine der neuesten Entwicklungen auf Firmenebene soll schließlich der Fall Hochtief erwähnt werden, der allerdings nicht spezifisch europäisch ist.[988] Der Baukonzern unterzeichnete im März 2000 gemeinsam mit der IG Bauen-Agrar-Umwelt (IG Bau) und dem Internationalen Bund der Bau- und Holzarbeiter (IBBH) einen Verhaltenskodex, der für alle Bereiche des international tätigen Unternehmens gelten soll und in dem sich Hochtief verpflichtete, die Sozialstandards der Internationalen Arbeitsorganisation (IAO) einzuhalten. Hochtief ist der erste internationale Baukonzern, der ein derartiges Abkommen mit der weltweiten Gewerkschaftsorganisation abgeschlossen hat. Die akzeptierten Standards werden für die rund 37 000 Beschäftigten von Hochtief direkt gelten und sollen außerdem in die Verträge mit Beteiligungsgesellschaften und Subunternehmern aufgenommen werden. Zwar bringen die Standards mit einem Verbot der Kinderarbeit, der Zahlung von Löhnen und Gehältern, die den Lebensunterhalt sichern sowie annehmbaren Arbeitsbedingungen für Deutschland nichts grundlegend Neues. Da Hochtief aber nach eigenen Angaben 1999 rund sechzig Prozent seiner Leistungen im Ausland erbrachte, werden sich zukünftig auch viele ausländische Unternehmen an die Vorgaben der IAO halten müssen.

Ein ähnliches Abkommen wurde 1998 zwischen der FIET und der Welsh Rugby Union zur Abschaffung der Kinderarbeit geschlossen.[989] Gemäß dieser gemeinsamen Erklärung werden sich die FIET und die Welsch Rugby Union für die Ausarbeitung

---

984 Blanpain/Schmidt/Schweibert, Europäisches Arbeitsrecht, 1996, Rn. 657.

985 Blanpain/Schmidt/Schweibert, Europäisches Arbeitsrecht, 1996, Rn. 657.

986 Blanpain/Schmidt/Schweibert, Europäisches Arbeitsrecht, 1996, Rn. 657.

987 Blank, Festschrift für Albert Gnade, 1992, S. 649 (659).

988 Der Vertrag wird erwähnt in: Der Tagesspiegel, 16. März 2000.

989 Kurzbericht über die 8. Euro-FIET-Konferenz vom 29. – 31. März, S. 7.

einer Vereinbarung einsetzen, um sicherzustellen, daß alle Markenprodukte „unter Achtung der internationalen Grundarbeitsnormen" hergestellt wurden.

V. Grenzüberschreitende Solidaritätsaktionen

Der Vollständigkeit halber sollen hier noch grenzüberschreitende Solidaritätsaktionen der Arbeitnehmer erwähnt werden. Gemeinsame Gewerkschaftsaktionen hat es bisher allerdings nur selten gegeben.[990] Dies waren vor allem Fälle, in denen mehrere Belegschaften gleichermaßen betroffen waren oder in denen es um die Abwehr schwerster sozialer Einbrüche ging.[991] Erwähnenswert ist der Fall des niederländischen AKZO - Konzerns, der die Stillegung mehrerer Werke in Deutschland, Belgien, den Niederlanden und der Schweiz plante. In Deutschland war die Enka - Glanzstoff AG als Tochter des Konzerns von den geplanten Schließungen betroffen. Nach einer entsprechenden Ankündigung des Konzerns arbeiteten die Gewerkschaften der betroffenen Länder eng zusammen und traten parallel zueinander in Streik.[992]

Für eine Verbesserung des Status quo – vor allen in Bereichen, in denen es nicht um das Arbeitsentgelt und sonstige Leistungen in Geld geht – fehlt es aber in aller Regel offenbar an einem entsprechenden Engagement.[993] Aus deutscher Sicht kommt wohl hinzu, daß „bloße" Sympathiestreiks unzulässig sind. Allerdings darf auch ein mangelndes gewerkschaftliches Interesse vermutet werden. Hierfür kann die zwischen den Gewerkschaften der gleichen Branche in unterschiedlichen europäischen Ländern ausgeprägte Standortkonkurrenz, verantwortlich gemacht werden. Ein Beispiel hierfür ist der Fall Rover, der Anfang des Jahres 2000 Aufsehen erregte, als es um den Stellenabbau und den Verkauf der britischen Tochter des deutschen Mutterkonzerns BMW ging. In der öffentlichen Diskussion dieses Falls erschienen offizielle Verlautbarungen lediglich von britischen Gewerkschaften, deutsche Gewerkschaften hielten sich in ihrem Engagement sehr zurück.

Gemeinsame Aktionen der Gewerkschaften aus unterschiedlichen Ländern gibt es also kaum. Dies könnte darauf hindeuten, daß eine „Europäisierung der Arbeitsbeziehungen" nur dann erwartet werden kann, wenn die Arbeitgeberseite selbst ein nicht ganz unbeträchtliches Eigeninteresse an dem Zustandekommen von Vereinbarungen hat.[994]

---

990 Däubler, EuZW 1992, S. 329 (335). Zu den rechtlichen Problemen grenzüberschreitender Solidaritätsaktionen Hergenröder, in: Heinemann, Der Arbeitskampf im europäischen Zusammenhang, 1987, S. 49 (49 – 84).

991 Als Beispiel für den zweiten Fall sind Streiks zur Beachtung der ITF-Standards auf Billigflaggen-Schiffen zu nennen. Zu diesem Themenkreis ausführlich Birk, Die Rechtmäßigkeit des Streiks auf ausländischen Schiffen in deutschen Häfen, 1983.

992 Der Fall ist ausführlich dokumentiert worden von Hoffman/Langwieler, Noch sind wir da!, 1974 (zu den damaligen Ereignissen: Teil II, Chronologie des Arbeitskampfes, S. 23 – 92; zu der länderübergreifenden Gewerkschaftskooperation: Teil III, Der Arbeitskampf ist international).

993 Däubler, EuZW 1992, S. 329 (335, 336).

994 Däubler, EuZW 1992, S. 329 (336).

VI. Abkommen über die Sozialpolitik vom 7. Februar 1992

Eine wichtige Neuerung erfuhr der Soziale Dialog auf Gemeinschaftsebene mit dem Maastrichter Vertrag, der das Abkommen über die Sozialpolitik enthielt. Sie markiert insoweit einen Bruch, als die Beteiligung der Sozialpartner durch diese Regelungen erheblich erweitert und konkretisiert worden ist.[995] Mit dem neuen Anhörungsverfahren[996] wurde der Soziale Dialog erheblich erweitert und durch zusätzliche Regelungen ausgebaut, die die Umsetzung der Sozialpartnervereinbarungen regelten.[997] Zukünftig sind die Sozialpartner bei jedweder Gemeinschaftsmaßnahme im Bereich der Sozialpolitik bereits während der Planung anzuhören. Sie haben dann die Möglichkeit, erst selbst durch Verhandlungen zu versuchen, die Materie selbst zu regeln. Gelingt ihnen dies, können sie ihre Vereinbarung durch einen Ratsbeschluß in Gemeinschaftsrecht umsetzen lassen. Die neuen Regelungen sind weitgehend unverändert mit dem Vertrag von Amsterdam in den EGV übernommen worden und werden inhaltlich dort noch näher untersucht. Sie legen den Grundstein für Tarifverhandlungen auf europäischer Ebene.[998]

1. Gemeinsamer Vorschlag für die Art. 118 bis 118 b EGV von UNICE, CEEP und EGB

Entscheidender Wegbereiter für die neuen gesetzlichen Möglichkeiten der Sozialpartner war das am 31. Oktober 1991 in Brüssel geschlossene Abkommen zwischen UNICE, CEEP und dem EGB.[999] Das Abkommen war als gemeinsamer Vorschlag der drei Sozialpartnerorganisationen für die Art. 118 bis 118 b EGV zum Entwurf des Vertrags für eine Europäische Politische Union ausgestaltet.[1000] Sein Inhalt hat im wesentlichen Eingang in das Abkommen über die Sozialpolitik gefunden.

Der gemeinsame Vorschlag wurde unter der Leitung der Kommission und insbesondere des damaligen Generaldirektors der Generaldirektion V Mr. J. Degimbe ausgearbeitet.[1001] Bei den Verhandlungen für den Vorschlag hatte die Kommission einräumen müssen, daß die Ziele der Gemeinschaft zur Verbesserung der Sozialpolitik, die in der Sozialcharta von 1989 und dem Aktionsprogramm ihren Niederschlag gefunden hatten, nicht erfolgreich umgesetzt worden waren und war deshalb an anderen Wegen interessiert, um der Gemeinschaft ein gerechtes soziales Profil zu verschaffen.

---

995 Wisskirchen, Festschrift für Otfried Wlotzke, 1996, S. 793 (801); Kasseler Handbuch – Heinze, 11 Europarecht, Rn. 132.

996 Art. 3 AbkSozP a. F., Art. 138 EGV n. F. Hierzu 4. Teil, D., S. 229.

997 Art. 4 AbkSozP a. F., Art. 139 EGV n. F. Hierzu 4. Teil, C., S. 189.

998 Blanpain/Schmidt/Schweibert, Europäisches Arbeitsrecht, 1996, Rn. 170.

999 Blanpain/Schmidt/Schweibert, Europäisches Arbeitsrecht, 1996, Rn. 168; Bleckmann – Coen, Europarecht, 1997, Rn. 2507; Wisskirchen, Festschrift für Otfried Wlotzke, 1996, S. 793 (799, 795, 801).

1000 Das Abkommen ist abgedruckt in Europäische Kommission, Soziales Europa 2/1995, S. 148 – 149.

1001 Blanpain/Schmidt/Schweibert, Europäisches Arbeitsrecht, 1996, Rn. 168.

Die Arbeitgeber fürchteten jede Form der Gemeinschaftsgesetzgebung, insbesondere Richtlinien zur Regelung von Arbeitsbedingungen, die den Unternehmen möglicherweise als unbillig empfundene Verpflichtungen auferlegen könnten.[1002] Als sich abzeichnete, daß die Verhandlungen zum Maastrichter Vertrag zu einer Stärkung der Kompetenzen der Gemeinschaft im Bereich der Sozialpolitik führen würden, befürchtete UNICE neue zahlreiche Rechtsakte der Gemeinschaft in diesem Bereich. Daraus zeichnete sich für sie die Notwendigkeit selbst für die Möglichkeit eigener Rahmenvereinbarungen auf europäischer Ebene zu sorgen, um so den Gemeinschaftsgesetzgeber auf diesem Feld zurückzudrängen und einen Verlust der nationalen Souveränitäten ihrer Mitglieder zu verhindern. Demgegenüber wartete der EGB darauf, auf europäischer Ebene zur Förderung der Interessen seiner Mitglieder und der Arbeitnehmer generell einen größeren Einfluß auszuüben und die für ihn auf dem Kongress in Luxemburg innerverbandlich geschaffenen erweiterten Möglichkeiten zu nutzen.[1003] Die 1991 erfolgten Umstrukturierungen des EGB hatten insoweit auf Seiten der Arbeitnehmer den Weg für das Abkommen und die in seiner Folgezeit abgeschlossenen Rahmenvereinbarungen überhaupt erst möglich gemacht.[1004] Zudem sahen die Gewerkschaften in europäischen Verhandlungen die Möglichkeit, den Verlust von Macht und Einfluß auf nationaler Ebene auf europäischer Ebene zurückzugewinnen.[1005]

Diese divergierenden Interessen schufen die notwendige Verhandlungsbereitschaft bei den Beteiligten, um sich auf Gemeinschaftsebene auf einen Vorschlag zu einigen. Die Kommission und die Sozialpartner haben die Stärkung der Rolle der Kommission sowie die konsultative Rolle der Sozialpartner zur Förderung des Sozialen Dialogs akzeptiert und den Arbeitnehmern das Recht eingeräumt, zunächst selbst den Versuch zu unternehmen, soziale Mindeststandards auf europäischer Ebene durch Tarifvereinbarungen zu verankern.[1006] Die Sozialpartner begrüßten in ihrer zugehörigen gemeinsamen Erklärung zur Zukunft des Sozialen Dialogs die Stärkung ihrer eigenen neuen Rolle in der gemeinschaftlichen Arbeitsmarkt- und Sozialpolitik.[1007]

Unter der Geltungszeit des Abkommens über die Sozialpolitik sind nach dem erfolglosen Versuch für eine Vereinbarung über Europäische Betriebsräte zwei Vereinbarungen nach dem Verfahren des Art. 4 AbkSozP[1008] zustande gekommen, bevor das Abkommen mit dem Vertrag von Amsterdam aufgehoben wurde.

1002 Blanpain/Schmidt/Schweibert, Europäisches Arbeitsrecht, 1996, Rn. 169.

1003 Blanpain/Schmidt/Schweibert, Europäisches Arbeitsrecht, 1996, Rn. 169.

1004 Siehe dazu bereits im 3. Teil, B., II., 1., S. 108.

1005 Nach Blanpain/Schmidt/Schweibert, Europäisches Arbeitsrecht, 1996, Rn. 169, lautete so die Begründung des Generalsekretärs der UNICE, Z. J. A. Tyskiewicz, zu dem Zustandekommen der Vereinbarung auch aus der Sicht des EGB.

1006 Blanpain/Schmidt/Schweibert, Europäisches Arbeitsrecht, 1996, Rn. 170.

1007 Nach Bleckmann – Coen, Europarecht, 1997, Rn. 2507.

1008 Art. 139 EGV n. F.

2. Versuch einer Vereinbarung über Europäische Betriebsräte

Einen ersten Versuch für eine Vereinbarung nach den neuen Vorschriften des Abkommens über die Sozialpolitik unternahmen UNICE, EGB und CEEP, als die Kommission unmittelbar nach dem Inkrafttreten des Maastrichter Vertrags das Gesetzgebungsverfahren für den Erlaß der Richtlinie 94/45/EG über die Einsetzung eines europäischen Betriebsrates oder die Schaffung eines Verfahrens zur Unterrichtung und Anhörung der Arbeitnehmer[1009] einleitete und den Sozialpartnern im Wege der Anhörung ihren Vorschlag unterbreitete.[1010]

UNICE, CEEP und EGB bemühten sich sehr darum, eine europäische Vereinbarung zum Thema der Information und Konsultation zu treffen, da ihre Glaubwürdigkeit als Sozialpartner auf dem Spiel stand.[1011] Sie konnten jedoch bereits während der Anhörungsfrist und vor der Einleitung eines eigenen Verhandlungsverfahrens keine Einigung über die Vorbedingungen für ihre Gespräche erzielen. UNICE machte das Angebot zur Aufnahme des formellen Verhandlungsprozesses. Die Gewerkschaftsseite bestand aber darauf, die Verhandlungen von vornherein auf das System eines europäischen Betriebsrates zu begrenzen. Die Arbeitgeberseite akzeptierte zwar Verhandlungen über die Errichtung eines zentralen europäischen Betriebsrates, wollte aber vorab nicht ausgeschlossen wissen, auch über andere Verfahren der Information und Konsultation zu beraten. Zudem forderte der EGB die Einbeziehung des Vereinigten Königreichs in den Geltungsbereich des angestrebten Regelungswerkes und des britischen Industrie- und Arbeitgeberverbandes in die Verhandlungen, obwohl das Sozialabkommen für Großbritannien nicht galt. UNICE geriet unter zunehmenden Druck ihrer Mitglieder, als bindende Mindestanforderungen für die transnationale Information und Konsultation von Gewerkschaftsseite zum Verhandlungsgegenstand gemacht wurden.[1012] Der Kommissionsentwurf der Richtlinie hatte den Arbeitnehmern bereits so weitgehende Rechte zugestanden, daß für sie Verhandlungen keinen wesentlichen Vorteil mehr gebracht hätten.[1013] Als UNICE sich nicht auf die Vorbedingungen einlassen konnte erklärte der EGB einen Tag nach einer entsprechenden öffentlichen Erklärung aus dem DGB-Vorstand die Gespräche für gescheitert.

Damit hatten die Sozialpartner keine Vereinbarung über die Europäischen Betriebsräte zustande gebracht.[1014] Dennoch dokumentiert dieser Vorgang kein Scheitern des Sozialen Dialoges, sondern zeigt, daß die europäischen Sozialpartner auch in interes-

---

[1009] Richtlinie 94/45/EG vom 22. 9. 1994, ABl. EG 1994, L 254, S. 64; Zum Inhalt der Richtlinie siehe 4. Teil, I., II., 2., S. 285.

[1010] Ausführlich zu dem Verfahren Wisskirchen, Festschrift für Otfried Wlotzke, 1996, S. 793 (801 – 802).

[1011] Blanpain/Schmidt/Schweibert, Europäisches Arbeitsrecht, 1996, Rn. 703.

[1012] Blanpain/Schmidt/Schweibert, Europäisches Arbeitsrecht, 1996, Rn. 703.

[1013] Heinrich, in: Mesch, Sozialer Dialog. Die Position der UNICE, 1995, S. 369 (374).

[1014] Mitteilung der Kommission zur Entwicklung des sozialen Dialogs auf Gemeinschaftsebene, KOM (96) 448 endg. vom 18. 9. 1996, Anhang I, S.v.

sengegensätzlichen Fragen heute in der Lage sind, eine weitgehende Annäherung ihrer Standpunkte auf der Ebene des europäischen Rechtes zu erreichen.[1015]

Bereits zwei Wochen nach dem Scheitern der Verhandlungen zwischen den Sozialpartnern legte die Kommission einen Richtlinienentwurf über die Einsetzung eines europäischen Betriebsrates oder die Schaffung eines Verfahrens zur Unterrichtung und Anhörung der Arbeitnehmer in gemeinschaftsweit operierenden Unternehmen und Unternehmensgruppen vor, der als Richtlinie 94/45/EG verabschiedet worden ist.[1016] Auch wenn die Sozialpartner damit letztlich nicht für das Zustandekommen der Richtlinie „verantwortlich" waren, dürften doch ihre bisherigen Bemühungen um eine gemeinschaftsweite Entwicklung in diesem Bereich in ihren Arbeitsgruppen des sozialen Dialogs[1017] eine bedeutende Rolle für das Zustandekommen der Richtlinie gespielt haben. Sie hatten diesen Bereich in die Öffentlichkeit gerückt und die Notwendigkeit einer solchen Regelung offenkundig werden lassen.

3. Rahmenvereinbarung über Elternurlaub

Die erste zustande gekommene Vereinbarung zwischen den europäischen Sozialpartnern auf Grundlage des Abkommens über die Sozialpolitik war die „Rahmenvereinbarung über Elternurlaub", die am 14. Dezember 1995 von UNICE, CEEP und EGB unterzeichnet wurde.[1018]

Nach dem die Kommission bereits 1993 eine Richtlinie in diesem Bereich vorgeschlagen hatte und diese im Dezember 1994 erneut im Rat am Veto Großbritanniens gescheitert war, leitete die Kommission Anfang 1995 erneut ein Gesetzgebungsverfahren für Maßnahmen ein, die die Vereinbarkeit von Familie und Beruf betrafen.[1019] Nach Ansicht der Kommission sollten diese Maßnahmen die in der Empfehlung Nr. 92/241/EWG zur Kinderbetreuung[1020] angesprochenen Aktionsfelder von der Bereit-

---

[1015] Kasseler Handbuch – Heinze, 11 Europarecht, Rn. 159.

[1016] Richtlinie 94/45/EG vom 22. 9. 1994, ABl. EG 1994, L 254, S. 64; Die Richtlinie ist auf Großbritannien erstreckt worden durch die Richtlinie 97/74/EG des Rates vom 15. 12. 1997 zur Ausdehnung der Richtlinie 94/45/EG über die Einsetzung eines Europäischen Betriebsrats oder die Schaffung eines Verfahrens zur Unterrichtung und Anhörungen der Arbeitnehmer in gemeinschaftsweit operierenden Unternehmen und Unternehmensgruppen auf das Vereinigte Königreich, ABl. EG 1998, L 10, S. 22. Zum Inhalt der Richtlinie siehe 4. Teil, I., II., 2., S. 285.

[1017] Siehe zu den Stellungnahmen der Arbeitsgruppen „Mikroökonomie" beziehungsweise „Sozialer Dialog und neue Technologien" des überfachlichen Dialogs zu diesem Thema bereits 3. Teil, C., II., 4., b), S. 123.

[1018] Mitteilung der Kommission zur Entwicklung des sozialen Dialogs auf Gemeinschaftsebene, KOM (96) 448 endg. vom 18. 9. 1996, S. 15, Ziffer 66; Die Vereinbarung ist abgedruckt im Anhang der Richtlinie 96/34/EG des Rates vom 3. 6. 1996 zu der von UNICE, CEEP und EGV geschlossenen Rahmenvereinbarung über Elternurlaub, ABl. EG 1996, L 145, S. 6 – 9.

[1019] Zum Verfahren ausführlich die Mitteilung der Kommission zur Entwicklung des Sozialen Dialogs auf Gemeinschaftsebene, KOM (96) 448 endg. vom 18. 9. 1996, Anhang I, S. v – vi. Kampmeyer, Protokoll und Abkommen, 1998, S. 104; Grabitz/Hilf – Langenfeld, Nach Art. 122, Rn. 20.

[1020] Empfehlung 92/241/EWG des Rates vom 31. 3. 1992 zur Kinderbetreuung, ABl. EG 1992, L stellung kostengünstiger Kinderbetreuungsmöglichkeiten, Flexibilisierung der Arbeitsorganisation bis zur Einräumung von Sonderurlaub aus familiären Gründen umfassen.[1021] Ihr Ziel war es, endlich eine Einigung über den seit über zehn Jahren im Ministerrat blockierten Richtlinienvorschlag zum Elternurlaub und Urlaub aus familiären Gründen[1022] zu erreichen.[1023]

Im Rahmen der zweiten Phase der Konsultationen teilten die Sozialpartner der Kommission die Einleitung des Verhandlungsverfahrens mit. Sie konnten eine Einigung über eine Rahmenvereinbarung über Elternurlaub erzielen, die anschließend mit einem Ratsbeschluß vom 3. Juni 1996 durch eine Richtlinie[1024] umgesetzt wurde und so Rechtsverbindlichkeit erlangte.[1025] Da die Rahmenvereinbarung nach dem Abkommen über die Sozialpolitik umgesetzt worden war, galt sie zunächst nicht im Vereinigten Königreich von Großbritannien. Nach der Entscheidung der Regierungskonferenz von Amsterdam, das Abkommen in den EGV einzufügen und dem Wunsch Großbritanniens entsprechend, den bereits auf der Grundlage des Abkommens verabschiedeten Richtlinien noch vor der Unterzeichnung des Vertrags von Amsterdam zuzustimmen, verabschiedete der Rat eine zweite Richtlinie.[1026] Mit ihr wurde die erste Richtlinie im Vereinigten Königreich anwendbar. Gestützt wurde diese zweite Richtlinie auf Art. 100 EGV a. F.[1027]

Die Vereinbarung über Elternurlaub legt Mindestvorschriften für den Elternurlaub und für das Fernbleiben von der Arbeit wegen dringender familiärer Gründe bei Krankheiten oder Unfällen fest. Sie gewährt erwerbstätigen Männern und Frauen ein individuelles, nicht übertragbares Recht auf Elternurlaub für die Dauer von mindestens drei Monaten. Die Voraussetzungen und Modalitäten für die Inanspruchnahme des Elternurlaubs sollen in den Mitgliedsstaaten gesetzlich und /oder tarifvertraglich unter Einhaltung der Mindestanforderungen der Vereinbarung geregelt werden. Zu den Mindestanforderungen gehören die erforderlichen Maßnahmen zum Schutz der Arbeitnehmer gegen Entlassungen, die Gewährung des Rechts des Arbeitnehmers, wenn irgend möglich, an seinen früheren Arbeitsplatz zurückzukehren und das Be-

---

123, S. 16.

1021 Grabitz/Hilf – Langenfeld, Nach Art. 122, Rn. 20.

1022 Vorschlag der Kommission für eine Richtlinie des Rates über Elternurlaub und Urlaub aus familiären Gründen, ABl. EG 1983, C 333, S. 6.

1023 Grabitz/Hilf – Langenfeld, Nach Art. 122, Rn. 20.

1024 Richtlinie 96/34/EG des Rates vom 3. 6. 1996 zu der von UNICE, CEEP und EGB geschlossenen Rahmenvereinbarung über Elternurlaub, ABl. EG 1996, L 145, S. 4.

1025 Mitteilung der Kommission zur Entwicklung des sozialen Dialogs auf Gemeinschaftsebene, KOM (96) 448 endg. vom 18. 9. 1996, S. 15, Ziffer 66; das Verfahren ist näher beschrieben in Anhang I, S. v der Mitteilung. Zum Zustandekommen der Vereinbarung und der Richtlinie auch Schmidt, IJCLLIR 1997, 113 – 125; EAS - Schwarze, B 8100, Rn. 98; Zu den Verhandlungen im Vorfeld aus Sicht der Arbeitgeber, Hornung-Draus (Geschäftsführerin der BDA), EuroAS 1995, S. 147 – 148.

1026 Richtlinie 97/75/EG des Rates vom 15. 12. 1997 zur Änderung und Ausdehnung der Richtlinie 96/34/EG zu der von UNICE, CEEP und EGB geschlossenen Rahmenvereinbarung über Elternurlaub auf das Vereinigte Königreich, ABl. EG 1998, L 10, S. 24.

1027 Art. 94 EGV n. F.

stehenbleiben der Rechte, die der Arbeitnehmer zu Beginn des Elternurlaubs erworben hatte oder dabei war zu erwerben. Jede, die Auslegung der Vereinbarung auf europäischer Ebene betreffende Frage muß die Kommission zunächst an die Unterzeichnerparteien zur Stellungnahme weiterleiten.

Zudem erwarteten die Vertragsparteien, daß den (nationalen) Sozialpartnern bei der Durchführung der Vereinbarung eine besondere Rolle eingeräumt werde, da sie am besten Lösungen finden könnten, die den Bedürfnissen der Arbeitgeber und der Arbeitnehmer gerecht werden.[1028] Die besondere Bedeutung der Rahmenvereinbarung über Elternurlaub liegt darin, daß es mit ihr gelungen ist, weite Teile des seit über zehn Jahren im Ministerrat blockierten Richtlinienvorschlags zum Elternurlaub und Urlaub aus familiären Gründen[1029] endlich rechtsverbindlich zu regeln, so daß sich vorerst eine weitere gemeinschaftseigene Maßnahme in diesem Bereich erledigt hat.

Diese erste Vereinbarung und ihre Umsetzung haben allerdings auch Spannungen zwischen den Sozialpartnern auf europäischer Ebene offenkundig werden lassen. Die Europäische Union des Handwerks und der kleinen und mittleren Betriebe (UEAPME) hatte eine Klage vor dem Europäischen Gericht eingereicht, mit der sie die Nichtigerklärung der Richtlinie begehrte. Sie war der Auffassung, daß ihre Rechte auf Teilnahme an den Verhandlungen zwischen den Sozialpartnern verletzt worden seien, weil sie als anerkannte repräsentative Organisation willkürlich von den Verhandlungen ausgeschlossen worden sei.[1030] Da die Klage bereits als unzulässig abgewiesen wurde, konnte UEAPME ihre Forderungen nicht durchsetzen. Der Rechtsstreit hat aber zu einer Klärung des Verhältnisses zwischen UNICE und UEAPME geführt. Beide Organisationen haben im Anschluß an das Verfahren eine verstärkte Zusammenarbeit vereinbart, um derartige Streitigkeiten künftig zu vermeiden.

4. Keine Vereinbarung über die Umkehr der Beweislast bei Diskriminierung

Im Juli 1995 plante die Kommission die Anhörung der Sozialpartner zu der von ihr bereits seit Jahren vorbereiteten Richtlinie zur Umkehr der Beweislast bei Diskriminierung aufgrund des Geschlechts. Der Richtlinienvorschlag war bereits 1982 diskutiert und 1988 erneut aufgegriffen worden, scheiterte aber bislang immer am Widerstand Großbritanniens.[1031] Die europäischen Sozialpartner gaben eine Stellungnahme

---

1028 13. Erwägungsgrund der Vereinbarung.

1029 Vorschlag der Kommission für eine Richtlinie des Rates über Elternurlaub und Urlaub aus familiären Gründen, KOM (83) 686 endg., ABl. EG 1983, C 333, S.6. Zu der Blockierung im Rat auch Mitteilung der Kommission zur Entwicklung des sozialen Dialogs auf Gemeinschaftsebene, KOM (96) 448 endg. vom 18. 9. 1996, Anhang I, S. v, vii.

1030 Zu dem Vorbringen von UEAPME insbesondere EuG vom 17. 7. 1998, Rs. T – 135/96, Union européenne de l'artisanat et des petites et moyennes entreprises gegen den Rat der Europäischen Union, Slg. 1998 II, S. 2335 – 2381 (2355 – 2362, Rn. 43 – 61 (Rn. 54 und 57)).

1031 Vorschlag der Kommission für eine Richtlinie des Rates zur Beweislast im Bereich des gleichen Entgelts und der Gleichbehandlung von Frauen und Männern, Abl, EG 1988, C 176, S. 5; Vorschlag der Kommission für eine Richtlinie des Rates über bestimmte Arbeitsverhältnisse hinsichtlich der Arbeitsbedingungen, KOM (90) 228 endg., ABl. EG 1990, C 224, S. 4; Vorschlag im Rahmen des Anhörungsverfahrens ab, entschieden sich aber, keine Verhandlungen zum Abschluß einer eigenen Vereinbarung nach Art. 139 Abs. 1 EGV in diesem Themenbereich aufzunehmen.[1032]

5. Rahmenvereinbarung über Teilzeitarbeit

Die ebenfalls von UNICE, CEEP und EGB geschlossene Rahmenvereinbarung über Teilzeitarbeit vom 6. Juni 1997[1033] hat der Rat 15. Dezember 1997 durch eine Richtlinie umgesetzt, die bis zum 20. Januar 2000 von den Mitgliedsstaaten umzusetzen war.[1034] Sie wurde im April 1998 durch eine zweite Richtlinie auf das Vereinigte Königreich Großbritannien und Nordirland erstreckt.[1035]

Die vertragschließenden Sozialpartner sehen in ihrer Rahmenvereinbarung über Teilzeitarbeit einen Beitrag zur allgemeinen Beschäftigungsstrategie und wollen mit ihr der Tatsache Rechnung tragen, daß die Teilzeitarbeit in den letzten Jahren einen erheblichen Einfluß auf die Beschäftigungslage gehabt hat.[1036] Die Vereinbarung hat zum Ziel, die Beseitigung von Diskriminierungen von Teilzeitbeschäftigten sicherzustellen und die Qualität der Teilzeitarbeit zu verbessern. Sie will die Entwicklung der Teilzeitarbeit auf freiwilliger Basis fördern und zu einer flexiblen Organisation der Arbeitszeit beitragen, die den Bedürfnissen der Arbeitgeber und der Arbeitnehmer Rechnung trägt. Um dieses zu erreichen, enthält die Vereinbarung ein generelles Diskriminierungsverbot. Teilzeitbeschäftigte dürfen in ihren Beschäftigungsbedingungen gegenüber vergleichbaren Vollzeitbeschäftigten nicht schlechter behandelt werden, es sei denn, die unterschiedliche Behandlung ist aus objektiven Gründen gerechtfertigt. Es gilt, wo dies angemessen ist, der Pro-rata-temporis Grundsatz. Von dem generellen Diskriminierungsverbot macht die Vereinbarung drei Ausnahmen zugunsten der

---

der Kommission für eine Richtlinie des Rates über bestimmte Arbeitsverhältnisse im Hinblick auf Wettbewerbsverzerrungen, KOM (90) 228 endg., ABl. EG 1990, C 224, S. 6. Kampmeyer, Protokoll und Abkommen, 1998, S. 106.

1032 Kampmeyer, Protokoll und Abkommen, 1998, S. 106; Britz/Schmidt, EuR 1999, S. 467 (471).

1033 Die Vereinbarung ist abgedruckt im Anhang der Richtlinie 97/81/EG des Rates vom 15. 12. 1997 zu der von UNICE, CEEP und EGB geschlossenen Rahmenvereinigung [gemeint war Rahmenvereinbarung] über Teilzeitarbeit, ABl. EG 1998, L 14, S. 12 – 14.

1034 Richtlinie 97/81/EG des Rates vom 15. 12. 1997 zu der von UNICE, CEEP und EGB geschlossenen Rahmenvereinigung [gemeint war Rahmenvereinbarung] über Teilzeitarbeit, ABl. EG 1998, L 14, S. 9. Zum Verfahren des Zustandekommens von Richtlinie und Vereinbarung ausführlich Vorschlag für eine Richtlinie des Rates zu der von UNICE, CEEP und EGV geschlossenen Rahmenvereinbarung über Teilzeitarbeit, KOM (97) 392 endg. vom 23. 7. 1997, S. 2.

1035 Richtlinie 98/23/EG des Rates vom 7. 4. 1998 zur Ausdehnung der Richtlinie 97/81/EG zu der von UNICE, CEEP und EGB geschlossenen Rahmenvereinbarung über Teilzeitarbeit auf das Vereinigte Königreich Großbritannien und Nordirland, ABl. EG 1998, L 131, S. 10. Für Großbritannien und Nordirland wurde die Umsetzungsfrist der Richtlinie bis zum 7. April 2000 festgelegt (Art. 2 Abs. 1 a der Richtlinie).

1036 1. Erwägungsgrund der Präambel der Vereinbarung. Zum Inhalt der Vereinbarung ausführlich auch , Schmidt, Die neue EG-Richtlinie zur Teilzeitarbeit, NZA 1998, S. 576 – 582.

Mitgliedsstaaten.[1037] Sie betreffen erstens Fragen der sozialen Sicherheit, die der gesetzlichen Regelung unterliegen und von den Mitgliedsstaaten zu entscheiden sein sollen, zweitens Gelegenheitsarbeiten und drittens Zugangsschwellen für bestimmte Beschäftigungsbedingungen, die von der Dauer der Betriebszugehörigkeit, der Arbeitszeit oder bestimmter Lohn- und Gehaltshöhen abhängig gemacht werden können.

Aber auch die zweite Vereinbarung hat nicht nur Zustimmung gefunden. Insbesondere von Gewerkschaftsseite ist Kritik geäußert worden.[1038] Neben dem vielfach deklaratorischen oder empfehlenden Charakter der neuen Bestimmungen und der häufigen Verwendung bloßer Soll- oder Kannbestimmungen, die letztlich keine Verpflichtungen der Arbeitgeber begründen würden, werden vor allem die Ausnahmeregelungen zugunsten der Mitgliedsstaaten kritisiert, die eine reale Verbesserung der Situation der Teilzeitbeschäftigten gefährden würden.[1039] Befürchtet wird, daß in Ländern mit ohnehin geringem Arbeitnehmerschutz die bestehenden Diskriminierungen durch die nationale Umsetzung der Vereinbarung festgeschrieben oder gar neue Diskriminierungen eingeführt werden. Aus diesen Gründen wäre aus Gewerkschaftssicht eine direkte Gemeinschaftrichtlinie in diesem Bereich sinnvoller gewesen.

Die von der Kommission vorgeschlagene Richtlinie zur Umsetzung der Vereinbarung,[1040] hatte als Reaktion auf die Kritik zusätzlich und ausdrücklich die Bestimmung aufgenommen, daß die Durchführung der Richtlinie „unter keinen Umständen als Rechtfertigung für eine Senkung des allgemeinen Schutzniveaus der Arbeitnehmer in dem von ihr abgedeckten Bereich dienen“ dürfe.[1041] In der letztlich vom Rat verabschiedeten Richtlinie[1042] konnte diese Bekräftigung aber nicht durchgesetzt werden. In den Erwägungsgründen der verabschiedeten Richtlinie wurde lediglich zusätzlich betont, daß nach der Rahmenvereinbarung die Durchführung der Richtlinie „nicht als Rechtfertigung für eine Verschlechterung der derzeit in den einzelnen Mitgliedsstaaten bestehenden Situationen dienen“ darf.[1043]

1037 So zusammengefaßt auch bei Kreimer-de Fries, ArbuR 1997, S. 314 (315).

1038 Siehe die Bewertung der Vereinbarung bei Kreimer-de Fries, ArbuR 1997, S. 314 (315 – 316). Der Autor ist Mitglied des EGB-Ausschusses Arbeitsbeziehungen /Kollektivverhandlungen. Kritik auch bei Schmidt, NZA 1998, S. 576 (581 – 582).

1039 Insbesondere von Kreimer-de Fries, ArbuR 1997, S. 314 (315 – 316).

1040 Vorschlag für eine Richtlinie des Rates zu der von UNICE, CEEP und EGB geschlossenen Rahmenvereinbarung über Teilzeitarbeit, KOM (97) 392 endg. vom 23. 7. 1997.

1041 Art. 2 Nr. 2 des Richtlinienvorschlags.

1042 Richtlinie 97/81/EG des Rates vom 15. 12. 1997 zu der von UNICE, CEEP und EGB geschlossenen Rahmenvereinigung [gemeint war Rahmenvereinbarung] über Teilzeitarbeit, ABl. EG 1998, L 14, S. 9.

1043 22. Erwägungsgrund der Richtlinie.

VII. Der Vertrag von Amsterdam

1. Stellungnahmen der Sozialpartner anläßlich des Vertrags von Amsterdam

Anläßlich der Regierungskonferenz 1996, die zu der Verabschiedung des Vertrags von Amsterdam führte, haben die deutschen Arbeitgeber und Gewerkschaften im Vorfeld Stellungnahmen abgegeben.[1044]

BDA und BDI sprachen sich gemeinsam dafür aus, das Subsidiaritätsprinzip stärker als bisher zu beachten und auf eine Ausweitung der qualifizierten Mehrheit und des Mitentscheidungsverfahrens auf Bereiche der Sozialpolitik zu verzichten. Außerdem sei von der Aufnahme eines Katalogs sozialer Grundrechte Abstand zu nehmen sowie die gemeinschaftsrechtswidrige Spaltung der Sozialpolitik, die durch die Verabschiedung des Maastrichter Abkommens über die Sozialpolitik entstanden sei, rückgängig zu machen.

Der DGB vertrat demgegenüber die Ansicht, daß die Aufnahme sozialer Grundrechte in den EUV der europäischen Integration mehr Glaubwürdigkeit und Legitimation bei den Arbeitnehmern verleihen würde. Als eines der festzuschreibenden Grundrechte sah er das Recht auf Bildung von Koalitionen und Kollektivverhandlungen an. Außerdem bestehe auch zukünftig ein erhebliches Maß an sozialpolitischem Reformbedarf und an der verstärkten Schaffung von Mindeststandards auf Gemeinschaftsebene. Neben der Aufnahme das Abkommens über die Sozialpolitik in den EGV müsse der Soziale Dialog und die Rolle der Sozialpartner bei der Fortführung der europäischen Sozialpolitik insgesamt gestärkt werden. Die Möglichkeit, europäische Gesetze auf der Basis von Vereinbarungen zwischen den Sozialpartnern zu erlassen, müsse ausgebaut und der Soziale Dialog durch branchenspezifische beratende Ausschüsse erweitert werden. Weiterhin wünschte der DGB, daß das Prinzip der qualifizierten Mehrheitsentscheidung zum vorrangigen Entscheidungsverfahren in der europäischen Sozialpolitik gemacht würde. Neben der Stärkung der Demokratie auf Gemeinschaftsebene sei es wünschenswert, wenn das Ziel „Hoher Beschäftigungstand" festgeschrieben werde und die wirtschaftlichen Konvergenzkriterien die jeweilige Arbeitsmarkt- und Beschäftigungslage ausdrücklich mit einbeziehen müßten.

Durch die mit dem Vertrag von Amsterdam erreichte Aufnahme des Abkommens über die Sozialpolitik in den EGV, die Ablösung des Verfahrens der Zusammenarbeit durch das Verfahren der Mitentscheidung im Kapitel über die Sozialvorschriften und den Verzicht auf die Aufnahme eines Katalogs sozialer Grundrechte in das europäische Primärrecht, haben beide Seiten zum Teil ihre Ziele erreicht. Die Diskussion über die Aufnahme eines Grundrechtskatalogs ist aber nach wie vor noch nicht beendet.

[1044] Die folgende Zusammenfassung der Stellungnahmen erfolgte nach Blanpain/Schmidt/ Schweibert, Europäisches Arbeitsrecht, Rn. 212.

2. Rahmenvereinbarung über befristete Arbeitsverhältnisse

Im Anschluß an die nach dem Abkommen über die Sozialpolitik ausgehandelten Vereinbarungen unterzeichneten UNICE, CEEP und EGB im März 1999 eine Rahmenvereinbarung über befristete Arbeitsverträge und beantragten ihre Umsetzung durch Ratsbeschluß.[1045] Bevor der Rat einen Beschluß faßte, trat der Amsterdamer Vertrag in Kraft. Am 28. Juni 1999 verabschiedet er daher zum ersten Mal nach den neuen integrierten Vorschriften im EGV eine Richtlinie zur Umsetzung einer Vereinbarung nach Art. 139 Abs. 2 EGV.[1046]

Die Richtlinie entspricht den Schlußfolgerungen des Europäischen Rates von Essen, daß Maßnahmen zur Steigerung der Beschäftigungsintensität des Wachstums, insbesondere durch eine flexiblere Organisation der Arbeit, die sowohl den Wünschen der Arbeitnehmer als auch den Erfordernissen des Wettbewerbs gerecht wird, erforderlich sind. Mit der umgesetzten Vereinbarung werden die allgemeinen Grundsätze und Mindestvorschriften für befristete Arbeitsverträge niedergelegt. Geschaffen wird ein allgemeiner Rahmen, der die Gleichbehandlung von Arbeitnehmern in befristeten Arbeitsverhältnissen sichert und die Inanspruchnahme befristeter Arbeitsverträge auf einer für Arbeitgeber und Arbeitnehmer akzeptablen Grundlage ermöglicht.

Unter einem befristet beschäftigten Arbeitnehmer wird dabei jede Person mit einen direkt zwischen dem Arbeitgeber und dem Arbeitnehmer geschlossenen Arbeitsvertrag oder –verhältnis verstanden, dessen Ende durch objektive Bedingungen wie das Erreichen eines bestimmten Datums, die Erfüllung einer bestimmten Aufgabe oder das Eintreten eines bestimmten Ereignisses bestimmt wird. Die Richtlinie gilt nicht für diejenigen befristet beschäftigten Arbeitnehmer, die einem Unternehmen von Leiharbeitsagenturen zur Verfügung gestellt werden.

Die Vereinbarung soll durch die Anwendung des Grundsatzes der Nichtdiskriminierung die Qualität befristeter Arbeitsverhältnisse verbessern. Nach dem Grundsatz der Nichtdiskriminierung dürfen befristet beschäftigte Arbeitnehmer in ihren Beschäftigungsbedingungen nur deswegen, weil für sie ein befristeter Arbeitsvertrag oder ein befristetes Arbeitsverhältnis gilt, gegenüber vergleichbaren Dauerbeschäftigten nicht schlechter behandelt werden, es sei denn, die unterschiedliche Behandlung ist aus sachlichen Gründen gerechtfertigt. Außerdem soll die Vereinbarung einen Rahmen schaffen, der den Mißbrauch durch aufeinanderfolgende befristete Arbeitsverträge oder –verhältnisse verhindert. Dazu ergreifen die Mitgliedstaaten, wenn nicht bereits gleichwertige gesetzliche Maßnahmen bestehen, Maßnahmen, mit denen sie erstens sachliche Gründe bestimmen, die die Verlängerung solcher Verträge oder Verhältnisse rechtfertigen, durch die zweitens die insgesamt maximal zulässige Dauer aufeinanderfolgender Arbeitsverträge oder –verhältnisse festgelegt werden und mit denen drittens die zulässige Zahl der Verlängerungen solcher Verträge oder Verhältnisse be-

---

[1045] Gesamtbericht über die Tätigkeit der Europäischen Union 1999, S. 51, Ziff. 110.

[1046] Richtlinie 1999/70/EG des Rates vom 28. 6. 1999 zu der EGB-UNICE-CEEP-Rahmenvereinbarung über befristete Arbeitsverträge, Abl. EG 1999, L 175, S. 43. Die Vereinbarung ist abgedruckt im Anhang der Richtlinie, S. 45.

stimmt wird. Außerdem haben die Arbeitgeber die befristet beschäftigten Arbeitnehmer über Stellen zu informieren, die im Unternehmen oder Betrieb frei werden, damit diese die gleichen Chancen auf einen sicheren unbefristeten Arbeitsplatz haben wie andere Arbeitnehmer. Die Arbeitgeber erleichtern den befristet beschäftigten Arbeitnehmern, soweit es möglich ist, den Zugang zu angemessenen Aus- und Weiterbildungsmöglichkeiten. Befristet beschäftigte Arbeitnehmer werden entsprechend den nationalen Rechtsvorschriften bei der Berechnung der Schwellenwerte für die Einrichtung von gesetzlich vorgesehenen Arbeitnehmervertretungen in den Unternehmen berücksichtigt.

Schließlich können die Mitgliedstaaten und/oder Sozialpartner günstigere Bestimmungen für Arbeitnehmer beibehalten oder einführen. Die Umsetzung der Vereinbarung darf nicht als Rechtfertigung für die Senkung des allgemeinen Niveaus des Arbeitnehmerschutzes in dem von der Vereinbarung erfaßten Bereich dienen. Falls einer der Unterzeichnerparteien dies beantragt, nehmen die Unterzeichner fünf Jahre nach dem Datum des Ratsbeschlusses eine Überprüfung der Anwendung der Vereinbarung vor.

Die Umsetzung der Richtlinie ist derzeit noch nicht abgeschlossen.[1047] Die Frist für die Umsetzung der Richtlinie läuft am 10. Juli 2001 ab, sofern ein Mitgliedstaat nicht bei besonderen Schwierigkeiten oder im Falle einer Durchführung mittels eines Tarifvertrags eine zusätzliche Frist von höchstens einem Jahr beantragt.

3. Rahmenvereinbarung über die Arbeitszeit der Seeleute

Obwohl gerade der sektorale Dialog eine effektive Interventionsebene zu Fragen der Beschäftigung, der Arbeitsorganisation und der Verbesserung der Arbeitsbedingungen ist, ist es bisher hier kaum zu nennenswerten Vereinbarungen gekommen.[1048]

Erstmals 1998 ist eine Vereinbarung auf Branchenebene zustande gekommen. Sie wurde vom Verband der Reeder in der Europäischen Gemeinschaft[1049] und dem Verband der Verkehrsgewerkschaften in der Europäischen Union[1050] getroffen und zwar zur Regelung der Arbeitszeit von Seeleuten. Die Vereinbarung wurde am 21. Juni 1999 durch eine Richtlinie des Rates umgesetzt.[1051] Dieser Richtlinie liegt die erste verbindliche Vereinbarung auf Branchenebene überhaupt zugrunde.

Die Vereinbarung enthält bisher die konkretesten Vorschriften, die durch eine Ver-

---

1047 In Deutschland erfolgte die Umsetzung zum 1. 1. 2001 durch das Teilzeit- und Befristungsgesetz.

1048 Lenz – Coen, Art. 138, Rn. 9.

1049 European Community Shipowners' Association, ECSA.

1050 Federation of Transport Workers' Unions in the European Union, FST.

1051 Richtlinie 1999/63/EG des Rates vom 21. 6. 1999 zu der vom Verband der Reeder in der Europäischen Gemeinschaft und dem Verband der Verkehrsgewerkschaften in der Europäischen Union getroffenen Vereinbarung über die Regelung der Arbeitszeit von Seeleuten, Abl. EG 1999, L 167, S. 33. Die Vereinbarung ist im Anhang der Richtlinie, S. 35 abgedruckt; dazu auch Gesamtbericht über die Tätigkeit der Europäischen Union 1999, S. 49, Ziffer 105 einbarung europäischer Sozialpartner bestimmt und durch eine Richtlinie umgesetzt wurden. Sie gilt für Seeleute auf allen seegehenden Schiffen, die im Hoheitsgebiet eines Mitgliedsstaates eingetragen sind und die gewöhnlich in der gewerblichen Seeschiffahrt verwendet werden. Sie bemißt Höchstarbeitszeiten und Mindestruhezeiten für die Seeleute exakt und stundengenau und regelt auch die Verteilung dieser Zeiten. Die Einhaltung der Höchstarbeits- und Ruhezeiten muß überwacht werden. Zulässig ist lediglich eine vorübergehende Änderung der Arbeitszeiten für den Fall der Seenot. Die Vereinbarung räumt außerdem einen bezahlten Jahresurlaub von mindestens vier Wochen beziehungsweise einem entsprechenden Anteil bei einer Beschäftigungsdauer von weniger als einem Jahr ein. Schließlich trifft sie Schutzbestimmungen zugunsten von Seeleuten unter achtzehn Jahren und verbietet die Beschäftigung von Personen unter sechzehn Jahren auf einem Schiff.

Die Umsetzungsfrist für die Richtlinie läuft am 30. Juni 2002 ab. In engem Zusammenhang dazu haben das Europäische Parlament und der Rat im Dezember 1999 eine Richtlinie zur Arbeitszeit der Seeleute an Bord von Schiffen, die Gemeinschaftshäfen anlaufen, genehmigt.[1052]

Verhandlungen über eine ähnliche Vereinbarung im Sektor des Straßenverkehrs konnten dagegen nicht zu einem Erfolg geführt werden. Hier wurde keine Vereinbarung geschlossen.[1053]

4. Ergebnis

Seit dem Vertrag von Amsterdam sind bereits zwei Sozialpartnervereinbarungen geschlossenen worden, die vom Rat mit einer Richtlinie umgesetzt wurden. Vor allem die zweite Vereinbarung über die Arbeitszeit der Seeleute hat eindrucksvoll demonstriert, daß die konkretesten und tarifvertragsähnlichsten Ergebnisse auf Branchenebene erreicht werden können. Als Regelung auf der „eigentlichen" Ebene von Tarifverträgen sollte diese Vereinbarung ein Ansporn für andere Branchenverbände sein, nachfolgende Vereinbarungen zu schließen.

Außerdem haben insbesondere die Rahmenvereinbarungen über Teilzeitarbeit und befristete Arbeitsverhältnisse gezeigt, daß die Sozialpartner in der Lage sind, Einigungen zu erzielen, wenn gemeinschaftseigene Gesetzgebungsmaßnahmen nicht durchgesetzt werden können. Durch diese beiden Vereinbarungen sind die von der Kommission vorgelegten Richtlinienvorschläge zum Komplex atypischer Arbeitsverhältnisse,[1054] die bislang im Rat gescheitert sind, hinfällig geworden.[1055] Lediglich zur Frage der Beweislast im Bereich des gleichen Entgelts und der Gleichbehandlung von

---

[1052] Gesamtbericht über die Tätigkeit der Europäischen Union 1999, S. 49, Ziffer 105.

[1053] Lenz – Coen, Art. 138, Rn. 9.

[1054] Vorschlag der Kommission für eine Richtlinie des Rates über bestimmte Arbeitsverhältnisse hinsichtlich der Arbeitsbedingungen, KOM (90) 228 endg., ABl. EG 1990, C 224, S. 4; Vorschlag der Kommission für eine Richtlinie des Rates über bestimmte Arbeitsverhältnisse im Hinblick auf Wettbewerbsverzerrungen, KOM (90) 228 endg., ABl. EG 1990, C 224, S. 6.

[1055] Dies war prognostiziert worden von Grabitz/Hilf – Langenfeld, Nach Art. 122, Rn. 21.

Männern und Frauen[1056] konnten die Sozialpartner keine Vereinbarung zustande bringen.

5. Sonstige Aktivitäten der Sozialpartner seit 1998

In Zusammenhang mit der Vollendung der Wirtschafts- und Währungsunion einigten sich die niederländischen, belgischen, luxemburgischen und deutschen Gewerkschaften am 6. 9. 1998 in Doorn auf eine Tarifpolitik, die sie zukünftig verpflichtet, die Summe aus Preisentwicklung und Steigerung der Arbeitsproduktivität auszuschöpfen.[1057] Diese Strategie bekräftigte der Europäische Metallarbeiterbund in seiner Entschließung zur „Tarifpolitik mit dem Euro“ auf seiner dritten tarifpolitischen Konferenz in Frankfurt im Dezember 1998 für die Tarifverhandlungen in der europäischen Metallwirtschaft.[1058]

1999 haben die Sozialpartner außerdem eine gemeinsame Erklärung an den Europäischen Rat von Köln gerichtet, in der sie auf den Europäischen Beschäftigungspakt und den makroökonomischen Dialog verwiesen.[1059] Im März 1999 fand eine Konferenz über den Sozialen Dialog und die Erweiterung der Europäischen Union statt und führte zu einer gemeinsamen Erklärung der Sozialpartner aus der Europäischen Union und den Beitrittsländern.[1060]

VIII. Zusammenfassung

Der Soziale Dialog ist über den bloßen Gedankenaustausch der Anfangszeit schon weit hinausgekommen.[1061] Die Sozialpartner haben auf europäischer Ebene untereinander und im Verhältnis zu den Gemeinschaftsorganen (vor allem der Kommission) Beziehungen entwickelt. Sie nehmen ihrer Aufgaben in beratenden Ausschüssen und informellen Gesprächsrunden wahr, die zu gemeinsamen Stellungnahmen und Vereinbarungen führen. Ihre „Betätigungen“ können unter dem Begriff des Sozialen Dialogs im weiteren Sinne zusammengefaßt werden.

Zur Artikulation ihrer Interessen in dem wichtigen Bereich der Beschäftigungspolitik sind sie im Ständigen Ausschuß für Beschäftigungsfragen vertreten, der nach seiner jüngsten Strukturreform in die neue Beschäftigungspolitik der Gemeinschaft eingepaßt ist.

Auf branchenübergreifender Ebene ist der Soziale Dialog am weitesten ausgeprägt. Hier pflegen in erster Linie UNICE, CEEP und EGB Beziehungen und führen mit der

---

1056 Vorschlag der Kommission für eine Richtlinie des Rates zur Beweislast im Bereich des gleichen Entgelts und der Gleichbehandlung von Frauen und Männern, KOM (88) 269 endg., ABl. EG 1988, C 176, S. 5.

1057 Lenz – Coen, Art. 138, Rn. 6.

1058 Lenz – Coen, Art. 138, Rn. 6.

1059 Gesamtbericht über die Tätigkeit der Europäischen Union 1999, S. 51, Ziff. 110.

1060 Gesamtbericht über die Tätigkeit der Europäischen Union 1999, S. 51, Ziff. 110.

1061 EAS – Schwarze, B 8100, Rn. 98.

Kommission als Moderatorin informelle Gespräche (Sozialer Dialog vom Val Duchesse). Vertiefte Diskussionen werden in ihrem Ausschuß „Sozialer Dialog“ geführt, der ein verkleinertes Bild der Gespräche wiedergibt. Ergebnisse dieser informellen Beziehungen sind in erster Linie gemeinsame Stellungnahmen und Empfehlungen. Daneben existieren auf branchenübergreifender Ebene beratende Ausschüsse für Schwerpunktthemen.

Der Soziale Dialog auf sektoraler Ebene wird vor allem in paritätischen Ausschüssen und informellen Arbeitsgruppen geführt, die in enger Beziehung zur Kommission stehen. Die Branchenausschüsse versuchen vor allem bei der Erarbeitung von Gemeinschaftsmaßnahmen und Gemeinschaftsrechtsakten in sektorspezifischen Bereichen Einfluß zu nehmen.

Weitgehend unabhängig von der Kommission hat sich der „Soziale Dialog“ auf Unternehmensebene entwickelt. Er hat seinen Schwerpunkt in „Firmentarifverträgen“ und „Betriebsvereinbarungen“, die auf Initiativen der Gewerkschaften eingerichtet werden.

Seit dem Vertrag von Maastricht hat sich für die Sozialpartner durch die Einführung der neuen Anhörungs- und Verhandlungsverfahren eine neue Ebene für die Entwicklung ihrer Beziehungen erschlossen. Von den Verhandlungsmöglichkeiten und ihrer Umsetzung wurde im überfachlichen Dialog bereits dreimal durch die Vereinbarungen über Elternurlaub, Teilzeitarbeit und befristete Arbeitsverhältnisse Gebrauch gemacht, die jeweils durch eine Richtlinie umgesetzt wurden. Aber auch auf sektoraler Ebene konnte bereits ein erster Erfolg erzielt werden.

Die „alleinigen“ Beziehungen der Sozialpartner, die sie durch Stellungnahmen, Empfehlungen und bindende Vereinbarungen fortzuentwickeln versuchen, können als „Sozialer Dialog im engeren Sinne“ bezeichnet werden. Nicht dazu gehören die beratenden Ausschüsse bei der Kommission, der Ständige Ausschuß für Beschäftigungsfragen und die Beziehungen zwischen Management und Arbeitnehmern auf Unternehmensebene, insbesondere die Anwendung der Richtlinien über Europäische Betriebsräte.[1062] Innerhalb des Sozialen Dialogs im engeren Sinne kann zischen der „informellen“ Ebene der Verhandlungen mit gemeinsamen Stellungnahmen und Empfehlungen einerseits[1063] und den „formellen“ Verhandlungen im Rahmen der neuen Verfahren der Sozialvorschriften andererseits unterschieden werden. Diese beiden Formen des Dialogs, die auf allen drei denkbaren Ebenen erkennbar sind, werden auch in Zukunft nebeneinander bestehen.[1064]

D. Die Positionen der Sozialpartner bezüglich der Zukunft ihrer Beziehungen

Die unterschiedlichen Meinungen der auf europäischer Ebene kontrahierenden Sozialpartner insbesondere zu europäischen Tarifverträgen spiegeln ihre divergierenden

---

1062 Die Zukunft des Sozialen Dialogs – aus Arbeitgebersicht, EuroAS 1996, S. 198 (198).

1063 Eine Zusammenstellung der Ergebnisse bis Ende 1993 bei Buda, in: Mesch, Auf dem Weg zu europäischen Arbeitsbeziehungen ?, 1995, S. 289 (Anhang I, S. 320 – 321).

1064 Wisskirchen, Festschrift für Otfried Wlotzke, 1996, S. 793 (801).

Interessenlagen gegenüber der Europäisierung wieder. Während die Arbeitgeber auf ihre staatsfreie Autonomie und den Vorrang der wirtschaftlichen Entwicklung pochen, erhoffen sich die Arbeitnehmervertreter von der Kommission als Fürsprecherin ihrer eigenen Vorstellungen eine erleichterte Durchsetzung ihrer Positionen.

I. Arbeitgeber

Die drei wesentlichen Ziele, die die Arbeitgeberorganisationen auf europäischer Ebene verfolgen sind die Erhaltung der marktwirtschaftlichen Ordnung, des Privateigentums und der unternehmerischen Handlungs- und Entscheidungsfreiheit.[1065]

Im Rahmen des Sozialen Dialogs nach Art. 139 EGV sind die Arbeitgeber um ihre Anerkennung als gegenüber den Institutionen der Gemeinschaft unabhängige Rechtssubjekte und um die Begrenzung der Rolle der Kommission im Verhältnis zu den Sozialpartnern bemüht.[1066] Die Schwierigkeiten des Sozialen Dialogs auf europäischer Ebene liegen nach Auffassung der Arbeitgeber neben den unterschiedlichen Interessen zwischen Arbeitnehmern und Arbeitgebern in den Unterschieden innerhalb der beiden Seiten selbst, nämlich in der jeweiligen „Verhaftung" der Mitglieder beider Seiten in den nationalen Sozialordnungen. Im Hinblick auf „europäische Tarifverträge" fehle es neben den dafür notwendigen Strukturen auch an dem übereinstimmenden Interesse, Löhne oder Arbeitsbedingungen großflächig und grenzüberschreitend zu regeln. Dies sei im Interesse der Autonomie der Sozialpartner hinzunehmen. Gleichwohl ist aus Arbeitgebersicht nicht ausgeschlossen, daß es zu grenzüberschreitenden vertraglichen Vereinbarungen kommen wird. Dies könnten jedoch nur Vereinbarungen mit begrenzter Thematik und mit begrenztem Geltungsbereich sein.

1. Union der Industrie der Europäischen Gemeinschaft

UNICE stellt sich voll in den Dienst eines Sozialen Dialogs im Sinne einer permanenten Gesprächsbasis der europäischen Sozialpartner. Unabdingbar ist für UNICE auch das Recht zur Mitbegutachtung und Mitwirkung an der europäischen Sozialgesetzgebung.[1067]

Sie verteidigt andererseits die gerade für die europäische Sozialpolitik charakteristischen nationalen Gepflogenheiten der Sozialpartner durch die Betonung des Subsidiaritätsprinzips und sieht auch nach Inkrafttreten des Maastrichter Vertrags viele ungelöste Fragen beim Abschluß bindender Sozialpartnervereinbarungen auf europäischer Ebene.[1068]

Vom Gemeinschaftsgesetzgeber verlangt UNICE daher, daß er akzeptiert, daß Arbeitsmarktangelegenheiten in den Mitgliedsländern der Gemeinschaft auf nationaler

---

1065 Von Voss, in: Meessen, Arbeitgeberverbände und Europäische Integration, 1980, S. 87 (100).
1066 Zusammenfassung nach Thüsing, in: Birk, Die soziale Dimension, 1990, S. 107 – 109.
1067 Heinrich, in: Mesch, Sozialer Dialog. Die Position der UNICE, 1995, S. 369 (374).
1068 Heinrich, in: Mesch, Sozialer Dialog. Die Position der UNICE, 1995, S. 369 (374).

Ebene und durch die Sozialpartner wahrgenommen werden, und daß die Angleichung der nationalen Sozialpolitiken ein Entwicklungsprozeß ist, der nicht durch eine Intervention des Gemeinschaftsgesetzgebers vorweggenommen werden dürfe.[1069] Der Soziale Dialog könne nur dann zum Erfolg führen, wenn seitens der Organe der Europäischen Union insbesondere der Kommission sehr zurückhaltend agiert und die Autonomie der Partner bei Regelungsvorschlägen respektiert werde.[1070]

Gegenüber der Gemeinschaft fordert UNICE die Vorwegnahme der Bedürfnisse des 21. Jahrhunderts, ein Ineinandergreifen von Sozial- und Wirtschaftspolitik, Respekt vor der europäischen Vielfalt, eine ausgewogene Unterstützung der Sozialpartner sowie die Abstandnahme von einer EG-Gesetzgebung in sozio-kulturellen Angelegenheiten.[1071] Unterstützungswürdige Gemeinschaftsmaßnahmen aus Sicht der Arbeitgeber sind alle Maßnahmen, die erforderlich sind, um das reibungslose Funktionieren des einheitlichen Marktes zu gewährleisten sowie Maßnahmen zur Verhinderung inakzeptabler Formen des Wettbewerbs.

Mit dem zwischen UNICE, CEEP und EGB anläßlich des Vertrags von Maastricht verabschiedeten Entwurf für die neuen Art. 118 bis Art. 118 b EGV hatte UNICE die Idee von Verhandlungen auf europäischer Ebene akzeptiert.[1072] Grund dafür war, daß die Arbeitgeber davon überzeugt waren, daß Maastricht zu einer Stärkung der Kompetenzen der Kommission und des Rates im Bereich der Sozialpolitik und zu einer größeren Zahl von Rechtsakten in diesem Bereich führen würde. Um einer für verfehlt gehaltenen Ausweitung der (detaillierten) Gemeinschaftssozialpolitik entgegenzuwirken, sahen sie als einzige Möglichkeit die eigene Regelung dieser Bereiche durch Verhandlungen. In Betracht kommen sollten auf europäischer Ebene aber nur allgemeine Rahmenvereinbarungen, da die nationalen Mitgliedsverbände ihrerseits um ihre nationale Souveränität fürchten und weitreichende Vereinbarungen nicht zulassen würden.

UNICE vertritt die Auffassung, daß der Gesetzgeber in Bereichen, die normalerweise durch Individual- oder Kollektivverhandlungen geregelt werden, nicht intervenieren sollte. Hierbei handelt es sich nach ihrer Auffassung um Angelegenheiten, die unmittelbar das Verhältnis zwischen Arbeitnehmern und Arbeitgebern betreffen, wie beispielsweise Arbeitspflichten, Anstellungsverträge, Entlohnung, Arbeitszeit, Urlaub, Bildungsurlaub etc. Die Sozialpolitik bilde insoweit eine Besonderheit, als hier - im Gegensatz zu anderen Bereichen der Politik - auf nationaler Ebene die Sozialpartner und nicht der Gesetzgeber die wichtigste Rolle spielen. Diese Rolle sei nach dem Maastrichter Abkommen nun auch auf Gemeinschaftsebene anerkannt. Daher müsse

---

1069 So die offizielle Verlautbarung von UNICE anläßlich des Gipfels im Mai 1991, zitiert nach Lo Faro, Comparative Labour Law Journal 1992, S. 1 (18).

1070 Heinrich, in: Mesch, Sozialer Dialog. Die Position der UNICE, 1995, S. 369 (374) unter Verweis auf das mißglückte Verfahren bei dem Erlaß der Richtlinie über Europäische Betriebsräte.

1071 Die folgende Darstellung der Auffassung von UNICE erfolgt nach Blanpain/Schmidt/Schweibert, Europäisches Arbeitsrecht, 1996, Rn. 100.

1072 So der Generalsekretär der UNICE, Z. I. A. Tyskiewicz anläßlich des Zustandekommens der Vereinbarung. Die Erklärung ist im Wortlaut wiedergegeben bei Blanpain/Schmidt/Schweibert, Europäisches Arbeitsrecht, 1996, Rn. 169.

die Gemeinschaft zukünftig ihren eigenen Vorgaben im Hinblick auf Subsidiarität und Proportionalität Rechnung tragen und dürfe sich nur solcher Angelegenheiten annehmen, die nicht auf anderer Ebene geregelt werden können. Zugleich meint UNICE, daß von diesem neuen Ansatz für den Gesetzgeber in der Weise Impulse ausgehen könnten, daß zukünftig mehr Rahmenregelungen verabschiedet werden. Solche Rahmenregelungen seien - besser als dies bei den bisherigen Richtlinien der Fall gewesen sei - zur Umsetzung in der Realität der Arbeitswelt geeignet.

Dies deutet an, daß Vereinbarungen nach Art. 139 EGV zukünftig nur in Einzelfällen abgeschlossen werden sollen, sofern die Arbeitgeber Verhandlungen als realistische Alternative ansehen. Halten sie gegenüber einem anstehenden Gemeinschaftsrechtsakt eigene Vereinbarungen für vorzugswürdig, kommen Verhandlungen in Betracht. Echten europaweiten Tarifverträgen steht UNICE mit Blick auf die großen nationalen Unterschiede nach wie vor abwehrend gegenüber, da niemand die unterschiedlichen Arbeitsbeziehungen europaweit überschaue. Ihren zukünftigen Tätigkeitsschwerpunkt sieht UNICE daher in dem „klassischer" Sozialen Dialog vom Val Duchesse, dessen Bedeutung sie betont.[1073]

2. Gesamtmetall

Eine deutlich abwehrende Haltung in Bezug auf europäische Tarifverträge wird von dem deutschen Branchenarbeitgeberverband „Gesamtmetall" vertreten, der Mitglied in der W. E. M. ist. Nach Auffassung des Verbandes bedarf die Verwirklichung des Binnenmarktes keiner europäischen Tarifpolitik der Sozialpartner.[1074] Mit der wirtschaftlichen Harmonisierung werde Europa letztlich auch politische Konturen erhalten, der die sozialpolitische Harmonisierung dann allmählich von selbst folge. Dies geschehe etwa dadurch, daß Forderungen oder gesetzliche Neuregelungen, die in einem bestimmten Land aktuell seien, über kurz oder lang auch Gegenstand der Diskussion in anderen Ländern würden, auch wenn die Umsetzung dann letztlich entsprechend den landesspezifischen Gepflogenheiten unterschiedlich sei. Europäische Tarifverträge seien daher nicht notwendig. Außerdem sei entscheidend, daß sich der Prozeß der allmählichen Angleichung freiwillig und ohne staatliche oder überstaatliche Intervention vollziehe, so wie es das Prinzip der freiwilligen Mitwirkung nach Art. 118 EGV a. F.[1075] verlange. Insbesondere wird kritisiert, daß die in der Kommission zuständige Generaldirektion V sich die Vorstellungen der Gewerkschaften zu eigen gemacht habe[1076] und im Rahmen der von ihr eingesetzten Ausschüsse eine ihr nicht gebührende Einflußnahme zu erreichen versuche.

1073 UNICE Position Paper vom 13. 11. 1998, S. 4.

1074 Hier wie im folgenden Kirchner, in: Biskup, Die Bedeutung der Sozialpartner, 1988, S. 151 (153 - 169).

1075 Art. 139 Abs. 1 EGV n. F.

1076 Insbesondere habe sie sich mit der Gründung ihrer paritätischen Ausschüsse in bestimmten Wirtschaftssektoren dem Wunsch der Gewerkschaften verschrieben, europäische Tarifverhandlungen zu führen. Auch habe sie sich – ganz im Sinne der Gewerkschaften – zur praktischen Vorbereitung der Tarifverhandlungen bereit erklärt. Kirchner, in: Biskup, Die Bedeutung der

Darüber hinaus seien europäische Tarifverträge vorerst auch nicht geeignet, um im sozialen Bereich Verbesserungen und Angleichungen zu erreichen, da es an einem einheitlichen Rahmen und einer gemeinsamen Grundlage für europäische Tarifverhandlungen fehle. Die wirtschaftliche Integration sei die, die vorangetrieben werden müsse. Insbesondere fehlende Voraussetzungen wie die unterschiedliche Rechtsnatur von Tarifvereinbarungen in den Mitgliedsstaaten und die unterschiedliche Reichweite der Tarifautonomie sprächen gegen den Abschluß europäischer Tarifverträge. Bezüglich der Gewerkschaften bestehe in der Gemeinschaft zudem ein so unterschiedliches Bild, daß die Frage nach der Vertretung der Gewerkschaften bei europäischen Tarifverhandlungen nicht beantwortet werden könne. Hinzu kommt nach der Meinung von Gesamtmetall, daß der Organisationsgrad von Land zu Land extrem abweiche und der fachliche und räumliche Bereich, für den eine europäische Tarifpolitik gelten solle, aufgrund der Unterschiede in den Mitgliedsstaaten kaum festgelegt werden könne. Ein europäischer Kollektivvertrag, der die Arbeitsbedingungen gemeinschaftsweit allgemein verbindlich festlegen will, würde dieser ökonomischen Vielfalt Europas nicht gerecht werden. Er müßte zwangsläufig Unternehmen bestimmter Regionen übervorteilen und andere benachteiligen. Ein gerechter Wettbewerb wäre nicht mehr möglich.

3. Bundesvereinigung der Deutschen Arbeitgeberverbände

Die BDA steht dem Sozialen Dialog auf europäischer Ebene grundsätzlich aufgeschlossen gegenüber und hat sich von Anfang an aktiv daran beteiligt.[1077] Sie sieht den Dialog als wichtiges Element für die Gestaltung der europäischen Sozialpolitik an. Allerdings verlangt sie eine strikte Anerkennung der Autonomie der Sozialpartner, insbesondere bei der Bestimmung der Themen, die im Rahmen des Dialogs behandelt werden und des Prinzips der gegenseitigen Anerkennung durch die Kommission. Jeder politische Eingriff in die Zusammensetzung der Akteure des Sozialen Dialogs wird als Gefährdung für eine weitere Entfaltung des Dialogs betrachtet. Die BDA sieht den Schwerpunkt des Sozialen Dialogs im überfachlichen Bereich und hält eine strikte Trennung zum sektoralen Sozialen Dialog für geboten.

Europäische Tarifverträge waren in den Augen der BDA Anfang der neunziger Jahre eine Utopie.[1078] Insgesamt gesehen würden sie die ökonomischen und gesellschaftlichen Verhältnisse nicht verbessern können, sondern eher verschlechtern und wären daher weder aus ökonomischen noch verbandspolitischen Überlegungen sinnvoll. Aus ökonomischer Sicht spricht nach Ansicht der BDA das beachtliche Wirtschaftsgefälle in den Staaten der Gemeinschaft gegen eine Vereinheitlichung der Tarifpolitiken. Die aus dem Gefälle resultierenden unterschiedlichen Arbeits- und Lebensbedingungen seien wichtig für einen positiven Entwicklungsprozeß und förderten den

Sozialpartner, 1988, S. 151 (153 – 154).

1077 Die Zukunft des Sozialen Dialogs – aus Arbeitgebersicht, EuroAS 1996, S. 198 (199).

1078 Hier wie im Folgenden Knevels, in: Heinemann, Das kollektive Arbeitsrecht in der Europäischen Gemeinschaft, 1991, S. 37 – 42.

Wettbewerb. Insbesondere die breiten tarifvertraglichen Lohndifferenzierungen seien ein wichtiger Stimulator für Wachstum und Beschäftigung. Durch Differenzen in den tarifvertraglichen Arbeitsbedingungen zwischen den einzelnen Staaten, verschiedenen Wirtschaftsbereichen und Regionen würden zudem positive arbeitsmarktbedingte Impulse ausgelöst. Schließlich sprächen die Verbandstrukturen der Sozialpartner in den einzelnen Branchen bereits innerstaatlich gegen Vereinheitlichungsbestrebungen. Zum Beispiel würden bereits innerhalb mancher Gewerkschaften die einzelnen Bezirke um die erfolgreichste Lohnpolitik wetteifern. Wenn also zum Beispiel bereits innerhalb Deutschlands der Tarifvertrag für alle Beschäftigten einer Branche oder eines Wirtschaftsbereichs unmöglich sei, müsse das für die Ebene der Gemeinschaft erst recht gelten. Für andere Arbeitsbedingungen als den Lohn, zum Beispiel Arbeitszeit und Urlaubsdauer, machen nach Überlegungen der BDA europäische Tarifverträge ebenfalls keinen Sinn. Denkbar wären sie vielleicht für die Festlegung einer Höchstarbeitszeit oder die Dauer des Mindesturlaubs; gerade die „Mindestvoraussetzungen" würden aber in der Regel bereits durch nationale Gesetze festgelegt, so daß es hier an der Notwendigkeit sozialpartnereigener Vereinbarungen fehle. Aus diesen Gründen wollte der BDA dem europäischen Tarifvertragsgedanken keinen breiten Raum widmen, ohne allerdings auszuschließen, daß bei geänderten Voraussetzungen europäische Tarifverträge sinnvoll werden könnten.

II. Die Arbeitnehmerseite

Die Gewerkschaften arbeiten auf die Internationalisierung der Gewerkschaftspolitik auf europäischer Ebene hin.[1079] Relevanz erlangte für sie das Thema europäischer Tarifverträge insbesondere im Zusammenhang mit der Verwirklichung des Binnenmarktes[1080] und erneut mit der Vertragsrevision von Maastricht.

Sie sehen für die Bewältigung von Problemen im Zusammenhang mit der Vollendung des Binnenmarktes sowohl gesetzliche als auch tarifvertragliche Maßnahmen auf nationaler und europäischer Ebene als sinnvolle Handlungsansätze an.[1081] Auf der Ebene der Dachverbände sowie der Branchen und schließlich auf Unternehmensebene fordern sie vertragliche Vereinbarungen in einzelnen und konkreten Fällen. Als gesetzliche und kollektivvertragliche Initiativen werden im Besonderen ein Ausbau des Strukturfonds, die Etablierung einer Strukturberichterstattung, die Gewährleistung eines hohen Schutzniveaus bei Gesundheit, Sicherheit und Umweltschutz, die europaweite Sicherung von qualitativen Grundrechten und sozialen Mindeststandards, sowie Informations- und Konsultationsrechte der Arbeitnehmer in „europäischen Unternehmen" gefordert. Das Kernproblem bei der Auseinandersetzung mit den Arbeitge-

---

1079 Von Voss, in: Meessen, Arbeitgeberverbände und Europäische Integration, 1980, S. 87 (101); Lecher, in: Bispinck/Lecher, Perspektiven europäischer Kollektivverhandlungen, 1993, S. 401 (403)

1080 Dementsprechend sind zahlreiche der nachfolgend zitierten Stellungnahmen anläßlich der Verwirklichung des Binnenmarktes abgegeben worden.

1081 Hier wie im Folgenden Schmitz, in: Birk, Die soziale Dimension, 1990, S. 103 – 106.

bern liege darin, daß diese grundsätzlich nicht bereit seien, mit der Gewerkschaftsseite vertragliche Vereinbarungen auf der Ebene der Dachverbände sowie auf Branchenebene einzugehen. Vor dem Hintergrund der Tatsache, daß sich die Gewerkschaften im EGB zu einem kooperativen Ansatz gegenüber den Unternehmen inzwischen einmütig bekennen würden, sei die Haltung, insbesondere der deutschen Arbeitgeber, auf europäischer Ebene unverständlich.

1. Europäisches Gewerkschaftsinstitut

Dem EGI zufolge geht es den Gewerkschaften nicht um eine Vereinheitlichung aller arbeitsrechtlichen oder sozialpolitischen Regelungen in Europa.[1082] Angesichts der Unterschiede in den einzelnen Ländern müsse aber eine Politik betrieben werden, die zu einer schrittweisen Verringerung und Abschaffung dieser Unterschiede führe und das bestehende Sozialsystem insgesamt verbessere. Dazu sieht das EGI die Umsetzung der durch die Gewerkschaften (insbesondere den EGB) festgelegten prioritären Bereiche[1083] durch europäische Gesetze für geeignet an, die dann konkret durch die nationalen Tarifvertragsparteien umgesetzt würden, und zwar durch Tarifverträge, die die Gesetze ergänzen und mit Leben füllen. Dazu sei eine gemeinsame europäische Gewerkschaftsstrategie erforderlich, um gemeinsame Gefahren abzuwehren und die Vorteile zur Verbesserung der Arbeits- und Lebensbedingungen zu nutzen. Die Strategie solle europaweite soziale Grund- und Mindestrechte der Arbeitnehmer, die Sicherung der national geltenden Tarifverträge und Mitbestimmungsregelungen sowie die Schaffung neuer europäischer Arbeitnehmerrechte anstreben. Verwirklicht werden sollen diese Ziele mit einer Kombination aus nationalen und europäischen Maßnahmen und zwar mit Arbeits- und Sozialgesetzen auf staatlicher beziehungsweise gemeinschaftlicher Seite und Tarifverträgen und Betriebsabkommen auf gewerkschaftlicher Seite. Als „Tarifverträge" auf europäischer Ebene kämen nur die Rahmenabkommen im Sozialen Dialog in Betracht, die mit den Möglichkeiten auf nationaler Ebene zu verbinden seien.

2. Europäischer Gewerkschaftsbund

Seit seiner Gründung hat der EGB kontinuierlich ein auf den Prinzipien der Solidarität, Gerechtigkeit, Frieden, Vollbeschäftigung und Wohlergehen aller Arbeitnehmer gegründetes Konzept von Europa vertreten, ungeachtet der Branche und des öffentlichen oder privaten Sektors.[1084] Die soziale Dimension des Binnenmarktes soll nach

---

1082 Folgende Zusammenfassung nach Köpke, GMH 1990, S. 757 (758 – 761).

1083 Diese erfaßten nach dem Prioritätenkatalog des EGB in Zusammenhang mit dem Aktionsprogramm der Kommission von 1989 die Freizügigkeit, Beschäftigung und Arbeitsentgelt, Verbesserung der Arbeits- und Lebensbedingungen, Koalitionsfreiheit und Tarifverträge, berufliche Ausbildung, Gleichberechtigung von Männern und Frauen, Information, Anhörung und Mitwirkung der Arbeitnehmer, Recht auf Gesundheitsschutz und Sicherheit am Arbeitsplatz, Schutz von Kindern und Jugendlichen. Siehe Köpke, GMH 1990, S. 757 (759).

1084 Folgende Darstellung nach Blanpain/Schmidt/Schweibert, Europäisches Arbeitsrecht, 1996, Rn.

Auffassung des Gewerkschaftsbundes auf vier Ebenen und zwar auf der Ebene der einzelnen Wirtschaftssektoren, auf regionaler, auf nationaler und auf Gemeinschaftsebene vorangetrieben werden. Der Aufbau der sozialen Dimension des gemeinsamen Marktes auf allen vier Ebenen könne durch die europäische Sozialgesetzgebung einerseits und europäische Tarifverhandlungen andererseits erfolgen.

Im Rahmen der europäischen Gesetzgebung erwünscht der EGB Rahmenrichtlinien, die eine Reihe von Arbeitsbedingungen betreffen, vor allem zur Bestimmung der Arbeitszeit und Regelungen der Arbeitsorganisation.[1085] Aber auch Tarifverhandlungen können nach Ansicht des EGB zur Entwicklung der sozialen Dimension beitragen. Der Dialog zwischen den Sozialpartnern müsse auf europäischer Ebene und in den einzelnen Wirtschaftssektoren entwickelt und belebt werden. Europa könne besonders für multinationale Konzerne und für einzelne Wirtschaftssektoren eine neue Verhandlungsebene werden. Um diese Verhandlungen zu erleichtern und um sicherzustellen, daß die Verhandlungsergebnisse auch umgesetzt werden, sollte die Gemeinschaft dafür den gesetzlichen Rahmen schaffen. In diesem Zusammenhang könnte der Soziale Dialog zu echten Vereinbarungen über Probleme auf europäischer Ebene führen. Diesen Rahmenvereinbarungen müßten sodann konkrete Formen verliehen werden und nach den bereits bestehenden Übereinkommen auf nationaler Ebene in den einzelnen Wirtschaftssektoren oder auf Unternehmensebene durchgesetzt werden.

Auf seinem achten verfassungsmäßigen Kongress in Brüssel vom 9. bis 12. Mai 1995 verabschiedete der EGB eine Resolution zum Thema der Entwicklung der Europäischen Union und eine Resolution zu den drängenden Fragen der Sozialpolitik. Darin setzte er sich erneut mit der Stärkung der politischen Rolle der Union und ihrer Lenkungsfunktion in Hinblick auf die wirtschaftliche und soziale Entwicklung in der Gemeinschaft auseinander. Erneut wurde die Forderung nach einer Rahmengesetzgebung für die Arbeitsmarkt- und Sozialpolitik der Union artikuliert. Bezüglich der Konsolidierung der europäischen Gewerkschaftsmacht beschloß der EGB gemeinsam mit seinen Mitgliedsorganisationen, eine groß angelegte Kampagne zur gewerkschaftlichen Organisation in Europa durchzuführen. Der Weg sollte geebnet werden für europäische Tarifverhandlungen, die zu branchenübergreifenden und sektoralen Rahmenabkommen führen sollten.

---

104 – 109.

1085 Erwartet wird die Festlegung von einer Höchstarbeitszeit pro Woche und Jahr, Arbeitspausen, Überstunden, Nachtarbeit und Schichtarbeit. Darüber hinaus sind Richtlinien in Bezug auf eine Ausweitung und vollständige Durchsetzung der Richtlinien zur Gleichstellung von Mann und Frau, Richtlinien zum Erziehungsurlaub, zur Berücksichtigung aller Arbeitsformen bei der Sozialgesetzgebung und den Sozialversicherungsplänen, Arbeitnehmerrechte bei Anstellung und Entlassung, Mindestrechte bezüglich der Inanspruchnahme des Gesundheitswesens und öffentlicher Einrichtungen, Mindestrechte zur Garantie des Lebensunterhaltes für jeden Bürger erwünscht. Aufzählung nach Blanpain/Schmidt/Schweibert, Europäisches Arbeitsrecht, 1996, Rn. 106.

3. Europäischer Metallarbeiterbund

Der Binnenmarkt und die Vollendung der Wirtschafts- und Währungsunion lassen nach Ansicht des EMB so einschneidende Veränderungen befürchten, daß die Gewerkschaften gezwungen seien, sich mit einer europäischen Tarifpolitik zu befassen.[1086] Europäische Tarifverträge als gesamtes Regelwerk seien in naher Zukunft allerdings nicht zu erwarten. Gleichwohl gebe es Möglichkeiten einer gemeinsamen Tarifpolitik. Diese bestünden zunächst in einer Koordinierung der Tarifforderungen der europäischen Gewerkschaften, durch die über gemeinsame Zielsetzungen hinaus eine gemeinsame Praxis erreicht werden könne. Verfolgt werden könne diese Möglichkeit durch die Festlegung gemeinsamer prioritärer Forderungen auf europäischer Ebene und mit der Durchsetzung dieser Forderungen auf nationaler Ebene während der laufenden Tarifverhandlungen. Eine zweite Möglichkeit für eine gemeinsame Tarifpolitik bestehe in Verhandlungen oder in gesetzgeberischer Tätigkeit auf europäischer Ebene zu spezifischen, punktuellen Fragen. Da die an sich von den Gewerkschaften vorgezogenen Rahmenabkommen aufgrund des Widerstandes von UNICE aber nicht realisierbar seien, fordert der Gewerkschaftsbund ein Tätigwerden des europäischen Gesetzgebers in Form von Richtlinien oder Verordnungen, und zwar durch die Schaffung europaweiter sozialer Grundrechte sowie durch die Festlegung europaweiter Mindestrechte, wie Mindest- und Bildungsurlaub und Arbeitszeit. Eine dritte Möglichkeit bestehe schließlich in Betriebsvereinbarungen mit multinationalen Unternehmen, die zum Beispiel bereits bei Thomson, Bull und VW gültig seien.[1087]

4. Euro-FIET

Euro-FIET vertritt die Auffassung, daß der Ministerrat, die Kommission, die Regierungen und die Sozialpartner neue Anstrengungen zur Verbesserung des sozialen Dialogs, insbesondere als Mittel im Kampf gegen die Arbeitslosigkeit, unternehmen müssen.[1088] Der soziale Dialog solle zu einem wirksamen Werkzeug für die Schaffung guter und fairer Arbeitsbedingungen und Lohnsysteme auf dem europäischen Arbeitsmarkt gemacht werden.[1089] Die Entwicklung des Sozialen Dialogs und die Einrichtung europäischer Betriebsräte seien wichtige Werkzeuge für den Aufbau eines sozialen Europas.

Vor allem die Schaffung einer einheitlichen Währung könne vermehrte Spannungen zwischen den verschiedenen Tarifverhandlungsebenen herbeiführen, wobei der Strukturwandel heute schon zur Folge habe, daß die Verhandlungen auf die Betriebsebene hinunter verlagert würden.[1090] Die Euro-FIET erkennt nicht an, daß die ein-

---

1086 Hier wie im Folgenden Thierron, in: Heinemann, Möglichkeiten und Grenzen europäischer Tarifverträge, 1991, S. 43 (44 – 48). Der Autor war Generalsekretär des EMB.

1087 Zu den Beispielen siehe bereits oben 3. Teil, C., IV., 1., S. 133 und 2., S. 136.

1088 Kurzbericht über die 8. Euro-FIET-Konferenz, 1998, S. 24.

1089 Kurzbericht über die 8. Euro-FIET-Konferenz, 1998, S. 31.

1090 Zu den erwarteten Folgen der WWU siehe Kurzbericht über die 8. Euro-FIET-Konferenz, 1998, S. 27.

heitliche Währung bedeuten soll, daß die wirtschaftliche Anpassung durch eine einheitliche Währung nur über eine Arbeitsmarktflexibilisierung und die Senkung des Beschäftigungs- und Lohnniveaus erfolgt. Eine solche Politik würde die Tarifverhandlungen einem nicht akzeptablen Druck aussetzen und die Gefahr einer Verringerung des Sozialschutzes und eines Abbaus fairer Arbeitsnormen in Europa erhöhen.

Die großen nationalen Unterschiede bei den Lebens- und Arbeitsbedingungen dürfen die Gewerkschaften nach Ansicht von Euro-FIET nicht von ihrem Ziel abhalten, weiterhin auf den sozialen Fortschritt für alle Arbeitnehmer Europas hinzuwirken. Ein umfangreicher sozialer Fortschritt könne nur durch ein tatsächlich solidarisches Handeln auf Seiten der Gewerkschaften erreicht werden.[1091] Erforderlich sei eine enge Zusammenarbeit zwischen den Gewerkschaften im europäischen Währungsraum und die Entwicklung einer gemeinsamen Gewerkschaftsstrategie.[1092] Insbesondere bedürfe es besser koordinierter Verhandlungsstrategien, die die Schaffung europäischer Sozialnormen gewährleisten. Euro-FIET werde einen Rahmen, spezifische Ziele sowie Themen und Verfahren für die Koordinierung der Verhandlungsstrategien ihrer Mitgliedsorganisationen ausarbeiten. Die Koordinierungsanstrengungen sollen dabei als Themen Gehälter, Arbeitszeit und Aus- und Weiterbildung umfassen.

Als Gewerkschaftsverband im EGB begrüßt Euro-FIET dessen Absicht, den sektoralen Dialog zu fördern.[1093] Insbesondere hält sie für wichtig, daß nach Abschluß der Verhandlungen zwischen EBB, UNICE und CEEP ein sektoraler Dialog stattfindet, in dem über die Umsetzung der Vereinbarungen in den Branchen verhandelt werde und die Chance zur inhaltlichen Verbesserung bestehe. In Hinblick darauf sei eine Erweiterung des sozialen Dialogs anzustreben, der auch Lohn- und Arbeitszeitfragen beinhalten müsse.

Um ihre Ziele zu erreichen, hält Euro-FIET auch interne Anstrengungen für erforderlich. Wenn die europäischen Gewerkschaften ihre Relevanz erhalten und ausbauen wollten, müßten sie neue Initiativen ergreifen, um ihren Einfluss im Dienstleistungssektor und in den Industriesektoren zu verstärken.[1094] Eine starke und repräsentative Gewerkschaftsbewegung sei ein wichtiger Stützpfeiler für ein soziales Europa.

5. Arbeitnehmervereinigungen in Deutschland

a) IG Metall

Anläßlich der Verwirklichung des Binnenmarktes sollte das gewerkschaftliche Konzept für die Ausgestaltung eines sozialen Europas nach Ansicht der IG Metall in der verstärkten Verständigung über Schwerpunkte gemeinsamer Arbeits- und Entlohnungsbedingungen liegen. Diese sollten dann entweder national durch Gesetze und Tarifverträge oder international durch gemeinsamen Druck auf die europäischen In-

---

[1091] Kurzbericht über die 8. Euro-FIET-Konferenz, 1998, S. 27.
[1092] Kurzbericht über die 8. Euro-FIET-Konferenz, 1998, S. 28.
[1093] Zu dem sektoralen Dialog siehe Kurzbericht über die 8. Euro-FIET-Konferenz, 1998, S. 34.
[1094] Kurzbericht über die 8. Euro-FIET-Konferenz, 1998, S. 39.

stitutionen durchgesetzt werden.[1095] Erwartet wurde dabei ein länger dauernder Prozeß der Umgestaltung der rechtlichen und tatsächlichen Verhältnisse. Konkret sollten in möglichst vielen Feldern weitgehende soziale Mindestbedingungen per nationaler Gesetze und europäischer Richtlinien sowie durch Tarifverträge durchgesetzt werden. Die wichtigste gewerkschaftliche Aufgabe sei eine verstärkte Abstimmung zwischen den europäischen Gewerkschaften auf tarif- und gesellschaftspolitische Ziele. Es gelte, diese gemeinsam zu erarbeiten und anschließend auf nationaler Ebene zu verwirklichen. Insoweit setzte sich die IG Metall erfolgreich dafür ein, das Ziel der 35-Stunden-Woche zum gemeinsamen Ziel der europäischen Metallgewerkschaften zu machen.[1096] Besondere Aufmerksamkeit solle dabei der Vermeidung von Streikbrucharbeiten auf europäischer Ebene geschenkt werden.

Zu europäischen Tarifverträgen sei es noch ein weiter Weg. Die Tarifvertragsstrukturen und –inhalte seien in den europäischen Ländern äußerst unterschiedlich. Vorangetrieben werden sollten vielmehr Absprachen zwischen Gewerkschaften und Betriebsräten europaweit operierender Unternehmen und Konzerne. Lediglich in einzelnen Unternehmen oder Konzernen könnte versucht werden, Regelungen von Mindestbedingungen für Arbeit und Entlohnung mit konzernweiter Gültigkeit zu treffen, egal welche Rechtsform diese Regelungen dann letztlich hätten. Aus solchen Absprachen könnten sich dann europäische Firmen- oder Branchentarifverträge entwickeln, zum Beispiel als Ergänzung zu den nationalen Tariferträgen einzelner Länder.

b) Deutscher Gewerkschaftsbund

Der DGB sah Ende der achtziger Jahre trotz der großen nationalen Unterschiede gemeinsame Problemlagen und Gefährdungen der nationalen Gewerkschaftsbewegungen.[1097] Zum einen werde durch zahlreiche Deregulierungsmaßnahmen die Bedeutung der Gewerkschaften in den nationalen Arbeitsbeziehungen zwischen Staat und Unternehmerverbänden angegriffen. Zum anderen verlange der verschärfte ökonomische Integrationsdruck in der EG ein soziales Gegensteuern und neue Problemlösungsmuster auf der internationalen bzw. übernationalen Ebene. Von diesen neuen Problemstellungen wird erwartet, daß sie dazu führen, daß die internationale und die betriebliche Handlungsebene für die Gewerkschaften vorrangig Bedeutung erlangen würden.

Die internationale Handlungsebene ziele dabei vor allem auf die Installierung eines gemeinsamen, länderübergreifenden Handlungsrahmens und die Herstellung einer internationalen gewerkschaftsinternen und –externen Konfliktsensibilisierung ab. Handlungsmöglichkeiten auf dieser Ebene sieht der DGB in der Verbesserung der Kontakte der Gewerkschaften mit den europäischen Institutionen, in gemeinsamen gewerkschaftlichen Auswertungen der Länder-Lageanlysen und der nationalen Forderungskataloge, in gemeinsamen Aktionen gegenüber den transnationalen Konzer-

---

1095 Nachfolgende Zusammenstellung nach Zwickel, Die Mitbestimmung 1988, S. 635 (635 – 637). Der Autor ist Vorstandsvorsitzender der IG Metall.

1096 So Blank, Festschrift für Albert Gnade, 1992, S. 649 (650).

1097 Folgende Zusammenstellung nach Lecher, Die Mitbestimmung 1989, S. 293 (296).

nen, in kritischen Entwicklungsbereichen und in der Koordination der nationalen Gewerkschaften gegenüber den europäischen Institutionen und Unternehmerorganisationen. Aber auch die betriebliche Ebene rücke immer stärker in das Zentrum der Auseinandersetzungen.[1098] Eine der wichtigsten gewerkschaftlichen Aufgaben der Zukunft sei es daher, eine stärkere Verzahnung der internationalen Rahmenebene mit der betrieblichen Durchsetzungsebene zu erreichen und die betriebliche Gewerkschaftsvertretung organisatorisch und informatorisch erheblich zu stärken.[1099]

III. Ergebnis und Ausblick

Nach anfänglichen Schwierigkeiten haben sich die Sozialpartnerbeziehungen seit dem Neubeginn 1985 stetig weiter entwickelt und zu einer Intensivierung der Beziehungen auf europäischer Ebene geführt.[1100] Vorreiter sind insoweit die drei großen überfachlichen Verbände UNICE, CEEP und EGB. Auf Branchenebene besteht der Schwerpunkt in einer Zusammenarbeit in Ausschüssen, die versuchen, auf die Gemeinschaftsgesetzgebung Einfluß zu nehmen. Außerdem sind die Branchenverbände auf beiden Seiten in die Arbeit von UNICE und dem EGB einbezogen. Auf Firmenebene sind neben der Entwicklung im Bereich der Anhörung neue Tendenzen „europäischer Firmentarifverträge" erkennbar, in denen sich die Unternehmensleitungen und internationale Gewerkschaftsbunde auf Mindestnormen verpflichtet haben.

Ob und wie diese Entwicklungen zu echten europaweit geltenden Tarifverträgen führen werden, ist vor allem von der Stärkung der verbandsinternen Position der europäischen Sozialpartner und von deren tarifpolitischer Einschätzung abhängig.[1101]

Zum einen haben die Zusammenschlüsse sowohl auf Arbeitgeberseite als auch auf Seiten der Gewerkschaften überwiegend kein Mandat, ihre Mitgliedsverbände und die ihnen angeschlossenen Arbeitnehmer an ihre Vereinbarungen zu binden. Sie können sich nicht über sich selbst hinaus verpflichten. Allerdings steht bei UNICE nicht so sehr das Problem der fehlenden Mandatierung und der fehlenden Fähigkeit zum Abschluß europaweit geltender Vereinbarungen im Vordergrund, als vielmehr das Problem der mangelnden Bereitwilligkeit.[1102]

Zum haben die vorstehenden Ausführungen gezeigt, daß beide Seiten europäischen Tarifverträgen nach wie vor skeptisch gegenüber stehen, ohne natürlich die Möglichkeit solcher Verträge ausdrücklich auszuschließen.[1103]

1098 Dies geschehe durch die auf betrieblicher Ebene vereinbarten Überstunden, Arbeitsintensivierung und die verschiedenen Formen von Teilzeitarbeit , mit denen der tatsächliche Effekt einer globalen Arbeitszeitverkürzung umgangen werde. Lecher, Die Mitbestimmung 1989, S. 293 (296).

1099 Lecher, Die Mitbestimmung 1989, S. 293 (296).

1100 Flynn, in: Kommission, Monatlicher Brief, Januar 1996, Der soziale Dialog auf europäischer Ebene, S. 1.

1101 EAS – Schwarze, B 8100, Rn. 100.

1102 Blanpain/Schmidt/Schweibert, Europäisches Arbeitsrecht, 1996, Rn. 510; Bobke/Müller, WSI-Mitteilungen 1995, S. 654 (657).

1103 Die „vorsichtige" Haltung beider Seiten zeigt sich nicht zuletzt daran, daß etwa von nationalen

Auf Seiten der Gewerkschaften ist von einem „sehr langen Weg“ die Rede, an dessen Ende in ferner Zukunft vielleicht einmal europäische Tarifverträge stehen könnten.[1104] Zudem erhoffen sich die Gewerkschaften von der Gemeinschaftsgesetzgebung, das heißt insbesondere von der Kommission, eine wesentlich einfacherer Realisierung ihrer Ziele. Die Arbeitgeberseite weist den Gedanken an europäische Tarifverträge ausdrücklich zurück und spricht von einer „trügerischen Hoffnung“.[1105] Für sie hat in der Europäischen Union der freie Markt obersten Stellenwert, der nicht durch von der Kommission initiierte Dialoge und Vertragsstrukturen erschwert werden dürfe. Beide Seiten pochen insbesondere auf die großen nationalen Unterschiede, die eine Vereinheitlichung unmöglich machten.[1106]

Was die heutige tarifpolitische Einschätzung betrifft, kommt hinzu, daß das derzeitige Leitbild einer „flexiblen“ Tarifpolitik und die Entwicklung der Denzentralisierung der Tarifsysteme vom Flächentarifvertrag zur betrieblichen Ebene innerhalb der einzelnen Mitgliedsstaaten eher in die entgegengesetzte Richtung weisen.[1107] Derartige Entwicklungen werden jedoch nicht zu einer völligen Auflösung des Flächentarifs führen. Zum Beispiel will die IG Metall gegen den allgemeinen Trend der Deregulierung bestimmte Regeln und Standards setzen.[1108] Dies soll durch die Ergänzung der herkömmlichen Flächentarifverträge durch variable Tarifbausteine, auf die die Betriebsparteien zurückgreifen können, geschehen.[1109] Diese Argumentation weist nicht zuletzt Parallelen auf zu der Idee von europäischen Mindeststandards oder von Rahmenabkommen zwischen den Sozialpartnern auf europäischer Ebene, die durch innerstaatliche Rechtsnormen oder nationale Tarifverträge ausgefüllt werden können. Vor dem Hintergrund gewerkschaftlicher Politik ist allerdings nicht zu übersehen, daß die Unternehmen ungeachtet der tatsächlichen Schwierigkeiten zu neuen Solidaritätsanstrengungen herausgefordert werden.[1110] Das heißt auch, daß die Sozialpartner im Ernstfall vor einer Konfliktaustragung nicht zurückscheuen dürfen.[1111] Konflikt oder Konsens ist auch für Europa in der zukünftigen Entwicklung die entscheidende Frage - auch und vor allen für die Sozialpartner.[1112]

Organisationen kaum aktuelle Beiträge zu diesem Thema veröffentlicht werden, so daß die vorstehenden Ausführungen teilweise auf Beiträge aus den achtziger Jahren zurückgreifen.

1104 Siehe oben 3. Teil, D., II., 5., a), S. 162.

1105 Däubler, EuZW 1992, S. 329 (329).

1106 Viele Beispiele werden aufgezeigt bei Kirchner, in: Biskup, Die Bedeutung der Sozialpartner, 1988, S. 151 (158 – 161). Genannt werden die unterschiedliche Reichweite der Tarifautonomie; die Ausrichtungen der Gewerkschaften (Einheitsgewerkschaften – politische Gewerkschaften – Fachgewerkschaften) und die national vorherrschenden Regelungsebenen der Tarifverträge (Branchentarifverträge – fachübergreifende Verträge).

1107 EAS – Schwarze, B 8100, Rn. 100; Däubler, EuZW 1992, S. 329 (334); eine dahingehende Entwicklung sah bereits Lecher, Die Mitbestimmung 1989, S. 293 (296).

1108 Riester, Vizechef der IG Metall im Handelsblatt vom 15. 12. 1997, S. 17.

1109 Riester, Vizechef der IG Metall im Handelsblatt vom 15. 12. 1997, S. 17.

1110 Von Voss, in: Meessen, Arbeitgeberverbände und Europäische Integration, 1980, S. 87 (102).

1111 Von Voss, in: Meessen, Arbeitgeberverbände und Europäische Integration, 1980, S. 87 (102).

1112 Von Voss, in: Meessen, Arbeitgeberverbände und Europäische Integration, 1980, S. 87 (102).

4. Teil Beteiligung der Sozialpartner an der sozialen Dimension des EGV

Im folgenden Teil werden die gesetzlichen Aufgaben und Möglichkeiten untersucht, die das Europarecht den Sozialpartnern seit dem Vertrag von Amsterdam mit Blick auf die Europäisierung der Arbeitsbeziehungen eröffnet.

Zunächst stehen Überlegungen zu den theoretischen Grundlagen europäischer Tarifverträge im Vordergrund. Inwieweit diese Grundlagen im europäischen Primär- und Sekundärrecht bereits verwirklicht sind beziehungsweise ob für ihre Verwirklichung Rechtsgrundlagen geschaffen wurden, wird in der anschließenden Analyse der den Sozialpartnern eingeräumten Befugnisse untersucht. Der Schwerpunkt der heutigen gesetzlich verankerten Möglichkeiten für die Sozialpartner liegt in den Beteiligungsrechten der Art. 138 und Art. 139 EGV, die die wichtigsten Vorschriften für die Sozialpartner auf europäischer Ebene sind und die in engem Zusammenhang zueinander stehen.[1113] Sie bilden einen Teil des Sozialen Dialogs und sind Ausdruck des Subsidiaritätsprinzips und der Erkenntnis, daß Sozialpolitik auch auf Gemeinschaftsebenen nicht allein vom Gesetzgeber gestaltet werden kann.[1114] Die Vorschriften begründen einen europäischen Verhandlungs- und Tarifraum und tragen den durch die Vollendung der Wirtschafts- und Währungsunion veränderten Rahmenbedingungen Rechnung. Insbesondere die Begründung eines einheitlichen Währungsraums stellt die Tarifpolitik vor Aufgaben, die sie national nicht mehr hinreichend lösen kann und die daher eine Koordinierung der nationalen Tarifverhandlungen auf sektorieller und branchenübergreifender Ebene erforderlich machen.[1115] Die Art. 138 und 139 EGV sind Teil der Sozialvorschriften, deren Wortlaut auf dem gemeinsamen Vorschlag der Sozialpartner des Sozialen Dialogs beruht.[1116] Ausgangspunkt für die eigenständigen Handlungsmöglichkeiten der Sozialpartner ist Art. 139 Abs. 1 EGV.[1117]

Nach den relevanten Bestimmungen der Sozialvorschriften, wird die sonstige Beteiligung der Sozialpartner nach dem EGV untersucht. Die Analyse schließt neben der sonstigen unmittelbaren Berücksichtigung der Sozialpartner in dem neuen Beschäftigungskapitel des EGV auch eine exemplarische Darstellung von Sekundärrecht ein, das die Rolle der Sozialpartner im europäischen Arbeitsrecht betrifft.

A. Rechtliche Rahmenbedingungen für europäische Tarifverträge

I. Koalitionsrecht

Traditionell wird davon ausgegangen, daß Grundlage eines jeden kollektiven Arbeitsrechts das Koalitionsrecht ist, verstanden als Recht der Arbeitnehmer (und Arbeitge-

---

1113 Weiss, Festschrift für Albert Gnade, 1992, S. 583 (592); Lenz – Coen, Art. 138, Rn. 5; Konzen, EuZW 1995, S. 39 (46).

1114 Lenz – Coen, Art. 138, Rn. 6.

1115 Lenz – Coen, Art. 138, Rn. 6; Bleckmann – Coen, Europarecht, 1997, Rn. 2568.

1116 Konzen, EuZW 1995, S. 39 (43, 46); zu dem gemeinsamen Vorschlag siehe bereits 1. Teil, B., V., 5., S. 33.

1117 EAS – Schwarze, B 8100, Rn. 23.

ber), sich zu Interessenvertretungen, insbesondere in Gewerkschaften zusammenzuschließen.[1118] Ein solches Recht ist im europäischen Primärrecht noch nicht explizit geregelt.[1119]

Dennoch wird in der Literatur zum Teil die Existenz eines der Gemeinschaftsrechtsordnung immanenten ungeschriebenen Grundrechts auf Koalitionsfreiheit bejaht.[1120] Zutreffend an dieser Auffassung ist beim derzeitigen Stand des Gemeinschaftsrechts, daß es keinen numerus clausus der Sozialpartner gibt und alle Sozialpartner, die den Anforderungen genügen, zum förmlichen Sozialen Dialog zugelassen werden müssen.[1121] Daß darin nun ein Gemeinschaftsgrundrecht zu sehen ist, kann aber bezweifelt werden.[1122] Aus dem Recht einer Institution zur Zulassung zu einem gemeinschaftsrechtlichen Rechtssetzungsverfahren folgt nicht zwingend ein Grundrecht auf Bildung einer solchen, die mit bestimmten wiederum rechtlich geschützten Rechten ausgestattet ist.[1123]

Daß die Sozialpartner auch auf europäischer Ebene zum Dialog befugt und zum Abschluß vertraglicher Vereinbarungen in der Lage sind, bedarf allerdings auch nicht zwangsläufig einer besonderen gesetzlichen Ermächtigung.[1124] Die Betätigung der im nationalen wie auch im übernationalen Rahmen gebildeten Koalitionen auf europäischer Ebene ist nämlich bereits durch die allgemeine Handlungsfreiheit gedeckt und kann durch das Gemeinschaftsrecht im Hinblick auf die verfassungsrechtlichen Wertentscheidungen der Mitgliedsstaaten nicht aufgehoben werden.[1125]

Darüber hinaus wird die Koalitionsfreiheit bereits in diversen völkerrechtlichen Vereinbarungen gewährleistet.[1126] Zu nennen sind Art. 23 Nr. 4 der allgemeinen Erklärung der Menschenrechte der UN,[1127] Art. 8 des internationalen Pakts über wirtschaftliche, soziale und kulturelle Rechte,[1128] Art. 22 des internationaler Pakts über bürgerliche und politische Rechte[1129] und die Übereinkommen Nr. 87 und 98 der Internationalen Arbeitsorganisation.[1130] Auf europäischer Ebene sind bereits Art. 11 der

---

1118 Diese Definition des Koalitionsrechts bei Krimphove, Europäisches Arbeitsrecht, 1996, S. 263.

1119 Ähnlich Buchner, RdA 1993, S. 193 (199).

1120 Münchener Handbuch zum Arbeitsrecht – Löwisch, § 247, Rn. 20; Schnorr, DRdA 1994, S. 193 (194).

1121 Callies/Ruffert – Krebber, Art. 138, Rn. 22.

1122 Zweifel äußert auch Callies/Ruffert – Krebber, Art. 138, Rn. 22.

1123 Callies/Ruffert – Krebber, Art. 138, Rn. 22.

1124 Buchner, RdA 1993, S. 193 (199).

1125 Buchner, RdA 1993, S. 193 (199).

1126 Krimphove, Europäisches Arbeitsrecht, 1996, S. 263 –264; EAS - Schwarze, B 8110 Rn. 11; Insbesondere zur Gemeinschaftscharta der sozialen Grundrechte Blank, Festschrift für Albert Gnade, 1992, S. 649 (655); Däubler, Völker und Europarecht in der Rechtsprechung der Arbeitsgerichte, 1994, S. 619 (623 – 625).

1127 Sartorius II, 19.

1128 Sartorius II, 21.

1129 Sartorius II, 20.

1130 Übereinkommen Nr. 87 (Übereinkommen über die Vereinigungsfreiheit und den Schutz des Vereinigungsrechtes vom 9. 7. 1948) und Übereinkommen Nr. 98 (Übereinkommen über die Anwendung der Grundsätze des Vereinigungsrechtes und des Rechtes zu Kollektivverhandlun-

Europäischen Menschenrechtskonvention,[1131] Art. 5 der Europäischen Sozialcharta,[1132] Art. 11 bis 14 der Gemeinschaftscharta der sozialen Grundrechte der Arbeitnehmer und das zu ihrer Umsetzung ergangene Aktionsprogramm,[1133] hervorzuheben. Sie alle begründen, wenn auch zum Teil nur unverbindliche „Rechte" auf die Bildung von Koalitionen.

Neben diesen völkerrechtlichen Normen und Absichtserklärungen ist bereits ein Teilaspekt des Koalitionsrechtes auf Gemeinschaftsebene direkt und unmittelbar verbindlich geregelt.[1134] Art. 8 der Verordnung 1612/68/EWG über die Freizügigkeit der Arbeitnehmer innerhalb der Gemeinschaft[1135] regelt den Anspruch auf Zugang zu den bestehenden Koalitionen als Teil eines umfassenden Grundrechts auf Koalitionsfreiheit.

Diese Gewährleistungen und Anerkennungen sind jedoch noch nicht mit einer grundrechtlich geschützten Rechtsposition zu vergleichen. Zum Beispiel steht den Koalitionen etwa nach deutschem Verfassungsrecht gemäß Art. 9 Abs. 3 GG ein Anspruch darauf zu, daß ihnen der Staat, um ihnen eine effektive Mitwirkung bei der Gestaltung der Arbeitsbedingungen zu sichern, ein funktionierendes Tarifvertragssystem zur Verfügung stellt.[1136] Insoweit ist nach dem EGV die Stellung der Sozialpartner noch nicht in gleicher Weise gesichert worden.[1137] Statt dessen hat die Gemeinschaft in Art. 138 EGV die Verpflichtung übernommen, den Dialog und die Vereinbarungen der Sozialpartner zu fördern.[1138]

Derzeit laufen allerdings erneut Abschlußbemühungen um die Aufnahme eines Grundrechtskatalogs in den EGV.[1139] Die Anerkennung eines eigenen Grundrechts auf Koalitionsfreiheit auf Gemeinschaftsebene erscheint damit endlich in nahe Zukunft gerückt.[1140]

---

gen vom 1. Juli 1949), die Übereinkommen sind abgedruckt in: Internationale Arbeitsorganisation, Übereinkommen und Empfehlungen 1919 – 1966, Genf, 1996.

1131 BGBl 1952, II, S. 685 = Sartorius II, 130.

1132 BGBl 1964, II, S. 1262 = Sartorius II, 115.

1133 Gemeinschaftscharta der Sozialen Grundrechte der Arbeitnehmer vom 9. Dezember 1989, Sartorius II, 190 = KOM (89) 248 endg. vom 30. 5. 1989; Mitteilung der Kommission über ihr Aktionsprogramm zur Anwendung der Gemeinschaftscharta der sozialen Grundrechte, KOM (89) 568 endg. vom 29. 11. 1989.

1134 Krimphove, Europäisches Arbeitsrecht, 1996, S. 263.

1135 Verordnung EWG/1612/68 des Rates vom 15. 10. 1968 über die Freizügigkeit der Arbeitnehmer innerhalb der Gemeinschaft, ABl. EG 1968, L 257, S. 2.

1136 Buchner, RdA 1993, S. 193 (199).

1137 Buchner, RdA 1993, S. 193 (199).

1138 Buchner, RdA 1993, S. 193 (199, 200).

1139 Zu der bisherigen Diskussion siehe Blank, Festschrift für Albert Gnade, 1992, S. 649 (656 – 658) und Zwanziger, ArbuR 1995, S. 429 – 438.

1140 Im Dezember 2000 findet in Nizza ein Gipfeltreffen statt, auf dem die für die Erweiterung der EU nötigen Vertragsreformen beschlossen werden sollen. In diesem Zusammenhang hat die Bundesrepublik Deutschland die Aufnahme einer Grundrechtscharta vorgeschlagen. Siehe hierzu Tagesspiegel vom 28. April 2000, S. 7. Zu den Bemühungen um die Verabschiedung einer Grundrechtscharta hat das Europäische Parlament jüngst eine Entschließung verabschiedet, in

II. Tarifvertragsrecht

Neben dem fehlenden Koalitionsrecht gibt es auf der Gemeinschaftsebene kein einheitliches, supranationales Tarifrecht als Grundlage für Tarifverhandlungen.[1141] Die Ausübung einer Tarifautonomie der europäischen Sozialpartner ist auf Gemeinschaftsebene weder anerkannt noch ausdrücklich geregelt.[1142] Weder in Art. 118 b EGV a. F. noch in Art. 4 AbkSozP war eine Anerkennung der Tariffähigkeit und –autonomie der europäischen Sozialpartner direkt enthalten oder aus einer der beiden Vorschriften herzuleiten.[1143] Daran hat sich auch nach dem Vertrag von Amsterdam nichts geändert. Deshalb besteht weitgehende Einigkeit, daß ein gemeinschaftliches Tarifvertragsrecht, das Sozialpartnervereinbarungen zu europäischen Normen machen könnte, nicht existiert.[1144]

Darüber hinaus existieren logisch konsequent keine Gemeinschaftsregelungen zum Koalitionsstreik und Aussperrungsrecht.[1145] Ein gemeinschaftliches Arbeitskampfrecht gibt es nicht.[1146] Das Arbeitskampfrecht ist nach Art. 137 Abs. 6 EGV sogar ausdrücklich aus der Richtlinienkompetenz der Gemeinschaft herausgenommen.[1147] Insbesondere sind die Vereinbarungen der Sozialpartner nicht durch Maßnahmen des Arbeitskampfes erzwingbar.[1148]

Gewährleistet wird aber nach Art. 139 EGV die Begründung von vertraglichen Beziehungen einschließlich des Abschlusses von Vereinbarungen zwischen den Sozialpartnern auf Gemeinschaftsebene. Zur Durchsetzung ihrer Forderungen und zur Gestaltung der Vereinbarungen stehen den Sozialpartnern aber keine weiteren Rechtsgrundlagen zur Verfügung.[1149]

An der Notwendigkeit eines Tarifrechts, von dem erwartet wird, daß es auch ein arbeitskampfrechtliches Pendant nach sich zieht, wird allerdings nicht gezweifelt.[1150]

---

der es die Bemühungen begrüßt und seine Unterstützung anbietet, Europäisches Parlament, Entschließung vom 16. März 2000, EuGRZ 2000, S. 189 – 191.

1141 Kampmeyer, Protokoll und Abkommen, 1998, S. 90.

1142 Kampmeyer, Protokoll und Abkommen, 1998, S. 90.

1143 Kampmeyer, Protokoll und Abkommen, 1998, S. 90.

1144 Wisskirchen, Festschrift für Otfried Wlotzke, 1996, S. 793 (804); Konzen, EuZW 1995, S. 39 (47).

1145 Ähnlich Weiss, Festschrift für Albert Gnade, 1992, S. 583 (589).

1146 Kampmeyer, Protokoll und Abkommen, 1998, S. 90; kritisch zum fehlenden europäischen Koalitions- und Arbeitskampfrecht insbesondere Wedderburn, ILJ 1997, S. 1 (29 – 30).

1147 Konzen, EuZW 1995, S. 39 (47).

1148 Kampmeyer, Protokoll und Abkommen, 1998, S. 90.

1149 Kampmeyer, Protokoll und Abkommen, 1998, S. 90.

1150 EAS – Schwarze, B 8100, Rn. 3; Blank, Festschrift für Albert Gnade, 1992, S. 649 (656 – 658); Blanpain/Schmidt/Schweibert, Europäisches Arbeitsrecht, 1996, Rn. 695; Bleckmann – Coen, Europarecht, 1997, Rn. 2512, der allerdings das Bestehen eines solchen Rechts nicht als Voraussetzung rechtsverbindlicher europäischer Tarifverträge sieht; Karthaus, ArbuR 1997, S. 221 (222 – 223) hält die Wahl eines Tarifstatuts für möglich; dazu siehe unten 4. Teil, C., II., 1., a), (2), S. 192.

III. Ergebnis und Folgerungen

Der EGV kennt kein eigenes Koalitionsrecht im eigentlichen Sinn und stellt neben einer „Ermächtigungsgrundlage“ zum Abschluß von Vereinbarungen kein Tarifvertragsrecht zur Verfügung. Aus der in Art. 138 EGV akzeptierten Pflicht zur Förderung und aus der expliziten Anerkennung der Sozialpartner als Akteure auf Gemeinschaftsebene, könnte aber die Verpflichtung der Europäischen Gemeinschaft zur Schaffung rechtlicher Grundlagen für ein gemeinschaftsweites Tätigwerden der Sozialpartner entstehen.[1151]

Ein funktionsfähiges Instrumentarium würde vor allem ein gemeinschaftliches Tarifvertragsrecht beinhalten.[1152] Dazu hat die Gemeinschaft nach der Vertragsrevision von Amsterdam auch die rechtlichen Möglichkeiten. Art.137 Abs. 3 3. Spiegelstrich EGV enthält nämlich die Befugnis zum Erlaß von Richtlinien im Bereich der Vertretung und kollektiven Wahrnehmung der Arbeitnehmer- und Arbeitgeberinteressen, einschließlich der Mitbestimmung. An der Möglichkeit eines gemeinschaftlichen Tarifrechts ändert sich auch dadurch nichts, daß nach Art. 137 Abs. 6 EGV die Bereiche Koalitionsrecht, Streik- und Aussperrungsrecht ausdrücklich von der Zuständigkeit der Gemeinschaft ausgeschlossen sind. Eine Regelung dieser Rechtsbereiche kommt daher auch für die nähere Zukunft nicht in Betracht.[1153] Sie unterliegen nach wie vor dem Recht der Mitgliedsstaaten beziehungsweise der tarifautonomen Regelung durch die Sozialpartner der Mitgliedsstaaten.[1154] Die Ausnahmevorschrift des Art. 137 Abs. 6 EGV ist jedoch eng auszulegen.[1155]

Damit könnte Art. 137 Abs. 3 EGV als Ermächtigungsgrundlage für die Gemeinschaft zum Erlaß eines zumindest eingeschränkten Tarifvertragsgesetzes dienen.[1156]

B. Die vertraglichen Beziehungen und Vereinbarungen gemäß Art. 139 Abs. 1 EGV

Gemäß Art. 139 Abs. 1 EGV kann der Dialog zwischen den Sozialpartnern auf Gemeinschaftsebene, falls sie es wünschen, zur Herstellung vertraglicher Beziehungen, einschließlich des Abschlusses von Vereinbarungen, führen.

Art. 139 Abs. 1 EGV stellt den Sozialpartnern den formellen Teil des Sozialen Dialogs im engeren Sinne als Rechtsinstitut zur Verfügung, mit dem sie über den bloßen Meinungsaustausch hinaus auf Gemeinschaftsebene vertragliche Beziehungen und Vereinbarungen herstellen können. Mit dieser Norm besteht die Möglichkeit, über die Grenzen einzelner Mitgliedsländer hinaus - seitens der Gewerkschaften, Arbeitgeber

---

[1151] Lenz – Coen, Art. 138, Rn. 7; Buchner, RdA 1993, S. 193 (200); Grabitz/Hilf - Langenfeld/Jansen, Art. 118 b EGV Rn. 5.

[1152] Grabitz/Hilf – Langenfeld/Jansen, Art. 118 b EGV Rn. 5; Lenz – Coen, Art. 138, Rn. 7.

[1153] Kampmeyer, Protokoll und Abkommen, 1998, S. 90.

[1154] Kampmeyer, Protokoll und Abkommen, 1998, S. 90.

[1155] Siehe oben 2. Teil, B., II., 1., c), S. 76.

[1156] Siehe oben 2. Teil, B., II., 1.,b), (1), S. 76.

und Arbeitgeberverbände - Normen des Europäischen Arbeitsrechts zu setzen.[1157] Ziel des Art. 139 EGV ist die Entwicklung einer Verhandlungsstruktur zwischen Arbeitgeber- und Arbeitnehmerschaft, die zu gemeinsamen Absprachen, Zielen und Verpflichtungen führt.[1158] Dazu schafft die Vorschrift einen Verhandlungsraum, in dem europäische sozialpolitische Bestimmungen durch die Sozialpartner ausgearbeitet werden können.[1159]

I. Die Freiwilligkeit der Vereinbarungen

Bereits der Begriff der vertraglichen Beziehungen impliziert das Selbstbestimmungsrecht der Vertragsparteien, über das Zustandekommen von vertraglichen Beziehungen frei zu entscheiden, denn die Vertragsautonomie ist ohne Selbstbestimmungsrecht nicht denkbar.[1160] Darüber hinaus wird das Selbstbestimmungsrecht der Parteien noch durch den Wortlaut „falls sie es wünschen" bekräftigt, nach dem die Inanspruchnahme des Sozialen Dialogs allein den Sozialpartnern überlassen bleibt und unabhängig von den Wünschen der Gemeinschaftsorgane erfolgt. Die Sozialpartner bestimmen also selbst über die Ergebnisse ihres Dialogs. Vertragliche Beziehungen und Vereinbarungen nach Art. 139 EGV kommen nur zustande, wenn die Sozialpartner dies für wünschenswert halten. Die Sozialpartner haben damit die Möglichkeit zu verhindern, daß die Gemeinschaft von ihren sozialpolitischen Kompetenzen Gebrauch macht und in Bereiche interveniert, die auf nationaler Ebene zum Teil der Tarifautonomie unterliegen.[1161]

Wenn Gemeinschaftsorgane auf den Abschluß vertraglicher Beziehungen durch die Sozialpartner hinwirken, so läge neben einem Verstoß gegen Art. 139 EGV auch ein Verstoß gegen das Subsidiaritätsprinzip vor.[1162] Daß es insoweit auf ihre eigenen Initiative ankommt, begründet keinen Verstoß gegen die mitgliedsstaatlichen Handlungsautonomien der nationalen Sozialpartner, die diese aufgrund der national anerkannten Koalitionsfreiheiten und Tarifautonomien besitzen.[1163]

II. Adressat des Art. 139 EGV

Partner des Sozialen Dialogs gemäß Art. 139 EGV sind nach seiner Entstehungsgeschichte traditionell die drei europäischen Dachverbände, also der Europäische Gewerkschaftsbund (EGB), die Union der Industrie der Europäischen Gemeinschaft (UNICE) und die Europäische Zentrale der öffentlichen Wirtschaft (CEEP).[1164] Auf

---

1157 Krimphove, Europäisches Arbeitsrecht, 1996, S. 28; vorsichtiger van Damme, RevMC 1992, S. 788 (789).

1158 Lenz – Coen, Art. 139, Rn. 1.

1159 Lenz – Coen, Art. 139, Rn. 1.

1160 Wisskirchen, Der soziale Dialog, 1994, S. 653 (663).

1161 Lenz – Coen, Art. 139, Rn. 1.

1162 Wisskirchen, Der soziale Dialog, 1994, S. 653 (664).

1163 Lenz – Coen, Art. 139, Rn. 1.

1164 Kampmeyer, Protokoll und Abkommen, 1998, S. 102.

diese Verbände kann der Abschluß vertraglicher Beziehungen nach Art. 139 EGV aber keinesfalls beschränkt bleiben.[1165] Der Kompetenzzuwachs der europäischen Sozialpartner hat bereits zu einem gesteigerten Interesse weiterer Verbände geführt.[1166] Insoweit kann der bisherige Entwicklungsstand nicht den Endpunkt markieren. Es sich daher die Frage nach sachlichen Kriterien, die von den Sozialpartnern erfüllt sein müssen, wenn sie Vereinbarungen gemäß Art. 139 Abs. 1 EGV abschließen wollen.[1167]

Neben den bereits genannten europäischen Dachverbänden müssen jedenfalls „erst recht" Gewerkschaften und Arbeitgeberverbände mit europäischer Mitgliederstruktur Vertragspartner solcher Vereinbarungen sein können.[1168] Diese würden dann nicht als internationaler Zusammenschluß nationaler Koalitionen tätig, sondern als eigenständige Verbände.[1169] Abgesehen von vereinzelten „Randerscheinungen"[1170] existieren solche Sozialpartner derzeit allerdings noch nicht.[1171]

Andererseits sind nicht nur solche Organisationen als Sozialpartner im Sinne des Art. 139 EGV anzusehen, die entweder selbst oder aber durch die ihnen angeschlossenen Verbände „echte" Tarifverhandlungen führen können.[1172] Um echte Tarifverhandlungen zu führen, bedürften die Verhandlungspartner beziehungsweise ihre Mitgliedsorganisationen eines ausdrücklichen Mandats. Die Mitglieder der UNICE, wie beispielsweise die Bundesvereinigung Deutscher Arbeitgeberverbände oder die Confederation of Britisch Industries, führen auf nationaler Ebene aber keine Tarifverhandlungen.[1173] Daher verfügen sie selbst nicht über ein solches Mandat, daß sie auf die UNICE übertragen könnten. Ähnlich Probleme bestehen auch auf Gewerkschaftsseite beim EGB. Gerade auf UNICE und EGB und ihre verbandsrechtlich eingeschränkten Möglichkeiten sind aber die derzeitigen Regelungen der Art. 138 ff EGV zugeschnitten. Die Berechtigung zum Abschluß von Vereinbarungen nach Art. 139 EGV verlangt daher nicht, daß die Vertragsparteien jeweils zum Abschluß von Tarifverträgen mit normativer Wirkung befugt sind.[1174] Die bisherige geringe Verrechtlichung des Sozialen Dialogs läßt eine Verknüpfung der Dialog- mit der Tariffähigkeit nicht zu.[1175]

1165 EAS – Schwarze, B 8100, Rn. 16; a. A.: Kampmeyer, Protokoll und Abkommen, 1998, S. 102, die offenbar auch die Vereinbarungsbefugnis auf diese drei Verbände beschränken will.

1166 Konzen, EuZW 1995, S. 39 (46).

1167 Konzen, EuZW 1995, S. 39 (46).

1168 EAS – Schwarze, B 8100, Rn. 18; für die grundsätzliche Möglichkeit der „Kampfführung" durch eine „europäische" Gewerkschaft als eigenständiger Verband mit direkter Mitgliedschaft", Hergenröder, in: Heinemann, Der Arbeitskampf im europäischen Zusammenhang, 1991, S. 49 (79).

1169 Hergenröder, in: Heinemann, Der Arbeitskampf im europäischen Zusammenhang, 1991, S. 49 (79).

1170 Die internationale Transportarbeiterföderation hat eine Sektion (Seafarers Section), in der weltweit Einzelpersonen organisiert sind. Dazu Birk, Die Rechtmäßigkeit des Streiks, 1983, S. 49.

1171 EAS – Schwarze, B 8100, Rn. 18.

1172 Grabitz/Hilf - Langenfeld/Jansen, Art. 118 b EGV, Rn. 7.

1173 Blanpain/Schmidt/Schweibert, Europäisches Arbeitsrecht, 1996, Rn. 514.

1174 A. A.: Blanpain/Schmidt/Schweibert, Europäisches Arbeitsrecht, 1996, Rn. 514.

1175 Grabitz/Hilf – Langenfeld/Jansen, Art. 118 b EGV Rn. 7; Däubler EuZW 1992, S. 329 (332).

Als weiteres negatives Abgrenzungsmerkmal kann man die nach Art. 139 EGV berechtigten Sozialpartner nicht auf überfachliche Verbände beschränken.[1176] Die Vorgängernorm des Art. 139 Abs. 1 EGV, Art. 118 b EGV a. F. sagte nichts darüber aus, ob der Soziale Dialog auf branchenspezifischer Ebene geführt werden kann.[1177] Die Gemeinschaftscharta der sozialen Grundrechte der Arbeitnehmer[1178] wiederholte in ihrem Artikel 12 allerdings den wesentlichen Gehalt des Art. 118 b EGV a. F. und fügte hinzu, daß der Dialog insbesondere sowohl auf branchenübergreifender als auch auf branchenspezifischer Ebene zu führen sei.[1179] Da auf die Charta im neuen Art. 136 EGV ausdrücklich Bezug genommen wird, sind daher auch Branchenverbände zu Vereinbarungen nach Art. 139 EGV berechtigt. Auch wenn die Vereinbarungsbereitschaft der Branchenverbände auf europäischer Ebene eher gering war, haben die europäischen Branchenverbände des Seeverkehrs bereits gezeigt, daß sie durchaus willens und in der Lage sind, Vereinbarungen zu schließen.

Darüber hinaus bestehen Unklarheiten über die Mindestvoraussetzungen, die an die Sozialpartner für den Abschluß von Vereinbarungen nach Art. 139 Abs. 1 EGV zu stellen sind.

Einerseits wird vertreten, daß es im Rahmen des Art. 139 EGV allein um solche Sozialpartner gehe, die überhaupt einen Dialog auf gemeinschaftlicher Ebene entwickeln könnten.[1180] Das wären nur solche Sozialpartner, die überhaupt als Handlungspartner auf der europäischen Ebene in Frage kommen, also nicht nur im nationalen Rahmen tätig werden.[1181] Vertragspartner könnte dann auf Arbeitgeberseite ein europäisches Unternehmen oder ein europäischer Arbeitgeberverband sein, und auf Arbeitnehmerseite eine europäische Gewerkschaft, die entweder auf Unternehmensebene, für eine bestimmte Branche oder eine bestimmte Region gegründet wurde.[1182]

Andererseits wird auf den Gegenstand der Vereinbarung abgestellt. Maßgebend sei, ob es sich um einen transnationalen Sachverhalt handelt.[1183] Ist diese Voraussetzung erfüllt, könnten auch nationale Sozialpartner und einzelne Arbeitgeber Sozialpartner auf europäischer Ebene sein.[1184] In diesem Sinne könnten dann auch auf der Unternehmensebene Kollektivverhandlungen geführt werden.[1185]

1176 A. A.: Kampmeyer, Protokoll und Abkommen, 1998, S. 104 die an den Vereinbarungen nach Art. 4 AbkSozP nur CEEP, UNICE und EGB beteiligt sehen wollte; a. A.: wohl auch Callies/Ruffert – Krebber, Art. 138, Rn. 16.

1177 Groeben/Thiesing/Ehlermann – Schulte, Art. 118 b, Rn. 24.

1178 Gemeinschaftscharta der Sozialen Grundrechte der Arbeitnehmer vom 9. Dezember 1989, Sartorius II, 190 = KOM (89) 248 endg. vom 30. 5. 1989.

1179 Groeben/Thiesing/Ehlermann – Schulte, Art. 118 b, Rn. 24.

1180 Kasseler Handbuch - Heinze, 11, Europarecht, Rn. 137.

1181 Kasseler Handbuch - Heinze, 11, Europarecht, Rn. 137.

1182 Blanpain/Schmidt/Schweibert, Europäisches Arbeitsrecht, 1996, Rn. 514.

1183 EAS – Schwarze, B 8100, Rn. 19.

1184 Z. B. mehrere nationale Gewerkschaften mit einem länderübergreifende tätigen Konzern. Ebenso EAS - Schwarze, B 8100, Rn. 19, Blanpain, Labour Law and Industrial Relations of the European Union, 1992, Rn. 132, 138; a. A.: Schnorr, DRdA 1994, S. 193 (195), der im Kontext von Art. 3 und 4 AbkSozP eine übergreifende europäische Organisationsstruktur verlangt.

1185 Groeben/Thiesing/Ehlermann – Schulte, Art. 118 b, Rn. 24.

Schließlich wird auf das Merkmal der Repräsentativität abgestellt. Nur wenn die Sozialpartner für die Arbeitnehmer und Unternehmer repräsentativ seien, sollen sie für den Abschluß von Vereinbarungen auf Gemeinschaftsebene ausreichend legitimiert sein.[1186] Richtigerweise ist aber diese Einschränkung erst bei der Umsetzung der Vereinbarungen nach Art. 139 EGV vorzunehmen,[1187] wenn es darum geht, die Vereinbarungen durch einen Ratsbeschluß normativ verbindlich zu machen und ihnen gegebenenfalls eine Wirkung auf nicht organisierte Arbeitnehmer und Arbeitgeber zu verschaffen.

Im Interesse einer möglichst breiten und ungehinderten Entwicklung europäischer Arbeitsbeziehungen ist der Begriff der Sozialpartner in Art. 139 EGV weit auszulegen und Beschränkungen auf Mindestvoraussetzungen abzulehnen. Alle Interessenvertretungen, die auf Gemeinschaftsebene Beziehungen knüpfen wollen und sich dazu in der Lage sehen, sind zur Begründung vertraglicher Beziehungen gemäß Art. 139 EGV berufen, unabhängig davon, ob sie nationalen oder europäischen Ursprungs sind. In der Entscheidung über eine Verhandlungsteilnahme sind die Sozialpartner insoweit autonom.[1188]

III. Begriff und Rechtsnatur der vertraglichen Beziehungen und Vereinbarungen

Art. 139 Abs. 1 EGV stellt als Handlungsmöglichkeiten vertragliche Beziehungen, einschließlich des Abschlusses von Vereinbarungen zur Verfügung. Da die Begriffe selbst nichts über die Rechtsqualität der vertraglichen Beziehungen und Vereinbarungen aussagen und das Europarecht die Begriffe auch nicht definiert, hat die Frage nach der Rechtsnatur eine Vielzahl von Veröffentlichungen in der Literatur hervorgerufen. Um die Formulierungen ranken sich mehrere Rechtsfragen.

Schon mit der Einführung des Art. 118 b EGV a. F. durch die Einheitliche Europäische Akte von 1987 wurde vertreten, daß mit dieser Regelung eine gemeinschaftsrechtliche Grundlage für europäische Kollektivverträge geschaffen worden sei, die den auf seiner Grundlage geschaffenen vertraglichen Beziehungen den Rang sekundären Gemeinschaftsrechts zu weisen würde.[1189] Nach anderer Auffassung sollte

[1186] Konzen, EuZW 1995, S. 39 (46); Die Legitimationsfrage stellt auch Weiss, Festschrift für Albert Gnade, 1992, S. 583 (595), allerdings auch erst in Zusammenhang mit der Umsetzung durch Ratsbeschluß; zur Repräsentativität auch van Damme, RevMC 1992, S. 788 (790). Callies/Ruffert —Krebber, Art. 138, Rn. 9, 16 hält die Begriffe der Sozialpartner nach Art. 138 und 139 EGV für identisch und verlangt deshalb auch im Rahmen von Art. 139 EGV eine Repräsentativität der Akteure.

[1187] So im Ergebnis auch die Kommission, die jeweils den Vertretungsanspruch der Vertragsparteien prüfen will, bevor sie den Vorschlag an den Rat weiterleitet. Mitteilung der Kommission über die Anwendung des Protokolls über die Sozialpolitik an den Rat und an das europäische Parlament vom 14. 12. 1993, KOM (93) 600 endg., S. 16, Rn. 39.

[1188] Ähnlich EuG vom 16. 12. 1980; Rs. 149/79, Kommission der Europäischen Gemeinschaften gegen Königreich Belgien, Slg. 1980, S. 3881 – 3919 (2366 – 2377, Rn. 75 – 76); Britz/Schmidt, EuR 1999, S. 467 (474).

[1189] Hauschka, RIW 1990, S. 81 (89) sah in Art. 118 b EGV eine generelle Ermächtigungsgrundlage

Art. 118 b EGV a. F. bloß schuldrechtliche Abreden ermöglichen.[1190] Da das Gemeinschaftsrecht Vorrang vor dem nationalen Recht genießt, würde die Annahme echter Tarifverträge eine Reihe schwieriger Konkurrenzfragen im Verhältnis zu den nationalen Rechtsordnungen und dem nationalen Kollektivvertragsrecht aufgeworfen haben und wurde daher überwiegend abgelehnt.[1191] Da der Soziale Dialog nach Art. 118 b EGV a. F. im wesentlichen jedoch informellen und beratenden Charakter hatte, spielte diese Frage in der Praxis zunächst keine große Rolle.[1192]

Die Diskussion erhielt aber durch die zunehmende Intensivierung der sozialpartnerschaftlichen Beziehungen und die mit dem durch den Vertrag von Maastricht eingeführten Umsetzungsmodalitäten nach Art. 4 AbkSozP[1193] zunehmend praktische Bedeutung.

1. Der eigenständige Gehalt der Vereinbarungen

Bereits durch Art. 4 Abs. 1 des Abkommens über die Sozialpolitik war der Begriff der „vertraglichen Beziehungen" aus Art. 118 b EGV a. F. um die Wendung „einschließlich des Abschlusses von Vereinbarungen" ergänzt worden. Diese Fassung hat mit dem Vertag von Amsterdam als Art. 139 Abs. 1 EGV Eingang in die Sozialvorschriften gefunden.

Daß die Formulierung „Abschluß von Vereinbarungen" ausdrücklich in den Gesetzestext aufgenommen wurde, deutet darauf hin, daß den „Vereinbarungen" eine über „vertragliche Beziehungen" hinausgehende Bedeutung zukommt.[1194] Dem Wortlaut des Art. 139 Abs. 1 EGV ist aber nicht zu entnehmen, in welcher Beziehung der „Abschluß von Vereinbarungen" etwas anderes besagt, als die „Herstellung vertraglicher Beziehungen".[1195] Aus Sicht des deutschen Rechts ist der Unterschied zwischen der Herstellung vertraglicher Beziehungen und dem Abschluß von Vereinbarungen auch nicht zu erkennen.[1196]

Sinnvoll erscheint mit Blick auf Art. 139 Abs. 2 EGV, eine Unterscheidung nach den beabsichtigten Wirkungen zu treffen.[1197] „Vertragliche Beziehungen" meint eher die Regelung von Pflichten und Rechten der Sozialpartner untereinander (also zum Bei-

---

für die Gemeinschaft zum Erlaß eines gemeinschaftlichen Tarifvertragsrechts.

1190 Blank, Festschrift für Albert Gnade, 1992, S. 649 (650); Wlotzke, NZA 1990, S. 417 (421); Däubler, in: Heinemann, Möglichkeiten und Grenzen europäischer Tarifverträge, 1991, S. 16 (S. 20 – 21).

1191 Blank, Festschrift für Albert Gnade, 1992, S. 649 (650); Däubler, in: Heinemann, Möglichkeiten und Grenzen europäischer Tarifverträge, 1991, S. 16 (S. 20 – 21).

1192 Blank, Festschrift für Albert Gnade, 1992, S. 649 (650).

1193 Art. 138 EGV n. F.

1194 Kampmeyer, Protokoll und Abkommen, 1998, S. 88.

1195 Kampmeyer, Protokoll und Abkommen, 1998, S. 88.

1196 Buchner, RdA 1993, S. 193 (200).

1197 Im Ergebnis auch so Buchner, RdA 1993, S. 193 (200); EAS - Schwarze, B 8100, Rn. 24; Däubler, EuZW 1992, S. 329 (333); Balze, Die sozialpolitischen Kompetenzen der Europäischen Union, 1994, S. 270.

spiel Verhandlungspflichten), die „Vereinbarung“ betont eher jene Regelungsinhalte, die drittgerichtet sind und der Umsetzung nach Art. 139 Abs. 2 EGV bedürfen.[1198] Die sprachliche Erweiterung stellt damit klar, daß die vertraglichen Beziehungen über den bisher praktizierten informellen Charakter hinaus nicht nur vertragliche Vereinbarungen erfaßt, die die vertragschließenden Parteien binden, sondern auch Vereinbarungen beinhalten können, die drittgerichtet sind.[1199]

Daraus kann aber noch nicht geschlossen werden, daß Art. 139 Abs. 1 EGV eine Rechtsgrundlage für den Abschluß von europäischen Tarifverträgen durch die Sozialpartner enthält, die nicht nur für die Vertragsparteien selbst gelten, sondern auch die Arbeitsverhältnisse ihrer Mitglieder verbindlich regeln.[1200]

2. Schuldrechtlicher Vertrag oder Tarifvertrag mit normativer Wirkung

Aus dem Wortlaut des Art. 139 Abs. 1 EGV ergibt sich jedenfalls nicht, daß mit „Vereinbarungen“ echte Tarifverträge mit normativer Wirkung gemeint sind.[1201]

Die Diskussion beschäftigt sich vor allem damit, ob die vertraglichen Beziehungen oder Vereinbarungen den Rechtscharakter echter europäischer Tarifverträge mit normativer Wirkung haben können und somit die Neuregelung eine Hinwendung zu den bislang nicht im eigentlichen Sinne existierenden europäischen Tarifverträgen bedeutet.[1202] Bei der Frage nach der Rechtsnatur geht es also in erster Linie um die Wirksamkeit und Verbindlichkeit der Vereinbarungen. Es stellt sich die Frage, ob die europäischen Sozialpartner ermächtigt werden, autonom verbindliches Recht zu setzen, und zwar durch den Abschluß von Kollektivvereinbarungen im Sinne von europäischen Tarifverträgen.[1203]

Der Begriff des schuldrechtlichen Vertrags bedeutet, daß ausschließlich nur die vereinbarungsschließenden Sozialpartner nach Maßgabe des Vereinbarten gebunden sind.[1204] Unter normativer Wirkung versteht man, daß ein Tarifvertrag Rechtsnormen enthalten kann, die den Inhalt, den Abschluß und die Beendigung von Arbeitsverhältnissen sowie betriebliche und betriebsverfassungsrechtliche Fragen unmittelbar ordnen und regeln.[1205]

1198 EAS – Schwarze, B 8100, Rn. 24; i. E. auch Grabitz/Hilf – Langenfeld, Nach Art. 122 EGV, Art. 4 AbkSozP, Rn. 1.

1199 Däubler, EuZW 1992, S. 329 (333); Grabitz/Hilf – Langenfeld, Nach Art. 122 EGV, Art. 4 AbkSozP, Rn. 1.

1200 Grabitz/Hilf – Langenfeld, Nach Art. 122 EGV, Art. 4 AbkSozP, Rn. 2; Däubler, EuZW 1992, S. 329 (333); ähnlich Weiss, Festschrift für Albert Gnade, 1992, S. 583 (593), insoweit mißverständlich die Kommission, Weißbuch, Europäischen Sozialpolitik, KOM (94) 333 endg. vom 27. 7. 1994, Kapitel VIII, S. 61.

1201 Kampmeyer, Protokoll und Abkommen, 1998, S. 89.

1202 Wank, RdA 1995, S. 10 (20).

1203 Kampmeyer, Protokoll und Abkommen, 1998, S. 89.

1204 EAS – Schwarze, B 8100, Rn. 26.

1205 Siehe die Legaldefiniton im deutschen Arbeitsrecht gemäß § 1 TVG.

a) Die außergewöhnliche Autonomie der Sozialpartner im europäischen Arbeitsrecht

Für die Annahme einer Kompetenz der Sozialpartner zum Abschluß von Tarifverträgen könnte die im europäischen Arbeitsrecht außergewöhnliche Autonomie der Sozialpartner bei der Umsetzung ihrer Vereinbarungen sprechen.[1206] Der Beschluß des Rates, mit dem die Vereinbarung der Sozialpartner gemäß Art. 139 Abs. 2 EGV umgesetzt werden kann, erfordert keine Beteiligung des Europäischen Parlamentes und oder des Wirtschafts- und Sozialausschusses.[1207] Denn ein Verweis auf Art. 137 Abs. 2 EGV und damit auf das Gesetzgebungsverfahren nach Art. 251 EGV fehlt.[1208]

Auch kann aus der Tatsache, daß die traditionell am Sozialen Dialog beteiligten europäischen Sozialpartner kein tarifpolitisches Mandat innehaben, nichts gegen die Annahme einer normativen Wirkung der Vereinbarungen hergeleitet werden.[1209] Zum einen verändern sich zunehmend die Strukturen der europäischen Sozialpartnerorganisationen, deren Befugnisse von ihren Mitgliedern in Richtung weitreichendere Vertretungsmandate ausgedehnt werden.[1210] Zum anderen ist es gerade nicht anzunehmen, daß die Gemeinschaft sich mit einer Fixierung auf die derzeitigen Möglichkeiten der Sozialpartner auf den aktuellen Stand beschränken wollte, da sie sich zu einer stetigen Fortentwicklung des Sozialen Dialogs verpflichtet hat.

b) Die fehlende Verdeutlichung durch den Gesetzgeber

Gegen die Annahme einer normativen Wirkung spricht aber die fehlende Verdeutlichung des Gesetzgebers.

Der Begriff des Tarifvertrags hat in den Mitgliedsstaaten unterschiedlichste Bedeutungen. Eine „echte" normative Wirkung ist nur in wenigen Ländern überhaupt bekannt.[1211] Gerade mit Rücksicht auf diese unterschiedlichen mitgliedsstaatlichen Regelungen haben sich die vertraglichen Beziehungen in der Praxis sehr behutsam durch gemeinsame Stellungnahmen und Rahmenabkommen entwickelt. Die Vereinbarungen zwischen den Sozialpartnern im bisherigen europäischen Sozialen Dialog binden traditionell allenfalls diese selbst.[1212] Und auch das nur ganz schwach, da die europäischen Sozialpartner kaum verbandsrechtliche Mittel haben, mit denen sie auf ihre Verbandsmitglieder hinwirken können, um die Inhalte der Vereinbarungen durchzusetzen.[1213] Die Sozialpartner haben untereinander allenfalls die Pflicht zu An-

---

1206 Krimphove, Europäisches Arbeitsrecht, 1996, S. 266.

1207 Siehe dazu noch 4. Teil, C., III., 5., S 211.

1208 Krimphove, Europäisches Arbeitsrecht, 1996, S. 266.

1209 A. A.: Kampmeyer, Protokoll und Abkommen, 1998, S. 89.

1210 Dies ist nach eigenen Angaben etwa bei Euro-FIET der Fall.

1211 Z. B. werden in Großbritannien Tarifverträge nur als sogenannte gentlements agreements abgeschlossen.

1212 Konzen, EuZW 1995, S. 39 (47); Däubler, EuZW 1992, S. 329 (331); siehe dazu auch 3. Teil, C., II., 4., S. 121.

1213 Konzen, EuZW 1995, S. 39 (47).

regungen an ihre Verbandsseite.[1214] Mag es bei einigen bisherigen Abkommen – etwa beim Rahmenabkommen über die Ausbildung in öffentlichen Unternehmen[1215] – auch inhaltlich Drittbezüge gegeben haben, waren die Vereinbarungen der Sozialpartner im überkommenen Sozialen Dialog, an den sich Art. 139 Abs. 1 EGV seinem Wortlaut nach anlehnt, nicht als Verträge mit normativer Wirkung anzusehen.[1216]

Ein Vergleich mit der Gemeinschaftscharta der sozialen Grundrechte der Arbeitnehmer,[1217] in der ausdrücklich von Tarifverträgen die Rede ist,[1218] zeigt, daß Tarifverträge auf Gemeinschaftsebene durchaus bekannt sind. Hätten die vertragschließenden Mitgliedsstaaten mit dem Begriff der „Vereinbarung" eine Rechtsgrundlage für den Abschluß „tariflicher Vereinbarungen" mit normativer Wirkung schaffen wollen, hätten sie den terminus technicus „Tarifvertrag" beziehungsweise „collective agreement" oder „convention collective" verwendet.[1219] Die stattdessen gewählte „vorsichtige" Formulierung spricht gegen die Annahme einer Rechtsgrundlage für Kollektivverträge im Sinne echter Tarifverträge und für die Zulässigkeit bloß schuldrechtlicher Vereinbarungen zwischen den Sozialpartnern auf Gemeinschaftsebene.[1220] Die Abkommensstaaten beabsichtigten mit dem Abkommen über die Sozialpolitik, das Gemeinschaftsrecht im Sinne der Sozialcharta fortzuentwickeln.[1221] Sie hatten aber nicht die Absicht, die industriellen Beziehungen zu vergemeinschaften und damit die europäische Sozialpolitik auf eine vollkommen neue Grundlage zu stellen.[1222] In den neuen Sozialvorschriften der Art. 136 ff EGV wird sogar ausdrücklich auf die Charta Bezug genommen. Daher kann nicht davon ausgegangen werden, daß das Abkommen wesentlich über die Sozialcharta hinausging und mit Art. 139 Abs. 1 EGV nun eine Rechtsgrundlage zum Abschluß europäischer Tarifverträge geschaffen worden ist.[1223] Unter dieser Prämisse hätte der Gemeinschaftsgesetzgeber die Änderung seines Verständnisses von vertraglichen Beziehungen und Vereinbarungen deutlicher gemacht. Zunächst hätte er die Möglichkeit echter Tarifverträge deutlich als Unterfall der vertraglichen Beziehungen erwähnt. Diese Auslegung wird auch durch einen Blick auf andere, gleichermaßen verbindliche Sprachfassungen des Vertrags gestützt, die eben-

---

1214 Konzen, EuZW 1995, S. 39 (47); Weiss, Festschrift für Otto Rudolf Kissel, 1994, S. 1253 (1262 – 1264). Eine Aufzählung der bisherigen Beispiele auch bei Däubler, EuZW 1992, S. 329 (330);

1215 Das Abkommen ist genauer beschrieben im 3. Teil, C., II., 4., e), S. 127.

1216 Konzen, EuZW 1995, S. 39 (47).

1217 Gemeinschaftscharta der Sozialen Grundrechte der Arbeitnehmer vom 9. Dezember 1989, Sartorius II, 190 = KOM (89) 248 endg. vom 30. 5. 1989.

1218 Art. 11 bis 14 der Gemeinschaftscharta.

1219 Krimphove, Europäisches Arbeitsrecht, 1996, S. 266; Blank, Festschrift für Gnade, 1992, S. 649 (655).

1220 Blank, Festschrift für Albert Gnade, 1992, S. 649 (655); Krimphove, Europäisches Arbeitsrecht, 1996, S. 266; Auch Kampmeyer, Protokoll und Abkommen, S. 89, leitet aus dem Vergleich mit der Gemeinschaftscharta der Sozialen Grundrechte der Arbeitnehmer ab, daß Vereinbarungen nicht als europäische Tarifverträge gemeint sind.

1221 Kampmeyer, Protokoll und Abkommen, 1998, S. 89.

1222 Kampmeyer, Protokoll und Abkommen, 1998, S. 89.

1223 Kampmeyer, Protokoll und Abkommen, 1998, S. 89.

so wie die deutsche Fassung sämtlich nicht den für den Begriff Tarifvertrag üblichen Ausdruck verwenden.[1224]

Außerdem würde die Annahme einer normativen Wirkung für Vereinbarungen gemäß Art. 139 Abs. 1 EGV automatisch zu Konflikten mit dem nationalen Recht führen, ohne daß das Gemeinschaftsrecht bislang Maßstäbe für die Lösung derartiger Konflikte bereitstellt.[1225] Bereits wegen der Konkurrenzprobleme zwischen europäischen und nationalen Tarifverträgen und nationalen Gesetzen sowie der erheblich divergierenden nationalen Tarifrechtsregelungen hätte der Gemeinschaftsgesetzgeber einen entsprechenden Willen deutlicher bekundet und diese Probleme geregelt.[1226] Vor allem ist es in der derzeitigen Praxis des Gemeinschaftsrechts noch schwer vorstellbar, daß Gewerkschaften, Arbeitgeber und Arbeitgeberverbände europaweit normatives Recht setzen. Sie würden damit auch die Rechtsetzung der europäischen Mitgliedsstaaten binden.[1227] Ohne ein gemeinschaftliches Tarifrecht und entsprechendes gemeinschaftliches Arbeitskampfrecht kommt ein Tätigwerden der europäischen Sozialpartner als Tarifparteien nicht in Betracht.[1228]

c) argumentum e Art. 139 Abs. 2 EGV

Als Argument dafür, daß vertragliche Beziehungen und Vereinbarungen keine Tarifverträge mit normativer Wirkung sein können, kann darüber hinaus Art. 139 Abs. 2 EGV angeführt werden. Nach dieser Vorschrift können die Vereinbarungen der Sozialpartner „durchgeführt" werden. Allein aus der Notwendigkeit der Umsetzung ergibt sich schon, daß die geschlossenen Vereinbarungen nicht per se normative Wirkung für Dritte entfalten. Denn dann bedürfte es solcher Regelungen nicht. Das die Umsetzung lediglich die Ausweitung der Vereinbarung auf die nicht von den vertragschließenden Sozialpartnern vertretenen Arbeitgeber und Arbeitnehmer erfaßt, ist jedenfalls nicht ersichtlich. Die Regelung der Umsetzung europäischer Kollektivvereinbarungen geht erkennbar von der bloß schuldrechtlichen Wirkung europäischer Vereinbarungen aus.[1229]

Dieser Befund wird durch die 27. Erklärung zu Art. 139 Abs. 2 EGV[1230] gestützt. Nach der Erklärung enthalten die Vereinbarungen keine Verpflichtungen der Mitgliedsstaaten, sie unmittelbar anzuwenden oder diesbezügliche Umsetzungsregeln zu erarbeiten, noch eine Verpflichtung, zur Erleichterung ihrer Anwendung die geltenden innerstaatlichen Vorschriften zu ändern".[1231] Die Vereinbarungen wirken also nicht per se in die nationalen Arbeitsrechte hinein. Zwar können auslegende Erklä-

---

1224 Grabitz/Hilf - Langenfeld/Jansen, Art. 188b EGV, Rn. 4.
1225 Grabitz/Hilf - Langenfeld/Jansen, Art. 188b EGV, Rn. 4.
1226 EAS – Schwarze, B 8100, Rn. 24.
1227 Krimphove, Europäisches Arbeitsrecht, 1996, S. 266.
1228 Kampmeyer, Protokoll und Abkommen, 1998, S. 90.
1229 EAS – Schwarze, B 8100, Rn. 24.
1230 Die Erklärung ist abgedruckt in Sartorius II, 147 a, S. 15.
1231 Wank, RdA 1995, S. 10 (20).

rungen zu Vorschriften des Gemeinschaftsrechts für die Gemeinschaftsorgane keine direkte Bindungswirkung entfalten, sie haben aber zumindest empfehlenden Charakter.[1232]

d) Ergebnis: Die Vereinbarungen als schuldrechtlicher Vertrag

Im Ergebnis kann Art. 139 Abs. 1 EGV nicht als Rechtsgrundlage eines europäischen Tarifvertrages mit unmittelbarer Inlandswirkung angesehen werden.[1233] Die seit dem Abkommen über die Sozialpolitik erweiterten Regelungen im europäischen Arbeitsrecht haben den Sozialpartnern weder eine autonome Normsetzungsbefugnis auf Gemeinschaftsebene eröffnet, noch eine entsprechende Tarifzuständigkeit geschaffen.[1234] Art. 4 Abs. 1 AbkSozP und auch Art. 139 Abs. 1 EGV n. F. haben durch die Erweiterung der vertraglichen Beziehungen um die Vereinbarungen also insoweit gegenüber Art. 118 b EGV a. F. nichts Neues gebracht.[1235]

Es handelt sich bei den gemäß Art. 139 Abs. 1 EGV zustande gekommenen Beziehungen nur um schuldrechtliche Vereinbarungen und nicht um „echte" Tarifverträge mit normativer Wirkung.[1236] Sie regeln nur die Beziehungen zwischen den vertragschließenden Parteien und gegebenenfalls ihren Mitgliedsverbänden, können aber nicht auch die Beziehungen zwischen den einzelnen Arbeitnehmern und Arbeitgebern unmittelbar gestalten. Die Vereinbarungen entfalten keine unmittelbar normative Wirkung auf die Arbeitsverhältnisse der Arbeitgeber und Arbeitnehmer.[1237] Sie können nur die europäischen Sozialpartner selbst binden.[1238]

Die Vorschrift des Art. 139 Abs. 1 EGV ist eine gemeinschaftsrechtliche Grundlage für schuldrechtliche Vereinbarungen zwischen den Sozialpartnern auf Gemeinschaftsebene - nicht mehr und nicht weniger.[1239]

Den europäischen Verbänden fehlen damit neben den organisatorischen auch die rechtlichen Voraussetzungen zum Abschluß von europäischen Tarifverträgen.[1240]

1232 Wank, RdA 1995, S. 10 (20); zu auslegenden Erklärungen der Regierungsvertreter Everling, in: Bieber/Ress, Probleme atypischer Rechts- und Handlungsformen bei der Auslegung europäischen Gemeinschaftsrechts, 1987, S. 417 (426 – 428).

1233 Grabitz/Hilf – Langenfeld/Jansen, Art. 118b EGV, Rn. 4.

1234 Wank, RdA 1995, S. 10 (20).

1235 Blank, Festschrift für Albert Gnade, 1992, S. 649 (655).

1236 Grabitz/Hilf – Langenfeld/Jansen, Art. 118 b EGV, Rn. 4; Buchner, RdA 1993, S. 193 (200); Wlotzke NZA 1990, S. 417 (421) bereits zu Art. 118 b EGV in der Fassung der EEA; Däubler EuZW 1992, S. 329 (331 und 334); Wank, RdA 1995, S. 10 (20); Krimphove, Europäisches Arbeitsrecht, 1996, S. 310, 311 zu Art. 118 b EGV a. F. und Art. 4 AbkSozP; EAS - Schwarze, B 8100, Rn. 24; Lenz – Coen, Art. 139, Rn. 2 zu Art. 139 EGV; Franzen, ZeuP 1995, S. 796 (804); Britz/Schmidt, EuR 1999, S. 467 (475).

1237 Kampmeyer, Protokoll und Abkommen, 1998, S. 91; Nach Weiss, Festschrift für Albert Gnade, 1992, S. 583 (593) entbehren sie jeder Normqualität.

1238 Kampmeyer, Protokoll und Abkommen, 1998, S. 91.

1239 Blank, Festschrift für Albert Gnade, 1992, S. 649 (655) bereits zu Art. 4 AbkSozP.

1240 Wank, RdA 1995, S. 10 (20).

3. Das auf die vertraglichen Beziehungen und Vereinbarungen anwendbare Recht

Nachdem festgestellt wurde, daß die vertraglichen Beziehungen und Vereinbarungen bloß schuldrechtlichen Charakter haben und unmittelbar nur die vertragsschließenden Parteien binden, stellt sich die Frage, welches Recht auf sie Anwendung findet. Denkbar sind im wesentlichen zwei Möglichkeiten.

Einerseits könnte mit Hilfe des Kollisionsrechts eine nationale Rechtsordnung, beispielsweise die deutsche, berufen werden, nach der die Vereinbarung dann zu beurteilen wäre. Wurde der Vertrag also in Deutschland abgeschlossen und haben die Parteien keine abweichende Rechtswahl vereinbart, so wird das Verhältnis zwischen den vertragschließenden Parteien nach dem bei Streitigkeiten anwendbaren Tarifvertragsgesetz vom 25. August 1969 geregelt.

Andererseits könnte sich die Notwendigkeit ergeben, eine gemeinschaftsrechtliche Norm zu schaffen, etwa durch Destillation der gemeinsamen mitgliedsstaatlichen Vorschriften über die Vertragsfreiheit der Parteien.[1241] Zwar wären schuldrechtliche Verträge auch ohne europarechtliche Grundlage denkbar, nämlich auf Grundlage der nationalen Vertragsrechte unter Beachtung des Internationalen Privatrechts.[1242] Gleichwohl muß man sich zum europarechtlichen Charakter der Vereinbarungen bekennen: Sie können Teil des gemeinschaftlichen Rechtssetzungsverfahrens gemäß Art. 138 und Art. 139 Abs. 2 2. Alt. EGV sein.[1243] Es ist schwer vorstellbar, daß die Rechtmäßigkeit dieses Verfahrens von nationalstaatlichen Regelungen des Vertragsrechts abhängig sein soll.[1244] Die vertraglichen Beziehungen der europäischen Sozialpartner sind damit Verträge europäischen Rechts.[1245]

Die Regelungslücke kann daher nur unter Rückgriff auf die allgemeinen Rechtsgrundsätze der Mitgliedsstaaten in Anlehnung an Art. 288 Abs. 2 EGV geschlossen werden.[1246]

1241 Konzen, EuZW 1995, S. 39 (47); Däubler, EuZW 1992, S. 329 (331 – 332). EAS - Schwarze, B 8100, Rn. 25; Däubler, Tarifvertragsrecht, 1993, Rn. 1732.

1242 EAS – Schwarze, B 8100, Rn. 25: Dagegen reicht es nicht, die Handlungsmöglichkeiten der europäischen Sozialpartner auf einen Regelungsvorschlag gegenüber den nationalen Sozialpartnern zu beschränken, vielmehr müssen sie sich im Verhältnis zueinander binden können.

1243 EAS – Schwarze, B 8100, Rn. 25.

1244 EAS – Schwarze, B 8100, Rn. 25; Däubler, EuZW 1992, S. 329 (331 – 332). Ähnlich aber nicht ausdrücklich Bleckmann – Coen, Europarecht, 1997, Rn. 2512; In diesem Sinne auch EuGH vom 16. 12. 1980; Rs. 149/79, Kommission der Europäischen Gemeinschaften gegen Königreich Belgien, Slg. 1980, S. 3881 – 3919 (3903, Rn. 19), der auf seine ständige Rechtsprechung verweist, daß der Rückgriff auf Bestimmungen der innerstaatlichen Rechtsordnung mit dem Ziel, die Tragweite der Bestimmungen des Gemeinschaftsrechts zu begrenzen, im Ergebnis die Einheit und die Wirksamkeit des Gemeinschaftsrechts beeinträchtigen würde und daher nicht zugelassen werden könne. A. A. Blanpain, Labour Law and Industrial Relations of the European Union, 1992, Rn. 128, der wegen fehlender europarechtlicher Normen nationale Regeln für anwendbar hält; auch so Wisskirchen, Der Soziale Dialog, 1994, S. 653 (676).

1245 EAS – Schwarze, B 8100, Rn. 25; Däubler, EuZW 1992, S. 329 (331); Höland, ZIAS 1995, S. 425 (434).

1246 Däubler, EuZW 1992, S. 329 (331 – 332); Däubler, Tarifvertragsrecht, 1993, Rn. 1732.

4. Die Justitiabilität der Vereinbarungen

Die gemäß Art. 139 Abs. 1 EGV geschlossenen Verträge der europäischen Sozialpartner unterliegen nicht unmittelbar der Rechtmäßigkeitskontrolle durch den Europäischen Gerichtshof.[1247]

Zum einen hat der Europäische Gerichtshof nach dem Wortlaut des Art. 234 EGV nicht die Kompetenz, über Vorfragen betreffend die Auslegung von europäischen Kollektivverträgen zu entscheiden.[1248] Vorabentscheidungsverfahren sind auf Handlungen der Gemeinschaftsorgane beschränkt. Solche sind die europäischen Sozialpartner nicht. Weder handelt es sich bei den europäischen Sozialpartnern um Organe der Gemeinschaft gemäß Art. 234 Uabs. 1 Lit. b EGV, noch sind diese eine vom Rat geschaffene Einrichtung gemäß Art. 234 Uabs. 1 Lit. c EGV.[1249]

Allerdings können die vertragschließenden Parteien selbst in den Tarifverträgen für den Fall von Streitigkeiten über die Auslegung einer Vereinbarung ein Verfahren, wie beispielsweise den Einsatz einer Schlichtungs- oder Einigungsstelle, vorsehen.[1250] Bei Auslegungsstreitigkeiten, die Verpflichtungen aus Verträgen mit europäischem Bezug betreffen, steht es den Betroffenen darüber hinaus auch frei, die örtlich zuständigen nationalen Gerichte anzurufen.[1251] Grundsätzlich muß in diesem Fall allerdings die Partei, die eine Entscheidung des Gerichts begehrt, das Bestehen eines entsprechenden Rechtsschutz- beziehungsweise Feststellungsinteresses nachweisen.

Gemäß Art. 234 Uabs. 1 Lit. b EGV kann der Europäische Gerichtshof aber über die Gültigkeit des Ratsbeschlusses zur Durchführung einer Vereinbarung der europäischen Sozialpartner entscheiden.[1252]

5. Das Zusammenspiel der Vereinbarungen mit den nationalen Tarifverträgen

Zwar können die Sozialpartner auf europäischer Ebene keine zumindest mit einigen nationalen Tarifverträgen vergleichbaren Regelungen treffen. Aber auch die nach den Normen des EGV ausdrücklich gestatteten und geförderten schuldrechtlichen Kollektivvereinbarungen europäischen Rechts können mit innerstaatlichen Regelungen in Konflikt geraten.

Zum einen kann es zu Konflikten europäischer Vereinbarungen mit nationalen Gesetzen kommen.[1253] Da Art. 139 EGV lediglich die Befugnis zum Abschluß von Schuld-

---

1247 Kampmeyer, Protokoll und Abkommen, 1998, S. 102.

1248 Blanpain/Schmidt/Schweibert, Europäisches Arbeitsrecht, 1996, Rn. 522; Höland, ZIAS 1995, S.425 (435).

1249 Kampmeyer, Protokoll und Abkommen, 1998, S. 102.

1250 Blanpain/Schmidt/Schweibert, Europäisches Arbeitsrecht, 1996, Rn. 522.

1251 Blanpain/Schmidt/Schweibert, Europäisches Arbeitsrecht, 1996, Rn. 522; zur Frage des Rechtsschutzes auch Höland, ZIAS 1995, S.425 (440), der einen Erweiterung der Zuständigkeit des EuGH im Rahmen von Art. 177 EGV a. F. entsprechend der Tarifauslegungsbefugnis der Gerichte in den Mitgliedsstaaten erwägt.

1252 Kampmeyer, Protokoll und Abkommen, 1998, S. 102. Dazu noch 4. Teil, C., III., 7., S. 225.

1253 EAS – Schwarze, B 8100, Rn. 35.

verträgen enthält und die europäischen Sozialpartner im übrigen auf die Indienstnahme der nationalen Tarifparteien verweist, enthält die Norm keine eigene sachliche Regelung des Konflikts zwischen nationalem Gesetz und Sozialpartnerschaft, vielmehr gelten die nationalen gesetzlichen Regelungen.[1254] Schuldrechtliche Vereinbarungen der Sozialpartner auf europäischer Ebene können nur im Rahmen der nationalen Arbeitsverfassung Wirkung entfalten.[1255] Welches nationale Arbeits- und Sozialrecht zur Anwendung kommt, richtet sich dabei in der Europäischen Gemeinschaft grundsätzlich nach dem „aktiven Territorialitätsprinzip", also dem Ort der Arbeitserbringung.[1256]

Für den Konflikt zwischen nationalem Tarifvertrag und schuldrechtlichen Vereinbarungen der europäischen Sozialpartner trifft Art. 139 EGV gleichfalls keine Entscheidung.[1257] Die Tarifnormunterworfenen bleiben weiterhin an den Tarifvertrag gebunden; die europäischen Sozialpartner sind auf den innerverbandlichen Weg verwiesen, um den Konflikt beizulegen.[1258] Da Vereinbarungen gemäß Art. 139 EGV aber einen europäischen Bezug aufweisen müssen, was für nationale Tarifverträge gerade ausgeschlossen ist, dürfte diesem Konfliktpunkt eher marginale Bedeutung zukommen.

IV. Inhalt der Vereinbarungen gemäß Art. 139 Abs. 1 EGV

Die gegenständliche Reichweite der Vereinbarungsbefugnis der Sozialpartner auf europäischer Ebene regelt Art. 139 EGV nicht.[1259] Ein Konsens der nationalstaatlichen Rechtsordnungen über den Regelungsinhalt existiert auch nicht, nicht zuletzt ein Grund für die Reserviertheit gegenüber einer europäischen Regelung.[1260] Die inhaltliche Reichweite der Regelungsbefugnis könnte sich aber aus dem Kontext der umstehenden Sozialvorschriften ergeben.

1. Die inhaltliche Begrenzung durch die „Gemeinschaftsebene"

Eine inhaltliche Begrenzung erfährt die Regelungsbefugnis der Sozialpartner zunächst dadurch, daß sie sich gemäß Art. 139 Abs. 1 EGV im Rahmen des Dialogs auf Gemeinschaftsebene halten muß. Da der Soziale Dialog gemäß Art. 139 Abs. 1 EGV „auf Gemeinschaftsebene" stattfinden soll, erfaßt er nur Gesprächs- und Verhandlungsgegenstände mit europäischem Bezug.[1261] Dies ist in der Regel dann gewährlei-

1254 EAS – Schwarze, B 8100, Rn. 35.

1255 EAS – Schwarze, B 8100, Rn. 35.

1256 Krimphove, Europäisches Arbeitsrecht, 1996, S. 302, Fn. 49 und S. 204. Zu dem mit der Arbeitnehmerentsenderichtlinie geregelten Sonderfall siehe auch Krimphove, Europäisches Arbeitsrecht, 1996, S. 307.

1257 EAS – Schwarze, B 8100, Rn. 35.

1258 EAS – Schwarze, B 8100, Rn. 35.

1259 EAS – Schwarze, B 8100, Rn. 29.

1260 EAS – Schwarze, B 8100, Rn. 29.

1261 EAS – Schwarze, B 8100, Rn. 21; Wisskirchen, Der soziale Dialog, 1994, S. 653 (663). Mit dem europäische Bezug sind gemeinschaftliche Angelegenheiten gemeint. Eine Ausdehnung des Sostet, wenn der Gegenstand „transnational" oder „grenzüberschreitend" ist, also mindestens zwei Mitgliedsstaaten betrifft.[1262] Es müssen also Unternehmensteile in mindestens zwei Mitgliedsstaaten betroffen sein; auf rein innerstaatliche Sachverhalte findet Art. 139 EGV keine Anwendung.[1263]

Andererseits beschränkt sich der Dialog im Sinne von Art. 139 EGV aber auch auf die gemeinschaftliche Ebene; Beziehungen zu Sozialpartnern europäischer Staaten außerhalb der Gemeinschaft gehören nicht dazu.[1264] Daß die europäischen Dachverbände zum Teil auch Mitgliedsverbände aus außergemeinschaftlichen Staaten haben, ist ein verbandsrechtliches Internum, das die Gemeinschaftsorgane hinnehmen müssen. In legitimatorischer Hinsicht erscheint dies allerdings nicht unproblematisch,[1265] da die Mitglieder außergemeinschaftlicher Länder innerhalb der Verbände Stimmrechte haben und daher Vereinbarungen, die dann innerhalb der Gemeinschaft für Arbeitnehmer und Arbeitgeber Geltung haben, mitbestimmen. Naheliegend ist zum Beispiel, daß die Sozialpartner im Einzelfall ihren Dialog auf Staaten ausdehnen, die mit der Gemeinschaft lediglich assoziiert sind.[1266] Aus Sicht des Gemeinschaftsrechts sind diese „außergemeinschaftlichen" Sozialpartnerorganisationen aber keine eigenständigen Rechtsträger, die im Rahmen des Sozialen Dialogs Rechte gegenüber den Gemeinschaftsorganen beanspruchen können. Sie bilden nur unselbständige Teile der europäischen Sozialpartnerorganisationen.

2. Die Vereinbarungsbefugnis über Art. 138 Abs. 4 EGV hinaus

Möglicherweise wird die Vereinbarungsbefugnis auch durch Art. 138 Abs. 4 beschränkt. Gemäß Art. 138 Abs. 4 EGV können die Sozialpartner das Gesetzgebungsverfahren der Gemeinschaft unterbrechen, indem sie über den Gegenstand der von der Gemeinschaft in Angriff genommenen Regelung eine eigene Vereinbarung in Aussicht stellen und den Prozeß nach Art. 139 EGV in Gang setzen. Das Anhörungsverfahren findet gemäß Art. 138 Abs. 2 EGV bei Vorschlägen im Bereich der Sozialpolitik statt. Die Regelungsbefugnis würde dann von einem begonnenen gemeinschaftlichen Rechtssetzungsverfahren abhängen, das die Sozialpartner durch Art. 138 Abs. 4 EGV an sich ziehen würden.[1267]

Bei einem solchen Verständnis bliebe aber von der Sozialautonomie nicht mehr viel übrig. Die Sozialpartner hingen dann immer von einem vorherigen Tätigwerden der Kommission ab. Art. 138 Abs. 4 EGV ist aber vielmehr als Interventionsmöglichkeit

---

zialen Dialogs auf nichtgemeinschaftsangehörige Drittstaaten fällt nicht darunter.

1262 EAS – Schwarze, B 8100, Rn. 21; Grabitz/Hilf – Langenfeld/Jansen, Art. 188b EGV, Rn. 6; Däubler, EuZW 1992, S. 329 (332).

1263 Grabitz/Hilf - Langenfeld/Jansen, Art. 118b EGV, Rn. 6.

1264 EAS - Schwarze, B 8100, Rn. 21.

1265 EAS - Schwarze, B 8100, Rn. 21.

1266 Wisskirchen, Der soziale Dialog, 1994, S. 653 (663).

1267 So offenbar Wank, RdA 1995, S. 10 (20); Weiss, Festschrift für Otto Rudolf Kissel, 1994, S. 1253 (1262), der offenbar davon ausgeht, daß die Sozialpartner nur nach Art. 138 Abs. 4 EGV Vereinbarungen treffen dürfen.

zu verstehen, durch die der Soziale Dialog zusätzlich normativ aufgerüstet wird.[1268] Ein Argument dafür liefert die historische Auslegung der Norm. Die ursprüngliche Regelung des Art. 118 b EGV wäre nämlich andernfalls durch das Abkommen über die Sozialpolitik eingeschränkt worden. Durch das Abkommen über die Sozialpolitik sollten die Sozialpartner aber gerade gestärkt und die Sozialpolitik erweitert werden. Dem würde eine Einschränkung der Sozialpartnerbefugnisse widersprechen. Schließlich hätten bei einem solchen Verständnis die damals elf der zwölf Mitgliedsstaaten, die das Abkommen abgeschlossen haben, den EGV außerhalb des vorgesehenen Vertragsänderungsverfahren tatsächlich geändert.

Die Sozialpartner sind daher unabhängig von einem gesetzgeberischen Verfahren der Gemeinschaft über Art. 138 Abs. 4 EGV hinaus zur Regelung befugt. Art. 139 Abs. 1 EGV läßt den Abschluß einer Vereinbarung unabhängig von einem konkreten Gesetzgebungsverfahren der Kommission zu.[1269]

3. Regelungsbefugnis nicht nur in den Bereichen von Art. 137 EGV

Bestehen bleibt aber die Frage, ob die inhaltliche Reichweite der Vereinbarungsbefugnis der Sozialpartner durch die der Gemeinschaft insbesondere nach Art. 137 EGV gesteckten Grenzen bestimmt wird. Art. 137 EGV spart jedoch einen zentralen Gegenstand sozialpartnerschaftlicher Regelungen in allen Mitgliedsstaaten aus, nämlich das Arbeitsentgelt.[1270] Allein daraus ergibt sich schon, daß die Grenzen der Vereinbarungsbefugnis für die Sozialpartner nicht denen für ein Tätigwerden der Gemeinschaft entsprechen.[1271] Ein weiteres Argument ergibt sich aus der Regelung über die Umsetzung der Vereinbarungen nach Art. 139 Abs. 2 EGV. Die ausdrückliche Beschränkung der Umsetzung der Vereinbarungen durch Ratsbeschluß gemäß Art. 139 Abs. 2 2. Alt. EGV auf den in Art. 137 EGV gefaßten Bereich wäre überflüssig, wenn die Vereinbarungsbefugnis der Sozialpartner ohnehin bereits nicht über Art. 137 EGV hinausginge.[1272] Vor allem aber muß die Entwicklung der europäischen Sozialpartnerschaft in den Händen der Sozialpartner selbst liegen. Das wäre nicht mehr gewährleistet, wenn ihre Vereinbarungsbefugnis von vornherein auf einen staatlich verordneten Themenkatalog beschränkt wäre.[1273] Die Vereinbarungsbefugnis der Sozialpartner ist vielmehr weit zu fassen. Die Parteien können Vereinbarungen über Löhne und Arbeitsbedingungen im weitesten Sinne treffen. Sie sind autonom und auch die Bereiche, die in Art. 137 Abs. 6 EGV ausgenommen sind, sind ihrer Regelungskompetenz nicht entzogen.[1274] Allerdings muß eingeräumt werden, daß Vereinbarungen

---

[1268] Blank, Festschrift für Albert Gnade, 1992 S. 649 (654, 655).

[1269] EAS – Schwarze, B 8100, Rn. 49.

[1270] EAS – Schwarze, B 8100, Rn. 29.

[1271] Schulz, SF 1992, S. 79 (82); Konzen, EuZW 1995; S. 39 (47); EAS – Schwarze, B 8100, Rn. 29: „Anleihen bei den Kompetenzen der Gemeinschaft nach Art. 137 EGV sind der falsche Weg".

[1272] EAS – Schwarze, B 8100, Rn. 29.

[1273] EAS – Schwarze, B 8100, Rn. 29.

[1274] Blanpain/Schmidt/Schweibert, Europäisches Arbeitsrecht, 1996, Rn. 515.

auf europäischer Ebene zu Themen wie Streik- oder Aussperrungsrecht zwar theoretisch möglich, jedoch praktisch kaum vorstellbar sind.[1275]

Den nationalen Arbeitsordnungen erwächst dadurch keine Gefahr, denn sie bestimmen gemäß Art. 139 Abs. 2 1. Alt. EGV über die Umsetzbarkeit der nach Art. 139 Abs. 1 EGV geschlossenen Vereinbarungen, wenn diese sich außerhalb der Normsetzungsbefugnis der Gemeinschaft bewegen und deshalb nicht durch einen Ratsbeschluß gemäß Art. 139 Abs. 2 2. Alt. EGV umgesetzt werden können.[1276]

4. de facto Beschränkung durch Art. 139 Abs. 2 EGV

Wollen die Sozialpartner allerdings drittbezogene Regelungen treffen, das heißt Vereinbarungen schließen, bedürfen sie zur Umsetzung der Vereinbarungen, der Umsetzungsmechanismen des Art. 139 Abs. 2 EGV. Wählen sie als Umsetzungsalternative den Ratsbeschluß nach Art. 139 Abs. 2 2. Alt. EGV, müssen sich die Vereinbarungen in den Grenzen der Gesetzgebungsbefugnisse der Gemeinschaft gemäß Art. 137 Abs. 2 EGV halten. Für die Umsetzung durch Beschluß des Rats verweist Art. 139 Abs. 2 EGV nämlich auf den Umfang der Richtlinienkompetenz gemäß Art. 137 EGV.[1277] Insoweit ist die Regelungsbefugnis der Sozialpartner de facto inhaltlich begrenzt.

Führen die Sozialpartner die Vereinbarung selbst durch, so gelten die Grenzen des nationalen Rechts, vor allem des Tarifvertragsrechts.[1278]

Sollen Vereinbarungen nach Art. 139 EGV umgesetzt werden, wird ihr Inhalt damit entweder vom nationalen Tarifrecht vorgegeben oder durch die Richtlinienkompetenz des Rates bestimmt, je nachdem, welche Umsetzungsvariante nach Art. 139 Abs. 2 EGV gewählt wird. Der Inhalt der Vereinbarung wird damit letztlich begrenzt durch die Erfordernisse der jeweiligen Umsetzungsmöglichkeit.

5. Die branchenübergreifende Vereinbarungsbefugnis

Zum Teil wird in der Literatur angenommen, daß nur branchenübergreifende Vereinbarungen nach Art. 139 Abs. 1 EGV abgeschlossen werden können.[1279] Diese Frage ist eng verwandt mit dem Problem, ob Branchenverbände überhaupt nach Art. 139 EGV tätig werden dürfen. Die Beschränkung auf Branchenverbände und Branchenvereinbarungen wird mit den bisherigen nicht nach Branchen ausgewählten Akteuren im Sozialen Dialog begründet.[1280]

[1275] Blanpain/Schmidt/Schweibert, Europäisches Arbeitsrecht, 1996, Rn. 515.
[1276] EAS – Schwarze, B 8100, Rn. 29.
[1277] Konzen, EuZW 1995, S. 39 (47).
[1278] Konzen, EuZW 1995, S. 39 (47).
[1279] Weiss, Festschrift für Albert Gnade, 1992, S. 583 (592) zu Art. 4 AbkSozP.
[1280] Weiss, Festschrift für Albert Gnade, 1992, S. 583 (592).

Der Soziale Dialog hat sich bisher aber sowohl auf branchenübergreifender als auch auf sektorieller Ebene (einschließlich der Konzernebene) entwickelt.[1281] Auch in der Sozialcharta von 1989 ist niedergelegt, daß der auszubauende europaweite Dialog zwischen den Sozialpartnern zu Vertragsverhältnissen sowohl auf branchenübergreifender als auf sektorieller Ebene führen kann (Nr.12).[1282] Dennoch wird angenommen, daß ein Branchendialog nur dann sinnvoll sei, wenn es eindeutig und ausschließlich um branchenspezifische Probleme geht.[1283] Das dürfte eher ein Ausnahmefall sein. Hilfreiche Strategien auf Gemeinschaftsebene werden sich nämlich regelmäßig nicht ohne hinreichende Berücksichtigung von gesamtwirtschaftlichen und gesamteuropäischen Aspekten erörtern lassen.[1284]

Dagegen läßt sich aber einwenden, daß in den meisten Mitgliedsstaaten die Tarifverhandlungen auf Branchenebene geführt werden. Will man Arbeitsbeziehungen europäisieren, ist es daher erforderlich, daß vor allem Branchenvereinbarungen nach Art. 139 EGV geschlossen werden. Eine rechtliche Beschränkung auf Branchenvereinbarungen ist daher abzulehnen.

6. Die Annahme einer Beschränkung durch das Subsidiaritätsprinzip

Eine weitere Beschränkung der Regelungsbefugnis der Sozialpartner, nach Maßgabe des Subsidiaritätsprinzips, auf Fälle, in denen dies für das Funktionieren des Marktes notwendig ist oder gemeinschaftsweite soziale Nachteile als Folge wirtschaftlicher Maßnahmen zu verhindern sind, ist dagegen abzulehnen.[1285]

Eine allein theoretisch denkbare Begrenzung kommt lediglich für einen Ausnahmefall in Betracht. Die primärrechtliche Garantie der Sozialautonomie könnte nämlich beschränkt werden, wenn überwiegende Gemeinschaftsinteressen dies erfordern und sofern nicht nationale Grundrechtsgarantien entgegenstehen.[1286] Angesichts des derzeitigen Entwicklungsstandes der Sozialpartner und ihrer Beziehungen auf europäischer Ebene wären derartige Beschränkungen hinzunehmen, die verdeutlichen, daß die Garantie des Art. 139 EGV noch nicht einer grundrechtlichen oder grundrechtsähnlichen Absicherung entspricht.[1287] Aufgrund der überragenden Bedeutung der Sozialpartner wäre eine solche Beschränkung aber auf gut zu begründende absolute Ausnahmefälle zu beschränken. Denn die Gemeinschaft hat sich auf das Ziel des Sozialen Dialogs verpflichtet und ist kraft des Subsidiaritätsprinzips zur unbedingten Anerkennung der Sozialautonomie verpflichtete, auch wenn sie selbst durch eigene Maßnahmen unter Umständen bessere Ergebnisse erzielen könnte. Die Kommission

---

1281 Grabitz/Hilf - Langenfeld/Jansen, Art. 118 b EGV, Rn. 6; Däubler, EuZW 1992, S. 329 (332). Bereits ausführlich dazu 3. Teil, C., I., S. 112.

1282 Grabitz/Hilf - Langenfeld/Jansen, Art. 118 b EGV, Rn. 6.

1283 Wisskirchen, Der soziale Dialog, 1994, S. 653 (663).

1284 Wisskirchen, Der soziale Dialog, 1994, S. 653 (663).

1285 Siehe zu diesem Problem bereits ausführlich oben 2. Teil, A., V., S. 65. Wie hier im Ergebnis auch EAS - Schwarze, B 8100, Rn. 29.

1286 EAS – Schwarze, B 8100, Rn. 31, 32.

1287 EAS – Schwarze, B 8100, Rn. 31, 32.

ist darüber hinaus zur Förderung des Sozialen Dialogs nach Maßgabe des Art. 138 Abs. 1 EGV verpflichtet. Eine ausufernde Begrenzung der Sozialpartnertätigkeiten würde gegen diese primärrechtlichen Pflichten verstoßen.

7. Ergebnis

Im Ergebnis können die Sozialpartner also kraft ihrer Sozialautonomie jederzeit vertragliche Beziehungen knüpfen, ohne von einem in Gang gesetzten Gesetzgebungsverfahren der Gemeinschaft abhängig zu sein. Sie sind nicht nur in den Fallen des Art. 138 Abs. 4 EGV zur Regelung berufen. Inhaltlich ist ihre Regelungsbefugnis grundsätzlich nicht beschränkt, auch nicht auf den Umfang der Richtlinienkompetenzen nach Art. 137 Abs. 2 und 3 EGV.[1288] Die Vereinbarungen müssen einen Gemeinschaftsbezug haben. Wollen die Sozialpartner ihre Vereinbarungen für die Arbeitsverhältnisse verbindlich machen, müssen sie die Verträge aber nach Art. 139 Abs. 2 EGV umsetzen lassen. Insoweit wird der mögliche Inhalt dann durch die nationalen Rechtsordnungen der Mitgliedsstaaten oder durch die Reichweite der Ratsbefugnisse nach Art. 137 EGV bestimmt und begrenzt.

Trotz der Reichweite der Regelungsbefugnis ist es sicher empfehlenswert, Laufzeiten und Kündigungsmöglichkeiten der Vereinbarungen bereits auf europäischer Ebene zu regeln.[1289] Daß eine Vereinbarung gemäß Art. 139 Abs. 2, 2. Alt. EGV Teil des gemeinschaftlichen Rechtssetzungsverfahrens werden kann, ist kein Grund für ein Recht zum jederzeitigen Rücktritt.[1290]

V. Die Erzwingung von Vereinbarungen mit Arbeitskämpfen

Nach dem Wortlaut des Art. 139 Abs. 1 EGV können die Vereinbarungen von den Sozialpartnern geschlossen werden, „falls sie es wünschen“. Mit diesem Gebot der freiwilligen Vereinbarungen ist in erster Linie gemeint, daß die Vereinbarungen nach dem Willen der Sozialpartner und ohne staatlichen, beziehungsweise gemeinschaftlichen Druck zustande kommen sollen.[1291] Die Gemeinschaft muß die Autonomie der Sozialpartner achten und darf keinerlei Zwang auf sie ausüben, von dieser Autonomie Gebrauch zu machen. Es ist allein den Sozialpartnern überlassen, ob sie diese Befugnis zum Abschluß von Vereinbarungen in Anspruch nehmen wollen.

Eine andere Frage ist aber, ob zwischen den Sozialpartnern Vereinbarungen erzwungen werden können. Dies gilt insbesondere für die Gewerkschaften. Gemäß Art. 137 Abs. 6 EGV soll es kein eigenes europäisches Arbeitskampfrecht gegeben, da die Gesetzgebungsbefugnis der Gemeinschaft in diesem Bereich ausdrücklich ausgeschlos-

---

[1288] Konzen, EuZW 1995, S. 39 (47).

[1289] EAS – Schwarze, B 8100, Rn. 26.

[1290] EAS – Schwarze, B 8100, Rn. 26; dies zumindest für die Vereinbarung vor dem Ratsbeschluß erwägend Konzen, EuZW 1995, S. 39 (47).

[1291] Konzen, EuZW 1995, S. 39 (47).

sen ist. Denkbar wären daher „Unterstützungskämpfe“ in den Mitgliedsstaaten.[1292] Wenn sie unmittelbar oder über eine europäische Dachorganisation an den Verhandlungen beteiligt sind, können die nationalen Sozialpartner theoretisch um die Vereinbarungen Arbeitskämpfe auf nationaler Ebene führen.[1293] Zwar besitzen die Vereinbarungen auf Gemeinschaftsebene nicht die Geltungskraft etwa deutscher Tarifnormen. Sie entfalten aber schuldrechtliche Bindung und haben darüber hinaus eine reale Umsetzungschance gerade dann, wenn nationale Verbände dafür zu kämpfen bereit sind.[1294] Zudem könnten die Mitgliedsverbände eine solche innerverbandliche Pflicht zur Führung von Arbeitskämpen durch schuldrechtliche Vereinbarung begründen. Daß das Gemeinschaftsrecht kein perfektes Instrumentarium kollektiver Arbeitsrechtsregelungen bereithält, darf der Sozialautonomie nicht zum Nachteil gereichen.[1295]

Die Zulässigkeit solcher Arbeitskämpfe bestimmt sich dann jedoch nach mitgliedsstaatlichem Recht. Nach deutschem Recht sind aber auch solche „Zwangsmaßnahmen“ nicht zu befürworten. Art. 9 Abs. 3 GG sichert Tarifverträge, jedenfalls aber verbindliche Regelungen zur Förderung von Arbeitsbedingungen.[1296] Damit ist eine Vereinbarungen im Vorfeld der Umsetzung nicht vergleichbar. Sie ist bei der Umsetzung durch die Sozialpartner nämlich nur eine unverbindliche Richtschnur für die Tarifparteien. Für unverbindliche Abreden im Vorfeld der eigentlichen Normsetzung stellt das deutsche Recht das Instrument des Arbeitskampfes aber nicht zur Verfügung.[1297] Darüber hinaus sind in Deutschland bloße Sympathiestreiks verboten.

VI. Ergebnis

Art. 139 Abs. 1 EGV bestätigt die Möglichkeit der Sozialpartner, auf Gemeinschaftsebene vertragliche Beziehungen und Vereinbarungen zu schließen. Diese Verträge haben jedoch nur schuldrechtlichen Charakter. Die Parteien können sich mit ihnen nur selbst verpflichten, im Sinne des dort Geregelten auf ihre Mitgliedsorganisationen einzuwirken. Da diese ihrerseits zumindest in Deutschland und Großbritannien Spitzenverbände der erst zur Führung von Tarifverhandlungen befugten Fachverbände sind, müßten sie dann wiederum erst versuchen auf ihre Mitglieder ein zuwirken.

Zum Abschluß solcher Vereinbarungen sind all die Sozialpartner und Arbeitgeber berufen, die bereit und in der Lage sind, Vereinbarungen auf Gemeinschaftsebene zu schließen.

[1292] Konzen, EuZW 1995, S. 39 (47).

[1293] EAS – Schwarze, B 8100, Rn. 28.

[1294] EAS – Schwarze, B 8100, Rn. 26 und 28. Zu dem Problem von Arbeitskampfmaßnahmen im Hinblick auf den schuldrechtlichen Teil von Tarifverträgen im deutschen Recht: Münchener Handbuch zum Arbeitsrecht – Otto, § 278, Rn. 18 – 23.

[1295] EAS – Schwarze, B 8100, Rn. 26.

[1296] Konzen, EuZW 1995, S. 39 (47).

[1297] Konzen, EuZW 1995, S. 39 (47).

Inhaltlich ist die Vertragsbefugnis nicht beschränkt, sofern der geregelte Inhalt der Verträge einen Gemeinschaftsbezug aufweist. Wollen die vertragschließenden Parteien Klauseln vereinbaren, die nicht nur sie selbst binden, sondern drittgerichtet sind in dem Sinn, daß sie direkt auf die Arbeitsverhältnisse wirken sollen, müssen sie gemäß Art. 139 Abs. 2 EGV gesetzt werden. Der Abschluß solcher Vereinbarungen ist von keiner Seite erzwingbar.

C. Durchführung der Vereinbarungen gemäß Art. 139 Abs. 2 EGV

Da die Vereinbarungen zwischen den Sozialpartnern auf europäischer Ebene lediglich schuldrechtlichen Charakter haben und das Gemeinschaftsrecht selbst kein eigenständiges Tarifrecht kennt, sind die Sozialpartner auf die Umsetzungshilfe anderer, mit Normsetzungs- oder vergleichbarer Durchsetzungsmacht ausgestatteter Institutionen und Organe angewiesen.[1298] Um Wirkung über die Vertragsparteien hinaus zu erlangen, müssen die Vereinbarungen umgesetzt werden.

Für die Umsetzung der auf Gemeinschaftsebene geschlossenen Vereinbarungen sieht Art. 139 Abs. 2 EGV zwei Alternativen vor.[1299] Die erste Alternative verweist auf die jeweiligen Verfahren und Gepflogenheiten der Sozialpartner und der Mitgliedsstaaten. Die zweite Alternative sieht vor, daß die Unterzeichnerparteien der Vereinbarung bei der Kommission beantragen können, dem Rat einen Beschluß über die Durchführung der Vereinbarung vorzuschlagen. Dieses Verfahren ist aber nur möglich, wenn der Rat für die behandelte Materie nach Art. 137 EGV zuständig ist. Zwischen den einzelnen Umsetzungsvarianten können die Sozialpartner frei wählen.[1300]

I. Die Durchführung des drittgerichteten Teils der vertraglichen Beziehungen

Mit dem Zusatz „einschließlich des Abschlusses von Vereinbarungen“ wurde innerhalb der vertraglichen Beziehungen eine Gruppe geschaffen, die nach den besonderen Regelungen von Art. 139 Abs. 2 EGV umgesetzt werden können. Was die bindende Wirkung der Kollektivverträge anbelangt, muß also zwischen dem schuldrechtlichen und dem drittgerichteten Teil unterschieden werden.

Die bindende Wirkung der Kollektivverträge für die Mitglieder der vertragsschließenden Parteien, also auf schuldrechtlicher Ebene richtet sich nach den Satzungen eben dieser Vertragspartner.[1301] Eine Verpflichtung für nationale Verbände zur Verhandlung oder zum Abschluß europäischer Tarifverträge wird mit Art. 139 EGV

[1298] EAS – Schwarze, B 8100, Rn. 37.

[1299] Blank, Festschrift für Albert Gnade, 1992, S. 649 (654); Karthaus, ArbuR 1997, S. 221 (221); Konzen, EuZW 1995, S. 39 (43); Kampmeyer, Protokoll und Abkommen, 1998, S. 91; Buchner, RdA 1993, S. 193 (200). Im Hinblick auf den Verweis auf die Sozialpartner und die Mitgliedsstaaten wird teilweise in der Literatur auf von drei verschiedenen Wegen der Umsetzung gesprochen, siehe z. B. EAS –Schwarze, B 8100, Rn. 37 und Krimphove, Europäisches Arbeitsrecht, 1996, S. 267.

[1300] EAS – Schwarze, B 8100, Rn. 37; Krimphove, Europäisches Arbeitsrecht, 1996, S. 267.

[1301] Blanpain/Schmidt/Schweibert, Europäisches Arbeitsrecht, 1996, Rn. 519/520.

nicht begründet.[1302] Die einzige Verpflichtung der Mitglieder der vertragsschließenden Parteien kann aus den Satzungen der jeweiligen europäischen Dachorganisationen resultieren und darin bestehen, auf nationaler oder regionaler Ebene entsprechende Tarifverhandlungen zu führen.

Die Durchführung des drittgerichteten Teils der Kollektivverträge zwischen den Sozialpartnern auf Gemeinschaftsebene erfolgt dagegen ausschließlich nach Art. 139 Abs. 2 EGV, der die Durchführung von Vereinbarungen regelt.[1303] Nachdem bereits festgestellt wurde,[1304] daß es sich bei den Vereinbarungen um den Teil der vertraglichen Beziehungen zwischen den Sozialpartnern handelt, der drittgerichtet ist, führen die Umsetzungsalternativen also lediglich zur Umsetzung dieses Teils der vertraglichen Beziehungen. Erst durch die Umsetzung erhält der drittgerichtete Teil tatsächlich normative Wirkung.[1305] Es scheint, daß die Umsetzung nach Art. 139 Abs. 2 EGV den schuldrechtlichen Teil des Tarifvertrages, also die Ausgestaltung des Vertragsverhältnisses zwischen den Parteien, nicht erfaßt.[1306] Die Umsetzung macht den drittgerichteten Teil „normativ".

II. Durchführung durch die Sozialpartner und Mitgliedsstaaten

Gemäß Art. 139 Abs. 2 1. Alt. EGV werden die Vereinbarungen der Sozialpartner „nach den jeweiligen Verfahren und Gepflogenheiten der Sozialpartner und der Mitgliedsstaaten" durchgeführt.[1307] Dieser Umsetzungsmodus ist als Normalfall der Durchführung konzipiert.[1308] Nach der 27. Erklärung zu Art. 139 Abs. 2 EGV[1309] betrifft die erste Durchführungsalternative die Umsetzung der Vereinbarungen „durch Tarifverhandlungen gemäß den Regeln eines jeden Mitgliedsstaates". Hierin ist eine wesentliche Grenzziehung zu sehen,[1310] die – als in der gemeinsamen Erklärung enthalten – als verbindlicher Auslegungsgrundsatz Geltung beanspruchen kann.[1311] Auch sie verweist im Kern auf das nationale Tarifvertragsrecht.[1312] Mit dem Verweis auf Tarifverhandlungen nach den Regelungen der Mitgliedsstaaten trifft der EGV keine inhaltlich eigene Regelung, sondern verweist komplett auf das - sehr unterschiedlich ausgestaltete - nationale Recht.[1313] Damit ist eine gemeinschaftsrechtliche Kollisionsregel vorgegeben.[1314] Die Vereinbarung auf Gemeinschaftsebene unterliegt nach die-

---

1302 Blanpain/Schmidt/Schweibert, Europäisches Arbeitsrecht, 1996, Rn. 519.

1303 Karthaus, ArbuR 1997, S. 221 (221).

1304 Siehe 4. Teil, B., III., 1., S. 174.

1305 Das gilt besonders für die Umsetzung durch Ratsbeschluß. Krimphove, Europäisches Arbeitsrecht, 1996, S. 267.

1306 Blanpain/Schmidt/Schweibert, Europäisches Arbeitsrecht, 1996, Rn. 526.

1307 EAS – Schwarze, B 8100, Rn. 38.

1308 Weiss, Festschrift für Albert Gnade, 1992, S. 583 (591).

1309 Eine vergleichbare Erklärung gab es bereits zu Art. 4 Abs. 2 AbkSozP.

1310 Heinze, Festschrift für Otto Rudolf Kissel, 1994, S. 363 (382).

1311 EAS – Schwarze, B 8100, Rn. 39; Konzen, EuZW 1995, S. 39 (42).

1312 Konzen, EuZW 1995, S. 39 (47).

1313 EAS – Schwarze, B 8100, Rn. 38.

1314 Blank, Festschrift für Albert Gnade, 1992, S. 649 (655).

ser Alternative nationalem Recht. Nationale Gesetze und Tarifverträge genießen Vorrang.[1315]

Damit ist jedoch noch nicht gesagt, daß nur die nationalen Sozialpartner zur Umsetzung europäischer Vereinbarungen berufen sind.[1316] Denkbar wäre auch, daß die europäischen Sozialpartner selbst ihre Vereinbarungen nach den nationalen Rechtsordnungen umsetzen, etwa durch jeweils nationale Tarifverträge, beziehungsweise die mitgliedsstaatlichen Regierungen oder Gesetzgeber, sofern die nationalen Tarifautonomien das zulassen.

1. Die Verfahren und Gepflogenheiten der Sozialpartner

Die Umsetzung durch die Sozialpartner selbst vollzieht sich nach den Tarifvertragsrechten und ergänzend den Arbeitskampfrechten der Mitgliedsstaaten.[1317] Die Durchführung der Vereinbarungen muß von der im nationalen Rechtssystem gewährten Tarifautonomie gedeckt sein, so daß sogar die interne Bindungswirkung zwischen den auf europäischer und auf nationaler Ebenen handelnden Sozialpartnern im Ergebnis irrelevant ist.[1318]

a) Durchführung durch die Europäischen Sozialpartner

Nach dem Wortlaut der ersten Alternative könnten zunächst die europäischen Sozialpartner unter Anwendung der nationalen Tarifsysteme ihren Vereinbarungen normative Wirkung zuweisen.[1319]

(1) Die Notwendigkeit der einzelstaatlichen Ermächtigung

Dies kommt aber nur in Frage, wenn ihnen die nationalen Rechtsordnungen dieses Recht einräumen. Die europäischen Sozialpartner müßten über das nationale Tarifvertragsrecht in die Lage versetzt werden, Tarifnormen zu setzen.[1320] Da Adressaten der nationalen Tarifvertragsrechte in der Regel aber die nationalen Sozialpartner sind, wäre eine entsprechende Ermächtigung durch die tariffähigen nationalen Verbände erforderlich und die Zulässigkeit einer solchen Ermächtigung nach dem nationalen

---

1315 Blank, Festschrift für Albert Gnade, 1992, S. 649 (655).

1316 Von einer Umsetzung nur der nationalen Sozialpartner aus geht aber Kampmeyer, Protokoll und Abkommen, 1998, S. 92 f; a. A. auch Balze, Die sozialpolitischen Kompetenzen der Europäischen Union, 1994, S. 271.

1317 Konzen, EuZW 1995, S. 39 (47); Blanpain/Schmidt/Schweibert, Europäisches Arbeitsrecht, 1996, Rn. 173.

1318 Konzen, EuZW 1995, S. 39 (47).

1319 A. A.: Dötsch, AuA 1998, S. 262 (262), der nur die nationalen Sozialpartner zur eigenen Umsetzung für befugt hält.

1320 EAS – Schwarze, B 8100, Rn. 27.

Tarifrecht.[1321] In diesem Rahmen könnte dann eine auf Art. 139 Abs. 1 EGV gestützte Vereinbarung unmittelbare Wirkung entfalten, wenn sie die Geltungsvoraussetzungen nach den nationalen Tarifrechten erfüllte.[1322] Eines Übernahmeaktes durch die nationalen Tarifvertragsparteien bedürfte es bei einer Umsetzung durch die europäischen Sozialpartner dann nicht.[1323]

Diese Möglichkeit begegnet jedoch großen praktischen Problemen. Die europäischen Sozialpartner müßten Umsetzungsregelungen für ihre Vereinbarungen nach derzeit fünfzehn verschiedenen Rechtsordnungen treffen. Allein die Zahl macht schon deutlich, daß es sich hier nur um eine theoretische Umsetzungsmöglichkeit handeln kann. Die europäischen Sozialpartner sind für eine solche Aufgabe gar nicht konzipiert und wären mit so einer Aufgabe überfordert. Und selbst wenn die Koalitionen die Umsetzung nach den jeweiligen nationalen Verfahren wählen, wird eine einheitliche normative Wirkung der Tarifnorm durch die verschiedenartige Ausgestaltung der jeweiligen nationalen Tarifstatute ausgeschlossen.[1324] Insbesondere die Reichweite, Einklagbarkeit und Friedenspflicht sind in den nationalen Rechtsordnungen vollkommen unterschiedlich geregelt.[1325]

(2) Die Umgehung des Problems durch die Wahl eines nationalen Tarifstatuts

Fraglich ist aber, ob sich dieses Problem durch die Wahl nur eines mitgliedsstaatlichen Statuts lösen läßt. Gelänge es, die Wirkung der Tarifnormen auf die Arbeitsverhältnisse in den Mitgliedsstaaten an einem einzigen, gewählten nationalen Tarifstatut auszurichten, zum Beispiel der Art. 132 ff code du travail oder den §§ 1 ff TVG, wäre die Wirkung einheitlich.[1326] Dadurch würde eine autonome Sozialpartnervereinbarung eine einheitliche Anwendung der Regelung durch einen einheitlichen Anwender - vergleichbar der Umsetzung durch den Ratsbeschluß - erhalten. Die europäischen Sozialpartner könnten sich dann in ihren auf Gemeinschaftsebene geschlossenen Vereinbarungen für deren Durchführung auf dieses einzelne nationale Tarifstatut festlegen.[1327]

Teilweise wird in der Literatur die Anwendung des schuldrechtlichen Instituts der Statutswahl in diesem Bereich abgelehnt.[1328] Als Argument wird angeführt, daß die

1321 EAS – Schwarze, B 8100, Rn. 27; Mit dieser Möglichkeit setzte sich bereits Schnorr, Arbeits- und sozialrechtliche Fragen der Europäischen Integration, 1974, S. 58 – 60 theoretisch auseinander; obwohl Balze, Die sozialpolitischen Kompetenzen der Europäischen Union, 1994, als Adressaten von Art. 4 Abs. 2 1. Alt. AbkSozP nur die nationalen Tarifvertragsparteien ansah (S. 271), räumt er gleichwohl die Möglichkeit der Ermächtigung der europäischen Sozialpartner durch die nationalen Sozialpartner ein (S. 190).

1322 Blank, Festschrift für Albert Gnade, 1992, S. 649 (655).

1323 Blank, Festschrift für Albert Gnade, 1992, S. 649 (655).

1324 Karthaus, ArbuR 1997, S. 221 (223); Kempen, KritV 1994, S. 13 (51).

1325 Karthaus, ArbuR 1997, S. 221 (223).

1326 Karthaus, ArbuR 1997, S. 221 (223).

1327 Kempen, KritV 1994, S. 13 (52).

1328 Däubler, Tarifvertragsrecht, 1993, Rn. 1644; Stiller, ZIAS 1991, S. 194 (218); Münchener

Mitgliedsstaaten ihre jeweilige nationale Arbeitsverfassung in ihren internationalen Privatrechten durch ordre-public-Klauseln schützen, Deutschland also beispielsweise durch Art. 34 EGBGB in Verbindung mit Art. 6 EGBGB. Zu den Schutznormen, die durch die Wahl eines anderen Rechts nicht ausgehebelt werden dürften, gehörten auch und gerade das Recht der Tarifverträge.[1329] Den entscheidenden Regelungen des Tarifrechts komme international zwingender Charakter zu.[1330] Die Mehrzahl der Staaten lege dem eigenen Tarifrecht eine zwingende Wirkung bei, lasse also eine Ablösung durch eine andere Rechtsordnung nicht zu.[1331] Die einheitliche Geltung und Wirkung eines europäischen Tarifvertrags könne im Wege der Rechtswahl daher nicht gewährleistet werden.[1332]

Eine andere Meinung vertritt dagegen die Auffassung, daß in den arbeitsrechtlichen Regelungen der Art. 137 ff EGV ein teilweiser Verzicht auf den ordre public zu sehen sei, der den Sozialpartnern die Wahl eines einheitlichen Tarifstatuts zur Umsetzung ihrer Vereinbarungen zubillige.[1333] Dies gelte für die Fälle, in denen die Vereinbarung der Sozialpartner sich im Rahmen der Regelungsbefugnis des Rates nach Art. 137 Abs. 1 EGV hält.[1334] In diesen Fällen hätten die Mitgliedsstaaten ihre nationalstaatliche Souveränität insoweit zurückgenommen, als sie dem Rat den Beschluß einer Richtlinie mit qualifizierter Mehrheit erlaubt hätten. Durch diese Erlaubnis hätten sie im Vorhinein die Zustimmung zu Richtlinien erteilt und sich solchen Rechtsakten unterworfen, die im Einzelfall gegen ihren Willen beschlossen werden. In den von dieser Möglichkeit betroffenen Bereichen hätten sie von vornherein ihre Souveränität zurück genommen. Eine Vereinbarung der Sozialpartner nach Art. 139 EGV sei nun ein genuin gemeinschaftsrechtliches Institut, das ein Surrogat der nach Art. 137 Abs. 2 EGV ebenfalls möglichen Richtlinie bilde. Wegen dieses teilweisen Verzichts bleibe daher das jeweilige mitgliedsstaatliche Arbeitsrechtssystem auch dann unberührt, wenn die europäischen Sozialpartner nun eines der in Art. 137 EGV genannten Problemfelder vereinbarungsförmig regeln und sich für dessen Durchführung auf eines der in den Mitgliedsstaaten geltenden Tarifstatute einigten.[1335] Es würde als solches ebensowenig verändert, wie das zugehörige nationale Gesetzgebungssystem infolge der legislativen Einführung eines gleichlautenden Ratsbeschlusses verändert würde. Die dem nationalen Arbeitsrecht vorbehaltene Frage, ob generell die Rechtswahl eines ausländischen Tarifstatutes zulässig sei, werde also nicht tangiert. Vielmehr werde lediglich eine Richtlinie durch das tarifautonome Verfahren substituiert.

Handbuch zum Arbeitsrecht – Löwisch, § 247 Rn. 5, 6.

1329 Däubler, Tarifvertragsrecht, 1993, Rn. 1644.

1330 Stiller, ZIAS 1991, S. 194, (218).

1331 Stiller, ZIAS 1991, S. 194, (218).

1332 Stiller, ZIAS 1991, S. 194, (218).

1333 Für diese Auffassung Kempen, KritV 1994, S. 13 (51 bis 56) und im Folgenden wiedergegeben Karthaus, ArbuR 1997, S. 221 (223). Dies Auffassungen wurde noch zu den insoweit inhaltsgleichen Regelungen des Abkommens über die Sozialpolitik formuliert.

1334 So Karthaus, ArbuR 1997, S. 221 (223); Kempen, KritV 1994, S. 13 (56) nimmt dagegen die Möglichkeit der Wahl auch in den Fällen des Art. 137 Abs. 3 EGV an.

1335 Nach Kempen, KritV 1994, S. 13 (51) müßten alle nationalen Tarifvertragsparteien in ihren nationalen Tarifverträgen die Geltung eines gemeinsamen Tarifstatuts vereinbaren.

Letztlich bedeute dies, daß die Unterzeichnerstaaten nationale Souveränität und damit die ordre-publice-Vorbehalte gegenüber von europäischen Sozialpartnern abgeschlossenen Vereinbarungen aufgegeben hätten. Eine Richtlinie des Rates stehe nicht unter dem ordre-public-Vorbehalt. Dasselbe gelte für die Wahl eines mitgliedsstaatlichen Tarifstatutes, das dieselbe vereinheitlichende Funktion habe wie eine Richtlinie. Die mitgliedsstaatlichen Tarifstatute seien bei der koalitionsförmigen Regelung der in Art. 137 EGV benannten Bereiche auf europäischer Ebene nach dem Verfahren des Art. 139 Abs. 2 EGV nicht mehr Bestandteil des nationalen ordre public. In den Fällen des Art. 137 Abs. 3 EGV, in denen der Rat nur einstimmig beschließen dürfe, akzeptiere ein Mitgliedsstaat dagegen gerade nicht, überstimmt zu werden. Er behielt sich ein Vetorecht vor, mit dem er die Umsetzung einer Vereinbarung der Sozialpartner durch eine Richtlinie blockieren könnte. Die nationale Souveränität werde hier also gerade nicht zurückgenommen und der ordre public auch gegenüber Vereinbarungen der Sozialpartner aufrechterhalten. Im Bereich des Art. 137 Abs. 3 EG sei daher keine Wahl eines einheitlichen mitgliedsstaatlichen Tarifstatuts durch die europäischen Sozialpartner möglich, sondern werde durch die ordre-public-Vorbehalte der Mitgliedsstaaten verhindert.

(3) Bewertung

Diese Argumentation überschreitet die Grenzen des in Art. 137 Abs. 2 EGV erklärten Souveränitätsverzichts der Mitgliedsstaaten. Auf den ordre-public-Vorbehalt wird nämlich nur zugunsten einer Ratsentscheidung verzichtet, die von demokratisch legitimierten Regierungsvertretern getroffen wird. Die jeweils unmittelbar legitimierten Regierungsvertreter sind aber nicht mit den höchst mittelbar legitimierten europäischen Sozialpartnern vergleichbar. Die Annahme eines dahingehenden Souveränitätsverzichts würde die Begrenztheit des durch die Zustimmungsgesetze der Mitgliedsstaaten erteilten Rechtsanwendungsbefehls verkennen, der die Überstimmung durch eine Mehrheit anderer demokratisch legitimierter Regierungsvertreter einräumt. Dies gilt um so mehr, als in dem fraglichen Bereich dem Rat nur Kompetenzen zum Erlaß von Richtlinien eingeräumt sind. Eine Richtlinie darf nur Mindestvoraussetzungen regeln, die zudem erst dann anwendbar werden, wenn sie neuerlich durch den Mitgliedsstaat in sein innerstaatliches Recht umgesetzt werden und daher erneut durch die mitgliedsstaatlichen Parlamente eine zusätzliche demokratische Legitimation erfahren. Den Mitgliedsstaaten selbst obliegt dann immer noch die Wahl von Form und Mitteln und damit die letzte Entscheidung über die Anwendbarkeit der Regelungen überhaupt.[1336] In der Einräumung einer Richtlinienbefugnis ist der ordre-public-Verzicht also nur auf Mindestvoraussetzungen beschränkt, die im Regelfall aus sich heraus keine Geltung beanspruchen können. Zum einen wurde die Beschränkung der Sozialpartnervereinbarungen ihrerseits auf Mindestvoraussetzungen bereits abge-

1336 Abgesehen von der in Ausnahmefällen möglichen eingeschränkten unmittelbaren Anwendbarkeit einer Richtlinie nach fehlender Umsetzung durch einen Mitgliedsstaat.

lehnt.[1337] Denn an sozialpartnereigene Vereinbarungen können nicht so strenge Voraussetzungen gestellt werden wie an eine Richtlinie des Rates. Zum anderen würde wegen der fehlenden zweiten Stufe, nämlich der Umsetzung durch die Mitgliedsstaaten bei einer Richtlinie, die zusätzliche demokratische Legitimation nicht erreicht werden.

Schließlich spricht auch das Wortlautargument gegen die Anwendung des schuldrechtlichen Instituts der Statutswahl in den vorgeschlagenen Anwendungsfällen. Die unmittelbare Umsetzung durch die europäischen Sozialpartner unter Hinzuziehung einer Statutswahl in den Fällen des Art. 137 Abs. 2 EGV findet im Wortlaut der Art. 137 Abs. 1 EGV und Art. 139 Abs. 2 EGV keine Anknüpfung. Vielmehr lassen gerade Art. 139 Abs. 2 1. Alt. EGV mit der allgemeinen Formulierung für die Durchführung durch die Sozialpartner und Mitgliedsstaaten und Art. 139 Abs. 2 2. Alt. EGV mit der Beschränkung der Ratsumsetzung auf die Fälle des Art. 137 EGV die Umsetzung durch die Sozialpartner gerade unbeschränkt.

Hinzu kommen schließlich praktische Argumente. Ungeklärt sind nämlich die Reichweite der Anwendung des nationalen Tarifstatuts und seine Einpassung in die Rechtsordnungen der Mitgliedsstaaten, in die es übertragen wird. Dieses müßten die Sozialpartner regeln, die die Vereinbarung schließen. Damit dürften sie überfordert sein. Die mitgliedsstaatlichen Rechtsordnungen würden „auseinandergerissen". Außerdem müßten die jeweiligen mitgliedsstaatlichen Gerichte dann das berufene Tarifstatut anwenden, ohne es zu kennen. Letztlich dürften die Wirkungen einer solchen Tarifstatutswahl nicht überschaubar sein. Die Tarifstatutswahl stellt sich damit im Ergebnis als fundamentaler Einbruch in die nationalen Arbeitsrechtsordnungen dar. Jedenfalls zeigt die 27. Erklärung zu Art. 139 EGV, daß das jedenfalls nicht gewollt war. Die Wahl eines Tarifstatuts durch die vereinbarungsschließenden Parteien in den Fällen des Art. 137 Abs. 1 EGV ist daher abzulehnen.

(4) Eine Übergangslösung durch Statuskontrakt

Schließlich stellt sich die Frage, ob das nach wie vor fehlende europäische Tarifvertragsrecht durch einen Statuskontrakt kompensiert werden könnte. Zu überlegen ist also, ob die Parteien des Sozialen Dialogs die mit Art. 139 EGV eröffneten Möglichkeiten zum Abschluß von Vereinbarungen nutzen können, um einen sogenannten Statuskontrakt zu schließen, der die Modalitäten für den Abschluß von (echten) Tarifverträgen mit normativer Wirkung regelt.

Bereits mit dem Beginn der Diskussion um europäische Tarifverträge und noch vor der Verankerung der „Vereinbarungsgarantie" des Art. 139 Abs. 1 EGV wurde in der Literatur vertreten, daß sich die europäischen Sozialpartner die Rechtsgrundlage für europäische Tarifverträge selbst schaffen könnten.[1338] Auch in jüngerer Zeit wird die Schaffung einer Rechtsgrundlage durch Statuskontrakt zumindest noch für rechtlich

---

1337 Siehe oben 2. Teil, A., V., S. 68.
1338 Schnorr, SF 1963, S. 155 (157); Steinberg, RdA 1971, S. 18 (19 – 20).

denkbar gehalten.[1339] Solche Vorschläge begegnen jedoch erheblichen praktischen und rechtlichen Bedenken.

Unter praktischen Gesichtspunkten würde ein solcher Statuskontrakt zunächst voraussetzen, daß die in den jeweiligen europäischen Spitzenverbänden zusammengeschlossenen Organisationen der Arbeitgeber und Arbeitnehmer mit einem entsprechenden Mandat versehen wären und sich über das Verfahren um Abschluß europäischer Kollektivverträge einigen könnten.[1340] Darauf, daß es solche Mandate noch nicht gibt, wurde bereits mehrfach hingewiesen.[1341]

Und selbst wenn diese praktischen Voraussetzungen geschaffen werden würden, sind die rechtlichen Probleme doch erheblich. Zunächst könnte der Statuskontrakt seinerseits nur schuldrechtliche Wirkung haben. Denn selbst ein Konsens der Europäischen Spitzenorganisationen kann keine Rechtfertigung dafür liefern, gestaltend in die Rechtsbeziehungen dritter Personen, also der angeschlossenen Verbände oder sogar ihrer Mitglieder einzugreifen.[1342] Auch der Statuskontrakt ist immer noch ein einfacher privatrechtlicher Vertrag, der nicht unmittelbar Rechte und Pflichten für Dritte begründen kann.

Wenn ein solcher Statuskontrakt aber seinerseits nur schuldrechtliche Wirkung haben kann, stellt sich erneut das Problem der Umsetzung. Die Parteien wären also wiederum auf die Möglichkeiten nach Art. 139 Abs. 2 EGV verwiesen. Sie müßten also einen gemeinsamen Antrag auf Beschlußfassung im Rat nach Art. 139 Abs. 2 2. Alt. EGV stellen oder selbst nach Art. 139 Abs. 2 1. Alt. EGV tätig werden. Um eine gemeinschaftseinheitliche Grundlage zu bekommen bedürfte es eines Ratsbeschlusses. Dann liegen aber gerade keine autonome Schaffung einer eigenen Rechtsgrundlage mehr vor. Und auch die Wahl des Verfahrens nach Art. 139 Abs. 2 1. Alt. EGV würde mit dem Verweis auf das Recht der Mitgliedsstaaten und die jeweiligen Gepflogenheiten der Sozialpartner ein Zirkelschluß bedeuten.[1343] Es geht ja gerade darum, gemeinsame Regeln festzulegen, die sich nicht nach nationalem Recht richten. Durch den Abschluß eines Statuskontrakts kann also seinerseits kein europäisches Tarifvertragsrecht geschaffen werden.

(5) Ergebnis

Eine Umsetzung der Vereinbarungen durch die europäischen Sozialpartner ist damit im Ergebnis nicht möglich.

Die auf Gemeinschaftsebene auftretenden Sozialpartner werden regelmäßig nicht in der Lage sein, die Durchführung der Vereinbarung sicherzustellen.[1344] Die Sozialpart-

---

1339 Zu dieser Frage insbesondere auch Blank, Festschrift für Albert Gnade, 1992, S. 649 (656).

1340 Blank, Festschrift für Albert Gnade, 1992, S. 649 (656).

1341 Z. B. im 3. Teil, B., III., S. 110.

1342 Deutlich: Däubler, EuZW 1992, S. 329 (332).

1343 Blank, Festschrift für Albert Gnade, 1992, S. 649 (656) ablehnend aus diesem Grund auch Stiller, ZIAS 1991, S. 194 (214 – 215).

1344 Grabitz/Hilf - Langenfeld, Nach Art. 122 EGV, Art. 4 AbkSozP, Rn. 2.

ner auf der Gemeinschaftsebene sind Spitzenverbände verschiedener nationaler Arbeitnehmer- und Arbeitgeberverbände.[1345] Sie leiten ihre Legitimation von diesen nationalen Verbänden ab. Ganz überwiegend ist ihnen von diesen kein Mandat übertragen worden, für die Arbeitnehmer und Arbeitgeber unmittelbar verbindliches Recht zu setzen.[1346]

Und selbst, wenn es ihnen gelänge, ihre Mitgliedsverbände zur tariflichen Umsetzung ihrer Vereinbarungen zu bewegen, könnte eine normative Wirkung solche Tarifverträge nur für die in den Mitgliedsverbänden der europäischen Organisationen organisierten Arbeitnehmer erreicht werden. Gegenüber Außenseitern könnte eine Wirkung, etwa nach deutschem Recht nur durch eine Allgemeinverbindlichkeitserklärung durch die zuständigen Behörden im Sinne von § 5 TVG, begründet werden. Wie die 27. Erklärung zu Art. 139 Abs. 2 EGV klarstellt, besteht eine derartige Verpflichtung der Mitgliedsstaaten jedoch nicht.[1347]

Im Ergebnis stehen den europäischen Sozialpartnern derzeit also keine Verfahren und Gepflogenheiten zur eigenen Durchführung ihrer auf Gemeinschaftsebene geschlossenen Vereinbarungen zur Verfügung.[1348]

b) Umsetzung durch die nationalen Sozialpartner

Zu prüfen ist damit, ob in der Praxis die Durchführung europäischer Vereinbarungen durch nationale Gewerkschaften und Arbeitgeberverbände in ihren Mitgliedsstaaten entsprechend den dort vorgesehenen Verfahren vorstellbar ist. Den nationalen Sozialpartnern stehen für die Umsetzung auf europäischer Ebene abgeschlossener Vereinbarungen ihre nationalen Handlungsmöglichkeiten zur Verfügung.[1349] Die nationalen Rechtsordnungen machen keinen Unterschied, ob eine Vereinbarung auf nationaler Ebene erst ausgehandelt wird oder auf europäischer Ebene bereits beschlossen wurde und dann ins nationale Recht übertragen wird. In Deutschland ist also der umzusetzende Tarifvertrag ein Tarifvertrag wie jeder andere.[1350] Die nach nationalem Recht gezogenen Grenzen der Tarifautonomie werden durch Art. 139 Abs. 2 EGV nicht in Frage gestellt.[1351] Für das Verhältnis zu konkurrierenden Tarifverträgen gelten die üblichen nationalstaatlichen Grundsätze.[1352]

Dennoch wird man auch die praktische Bedeutung dieser Möglichkeit nicht allzu hoch einschätzen können. Zunächst besteht ein zentrales Problem darin, daß auch die

[1345] Grabitz/Hilf - Langenfeld, Nach Art. 122 EGV, Art. 4 AbkSozP, Rn. 2.
[1346] Grabitz/Hilf - Langenfeld, Nach Art. 122 EGV, Art. 4 AbkSozP, Rn. 2. Siehe oben 3. Teil, B., III., S. 110.
[1347] Blanpain/Schmidt/Schweibert, Europäisches Arbeitsrecht, 1996, Rn. 173; Grabitz/Hilf – Langenfeld, Nach Art. 122 EGV, Art. 4 AbkSozP, Rn. 2.
[1348] Wisskirchen, Festschrift für Otfried Wlotzke, 1996, S. 793 (805).
[1349] EAS – Schwarze, B 8100, Rn. 39.
[1350] EAS – Schwarze, B 8100, Rn. 39; in diese Richtung auch Schnorr, DRdA 1994, S. 193 (197 – 198).
[1351] EAS – Schwarze, B 8100, Rn. 39.
[1352] EAS – Schwarze, B 8100, Rn. 39.

Durchführung der Vereinbarung durch die nationalen Sozialpartner nicht sichergestellt werden kann. Die europäischen Sozialpartner müßten die Durchführung durch die nationalen Sozialpartner überwachen. Die mitgliedsstaatlichen Regierungen und Parlamente selbst sind aufgrund der von ihnen zu gewährleistenden Tarifautonomie regelmäßig daran gehindert. Zur Sicherstellung der Durchführung werden die europäischen Sozialpartner aber regelmäßig nicht in der Lage sein.[1353] Die Sozialpartner auf der Gemeinschaftsebene sind ja Spitzenverbände verschiedener nationaler Arbeitnehmer- und Arbeitgeberverbände.[1354] Dies ist im Gegensatz zur Richtlinienumsetzung um so mehr ein Problem, als die europäischen Verbände im Gegensatz zur Gemeinschaft nicht in der Lage sein werden, die möglichst einheitliche Umsetzung sowohl inhaltlich als auch zeitlich zu überprüfen geschweige denn sicher zu stellen. Mechanismen zur Sicherstellung gibt es nicht.

Genauso wenig, wie die europäischen Sozialpartner nach ihren Satzungen befugt sind, für Arbeitnehmer und Arbeitgeber direkt Regelungen zu treffen, ist ihnen verbandsrechtlich die Möglichkeit eingeräumt, ihren unmittelbaren Mitgliedern Verpflichtungen aufzuerlegen. Sie müßten ihre Mitgliedsverbände also jeweils erst für die Umsetzung auf nationaler Ebene zu gewinnen.[1355] Die auf europäischer Ebene geschlossenen Vereinbarungen sind vielmehr rechtsunverbindliche Appelle an die Tarifvertragsparteien auf dezentraler Ebene, deren Autorität mit der Legitimität der Akteure des Sozialen Dialogs auf nationaler Ebene steht und fällt.[1356] Die nationalen Sozialpartner können also nicht verpflichtet werden, die europäischen Vereinbarungen umzusetzen.[1357] Erst recht besteht für die europäischen Sozialpartner keine Möglichkeit zur Ausübung von Zwang auf die nationalen Verbände, um die Durchführung sicherzustellen. Allenfalls kann eine innerverbandliche Pflicht begründet werden, indem die einzelnen Sozialpartner mit den europäischen Dachorganisationen ein entsprechendes Abkommen treffen.[1358]

Aber auch wenn sich die unmittelbaren Mitgliedsverbände der europäischen Sozialpartner zur Umsetzung der europäischen Vereinbarungen entschließen, ist ihre tatsächliche Durchführung keineswegs sicher gestellt. Ganz überwiegend haben auch die nationalen Spitzenverbände kein Mandat, für Arbeitnehmer und Arbeitgeber verbindliches Recht zu setzen.[1359] Sie haben meistens keine Rechtsmacht, die auf Gemeinschaftsebene getroffenen Vereinbarungen im nationalen Bereich selbst verbindlich zu machen.[1360] Die nationalen Spitzenverbände müßten wiederum ihre angeschlossenen Fachverbände zur tariflichen Umsetzung der Vereinbarungen gewinnen, um der europäischen Vereinbarung entsprechende nationale Tarifverträge abschlie-

---

1353 Grabitz/Hilf – Langenfeld, Nach Art. 122 EGV, Art. 4, Rn. 2; Buchner, RdA 1993, S. 193 (200); Franzen, ZeuP 1995, S. 796 (804).
1354 Grabitz/Hilf – Langenfeld, Nach Art. 122 EGV, Art. 4, Rn. 2; Buchner, RdA 1993, S. 193 (200).
1355 Buchner, RdA 1993, S. 193 (200).
1356 Weiss, Festschrift für Otto Rudolf Kissel, 1994, S. 1253 (1263).
1357 Kampmeyer, Protokoll und Abkommen, 1998, S. 92.
1358 Kampmeyer, Protokoll und Abkommen, 1998, S. 92.
1359 Grabitz/Hilf – Langenfeld, Nach Art. 122 EGV, Art. 4, Rn. 2.
1360 Wisskirchen, Der soziale Dialog, 1994, S. 653 (672 – 673).

ßen zu können.[1361] Auf der nationalen Ebene tritt also das gleiche Problem noch einmal auf. Diese „doppelte Unverbindlichkeit" macht deutlich, daß es sich bei dieser Umsetzungsalternative wiederum um eine kaum praktikable Möglichkeit handelt.

Darüber hinaus ergibt sich auch hier erneut das Problem der Aufspaltung in fünfzehn verschiedene Rechtsordnungen.

c) Ergebnis

Im Ergebnis bedeutet dies, daß die eigene Umsetzung der Vereinbarungen weder durch die europäischen noch die nationalen Sozialpartner praktikabel ist.[1362] Ob dies bei einem dichter werdenden europäischen Arbeitsrecht dem nationalen Koalitionsrecht, so, wie es in Art. 9 Abs. 3 GG verankert ist, auf Dauer entspricht, kann mit Blick auf die „Solange"-Judikatur[1363] des Bundesverfassungsgericht und seine Rechtsprechung zum Kernbereich des Art. 9 Abs. 3 GG[1364] bezweifelt werden.[1365]

Überdies könnten die angeschlossenen Verbände mit unmittelbar zwingender Wirkung immer jeweils nur für ihre Mitglieder handeln. [1366] Wirkungen gegenüber Außenseitern könnten ihre Regelungen allenfalls erlangen, wenn Tarifverträge von den zuständigen staatlichen Behörden für allgemeinverbindlich erklärt würden.[1367]

2. Die Verfahren und Gepflogenheiten der Mitgliedsstaaten

Vereinbarungen der europäischen Sozialpartner können gemäß Art. 139 Abs. 2 1. Alt. EGV auch vom Mitgliedsstaat selbst umgesetzt werden.[1368]

a) Die Pflicht zur Einhaltung der nationalen gesetzlichen Grenzen

Da sich die Durchführung insgesamt nach dem Recht des Mitgliedsstaates richtet, hat der jeweilige Gesetzgeber den nationalstaatlich gesicherten Vorrang der Tarif-

---

1361 Grabitz/Hilf – Langenfeld, Nach Art. 122 EGV, Art. 4, Rn. 2; z. B. haben DGB als Mitglied des EGB, BDA und BDI als Mitglieder von UNICE ihrerseits kein Tarifmandat.

1362 Konzen, EuZW 1995, S. 39 (47): genauso wenig wie die Umsetzung von Richtlinien nach Art. 137 Abs. 4 EGV.

1363 BVerfG, Beschluß vom 29. 5. 1974, Rs. 2 BvL 52/71, Band 37, S. 271 – 305 (271); BVerfG, Beschluß vom 22. 10. 1986, Rs. 2 BvR 197/83, Band 73, S. 339 – 388 (340).

1364 BVerfG, Beschluß vom 19. 10. 1966, Rs. 1 BvL 24/65, Band 20, S. 312 – 322 (317); BVerfG, Beschluß vom 24. 5. 1977, Rs. 2 BvL 11/74, Band 44, S. 322 – 353 (340 – 341); BVerfG, Entscheidung vom 1. 3. 1979, Rs. 1 BvR 532, 533/77, 419/78 und 1 BvL 21/78, Band 50, S. 290 – 381 (367); BVerfG, Beschluß vom 14. 6. 1983, Rs. 2 BvR 488/80, Band 64, S. 208 – 216 (215).

1365 Konzen, EuZW 1995, S. 39 (47); Simitis, Festschrift für Otto Rudolf Kissel, 1994, S. 1097 (1105) sieht hier sogar einen Widerspruch zu den in Art. 9 Abs. 3 GG verankerten Prinzipien des Tarifrechts.

1366 Buchner, RdA 1993, S. 193 (200 – 201).

1367 Buchner, RdA 1993, S. 193 (201).

1368 EAS – Schwarze, B 8100, Rn. 42; Kampeyer, Protokoll und Abkommen, 1998, S. 92.

autonomie zu beachten.[1369] Die insoweit für Deutschland durch Art. 9 Abs. 3 GG normierten Grenzen[1370] werden durch Art. 139 Abs. 2 EGV nicht verschoben.[1371] Es ist daher stets zu prüfen, ob eine Durchführung durch den Gesetzgeber der Mitgliedsstaaten notwendig und überhaupt rechtlich zulässig ist.[1372] Der nationale Gesetzgeber darf zum Beispiel nicht unter Berufung auf eine nicht umgesetzte Vereinbarung zwischen den europäischen Sozialpartnern in bestehende nationale tarifliche Regelungen eingreifen.[1373]

In Deutschland bedeutet dies, daß auch, wenn nationale tarifliche Regelungen in dem von der europäischen Vereinbarung geregelten Sachbereich überhaupt nicht existieren, der Gesetzgeber wegen der Garantie des Art. 9 Abs. 3 GG grundsätzlich den nationalen Tarifparteien den Vortritt bei der Umsetzung lassen muß, es sei denn, diese wünschen selbst die gesetzliche Regelung, oder es handelt sich um einen Regelungsgegenstand, der auch nach der Wertung des Art. 9 Abs. 3 GG in die Kompetenz des Gesetzgebers fällt.[1374] Das kann etwa bei dringlichen Schutzregelungen der Fall sein, deren Geltung für alle Arbeitsverhältnisse gewährleistet sein muß.[1375] Im übrigen ist der nationale Gesetzgeber nach Art. 139 Abs. 2 EGV aber nicht berufen, etwa wie der Rat gemäß Art. 139 Abs. 2 2. Alt. EGV auf Antrag der europäischen Sozialpartner die Vereinbarung umzusetzen.

b) Die in Deutschland denkbare Umsetzung nach § 5 TVG

Zumindest nach deutschem Recht hat die Umsetzung nach den Verfahren und Gepflogenheiten der Mitgliedsstaaten nur subsidiäre Bedeutung. Im Bereich der Sozialautonomie ist für die Setzung von Tarifnormen dem staatlichen Gesetzgeber ein Tätigwerden verwehrt, da für die Tarifnormen nach deutschem Recht ausschließlich die Sozialpartner zuständig sind.[1376] Ein Anwendungsbereich für ein staatliches Tätigwerden findet sich allenfalls in § 5 TVG.

Für den Fall einer Umsetzung der europäischen Vereinbarung durch einen nationalen Tarifvertrag würden die umgesetzten Vereinbarungen nur eine Bindungswirkung für die jeweils den umsetzenden Parteien angeschlossenen Arbeitgeber und Arbeitnehmer entfalten können. Eine echte normative Wirkung der Sozialpartnervereinbarungen, über die direkt angeschlossenen Mitglieder hinaus bedürfte im deutschen Recht

---

1369 EAS – Schwarze, B 8100, Rn. 42, speziell für Deutschland.

1370 EAS – Schwarze, B 8100, Rn. 42.

1371 EAS – Schwarze, B 8100, Rn. 42.

1372 Kampmeyer, Protokoll und Abkommen, 1998, S. 93.

1373 EAS – Schwarze, B 8100, Rn. 42.

1374 EAS – Schwarze, B 8100, Rn. 42. Dies können zum Beispiel Mindestregelungen sein, wie etwa das Gesetz über die Festsetzung von Mindestarbeitsbedingungen vom 11. 1. 1952.

1375 EAS – Schwarze, B 8100, Rn. 42.

1376 BVerfG, Beschluß vom 19. 10. 1966, Rs. 1 BvL 24/65, Band 20, S. 312 – 322 (317); BVerfG, Beschluß vom 24. 5. 1977, Rs. 2 BvL 11/74, Band 44, S. 322 – 353 (340 – 341); BVerfG, Entscheidung vom 1. 3. 1979, Rs. 1 BvR 532, 533/77, 419/78 und 1 BvL 21/78, Band 50, S. 290 – 381 (367); BVerfG, Beschluß vom 14. 6. 1983, Rs. 2 BvR 488/80, Band 64, S. 208 – 216 (215).

der zusätzlichen Mitwirkung des Mitgliedsstaates. Sie könnte nämlich nur durch eine Allgemeinverbindlicherklärung gemäß § 5 TVG durch die zuständigen Behörden begründet werden.[1377] Auch die Allgemeinverbindlichkeitserklärung eines Umsetzungstarifvertrags ist nur unter den Voraussetzungen des § 5 TVG möglich.[1378]

Gemäß § 5 TVG kann der Bundesminister für Arbeit und Sozialordnung einen Tarifertrag im Einvernehmen mit einem aus Vertretern der Spitzenorganisationen der Arbeitgeber und der Arbeitnehmer bestehenden Ausschuß auf Antrag einer Tarifvertragspartei für allgemeinverbindlich erklären. Dies ist möglich, wenn erstens die tarifgebundenen Arbeitgeber nicht weniger als 50 % der unter den Geltungsbereich des Tarifvertrags fallenden Arbeitnehmer beschäftigen und zweitens die Allgemeinverbindlicherklärung im öffentlichen Interesse geboten erscheint. Von den Voraussetzungen der Nummern 1 und 2 kann abgesehen werden, wenn die Allgemeinverbindlichkeitserklärung zur Behebung eines sozialen Notstandes erforderlich erscheint.

Das Ziel einer funktionierenden europaweiten Regelung kann ein „öffentliches Interesse" gemäß § 5 Abs. 1 S. 1 Nr. 2 TVG sein.[1379] Ein solcher dürfte jedoch nicht schlechthin allein deshalb gegeben sein, weil es um die Umsetzung ansonsten leerlaufender Vereinbarungen der Sozialpartner auf Gemeinschaftsebene geht.[1380] Mit der drohenden Nichterreichung des Vereinbarungsziels allein läßt sich ein öffentlicher Notstand nicht begründen.

c) Keine mitgliedsstaatliche Pflicht zur Umsetzung

Die Pflicht zur Gewährleistung der mitgliedsstaatlichen Tarifautonomie kann zu Zuständigkeitskonflikten führen.[1381] Nach dem Inhalt der 27. Erklärung zu Art. 139 Abs. 2 EGV begründet Art. 139 Abs. 2 EGV nämlich ausdrücklich „weder eine Verpflichtung der Mitgliedsstaaten, diese [europäischen] Vereinbarungen unmittelbar anzuwenden oder diesbezügliche Umsetzungsregeln zu erarbeiten, noch eine Verpflichtung [...] zur Erleichterung ihrer Anwendung die geltenden innerstaatlichen Vorschriften zu ändern."

Sowohl in den Ausnahmefällen, in denen der Gesetzgeber von vornherein nach dem nationalen Recht zur Umsetzung der Vereinbarungen berufen ist, als auch in den Fällen, in denen es um eine Allgemeinverbindlichkeitserklärung nach dem nationalen Recht geht, ist der nationale Gesetzgeber nicht zur Umsetzung der auf europäischer Ebene geschlossenen Vereinbarungen verpflichtet.[1382] Aus diesem Grund ist auch die

---

1377 Grabitz/Hilf – Langenfeld, Nach Art. 122 EGV, Art. 4, Rn. 2.

1378 EAS – Schwarze, B 8100, Rn. 39.

1379 Buchner, RdA 1993, S. 193 (201); EAS – Schwarze, B 8100, Rn. 39.

1380 Buchner, RdA 1993, S. 193 (201).

1381 Kampmeyer, Protokoll und Abkommen, 1998, S. 93.

1382 EAS – Schwarze, B 8100, Rn. 43; Grabitz/Hilf – Langenfeld, Nach Art. 122 EGV, Art. 4, Rn. 2; Konzen EuZW 1995, S. 39 (47) i. V. m. Art. 2 IV AbkSozP, für den das gleiche gelte, wie für Art. 4 Abs. 2 1. Alt. AbkSozP; Buchner, RdA 1993, S. 193 (201).

zuweilen gezogenen Parallele der Vereinbarungen zu den Richtlinien des Rates[1383] nicht überzeugend. Das stellt die gemeinsame Erklärung ausdrücklich klar.[1384] Der Gesetzgeber ist nicht verpflichtet, den nationalen Sozialpartnern weitere Verfahren zur Verfügung zu stellen, die bei der Umsetzung auch die Einbeziehung Nichtorganisierter vorsehen.[1385] Darüber hinaus bestehen gegenüber der Annahme einer solchen Verpflichtung erhebliche rechtsstaatliche Bedenken.[1386] Nur verbandlich und insoweit auch nur höchst mittelbar legitimierte Spitzenverbände würden de facto mit Gesetzesmacht ausgestattet. Unter der Geltung des deutschen Grundgesetzes ist das nicht vorstellbar.[1387] Vereinbarungen der europäischen Sozialpartner sind daher lediglich eine Anregung für den nationalen Gesetzgeber, über deren Umsetzung er nach nationalem Recht frei befinden kann; insoweit verschafft Art. 139 Abs. 2 1. Alt. EGV weder den Sozialpartnern noch den Mitgliedsstaaten Handlungsmöglichkeiten, die nicht bereits zuvor bestanden hätten.[1388]

d) Ergebnis

Eine mitgliedsstaatliche Umsetzung begegnet also vor allem den Grenzen der nationalstaatlich gewährten Tarifautonomie, die Gesetz- und Verordnungsgeber beziehungsweise die staatlichen Behörden zu wahren haben. In Deutschland wäre eine Umsetzung also nur in den Grenzen möglich, die Art. 9 Abs. 3 GG im beläßt. Innerhalb der Zuständigkeiten der nationalen Sozialpartner kann eine Umsetzung nur unter den Voraussetzungen von § 5 TVG erfolgen.

Außerdem erhält eine Vereinbarung der europäischen Sozialpartner nur dann eine Bedeutung für die Gemeinschaft, wenn alle fünfzehn Mitgliedsstaaten sich dazu entschließen, die Vereinbarung in ihr jeweiliges Recht umzusetzen.[1389] Art. 139 Abs. 2 1. Alt. EGV formuliert lediglich eine unverbindliche Aufforderung zum Tätigwerden.[1390] Daher kann eine effektive Umsetzung der Vereinbarung in einheitliches und verbindliches Recht nicht erreicht werden.[1391]

Damit kann auf diesem in Art. 139 Abs. 2 vorgezeichneten Weg der „Durchführung" die effektive Umsetzung der Vereinbarung der Sozialpartner letztendlich nicht erreicht werden.[1392]

1383 Der Vereinbarungen werden auch als richtlinienvertretend bezeichnet. Konzen, EuZW 1995, S. 39 (47); Buchner, RdA 1993, S. 193 (200).

1384 Konzen, EuZW 1995, S. 39 (47); EAS – Schwarze, B 8100, Rn. 43.

1385 EAS – Schwarze, B 8100, Rn. 39; ähnlich aber unkonkreter Konzen, EuZW 1995, S. 39 (47), der Bedenken in Hinblick auf die Vereinbarkeit mit Art. 9 Abs. 3 GG trägt.

1386 EAS – Schwarze, B 8100, Rn. 43.

1387 EAS – Schwarze, B 8100, Rn. 43.

1388 EAS – Schwarze, B 8100, Rn. 43.

1389 Kampmeyer, Protokoll und Abkommen, 1998, S. 93.

1390 Kampmeyer, Protokoll und Abkommen, 1998, S. 93.

1391 Kampmeyer, Protokoll und Abkommen, 1998, S. 94.

1392 Buchner, RdA 1993, S. 193 (201).

3. Ergebnis

Die Praktikabilität dieser gesamten ersten Alternative, die Art. 139 Abs. 2 EGV zur Umsetzung europäischer Vereinbarungen zur Verfügung stellt, wird im Ergebnis erheblich dadurch eingeschränkt, daß es kein europäisches Tarifvertragsrecht gibt. Denn dadurch, daß es in einzelnen Mitgliedsstaaten kein Verfahren zur Sicherstellung der Wirkung von Tarifverträgen gibt und sich die bindende Wirkung von Kollektivverträgen und deren Einordnung in die Normenhierarchie von Rechtsordnung zu Rechtsordnung erheblich unterscheiden, kann die Umsetzung der Vereinbarungen durch die Gepflogenheiten der Mitgliedsstaaten und Sozialpartner nicht flächendeckend sichergestellt werden. So gibt es in einigen Mitgliedsstaaten Regelungen, die die Ausdehnung des Anwendungsbereichs von Tarifverträgen auf den privaten Sektor ermöglichen, in anderen fehlen entsprechende Regelungen. Zudem sehen einige Mitgliedsstaaten im Falle der Nichtanwendung von zwingenden, das heißt allgemeinverbindlich erklärten tariflichen Regelungen, strafrechtliche Sanktionen vor, während andere Staaten vergleichbare Sanktionen nicht kennen.[1393] Es gibt daher keine Garantie, daß die Vereinbarungen zwischen den Sozialpartnern auf Gemeinschaftsebene vollständig und uneingeschränkt mittels nationaler tarifvertraglicher Strukturen und Mechanismen umgesetzt werden.[1394]

Und selbst, wenn die ursprüngliche europäische Vereinbarung nach den nationalstaatlichen Methoden inhaltlich voll umgesetzt werden könnte, würde sie sich in eine Vielzahl nicht mehr überschaubarer und kaum miteinander vergleichbarer nationaler Umsetzungsvarianten aufspalten. Die Vereinbarung würde zahllose Formen nach den mitgliedsstaatlichen Rechtsordnungen annehmen, die kaum dafür sorgen werden, daß der ursprünglich einheitliche Vertrag auch inhaltlich gleich angewendet wird und erhalten bleibt. Zudem gäbe es keine Instanz, die den „Überblick" über diese Umsetzungen behalten könnte, geschweige denn, zu Sanktionen berechtigt wäre, um eine „einheitliche" oder wenigstens „vergleichbare" Anwendung sicherzustellen. Ergeben sich bei der Durchführung der Vereinbarung durch die Mitgliedsstaaten gemäß Art. 139 Abs. 2 Satz 1 1. Alt. EGV Auslegungsfragen oder Rechtsstreitigkeiten, findet das Recht der Mitgliedsstaaten Anwendung.[1395] Allerdings sind die Gerichte der Mitgliedsstaaten gehalten, die Konzepte und Begrifflichkeiten der Durchführung der Vereinbarungen gemeinschaftskonform auszulegen.[1396]

Bei der Umsetzung nach den Gepflogenheiten der Sozialpartner und Mitgliedsstaaten handelt es sich derzeit daher nur um eine theoretische Möglichkeit. Um eine erga omnes Wirkung mit vollständigem und uneingeschränktem rechtlichen Erfolg zu erzielen, sind die Sozialpartner de facto gezwungen, sich zur Herbeiführung einer Entscheidung an den Rat zu wenden.[1397] Die erste Umsetzungsvariante ist nicht ver-

---

1393 Blanpain/Schmidt/Schweibert, Europäisches Arbeitsrecht, 1996, Rn. 521.
1394 Blanpain/Schmidt/Schweibert, Europäisches Arbeitsrecht, 1996, Rn. 521.
1395 Kampmeyer, Protokoll und Abkommen, 1998, S. 102.
1396 Kampmeyer, Protokoll und Abkommen, 1998, S. 102 – 103.
1397 Blanpain/Schmidt/Schweibert, Europäisches Arbeitsrecht, 1996, Rn. 521.

gleichbar mit der zweiten von Art. 139 Abs. 2 EGV zur Verfügung gestellten Umsetzungsmöglichkeit, und zwar die Verbindlichmachung durch den Rat.

III. Durchführung durch einen Beschluß des Rates gemäß Art. 139 Abs. 2 2. Alt. EGV

Schließlich gestattet Art. 139 Abs. 2 EGV die Umsetzung der Vereinbarungen durch einen Ratsbeschluß gemäß Art. 139 Abs. 1 EGV. Hat die Vereinbarung der Sozialpartner einen von Art. 137 EGV erfaßten Bereich zum Gegenstand, kann sie auf Wunsch und entsprechenden Antrag der an der Vereinbarung beteiligten Sozialpartner und auf Vorschlag der Kommission vom Rat beschlossen werden. Die zunächst nur die Sozialpartner selbst bindende Vereinbarung wird durch den Ratsbeschluß rechtsverbindlich ausgestaltet.[1398] Sie erhält normative Wirkung und wird zu einer verbindlichen Regelung.[1399] Diese Umsetzungsmöglichkeit ist derzeit die einzig praktizierte und auch praktikable Variante.

Der Beschluß ist Bestandteil der Gemeinschaftsrechtsordnung.[1400] Mit einem Beschluß des Rates tritt die Vereinbarung an die Stelle von Gemeinschaftsrechtsakten.[1401]

1. Anwendungsfälle

a) Die Begrenzung durch Art. 137 EGV

Soll eine Vereinbarung durch einen Beschluß des Rates umgesetzt werden, muß sich der Inhalt der Vereinbarungen auf die in Art. 137 Abs. 1 und 3 EGV enumerativ aufgezählten Regelungsbereiche beschränken.[1402] Es muß sich also gemäß Art. 137 Abs. 1 EGV um Regelungen für die Bereiche Arbeitsumwelt, Arbeitsbedingungen, Unterrichtung und Anhörung der Arbeitnehmer, Chancengleichheit von Männern und Frauen und berufliche Reintegration handeln oder um Regelungen für die Bereiche soziale Sicherheit und sozialer Schutz der Arbeitnehmer, Schutz der Arbeitnehmer bei Beendigung des Arbeitsvertrags, Vertretung und kollektive Wahrnehmung der Arbeitnehmer- und Arbeitgeberinteressen einschließlich der Mitbestimmung, Beschäftigungsbedingungen für Staatsangehörige dritter Länder und finanzielle Beiträge zur Förderung der Beschäftigung und zur Schaffung von Arbeitsplätzen gemäß Art. 137 Abs. 3 EGV. Nach Art. 137 Abs. 6 EGV kommt ein Ratsbeschluß in den Bereichen Arbeitsentgelt, Koalitionsrecht, Streikrecht und Aussperrungsrecht nicht in Betracht. Angesichts der ausdrücklichen Beschränkung auf den Zuständigkeitsbereich des Art. 137 EGV kommt das Umsetzungsverfahren nach Art. 139 Abs. 2 2. Alt EGV

1398 EAS – Preis/Bütefisch, B 1100, Rn. 56; Buchner, RdA 1993, S. 193 (200).
1399 Kampmeyer, Protokoll und Abkommen, 1998, S. 94.
1400 Grabitz/Hilf – Langenfeld, Nach Art. 122 EGV, Art. 4 AbkSozP, Rn. 1.
1401 Kampmeyer, Protokoll und Abkommen, 1998, S. 88.
1402 Blanpain/Schmidt/Schweibert, Europäisches Arbeitsrecht, 1996, Rn. 526.

nicht in Betracht, wenn die Gemeinschaft zwar eine Regelungskompetenz für eine Maßnahme hat, diese aber allein aus Art. 94 und oder Art. 308 EGV hergeleitet werden kann.[1403]

Allerdings darf Art. 139 Abs. 2 2. Alt. EGV nicht dahingehend verstanden werden, daß in den in Art. 137 EGV genannten Angelegenheiten allein die Durchführung durch einen Ratsbeschluß zulässig ist.[1404] Zwar erscheint es sinnvoll, die Vereinbarungen in einem von Art. 137 EGV erfaßten Bereich zwangsläufig durch einen Ratsbeschluß umsetzen zu lassen, um eine unüberschaubare Vielzahl von Regelwerken durch Vereinbarungen der Sozialpartner im Bereich der Gesetzgebungszuständigkeit der Gemeinschaft zu verhindern. Denn darüber kann keines der gesetzgebenden Organe sowohl der Mitgliedsstaaten als auch der Gemeinschaft mehr den Überblick behalten. Gleichwohl war diese Vorstellung nicht Hintergrund dieser Regelung.

b) Keine Beschränkung auf branchenübergreifende und flächendeckende Vereinbarungen

Nach seinem Wortlaut beschränkt Art. 139 Abs. 2 EGV die Umsetzung durch einen Ratsbeschluß nicht weiter als durch den Verweis auf Art. 137 EGV. Dennoch wird zum Teil in der Literatur angenommen, daß sich die Durchführung durch Ratsbeschluß nur für Vereinbarungen eigne, die branchenübergreifend und flächendeckend geschlossen wurden und somit für alle Arbeitnehmer und Arbeitgeber in den Mitgliedsstaaten gelten sollen.[1405] In erster Linie sind europaweite branchenübergreifende Vereinbarungen, die alle Arbeitgeber und Arbeitnehmer in der Gemeinschaft erfassen, geeignet, aufgrund eines Beschlusses des Rates durchgeführt zu werden und Richtlinien des Rates zu ersetzen.[1406] Darauf läßt sich diese Umsetzungsvariante aber nicht beschränken. Der weitgefaßte Wortlaut von Art. 139 EGV läßt eine inhaltliche Beschränkung für Vereinbarungen nicht erkennen, und eine solche Beschränkung widerspräche auch einer konsequenten Umsetzung des Subsidiaritätsprinzips. Letztere verlang, daß die Dynamik und Autonomie der Tarifverhandlungen respektiert und gefördert werden.[1407] Ein Beschluß des Rates zur Durchführung einer Vereinbarung, die nicht branchenübergreifend anwendbar ist, ist daher de jure und de facto durchaus möglich und begrüßenswert.[1408]

Für eine solche Beschränkung besteht auch kein Bedürfnis. Regelungskorrektiv ist vielmehr die Repräsentativität der Sozialpartner für den von ihrer Vereinbarung betroffenen Bereich. Eine solche ist von den Sozialpartnern zu verlangen, wenn sie ihre

---

1403 EAS – Schwarzc, B 8100, Rn. 51. Zur Anwendung dieser Rechtsgrundlagen im Arbeitsrecht siehe bereits 2. Teil, D., III., S. 92.

1404 EAS – Schwarze, B 8100, Rn. 37; Diese Frage wirft auch Weiss, Festschrift für Albert Gnade, 1992, S. 583 (594) auf.

1405 Kampmeyer, Protokoll und Abkommen, 1998, S. 94; Callies/Ruffert – Krebber, Art. 139, Rn. 14.

1406 Blanpain/Schmidt/Schweibert, Europäisches Arbeitsrecht, 1996, Rn. 525.

1407 Blanpain/Schmidt/Schweibert, Europäisches Arbeitsrecht, 1996, Rn. 525.

1408 Blanpain/Schmidt/Schweibert, Europäisches Arbeitsrecht, 1996, Rn. 525.

Vereinbarung umsetzen lassen wollen.[1409] Sofern dieses Korrektiv erfüllt ist, können grundsätzlich alle Vereinbarungen durch einen Ratsbeschluß umgesetzt werden, wenn ein Bedürfnis für ihre Umsetzung besteht. In diesem Sinne haben sich auch Rat und Kommission entschieden, als sie jüngst die erste sektorale Rahmenvereinbarung im Bereich des Seeverkehrs umgesetzt haben. Die Entwicklung gerade auf sektoraler Ebene ist auch erforderlich, wenn man bedenkt, daß gerade auf dieser Ebene die Arbeitsverhältnisse in den Mitgliedsstaaten durch Tarifverträge geregelt werden und daß die Umsetzung durch Ratsbeschluß die derzeit einzig praktikable Variante zur Verbindlichmachung der Vereinbarungen auf Gemeinschaftsebene darstellt.

Insoweit besteht die Notwendigkeit, daß gerade Branchenvereinbarungen durch Ratsbeschluß umgesetzt werden, wenn man eine Europäisierung der Arbeitsbeziehungen erreichen will.

2. Antrag der Unterzeichnerparteien

Um das Verfahren einer Umsetzung durch Ratsbeschluß einzuleiten, ist zunächst ein gemeinsamer Antrag der Unterzeichnerparteien erforderlich.

Nicht nur der Inhalt der Vereinbarung, sondern auch dessen Umsetzung muß vom Willen der Sozialpartner getragen sein.[1410] Durch diesen Antrag „verzichten" die Sozialpartner auf eine privatautonome Regelung und übertragen der Gemeinschaft ihr Mandat für ein Tätigwerden im kollektiven Arbeitsrecht. Der Antrag ist an die Kommission zu richten und zwar mit dem Inhalt, die Vereinbarung möge dem Rat zur Durchführung vorgeschlagen werden. Der Gemeinschaft wird so die Möglichkeit eröffnet, in einem den Sozialpartnern vorbehaltenen Bereich regelnd tätig zu werden. Der mit dem Antrag erklärte Verzicht muß aber von allen Sozialpartnern, die an der Vereinbarung beteiligt waren, erklärt werden. Daraus folgt, daß alle an der Vereinbarung beteiligten Sozialpartner den Antrag gemeinsam oder in Absprache stellen müssen.[1411] Der Antrag muß außerdem schriftlich an die Kommission gerichtet werden.

3. Die Repräsentativität der antragstellenden Sozialpartner

Durch den Ratsbeschluß erlangt die Vereinbarung eine Wirkung, die über die Arbeitgeber und Arbeitnehmer hinausreicht, die den vereinbarungsschließenden Parteien über ihre Mitgliedsverbände angehören. Die Sozialpartner brauchen daher eine ausreichende Repräsentativität für den mit ihrer Vereinbarung geregelten Sachbereich.

Damit ist gemeint, daß die Vertragsparteien einen ausreichenden Vertretungsanspruch für den geregelten Sachbereich der Vereinbarung haben müssen.[1412] Denn die Umset-

---

1409 Zu dieser Frage siehe 4. Teil, C., III., 2., 3, S. 206.

1410 EAS – Schwarze, B 8100, Rn. 52.

1411 Zu der ähnlichen Frage bei Art. 139 Abs. 4 EGV siehe noch 4. Teil, H., I., 3., S. 265.

1412 EuG vom 17. 7. 1998, Rs. T – 135/96, Union européenne de l'artisanat et des petites et moyennes entreprises gegen den Rat der Europäischen Union, Slg. 1998 II, S. 2335 – 2381 (2370, zung führt dazu, daß eine von den Sozialpartnern getroffene Vereinbarung eine legislative gemeinschaftsrechtliche Grundlage erhält, ohne daß dafür auf die klassischen Gesetzgebungsverfahren, die die Beteiligung des Europäischen Parlaments vorsehen, zurückgegriffen würde.[1413] Es kommt dabei nicht so sehr auf die Frage an, wie viele Sozialpartner an einer Vereinbarung beteiligt sein müssen, damit sie durch einen Beschluß des Rates umgesetzt werden kann.[1414] Vielmehr brauchen die Vertragspartner eine sogenannte Gesamtrepräsentativität um im Hinblick auf den Vereinbarungsinhalt insgesamt hinreichend repräsentativ zu sein.[1415] Diese muß strengeren Voraussetzungen unterliegen, als die für das Recht auf Anhörung nach Art. 138 EGV geforderte Repräsentativität.[1416] Denn bei der Umsetzung der Vereinbarung kommt den Sozialpartnern wesentlich größere und vor allem entscheidendere Bedeutung zu.

Nachdem bei der Befugnis zum Abschluß der Vereinbarungen gemäß Art. 139 EGV jegliche Einschränkung des Sozialpartnerbegriffs abgelehnt wurde, hat hier die Repräsentativität der Sozialpartner also die Funktion eines Korrektivs, damit nur ausreichend legitimierte Sozialpartner mit der Umsetzung durch den Ratsbeschluß Recht setzen. Die Wahrung des demokratischen Prinzips macht es erforderlich, daß die Beteiligung der Völker an diesem Verfahren auf andere Weise sichergestellt wird: im Rahmen des Sozialen Dialogs durch Vermittlung der Sozialpartner, die die Vereinbarung geschlossen haben, der der Rat durch einen mit qualifizierter Mehrheit gefaßten Beschluß eine legislative Grundlage auf Gemeinschaftsebene verleiht.[1417] Um die Einhaltung dieses Erfordernisses zu kontrollieren, haben Kommission und Rat den Vertretungsanspruch der betreffenden Sozialpartner zu überprüfen.[1418]

Regelt eine Vereinbarung zum Beispiel für alle Arbeitsverhältnisse Mindestanforderungen,[1419] müssen die einzelnen Unterzeichner der Rahmenvereinbarung alle Gruppen von Unternehmen und Arbeitnehmern auf europäischer Ebene repräsentieren können.[1420] Gemeint ist damit nicht, daß jedes einzelne von der Vereinbarung über-

---

Rn. 86); Mitteilung der Kommission über die Anwendung des Protokolls über die Sozialpolitik an den Rat und an das Europäische Parlament, KOM (93) 600 endg. vom 14. 12. 1993, S. 16, Rn. 39.

1413 EuG vom 17. 7. 1998, Rs. T – 135/96, Union européenne de l'artisanat et des petites et moyennes entreprises gegen den Rat der Europäischen Union, Slg. 1998 II, S. 2335 – 2381 (2371, Rn. 88); zu der fehlenden Beteiligung des Parlament siehe noch 4. Teil, C., III., 5., S. 211.

1414 Dies meint aber offenbar Konzen, EuZW 1995, S. 39 (47).

1415 Der Begriff wird eingeführt bei EuG vom 17. 7. 1998, Rs. T – 135/96, Union européenne de l'artisanat et des petites et moyennes entreprises gegen den Rat der Europäischen Union, Slg. 1998 II, S. 2335 – 2381 (2371 – 2372, Rn. 90).

1416 Dazu siehe noch 4. Teil, D., II., 2., S. 236.

1417 EuG vom 17. 7. 1998, Rs. T – 135/96, Union européenne de l'artisanat et des petites et moyennes entreprises gegen den Rat der Europäischen Union, Slg. 1998 II, S. 2335 – 2381 (2371, Rn. 89); Lenz – Coen, Art. 139, Rn. 4.

1418 Lenz – Coen, Art. 139, Rn. 4; a. A.: Callies/Ruffert – Krebber, Art. 139, Rn. 25.

1419 Wie dies etwa bei der Rahmenvereinbarung über Elternurlaub (3. Teil, C., VI., 3., S. 142), der Vereinbarung über Teilzeitarbeit (3. Teil, C., VI., 5., S. 145) und der Rahmenvereinbarung über befristete Arbeitsverhältnisse (3. Teil, C., VII., 2., S. 148) der Fall war.

1420 EuG vom 17. 7. 1998, Rs. T – 135/96, Union européenne de l'artisanat et des petites et moyennes entreprises gegen den Rat der Europäischen Union, Slg. 1998 II, S. 2335 – 2381 (2373, haupt betroffene Unternehmen vertreten sein muß, sondern es müssen alle Arten von Unternehmen und damit die Gesamtheit der Unternehmen vertreten sein.

4. Der Vorschlag der Kommission

Nach dem Antrag der Sozialpartner legt die Kommission dem Rat einen Vorschlag zur Umsetzung vor.[1421] Sie ist allerdings nicht auf die bloße Weitergabe der Vereinbarung beschränkt, denn dann wäre ihre Beteiligung nur eine überflüssige Verfahrensverzögerung.[1422]

a) Überprüfung der Rechtmäßigkeit des Vorschlags

Zunächst hat die Kommission die Rechtmäßigkeit des Vorschlags und der Vereinbarung zu überprüfen. Dieses Prüfungsrecht ergibt sich aus ihrer vorrangigen Funktion im Organgeflecht der Gemeinschaft als Hüterin des Gemeinschaftsrechts[1423] entsprechend Art. 211, 1. Spiegelstrich EGV.[1424] Die Kommission nimmt insbesondere für sich in Anspruch, vor Unterbreitung des Vorschlags an den Rat die Vertretungsbefugnis der Vertragsparteien, die Vereinbarkeit der Bestimmungen mit dem Gemeinschaftsrecht sowie die nach Art. 137 Abs. 2 Satz 2 EGV gebotene Berücksichtigung der Belange der kleineren und mittleren Unternehmen zu überprüfen.[1425]

Prüfungsmaßstab ist vor allem das primäre Gemeinschaftsrecht, dagegen nicht sekundäres Gemeinschaftsrecht.[1426] Angesichts der enormen Autonomie der Sozialpartner handelt es sich aber nur um die Überprüfung grundlegender Rechtsgedanken des Gemeinschaftsrechts. In Betracht käme etwa die Überprüfung des Gleichheitsgrundsatzes. In diesem Zusammenhang prüft sie auch, ob sich die Vereinbarung der Sozialpartner im Rahmen der Gemeinschaftszuständigkeiten gemäß Art. 137 EGV bewegt.[1427] Andernfalls wäre ein Ratsbeschluß zur Umsetzung der Vereinbarung nicht

---

Rn. 94).

1421 Grabitz/Hilf – Langenfeld, Nach Art. 122 EGV, Art. 4, Rn. 3.

1422 So aber Weiss, Festschrift für Albert Gnade, 1992, S. 583 (593): Die Kommission wird in diesem Verfahren zur bloßen Botin degradiert. Wie hier EAS – Schwarze, B 8100, Rn. 53.

1423 Mitteilung der Kommission über die Anwendung des Protokolls über die Sozialpolitik an den Rat und an das Europäische Parlament, KOM (93) 600 endg. vom 14. 12. 1993, S. 16, Rn. 39.

1424 EAS – Schwarze, B 8100, Rn. 53; Kampmeyer, Protokoll und Abkommen, 1998, S. 97.

1425 Mitteilung der Kommission zur Anpassung und Förderung des sozialen Dialogs auf Gemeinschaftsebene, KOM (1998) 322 endg. vom 20. 5. 1998, S. 18, Ziff. 5. 4. 2.; Mitteilung der Kommission über die Anwendung des Protokolls über die Sozialpolitik an den Rat und an das Europäische Parlament, KOM (93) 600 endg. vom 14. 12. 1993, S. 16, Rn. 39; EAS – Schwarze, B 8100, Rn. 53, Fn. 135; Buda, in: Mesch, Auf dem Weg zu europäischen Arbeitsbeziehungen ?, 1995, S. 289 (300); Lenz – Coen, Art. 139, Rn. 4; Grabitz/Hilf - Langenfeld, Nach Art. 122 EGV, Art. 4 AbkSozP, Rn. 3.

1426 EAS – Schwarze, B 8100, Rn. 53; ähnlich Höland, ZIAS 95, S. 425 (442 - 425), der eine Überprüfung anhand des „zwingenden" Gemeinschaftsrechts für zulässig hält.

1427 Grabitz/Hilf – Langenfeld, Nach Art. 122 EGV, Art. 4, Rn. 3.

zulässig.[1428] Es bleibt der Kommission allerdings unbenommen, den Sozialpartnern Gelegenheit zur Änderung ihrer Vereinbarung zu geben, sofern sie nur unter geänderten Umständen zur Vorlage eines entsprechenden Vorschlags an den Rat bereit ist.[1429]

b) Die Entscheidung der Kommission über das „Ob“ der Vorlage an den Rat

Bei Erfüllung dieser Voraussetzungen stellt sich die Frage, ob die Kommission zu einer Vorlage an den Rat, durch den Antrag der Sozialpartner, verpflichtet ist.

Zum Teil wird vertreten, die Kommission sei verpflichtet, dem Rat einen der Vereinbarung entsprechenden Regelungsvorschlag zu unterbreiten, wenn keine rechtlichen Bedenken bestehen.[1430] Die eigentliche Sachentscheidung treffe erst der Rat.[1431] Dementsprechend könnten die Sozialpartner bei Unterlassen der Weiterleitung Untätigkeitsklage gemäß Art. 232 Abs. 3 EGV vor dem Europäischen Gerichtshof beziehungsweise Europäischen Gericht erheben, mit dem Begehren, die Kommission möge ihre Vereinbarung dem Rat zur Durchführung vorschlagen.[1432]

Andererseits wird angenommen, daß die Kommission nicht zur Vorlage an den Rat, sondern nur zur fehlerfreien Ermessensentscheidung über die Frage, ob sie den Vorschlag weiterleiten will, verpflichtet ist.[1433] Eine Verpflichtung der Kommission, dem Rat einen Vorschlag für einen Beschluß vorzulegen, könne dem Art. 139 Abs. 2 Satz 1 2. Alt. EGV nicht entnommen werden.[1434] Die Kommission entscheide im eigenen Ermessen, ob sie die Vereinbarung der europäischen Sozialpartner an den Rat weiterleitet.[1435] Dies ergebe sich bereits daraus, daß die Kommission dem Rat die Umsetzung der Vereinbarung „vorschlage“.[1436]

Die richtige Entscheidung dieser Frage dürfte ein Mittelweg sein. Danach wäre die Kommission zwar in einem solchen Fall frei zu entscheiden, ob sie dem Antrag nachkommt oder ob sie ganz von einer Maßnahme absieht.[1437] Sie hätte aber die Pflicht zu einer ermessensfehlerfreien Entscheidung.[1438] Bei der Ausübung ihres dann eröffneten

---

1428 Grabitz/Hilf – Langenfeld, Nach Art. 122 EGV, Art. 4, Rn. 3.

1429 Grabitz/Hilf – Langenfeld, Nach Art. 122 EGV, Art. 4, Rn. 3; EAS – Schwarze, B 8100, Rn. 53; Buchner, RdA 1993, S. 193 (202).

1430 EAS – Schwarze, B 8100, Rn. 53.

1431 EAS – Schwarze, B 8100, Rn. 53.

1432 EAS – Schwarze, B 8100, Rn. 53: Nicht verwehren kann man der Kommission, den Vorschlag mit einer ggf. auch ablehnenden Stellungnahme zu versehen; das gehört zum normalen Meinungsbildungsprozeß im Rahmen eines Gesetzgebungsverfahrens.

1433 Grabitz/Hilf – Langenfeld, Nach Art. 122 EGV, Art. 4 AbkSozP, Rn. 3; Wisskirchen, Der soziale Dialog, 1994, S. 653 (672); Buchner, RdA 1993, S. 193 (201).

1434 Kampmeyer, Protokoll und Abkommen, 1998, S. 97.

1435 Kampmeyer, Protokoll und Abkommen, 1998, S. 97.

1436 Buchner, RdA 1993, S. 193 (201).

1437 Wisskirchen, Festschrift für Otfried Wlotzke, 1996 S. 793 (800); Wisskirchen, Der soziale Dialog, 1994, S. 653 (672).

1438 In diese Richtung auch Höland, ZIAS 1995, S. 425 (449).

Ermessens wird sie aber ihre Förderpflicht gemäß Art. 138 EGV berücksichtigen müssen, die in der Regel zu einer Vorlage führen dürfte. Denn im Hinblick auf ihre Förderpflicht und die Tatsache, daß die Umsetzungsvariante durch den Rat die derzeit einzig praktikable Variante ist, muß man die Kommission als verpflichtet ansehen (Ermessensreduzierung auf Null). Hinzu kommt, daß sie sich auch dem politischen Druck einer solchen Einigung nicht verschließen können wird, so daß sie im Ergebnis den Vorschlag jedenfalls an den Rat weiterleiten wird.[1439] Praktische Bedeutung hat die Frage, ob die Kommission frei entscheiden kann, daher kaum.

c) Die inhaltliche Bindung der Kommission an den Vorschlag

Nicht anzuzweifeln ist dagegen, daß die Kommission die Vereinbarung der Sozialpartner nicht inhaltlich abändern darf.[1440] Dies wird selbst von den Vertretern in der Literatur nicht bestritten, die der Kommission eine gänzlich freie Entscheidung über das „Ob" der Umsetzung zubilligen wollen.[1441] Die Pflicht, den Wortlaut unverändert zu übernehmen, ergibt sich zwar nicht unmittelbar aus dem Wortlaut. Alles andere wäre aber mit Sinn und Zweck des aufwendigen Beteiligungsverfahrens der Sozialpartner kaum vereinbar und widerspräche der Bedeutung einer solchen Übereinstimmung der Sozialpartner in ihrem ureigenen sozialpolitischen Sachbereich.[1442]

Voraussetzung für die Übernahme der Vereinbarung ist nämlich ein Antrag der Sozialpartner. Dieser Antrag bezieht sich aber auf die von den Sozialpartnern eingereichte Vorlage.[1443] Nur wenn dieser entsprochen wird, können die Kommission und der Rat eine Umsetzung nach Art. 139 Abs. 2 EGV vornehmen, ohne die Verfahren nach Art. 251 EGV oder Art. 250 EGV einschließlich der Einschaltung des Europäischen Parlaments einzuhalten.[1444] Im Verfahren nach Art. 139 Abs. 2 EGV wird die Regelung durch die Sozialpartner legitimiert.[1445] Sie treten insoweit an die Stelle des Europäischen Parlaments. Diese Legitimation würde aber fehlen, wenn die Kommission die Vereinbarung der Sozialpartner eigenhändig verändern würde. „Entscheidet" sich die Kommission für die Weiterleitung der Vereinbarung an den Rat, steht ihr daher keine weitere Entscheidung über das „Wie" zu. Letztendlich beschränkt sich an dieser Stelle das Recht der Kommission also auf die zustimmende Weiterleitung eines Antrags der Sozialpartner.[1446]

1439 Karthaus, ArbuR 1997, S. 221 (221); Wisskirchen, Der soziale Dialog, 1994, S. 653 (672).

1440 EAS – Schwarze, B 8100, Rn. 54.

1441 Buchner, RdA 1993, S. 193 (202); Kampmeyer, Protokoll und Abkommen, 1998, S. 97; Wisskirchen, Der soziale Dialog, 1994, S. 653 (672); Wisskirchen, Festschrift für Otfried Wlotzke, 1996, S. 793 (800).

1442 Wisskirchen, Festschrift für Otfried Wlotzke, 1996, S. 793 (800); Wisskirchen, Der soziale Dialog, 1994, S. 653 (672).

1443 Buchner, RdA 1993, S. 193 (202).

1444 Buchner, RdA 1993, S. 193 (202).

1445 EAS – Schwarze, B 8100, Rn. 54; Buchner, RdA 1993, S. 193 (202).

1446 Im Ergebnis ebenso Kampmeyer, Protokoll und Abkommen, 1998, S. 97.

5. Die Beteiligung von Parlament und Wirtschafts- und Sozialausschuß

a) Die nach dem Gesetz fehlende Beteiligung

Art. 139 EGV enthält über das Beschlußverfahren für die Umsetzung der Vereinbarung keine nähere Aussage. In Art. 139 Abs. 2 Satz 2 EGV wird zwar auf die erforderlichen Abstimmungsmehrheiten nach Art. 137 EGV verwiesen, nicht aber auf die jeweiligen Verfahren der Mitentscheidung gemäß Art. 137 Abs. 2 in Verbindung mit Art. 251 EGV beziehungsweise Vorschlagsverfahren gemäß Art. 137 Abs. 3 in Verbindung mit Art. 250 EGV.[1447] Zur Beschlußfassung verweist Art. 139 Abs. 2 Satz 2 EGV auf die beiden von Art. 137 EGV erfaßten Abstimmungsbereiche, nicht jedoch auf die unterschiedlichen Beschlußverfahren nach Art. 137 EGV.[1448] Daraus ist zu schließen, daß eine Mitwirkung des Europäischen Parlaments und des Wirtschafts- und Sozialausschusses für einen Beschluß des Rates nach Art. 139 Abs. 2 Satz 1 2. Alt. EGV nicht erforderlich ist.[1449]

Wenn aber der auf die Sozialpartner zurückgehende Ratsbeschluß ohne Beteiligung des Parlaments und des Wirtschafts- und Sozialausschusses zustande kommt, haben die Sozialpartner gegenüber dem Europäischen Parlament in gewisser Weise eine überragende Bedeutung,[1450] denn das Europäische Parlament hat auf diese Form der Rechtsetzung keinen Einfluß.[1451] Nur wenn die Sozialpartner nicht erfolgreich sind und oder ihr Vorschlag durch einen Beschluß des Rates nicht umgesetzt wird, geht der Gesetzgebungsprozeß seinen normalen Gang.[1452] Die Durchführung der Vereinbarung auf Gemeinschaftsebene durch Ratsbeschluß führt damit zur Setzung von Gemeinschaftsrecht, an dem eine Mitwirkung des Europäischen Parlaments nicht vorgesehen ist.[1453]

b) Die Betrachtung als redaktionelles Versehen

Die fehlende Beteiligung insbesondere des Parlaments hat in der Literatur viel Kritik erfahren.[1454]

1447 Wank, RdA 1995, S. 10 (20); Krimphove, Europäisches Arbeitsrecht, 1996, S. 266; Kampmeyer, Protokoll und Abkommen, 1998, S. 100.; a. A.: offenbar Karthaus, ArbuR 1997, S. 221 (221/222); so zu der Regelung nach dem Abkommen über die Sozialpolitik.

1448 Lenz – Coen, Art. 139, Rn. 7.

1449 Weiss, Festschrift für Albert Gnade, 1992, S. 583 (593); Grabitz/Hilf – Langenfeld, Nach Art. 122 EGV, Art. 4 AbkSozP, Rn. 4; Kampmeyer, Protokoll und Abkommen, 1998, S. 100, 101; Krimphove, Europäisches Arbeitsrecht, 1996, S. 266. Alle noch zu dem Abkommen. Lenz – Coen, Art. 139, Rn. 7 bereits zu der neuen Regelung.

1450 Wank, RdA 1995, S. 10 (20); Blanpain/Schmidt/Schweibert, Europäisches Arbeitsrecht, 1996, Rn. 170.

1451 Blanpain/Schmidt/Schweibert, Europäisches Arbeitsrecht, 1996, Rn. 170; Weiss, Festschrift für Albert Gnade, 1992, S. 583 (595).

1452 Blanpain/Schmidt/Schweibert, Europäisches Arbeitsrecht, 1996, Rn. 170.

1453 Lenz – Coen, Art. 139, Rn. 4.

1454 Kampmeyer, Protokoll und Abkommen, 1998, S. 100 – 102; kritisch dazu auch Wank, RdA 1995, S. 10 (20); insbesondere auch Weiss, Festschrift für Albert Gnade, 1992, S. 583 (595), der

Eine Mindermeinung[1455] sieht in dem fehlenden Verweis auf die Gesetzgebungsverfahren der Art. 251 und 250 EGV ein „redaktionelles Versehen". Es könne nicht gewollt sein, daß der Rat im Bereich des Sozialrechts außerhalb des Verfahrens nach Art. 251 EGV beschließe und Recht setze und damit die Beteiligungsrechte des Europäischen Parlaments und des Wirtschafts- und Sozialausschusses beschneide.[1456]

Diese Ansicht ist zum einen mit dem Wortlaut kaum zu vereinbaren.[1457] Zum anderen verkennt diese Ansicht auch den Ansatzpunkt für den Ratsbeschluß. Es handelt sich nämlich nicht um ein genuin gemeinschaftliches Rechtssetzungsverfahren, sondern um ein tarifautonomes Verfahren. Die Sozialpartner „bedienen" sich lediglich für die Beendigung des Verfahrens des Rates, um eine größtmögliche Bindungswirkung für ihre Vereinbarungen zu erreichen. Die Einbeziehung des Rates ist in der derzeit bestehenden „Unvollkommenheit" der sozialpartnereigenen Strukturen und Möglichkeiten begründet. Hinzukommt, daß ein solches von der Mindermeinung angenommenes „redaktionelles" Versehen spätestens mit der Vertragsrevision durch den Vertrag von Amsterdam behoben worden wäre. Da dies nicht geschehen ist, ist in der gewählten Formulierung vielmehr eine bewußte Entscheidung des europäischen Gesetzgebers zu sehen, den Sozialpartnern eine – wenn auch außergewöhnliche Autonomie – bei der Umsetzung ihrer Vereinbarungen zu zu weisen.[1458]

Von Gesetzes wegen erfordert der Beschluß des Rates also keine Beteiligung des Europäischen Parlaments und oder des Wirtschafts- und Sozialausschusses.[1459] Diese werden durch die Sozialpartner verdrängt.

c) Die dennoch vorgenommene Anhörung durch die Kommission

Unabhängig von der fehlenden gesetzlichen Pflicht zur Beteiligung des Parlaments und des Wirtschafts- und Sozialausschusses will die Kommission in der Praxis das Europäische Parlament und den Wirtschaft- und Sozialausschuß über den von den Sozialpartnern gestellten Antrag unterrichten.[1460] Sie will das Europäische Parlament über alle Verfahrensschritte des Art. 138 EGV unterrichten und darüber informieren, wenn die Sozialpartner die Kommission bitten, einen Vorschlag für eine Rechtsvorschrift zur Umsetzung einer Vereinbarung nach Art. 139 EGV Abs. 2 EGV aufzuset-

---

hierin einen der groben politischen Fehler der neuen Regelungen sieht.

1455 Schulz, SF 1992, S. 79 (82 f).

1456 Schulz, SF 1992, S. 97 (82 f).

1457 Lenz – Coen, Art. 139, Rn. 7.

1458 Im Ergebnis so auch Lenz – Coen, Art. 139, Rn. 7; Krimphove, Europäisches Arbeitsrecht, 1996, S. 266; Blanpain/Schmidt/Schweibert, Europäisches Arbeitsrecht, 1996, Rn. 172; noch zur Fassung nach dem Abkommen.

1459 So auch Grabitz/Hilf - Langenfeld, Nach Art. 122 EGV, Art. 4 AbkSozP, Rn. 8; Krimphove, Europäisches Arbeitsrecht, 1996, S. 266.

1460 Mitteilung der Kommission über die Anwendung des Protokolls über die Sozialpolitik an den Rat und an das Europäische Parlament, KOM (93) 600 endg. vom 14. 12. 1993, S. 17, Rn. 40. Mitteilung der Kommission zur Anpassung und Förderung des sozialen Dialogs auf Gemeinschaftsebene, KOM (1998) 322 endg. vom 20. 5. 1998, S. 19.

zen und ihm den Wortlaut der Vereinbarung einschließlich dem mit einer Begründung versehenden Vorschlag der Kommission für einen Beschluß des Rates zukommen lassen. Dadurch soll ihnen die Möglichkeit zu einer rechtzeitigen Stellungnahme zu dem Vorschlag gegeben werden, bevor der Rat einen offiziellen Beschluß faßt.[1461]

Diese Vorgehensweise ist in dem verständlichen Wunsch nach einem möglichst breiten Konsens und einer größtmöglichen demokratischen Legitimation für die geschaffenen Normen begründet.[1462] Allerdings wäre eine gemeinsame Erklärung der Gemeinschaftsorgane, wie sie das Europäische Parlament in einer Entschließung vorgeschlagen hat,[1463] vertragswidrig.[1464] Würde eine solche interinstitutionelle Vereinbarung die Beteiligung des Europäischen Parlaments bei Rechtsakten, die auf Sozialpartnervereinbarungen basieren, festschreiben, läge darin eine unzulässige Vertragsänderung außerhalb des Vertragsänderungsverfahrens des EGV. In diesem Sinne lehnt auch die BDA eine „Einbeziehung" des Europäischen Parlaments in die Verhandlungen der Sozialpartner bei der Umsetzung der Vereinbarungen strikt ab.[1465]

d) Bewertung

Wegen der fehlenden Beteiligung des Europäischen Parlaments bei der Umsetzung durch Ratsbeschluß werden die Umsetzungsakte des Rates wesentlich durch die vereinbarungsschließenden Sozialpartnerorganisationen demokratisch legitimiert. Aufgrund ihrer eigenen Verbandsstrukturen sind die für die Spitzenorganisationen auftretenden Personen ihrerseits aber nur höchst mittelbar demokratisch legitimiert. Hierin kann keine befriedigende Lösung für die dauerhafte Entwicklung von Arbeitsrechtsregelungen liegen. Die dennoch vorgenommene und zumindest unterstützende Anhörung des Parlaments ist daher zu begrüßen.

6. Der Beschluß des Rates

Anschließen legt die Kommission die Vereinbarung dem Rat. Dieser entscheidet dann über die Umsetzung durch Beschluß. Durch diesen Beschluß wird die Vereinbarung rechtsverbindlich und erhält ihrem Inhalt entsprechende flächendeckende Wirkung.

[1461] Mitteilung der Kommission zur Anpassung und Förderung des sozialen Dialogs auf Gemeinschaftsebene, KOM (1998) 322 endg. vom 20. 5. 1998, S. 19; Mitteilung der Kommission über die Anwendung des Protokolls über die Sozialpolitik an den Rat und an das Europäische Parlament, KOM (93) 600 endg. vom 14. 12. 1993, S. 16, Rn. 39. Lenz – Coen, Art. 139, Rn. 8; Grabitz/Hilf – Langenfeld, Nach Art. 122 EGV, Art. 4 AbkSozP, Rn. 4, 8.

[1462] Grabitz/Hilf – Langenfeld, Nach Art. 122 EGV, Art. 4 AbkSozP, Rn. 4, 8.

[1463] Protokoll der Sitzung des Europäischen Parlaments vom 24. 2. 1994, ABl. EG 1994, C 77, S. 12 (4. Soziale Dimension des EU-Vertrags, S. 31, Ziff. 2 – 3 und Anlage S. 32 – 33, Entwurf einer gemeinsamen Erklärung des Europäischen Parlaments, des Rates und der Kommission, die zusammen an dem Legislativverfahren für die Umsetzung des Protokolls Nr. 14 und des Abkommens über die Sozialpolitik im Anhang zum Vertrag über die Europäische Union beteiligt sind.)

[1464] Lenz – Coen, Art. 139, Rn. 8.

[1465] Die Zukunft des Sozialen Dialogs – aus Arbeitgebersicht, EuroAS 1996, S. 198 (199).

a) Die erforderlichen Mehrheitsverhältnisse für den Ratsbeschluß

Art. 139 Abs. 2 Uabs. 2 EGV verweist hinsichtlich der Beschlußfassung auf die erforderlichen Mehrheiten nach Art. 137 Abs. 2 und 3 EGV.[1466] Gemäß Art. 137 Abs. 3 Satz 2 EGV beschließt der Rat die Umsetzung der Vereinbarungen grundsätzlich mit qualifizierter Mehrheit.[1467] Wenn sich die Abmachungen der Vereinbarungen dagegen auf die in Art. 137 Abs. 3 EGV genannten, politisch sensiblen Bereiche der nationalen Arbeitsrechte beziehen, muß der Rat gemäß Art. 139 Abs. 2 Satz 2 EGV einstimmig beschließen.[1468]

b) Die Reichweite des Beschlusses

Auffallend ist bei der Umsetzung durch Ratsbeschluß, daß die Vereinbarung als solche unmittelbare Anwendbarkeit auch über die Mitglieder der Vertragsparteien hinaus erlangt.[1469] Art. 139 Abs. 2 2. Alt. EGV gestaltet den Beschluß nicht näher aus. Da er nicht auf die nationalen Rechtsordnungen verweist, die bestenfalls eine Geltung für die organisierten Arbeitnehmer zulassen, ist anzunehmen, daß auf Gemeinschaftsebene eine solche Begrenzung nicht stattfindet. Die Inhalte der Vereinbarung erhalten damit Allgemeingültigkeit unabhängig davon, ob die betroffenen Arbeitsverhältnisse von organisierten Arbeitnehmern oder Arbeitgebern eingegangen werden. Auf eine „Vertretung" kommt es insoweit gar nicht mehr an. Der Beschluß des Rates bewirkt also eine Reichweite der Vereinbarung weit über den „eigentlichen" und klassischen Fall eines Tarifvertrags, der die Arbeitsverhältnisse der von den Vertragsparteien vertretenen Arbeitnehmer und Arbeitgeber regelt, hinaus.

c) Die Entscheidungsfreiheit des Rates

(1) Die Bindung an den Inhalt der Vereinbarung

Zunächst stellt sich erneut die Frage, diesmal für den Rat, ob er die Vereinbarung inhaltlich abändern kann.

Für die Annahme einer Änderungsbefugnis spricht zunächst, daß der Rat grundsätzlich nicht an einen Vorschlag der Kommission gebunden ist. Dies ergibt sich aus der Zuständigkeitsverteilung zwischen Kommission und Rat, insbesondere aus der Aufgabenverteilung nach Art. 211 3. Spiegelstrich EGV, demzufolge es Aufgabe der Kommission ist, „am Zustandekommen der Handlungen des Rates...mitzuwirken".[1470]

1466 Grabitz/Hilf – Langenfeld, Nach Art. 122 EGV, Art. 4 AbkSozP, Rn. 8; a. A: Karthaus, ArbuR 1997, S. 221 (222), der in Art. 2 Abs. 1 AbkSozP einen Verweis auf das ganze Verfahren der Zusammenarbeit mit dem Europäischen Parlament nach Art. 189 c EGV a. F. sah und den Verweis nicht nur auf die beschlußfassenden Mehrheiten im Rat bezog.

1467 Krimphove, Europäisches Arbeitsrecht, 1996, S. 267.

1468 Krimphove, Europäisches Arbeitsrecht, 1996, S. 29 und S. 267.

1469 Grabitz/Hilf – Langenfeld, Nach Art. 122 EGV, Art. 4 AbkSozP, Rn. 6.

1470 Kampmeyer, Protokoll und Abkommen, 1998, S. 98 noch zu Art. 155 EGV a. F.

Außerdem sehen die grundsätzlichen Verfahrensvorschriften der Art. 250 Abs. 1, Art. 251 und 252 Lit. e EGV eine Änderung des Kommissionsvorschlages durch den Rat auch ausdrücklich vor.[1471]

Gegen die Befugnis des Rates, die Vereinbarung der europäischen Sozialpartner vor seinem Beschluß inhaltlich zu ändern, spricht allerdings die in Art. 139 EGV vorausgesetzte enorme Autonomie der Sozialpartner.[1472] Zum einen werden die Vereinbarungen in der Regel nach einem langen Verhandlungsprozeß geschlossen. Es erscheint nicht angemessen, daß sich der Rat über diese mühsam erreichten Kompromisse hinwegsetzen dürfen soll. Zudem wäre eine inhaltlich geänderte Vereinbarung keine von den europäischen Sozialpartnern geschlossene, sondern eine eigene Maßnahme der Gemeinschaftsorgane.

Zum anderen „ersetzen" die Sozialpartner die demokratische Legitimation durch das Europäische Parlament. Seitdem im Bereich der Sozialpolitik das Mitentscheidungsverfahren gilt, kann sich der Rat über den Willen des Europäischen Parlaments aber nicht mehr hinwegsetzen und bräuchte dessen Zustimmung für eine inhaltliche Änderung der betreffenden Maßnahme. Würde man für Sozialpartnervereinbarungen eine Änderungsmöglichkeit bejahen, würden die Befugnisse des Rates im Ergebnis also erweitert. Außerdem gäbe es kein Regulativ mehr für die vom Rat vorgenommenen Änderungen, die kein Beteiligter mehr prüfen könnte.

Diese Gründe sind letztlich ausschlaggebend, so daß der Rat die Vereinbarung nicht inhaltlich ändern darf.[1473] Der Rat ist, ebenso wie die Kommission, an den Inhalt der Vereinbarung gebunden.[1474] Er darf die Vereinbarung lediglich als ganzes annehmen oder ablehnen. Dementsprechend haben die Sozialpartner auch in einer gemeinsamen Erklärung zur Zukunft des Sozialen Dialogs gefordert, daß sich der in Art. 139 Abs. 2 EGV vorgesehene Beschluß des Rates auf den unveränderten Wortlaut der in den Verhandlungen zwischen den Sozialpartnern getroffenen Vereinbarungen ziehen muß.[1475] Die Kommission hat sich dieser Auffassung angeschlossen.[1476]

1471 Kampmeyer, Protokoll und Abkommen, 1998, S. 98 zu dem EGV in seiner alten Fassung nach dem Maastrichter Vertrag.

1472 Kampmeyer, Protokoll und Abkommen, 1998, S. 99.

1473 Grabitz/Hilf - Langenfeld, Nach Art. 122 EGV, Art. 4 AbkSozP, Rn. 5; EAS – Schwarze, B 8100, Rn. 58; Konzen, EuZW 1995, S. 39 (47); Buchner, RdA 1993, S. 193 (202); Wisskirchen, Der soziale Dialog, 1994, S. 653 (672); Kampmeyer, Protokoll und Abkommen, 1998, S. 99.

1474 Krimphove, Europäisches Arbeitsrecht, 1996, S. 267; Weiss, Festschrift für Albert Gnade, 1992, S. 583 (592); im Ergebnis genauso Kempen, KritV 1994, S. 13 (48).

1475 Die Erklärung wurde noch zu den Regeln des Abkommens über die Sozialpolitik abgegeben und wird erwähnt bei Wisskirchen, Festschrift für Otfried Wlotzke, 1996, S. 793 (800); Wisskirchen, Der soziale Dialog, 1994, S. 653 (672); von UNICE wurde eine solche Erklärung 1998 wiederholt, UNICE Position Paper vom 13. 11. 1998, S. 3.

1476 Lenz – Coen, Art. 139, Rn. 5; So auch Weiss, Festschrift für Albert Gnade, 1992, S. 583 (593); Wisskirchen, Festschrift für Otfried Wlotzke, 1996, S. 793 (800); Mitteilung der Kommission über die Anwendung des Protokolls über die Sozialpolitik an den Rat und an das Europäische Parlament, KOM (93) 600 endg. vom 14. 12. 1993, S. 16, Rn. 38.

Möglich ist eine inhaltliche Änderung allenfalls dann, wenn die vertragschließenden Parteien und die Kommission der Modifikation zustimmen.[1477] Insoweit bleibt es dem Rat unbenommen, den Sozialpartnern Gelegenheit zur Änderung ihrer Vereinbarung zu geben, sofern er nur unter diesen Umständen zur Beschlußfassung bereit ist.[1478]

(2) Die Entscheidungsfreiheit des Rates im übrigen

Darüber hinaus können die Sozialpartner den Rat grundsätzlich aber nicht auch verpflichten, ihre Vereinbarung durch einen Beschluß gemäß Art. 139 EGV Abs. 2 1. Alt. EGV überhaupt umzusetzen.[1479] Sie sollen nicht in die Lage versetzt werden, die Gemeinschaftsorgane aus ihrem Verantwortungsbereich zu verdrängen.[1480] Sie hätten bei Annahme einer Bindung der Gemeinschaftsorgane eine wesentlich stärkere Rolle als die Sozialpartner nach nationalem Recht. So muß den Sozialpartnern etwa nach deutschem Recht ein von staatlicher Normierung freigelassener Raum zu eigenverantwortlicher Gestaltung der Arbeitsbedingungen zur Verfügung stehen. Dieser reicht jedoch nicht so weit, wie er den Sozialpartnern auf Gemeinschaftsebene zustände, wenn sie generell die Möglichkeit hätten, die Gemeinschaftsorgane mit ihren Vereinbarungen zu binden und mit ihren eigenen Regelungsabsichten zu blockieren,[1481] denn der Regelungsbereich, der den Sozialpartnern mit ihrer Beteiligung nach Art. 138 EGV und der Vereinbarungsbefugnis nach Art. 139 EGV eröffnet wird, ist unbeschränkt.

Der Rat trifft mit dem Beschluß vielmehr eine eigene Entscheidung.[1482] Er ist nicht verpflichtet, eine den Vorschlägen der Sozialpartner entsprechende Maßnahme zu erlassen.[1483] Dieser Erlaß liegt vielmehr im Ermessen des Rates.[1484] Der Rat trifft, wie das Vorschlagsrecht der Kommission und seine Abstimmung unterstreichen, eine eigene Entscheidung.[1485] Bei ihm liegt die entscheidende Rolle im Durchführungsverfahren.[1486] Er kann die Vereinbarung umsetzen, muß es aber nicht.[1487] Dies ergibt sich auc aus der grundsätzlichen Zuständigkeitsverteilung zwischen Kommission und Rat, insbesondere der Aufgabenverteilung nach Art. 202, 211 EGV.[1488] Danach ist der Rat

---

[1477] Blanpain/Schmidt/Schweibert, Europäisches Arbeitsrecht, 1996, Rn. 526, 528; EAS – Schwarze, B 8100, Rn. 58.

[1478] Lenz – Coen, Art. 139, Rn. 5.

[1479] Kampmeyer, Protokoll und Abkommen, 1998, S. 98.

[1480] Buchner RdA 1993, S. 193 (201).

[1481] Buchner RdA 1993, S. 193 (201).

[1482] Grabitz/Hilf – Langenfeld, Nach Art. 122 EGV, Art. 4 AbkSozP, Rn. 5; Konzen, EuZW 1995, S. 39 (47); Buchner, RdA 1993, S. 193 (201); Kampmeyer, Protokoll und Abkommen, 1998, S. 98; EAS – Schwarze, B 8100, Rn. 59.

[1483] Kampmeyer, Protokoll und Abkommen, 1998, S. 98.

[1484] Kampmeyer, Protokoll und Abkommen, 1998, S. 98.

[1485] Grabitz/Hilf – Langenfeld, Nach Art. 122 EGV, Art. 4 AbkSozP, Rn. 5; Konzen, EuZW 1995, S. 39 (47); Buchner, RdA 1993, S. 193 (201).Karthaus, ArbuR 1997, s. 221 (221).

[1486] EAS – Schwarze, B 8100, Rn. 56.

[1487] Karthaus, ArbuR 1997, S. 221 (221/222); EAS – Schwarze, B 8100, Rn. 56.

[1488] Buchner, RdA 1993, S. 193 (201).

nicht an Vorschläge der Kommission gebunden. Der Rat trifft eine eigene Regelung und stattet nicht bloß eine Regelung der Sozialpartner mit Bindungswirkung aus.[1489] Die Umsetzungsentscheidung des Rates ist ein vollwertiger Rechtsakt der Gemeinschaft und deshalb auch unabhängig von der Rechtmäßigkeit der Vereinbarung und von deren weiterem Schicksal.[1490]

Das heißt aber nicht, daß der Rat in seinen die Vereinbarungen betreffenden Entscheidungen völlig frei ist. Er muß vielmehr alle Prämissen des europäischen Arbeitsrechts beachten.[1491] Das bedeutet, daß er zunächst zur sachlichen Prüfung, das heißt zur Überprüfung der Rechtmäßigkeit des ihm vorgelegten Regelungsvorschlags verpflichtet ist.[1492] Diese Pflicht ist gemäß Art. 232 Abs. 3 EGV einklagbar.[1493] Darüber hinaus muß er bei seiner Entscheidung, ob er die Vereinbarung umsetzt, in erster Linie das Subsidiaritätsprinzip und die Grenzen seiner Regelungsbefugnisse aus Art. 137 EGV beachten.[1494] Er prüft also erneut die Rechtmäßigkeit des Vorschlags und der Vereinbarung. Die konkrete Anwendung des Subsidiaritätsprinzips ist dabei allerdings im Lichte der vorangegangen Analyse zu sehen, nach der die europäischen Sozialpartner zur Wahrnehmung ihrer Autonomie der Unterstützung der Gemeinschaftsorgane bedürfen. Ihrem durch das Subsidiaritätsprinzip begründeten Vorrang vor gemeinschaftseigenen Maßnahmen können sie ohne den Ratsbeschluß nur unzureichend nachkommen. Die Tatsache, daß der Rat zur Zeit das einzige Organ ist, das den Vereinbarungen der Sozialpartner Rechtsverbindlichkeit für die Arbeitsverhältnisse zwischen Arbeitgebern und Arbeitnehmern zuweisen kann, verpflichtet den Rat angesichts des Subsidiaritätsprinzips daher in besonderem Maße. Nur bei expliziter Rechtfertigung und in begründeten Ausnahmefällen wird man dem Rat deshalb die Ablehnung der Umsetzung zubilligen dürfen.[1495] Zwar gilt die Förderpflicht der Kommission nach Art. 138 EGV für den Rat nicht, eines Rückgriffs darauf bedarf es aber auch nicht. Bei einer unbegründeten Ablehnung der Umsetzung durch den Rat, die gegen das Subsidiaritätsprinzip verstößt, ist den Sozialpartnern der Weg zu den europäischen Gerichten, eröffnet. Insoweit handelt es sich bei dem Ratsbeschluß gemäß Art. 139 Abs. 2 EGV nicht um einen genuinen Gesetzgebungsakt der Gemeinschaft. So ergibt sich auch für den Rat eine Bindung an den Antrag der Sozialpartner. Die Entscheidungsfreiheit des Rates ist im Hinblick auf die besondere Situation der Sozialpartner im europäischen Arbeitsrecht durch das Subsidiaritätsprinzip begrenzt.

1489 EAS – Schwarze, B 8100, Rn. 59.

1490 EAS – Schwarze, B 8100, Rn. 59.

1491 Konzen, EuZW 1995, S. 39 (47).

1492 EAS – Schwarze, B 8100, Rn. 56.

1493 EAS – Schwarze, B 8100, Rn. 56.

1494 Konzen, EuZW 1995, S. 39 (47); Lenz – Coen, Art. 139, Rn. 5.

1495 A. A.: Balze, Die sozialpolitischen Kompetenzen der Europäischen Union, 1994, S. 273 – 274, der ausdrücklich eine Entscheidung nach freiem Ermessen annimmt.

d) Die Rechtsnatur des Beschlusses

Zu klären bleibt, was eigentlich unter dem „Beschluß" des Rates zu verstehen ist. Art. 139 EGV läßt die Rechtsqualität des Beschlusses zur Durchsetzung der Vereinbarungen der Sozialpartner offen.[1496] Hinsichtlich der Handlungsform und des Entscheidungsverfahrens bestehen daher Unklarheiten. Art. 249 EGV stellt der Gemeinschaft als Mittel zur Erfüllung ihrer Aufgaben nur Verordnungen, Richtlinien, Entscheidungen, Empfehlungen und Stellungnahmen zur Verfügung. Von einem Beschluß ist nicht die Rede. Das führt zu der Frage, ob damit eine weitere, auf die Durchführung von Sozialpartnervereinbarungen zugeschnittene Handlungsform etabliert[1497] oder lediglich die interne Beschlußfassung angesprochen wird.[1498] Da im EGV auch dann von „beschließen" die Rede ist, wenn nur die interne Willensbildung gemeint ist, wie zum Beispiel in Art. 137 Abs. 2 2. Alt. EGV, zwingt der Wortlaut jedenfalls nicht zu der Annahme einer neuen Handlungsform. Für eine solche gibt es auch keine sachliche Notwendigkeit.[1499] Der Begriff „Beschluß" wird umfassend für jedes Rechtshandeln der Gemeinschaftsorgane gebraucht.[1500]

Vom „Normalfall" der Verordnung, Richtlinie oder Entscheidung unterscheidet sich die Umsetzung gemäß Art. 139 Abs. 2 2. Alt. EGV dadurch, daß der Inhalt bereits von den Sozialpartnern „vorformuliert" ist.[1501] Vorentschieden ist er dagegen nicht, da der Rat erst noch darüber befindet, „ob" umgesetzt wird.[1502] In der Sache hat der Rat daher eine Regelungsentscheidung zu treffen, für die die Handlungsformen des Art. 249 EGV zur Verfügung stehen.[1503] Damit ist aber nicht gesagt, welche der dort genannten Möglichkeiten sich hinter dem Beschluß verbergen.

Im Hinblick auf die mit Art. 139 Abs. 2 2. Alt. EGV verfolgte Intention, eine Regelung der Sozialpartner durch einen Rechtsakt des Rates verbindlich auszugestalten, kommen nach der ganz überwiegenden Meinung in der Literatur von vornherein nur Verordnungen, Richtlinien und Entscheidungen in Betracht.[1504] Empfehlungen und Stellungnahmen vermögen keine Bindungswirkung zu erzeugen, würden der Vereinbarung also keine weitere Wirkung beimessen, als die Sozialpartner sie selbst zu erzeugen vermögen. Welche der verbleibenden Möglichkeiten mit dem Beschluß gemeint sind, ist in der Literatur umstritten.

1496 Krimphove, Europäisches Arbeitsrecht, 1996, S. 29; Kampmeyer, Protokoll und Abkommen, 1998, S. 95.

1497 So offenbar Schulz, SF 1992, S. 79 (82); ursprünglich auch Heinze, ZfA 1992, S. 331 (338); Eine eigene Rechtsnatur nimmt offenbar auch Balze, Die sozialpolitischen Kompetenzen der Europäischen Union, 1994, S. 274 an, der dem Beschluß richtliniengleiche Rechtsqualität zuspricht.

1498 EAS – Schwarze, B 8100, Rn. 57.

1499 EAS – Schwarze, B 8100, Rn. 57.

1500 Kampmeyer, Protokoll und Abkommen, 1998, S. 95.

1501 EAS – Schwarze, B 8100, Rn. 57.

1502 EAS – Schwarze, B 8100, Rn. 57.

1503 Kampmeyer, Protokoll und Abkommen, 1998, S. 95; EAS – Schwarze, B 8100, Rn. 57.

1504 Blanpain/Schmidt/Schweibert, Europäisches Arbeitsrecht, 1996, Rn. 528; Kampmeyer, Protokoll und Abkommen, 1998, S. 95; Britz/Schmidt, EuR 1999, S. 467 (475).

(1) Der Beschluß als Richtlinie

Einerseits wird vertreten, daß der Beschluß des Rates zur Umsetzung der Vereinbarung zwischen den Sozialpartnern ausschließlich zum Erlaß einer Richtlinie gemäß Art. 249 Abs. 3 EGV führen dürfe.[1505] Schließlich solle die Vereinbarung der europäischen Sozialpartner eine Richtlinie der Gemeinschaftsorgane ersetzen.[1506] Für die Annahme einer Richtlinie spreche die systematische Stellung des Art. 139 EGV, der in seinem Abs. 2 EGV ausdrücklichen Bezug auf Art. 137 EGV nehme.[1507] Art. 137 EGV beschränkt den Rat auf Richtlinien bei eigenen Gesetzgebungsmaßnahmen im Bereich der Sozialpolitik. Eine über die Richtlinienbefugnis hinausgehende Möglichkeit, etwa der Erlaß einer Verordnung hätte einer klaren Grundlage in Art. 139 Abs. 2 EGV bedurft.[1508] Da der Rat, wenn er aus eigener Entscheidung tätig werde, nur Richtlinien erlassen dürfe, könne nicht davon ausgegangen werden, daß er, wenn er die Vereinbarung der Sozialpartner übernimmt, diesen im Verordnungswege Geltung verschaffen könnte.[1509] Es sei nicht ersichtlich, warum der Rat im Fall der Durchführung einer Vereinbarung der europäischen Sozialpartner zu einer Verordnung – und damit zu dem stärksten seiner Instrumente – greifen sollte.[1510]

Angesichts dieser Beschränkung wäre eine Verpflichtung zur Umsetzung im Wege einer Richtlinie denkbar. Auch würde sie eine zusätzliche demokratische Legitimation bringen, wenn die mitgliedsstaatlichen Parlamente oder nationalen Sozialpartner bei der Umsetzung der Richtlinie ihrerseits beteiligt würden. Außerdem trifft die Umsetzung der Vereinbarung durch Richtlinien im Hinblick auf das Subsidiaritätsprinzip im Ergebnis meist das Richtige, weil sie sich als das am wenigsten in die mitgliedsstaatlichen Rechtsordnungen eingreifende Mittel darstellt.[1511]

Aber der Begriff des Beschlusses ist neutraler gefaßt und trifft keine Begrenzung auf eine einzige Möglichkeit.[1512] Gegen die Beschränkung auf eine Richtlinie spricht auch, daß die Verweisung in Art. 139 Abs. 2 EGV nur auf „die Fälle des Art. 137" EGV gerichtet ist und damit nur die Zuständigkeitsbereiche des Rates meint, nicht aber auch das Verfahren. Sie will verhindern, daß der Rat außerhalb jeglicher, ihm selbst eingeräumter Handlungsbefugnisse, Umsetzungsentscheidungen fällt. Außerdem würde die Umsetzung mittels einer Richtlinie stets den nationalen Gesetzgeber in einer weiteren Umsetzungsstufe erforderlich machen, der dann die Richtlinie erst in national geltendes Recht umsetzen würde.[1513] Dies würde zusätzliche Unwägbar-

---

[1505] Blank, Festschrift für Albert Gnade, 1992, S. 649 (656); Karthaus, ArbuR 1997, S. 221 (221); auch aber vorsichtiger Wank, RdA 1995, S. 10 (20); Buchner, RdA 1993, S. 193 (201); Kampmeyer, Protokoll und Abkommen, 1998, S. 96, 97; Franzen, ZeuP 1995, S. 796 (804 – 805).

[1506] Kampmeyer, Protokoll und Abkommen, 1998, S. 96 – 97.

[1507] Krimphove, Europäisches Arbeitsrecht, 1996, S. 29.

[1508] Buchner, RdA 1993, S. 193 (201).

[1509] Buchner, RdA 1993, S. 193 (201); Kampmeyer, Protokoll und Abkommen, 1998, S. 96.

[1510] Kampmeyer, Protokoll und Abkommen, 1998, S. 96.

[1511] Konzen, EuZW 1995, S. 39 (48).

[1512] Konzen, EuZW 1995, S. 39 (48).

[1513] Krimphove, Europäisches Arbeitsrecht, 1996, S. 29.

keiten bringen, die die Umsetzung der Vereinbarung erneut in Frage stellen, erst recht, wenn man bedenkt, daß den fünfzehn Mitgliedsstaaten die Form und Mittel der Umsetzung überlassen bleiben müssen. Die Gefahr ist groß, daß die Vereinbarung als solche ihre Einheit, die über den mühsamen Weg einer Einigung von einer Vielzahl von Verbänden erreicht wurde, verliert.

(2) Der Beschluß als Entscheidung

Eine andere Meinung vertritt, daß der Beschluß des Rates als Entscheidung nach Art. 249 Abs. 4 EGV ergehe.[1514] Begründet wird die Auffassung mit dem Hinweis darauf, daß die sprachlichen Fassungen des Vertragstextes einiger Mitgliedsstaaten in Art. 139 Abs. 2 Satz 1 EGV für „Beschluß" denselben Begriff wie für „Entscheidungen" in Art. 249 Abs. 4 EGV verwenden.[1515] Damit seien Verordnung und Richtlinie als Handlungsform ausgeschlossen. Zumindest sei der Beschluß einer Entscheidung i. S. v. Art. 249 Abs. 4 EGV sehr ähnlich, so daß der Rat die Normadressaten jeweils benennen müßte.[1516]

Der Vorteil einer Entscheidung wäre, daß die Vereinbarung durch einen Entscheidung endlich unmittelbarere Geltung für die jeweiligen Normadressaten erlangen könnte und auf die Arbeitsverhältnisse direkt normativ wirken würde.[1517] Gegen eine Einordnung des Beschlusses als Entscheidung spricht aber, daß eine solche nur den Einzelfall regelt.[1518] Ihr kommt nur für den in der Entscheidung bezeichneten oder einen individualisierbaren Adressatenkreis verbindliche Wirkung zu.[1519] Die Parallele der Entscheidung ist im deutschen Recht der Verwaltungsakt, nicht die abstrakte Norm.[1520] Der Rat könnte die „Übernahme" der Regelungen der Sozialpartner dann nur an einzelne Mitgliedsstaaten richten. Dies wäre eine kaum zu rechtfertigende Vorgehensweise, obwohl sie eine Bindungswirkung zur Folge hätte.[1521] Um eine gemeinschaftsweite Verbindlichkeit einer Vereinbarung der europäischen Sozialpartner zu erreichen, müßte sie an alle Mitgliedsstaaten gleichermaßen gerichtet werden. Dies ist jedoch nicht Zweck einer Entscheidung.[1522] Für einen solchen Fall ist vielmehr die Richtlinie das einschlägige Rechtsinstrument der Gemeinschaft, die stets an alle Mitgliedsstaaten gerichtet ist und diese zur Umsetzung verpflichtet.[1523] Mit der Vollzie-

---

[1514] Schulz, SF 1992, S. 79 (82); zumindest in diese Richtung auch Ojeda-Avilés; IJCLLIR 1993, S. 279 (283 – 285); ursprünglich ebenso Heinze, ZfA 1992, S. 331 (338) jetzt aber Kasseler Handbuch – Heinze, 11 Europarecht, Rn.148 Beschluß als Oberbegriff.

[1515] Französischer Wortlaut: décision, englisch: decision, italienisch: decisione, spanisch decisión.

[1516] Schulz, SF 1992, S. 79 (82).

[1517] Schulz, SF 1992, S. 79 (82).

[1518] Konzen, EuZW 1995, S. 39 (48); Kampmeyer, Protokoll und Abkommen, 1998, S. 95 – 96.

[1519] Kampmeyer, Protokoll und Abkommen, 1998, S. 95.

[1520] Konzen, EuZW 1995, S. 39 (48); Kampmeyer, Protokoll und Abkommen, 1998, S. 95 – 96.

[1521] Wank, RdA 1995, S. 10 (20).

[1522] Kampmeyer, Protokoll und Abkommen, 1998, S. 96.

[1523] Kampmeyer, Protokoll und Abkommen, 1998, S. 96.

hung der Vereinbarung und auch der unmittelbaren Bindung von Privaten würden aber immerhin Teilziele der Umsetzung erreicht.[1524]

(3) Der Beschluß als Verordnung

Schließlich ist es auch denkbar, den Beschluß als Verordnung zu betrachten.[1525] Angesichts der vorangegangenen Vereinbarung der „sachnäheren" Sozialpartner und der bezweckten Stärkung des Sozialen Dialogs ist eine zusätzliche demokratische Legitimation etwa durch die Umsetzung einer Richtlinie auch nicht erforderlich.

Für die Verordnung spricht sicherlich, daß sie als „Gesetz" der europäischen Gemeinschaft am ehesten einer normativen Wirkung von Tarifverträgen ähnelt. Eine „direkte" Wirkung auf die Arbeitsverhältnisse könnte wohl nur mit ihr erreicht werden. Insbesondere die Verordnung hätte den Vorteil, den Parteien unmittelbar geltendes Recht zu geben.[1526] Gegen sie spricht aber, daß im Rahmen des gesamten bisherigen Abkommens und jetzt auch im Bereich der Sozialvorschriften der Gedanke der Mindestvorschriften und der Umsetzung gemeinschaftlicher Maßnahmen durch die Mitgliedsstaaten zum Ausdruck kommt.[1527]

(4) Der Beschluß als Oberbegriff

Eine vierte, weitverbreitete Meinung sieht in dem verwandten Begriff schließlich einen alle verbindlichen Handlungsformen des Art. 249 Abs. 1 EGV einschließenden Rahmenbegriff[1528] oder zumindest eine neutrale Formulierung, die neben der Richtlinie auch die Verordnung erfasse.[1529] Der Rat könne bei der Umsetzung der Vereinbarung jeweils diejenige Rechtsform wählen, die dem konkreten Inhalt der Vereinbarung angemessen sei.[1530] Daß letzteres über die Richtlinienkompetenz des Art. 137 EGV hinausgehe, sei angesichts der vorangehenden Vereinbarung der sachnäheren Sozialpartner und unter dem Gesichtspunkt der Subsidiarität plausibel.[1531] Dem Rat werde so die notwendige Flexibilität bei der Umsetzung eingeräumt.[1532]

[1524] Konzen, EuZW 1995, S. 39 (48).

[1525] Konzen, EuZW 1995, 39 (48).

[1526] Krimphove, Europäisches Arbeitsrecht, 1996, S. 29.

[1527] Wank, RdA 1995, S. 10 (20); Kampmeyer, Protokoll und Abkommen, 1998, S. 96.

[1528] Blanpain/Schmidt/Schweibert, Europäisches Arbeitsrecht, 1996, Rn. 173 und 528; Höland, ZIAS 1995, S. 425 (446); EAS – Schwarze, B 8100, Rn. 57; Däubler, EuZW 1992, S. 329 (334);

[1529] Konzen, EuZW 1995, S. 39 (48); i. E. auch Grabitz/Hilf – Langenfeld, Nach Art. 122 EGV, Art. 4 AbkSozP, Rn. 7; Krimphove, Europäisches Arbeitsrecht, 1996, S. 29; wohl auch Callies/Ruffert – Krebber, Art. 139, Rn. 29.

[1530] Konzen, EuZW 1995, S. 39 (48); Däubler, NZA 1992, 577 (585) ohne Entscheidung, aber dann Däubler, EuZW 1992, S. 329 (334); Grabitz/Hilf – Langenfeld, Nach Art. 122 EGV, Art. 4 AbkSozP, Rn. 7.

[1531] Konzen, EuZW 1995, S. 39 (48); Grabitz/Hilf – Langenfeld, Nach Art. 122 EGV, Art. 4 AbkSozP, Rn. 7.

[1532] Grabitz/Hilf – Langenfeld, Nach Art. 122 EGV, Art. 4 AbkSozP, Rn. 7.

(5) Entscheidung

Die jeweils gegen eine Qualifizierung des Beschlusses nur als Richtlinie oder Entscheidung angeführten Argumente widersprechen einer pauschalen Einordnung. Der letztgenannten Auffassung ist daher grundsätzlich zuzustimmen.

Den Rat auf bestimmte Handlungsformen des Art. 249 EGV zu beschränken, besteht keine Veranlassung.[1533] Er kann auch Verordnungen erlassen und ist auch nicht gemäß Art. 139 Abs. 2 EGV auf den Erlaß von Richtlinien beschränkt, denn das hinter dieser Beschränkung stehende Subsidiaritätsprinzip gemäß Art. 5 EGV gilt insoweit nicht für die vom Willen der Sozialpartner getragenen Rechtsakte des Rates, als er die jeweils „mildeste" Handlungsform der Gemeinschaft festschreibt.[1534] In diesem Fall stellt sich der Beschluß nicht als eingreifender Gemeinschaftsrechtsakt dar, sondern als Hilfestellung für die Sozialpartner, ihre Vereinbarung für die Arbeitsverhältnisse rechtsverbindlich zu machen.

Daher spricht vieles für eine flexible Lösung, die jeweils die Wahl der sachnächsten Möglichkeit läßt. Bekräftigt wird dies durch einen Vergleich mit Art. 232 EGV. Dort wird der Begriff „Beschluß" nach nahezu einhelliger Meinung als Oberbegriff zu den in Art. 249 EGV genannten Rechtssetzungsakten verstanden. In diesem Sinn ist auch der „Beschluß" in Art. 137 EGV zu verstehen.

Darüber hinaus ist der Beschluß entgegen der fast einstimmigen Meinung nicht auf die in Art. 249 EGV genannten Möglichkeiten der verbindlichen Maßnahmen beschränkt. Formulieren die Sozialpartner ihre Vereinbarung überwiegend mit empfehlendem Charakter,[1535] ist zu überlegen, ob nicht auch der Ratsbeschluß eher als Empfehlung zu ergehen hätte.[1536] Denn durch die dann erfolgte Umsetzung mit einer Richtlinie würde andernfalls der Charakter zwischen Empfehlung und Richtlinie verwischt. Auch wenn die Empfehlung der Vereinbarung dann letztlich keine weitere Wirkung verleihen würde, kommt doch der gesonderten Empfehlung durch den Rat erhebliche politische Bedeutung zu. Es kommt grundsätzlich jede der von Art. 249 EGV genannten Handlungsformen für einen Beschluß des Rates in Betracht. Damit ist lediglich die Stellungnahme als „Beschluß" ausgeschlossen.

Welche dieser folglich eröffneten Möglichkeiten der Rat benutzt, entscheidet er selbst. Insoweit hat er wieder eine größere Entscheidungsfreiheit. Die Form der Durchführung muß er sich nicht von den Sozialpartnern vorschreiben lassen.[1537] Da der Rat selbst über die Umsetzung befinden kann, darf er daher erst recht das ihm geeignet erscheinende Instrument frei auswählen.[1538] Insoweit ist der Rat der „Hüter der

---

1533 EAS – Schwarze, B 8100, Rn. 57.

1534 EAS – Schwarze, B 8100, Rn. 57 und bei diesem auch Anmerkung in Fn. 150.

1535 Richtlinie 97/81/EG des Rates vom 15. 12. 1997 zu der von UNICE, CEEP und EGB geschlossenen Rahmenvereinigung [gemeint war Rahmenvereinbarung] über Teilzeitarbeit, ABl. EG 1998, Nr. L 14, S. 9. Die Vereinbarung ist abgedruckt auf S. 12 – 14.

1536 Diese Überlegung klingt auch an bei Kreimer –de Fries, ArbuR 1997, S. 314 (315).

1537 EAS – Schwarze, B 8100, Rn. 57.

1538 EAS – Schwarze, B 8100, Rn. 57; Blanpain/Schmidt/Schweibert, Europäisches Arbeitsrecht, 1996, Rn. 526; Lenz – Coen, Art. 139, Rn. 6.

erga omnes-Wirkung".[1539] Die geeignete Rechtsform dürfte dabei im wesentlichen nach dem Inhalt der umzusetzenden Vereinbarung zu bestimmen sein. Schlagen die Sozialpartner aber eine bestimmte Form der Durchführung vor, wird der Rat den Vorschlag bei seiner Ermessensausübung zu berücksichtigen haben und müßte eine Abweichung von dem Vorschlag begründen. So ist es auch in der Praxis bisher geschehen. Allerdings wäre bei der Richtlinie zur Umsetzung der Vereinbarung über Teilzeitarbeit[1540] angesichts des empfehlenden Charakters der Vereinbarung wohl eine Empfehlung das geeignetere Rechtsinstrument gewesen.

e) Die Vergleichbarkeit des Ratsbeschlusses mit § 5 TVG

In der Literatur wird vielfältig auf eine Vergleichbarkeit des Ratsbeschlusses mit § 5 TVG hingewiesen.

Durch den Umstand, daß die Vereinbarung durch den Ratsbeschluß unmittelbare Anwendbarkeit auch über die Vertragsparteien hinaus erlangt, weise sie eine Parallele zur Allgemeinverbindlichkeitserklärung nach § 5 Tarifvertragsgesetz auf.[1541] Der Beschluß habe bei der Umsetzung als Richtlinie jene rechtliche Wirkung, die einer Allgemeinverbindlichkeitserklärung nach § 5 des deutschen Tarifvertragsgesetzes zukomme.[1542] Das gleiche wird für die Entscheidung angeführt. Angenommen wird auch, daß der Ratsbeschluß die Vereinbarung für allgemeinverbindlich erkläre.[1543]

Diese Vergleiche überzeugen jedoch nicht. Einerseits richtet sich die Umsetzung an den Gesetzgeber der Gemeinschaft, nämlich den Rat. Die Allgemeinverbindlichkeitserklärung wird durch die zuständige Behörde ausgesprochen. Außerdem wird mit dem Beschluß, anders als bei der Allgemeinverbindlichkeitserklärung gemäß § 5 TVG, nicht die Bindungswirkung einer bereits bestehenden normativen Regelung erweitert, sondern eine normative Regelung überhaupt erst begründet.[1544] Der Beschluß hat also sehr viel weitreichendere Wirkung. Außerdem verliert die Allgemeinverbindlichkeitserklärung automatisch ihre Wirkung, wenn der Tarifvertrag endet, beziehungsweise entfaltet erst gar keine, wenn der Tarifvertrag nicht rechtmäßig ist.[1545] Die Umsetzungsentscheidung des Rates als vollwertiger Rechtsakt der Gemeinschaft ist dagegen unabhängig von der Rechtmäßigkeit der Vereinbarung wie von deren weiterem Schicksal.[1546] Schließlich ist der Ratsbeschluß nach dem hier vertretenen Ansatz ein Gemeinschaftsrechtsakt in Form einer der Möglichkeiten des

---

1539 Blanpain/Schmidt/Schweibert, Europäisches Arbeitsrecht, 1996, Rn. 528.

1540 Richtlinie 97/81/EG des Rates vom 15. 12. 1997 zu der von UNICE, CEEP und EGB geschlossenen Rahmenvereinigung (gemeint war Rahmenvereinbarung !) über Teilzeitarbeit, ABl. EG 1998, L 14, S. 9.

1541 Grabitz/Hilf – Langenfeld, Nach Art. 122 EGV, Art. 4 AbkSozP, Rn. 6; Weiss, Festschrift für Albert Gnade, 1992, S. 583 (593).

1542 Blank, Festschrift für Albert Gnade, 1992, S. 649 (656).

1543 Nagel, Festschrift für Albert Gnade, 1992, S. 711 (714).

1544 EAS – Schwarze, B 8100, Rn. 57.

1545 EAS – Schwarze, B 8100, Rn. 59.

1546 EAS – Schwarze, B 8100, Rn. 59.

Art. 249 EGV. Die Allgemeinverbindlichkeitserklärung nach § 5 TVG ist aber weder ein Verwaltungsakt noch eine Rechtsverordnung, sondern ein Rechtssetzungsakt eigener Art.[1547]

f) Folgen des Ratsbeschlusses für die nationalen Tarifverträge

Wenn die Umsetzung durch Ratsbeschluß gewählt wird, dann wird die Vereinbarung Bestandteil des Gemeinschaftsrechts, das dem nationalen Recht und den nationalen Tarifverträgen vorgeht. Dies bedeutet, daß ein europäischer Tarifvertrag, sollte er als Richtlinie oder Verordnung verabschiedet werden, entgegenstehende nationale Gesetze, nationale Tarifverträge, Betriebsvereinbarungen oder Individualverträge etc. aufhebt.[1548] Zudem könnte eine derartige Entscheidung des Rates ebenfalls ältere Richtlinien, Verordnungen oder Empfehlungen ergänzen bzw. verdrängen.[1549]

Fraglich ist aber, ob branchenübergreifende europäische Tarifverträge, die durch eine Entscheidung des Rates umgesetzt werden, regionale Tarifverträge, Branchen- oder Firmentarifverträge verdrängen können, die ihrerseits durch einen Beschluß des Rates umgesetzt wurden. Aufgrund des gegenwärtigen Diskussionsstandes ist dies in der Weise zu bejahen, daß in höherrangigen Tarifverträgen gesetzte Mindeststandards von Vereinbarungen auf einer niedrigeren Ebene respektiert und gegebenenfalls ausgefüllt und verbessert werden können.[1550]

g) Das Verhältnis zwischen Vereinbarung und Beschluß

Zu klären bleibt die Frage, in welchem Verhältnis eine Vereinbarung der Sozialpartner nach Art. 139 Abs. 1 EGV und der Beschluß des Rates zur Umsetzung der Vereinbarung nach Art. 139 Abs. 2 EGV zueinander stehen. Gemeint ist die Frage, ob die Vereinbarung durch den Ratsbeschluß absorbiert wird und de jure aufhört zu existieren oder ob die Vereinbarung weiterhin existent bleibt und durch die Ratsentscheidung lediglich eine erga omnes-Wirkung hervorgerufen wird, so daß der Fortbestand der Vereinbarung weiterhin in den Händen der vertragschließenden Parteien liegt.[1551]

Im ersten Fall wäre der Beschluß eine Art Rezeptionsentscheidung, die den Inhalt der Vereinbarung vollständig aufnimmt.[1552] Dies wird vorrangig in der Literatur vertreten.

Im zweiten Fall würde sich der Beschluß des Rates darauf beschränken, die zwischen den Sozialpartnern geschlossene tarifvertragliche Vereinbarung „verbindlich" zu machen. Vor allem die Kommission ist dieser Auffassung und schlägt vor, daß die Vereinbarung selbst dem Beschluß nur als Anlage beigefügt werden soll.[1553] Bei einer

---

1547 BVerfG, Beschluß vom 24. 5. 1977, Rs. 2 BvL 11/74, Band 44, S. 322 – 353 (340).

1548 Blanpain/Schmidt/Schweibert, Europäisches Arbeitsrecht, 1996, Rn. 528.

1549 Blanpain/Schmidt/Schweibert, Europäisches Arbeitsrecht, 1996, Rn. 528.

1550 Blanpain/Schmidt/Schweibert, Europäisches Arbeitsrecht, 1996, Rn. 528.

1551 Blanpain/Schmidt/Schweibert, Europäisches Arbeitsrecht, 1996, Rn. 530.

1552 Grabitz/Hilf – Langenfeld, Nach Art. 122 EGV, Art. 4 AbkSozP, Rn. 7.

1553 So die Kommission in Mitteilung der Kommission über die Anwendung des Protokolls über die Sozialpolitik an den Rat und an das Europäische Parlament, KOM (93) 600 endg. vom 14. 12.

bloßen Verbindlichmachung bleibt die Vereinbarung in gewisser Weise Eigentum der Sozialpartner, die den Vertrag nach ihrem Willen kündigen oder die dort enthaltenen Vorschriften befolgen können.[1554] Kündigen die Sozialpartner ihre Vereinbarung, würde der Beschluß des Rates zu einer leeren Hülse.

Die neuen Regelungen des EGV im Bereich der Sozialpolitik und das Subsidiaritätsprinzip des Art. 5 EGV verpflichten die Gemeinschaft auf ein Höchstmaß an Autonomie der Sozialpartner. Um dieses zu gewährleisten, erscheint es angemessen, nicht den Weg der vollständigen Aufnahme einer Vereinbarung in den Beschluß des Rates zu gehen.[1555] Wenn die Umsetzungsvorschrift des Art. 139 Abs. 2 EGV den Sozialpartnern quasi als Ersatz für ein noch fehlendes Tarifvertragsrecht auf gemeinschaftlicher Ebene zur Verbindlichmachung ihrer Vereinbarungen dienen soll, würde es dieser Idee widersprechen, wenn sie der weiteren Verfügungsgewalt ihrer eigenen Vereinbarungen beraubt würden.

Im Interesse der Rechtssicherheit und gerade im Hinblick auf die drittgerichteten Normen ist allerdings zu verlangen, daß die Sozialpartner an den Rat einen erneuten Antrag auf Rücknahme des Ratsbeschlusses stellen müssen. Denn wenn die Vereinbarung etwa durch eine Richtlinie umgesetzt wird, spaltet sie sich anschließend in fünfzehn verschiedene Rechtsordnungen auf, wenn die Mitgliedsstaaten die Vorgaben der Richtlinie in ihre Rechtsordnungen transformieren. Dieser Aufspaltung würde durch die Kündigung der Vereinbarung die gemeinschaftsrechtliche Grundlage entzogen. Das muß aber hinreichend bekannt werden. Und dies kann nur auf dem gleichen verbindlichen Weg erfolgen wie die Begründung der ursprünglichen Vorgabe. Dies zeigt zugleich aber auch, daß es nicht der freien Entscheidung des Rates obliegen kann, ob der Beschluß den Text der Vereinbarung absorbieren oder lediglich dazu dienen soll, die Vereinbarung durch einen Beschluß durchzuführen.[1556]

Letztlich bestimmen die Sozialpartner also neben dem Inhalt der Vereinbarungen auch deren weiteren Bestand und in der Regel auch die Rechtsform in der die Vereinbarung durch Ratsbeschluß umgesetzt wird. Im Ergebnis sind sie damit allein die „Herren des Verfahrens".

7. Rechtsschutz gegen den Ratsbeschluß

Durch den Beschluß des Rates wird die Vereinbarung der Sozialpartner Bestandteil des Gemeinschaftsrechts.[1557] Als „Gemeinschaftsrechtsakt" ist sie einer Interpretation durch den Europäischen Gerichtshof nach den Vorschriften des EGV über das Vorabentscheidungsverfahren zugänglich.[1558] Daneben können auch in diesem Fall die vertragschließenden Parteien beispielsweise ein Schlichtungsverfahren zur Beilegung

---

1993, S. 17 Rn. 41.

[1554] Blanpain/Schmidt/Schweibert, Europäisches Arbeitsrecht, 1996, Rn. 530.

[1555] So im Ergebnis auch Blanpain/Schmidt/Schweibert, Europäisches Arbeitsrecht, 1996, Rn. 530.

[1556] Blanpain/Schmidt/Schweibert, Europäisches Arbeitsrecht, 1996, Rn. 530.

[1557] Grabitz/Hilf – Langenfeld, Nach Art. 122 EGV, Art. 4 AbkSozP, Rn. 1.

[1558] Blanpain/Schmidt/Schweibert, Europäisches Arbeitsrecht, 1996, Rn. 529.

von Interpretationsschwierigkeiten ausarbeiten und vereinbaren.[1559] In den umgesetzten bisher getroffenen Vereinbarungen haben die Sozialpartner sich auserbeten, daß Streitfragen jeweils zunächst an sie verwiesen werden.

Als Bestandteil des Gemeinschaftsrechts unterliegt der Ratsbeschluß der gerichtlichen Kontrolle durch die europäische Gerichtsbarkeit.[1560]

Weiterhin kann Untätigkeitsklage gegen den Rat erhoben werden, wenn dieser auf einen gemeinsamen Antrag der Sozialpartner Gemäß Art. 139 Abs. 2, 2. Alt. EGV nicht reagiert.[1561]

Wenn ein Abkommen auf dem Gesetzgebungsweg vom Rat für verbindlich erklärt wurde, ohne daß in Anbetracht der Reichweite der Vereinbarung eine ausreichende Repräsentanz der Unterzeichnerparteien gegeben ist, so kann der Rechtsakt des Rates von den Sozialpartnern, die am Abschluß der betreffenden Vereinbarung nicht beteiligt waren und deren eigene Repräsentativität im Hinblick auf den Inhalt der Vereinbarung zur Herstellung der Gesamtrepräsentativität notwendig ist, mit der Nichtigkeitsklage nach Art. 230 EGV angegriffen werden.[1562] Der erste dahingehende Versuch und zwar des Unternehmerverbandes UEAPME vor dem Europäischen Gericht gegen die Richtlinie zur Umsetzung der Rahmenvereinbarung über Elternurlaub ist allerdings an der Zulässigkeit der Klage gescheitert.[1563]

8. Das weitere Vorgehen bei Ablehnung der Umsetzung durch Beschluß

Entscheidet sich der Rat gegen die Durchführung der Sozialpartnervereinbarung, hat er seinen Beschluß den Sozialpartnern mitzuteilen.[1564] Um seine Entscheidung auf Ermessensfehler hin überprüfbar zu machen, muß der Rat sie auch begründen.[1565] In der Literatur wird von den Vertretern, die die Entscheidungsfreiheit des Rates nicht auf eine fehlerfreie Ermessensbetätigung beschränken, konsequent eine solche Begründung nicht für erforderlich, aber doch auch für tunlich gehalten.[1566]

Sofern der Rat den Erlaß eines Beschlusses rechtsfehlerfrei ablehnt, bleibt der Kommission die Möglichkeit, in das Verfahren nach Art. 137 EGV zum Erlaß einer Richtlinie überzugehen und einen Vorschlag für eine Richtlinie in dem betreffenden

---

[1559] Blanpain/Schmidt/Schweibert, Europäisches Arbeitsrecht, 1996, Rn. 529.

[1560] Grabitz/Hilf – Langenfeld, Nach Art. 122 EGV, Art. 4 AbkSozP, Rn. 7.

[1561] EAS – Schwarze, B 8100, Rn. 88.

[1562] EuG vom 17. 7. 1998, Rs. T – 135/96, Union européenne de l'artisanat et des petites et moyennes entreprises gegen den Rat der Europäischen Union, Slg. 1998 II, S. 2335 – 2381 (2371 – 2372, Rn. 90).

[1563] EuG vom 17. 7. 1998, Rs. T – 135/96, Union européenne de l'artisanat et des petites et moyennes entreprises gegen den Rat der Europäischen Union, Slg. 1998 II, S. 2335 – 2381 (2380, Leitsatz 1).

[1564] EAS – Schwarze, B 8100, Rn. 58.

[1565] EAS – Schwarze, B 8100, Rn. 58.

[1566] EAS – Schwarze, B 8100, Rn. 58.

Bereich vorzulegen.[1567] Dem Rat ist es insoweit unbenommen, an Stelle der abgelehnten Sozialpartnervereinbarung eine eigenständige Regelung gemäß Art. 137 Abs. 2 und 3 EGV zu treffen.[1568] Er muß dann das „normale" Gesetzgebungsverfahren gemäß Art. 251 EGV unter Berücksichtigung des Art. 138 Abs. 2 und 3 EGV beachten und mit einer Richtlinie entscheiden.[1569] Es ist demnach ein Vorschlag der Kommission erforderlich, über den der Rat zu beschließen und sodann Parlament sowie Wirtschafts- und Sozialausschuß zu beteiligen hat.[1570] Fraglich ist aber, ob es dann gemäß Art. 138 Abs. 2 und 3 EGV einer „erneuten" Anhörung der Sozialpartner bedarf.

Zur Beantwortung dieser Frage bedarf es einer „doppelten" Differenzierung. Einer erneuten Anhörung der Sozialpartner nach Art. 138 EGV bedarf es dann nicht, wenn die Kommission nur ihr ursprüngliches Regelungsvorhaben weiterverfolgt.[1571] Handelt es sich bei dem Gegenstand der in Angriff genommenen Regelung um einen anderen oder zumindest erheblich geänderten oder erweiterten Regelungsgegenstand als bei der ursprünglichen Vereinbarung, bedarf es unstreitig einer Anhörung der Sozialpartner.

Das gleiche dürfte gelten, wenn die vorangehende Vereinbarung der Sozialpartner zwar den gleichen Regelungsgegenstand betraf, aber unabhängig von einem konkreten Gesetzgebungsverfahren der Gemeinschaft gemäß Art. 137 EGV direkt auf einer Entschließung der Sozialpartner nach Art. 139 EGV beruhte. Dann hat nämlich eine Anhörung im Rahmen des Art. 139 EGV noch nicht stattgefunden.

Übrig bleibt lediglich der Fall, in dem die Gemeinschaft ein Gesetzgebungsverfahren nach Art. 137 EGV initiiert hat, das die Sozialpartner im Rahmen ihrer Anhörung nach Art. 138 EGV gemäß Art. 138 Abs. 4 EGV an sich gezogen haben, und dessen Ergebnis, nämlich die Vereinbarung nach Art. 139 Abs. 1 EGV, der Rat nicht nach Art. 139 Abs. 2 2. Alt. EGV umgesetzt hat. Nur in diesem Fall läge wirklich eine „erneute" Anhörung vor, so daß sich die Frage nach ihrer Notwendigkeit stellt. Diese Frage, ebenso wie die Frage ob die europäischen Sozialpartner das Verfahren nach Art. 138 Abs. 4 EGV in Verbindung mit Art. 139 EGV erneut an sich ziehen könnten, wird bei dem Gesetzgebungsverfahren der Gemeinschaft nach einem Scheitern der Intervention beantwortet.[1572]

1567 Grabitz/Hilf – Langenfeld, Nach Art. 122 EGV, Art. 4 AbkSozP, Rn. 9; Buchner, RdA 1993, S. 193 (202); Kampmeyer, Protokoll und Abkommen, 1998, S. 100.

1568 EAS – Schwarze, B 8100, Rn. 58.

1569 Entschließung des Europäischen Parlaments zu den Regierungskonferenzen vom 7. 4. 1992, Abl. EG 1992, C 125, S. 81 (83), wobei das Europäische Parlament allerdings unterstreicht, daß jede Änderung des Rates an den Vereinbarungen zwischen Sozialpartnern das Gesetzgebungsverfahren der Gemeinschaft durchlaufen muß; aus der Literatur: Konzen, EuZW 1995, S. 39 (47); EAS – Schwarze, B 8100, Rn. 58.

1570 EAS – Schwarze, B 8100, Rn. 58.

1571 Grabitz/Hilf – Langenfeld, Nach Art. 122 EGV, Art. 4 AbkSozP, Rn. 9; Buchner, RdA 1993, S. 193 (202).

1572 Siehe unten 4. Teil, E., V., 2., S. 252.

IV. Die Wahlmöglichkeit der Sozialpartner

Grundsätzlich liegt die Entscheidung, nach welcher der beiden Alternativen des Art. 139 Abs. 2 Satz 1 EGV die Vereinbarung durchgeführt wird, im Ermessen der europäischen Sozialpartner.[1573] Die Sozialpartner können sich insoweit frei entscheiden.[1574]

Aus der vorangestellten Analyse ergibt sich, daß die Sozialpartner allein darüber entscheiden, nach welcher Alternative sie den normativen Teil umsetzen wollen. Im Interesse einer Herausbildung europäischer Sozialpartnerstrukturen und eines europäischen kollektiven Arbeitsrechts stünde es ihnen aber gut zu Gesicht, ihre eigenen Handlungsstrukturen zu nutzen und weiterzuentwickeln, das heißt, vorrangig von der 1. Alternative Gebrauch zu machen und sich nicht mit dem Ratsbeschluß zu begnügen.

Die grundsätzlich freie Wahl ist aber durch die begrenzten praktischen Möglichkeiten erheblich eingeschränkt. Die Umsetzung durch die Gepflogenheiten dr Sozialpartner und Mitgliedstaaten vermag nämlich kaum einheitliche Wirkungen herbeizuführen. Eine effektive und einheitliche Durchführung der Vereinbarung kann derzeit nur über einen Beschluß des Rates erreicht werden.[1575] Insoweit hat zur Zeit die 2. Alternative faktisch Vorrang vor der eigenen Umsetzung durch die Sozialpartner.Es ist davon auszugehen, daß die Vereinbarungen der europäischen Sozialpartner nur dann von den Mitgliedsstaaten oder deren Tarifparteien durchgeführt werden, wenn entweder ein Beschluß des Rates nicht zustande kommt oder der Inhalt der Vereinbarung über die in Art. 137 Abs. 1 und 3 EGV geregelten Materien hinausgeht.[1576]

V. Bewertung

Haben die Sozialpartner auf europäischer Ebene Regelungen getroffen, die nicht nur das Verhältnis zwischen ihnen betreffen, sondern auf Arbeitsverhältnisse wirken, also normativ sein sollen, müssen sie nach Art. 139 Abs. 2 EGV umgesetzt werden.

Für die Umsetzung stehen den Sozialpartnern die nationalen Gepflogenheiten in den Mitgliedsstaaten oder ein Beschluß des Rates zur Verfügung. Mit den nationalen Gepflogenheiten kann die umfassende oder gar einheitliche Wirkung nicht sichergestellt werden und die europäischen Sozialpartner hätten auch kaum Möglichkeiten, sich dieser zu versichern.

Die derzeit einzig mögliche Umsetzungsvariante ist der Ratsbeschluß. Dieser kann in Form einer Richtlinie, Verordnung, Entscheidungen oder auch Stellungnahme ergehen. Er entfaltet sofort Wirkung für alle von der Vereinbarung inhaltlich erfaßten Arbeitnehmer. Mit der Umsetzung durch Ratsbeschluß wird der Inhalt der Vereinbarung

---

[1573] Kampmeyer, Protokoll und Abkommen, 1998, S. 102.
[1574] EAS - Schwarze, B 8100, Rn. 37.
[1575] Kampmeyer, Protokoll und Abkommen, 1998, S. 102.
[1576] Kampmeyer, Protokoll und Abkommen, 1998, S. 102.

für alle sachlich erfaßten Arbeitsverhältnisse verbindlich. Auf eine Organisation des Arbeitnehmers in einer Gewerkschaft kommt es nicht an. Von der eigentlichen Wirkung nationaler Tarifverträge unterscheidet sich der Ratsbeschluß also erheblich. Aus diesem Grund kommt bei der Umsetzung durch einen Ratsbeschluß der Repräsentativität der vereinbarungschließenden Sozialpartner eine besondere Bedeutung zu. Nur wenn sie einen ausreichenden Vertretungsanspruch für den geregelten Sachbereich der Vereinbarung beanspruchen können, ist eine solche Umsetzung möglich.

Der Rat ist durch das Subsidiaritätsprinzip verpflichtet, dem Antrag der Sozialpartner auf die Umsetzung durch Ratsbeschluß so weit wie möglich zu entsprechen. Eine inhaltliche Änderungsbefugnis ohne Zustimmung der Vertragspartner steht ihm nicht zu.

Dies alles zeigt, daß eigentliche Tarifverträge auf Gemeinschaftsebene derzeit noch nicht abgeschlossen werden können. Die traditionellen Aufgaben, für die die Sozialpartner am ehesten legitimiert sind, können sie auf Gemeinschaftsebene noch nicht wahrnehmen.

Ein Beschluß des Rates überführt zwar die Vereinbarung in verbindliches Gemeinschaftsrecht. Gleichzeitig gehen dadurch aber auch die mit der Rechtssetzung durch die Sozialpartner ansonsten verbunden Vorteile verloren.[1577] Die flexible Berücksichtigung aktueller Entwicklungen durch eine Anpassung der Vereinbarung, die einen Vorteil des Tarifwesens darstellt, ist nicht mehr möglich.[1578] Auch die Besonderheiten und die Errungenschaften der nationalen Tarifautonomien, frei von staatlicher Intervention umfassende Verträge im Bereich des Arbeitsrechts zu schließen, kann sich mit den neuen Regelungen gerade auf Gemeinschaftsebene nicht entfalten. Ob man damit dem Ziel, eine europäische Tarifpolitik zu entwickeln, wirklich ein Stück näher gekommen ist, kann bezweifelt werden.[1579]

D. Die Anhörung der Sozialpartner gemäß Art. 138 Abs. 2 und 3 EGV

Gemäß Art. 138 Abs. 1 EGV hat die Kommission die Aufgabe, die Anhörung der Sozialpartner auf Gemeinschaftsebene zu fördern. Sie erläßt alle zweckdienlichen Maßnahmen, um den Dialog zwischen den Sozialpartnern zu erleichtern. Die Förderung umfaßt sowohl finanzielle als auch organisatorische Aspekte und muß ausgewogen und unparteiisch erfolgen.[1580] Der Kommission wird nur das Recht zu verfahrensmäßigen Vorkehrungen eingeräumt und nicht die Befugnis zu sachlich bindenden Regelungen.[1581]

Die Förderpflicht des Art. 138 Abs. 1 EGV wird durch das mehrstufige, besondere und formalisierte Konsultationsverfahren der Art. 138 Abs. 2 bis 4 EGV konkreti-

[1577] Kampmeyer, Protokoll und Abkommen, 1998, S. 108.
[1578] Kampmeyer, Protokoll und Abkommen, 1998, S. 108.
[1579] So im Ergebnis wohl auch Weiss, Festschrift für Otto Rudolf Kissel, 1994, S. 1253 (1265).
[1580] Kampmeyer, Protokoll und Abkommen, 1998, S. 86.
[1581] Kasseler Handbuch – Heinze, 11 Europarecht, Rn. 136; Grabitz/Hilf – Langenfeld, Nach Art. 122, Art. 3, Rn. 2 und Art. 118 b, Rn. 2.

siert.[1582] Danach hört die Kommission vor Unterbreitung von Vorschlägen im Bereich der Sozialpolitik die Sozialpartner zu der Frage, wie eine Gemeinschaftsaktion gegebenenfalls ausgerichtet werden sollte. Hält die Kommission nach dieser Anhörung eine Gemeinschaftsmaßnahme für zweckmäßig, so hört sie die Sozialpartner zum Inhalt des in Aussicht genommenen Vorschlags. Bei der Anhörung können die Sozialpartner der Kommission mitteilen, daß sie das Verfahren nach Art. 139 EGV in Gang setzen wollen.

Das Anhörungsverfahren des Art. 138 EGV verpflichtet die Kommission, die Sozialpartner bereits im Anfangsstadium an der Entwicklung und Gestaltung des europäischen Arbeitsrechts zu beteiligen.[1583] Will sie von den Gemeinschaftsbefugnissen im Arbeits- und Sozialrecht Gebrauch machen, muß sie dieses Verfahren einhalten.[1584] Insbesondere das Gesetzgebungsverfahren der Gemeinschaft gemäß Art. 251 und 252 EGV wird damit im sozialpolitischen Bereich durch ein wesentliches Element modifiziert. Den Sozialpartnern wird bei der Entstehung gemeinschaftseigener Rechtsnormen eine besondere Rechtsposition eingeräumt, die sich von der üblichen verbandlichen Einflußnahme auf die politische Willensbildung deutlich abhebt.[1585] Durch diese Regelung werden die Gewichte zwischen Kommission und Sozialpartnern ganz erheblich zugunsten der letzteren verschoben.[1586] Seit dem Vertrag von Maastricht hat sich der Einfluß der Sozialpartner auf das gemeinschaftseigene Rechtssetzungsverfahren durch diese Anhörungsrechte erheblich gesteigert.[1587]

Das Anhörungsverfahren durch die Kommission erfolgte bisher auf der Grundlage ihrer Mitteilung über die Anwendung des Protokolls über die Sozialpolitik.[1588] An den dort festgelegten Grundsätzen will sie nach ihrer „Mitteilung zur Anpassung und Förderung des Sozialen Dialogs auf Gemeinschaftsebene“[1589] auch nach Inkrafttreten des Vertrags von Amsterdam festhalten.[1590] Nach dem gleichfalls von der Kommission verabschiedeten Beschluß über die Einsetzung von Ausschüssen des sektoralen Dialogs[1591] will sie in Zukunft dabei vor allem den Branchendialog stärken.[1592]

1582 Grabitz – Langenfeld/Jansen, nach Art. 122 EGV, Art. 3 AbkSozP, Rn. 3; Krimphove, Europäisches Arbeitsrecht, 1996, S. 28; Wisskirchen, Festschrift für Otfried Wlotzke, 1996, S. 793 (799, 805); Lenz – Coen, Art. 138, Rn. 9; Buchner, RdA 1993, S. 193 (200).

1583 Blanpain/Schmidt/Schweibert, Europäisches Arbeitsrecht, 1996, Rn. 156.

1584 Wisskirchen, Festschrift für Otfried Wlotzke, 1996, S. 793 (799).

1585 EAS – Schwarze, B 8100, Rn. 60.

1586 Weiss, Festschrift für Albert Gnade, 1992, S. 583 (592).

1587 Blanpain/Schmidt/Schweibert, Europäisches Arbeitsrecht, 1996, Rn. 156.

1588 Mitteilung der Kommission über die Anwendung des Protokolls über die Sozialpolitik an den Rat und an das Europäische Parlament, KOM (93) 600 endg. vom 14. 12. 1993.

1589 Mitteilung der Kommission zur Anpassung und Förderung des sozialen Dialogs auf Gemeinschaftsebene, KOM (1998) 322 endg. vom 20. 5. 1998, S. 11, Ziff. 3. 3.; die Mitteilung ist auch zusammengefaßt in Mitteilung der Kommission über die Anpassung des sozialen Dialogs auf Gemeinschaftsebene, IP/98/452 vom 20. 5. 1998.

1590 Mitteilung der Kommission zur Anpassung und Förderung des sozialen Dialogs auf Gemeinschaftsebene, KOM (1998) 322 endg. vom 20. 5. 1998, S. 11, Ziff. 3. 3.

1591 Beschluß 98/500/EG der Kommission vom 20. 5. 1998 über die Einsetzung von Ausschüssen für den sektoralen Dialog zur Förderung des Dialogs zwischen den Sozialpartnern auf europäischer

Das veröffentlichte Verfahren der Kommission wird auch vom Europäischen Gericht anerkannt[1593] und hat eine gewisse Selbstbindung der Kommission bewirkt.

I. Reichweite und Anwendungsfälle der Anhörung

1. Rechtsanspruch auf Anhörung

Ob und welche Sozialpartner anzuhören sind, bestimmt die Kommission nach ihrem pflichtgemäßen Ermessen. In diesen Grenzen begründet Art. 138 EGV einen Rechtsanspruch der Sozialpartner auf Anhörung, der für alle Vorhaben der Kommission im Bereich der Sozialpolitik gilt und macht die Förderung des Sozialen Dialogs zu einer Aufgabe der Kommission.[1594] Insoweit ist die Anhörung nach Art. 138 EGV zwingend.[1595] Den Anspruch können die Sozialpartner gegebenenfalls mit der Untätigkeitsklage nach Art. 232 Abs. 3 EGV durchsetzen.[1596]

2. Keine Begrenzung auf Gesetzgebungsvorhaben

Art. 138 Abs. 2 EGV spricht allgemein von „Vorschlägen im Bereich der Sozialpolitik", in denen das Anhörungsverfahren anzuwenden ist. Mit der Integration des Abkommens über die Sozialpolitik in den EGV im engeren Sinne ist die Beschränkung des Anhörungsverfahrens auf Vorhaben im Bereich der Sozialpolitik, die sich auf das Abkommen als Rechtsgrundlage stützten, weggefallen. Aus diesem Grund stellt sich die Frage nach einer prophylaktischen Anhörung der Sozialpartner zur Vermeidung von Verfahrensfehlern im Rahmen der Rechtssetzung des EGV nicht mehr.[1597]

Die Anhörung bei „Vorschlägen im Bereich der Sozialpolitik" ist umfassend formuliert und hebt sich von der Auflistung punktueller Kompetenzen des Gemeinschaftsgesetzgebers in Art. 137 Abs. 1 und 3 EGV ab.[1598] Daraus ist zu folgern, daß die Anhörung der Sozialpartner zunächst nicht beschränkt ist auf Gesetzesvorhaben, die ihre Rechtsgrundlage in dem Titel über die Sozialpolitik gemäß Art. 136 ff EGV und insbesondere in Art. 137 Abs. 1 und 2 EGV haben, sondern bei jedem Rechtssetzungs-

---

Ebene, Abl. EG 1998, L 225, S. 27.

1592 Lenz – Coen, Art. 138, Rn. 9.

1593 EuG vom 17. 7. 1998, Rs. T – 135/96, Union européenne de l'artisanat et des petites et moyennes entreprises gegen den Rat der Europäischen Union, Slg. 1998 II, S. 2335 – 2381 (2365, Rn. 72 und 2367, Rn. 77).

1594 Lenz – Coen, Art. 138, Rn. 7; Kampmeyer, Protokoll und Abkommen, 1998, S. 86.

1595 Krimphove, Europäisches Arbeitsrecht, 1996, S. 70.

1596 EAS – Schwarze, B 8100, Rn. 63; Grabitz/Hilf - Langenfeld, Nach Art. 122, Art. 3 AbkSozP, Rn. 2; Lenz – Coen, Art. 138, Rn. 7; Kampmeyer, Protokoll und Abkommen, 1998, S. 86.

1597 Diskutiert wurde das noch bei arbeitsrechtlichen Normen, die man zunächst auf Art. 100 und 235 EGV a. F. stützen wollte, bei denen man aber befürchtete, die erforderliche Einstimmigkeit nicht zu erreichen. Um dann auf die Ermächtigungsgrundlagen nach dem Abkommen über die Sozialpolitik gemäß Art. 2 umschwenken zu können, solle bereits bei den Versuchen nach Art. 100 und 235 EGV eine prophylaktische Anhörung stattfinden.

1598 EAS – Schwarze, B 8100, Rn. 62.

vorschlag im sozialpolitischen Bereich, ungeachtet der gewählten Rechtsgrundlage, durchzuführen ist.[1599] Auch Rechtsakte, sofern sie auf Art. 39 ff EGV beziehungsweise Art. 94 oder 308 EGV gestützt werden, müssen daher im Verfahren nach Art. 138 Abs. 2 bis 4 EGV erlassen werden, wenn sie dem Bereich der Sozialpolitik zuzurechnen sind.[1600] Die Kommission geht sogar soweit, sich bei jedem anderen Vorschlag mit horizontalem oder sektorspezifischem Charakter, der soziale Auswirkungen hat, das Recht vorzubehalten, eine spezifische Anhörung einzuleiten.[1601] In einem solchen Fall gilt dann aber nicht das zwingende Anhörungsrecht der Art. 138 Abs. 2 bis 4 EGV, sondern die Kommission konsultiert die Sozialpartner fakultativ im Rahmen ihre allgemeinen Förderpflicht.

Darüber hinaus ist im Kontext zu Art. 138 Abs. 1 EGV und gemäß dem unspezifischen Begriff der „Gemeinschaftsaktion" in Art. 138 Abs. 2 EGV das formalisierte Anhörungsverfahren über den Erlaß eigentlicher Rechtsakte hinaus bei allen Aktionen, die die Sozialautonomie betreffen, anzuwenden. Dies sind etwa die Erarbeitung und Veröffentlichung von Aktionsprogrammen durch die Kommission oder alle in Art. 249 EGV angegebenen Handlungsmöglichkeiten der Gemeinschaft. Die Förderpflicht bezieht sich also prinzipiell auf alle Maßnahmen der Gemeinschaft, die in den Bereich der Sozialautonomie fallen.[1602] Allerdings bedeutet diese weite Fassung nicht, daß die Sozialpartner zu allem und jedem gehört werden müßten. Sie sind aber doch bei weiteren Aktionen der Gemeinschaft zu beteiligen, und die Kommission darf sich nicht darauf zurückziehen, bei den fraglichen Aktionen handele es sich nicht um Rechtssetzung.[1603]

3. Das Verhältnis des neuen Anhörungsverfahrens zu den bisherigen Anhörungsformen

Das formalisierte Anhörungsverfahren der Art. 138 Abs. 2 und 3 EGV ist von den allgemein bestehenden Möglichkeiten der Kommission zu unterscheiden, zur eigenen Meinungsbildung mit den Sozialpartnern jederzeit in Verbindung zu treten, deren Stellungnahmen einzuholen und Anhörungen zu veranstalten.[1604] Verbände, die nicht gemäß Art. 138 Abs. 2 und 3 EGV anhörungsberechtigt sind, kann die Kommission

---

1599 Krimphove, Europäisches Arbeitsrecht, 1996, S. 28; Grabitz – Langenfeld/Jansen, Art. 118 b EGV, Rn. 2. EAS – Schwarze, B 8100, Rn. 62; Blanpain/Schmidt/Schweibert, Europäisches Arbeitsrecht, 1996, Rn. 160; Mitteilung der Kommission über die Anwendung des Protokolls über die Sozialpolitik an den Rat und an das Europäische Parlament, KOM (93) 600 endg. vom 14. 12. 1993, S. 4, Ziff. 28, 3. Spiegelstrich. Zur Abgrenzung der Gesetzgebungsbefugnisse im Arbeits- und Sozialrecht siehe bereits 2. Teil, D., I., S. 90.

1600 EAS – Schwarze, B 8100, Rn. 62.

1601 Blanpain/Schmidt/Schweibert, Europäisches Arbeitsrecht, 1996, Rn. 160; Mitteilung der Kommission über die Anwendung des Protokolls über die Sozialpolitik an den Rat und an das Europäische Parlament, KOM (93) 600 endg. vom 14. 12. 1993, S. 4, Ziff. 28, 3. Spiegelstrich.

1602 So auch EAS – Schwarze, B 8100, Rn. 63.

1603 EAS – Schwarze, B 8100, Rn. 63.

1604 Buchner, RdA 1993, S. 193 (200).

weiterhin nach ihrem Ermessen anhören.[1605] Diesen Verbänden steht das Mitteilungsrecht gemäß Art. 138 Abs. 4 EGV aber nicht zu.[1606] Das formalisierte Anhörungsverfahren gemäß Art. 138 EGV ist nach Ansicht der Kommission nämlich kein vollständiger Ersatz für die bisherigen Mitwirkungsverfahren, vor allem nicht für die bewährten Dreiparteienausschüsse.[1607]

Die Instrumente für eine Anhörung der Sozialpartner im Rahmen des bisher entwikkelten „klassischen" Sozialen Dialogs im weiteren Sinne waren die beratenden Ausschüsse auf überfachlicher und sektoraler Ebene, die die Kommission im Vorfeld geplanter Gemeinschaftsrechtsakte an den Arbeiten beteiligt hatte.[1608] Mit den Mitgliedern des Lenkungsausschusses für den Sozialen Dialog hatte die Kommission sogar ein Konsultationsverfahren vereinbart, welches dem in Art. 138 EGV im wesentlichen entsprach.[1609]

Da die Kommission je nach Gegenstand eines bestimmten Vorschlags neben der zwingenden Anhörung der Sozialpartner gemäß Art.138 EGV zusätzlich und fakultativ die verschiedenen Interessenausschüsse anhört, können beide Verfahren daher gelegentlich parallel zueinander verlaufen.[1610] Die Kommission wird nach eigener Aussage allerdings versuchen, eine Überschneidung zu vermeiden und eine optimale Transparenz in allen Phasen der „beiden" Verfahren zu gewährleisten.[1611]

4. Ergebnis

Damit besteht nach Art. 138 Abs. 2 und 3 EGV ein zusätzliches formalisiertes Anhörungsverfahren, das die Kommission bei allen Vorschlägen im sozialpolitischen Be-

---

1605 EAS – Schwarze, B 8100, Rn. 70; Schulz, Maastricht und die Grundlagen einer Europäischen Sozialpolitik, 1996, S. 106, meint dagegen, es seien im Rahmen des Art. 3 Abs. 2 AbkSozP stets alle Verbände anzuhören, zieht allerdings den Kreis der mitteilungsberechtigten Sozialpartner, S. 108, enger.

1606 EAS – Schwarze, B 8100, Rn. 70.

1607 Mitteilung der Kommission über die Anwendung des Protokolls über die Sozialpolitik an den Rat und an das Europäische Parlament, KOM (93) 600 endg. vom 14. 12. 1993, S. 12, Ziff. 20.

1608 Mitteilung der Kommission über die Anwendung des Protokolls über die Sozialpolitik an den Rat und an das Europäische Parlament, KOM (93) 600 endg. vom 14. 12. 1993, S. 10, Ziff. 15. Ausführlicher Mitteilung der Kommission zur Entwicklung des sozialen Dialogs auf Gemeinschaftsebene, KOM (96) 448 endg. vom 18. 9. 1996, S. 3 – 10. Dazu bereits 3. Teil, C., II., 2., a), S. 115 und 3. Teil, C., III., 1., S. 129 sowie noch 4. Teil, H., III., 3., S. 278.

1609 Mitteilung der Kommission über die Anwendung des Protokolls über die Sozialpolitik an den Rat und an das Europäische Parlament, KOM (93) 600 endg. vom 14. 12. 1993, S. 11, Rn. 16; Grabitz – Langenfeld/Jansen, nach Art. 122 EGV, Art. 3 AbkSozP, Rn. 5.

1610 Mitteilung der Kommission über die Anwendung des Protokolls über die Sozialpolitik an den Rat und an das Europäische Parlament, KOM (93) 600 endg. vom 14. 12. 1993, S. 12, Rn. 20; Blanpain/Schmidt/Schweibert, Europäisches Arbeitsrecht, 1996, Rn. 158; Krimphove, Europäisches Arbeitsrecht, 1996, S. 70.

1611 Mitteilung der Kommission über die Anwendung des Protokolls über die Sozialpolitik an den Rat und an das Europäische Parlament, KOM (93) 600 endg. vom 14. 12. 1993, S. 12, Rn. 20; Blanpain/Schmidt/Schweibert, Europäisches Arbeitsrecht, 1996, Rn. 158.

reich einhalten muß. Es gibt den Sozialpartnern ein zwingendes Anhörungsrecht, das neben die bisherigen Formen der Anhörung tritt.

II. Adressat des Verfahrens

Auch bei der Anhörung nach Art. 138 EGV stellt sich die Frage nach den zu beteiligenden Sozialpartnern. Der Artikel gibt dazu selbst keinerlei Definition. Auch wenn der Begriff der Sozialpartner im Sinne des Art. 138 EGV vom Wortlaut her identisch ist mit dem aus Art. 139 EGV, bedeutet das nicht, daß alle existierenden Verbände, die zum Abschluß von eigenen Vereinbarungen nach Art. 139 EGV fähig sind, angehört werden müssen, und daß alle das Recht haben, den Fortgang des Gesetzgebungsverfahrens durch eigene Verhandlungen gemäß Art. 139 Abs. 4 EGV aufzuhalten.[1612]

Nach dem bereits für Art. 139 Abs. 1 EGV jede Einschränkung abgelehnt wurde,[1613] muß vielmehr für Art. 138 Abs. 2 und 3 EGV von einem wesentlich engeren Kreis der Sozialpartner ausgegangen werden. Im Interesse eines praktikablen Gesetzgebungsverfahrens der Gemeinschaft kann das Anhörungsrecht nicht so vielen Sozialpartnern eingeräumt werden, wie die Vereinbarungsbefugnis nach Art. 139 Abs. 1 EGV. Andernfalls würde die Durchführung jeden Gesetzgebungsvorhabens im sozialpolitischen Bereich nahezu unmöglich gemacht. Dies läßt sich auch rechtfertigen, da Art. 138 EGV den Sozialpartnern Rechte in dem der Gemeinschaft „zustehenden" Verfahren einräumt. Bei Art. 139 EGV „gehört" das Verfahren dagegen den Sozialpartnern.

Gleichzeitig kann das Anhörungsrecht aber auch nicht auf die „klassischen" am Sozialen Dialog beteiligten Sozialpartner UNICE, CEEP und EGB beschränkt werden, da eine derartige „Zentralisierung" sich nicht mit der Förderpflicht des Art. 138 Abs. 1 EGV vertragen würde. Es bedarf daher sachlicher Maßstäbe für eine „Zulassung" zur Anhörung.[1614] Dies ist um so mehr von Bedeutung, als ein Verstoß gegen zwingendes Recht vorliegt, wenn ein nach Art. 138 Abs. 1 und 2 EGV anhörungsberechtigter Sozialpartner nicht angehört wird.

1. Die Bildung von Kriterien durch die Kommission

Die drei großen europäischen Verbände UNICE, CEEP und EGB hatten im Oktober 1993 kurz nach Inkrafttreten des Maastrichter Vertrags mit dem Abkommen über die Sozialpolitik zur Frage der Zulassung zur Anhörung eine gemeinsame Stellungnahme erarbeitet.[1615] Diesen Auffassungen hat sich die Kommission in ihrer Mitteilung über die Anwendung des Protokolls über die Sozialpolitik[1616] im wesentlichen angeschlos-

---

1612 EAS – Schwarze, B 8100, Rn. 65.

1613 Siehe 4. Teil, B., II., S. 170.

1614 Konzen, EuZW 1995, S. 39 (46).

1615 Wisskirchen, Festschrift für Otfried Wlotzke, 1996, S. 793 (803).

1616 Mitteilung der Kommission über die Anwendung des Protokolls über die Sozialpolitik an den sen.[1617] Sie hat darin drei Gruppen von Kriterien entwickelt, die nach ihrer Auffassung für die Zulassung zur Anhörung kumulativ erfüllt sein müssen.[1618]

Die Sozialpartner sollen erstens branchenübergreifend, sektor- oder berufsspezifisch sein und über eine Struktur auf europäischer Ebene verfügen. Zweitens sollen sie aus Verbänden bestehen, die in ihrem Land integraler und anerkannter Bestandteil des Systems der Arbeitsbeziehungen sind, Vereinbarungen aushandeln können und möglichst alle Mitgliedstaaten vertreten. Drittens sollen sie über geeignete Strukturen verfügen, um effektiv an dem Anhörungsprozeß auf Gemeinschaftsebene teilnehmen zu können. Wesentlich für die Anerkennung als europäische Sozialpartner ist danach die Repräsentativität des Verbandes.[1619] Die Kommission hat eine Liste veröffentlicht, in der die Organisationen, die diese Kriterien erfüllen, aufgelistet sind.[1620] Sie will diese Liste regelmäßig überprüfen und den neuesten Entwicklungen anpassen.[1621]

Das Europäische Parlament hat in einer Entschließung vorgeschlagen, den Kriterienkatalog vor allem um die Merkmale der freiwilligen Mitgliedschaft und des Mandats zur Vertretung auf europäischer Ebene zu erweitern.[1622] Außerdem hat es eine Vereinbarung der Gemeinschaftsorgane gefordert, die die Voraussetzungen für die Repräsentativität der Sozialpartner verbindlich bestimmen sollte.[1623] Rechtliche Bedeutung kommt der Entschließung allerdings nicht zu.[1624]

Ähnlich der Mitteilung der Kommission wird auch in der Literatur für Vereinigungen mit europäischer Organisationsstruktur gefordert, daß sie repräsentativ, verhandlungswillig und gegnerunabhängig sind.[1625] Die Repräsentativität verbürge die Durch-

---

Rat und an das Europäische Parlament, KOM (93) 600 endg. vom 14. 12. 1993.

1617 Wisskirchen, Festschrift für Otfried Wlotzke, 1996, S. 793 (803).

1618 Mitteilung der Kommission über die Anwendung des Protokolls über die Sozialpolitik an den Rat und an das Europäische Parlament, KOM (93) 600 endg. vom 14. 12. 1993, S. 13, Rn. 24; Konzen, EuZW 1995, S. 39 (46).

1619 Wisskirchen, Festschrift für Otfried Wlotzke, 1996, S. 793 (803).

1620 Mitteilung der Kommission über die Anwendung des Protokolls über die Sozialpolitik an den Rat und an das Europäische Parlament, KOM (93) 600 endg. vom 14. 12. 1993, Anhang II, S. 20 – 21 und erneuert in Mitteilung der Kommission zur Entwicklung des sozialen Dialogs auf Gemeinschaftsebene, KOM (96) 448 endg. vom 18. 9. 1996, Anhang III, S. X.

1621 Mitteilung der Kommission über die Anwendung des Protokolls über die Sozialpolitik an den Rat und an das Europäische Parlament, KOM (93) 600 endg. vom 14. 12. 1993, S. 13, Ziff. 24, Abs. 2; Mitteilung der Kommission zur Entwicklung des sozialen Dialogs auf Gemeinschaftsebene, KOM (96) 448 endg. vom 18. 9. 1996, S. 14, Rn. 61, 63.

1622 Der Vorschlag des Europäischen Parlaments wird erwähnt in Mitteilung der Kommission zur Entwicklung des sozialen Dialogs auf Gemeinschaftsebene, KOM (96) 448 endg. vom 18. 9. 1996, S. 14, Rn. 62.

1623 Entwurf einer gemeinsamen Erklärung des Europäischen Parlaments, des Rates und der Kommission, die zusammen an dem Legislativverfahren für die Umsetzung des Protokolls Nr. 14 und des Abkommens über die Sozialpolitik im Anhang zum Vertrag über die Europäische Union beteiligt sind, in: Protokoll der Sitzung des Europäischen Parlaments vom 24. 2. 1994, ABl. EG 1994, C 77, S. 12 (4. Soziale Dimension des EU-Vertrags, S. 32, Ziff. 2 und Anlage S. 32 – 33).

1624 EAS – Schwarze, B 8100, Rn. 20.

1625 EAS – Schwarze, B 8100, Rn. 17; Buchner, RdA 1993, 193 (202 – 203); Schulz, Maastricht und die Grundlagen einer Europäischen Sozialpolitik, 1996, S. 106; Watson, Common Market Law setzungsfähigkeit gegenüber dem Gegner und soll nicht zu verwechseln sein mit der innerverbandlichen Durchsetzungsmacht der europäischen Dach- und Spitzenverbände gegenüber den nationalen Sozialpartnern.[1626] Diese wird nicht gefordert. Die Bereitschaft zu Arbeitskämpfen soll ebenfalls entbehrlich sein.[1627] Zwar wäre eine solche Bereitschaft im deutschen Arbeitsrecht Voraussetzung für die Anerkennung, die europäischen Organisationen besitzen aber noch nicht einmal ein Mandat, geschweige denn die Bereitschaft zur Führung von Arbeitskämpfen. Gerade für diese Organisationen wurde aber das Anhörungsverfahren geschaffen. Die Bereitschaft zur Führung von Arbeitskämpen kann daher nicht Voraussetzung sein.

Selbst wenn man die von dem Europäischen Parlament vorgeschlagenen erweiterten Kriterien der Prüfung zugrunde legt, kämen immer noch eine Vielzahl von Organisationen für eine Anhörung in Frage.[1628] Außerdem läßt die jeweils weite Definition der Kriterien immer noch einen erheblichen Interpretationsspielraum zu.[1629] Neben EGB, UNICE und CEEP erfüllen vor allem überindustrielle Organisationen, die bestimmte Kategorien von Arbeitnehmern oder Unternehmen vertreten, so wie Branchenorganisationen ohne industrieweiten Bezug die Voraussetzungen.[1630] Auch nationale Organisationen, die von der gemeinschaftlichen Sozialpolitik betroffen sind, sollen gegebenenfalls gehört werden.[1631] Nach eigener Aussage will die Kommission hier nicht kategorisch sein und ist sich der Probleme bewußt, die dadurch entstehen, daß viele Akteure die geforderten Voraussetzungen erfüllen.[1632] Eine Umgehung dieser Probleme durch die Bildung eines zeitweiligen Anhörungsgremiums oder übergreifenden Verbindungsausschusses für das Anhörungsverfahren lehnt die Kommission ab.[1633]

2. Gerichtliche Konkretisierung

Der Kriterienkatalog und die ihn ausfüllende Liste geben bislang aber lediglich die Ansicht der Kommission wieder. Die endgültige Entscheidung über die Auslegung des Begriffs der Sozialpartner von Art. 138 EGV liegt beim Europäischen Gerichts-

Review 1993, 481 (508); siehe auch Konzen, EuZW 1995, S. 39 (46), der zudem eine gesetzliche Regelung im Vertragstext fordert.

1626 EAS – Schwarze, B 8100, Rn. 17, Fn. 55.

1627 EAS – Schwarze, B 8100, Rn. 17.

1628 Blanpain/Schmidt/Schweibert, Europäisches Arbeitsrecht, 1996, Rn. 159; Mitteilung der Kommission über die Anwendung des Protokolls über die Sozialpolitik an den Rat und an das Europäische Parlament, KOM (93) 600 endg. vom 14. 12. 1993, S. 13, Rn. 26.

1629 Daher spielt für die Frage, wer im konkreten Fall am Sozialen Dialog, beziehungsweise an der Anhörung zu beteiligen ist, die Politik des zuständigen Kommissars eine gewisse Rolle. Wisskirchen, Festschrift für Otfried Wlotzke, 1996, S. 793 (803).

1630 Siehe auch die Aufstellung bei Blanpain/Schmidt/Schweibert, Europäisches Arbeitsrecht, 1996, Rn. 160.

1631 EAS – Schwarze, B 8100, Rn. 69.

1632 Mitteilung der Kommission über die Anwendung des Protokolls über die Sozialpolitik an den Rat und an das Europäische Parlament, KOM (93) 600 endg. vom 14. 12. 1993, S. 13; Ziff. 26.

1633 Mitteilung der Kommission über die Anwendung des Protokolls über die Sozialpolitik an den Rat und an das Europäische Parlament, KOM (93) 600 endg. vom 14. 12. 1993, S. 14, Ziff. 27.

hof beziehungsweise beim Europäischen Gericht.[1634] Eine erste Klärung hat die Entscheidung des Europäischen Gerichts[1635] über die Klage der europäischen Union des Handwerks und der kleinen und mittleren Betriebe (UEAPME) gebracht, deren Gegenstand die vermeintlich unzureichende Beteiligung des Verbandes bei Erlaß der Richtlinie über den Elternurlaub[1636] war. Das Europäische Gericht hat sich in seiner Entscheidung insbesondere mit dem Merkmal der Repräsentativität auseinander gesetzt.[1637] Allerdings ging es in dem Verfahren weniger um die unstreitig notwendige und auch erfolgte Anhörung bei Beginn des Gemeinschaftsgesetzgebungsverfahren, als um die erforderliche Repräsentativität der vereinbarungschließenden Sozialpartner, die bei Erlaß eines Umsetzungsbeschlusses durch den Rat[1638] zu prüfen ist. Insoweit hat das Gericht herausgearbeitet, daß für Art. 139 Abs. 2 EGV eine sogenannte „Gesamtrepräsentativität" erforderlich sei, die an strengere Voraussetzungen geknüpft sein müsse.[1639] Die Repäsentativität nach Art. 138 EGV soll also weiter zu verstehen sein als die Repräsentativität bei Art. 139 Abs. 2 EGV. Die von der Kommission vorgeschlagenen Merkmale für die Anhörung hat das Gericht daher nicht beanstandet oder konkretisiert.

Auch wenn keine endgültige Klärung erfolgt ist, ist das Urteil des Europäischen Gerichts bisher die einzige gerichtliche Äußerung in Bezug auf die von den Sozialpartnern im Rahmen ihrer neuen Befugnisse zu erfüllenden Merkmale. Für die Anhörung hat das Urteil allerdings kaum zur Klärung beigetragen.

3. Die Anwendung auf den Einzelfall

Unabhängig von der grundsätzlichen Begriffsdefinition bedarf es in jedem Einzelfall einer Entscheidung, welche Sozialpartner angehört werden müssen. Die konkrete Beteiligung hängt neben den von den Sozialpartnern organisatorisch zu erfüllenden Voraussetzungen auch von dem Inhalt und den Regelungserfordernissen des in Aussicht genommenen Rechtssetzungsvorhabens ab.[1640] Dies ergibt sich bereits daraus, daß die erforderliche Repräsentativität immer für den konkret geregelten Bereich vorliegen muß. Für die konkrete Anhörung kommen also nur solche Verbände in Betracht, deren Tätigkeitsbereich von dem geplanten Regelungsakt erfaßt wird. Auch

---

1634 EAS – Schwarze, B 8100, Rn. 69.

1635 EuG vom 17. 7. 1998, Rs. T – 135/96, Union européenne de l'artisanat et des petites et moyennes entreprises gegen den Rat der Europäischen Union, Slg. 1998 II, S. 2335 – 2381.

1636 Richtlinie 96/34/EG des Rates vom 3. 6. 1996 zu der von UNICE, CEEP und EGB geschlossenen Rahmenvereinbarung über Elternurlaub, ABl. EG 1996, L 145, S. 4.

1637 EuG vom 17. 7. 1998, Rs. T – 135/96, Union européenne de l'artisanat et des petites et moyennes entreprises gegen den Rat der Europäischen Union, Slg. 1998 II, S. 2335 – 2381 (2370, Rn. 85 und 2371 – 2372, Rn. 88 – 90).

1638 Siehe dazu bereits 4. Teil, C., III., 3, S. 206.

1639 EuG vom 17. 7. 1998, Rs. T – 135/96, Union européenne de l'artisanat et des petites et moyennes entreprises gegen den Rat der Europäischen Union, Slg. 1998 II, S. 2335 – 2381 (2371 – 2372, Rn. 90).

1640 EAS – Schwarze, B 8100, Rn. 65.

diesbezüglich wird man der Kommission einen überprüfbaren Ermessensspielraum zubilligen müssen.[1641]

4. Ergebnis

Im Ergebnis ist der Begriff der Sozialpartner in Art. 138 EGV also enger als in Art. 139 Abs. 1 EGV und unter Umständen weiter als in Art. 139 Abs. 2 2. Alt. EGV. Die für die Zulassung zur Anhörung nach Art. 138 EGV erforderlichen Voraussetzungen ergeben sich aus der Mitteilung der Kommission zur Anwendung des Protokolls über die Sozialpolitik und dem jeweiligen Inhalt der geplanten Gemeinschaftsmaßnahme.

Letztendlich werden in der Regel nur auf europäischer Ebene organisierte Verbände anzuhören sein.[1642] Plant die Kommission eine brachenübergreifende europaweite Regelung, besteht weitgehend Einvernehmen, daß auf Gewerkschaftsseite der EGB und auf Arbeitgeberseite UNICE und CEEP als Sozialpartner anzusehen und im Rahmen von Art. 138 EGV anzuhören sind.[1643] Die Zusammensetzung ihrer Delegationen und das Verfahren der Erteilung von Verhandlungsmandaten ist jeweils Sache der einzelnen Verbände. Auf eine sektoral aufgefächerte Regelung muß sich die Kommission wegen der erstrebten Einheitlichkeit zwar nicht einlassen.[1644] Die Branchenverbände werden aber zumindest dann anzuhören sein, wenn es um sektoral begrenzte Regelungen geht.[1645] Nach der Kommission werden allerdings zukünftig gerade sektorale Verbände der Sozialpartner stärker in die Gemeinschaftsarbeit einbezogen, da die Kommission insbesondere den sektoralen Dialog stärken will.[1646] Nationale Sozialpartner werden nur ausnahmsweise zu beteiligen sein.[1647]

III. Skizze des Anhörungsverfahrens

Gemäß Art. 138 Abs. 2 und 3 EGV muß die Kommission die Sozialpartner an ihren Planungen für Gemeinschaftsmaßnahmen in zwei Stufen beteiligen. Insoweit sind

---

1641 EAS – Schwarze, B 8100, Rn. 65.

1642 EAS – Schwarze, B 8100, Rn. 66; enger Schulz, Maastricht und die Grundlagen einer Europäischen Sozialpolitik, 1996, S. 106, demzufolge nur Verbände mit europäischer Organisationsstruktur anzuhören sind, die sich auf der Gemeinschaftsebene zu einer dauerhaften und stabilen Struktur zusammengefunden haben und in den Mitgliedsstaaten fest verwurzelt sind.

1643 Wisskirchen, Festschrift für Otfried Wlotzke, 1996, S. 793 (803, 806); EAS – Schwarze, B 8100, Rn. 66.

1644 EAS – Schwarze, B 8100, Rn. 66.

1645 EAS – Schwarze, B 8100, Rn. 66.

1646 Mitteilung der Kommission zur Anpassung und Förderung des sozialen Dialogs auf Gemeinschaftsebene, KOM (1998) 322 endg. vom 20. 5. 1998, S. 8, Ziff. 3. 1.

1647 So auch EAS – Schwarze, B 8100, Rn. 66; Die Kommission will offenbar nach Art. 138 EGV nur europäische Sozialpartner formell anhören, nationale Sozialpartner nur gegebenenfalls neben dem formellen Anhörungsprozeß wie bisher, siehe Mitteilung der Kommission über die Anwendung des Protokolls über die Sozialpolitik an den Rat und an das Europäische Parlament, KOM (93) 600 endg. vom 14. 12. 1993, S. 14; Ziff. 28.

zwei Anhörungspflichten der Kommission zu unterscheiden.[1648] Zuerst müssen die Sozialpartner konsultiert werden, bevor die Kommission Vorschläge unterbreitet; zum zweiten Mal zum Inhalt, wenn eine Maßnahme auf europäischer Ebene konkret in Aussicht genommen wird.[1649] Erst nach Abschluß dieses Anhörungsverfahrens kann die Kommission das Rechtssetzungsverfahren im eigentlichen Sinn beginnen.[1650] Sie beabsichtigt allerdings, das Europäische Parlament bereits in allen Phasen des Anhörungsverfahrens nach Art. 138 Abs. 2 und 3 EGV sowie von einer Intervention der Sozialpartner nach Art. 138 Abs. 4 EGV und den anschließenden Verhandlungen zu unterrichten.[1651]

1. Die erste Konsultationsphase

Gemäß Art. 138 Abs. 2 EGV hat die Kommission, bevor sie überhaupt Vorschläge im Bereich der Sozialpolitik unterbreitet und konkrete Regelungsvorschläge ausgearbeitet hat, die Sozialpartner zu informieren und zu konsultieren.[1652] Die Kommission ist künftig also im Gesamtbereich der Sozialpolitik gezwungen, vor Unterbreitung sämtlicher Vorschläge erst die Sozialpartner zu konsultieren, um Klarheit über die allgemeine Ausrichtung einer geplanten Gemeinschaftsmaßnahme zu gewinnen.[1653] Sie hört die Sozialpartner in dieser Phase zu der Frage, „ob" und „wie" eine Gemeinschaftsaktion gegebenenfalls ausgerichtet werden sollte. Zur Debatte stehen in formeller Hinsicht die angemessene Regelungsebene – europäisch oder einzelstaatlich – und das angemessene Regelungsinstrument – beispielsweise unverbindliche Empfehlung oder verbindliche Richtlinie.[1654] Inhaltlich geht es erst um das grob umrissene Thema und die Frage, ob die Sozialpartner eine Regelung in diesem Bereich überhaupt für erforderlich halten. Diese erste Anhörungspflicht will den Willensbildungsprozeß für die Sozialpartner offen halten.[1655] Es darf nicht der Eindruck entstehen, die Kommission bevorzuge eine bestimmte Regelung, denn das kann die Verhandlungsbereitschaft der einen oder der anderen Seite erheblich beeinflussen.[1656] Der Entscheidungsprozeß muß in diesem Stadium des Verfahrens so offen sein, daß es noch möglich ist, das Vorhaben nach der Anhörung gänzlich aufzugeben.[1657]

1648 Kasseler Handbuch – Heinze, 11 Europarecht, Rn. 140.

1649 Wank, RdA 1995, S. 10 (19).

1650 Grabitz/Hilf – Langenfeld/Jansen, Nach Art. 122 EGV, Art. 3 AbkSozP, Rn. 4.

1651 Mitteilung der Kommission über die Anwendung des Protokolls über die Sozialpolitik an den Rat und an das Europäische Parlament, KOM (93) 600 endg. vom 14. 12. 1993, S. 15; Rn. 35.

1652 EAS – Schwarze, B 8100, Rn. 71; Wisskirchen, Festschrift für Otfried Wlotzke, 1996, S. 793 (799); Wisskirchen, Der soziale Dialog, 1994, S. 653 (672).

1653 Weiss, Festschrift für Albert Gnade, 1992, S. 583 (592).

1654 Wisskirchen, Festschrift für Otfried Wlotzke, 1996, S. 793 (800).

1655 EAS – Schwarze, B 8100, Rn. 71.

1656 Dies war etwa bei der Richtlinie über Europäische Betriebsräte der Fall. Siehe bereits die Schilderung des Verfahrens beim Zustandekommen der Richtlinie im 3. Teil, C., VI., 2., S. 141 und auch im 4. Teil, F., I., S. 255.

1657 EAS – Schwarze, B 8100, Rn. 71.

Nach der Mitteilung der Kommission zur Anwendung des Protokolls über die Sozialpolitik[1658] beginnt die erste Stufe des Anhörungsverfahrens, wenn die Sozialpartner das Kommissionsschreiben erhalten, mit dem die Kommission die Sozialpartner über ihr Vorhaben informiert und ihnen Gelegenheit zur Stellungnahme gibt. Die erbetene Stellungnahme soll schriftlich oder auf Wunsch der Sozialpartner in einer Sitzung erfolgen. Der Zeitraum von der Mitteilung bis zur Abgabe der Stellungnahme darf nach der Kommission sechs Wochen nicht übersteigen. Alsdann setzt sich die Kommission mit den vorgetragenen Argumenten auseinander.[1659] Im Lichte der erhaltenen Stellungnahmen bestimmt sie ihren Standpunkt und entscheidet über die Zweckmäßigkeit des Übergangs in die zweite Stufe. Das weitere Procedere, für das sie sich als Ergebnis der ersten Anhörung entschieden hat, teilt sie den Sozialpartnern mit.[1660]

2. Die zweite Konsultationsphase

Hält die Kommission nach der ersten Anhörung eine Gemeinschaftsmaßnahme für zweckmäßig, arbeitet sie die geplante Maßnahme detailliert aus und stellt ihren Vorschlag in einer zweiten Anhörung den Sozialpartnern vor, Art. 138 Abs. 3 S. 1 EGV.[1661] Dies geschieht wiederum mit einer schriftlichen Mitteilung der Kommission an die anzuhörenden Sozialpartner, mit der die zweite Stufe des Konsultationsverfahrens eingeleitet wird.[1662]

Die Sozialpartner werden nun über den geplanten Vorschlag, einschließlich des konkreten Inhalts und der bisherigen Formulierungsvorschläge, sowie der voraussichtlichen Rechtsgrundlage gehört.[1663] Sie haben erneut sechs Wochen Zeit, um sich mit dem Vorschlag auseinanderzusetzen und der Kommission ihre Stellungnahme oder Empfehlung zum Inhalt der geplanten Maßnahme gemäß Art.138 Abs. 3 S. 2 EGV zu übermitteln.[1664] Anläßlich der zweiten Anhörung sollen die Sozialpartner der Kommission eine schriftliche Stellungnahme übermitteln, in der ausgeführt ist, in welchen Punkten ihre Positionen von dem Entwurf der Kommission abweichen und in welchen sie mit dem Entwurf übereinstimmen. Allerdings wird man den Sozialpartneror-

---

[1658] Mitteilung der Kommission über die Anwendung des Protokolls über die Sozialpolitik an den Rat und an das Europäische Parlament, KOM (93) 600 endg. vom 14. 12. 1993. Die erste Stufe des Verfahrens schildert sie auf S. 12, Ziff. 19, 1. und 2. Spiegelstrich.

[1659] EAS – Schwarze, B 8100, Rn. 72.

[1660] EAS – Schwarze, B 8100, Rn. 72.

[1661] EAS – Schwarze, B 8100, Rn. 72; Wisskirchen, Der soziale Dialog, 1994, S. 653 (672).

[1662] Mitteilung der Kommission über die Anwendung des Protokolls über die Sozialpolitik an den Rat und an das Europäische Parlament, KOM (93) 600 endg. vom 14. 12. 1993, S. 12; Ziff. 19, 3. Spiegelstrich.

[1663] Mitteilung der Kommission über die Anwendung des Protokolls über die Sozialpolitik an den Rat und an das Europäische Parlament, KOM (93) 600 endg. vom 14. 12. 1993, S. 12; Ziff. 19, 3. Spiegelstrich; Kampmeyer, Protokoll und Abkommen, 1998, S. 86.

[1664] Ihre Vorstellungen von dem Ergebnis der zweiten Anhörung konkretisiert die Kommission in Mitteilung der Kommission über die Anwendung des Protokolls über die Sozialpolitik an den Rat und an das Europäische Parlament, KOM (93) 600 endg. vom 14. 12. 1993, S. 12; Ziff. 19, 4. Spiegelstrich.

ganisationen auch zubilligen müssen, jeweils eigene Vorschläge zu unterbreiten.[1665] Gegebenenfalls können sie auch eine Empfehlung vorlegen, die ihre gemeinsamen Standpunkte bezüglich des Entwurfs enthält. Falls die angehörten Sozialpartner es wünschen, kann zur Diskussion der Ergebnisse der zweiten Anhörung wiederum eine Sitzung einberufen werden.

3. Die Bindung der Kommission an das Ergebnis der Anhörung

Art. 138 Abs. 2 und 3 EGV sagt explizit nichts zu der Frage, welche Bedeutung die Kommission den Stellungnahmen beziehungsweise Empfehlungen der Sozialpartner beimessen muß, insbesondere, inwieweit ihr oder dem Rat ein Abweichen von den Standpunkten der Sozialpartner möglich ist. Die Frage läßt sich mit einem Vergleich zum parlamentarischen Anhörungsrecht beantworten.[1666] Bei diesem handelt es sich um ein formelles Recht, genauso wie bei dem Anhörungsrecht der Sozialpartner.[1667] Ein formelles Anhörungsrecht gewährt und garantiert aber keine Möglichkeit, Einfluß auf den Inhalt des Vorschlags zu nehmen; es ist ein Recht ohne materielle Entscheidungsbefugnis.[1668]

Die Sozialpartner können daher durch das Ergebnis ihrer Anhörungen keine Änderung des Gesetzgebungsvorschlags erzwingen, sondern die Kommission kann die Stellungnahme bei gegenteiliger eigener Einschätzung – aus welchen Gründen auch immer – unberücksichtigt lassen.[1669] Im Gegensatz zu dem bereits skizzierten Verfahren bei der Umsetzung von Sozialpartnervereinbarungen nach Art. 139 EGV[1670] kann die Kommission die Ergebnisse der zweifachen Anhörung daher über ihr weiteres Vorgehen frei entscheiden.[1671] Die Anhörungen nach Art. 138 EGV erfolgen im gemeinschaftseigenen Verfahren zum Erlaß gemeinschaftseigener Regelungen. Unbestreitbare Herrin dieses Gemeinschaftsgesetzgebungsverfahrens ist die Kommission. Bei der Wahrnehmung genuin gemeinschaftseigener Aufgaben kommt eine Einschränkung der Entscheidungsfreiheit der Gemeinschaftsorgane zu Gunsten der Sozialpartner nicht in Betracht. Das Ergebnis der Anhörung bindet die Kommission nicht.[1672]

Allerdings muß sich die Kommission entsprechend ihrer Förderpflicht ernsthaft mit den Stellungnahmen der Sozialpartner auseinandersetzen und ihnen eine mit Gründen versehene Stellungnahme übergeben. Die Kommission muß die Bewertung der Sozi-

---

[1665] Blanpain/Schmidt/Schweibert, Europäisches Arbeitsrecht, 1996, Rn. 157.

[1666] Kasseler Handbuch – Heinze, 11 Europarecht, Rn. 143.

[1667] Kasseler Handbuch – Heinze, 11 Europarecht, Rn. 141.

[1668] Kasseler Handbuch – Heinze, 11 Europarecht, Rn.. 143; a. A.: Schulz, Maastricht und die Grundlagen einer europäischen Sozialpolitik, 1996, S. 105, der der Kommission nur noch das Recht zu einer gebundenen Ermessensentscheidung einräumen will.

[1669] Kasseler Handbuch – Heinze, 11 Europarecht, Rn. 143; Buchner, RdA 1993, S. 193 (200).

[1670] Zu den Aufgaben der Kommission bei Umsetzung durch Ratsbeschluß bereits 4. Teil, C., III., 4., S. 208.

[1671] So auch Blanpain/Schmidt/Schweibert, Europäisches Arbeitsrecht, 1996, Rn. 157.

[1672] Konzen, EuZW 1995, S. 39, (46); Buchner, RdA 1993, S. 193 (200).

alpartner und das Ergebnis der Anhörung bei ihrer weiteren Willensbildung mit bedenken.[1673]

4. Ergebnis

Die Kommission hat sowohl bei der Überlegung, ob in einem bestimmten Bereich der Sozialpolitik eine Maßnahmen geplant wird, als auch wenn diese Entscheidung getroffen wurde, zum konkreten Inhalt eine Anhörung der Sozialpartner durchzuführen. An das Ergebnis der Anhörungen ist sich nicht gebunden, muß die vorgetragenen Argumente aber bei ihrem weiteren Verfahren mitbedenken.

IV. Rechtsfolgen eines Verstoßes gegen die Anhörungspflicht

Sollten beide oder eine der beiden obligatorischen Anhörungen unterbleiben, ist ein zwingender Teil des Gesetzgebungsverfahrens nicht ordnungsgemäß beachtet worden.[1674] Das gleiche gilt, wenn ein oder mehrere anhörungsberechtigte Sozialpartner überhaupt nicht angehört wurden. Der EGV sagt aber nicht, ob die Folge dieses Verstoßes die Nichtigkeit des vom Rat beschlossenen Rechtsaktes ist.[1675]

Demokratie- und Rechtsstaatsprinzip fordern auch nicht unbedingt die Ungültigkeit der Rechtsnorm, weil die Beteiligung der Sozialpartner für die Legitimität der Normsetzung nur unterstützenden Charakter hat. Dennoch hat die Beteiligung für die „Richtigkeit“ der Normsetzung erhebliche Bedeutung.[1676] Da die Sozialpartner eine dem Parlament vergleichbare Stelle einnehmen, können auch zur Beurteilung der Konsequenzen einer Verletzung des Anhörungsrechts nach Art. 138 EGV die Grundsätze zum formellen Anhörungsrecht des Parlaments herangezogen werden.[1677] Bezogen auf das parlamentarische Anhörungsrecht im gemeinschaftlichen Rechtssetzungsprozeß hat nämlich der Europäische Gerichtshof stets darauf hingewiesen, daß die Beachtung dieses Anhörungsrechts auf Gemeinschaftsebene ein grundlegendes demokratisches Prinzip widerspiegele und sicherstelle, daß über das Parlament auch die Gemeinschaftsbürger am Entscheidungsprozeß teilnehmen könnten.[1678] Demnach ist die Beachtung des parlamentarischen Anhörungsrechts unerläßlich mit der Folge verbunden, daß ein Verstoß zur Nichtigkeit des Rechtsaktes führt.[1679] Diese Argumentation ist grundsätzlich auf das Anhörungsrecht der Sozialpartner nach Art. 138 Abs. 2 bis 4 EGV übertragbar, denn sie repräsentieren gerade die von der Sozialge-

---

[1673] Kampmeyer, Protokoll und Abkommen, 1998, S. 86; Buchner, RdA 1993, S. 193 (200).
[1674] Kampmeyer, Protokoll und Abkommen, 1998, S. 86.
[1675] EAS – Schwarze, B 8100, Rn. 87.
[1676] EAS – Schwarze, B 8100, Rn. 87.
[1677] Kasseler Handbuch – Heinze, 11 Europarecht, Rn. 142.
[1678] Z. B. in EuGH vom 29. 10. 1980, Rs. 138/79, SA Roquette Frères gegen den Rat der Europäischen Gemeinschaften, Slg. 1980, S. 3333 – 3391 (3360, Rn. 33).
[1679] EuGH vom 29. 10. 1980, Rs. 138/79, SA Roquette Frères gegen den Rat der Europäischen Gemeinschaften, Slg. 1980, S. 3333 – 3391 (3360, Rn. 33); Kasseler Handbuch – Heinze, 11 Europarecht, Rn. 142; EAS – Schwarze, B 8100, Rn. 87.

setzgebung betroffenen Personen, die Arbeitgeber und Arbeitnehmer, und garantieren durch ihre Stellungnahme, daß die Position dieser Gruppen den Gemeinschaftsinstitutionen im Rechtssetzungsprozeß bekannt ist und von ihnen berücksichtigt werden muß.[1680]

Allerdings entstünde eine schwer erträgliche Rechtsunsicherheit, wenn man bei jedem Verstoß gegen ein Anhörungsrecht einen zur Nichtigkeitserklärung führenden Fehler annehmen würde, bedenkt man das angesichts der relativen Ungewißheit über die Beteiligungsberechtigten große Fehlerpotential.[1681] Der angemessene Ausgleich zwischen beiden Anliegen besteht daher darin, die Unwirksamkeitsfolge auf offensichtliche Verstöße gegen das Anhörungsrecht zu beschränken.[1682]

Die Folge eines offensichtlichen Verstoßes gegen das Anhörungsverfahren führt dann zu einem Verfahrensfehler, der zur Ungültigkeit des betreffenden Rechtsaktes führen kann.[1683] Die Sozialpartner können die Verfahrensverletzungen vor dem Europäischen Gerichtshof beziehungsweise Europäischen Gericht rügen.[1684] Sie können per Untätigkeitsklage gegen die Kommission gemäß Art. 232 Abs. 3 EGV die Beteiligung an einem konkreten Verfahren einfordern und gegen ihrer Beteiligungsrechte beschränkende Entscheidungen der Kommission, wie zum Beispiel gegen den Ausschluß von der Anhörung, Nichtigkeitsklage gemäß Art. 230 Abs. 4 EGV erheben.[1685] Nichtigkeitsklage ist auch zu erheben, wenn die Sozialpartner die unter offensichtlicher Verletzung ihrer Beteiligungsrechte erlassene Regelung des Rates beseitigen wollen, denn der dem Rechtsakt zugrundeliegende Beschluß verletzt die Sozialpartner in ihren Beteiligungsrechten.[1686] Der Verfahrensfehler ist dann ein möglicher Ansatzpunkt für die Ungültigkeitserklärung der verfahrensfehlerhaft zustande gekommenen Gemeinschaftsmaßnahme durch den Europäischen Gerichtshof.[1687]

V. Ergebnis

Neben den bisherigen Anhörungsformen auf freiwilliger Basis haben die Sozialpartner durch Art. 138 Abs. 2 und 3 EGV ein neues zwingendes Anhörungsrecht für alle sozialpolitischen Maßnahmen der Gemeinschaft erhalten. Die nach Art. 138 Abs. 2 und 3 EGV anzuhörenden Sozialpartner müssen branchenübergreifend, sektor- oder berufsspezifisch sein und über eine Struktur auf europäischer Ebene verfügen, reprä-

---

1680 Kasseler Handbuch – Heinze, 11 Europarecht, Rn. 142.

1681 EAS – Schwarze, B 8100, Rn. 87; zu den Adressaten des Anhörungsverfahrens bereits 4. Teil, D., II., S. 234.

1682 EAS – Schwarze, B 8100, Rn. 87; weitergehend Blanpain, Labour Law and Industrial Relations of the European Union, 1992, Rn. 101, der jede unterbliebene Anhörung für einen möglichen Grund für die Nichtigkeitserklärung hält. 45.

1683 Kampmeyer, Protokoll und Abkommen, 1998, S. 86.

1684 EAS – Schwarze, B 8100, Rn. 88.

1685 EAS – Schwarze, B 8100, Rn. 88.

1686 EAS – Schwarze, B 8100, Rn. 88.

1687 Blanpain/Schmidt/Schweibert, Europäisches Arbeitsrecht, 1996, Rn. 157; Wank, RdA 1995, S. 10 (19); EAS –Schwarze, B 8100, Rn. 87.

sentativ sein und über geeignete Strukturen verfügen, um effektiv an dem Anhörungsprozeß auf Gemeinschaftsebene teilnehmen zu können. Auch in Bezug auf den Inhalt der konkreten Maßnahme müssen sie den Anspruch erheben können, die Arbeitnehmerschaft zu vertreten.

An das Ergebnis der Anhörung ist die Kommission nicht gebunden, muß es aber bei ihrem weiteren Verfahren mit bedenken. Ein Verstoß gegen die Anhörungsrechte kann mit der Untätigkeitsklage gegen die Kommission beziehungsweise mit einer Nichtigkeitsklage gegen das Organ, daß die fragliche Maßnahme erlassen hat, angegriffen werden.

E. Interventionsmöglichkeit der Sozialpartner gemäß Art. 138 Abs. 4 EGV

Zur gesetzlichen Verstärkung des Sozialen Dialogs gehört schließlich die Möglichkeit der Sozialpartner, im Rahmen der Anhörung nach Art. 138 Abs. 4 EGV in das sozialpolitische Gesetzgebungsverfahren der Gemeinschaft zu intervenieren.[1688] Gemäß Art. 138 Abs. 4 EGV können die Sozialpartner der Kommission im Rahmen des Anhörungsverfahrens mitteilen, daß sie den Prozeß nach Art. 139 EGV in Gang setzen wollen, um zu versuchen, über den Gegenstand des laufenden Gesetzgebungsverfahrens eine eigene Vereinbarung abzuschließen.[1689] Die Folge einer solchen Intervention ist eine Aussetzung des eigenen Verfahrens durch die Kommission. Durch dieses „Recht des ersten Zugriffs“[1690] können sie ein von der Kommission initiiertes Gesetzgebungsverfahren gewissermaßen an sich ziehen und die Regelung des von der Kommission zur Anhörung gestellten Komplexes für sich beanspruchen.[1691]

Die Möglichkeit der Intervention sichert die Tarifautonomie und die Koalitionsfreiheit der Sozialpartner im Verhältnis zum gemeinschaftlichen Gesetzgebungsverfahren.[1692] Insbesondere durch das Interventionsrecht wird den Sozialpartnern die Möglichkeit eingeräumt zu verhindern, daß die Gemeinschaft von ihren sozialpolitischen Kompetenzen Gebrauch macht und in Bereiche interveniert, die auf nationaler Ebene zum Teil der Tarifautonomie unterliegen.[1693] Das Interventionsrecht ist die Schnittstelle zwischen gemeinschaftseigenen Maßnahmen im Bereich der Sozialpolitik und sozialpartnereigenen Vereinbarungen nach Art. 139 EGV.

1688 Blank, Festschrift für Albert Gnade, 1992, S. 649 (655).

1689 EAS – Schwarze, B 8100, Rn. 73.

1690 EAS – Schwarze, B 8100, Rn. 60; Blanpain, Labour Law and Industrial Relations of the European Union, 1992, Rn. 106: „right of the firstborn“. Clever, ZfSH/SGB 1996, S. 188 (189) bezeichnet diese Möglichkeit auch als „Vorfahrtsregel“.

1691 Buchner, RdA 1993, S. 193 (200); Konzen, EuZW 1995, S. 39 (46); EAS – Schwarze, B 8100, Rn. 60.

1692 Grabitz – Langenfeld/Jansen, Art. 118 b, Rn. 2 und Rn. 6.

1693 Lenz – Coen, Art. 139, Rn. 1.

I. Formelle Voraussetzungen der Intervention

1. Berechtigung zur Intervention

Art. 138 Abs. 4 EGV bezeichnet die zur Intervention in das Gesetzgebungsverfahren berechtigten Sozialpartner nicht näher.[1694] Die Frage ist, ob nur alle, einige wenige beziehungsweise mindestens ein Sozialpartner von beiden Seiten oder sogar nur ein Sozialpartner überhaupt das Anhörungsverfahren aufhalten und Verhandlungen nach Art. 138 Abs. 4 EGV einleiten kann, so daß die Kommission an die Mitteilung gemäß Art. 138 Abs. 4 EGV gebunden ist.[1695] Jedenfalls kommen von vornherein nur solche Verbände in Frage, die bereits an dem Anhörungsverfahren beteiligt waren.[1696]

Der Wortlaut des Art. 138 Abs. 4 EGV spricht dafür, daß von den angehörten Sozialpartnern alle der Kommission den Beginn des Verfahrens nach Art. 139 Abs. 1 EGV mitteilen müssen. Außerdem erscheint die Verzögerung des Normsetzungsverfahrens nicht gerechtfertigt, wenn eine der beiden Seiten von vornherein kein Interesse an einer Vereinbarung hat.[1697] Andererseits könnte dieses Desinteresse aber im Laufe von Verhandlungen überwunden werden. Man wird daher differenzieren müssen:

Wenn bei einem umfangreichen Gesetzgebungsvorhaben eine Vielzahl von Sozialpartnern gehört wird, kann man nicht verlangen, daß alle angehörten Sozialpartner die Mitteilung nach Art. 138 Abs. 4 EGV machen. Andererseits erscheint die Aussetzung des Gesetzgebungsvorhabens dann als unangemessen, wenn nur eine Seite oder gar nur ein Teil von dieser das Gesetzgebungsverfahren blockieren würde, ohne daß auch nur eine Verhandlungsbereitschaft der anderen Seite besteht. Erforderlich ist daher zwar nicht von vornherein das sichere Wollen einer Vereinbarung von beiden Seiten und all ihren Teilen, aber zumindest die ernsthafte Bereitschaft zur Führung von Verhandlungen bei der Mehrheit der Interessengruppen beider Seiten. Die Mitteilung als solche kann dann durch einen der beteiligten Sozialpartner erfolgen.[1698] Hier die Mitteilung von allen zu verlangen, wäre als reiner Formalismus nicht gerechtfertigt.

Andererseits haben aber nicht zugleich alle anhörungsberechtigten und angehörten Organisationen auch das Recht, an den folgenden Verhandlungen beteiligt zu werden.[1699] Auch wenn der Repräsentativität der beteiligten Sozialpartnerorganisationen

---

1694 Konzen, EuZW 1995, S. 39 (46).

1695 Grabitz – Langenfeld/Jansen, nach Art. 122, Art. 3 AbkSozP, Rn. 6; EAS – Schwarze, B 8100, Rn. 74; Konzen, EuZW 1995, S. 39 (42, 46).

1696 Ähnlich EuG vom 17. 7. 1998, Rs. T – 135/96, Union européenne de l'artisanat et des petites et moyennes entreprises gegen den Rat der Europäischen Union, Slg. 1998 II, S. 2335 – 2381 (2367 – 2368, Rn. 78). Auch wenn letztlich alle Sozialpartner, die überhaupt Vereinbarungen nach Art. 139 Abs. 1 EGV schließen können, nach der Mitteilung (nur) der angehörten Sozialpartner in den Verhandlungsprozeß eintreten können.

1697 EAS – Schwarze, B 8100, Rn. 74.

1698 Im Ergebnis auch so, aber ohne Differenzierung EAS – Schwarze, B 8100, Rn. 74.

1699 EuG vom 17. 7. 1998, Rs. T – 135/96, Union européenne de l'artisanat et des petites et moyennes entreprises gegen den Rat der Europäischen Union, Slg. 1998 II, S. 2335 – 2381 (2367 – 2377, Rn. 78).

eine Schlüsselfunktion für den Erfolg des sozialen Dialogs zukommt, ist die Kommission jedoch zu Recht der Ansicht, daß sie nicht in die freie Wahl der Verhandlungspartner eingreifen kann.[1700] Einen Rechtsanspruch auf Teilnahme an dieser Verhandlung kann es deshalb nicht geben.[1701] Dies ist allerdings eine Frage der Tarifautonomie.

2. Zeitpunkt der Intervention

Nach dem Wortlaut des Art. 139 Abs. 4 EGV scheint eine Mitteilung der Sozialpartner über den Versuch einer eigenen Regelung nur beim zweiten Anhörungstermin in Betracht zu kommen. Dafür spricht neben dem Wortlaut auch, daß den Sozialpartnern beim ersten Anhörungstermin noch gar keine konkrete Vorstellung der Kommission zugegangen ist, der Gesetzgebungsgegenstand in dem Sinne also noch gar nicht existiert. Ein Teil der Literatur nimmt daher ein Interventionsrecht erst nach der zweiten Anhörung an.[1702] Grammatikalisch ist es aber zum einen nicht gänzlich ausgeschlossen, die Formulierung „bei dieser Anhörung" auch auf die erste Anhörung zu beziehen,[1703] zumal das Interventionsrecht in einem eigenen Absatz und nicht im Absatz über die zweite Anhörung geregelt ist. Zum anderen spricht auch eine sachliche Überlegung gegen die Beschränkung der Mitteilung auf den zweiten Anhörungstermin. Wenn die Sozialpartner nämlich bereits bei der ersten Anhörung bereit und entschlossen sind, das Verfahren nach Art. 138 Abs. 4 EGV einzuleiten, wäre eine zweite Anhörung ein überflüssiger Formalakt.[1704] Daß sich die Sozialpartner erst mit einem konkreten Vorschlag der Kommission auseinander setzten müßten, bevor sie eigene Überlegungen anstellen, ist wegen ihrer wenigstens vergleichbaren Kompetenz im sozialpolitischen Bereich auch nicht erforderlich.[1705] Deshalb ist die Mitteilung vom ersten Anhörungstermin an zuzulassen.[1706]

1700 Mitteilung der Kommission zur Anpassung und Förderung des sozialen Dialogs auf Gemeinschaftsebene, KOM (1998) 322 endg. vom 20. 5. 1998, S. 17, Ziff. 5. 3.; Lenz – Coen, Art. 138, Rn. 11.

1701 Im Ergebnis so auch EuG vom 17. 7. 1998, Rs. T – 135/96, Union européenne de l'artisanat et des petites et moyennes entreprises gegen den Rat der Europäischen Union, Slg. 1998 II, S. 2335 – 2381 (2367 – 2377, Rn. 78); Lenz – Coen, Art. 138, Rn. 11.

Wisskirchen, Festschrift für Otfried Wlotzke, 1996, S. 793 (800); Wisskirchen, Der soziale Dialog, 1994, S. 653 (672); Kampmeyer, Protokoll und Abkommen, 1998, S. 87.

1703 EAS – Schwarze, B 8100, Rn. 73.

1704 EAS – Schwarze, B 8100, Rn. 73.

1705 EAS – Schwarze, B 8100, Rn. 73.

1706 EAS – Schwarze, B 8100, Rn. 73; Blanpain/Schmidt/Schweibert, Europäisches Arbeitsrecht, 1996, Rn. 158; a. A.: offenbar die Kommission, die von einer Mitteilung erst ausgeht, wenn die Sozialpartner zum Inhalt des in Aussicht genommenen Vorschlags gehört wurden. Das wäre aber die zweite Anhörungsstufe. So in Mitteilung der Kommission über die Anwendung des Protokolls über die Sozialpolitik an den Rat und an das Europäische Parlament, KOM (93) 600 endg. vom 14. 12. 1993, S. 14, Rn. 29.

In der Praxis hat sich aber gezeigt, daß eine Intervention in der Regel erst nach der zweiten Anhörung stattfindet.[1707] Die Sozialpartner warten also darauf, daß die Kommission ihnen ihre konkreten Gesetzesvorhaben präsentiert. Der EGB wird sich nur dann zu Verhandlungen durchringen, wenn er glaubt, noch weitgehendere Regelungen in eigenen Verhandlungen durchsetzen zu können. UNICE und CEEP werden dagegen verhandeln wollen, wenn ihnen die von der Kommission vorgeschlagene Regelung als zu weitgehend erscheint.

3. Die Einhaltung der Frist nach Art. 138 Abs. 4 EGV

Das Interventionsrecht steht gemäß Art. 138 Abs. 4 S. 2 EGV schließlich unter dem Vorbehalt, daß die Sozialpartner innerhalb von neun Monaten oder einem gemeinsam mit der Kommission vereinbarten längeren Zeitraum zu einem Ergebnis kommen. Eine solche Begrenzung erscheint angemessen, denn um eine Regelungsblockade durch die Sozialpartner zu vermeiden, muß das Verfahren innerhalb einer bestimmten Frist abgewickelt sein.[1708] Die Möglichkeit der Verlängerung trägt der Tatsache Rechnung, daß eine Verhandlung, die kurz vor dem Abschluß einer Vereinbarung steht, nicht unnötig abgebrochen werden soll. Durch die Notwendigkeit der Zustimmung der Kommission wird auch verhindert, daß die Sozialpartner eine Gemeinschaftsgesetzgebung auf Dauer blockieren. Von der unkomplizierten Möglichkeit der Verlängerung wurde bereits Gebrauch gemacht.[1709]

Während der Frist nach Art. 138 Abs. 4 EGV müssen die Sozialpartner zumindest eine Vereinbarung zustande bringen. Darüber hinaus wird in der Literatur vertreten, daß auch der gemeinsame Antrag zur Umsetzung durch Ratsbeschluß gemäß Art. 139 Abs. 2 EGV vor Ablauf der Frist gestellt worden sein müsse.[1710] Der Ratsbeschluß selbst soll dann nicht der Frist unterliegen. Dafür spricht zwar, daß Art. 138 Abs. 4 EGV auf das Verfahren nach Art. 139 EGV verweist, das nicht länger als neuen Monate dauern darf. Zu diesem gehört auch die Umsetzung der Vereinbarung. Andererseits würde dies aber im Ergebnis eine nicht zu rechtfertigende Beschränkung der Rechte der Sozialpartner nach Art. 139 EGV bedeuten. Denn der Ratsbeschluß ist nur eine von mehreren Möglichkeiten zur Umsetzung. Da die anderen Umsetzungsmodalitäten aber keinesfalls innerhalb von neun Monaten zu realisieren sind, wären die Sozialpartner nach einer Intervention gemäß Art. 138 Abs. 4 EGV de facto gezwungen,

---

1707 Dies war zum Beispiel bei der Vereinbarung über die Teilzeitarbeit der Fall, die mit der Richtlinie 97/81/EG des Rates vom 15. 12. 1997 zu der von UNICE, CEEP und EGB geschlossenen Rahmenvereinigung (gemeint war Rahmenvereinbarung !) über Teilzeitarbeit, ABl. EG 1998, L 14, S. 9 umgesetzt wurde. Zum Verfahren des Zustandekommens von Richtlinie und Vereinbarung ausführlich Vorschlag für eine Richtlinie des Rates zu der von UNICE, CEEP und EGV geschlossenen Rahmenvereinbarung über Teilzeitarbeit, KOM (97) 392 endg. vom 23. 7. 1997, S. 2. Auch hier noch 4. Teil, F., I., S. 256.

1708 Weiss, Festschrift für Albert Gnade, 1992, S. 583 (592).

1709 Dies war ebenfalls bei Erlaß der Richtlinie über Teilzeitarbeit. Zu dem Verfahren ausführlich noch 4. Teil, F., I., S. 256.

1710 EAS – Schwarze, B 8100, Rn. 76.

ihre Vereinbarung durch einen Ratsbeschluß umzusetzen. Das widerspricht aber dem Vorrang der Sozialpartner nach dem Subsidiaritätsprinzip, der Garantie des Art. 139 Abs. 1 EGV und der Förderungspflicht der Kommission nach Art. 138 Abs. 1 EGV. Ausreichend muß es daher sein, wenn die Sozialpartner innerhalb der Frist eine Vereinbarung abgeschlossen haben und für die Umsetzung des normativen Teils eine Entscheidung über die Umsetzungsmodalität getroffen haben. Erst, wenn erkennbar wird, daß die Vereinbarung nicht umgesetzt wird, lebt das Gesetzgebungsrecht der Gemeinschaft wieder auf. Im übrigen entfällt die Sperrwirkung bereits vor Ablauf der neun Monate, wenn keine Seite sich mehr um eine Einigung bemüht.[1711]

II. Bindung der Sozialpartner an das Regelungsvorhaben der Kommission

Bei ihren Verhandlungen nach Art. 138 Abs. 4 EGV sind die Sozialpartner zunächst inhaltlich nicht an die bisherigen Vorschläge der Kommission gebunden.[1712] Die Kommission hält es darüber hinaus für vereinbart, daß nur die vom Kommissionsvorschlag betroffenen Bereiche Gegenstand der Sozialpartnervereinbarungen sein sollen.[1713] Eine solche Beschränkung erscheint auch sinnvoll, wenn man die kurze Frist bedenkt, die den Sozialpartnern in diesem Fall für ihre Verhandlungen zur Verfügung steht. Im Einzelfall wird man es ihnen aber nicht verbieten können, ihre Verhandlungen auszudehnen.[1714] Denn sie sind ja gemäß Art. 139 Abs. 1 EGV jederzeit frei, Vertragsverhandlungen zu führen.[1715] Ein entsprechendes Mandat erhalten sie nicht erst durch die Kommission.[1716]

Genauso wenig läßt sich auch der Kreis der an den Verhandlungen beteiligten Sozialpartner auf die im vorangehenden Anhörungsverfahren angehörten Organisationen begrenzen. An den Verhandlungen können mehr oder weniger Sozialpartner als an dem Anhörungsverfahren teilnehmen, denn die Verhandlungen nach einer Intervention gemäß Art. 138 Abs. 4 EGV eröffnen den vollwertigen Dialog gemäß Art. 139 EGV, für den bereits oben jede Einschränkung der Beteiligten abgelehnt wurde. Entscheidend ist, daß die Vereinbarung eine vergleichbare Reichweite entfalten kann, wie es der Regelungsakt der Gemeinschaft gehabt hätte. Dies ist aber eine mehr theoretische Frage, da der Kreis der anhörungsberechtigten Sozialpartner groß ist und nur wenige von den anhörungsberechtigten Organisationen überhaupt Vereinbarungen schließen können und wollen.

1711 EAS – Schwarze, B 8100, Rn. 76.

1712 Mitteilung der Kommission über die Anwendung des Protokolls über die Sozialpolitik an den Rat und an das Europäische Parlament, KOM (93) 600 endg. vom 14. 12. 1993, S. 15, Ziff. 31.

1713 Mitteilung der Kommission über die Anwendung des Protokolls über die Sozialpolitik an den Rat und an das Europäische Parlament, KOM (93) 600 endg. vom 14. 12. 1993, S. 15, Ziff. 31.

1714 Im Ergebnis ebenso Kampmeyer, Protokoll und Abkommen, 1998, S. 87.

1715 Grabitz – Langenfeld/Jansen, nach Art. 122, Art. 3 AbkSozP, Rn. 7.

1716 Grabitz – Langenfeld/Jansen, nach Art. 122, Art. 3 AbkSozP, Rn. 7.

Schließlich läßt Art. 138 Abs. 4 EGV offen, ob die Kommission bei einer Mitteilung der Sozialpartner gemäß Art. 138 Abs. 4 EGV verpflichtet ist, die Arbeiten an der von ihr geplanten Maßnahme auszusetzen oder sogar vollständig zu beenden.[1717] Nach eigener Aussage will die Kommission ihr eigenes Verfahren aussetzen, wenn sie eine Mitteilung über einen Verhandlungsbeginn zwischen den Sozialpartnern erhält. Sie geht dann von der Planung einer „Vereinbarung" durch die Sozialpartner aus, beabsichtigt aber, von Fall zu Fall zu prüfen, ob eine ausreichende Grundlage für die Aussetzung ihres eigenen Verfahrens vorliegt.[1718] Dabei will sie vor allem Art und Tragweite des Vorschlags sowie die möglichen Folgen von Vereinbarungen zwischen den Sozialpartnern über den Gegenstand des Vorschlags berücksichtigen.[1719]

Teilweise wird in der Literatur aber vertreten, daß die Kommission zur Aussetzung nicht verpflichtet sei,[1720] oder zumindest intern und parallel zu den Verhandlungen der Sozialpartner ihre eigenen Vorstellungen über die angestrebte Regelung vorantreiben dürfe.[1721] Dem sind jedoch die Förderpflicht der Kommission nach Art. 138 Abs. 1 EGV und die Garantie des Art. 139 Abs. 1 EGV entgegenzuhalten. Nach Möglichkeit sollen die Sozialpartner selbst die Regelung der Frage in die Hände nehmen und die Kommission hat sie dabei weit möglichst zu unterstützen. Dies kann aber nur gelingen, wenn die eigenen Verhandlungen nicht durch den weiteren Fortgang des Gesetzgebungsverfahrens überflüssig werden.[1722] Selbst wenn die Kommission nur intern ihre Planungen fortsetzt, läuft sie Gefahr, ihre Pflicht zur Ausgewogenheit und Neutralität gegenüber beiden Seiten der Sozialpartner zu verletzten, falls ihre Planungen an die Öffentlichkeit dringen. Die Kommission darf daher für die im Gesetz vorgesehene Frist von neun Monaten beziehungsweise einem vereinbarten längeren Zeitraum seit Zugang der Mitteilung das Verfahren nicht weiterverfolgen.[1723]

Eine Aussetzung der Arbeiten dürfte letztendlich auch angemessen und hinreichend sein, da die Kommission im Falle des Scheiterns der Verhandlungen oder einer nur teilweisen Regelung des Gesetzgebungsvorhabens durch die Sozialpartner weiterhin die Möglichkeit hat, einen entsprechenden Rechtssetzungsvorschlag vorzulegen.[1724] Erst, wenn eine Vereinbarung der Sozialpartner geschlossen wurde, ist das Verfahren der Kommission ganz zu beenden.

1717 Grabitz – Langenfeld/Jansen, nach Art. 122, Art. 3 AbkSozP, Rn. 8; Kampmeyer, Protokoll und Abkommen, 1998, S. 87.

1718 Mitteilung der Kommission über die Anwendung des Protokolls über die Sozialpolitik an den Rat und an das Europäische Parlament, KOM (93) 600 endg. vom 14. 12. 1993, S. 14, Ziff. 30; Konzen, EuZW 1995, S. 39 (46).

1719 Mitteilung der Kommission über die Anwendung des Protokolls über die Sozialpolitik an den Rat und an das Europäische Parlament, KOM (93) 600 endg. vom 14. 12. 1993, S. 14, Ziff. 30.

1720 Kampmeyer, Protokoll und Abkommen, 1998, S. 87.

1721 EAS – Schwarze, B 8100, Rn. 77.

1722 EAS – Schwarze, B 8100, Rn. 76.

1723 Wisskirchen, Festschrift für Otfried Wlotzke, 1996, S. 793 (800); Wisskirchen, Der soziale Dialog, 1994, S. 653 (672).

1724 Grabitz – Langenfeld/Jansen, nach Art. 122, Art. 3 AbkSozP, Rn. 8.

Die Sperrwirkung erfaßt grundsätzlich nur den vom Regelungsvorhaben der Kommission abgedeckten Themenbereich. Dehnen die Sozialpartner ihre Verhandlungen aber aus und teilen sie dies der Kommission mit, darf sie auch diesbezüglich keine eigenen Initiativen bis zum Ablauf der Sperrfrist ergreifen.[1725]

Nach Abschluß der Verhandlungen beziehungsweise nach Ablauf der Frist haben die Sozialpartner der Kommission einen Bericht über den Stand der Verhandlungen und ihr Ergebnis vorzulegen.[1726]

IV. Die Umsetzung der Vereinbarung nach einer Intervention

Einigen sich die Sozialpartner auf Gemeinschaftsebene, können sie über die Kommission beim Rat beantragen, den Inhalt der Vereinbarung als Gemeinschaftsmaßnahme gemäß Art. 139 Abs. 2 2. Alt. EGV verbindlich zu machen.[1727] Für das weitere Procedere gelten die Ausführungen zum Verfahren nach Art. 139 Abs. 2 2. Alt. GV dann entsprechend.[1728]

Das nach Art. 138 Abs. 4 EGV eingeleitete Verfahren muß aber nicht in jedem Fall zur Umsetzung durch Ratsbeschluß nach Art. 139 Abs. 2 2. Alt. EGV führen.[1729] Die Sozialpartner können auch die anderen Umsetzungsalternativen wählen, nämlich die durch die nationalen Sozialpartner oder Mitgliedstaaten nach Art. 139 Abs. 2 1. Alt. EGV, sofern nicht bereits die schuldrechtliche Vereinbarung als solche genügt.[1730] Denn Art. 138 Abs. 4 EGV will dem Vorrang der Sozialautonomie Rechnung tragen und nicht lediglich die Sozialpartner bezüglich der Ausarbeitung des Regelungsvorschlags an die Stelle der Kommission treten lassen. Die Sozialpartner können also frei entscheiden, ob und wie sie ihre Vereinbarung umsetzen wollen. Es gehört zur Sozialautonomie, den richtigen Regelungsweg auszuwählen. Aus der Beteiligung der Sozialpartner am Gesetzgebungsverfahren wird dann eine unter Umständen völlig „staatsfreie" Regelung.[1731]

Allerdings wird man den Rat als verpflichtet ansehen müssen, eine dementsprechende Entscheidung zu treffen, wenn die Sozialpartner ihre Vereinbarung durch einen Beschluß gemäß Art. 139 Abs. 2 2. Alt. EGV umsetzen lassen wollen, bevor er eine eigene Regelung nach Art. 138 EGV trifft. Genau diesem Umstand will die Interventionsmöglichkeit des Art. 138 Abs. 4 EGV Rechnung tragen. Im Ergebnis erhalten die Anhörungsrechte damit eine über die Anhörungsrechte des Parlaments hinausgehen-

---

1725 EAS – Schwarze, B 8100, Rn. 78.

1726 Zu dem möglichen Inhalt des Berichts Mitteilung der Kommission über die Anwendung des Protokolls über die Sozialpolitik an den Rat und an das Europäische Parlament, KOM (93) 600 endg. vom 14. 12. 1993, S. 3, Rn. 11; Grabitz – Langenfeld/Jansen, nach Art. 122, Art. 3 AbkSozP, Rn. 6.

1727 Wisskirchen, Festschrift für Otfried Wlotzke, 1996, S. 793 (800); Wisskirchen, Der soziale Dialog, 1994, S. 653 (672); EAS – Schwarze, B 8100, Rn. 83.

1728 Siehe dazu bereits oben 4. Teil, C., III., S. 204.

1729 In diese Richtung aber offenbar Weiss, Festschrift für Albert Gnade, 1992, S. 583 (594).

1730 EAS – Schwarze, B 8100, Rn. 82.

1731 EAS – Schwarze, B 8100, Rn. 82.

de Wirkung, die faktisch zur Erzwingung der Umsetzung ihrer eigenen Vereinbarung und zu einer Verdrängung gemeinschaftseigener Regelungen führt.

V. Das Gesetzgebungsverfahren der Kommission bei Scheitern der Intervention

1. Die weitere Möglichkeit einer eigenen Gemeinschaftsmaßnahme

Bleiben die Sozialpartner dagegen nach einer Intervention untätig oder kommt eine Vereinbarung zwischen ihnen nicht zustande, fallen Regelungskompetenz und Verfahrensherrschaft nach Ablauf der Frist des Art. 138 Abs. 4 EGV in die Hände der Kommission zurück.[1732] Sie kann das Rechtssetzungsverfahren wieder aufnehmen und mit einem eigenen Vorschlag unter Beteiligung des Parlaments und Wirtschafts- und Sozialausschusses fortführen.[1733]

Das gleiche gilt, wenn die Intervention zwar zu einer Vereinbarung geführt hat, der Rat aber keinen Umsetzungsbeschluß für die Vereinbarung nach Art. 139 Abs. 2 2. Alt. EGV gefaßt hat. Die Ablehnung des Ratsbeschlusses bedeutet im Ergebnis ein Scheitern der Verhandlungen, wenn die Sozialpartner sich nicht für eine Umsetzung nach Art. 139 Abs. 2 1. Alt. EGV entscheiden. Der Grund für diese Gleichstellung ist, daß der Rat nach dem hier vertretenen Ansatz in seiner Entscheidung über die Umsetzung der Sozialpartnervereinbarung nicht völlig frei ist. Ihm steht nur das Recht zu einer gerichtlich überprüfbaren Ermessensentscheidung zu. Dieser sind durch das Subsidiaritätsprinzip und die Tatsache, daß ein Ratsbeschluß derzeit die einzige Möglichkeit ist, einer Vereinbarung der Sozialpartner normative Wirkung zu verleihen, enge Grenzen gesetzt. Machen die Sozialpartner von der Möglichkeit der gerichtlichen Überprüfung keinen Gebrauch, werden sie in ihren Rechten auch nicht beschränkt, wenn unmittelbar an ihre Vereinbarung über den gleichen Gegenstand ein Gesetzgebungsverfahren in Gang gesetzt oder fortgesetzt wird. Ein solches Verfahren ist nach der hier vertretenen Auffassung nämlich nur möglich, wenn die Sozialpartner trotz bereits erfolgter Anhörung eine Vereinbarung abgeschlossen haben, zu deren Umsetzung der Rat nicht verpflichtet war.

Hat der Rat die Umsetzung der Vereinbarung rechtsfehlerfrei abgelehnt,[1734] ist es ihm also unbenommen, an Stelle der abgelehnten Sozialpartnervereinbarung eine eigenständige Regelung gemäß Art. 137 Abs. 2 und 3 EGV zu treffen.[1735] Er muß dann das „normale" Gesetzgebungsverfahren gemäß Art. 138 Abs. 2 und 3 EGV und Art. 251 EGV beachten und mit einer Richtlinie entscheiden.[1736] Es ist ein Vorschlag der Kommission für eine Richtlinie in dem betreffenden Bereich erforderlich, zu dem

---

1732 Kampmeyer, Protokoll und Abkommen, 1998, S. 88; EAS – Schwarze, B 8100, Rn. 80.

1733 Kampmeyer, Protokoll und Abkommen, 1998, S. 88; EAS – Schwarze, B 8100, Rn. 76.

1734 Dies dürfte aufgrund der Ermessensreduzierung nur in ganz wenigen Ausnahmefällen möglich sein.

1735 EAS – Schwarze, B 8100, Rn. 58.

1736 Konzen, EuZW 1995, S. 39 (47); EAS – Schwarze, B 8100, Rn. 58; im Ergebnis auch das Europäisches Parlament, in: Entschließung des Europäischen Parlaments zu den Regierungskonferenzen vom 7. 4. 1992, Abl. EG 1992, C 125, S. 81 (83).

Parlament und Wirtschafts- und Sozialausschuß zu hören sind und über den der Rat zu beschließen hat.[1737]

2. Die Frage nach einem neuen Anhörungs- und Interventionsrecht

Fraglich ist aber, ob es nach dem Scheitern der Intervention einer „erneuten“ Anhörung der Sozialpartner gemäß Art. 138 Abs. 2 und 3 EGV bedarf und ob diese ein erneutes Interventionsrecht nach Art. 138 Abs. 4 EGV haben.

Für die Beantwortung der Frage, ob die Rechte nach Art. 138 EGV bei der Wiederaufnahme des Gesetzgebungsverfahrens noch bestehen oder erneut entstehen ist jeweils maßgeblich, ob noch „ein“ Gesetzgebungsverfahren der Gemeinschaft vorliegt, oder ob ein „neues“ Verfahren in Gang gesetzt wird.

„Ein“ Gesetzgebungsverfahren liegt vor, wenn die Kommission ihren Vorschlag inhaltlich gleichbleibend und in engem zeitlichen Zusammenhang mit dem Ablauf der Frist des Art. 138 Abs. 4 EGV weiterverfolgt. Dann bedarf es einer neuen Anhörung nicht, denn das Gesetzgebungsverfahren ist das Alte und kann an der Stelle wieder aufgenommen werden, an der es von den Sozialpartnern unterbrochen wurde.[1738] Das Recht, auf diesem Wege Einfluß auf das Verfahren zu nehmen, ist „verbraucht“.[1739] Handelt es sich um denselben Regelungsgegenstand wie in der versuchten Vereinbarung und setzt die Kommission das Verfahren sogleich im Anschluß an den ablehnenden Ratsbeschluß, gewissermaßen als Reaktion darauf, in Gang, genügt die Anhörung im Rahmen der allgemeinen Förderungspflicht gemäß Art. 138 Abs. 1 EGV.[1740]

Hat den Sozialpartnern zum Zeitpunkt ihrer Mitteilung bereits ein konkreter Regelungsvorschlag vorgelegen, haben sie also erst nach der zweiten Anhörung interveniert, kann die Kommission diesen unmittelbar dem Rat zuleiten.[1741] Lag den Sozialpartnern zur Zeit ihrer Mitteilung noch kein konkreter Vorschlag vor, muß die Kommission ihn jetzt ausarbeiten und die Sozialpartner in der zweiten Stufe dazu anhören.[1742] Nach einer Intervention im ersten Anhörungstermin wird die zweite Anhörung gemäß Art. 138 Abs. 3 EGV also jetzt „nachgeholt“.

Dies ist auch dann noch der Fall, wenn die Kommission den Vorschlagstext zwar ändert, der geänderte Text aber noch im wesentlichen identisch ist mit dem Text, zu dem die Sozialpartner gehört worden waren.[1743] Aber auch wenn die Kommission den

---

1737 Grabitz/Hilf – Langenfeld, Nach Art. 122 EGV, Art. 4 AbkSozP, Rn. 9; EAS – Schwarze, B 8100, Rn. 58.

1738 Kampmeyer, Protokoll und Abkommen, 1998, S. 88 und 100; EAS – Schwarze, B 8100, Rn. 58 und 76; Grabitz – Langenfeld/Jansen, nach Art. 122 EGV, Art. 3 AbkSozP, Rn. 8 und Art. 4 AbkSozP, Rn. 9.

1739 EAS – Schwarze, B 8100, Rn. 58.

1740 EAS – Schwarze, B 8100, Rn. 58; Grabitz/Hilf - Langenfeld, Nach Art. 122, Art. 4 AbkSozP, Rn. 9.

1741 EAS – Schwarze, B 8100, Rn. 80.

1742 EAS – Schwarze, B 8100, Rn. 80.

1743 Kasseler Handbuch – Heinze, 11 Europarecht, Rn. 143.

Vorschlag ändert, ist die Änderung solange unerheblich, als noch ein Verfahren vorliegt. Denn das Anhörungsrecht der Sozialpartner ist nur ein formelles Anhörungsrecht, ohne Recht auf inhaltliche Einflußnahme. Die Sozialpartner werden in ihren Rechten nicht beschränkt, wenn sie dann nicht noch einmal angehört werden.

Will die Kommission ihr Gesetzgebungsvorhaben aber erheblich ändern und bedeutet der neue Vorschlag eine Erweiterung des Regelungsgegenstandes, entspricht die Maßnahme nicht mehr dem Vorschlag, zu dem die Sozialpartner bereits gehört wurden. Dann liegt ein neues Verfahren vor, dessen Vorschlag den Sozialpartnern zur Konsultation vorgelegt werden muß.[1744] Denn dann wurden sie zu dem Vorschlag noch nicht gehört. Lediglich die inhaltlich komplette Neuausrichtung begründet also ein „neues" Anhörungsrecht. Durch eine solche Begrenzung wird ausreichend verhindert, daß die Kommission und der Rat die Rechte der Sozialpartner beschränken, in dem der Rat die Umsetzung einer Vereinbarung einfach abgelehnt und dann im weiteren gemeinschaftseigenen Gesetzgebungsverfahren keine neuen Anhörungen vorzunehmen wären.

Anders sieht es dagegen bei dem Interventionsrecht des Art. 138 Abs. 4 EGV aus. Das wird man nur unter noch eingeschränkteren Voraussetzungen als für die Anhörung zulassen können. Denn durch dieses Recht wird den Sozialpartnern ermöglicht, das Verfahren an sich ziehen und eine erneute Blockierung der Kommission zu bewirken.[1745] Auf diese Weise wäre den Sozialpartner also ein Instrument gegeben, die Regelungsvorschläge der Kommission dauerhaft zu behindern. Daher kann ein Mitteilungsrecht gemäß Art. 138 Abs. 4 EGV nicht mehr neu entstehen. Eine zusätzliche Intervention durch die Sozialpartner ist nicht zulässig.[1746] Gleichwohl kann die Kommission trotz des Verbrauchs des Mitteilungsrechts den Sozialpartnern im Rahmen ihrer allgemeinen Förderpflicht gemäß Art. 138 Abs. 1 EGV nochmalige Gelegenheit zur Einigung geben und sollte dies tun, wenn der ernsthafte Wille zur Einigung erkennbar geworden ist.[1747]

3. Ergebnis

Scheitert ein Verhandlungsversuch der Sozialpartner nach einer Intervention gemäß Art. 138 Abs. 4 EGV, kann die Gemeinschaft unter Einhaltung des normalen Gesetzgebungsverfahrens eine eigene Regelung treffen. Das Gesetzgebungsverfahren wird an der Stelle fortgesetzt, an der es unterbrochen wurde. Ändert die Kommission ihren Regelungsvorschlag aber erheblich und richtet ihn neu aus, muß das Gesetzgebungsverfahren neu begonnen werden und die Anhörungsrechte stehen den Sozialpartnern neu zu. Eine Intervention ist allerdings nur noch unter Berücksichtigung dieser Neuausrichtung möglich.

[1744] Wank, RdA 1995, S. 10 (21); EAS – Schwarze, B 8100, Rn. 80.

[1745] Weiss, Festschrift für Albert Gnade, 1992, S. 583 (594). Grabitz – Langenfeld/Jansen, Nach Art. 122 EGV, Art. 3 AbkSozP, Rn. 8; EAS – Schwarze, B 8100, Rn. 58.

[1746] EAS – Schwarze, B 8100, Rn. 80.

[1747] EAS – Schwarze, B 8100, Rn. 80.

VI. Ergebnis

Die Position der Sozialpartner wird durch das Interventionsrecht des Art. 138 Abs. 4 EGV in besonderem Maße aufgewertet. Zu jedem Zeitpunkt im Verlauf des Anhörungsverfahrens kann von den angehörten Organisationen die Mitteilung über den Beginn eigener Verhandlungen gemacht werden. Diese Mitteilung führt zur Aussetzung des Verfahrens, wenn hinreichende Anhaltspunkte bestehen, daß ernsthaft versucht wird, eine eigene Regelung zu treffen. Die Mitteilung entfaltet dann für neun Monate oder einen gemeinsam mit der Kommission verlängerten Zeitraum Sperrwirkung für das gemeinschaftseigene Verfahren. Bei den eigenen Verhandlungen während dieses Zeitraums sind die verhandelnden Organisationen nicht an den Inhalt der geplanten Gemeinschaftsmaßnahme gebunden. Bis zum Ende der Frist muß eine Vereinbarung geschlossen worden sein, eine Umsetzung muß noch nicht erfolgt sein. Wollen die Sozialpartner ihre Vereinbarung durch den Rat nach Art. 139 Abs. 2 2. Alt EGV umsetzen lassen, wird man den Rat als verpflichtet ansehen müssen, eine solche Umsetzung vorzunehmen, wenn keine gravierenden Anhaltspunkte gegen eine Vereinbarung nur auf Sozialpartnerebene sprechen.

F. Die ersten Anwendungen der Verfahren nach Art. 138 und 139 EGV

Das neue Anhörungsverfahren bei Erlaß von Gemeinschaftsmaßnahmen und die neuen Möglichkeiten der Sozialpartner, in das Gemeinschaftsverfahren zu intervenieren und eigene Vereinbarungen zu schließen, die dann umgesetzt werden können, sind bereits mehrfach benutzt worden. Die ersten praktischen Erfahrungen wurden bei der Richtlinie 94/45/EG über Europäische Betriebsräte,[1748] der Richtlinie 96/34/EG über Elternurlaub,[1749] der Richtlinie 97/81/EG über Teilzeitarbeit[1750] und den Richtlinien 99/70/EG und 99/63/EG über befristetet Arbeitsverhältnisses[1751] gesammelt.

1748 Richtlinie 94/45/EG vom 22. 9. 1994 über die Einsetzung eines Europäischen Betriebsrats oder die Schaffung eines Verfahrens zur Unterrichtung und Anhörungen der Arbeitnehmer in gemeinschaftsweit operierenden Unternehmen und Unternehmensgruppen, ABl. EG 1994, L 254, S. 64; Die Richtlinie ist auf Großbritannien erstreckt worden durch die Richtlinie 97/74/EG des Rates vom 15. 12. 1997 zur Ausdehnung der Richtlinie 94/45/EG über die Einsetzung eines Europäischen Betriebsrats oder die Schaffung eines Verfahrens zur Unterrichtung und Anhörungen der Arbeitnehmer in gemeinschaftsweit operierenden Unternehmen und Unternehmensgruppen auf das Vereinigte Königreich, Abl. EG 1998, L 10, S. 22.

1749 Richtlinie 96/34/EG des Rates vom 3. 6. 1996 zu der von UNICE, CEEP und EGB geschlossenen Rahmenvereinbarung über Elternurlaub, ABl. EG 1996, L 145, S. 4 und Richtlinie 97/75/EG des Rates vom 15. 12. 1997 zur Änderung und Ausdehnung der Richtlinie 96/34/EG zu der von UNICE, CEEP und EGB geschlossenen Rahmenvereinbarung über Elternurlaub auf das Vereinigte Königreich, ABl. EG 1998, L 10, S. 24.

1750 Richtlinie 97/81/EG des Rates vom 15. 12. 1997 zu der von UNICE, CEEP und EGB geschlossenen Rahmenvereinigung (gemeint war Rahmenvereinbarung !) über Teilzeitarbeit, ABl. EG 1998, L 14, S. 9. Zum Verfahren des Zustandekommens von Richtlinie und Vereinbarung ausführlich Vorschlag für eine Richtlinie des Rates zu der von UNICE, CEEP und EGV geschlossenen Rahmenvereinbarung über Teilzeitarbeit, KOM (97) 392 endg. vom 23. 7. 1997, S. 2.

1751 Richtlinie 1999/70/EG des Rates vom 28. 6. 1999 zu der EGB-UNICE-CEEP Rahmenvereinba-

I. Darstellung der praktischen Verfahren

Da die Inhalte und die Verhandlungen zwischen den Sozialpartnern bereits dargestellt wurden,[1752] beziehungsweise der Inhalt der Richtlinie über Europäische Betriebsräte noch dargestellt wird,[1753] wird im folgenden nur auf die durchlaufenen Verfahren eingegangen. Beispielhaft werden diese anhand der Richtlinie über Europäische Betriebsräte und der Richtlinie zur Umsetzung der Vereinbarung über die Teilzeitarbeit dargestellt.

Das Konsultationsverfahren wurde – noch in der Fassung des Abkommens über die Sozialpolitik[1754] – zum ersten Mal bei dem Erlaß der Richtlinie 94/45/EG über die Einsetzung eines europäischen Betriebsrates oder die Schaffung eines Verfahrens zur Unterrichtung und Anhörung der Arbeitnehmer angewendet.[1755] Nachdem die informelle Vorabstimmung im Rat 1993 keine Einstimmigkeit für die Rechtsgrundlage des Art. 100 EGV a. F.[1756] ergeben hatte, stellte die Kommission das Projekt auf die neuen Rechtsgrundlagen des Abkommens über die Sozialpolitik.[1757] Unmittelbar nach Inkrafttreten des Maastrichter Vertrags forderte die Kommission die Sozialpartner zur Stellungnahme auf, wie eine Gemeinschaftsaktion im Bereich der Unterrichtung und Anhörung der Arbeitnehmer in gemeinschaftsweit operierenden Unternehmen und Unternehmensgruppen gegebenenfalls ausgerichtet werden sollte. Die von der Kommission für die Abgabe einer Stellungnahme zur Verfügung gestellte kurze Frist von sechs Wochen machte eine Abstimmung mit den zahlreichen Mitgliedsverbänden der Sozialpartner sehr schwierig.[1758] Mitte Februar unterbreitete die Kommission dann in der zweiten Anhörungsstufe den Sozialpartnern ihre Vorstellungen zum Inhalt der Gemeinschaftsmaßnahme. Da sie sich dabei im wesentlichen an dem Richtlinienvorschlag, wie er bis zum Inkrafttreten des Vertrages von Maastricht zwischen den zwölf Mitgliedern der EG diskutiert worden war, orientierte, waren die Chancen eng, auf die künftige Gestaltung der geplanten Maßnahmen einzuwirken.[1759] Dennoch bemühte sich die Kommission, eine Einigung zwischen den Sozialpartnern zu erzie-

---

rung über befristete Arbeitsverhältnisse, ABl. EG 1999, L 175, S. 43; Richtlinie 1999/63/EG des Rates vom 21. 6. 1999 zu der vom Verband der Reeder in der Europäischen Gemeinschaft (European Communitiy Shipowners' Association ECSA) und dem Verband der Verkehrsgewerkschaften in der Europäischen Union (Federation of Transport Workers' Unions in the European Union FST) getroffenen Vereinbarung über die Regelung der Arbeitszeit von Seeleuten, ABl. EG 1999, L 167, S. 33.

[1752] Siehe bereits 3. Teil, C., VI., 2., S. 141 (Europäische Betriebsräte), 3., S. 142 (Elternurlaub), 5., S. 145 (Teilzeitarbeit), VII., 2., S. 148 (befristete Arbeitsverhältnisse), 3., S. 149 (Seeleute).

[1753] Zum Inhalt der Richtlinie über Europäische Betriebsräte 4. Teil, I., II., S. 283.

[1754] Nach Art. 3 AbkSozP.

[1755] Richtlinie 94/45/EG vom 22. 9. 1994, Abl. EG 1994, L 254, S. 64. Eine ausführliche Darstellung des Verfahrens auch bei Wisskirchen, Festschrift für Otfried Wlotzke, 1996, S. 793 (801, 802).

[1756] Art. 94 EGV n. F.

[1757] Kasseler Handbuch – Heinze, 11 Europarecht, Rn. 159; Wirmer, DB 1994, S. 2134 (2135); Goos, NZA 1994, 776 (776); ausführlich zu diesem ersten Versuch auch Kolvenbach RdA 1994, S. 279 (281 – 282).

[1758] Wisskirchen, Festschrift für Otfried Wlotzke, 1996, S. 793 (801, 802).

[1759] Wisskirchen, Festschrift für Otfried Wlotzke, 1996, S. 793 (801, 802).

len.[1760] Aber auch trotz dieser Bemühungen konnten CEEP, EGB und UNICE keine Einigung auch nur über die Vorbedingungen für einen Eintritt in das Verfahren nach Art. 4 AbkSozP a. F.[1761] erreichen, so daß die Gespräche abgebrochen wurden.[1762] Nach dem Ablauf der zweiten Stufe teilten sie der Kommission nicht mit, daß sie beabsichtigen in das Verfahren zum Abschluß einer Vereinbarung überzugehen. Bereits zwei Wochen nach der entsprechenden ablehnenden Erklärung des EGB legte die Kommission einen Richtlinienentwurf über die Einsetzung eines Europäischen Betriebsrates oder die Schaffung eines Verfahrens zur Unterrichtung und Anhörung der Arbeitnehmer in gemeinschaftsweit operierenden Unternehmen und Unternehmensgruppen vor, der als Richtlinie 94/45/EG verabschiedet worden ist. Da die Richtlinie für Großbritannien nicht galt, verabschiedete der Rat im Dezember 1997 eine zweite Richtlinie, mit der die ursprüngliche Richtlinie auf das Vereinigte Königreich ausgedehnt werden konnte, nach dem der Regierungswechsel in Großbritannien ein Einschwenken der Briten auf eine Europäische Sozialpolitik ermöglicht hatte.

Erfolgreicher waren die Sozialpartner im Bereich der Teilzeitarbeit. Nach mehreren erfolglosen Versuchen, einen Vorschlag im Bereich der Teilzeitarbeit im Rat durchzubringen, entschied sich die Kommission im September 1995, das neue Anhörungsverfahren noch nach dem Abkommen über die Sozialpolitik einzuleiten.[1763] Sie hörte die Sozialpartner zunächst zu der Frage, wie eine Gemeinschaftsaktion zur Flexibilisierung der Arbeitszeit und zur Absicherung der Arbeitnehmer gegebenenfalls ausgerichtete werden sollte. Die Kommission hielt nach dieser Anhörung eine Gemeinschaftsaktion für zweckmäßig und hörte die Sozialpartner nach Art. 3 Abs. 3 AbkSozP[1764] zum Inhalt des in Aussicht genommenen Vorschlags. UNICE, CEEP und EGB teilten der Kommission darauf mit einem gemeinsamen Schreiben vom 19. Juni 1996 mit, daß sie das Verfahren nach Art. 4 AbkSozP[1765] in Gang setzten wollten. In einem gemeinsamen Schreiben vom 12. März 1997 baten sie die Kommission um eine zusätzliche Frist von drei Monaten, die ihnen von der Kommission eingeräumt wurde. Am 6. Juni 1997 schlossen UNICE, CEEP und EGB eine Rahmenvereinbarung über Teilzeitarbeit und übermittelten der Kommission einen gemeinsamen Antrag auf die Durchführung dieser Rahmenvereinbarung. Die Kommission unterrichtete das Europäische Parlament und den Wirtschafts- und Sozialausschuß entsprechend ihrer Mitteilung über die Anwendung des Protokolls über die Sozialpolitik. Bereits am 23. Juli 1997 legte die Kommission dem Rat ihren Vorschlag für eine Richt-

---

1760 Die historische Begründung des Kommissionsvorschlages in Bundesratsdrucksache 453/94 vom 10. 5. 1994, S.10 – 11.

1761 Art. 139 EGV n. F.

1762 Zu ihren Versuchen bereits 3. Teil, C., VI., 2., S. 141.

1763 Das Verfahren ist dargestellt in der Richtlinie 97/81/EG des Rates vom 15. 12. 1997 zu der von UNICE, CEEP und EGB geschlossenen Rahmenvereinigung (gemeint war Rahmenvereinbarung !) über Teilzeitarbeit, ABl. EG 1998, L 14, S. 9 und im Vorschlag für eine Richtlinie des Rates zu der von UNICE, CEEP und EGV geschlossenen Rahmenvereinbarung über Teilzeitarbeit, KOM (97) 392 endg. vom 23. 7. 1997, S. 2.

1764 Art. 138 Abs. 3 EGV n. F.

1765 Art. 139 EGV n. F.

linie zur Umsetzung der Vereinbarung vor.[1766] Zu einem Beschluß des Rates zur Umsetzung der Vereinbarung durch eine Richtlinie kam es dann aber erst am 15. 12. 1997.

In den Bereichen der befristeten Arbeitsverhältnisse und der Arbeitszeit von Seeleuten konnten bereits zwei Richtlinien zur Umsetzung von entsprechenden Vereinbarungen ergehen, die nach den neuen integrierten Vorschriften des EGV erlassen wurden. Beide kamen in Zusammenhang mit Planungen der Kommission für eigenen Gemeinschaftsmaßnahmen durch eine Intervention der Vertragschließenden Sozialpartner zustande.

Die Kommission hatte ein Anhörungsverfahren noch nach dem Abkommen über die Sozialpolitik zu der Frage eingeleitet, wie eine Gemeinschaftsaktion zur Flexibilisierung der Arbeitszeit und Absicherung der Arbeitnehmer ausgerichtet werden könnte. UNICE, CEEP und EGB zeigten nach der zweiten Stufe der Anhörung im März 1998 den Beginn eigener Verhandlungen an. Im März 1999 schlossen sie nach einer Verlängerung des Zeitraums für Verhandlungen eine Rahmenvereinbarung über befristete Arbeitsverträge und stellten den Antrag an den Rat, die Vereinbarung nach Art. 4 Abs. 2 AbkSozP umzusetzen. Bevor der Rat einen Beschluß faßte, trat der Amsterdamer Vertrag in Kraft, so daß er zum ersten Mal nach den neuen integrierten Vorschriften im EGV eine Richtlinie zur Umsetzung der Vereinbarung nach Art. 139 Abs. 2 EGV erließ.[1767] Das Zustandekommen der Richtlinie über die Arbeitszeit der Seeleute verlief entsprechend.

II. Bewertung der praktischen Erfahrungen

Die ersten Verfahren sind in der Literatur mit Kritik insbesondere gegenüber der Kommission aufgenommen worden.[1768] „Grobe verfahrensmäßige Ungeschicklichkeiten" seitens der Kommission hätten bei der Richtlinie über europäische Betriebsräte in letzter Minute zum Scheitern der Verhandlungen zwischen den Sozialpartnern geführt.[1769] Zutreffend daran ist, daß eine Vereinbarung der Sozialpartner wahrscheinlicher ist, wenn sich nicht bereits eine Seite der Parteien von dem Vorschlag der Kommission so weitreichende Regelungen erwarten kann, daß sich eigene Vereinbarungen für sie nicht mehr lohnen. Gerade deshalb ist es wichtig, daß die Kommission zu Beginn des Verfahrens ihren Vorschlag so weit wie möglich offen hält.

Auch hat sich gezeigt, daß der den Sozialpartnern von der Kommission zur Verfü-

---

[1766] Vorschlag der Kommission für eine Richtlinie des Rates zu der von UNICE, CEEP und EGV geschlossenen Rahmenvereinbarung über Teilzeitarbeit, KOM (97) 392 endg. vom 23. 7. 1997.

[1767] Richtlinie 1999/70/EG des Rates vom 28. 6. 1999 zu der EGB-UNICE-CEEP-Rahmenvereinbarung über befristete Arbeitsverträge, Abl. EG 1999, L 175, S. 43. Die Vereinbarung ist abgedruckt im Anhang der Richtlinie, S. 45.

[1768] Kasseler Handbuch – Heinze, 11 Europarecht, Rn. 159; Wisskirchen, Festschrift für Otfried Wlotzke, 1996, S. 793 (801 – 802).

[1769] Kasseler Handbuch – Heinze, 11 Europarecht, Rn. 159; Wisskirchen, Festschrift für Otfried Wlotzke, 1996, S. 793 (801 – 802).

gung gestellte Zeitraum von jeweils sechs Wochen zur Erarbeitung ihrer Stellungnahmen sehr kurz war.[1770] Eine Abstimmung mit den zahlreichen Verbänden war kaum möglich.[1771] Das gleiche Problem wird zukünftig auch für andere komplexe oder mit einer politischen Vorgeschichte belastete Regelungsmaterien gelten. Die europäischen Sozialpartnerorganisationen brauchen genügend Zeit für die notwendige Rückkoppelung mit ihren nationalen Mitgliedsverbänden.[1772] Andernfalls würde die Kommission die effektive Nutzung der Anhörungsrechte der Sozialpartner vereiteln und dadurch ihrer Förderpflicht nach Art. 138 Abs. 1 EGV verletzen.

Zum Teil erschwerten die Sozialpartner bei den ersten Verfahren aber auch selbst eine effiziente Durchführung des Verfahrens und eine größtmögliche Nutzung ihrer Rechte. Sie führten zum Beispiel bei der Richtlinie über Europäische Betriebsräte bereits Gespräche darüber, ob überhaupt und unter welchen Bedingungen verhandelt werden sollte. Für solche Vorverhandlungen sind die Anhörungen aber nicht gedacht. Sie bedeuten nämlich eine Vorwegnahme der eigentlichen Verhandlungen in Rahmen von Art. 138 Abs. 4 EVG in Verbindung mit Art. 139 EGV. Nur für letztere stehen aber neun Monate zur Verfügung. Im Interesse eines effizienten und transparenten Gesetzgebungsverfahrens muß die Kommission bei der Bestimmung des Anhörungszeitraums solche Vorverhandlungen nicht berücksichtigen. Dies legt die Frage nahe, ob sich die Sozialpartner nicht freiwillig eigenen Regeln für die Erarbeitung ihrer Stellungnahmen im Rahmen der Anhörung und zur Abgrenzung der Aussetzung des Gesetzgebungsverfahrens nach Art. 138 Abs. 4 EGV unterwerfen wollen.

Diese „Startschwierigkeiten" scheinen sich jedoch bei den nachfolgenden Vereinbarungen weitgehend gelegt zu haben. Gezeigt hat sich dabei aber, daß die Sozialpartner regelmäßig die zweite Anhörung der Kommission abwarten, um den genauen Gegenstand der geplanten Maßnahme zu erfahren, und daß nach einem Zustandekommen einer Vereinbarung automatisch mit dem Antrag auf Umsetzung durch Ratsbeschluß an die Kommission zurückgegeben wird. Zwar ist das Interventionsrecht des Art. 138 Abs. 4 EGV als eine gewisse Kompensation für die fehlenden „klassischen" Handlungsinstrumente der Sozialpartner gedacht.[1773] Die drohende „staatliche Regelung" soll auch Ansporn für eigene Aktivitäten auf europäischer Ebene sein.[1774] Dennoch täten die Sozialpartner gut daran, sich nicht in eine solche „Abhängigkeit" zu begeben und sich damit zu begnügen, an die Stelle der Kommission zu treten und eine Vereinbarung lediglich auszuarbeiten.

1770 Wisskirchen, Festschrift für Otfried Wlotzke, 1996, S. 793 (805).

1771 Wisskirchen, Festschrift für Otfried Wlotzke, 1996, S. 793 (802).

1772 Wisskirchen, Festschrift für Otfried Wlotzke, 1996, S. 793 (805).

1773 EAS – Schwarze, B 8100, Rn. 60; kritisch zu dieser Praxis insbesondere von UNICE: Keller, WSI Mitteilungen 1999, S. 109 (113).

1774 EAS – Schwarze, B 8100, Rn. 60; kritisch dazu, weil die Sozialautonomie nur solange toleriert werde, wie sie „gemeinschaftskonform" ausgeübt werde, Simitis, Festschrift für Otto Rudolf Kissel, 1994, S. 1097 (1115).

G. Das Verhältnis von Art. 138 und 139 EGV

Im Verhältnis von Art. 138 EGV zu Art. 139 EGV gibt es eine Vielzahl von Konkurrenzfällen, von denen im Folgenden die wichtigsten diskutiert werden sollen. Das Verhältnis von Art. 138 und 139 EGV während eines laufenden Gemeinschaftsgegesetzgebungsverfahrens wurde bereits dargestellt.[1775]

Bei der Darstellung wird entgegen der Gesetzeschronologie eine systematische Einordnung versucht. Grundsätzlich gilt dabei die durch das Subsidiaritätsprinzip vorgegebene Leitlinie, daß jeweils die sozialpartnerautonomste Regelung Vorrang haben muß. Im Lichte der Sozialautonomie bedeutet das für das Verhältnis von Art. 138 und 139 EGV, daß nach Möglichkeit eine sozialpartnereigene Vereinbarung nach Art. 139 Abs. 1 EGV getroffen werden sollte, die nach Art. 139 Abs. 2 EGV umgesetzt werden könnte. Das Ziel der Förderung des sozialen Dialogs verpflichtet die Kommission, den Sozialpartnern den Vorrang einzuräumen. Tritt die Gemeinschaft auf, muß sie sich mit dem geringst möglichen Einfluß begnügen. Dies ist die Umsetzung durch Ratsbeschluß gemäß Art. 139 Abs. 2 2. Alt EGV. Erst, wenn dies nicht möglich ist, kann die Gemeinschaft eine eigene Regelung unter Einhaltung des Verfahren nach Art. 138 EGV treffen. Bezüglich der zu treffenden Maßnahmen hat sie sich dann grundsätzlich mit einer Rahmenrichtlinie zu bescheiden, die den geringst möglichen Eingriff in die nationalstaatliche Rechtsordnung und die Regelungsautonomie der Sozialpartner darstellt.

I. Vereinbarungen vor der Beendigung eines Gemeinschaftsverfahrens

1. Verhandlungen vor Beginn einer Gesetzgebungsinitiative der Kommission

Aus der vorrangigen Position der Sozialpartner ergibt sich auch die Lösung für den nicht gesetzlich geregelten Fall, daß die Sozialpartner bereits nach Art. 139 EGV die Initiative ergriffen haben und zum Zeitpunkt einer Kommissionsinitiative für eine Gemeinschaftsmaßnahme über den Regelungsgegenstand mit dem Ziel einer Vereinbarung verhandeln. Es gibt keinen Grund, diese Verhandlungen nicht als vollwertiges Verfahren im Sinne des Art. 138 Abs. 4 EGV zu betrachten.[1776] Andernfalls stünden die Sozialpartner im Ergebnis schlechter, wenn sie bereits vor der Kommission eine Vereinbarung nach Art. 139 EGV anstreben, als wenn sie damit erst beginnen, wenn die Kommission ein eigenes Verfahren begonnen hat. Sobald daher die Kommission eine Mitteilung oder Kenntnis von Verhandlungen erhält, tritt die Sperrwirkung des Art. 138 Abs. 4 EGV ein.[1777] Allerdings wird man dann auch Art. 138 Abs. 4 S. 2 EGV analog anwenden und eine zeitliche Begrenzung für die Verhandlungen annehmen müssen. Denn sonst hätten die Sozialpartner die Möglichkeit, Gemeinschaftsmaßnahmen im sozialpolitischen Bereich von vornherein zu verhindern, indem sie

[1775] Siehe bereits 4. Teil, C., III., 8., S. 226.
[1776] EAS – Schwarze, B 8100, Rn. 81.
[1777] EAS – Schwarze, B 8100, Rn. 80.

bestimmte Themen dauerhaft für Verhandlungen beanspruchen und so für Gemeinschaftsmaßnahmen „sperren“.

2. Vereinbarungen nach dem Rückgang des Verfahrens auf die Kommission

Verfolgen die Sozialpartner nach dem Rückgang des Verfahrens in die Hände der Kommission ihre Verhandlungen weiter – was ihnen jederzeit zusteht – und kommt vor dem Ratsbeschluß zum Erlaß der gemeinschaftseigenen Maßnahme doch noch eine Vereinbarung zwischen den Sozialpartnern zustande, liegt es im Ermessen des Rates, ob er diesen statt des Kommissionsvorschlags umsetzen will.[1778] Um die Forderungen des Subsidiaritätsprinzips zu erfüllen und die Garantie des Art. 139 Abs. 1 EGV zu waren, wird aber in der Regel die Umsetzung der Sozialpartnervereinbarung die statthafte Maßnahme sein. Dies ist zumindest dann der Fall, wenn ihre thematische Reichweite die Gemeinschaftsmaßnahme abdeckt. Insoweit obliegt es der Entscheidung der Sozialpartner, ob sie ihre Vorstellungen der Kommission als gemeinsame Stellungnahme zur weiteren Bearbeitung zu leiten wollen, oder als eigene Maßnahme durch eine Vereinbarung nach Art. 139 EGV realisieren wollen.

II. Vereinbarungen nach Erlaß von Gemeinschaftsmaßnahmen

Die Frage, ob die Sozialpartner nach dem Erlaß einer Gemeinschaftsmaßnahme eine eigene, abweichende Regelung treffen können, ist derzeit allein theoretischer Natur, denn unter den derzeitigen Verhältnissen ist es den Sozialpartnern kaum möglich, eine allgemein geltende Regelung ohne Hilfe des Gesetzgebers zu schaffen.[1779] Da es auf Gemeinschaftsebene noch keinen anerkannten Bereich der Sozialautonomie gibt, in dem nur die Sozialparteien tätig werden dürften, setzt sich im Ergebnis also die Gemeinschaftsmaßnahme durch. Die Sozialpartner können keine konkurrierende und die gesetzliche Regelung verdrängende autonome Regelung treffen.

III. Gemeinschaftsmaßnahmen nach Erlaß von Vereinbarungen

Haben die Sozialpartner eine Vereinbarung getroffen und nach Art. 139 Abs. 2 1. Alt. EGV durch einen Ratsbeschluß umsetzen lassen, stellt sich schließlich die Frage, ob die Gemeinschaftsorgane gehindert sind, in Bereichen, die von der Vereinbarung der europäischen Sozialpartner erfaßt werden oder die ihre Anwendung betreffen, eine Maßnahme zu erlassen.[1780]

Die Sozialpartner gehen davon aus, daß ihre Vereinbarung einen Bereich abschließend regelt, so daß die Gemeinschaft keine entsprechende Maßnahme erlassen dür-

---

[1778] EAS – Schwarze, B 8100, Rn. 76.

[1779] Siehe das Ergebnis zur Umsetzung durch die Sozialpartner und Mitgliedsstaaten, 4. Teil, C., II., 3., S. 203.

[1780] Diese Frage stellt auch Kampmeyer, Protokoll und Abkommen, 1998, S. 94.

fe.[1781] Dem wird von der Literatur entgegengehalten, daß eine nach Art. 139 Abs. 2 Satz 1 1. Alt EGV durchgeführte Maßnahme möglicherweise nicht in allen Mitgliedsstaaten und für alle Arbeitgeber und Arbeitnehmer in der gleichen Weise gelte.[1782] Eine Gemeinschaftsmaßnahme könne demgegenüber verbindliche Wirkungen herstellen und somit die vorhandenen Anwendungs- und Geltungslücken schließen. Aus diesem Grund seien die Gemeinschaftsorgane nicht gehindert, in demselben Bereich entsprechende oder ähnliche Regelungen zu erlassen. Für die Annahme einer solch weiterbestehenden Gesetzgebungsbefugnis sprechen sicherlich das Interesse der Rechtssicherheit und das Ziel einer gemeinschaftlichen Sozialpolitik. Dennoch ist eine solche Annahme abzulehnen. Sie kommt einer Auslegung der Gemeinschaftsbefugnisse nach dem Subsidiaritätsprinzip im Sinne der Wirksamkeitstheorie sehr nahe. Eine Gemeinschaftsmaßnahme kann immer eine weitreichendere Wirkung herstellen als das Sozialpartner vermögen. Zudem litte Art. 139 EGV an einem inneren Widerspruch, wäre eine in Gang gekommene europäische Kollektivautonomie den beliebigen Regelungszugriffen des Gemeinschaftsgesetzgebers ausgesetzt.[1783] Daher kann eine solch weiterbestehende Gesetzgebungsbefugnis nur angenommen werden, wenn durch die Vereinbarung lediglich ein Teilbereich geregelt wird, also etwa eine nur sektorielle Vereinbarung vorliegt. Dann müssen ergänzende Gemeinschaftsmaßnahmen zulässig bleiben.

IV. Ergebnis

Haben die Sozialpartner bereits vor dem Beginn eigener Planungen durch die Kommission für eine Gemeinschaftsmaßnahme mit Verhandlungen begonnen, tritt die Sperrwirkung nach Art. 138 Abs. 4 EGV ein, sobald die Kommission Kenntnis von den Verhandlungen erhält. Die Neun – Monats – Frist des Art. 138 Abs. 4 EGV gilt dann analog. Kommt eine Vereinbarung der Sozialpartner nach dem Rückgang des Verfahrens an die Kommission nach Ablauf der Frist doch noch zustande, wird der Rat in der Regel die Vereinbarung durch Ratsbeschluß umsetzen müssen, wenn die Vereinbarung eine vergleichbare Reichweite hat. Nach der Verabschiedung einer Gemeinschaftsmaßnahme können die Sozialpartner diese grundsätzlich nicht durch eine eigene abweichende Vereinbarung mehr ändern. Nach der Verabschiedung und Umsetzung einer Sozialpartnervereinbarung kann die Gemeinschaft selbst allenfalls nur noch ergänzende eigene Maßnahmen erlassen.

H. Sonstige Beteiligung der Sozialpartner nach dem EGV

Zum vollständigen Bild des Sozialen Dialogs in der Gemeinschaft gehört schließlich die sonstige Beteiligung der Sozialpartner an Aktivitäten auf Gemeinschaftsebene.

1781 „Vorschläge der Sozialpartner für die Umsetzung des dem Protokoll über die Sozialpolitik im Vertag über die Europäische Union beigefügten Abkommens" vom 29. 10. 1993, abgedruckt in: Europäische Kommission, Soziales Europa, 2 /1995, S. 175 – 176 (176, Ziff. 10.2.).

1782 Kampmeyer, Protokoll und Abkommen, 1998, S. 94.

1783 EAS – Schwarze, B 8100, Rn. 30.

Gemeint sind damit zunächst die neben die nach Art. 138 und 139 EGV bestehenden Einflußmöglichkeiten auf die Aktivitäten der Gemeinschaft tretenden Befugnisse, die den Sozialpartnern durch das Primärrecht eingeräumt werden. Das sind in erster Linie die Umsetzung von Richtlinien und die direkte Beteiligung in anderen Politikbereichen, aber auch die indirekte Beteiligung durch eine Mitwirkung in Ausschüssen. Diese Befugnisse sind nicht eigentlich Bestandteil des „Dialogs“ zwischen den Sozialpartnern.[1784] Allerdings sind die Grenzen durch den in Art. 139 Abs. 2 EGV geregelten Umsetzungsmechanismus ein wenig verschwommen.[1785] Schließlich erfolgt eine exemplarische Analyse von Befugnissen, die den Sozialpartnern durch Sekundärrecht eingeräumt werden können.

I. Beteiligung durch die Umsetzung von Richtlinien gemäß Art. 137 Abs. 4 EGV

Hat die Gemeinschaft unter Inanspruchnahme ihrer Befugnisse gemäß Art. 137 Abs. 2 und 3 EGV und nach Anwendung des Anhörungsverfahrens gemäß Art. 138 EGV eine Richtlinie erlassen, sieht Art. 137 Abs. 4 EGV für die Umsetzung der Richtlinie eine Sonderregelung vor. Neben der grundsätzlichen Umsetzung einer Richtlinie durch die Mitgliedsstaaten wird hier die Möglichkeit zur Umsetzung durch die Sozialpartner eröffnet. Nach Art. 137 Abs. 4 EGV kann ein Mitgliedsstaat auf gemeinsamen Antrag der Sozialpartner diesen die Durchführung der Richtlinie übertragen. In diesen Fällen führen die Sozialpartner Richtlinien aus, die von der Kommission und dem Rat erlassen worden sind.[1786] Damit ist Art. 137 Abs. 4 EGV in gewisser Weise ein Spiegelbild zur Umsetzung sozialpartnerschaftlicher Vereinbarungen durch Ratsbeschluß gemäß Art. 139 Abs. 2 2. Alt. EGV.[1787] Die Sozialpartner agieren hier an Stelle der Mitgliedstaaten.[1788]

Diese Bestimmung ist theoretisch als weitere Verstärkung des Sozialpartnereinflusses auf europäischer Ebene zu werten.[1789] Sie gehört streng genommen allerdings nicht mehr zur Gestaltung europäischen Arbeitsrechts, da sie die Möglichkeit eröffnet, die Sozialpartner auf nationaler Ebene bei der innerstaatlichen Umsetzung von Richtlinien einzuschalten.[1790] Art. 137 Abs. 4 EGV betrifft also nicht den Sozialen Dialog auf Gemeinschaftsebene. Er gehört aber zu einem vollständigen Bild der Rolle der Sozialautonomie in der Gemeinschaft dazu.[1791]

1784 EAS – Schwarze, B 8100, Rn. 89.

1785 EAS – Schwarze, B 8100, Rn. 89.

1786 Krimphove, Europäisches Arbeitsrecht, 1996, S. 77.

1787 EAS – Schwarze, B 8100, Rn. 90.

1788 Krimphove, Europäisches Arbeitsrecht, 1996, S. 77.

1789 Wisskirchen, Der soziale Dialog, 1994, S. 653 (673).

1790 Wisskirchen, Festschrift für Otfried Wlotzke, 1996, S. 793 (804).

1791 EAS – Schwarze, B 8100, Rn. 90.

1. Begriff der Sozialpartner in Art. 137 Abs. 4 EGV

Indem Art. 137 Abs. 4 EGV den Mitgliedstaaten die Übertragung der Richtliniendurchführung gestattet, verweist er auf die nationalen Tarifvertragssysteme. Art. 137 Abs. 4 EGV betrifft die Umsetzung von Gemeinschaftsrecht in das Recht der einzelnen Mitgliedstaten.[1792] Gemeint ist also die Durchführung der Richtlinien im Rahmen des jeweils bestehenden nationalen Tarifvertragssystems; die Sozialpartner werden auf nationaler Ebenen zur Umsetzung der Richtlinien eingeschaltet.[1793] Insoweit bestimmt allein das nationale Recht über die Anerkennung als Sozialpartner.[1794]

Akteure der nationalen Tarifvertragssysteme sind die nationalen Sozialpartner. Folglich ist mit der Übertragung auf die Sozialpartner gemäß Art. 137 Abs. 4 EGV primär gemeint, daß den nationalen Sozialpartnern die Umsetzung der Richtlinien gestattet werden kann.[1795] Theoretisch denkbar ist aber auch, daß die Mitgliedstaaten den am Sozialen Dialog beteiligten europäischen Spitzenverbänden die Umsetzung übertragen, denn die Mitgliedstaaten allein entscheiden über die Umsetzung.[1796] Ihnen obliegt gemäß Art. 249 Abs. 3 EGV die Zuständigkeit und Verantwortung für Form und Mittel der Umsetzung der Richtlinien.[1797] Allerdings ist diese „Rückübertragung" auf die europäische Ebene einerseits systemfremd, da die Übertragung von Rechten, wenn sie einmal auf der europäischen Ebene liegen, grundsätzlich von „oben" nach „unten" erfolgt. Zum andern machte eine solche „Rückübertragung" nur Sinn, wenn sie von allen Mitgliedstaaten ausgesprochen werden würde. Schließlich kann sie von den Sozialpartnern auch selbst nicht gewollt sein. Die europäischen Sozialpartner sind als kleinere Komitees konzipiert, die dazu bestimmt sind, die Rechte der nationalen Sozialpartner auf europäischer Ebene zu vertreten, und nicht umgekehrt die Rechte der nationalen bzw. europäischen Sozialpartner auf nationaler Ebene wahrzunehmen. Aus diesem Grund wären sie letztlich auch gar nicht in der Lage, die Richtlinien in fünfzehn Staaten umzusetzen. Insoweit spricht die Problemlage der des Art. 139 Abs. 2 EGV, wenn es um die Umsetzung der eigenen Vereinbarungen durch die europäischen Sozialpartner geht.[1798]

2. Anwendungsfälle

Art. 137 Abs. 4 EGV gilt seinem Wortlaut nach nur für die Richtlinienkompetenzen in Art. 137 Abs. 2 und 3 EGV. Art. 137 Abs. 4 EGV schreibt die für den Bereich des Arbeitsrechts bereits vor Inkrafttreten des Abkommens über die Sozialpolitik durch

---

1792 Kampmeyer, Protokoll und Abkommen, 1998, S. 83.

1793 Buchner, RdA 1993, S. 193 (203).

1794 Buchner, RdA 1993, S. 193 (202 – 203) vertritt allerdings, daß das Modell des Art. 137 Abs. 4 EGV zumindest mit einem generellen Mandat ausgestattete Verbände voraussetzt.

1795 EAS – Schwarze, B 8100, Rn. 90; Buchner, RdA 1993, S. 193 (203).

1796 A. A. Kampmeyer, Protokoll und Abkommen, 1998, S. 83.

1797 Buchner, RdA 1993, S. 193 (203).

1798 Dazu bereits 4. Teil, C., II., 1., a), (5), S. 196.

den Europäischen Gerichtshof und die Gemeinschaftsorgane anerkannte[1799] und mit der Akzeptanz der Gemeinschaft praktizierte[1800] Übertragung der Richtlinienumsetzung auf die Sozialpartner ausdrücklich fest.[1801] Er entspricht im wesentlichen auch den ausdrücklichen Ermächtigungen zur Übertragung der Rechtsdurchführung auf die Sozialpartner, die sich in vielen EG-Richtlinien zu Arbeitsbedingungen finden.[1802]

Insoweit hat er nur klarstellende Bedeutung. Denn nach Art. 249 Abs. 3 EGV gilt für die Umsetzung von Richtlinien generell, daß die Gemeinschaft den innerstaatlichen Stellen die Wahl der Form und der Mittel freistellt.[1803] Den Mitgliedstaaten steht im Rahmen ihres Ermessens nach Art. 249 Abs. 3 EGV die Möglichkeit offen, die Durchführung von Richtlinien den Sozialpartnern zu übertragen.[1804] Eine Übertragung der Richtlinienumsetzungskompetenz, soweit sie nach den nationalen Rechtsordnungen zulässig ist, ist in allen Fällen einer Richtlinienumsetzung auf mitgliedstaatlicher Ebene möglich, unabhängig vom betroffenen Rechtsgebiet. Mit Art. 137 Abs. 4 EGV und seiner Vorgängernorm[1805] wurde also kein grundsätzlich neues Verfahren eingeführt.[1806] Einer Erweiterung der Regelung des Art. 137 Abs. 4 EGV auf die Normsetzungskompetenzen aus Art. 94, 308 EGV bedarf es folglich auch nicht.[1807] In der ausdrücklichen Erwähnung in Art. 137 Abs. 4 EGV ist für den Bereich des Arbeits- und Sozialrechts keine Beschränkung auf Richtlinien, die nach Art. 137 Abs. 1 und 2 EGV erlassen worden sind, zu sehen.

1799 Die Anerkennung durch den EuGH z. B. in EuGH vom 30. 1. 1985, Rs. 143/83, Kommission der Europäischen Gemeinschaften gegen das Königreich Dänemark, Slg. 1985, S. 427 – 437 (427 Entscheidungsgrund 1, 434, Ziff. 8); EuGH vom 10. 7. 1986, Rs. 235/84, Kommission der Europäischen Gemeinschaften gegen die Italienische Republik, Slg. 1986, S. 2291 – 2304 (S. 2302, Ziff. 20). Die Zulässigkeit der Umsetzung durch Tarifverträge wird auch bereits vorausgesetzt in EuGH vom 8. 6. 1982, Rs. 91/81, Kommission der Europäischen Gemeinschaften gegen die Italienische Republik, Slg. 1982, S. 2133 – 2146 (2140, Ziff. 8, 9). Beispiele für die Anerkennung durch die sonstigen Gemeinschaftsorgane bei Höland ZIAS 1995, S. 425 (438 – 439); Balze, Die sozialpolitischen Kompetenzen der Europäischen Union, 1994, S. 268; Blanpain, Labour Law and Industrial Relations of the European Union, 1992, Rn. 104.

1800 Etwa in Belgien und Dänemark; zu Belgien noch 4. Teil, H., I., 5., a), S. 270.

1801 EAS – Schwarze, B 8100, Rn. 90; Blanpain/Schmidt/Schweibert, Europäisches Arbeitsrecht, 1996, Rn. 163, 165.

1802 Z. B. Artikel 2 Abs. 1 der Richtlinie 92/56/EWG des Rates vom 24. 6. 1992 zur Änderung der Richtlinie 75/129/EWG zur Angleichung der Rechtsvorschriften der Mitgliedstaaten über Massenentlassungen, Abl. EG 1992, L 245, S. 3; Artikel 9 Abs. 1 der Richtlinie des Rates 91/533/EWG vom 14. 10. 1991 über die Pflicht des Arbeitgebers zur Unterrichtung des Arbeitnehmers über die für seinen Arbeitsvertrag oder sein Arbeitsverhältnis geltenden Bedingungen, Abl. EG 1991, L 288, S. 32.

1803 Buchner, RdA 1993, S. 193 (202).

1804 EAS – Schwarze, B 8100, Rn. 90; Buchner, RdA 1993, S. 201 (202).

1805 Art. 2 Abs. 4 AbkSozP.

1806 Blanpain/Schmidt/Schweibert, Europäisches Arbeitsrecht, 1996, Rn. 163; Buchner, RdA 1993, S. 193 (202); Watson, CMLRev. 1993, S. 481 (505 f).

1807 So aber ein Teil der Literatur, der Art. 137 Abs. 4 EGV dahingehend erweitert, daß alle Richtlinien des Europäischen Arbeits- und Sozialrechts einer Umsetzung durch die Sozialpartner zugänglich sein sollen. Siehe Krimphove, Europäisches Arbeitsrecht, 1996, S. 77.

Aus diesem Grunde ist auch die Auffassung in der Literatur abzulehnen, daß, wenn der Rat einen umsetzenden Beschluß nach Art. 139Abs. 2 2. Alt. EGV gefaßt habe, dieser nicht gemäß Art. 137 Abs. 4 EGV anschließend von den Sozialpartnern der Mitgliedstaaten umgesetzte werden könne, da es sich nicht um eine Richtlinie des Art. 137 Abs. 2 oder 3 EGV handele.[1808] Ergeht der Ratsbeschluß in Form einer Richtlinie, ist die umgesetzte Vereinbarung eine Richtlinie wie jede andere auch und kann von den Mitgliedstaaten zur Umsetzung an die Sozialpartner weitergegeben werden.

3. Verfahren

Art. 137 Abs. 4 EGV verlangt, wie auch Art. 139 Abs. 2 2. Alt. EGV einen gemeinsamen Antrag der Sozialpartner. An diesen Antrag können nicht so strenge Voraussetzungen wie an den aus Art. 139 Abs. 2 2. Alt. EGV oder an die Mitteilung nach Art. 138 Abs. 4 EGV gestellt werden. Denn hier handelt es sich um die Umsetzung durch die nationalen Sozialpartner im Rahmen der nationalen Rechtsordnungen. Von allen nationalen Sozialpartnern einen gemeinsamen Antrag bei allen Mitgliedstaaten zu verlangen, dürfte kaum realisierbar sein.[1809] Denkbar ist ein solcher gemeinsamer Antrag allenfalls dann, wenn die europäischen Sozialpartner im Namen der von ihnen vertretenden nationalen Organisationen einen entsprechenden Antrag stellen. Für einen gemeinsamen Antrag besteht aber auch kein Bedürfnis, da den Mitgliedstaaten selbst die Auswahl von Form und Mitteln der Umsetzung obliegt, so daß es im Regelfall zu einer Vielzahl unterschiedlichster Umsetzungen kommt. Nach Ansicht der Kommission sind daher die Sozialpartner auch gar nicht aufgefordert, einen gemeinsamen Antrag vor der Verhandlung vorzulegen, deren Ziel eine Vereinbarung zur Durchführung der Richtlinie ist.[1810] Es soll noch nicht einmal landesintern eines Antrags der nationalen Sozialpartner an den Mitgliedstaat bedürfen. Der Abschluß einer Vereinbarung an sich und deren Weiterleitung an die zuständige Stelle des Mitgliedstaates sei als ein stillschweigender gemeinsamer Antrag im Rahmen von Art. 137 Abs. 4 Uabs. 1 EGV zu sehen[1811] und dokumentiere ausreichend den erforderlichen Konsens der nationalen Sozialpartner über die Gestaltung der umzusetzenden Regelung.[1812]

Dies entbindet die Sozialpartner aber nicht von jeder Beachtung formeller Voraussetzungen. Gemäß Art. 137 Abs. 4 Uabs. 2 EGV müssen sie bis zu dem Zeitpunkt, in

---

1808 So Kampmeyer, Protokoll und Abkommen, 1998, S. 100. Wie hier: Vorschläge der Sozialpartner für die Umsetzung des dem Protokoll über die Sozialpolitik im Vertrag über die Europäische Union beigefügten Abkommens vom 29. 10. 1993, abgedruckt in: Europäische Kommission, Soziales Europa 2 /1995, S. 175 – 176 (176, Ziff. 11).

1809 Buchner, RdA 1993, S. 193 (202).

1810 Mitteilung der Kommission über die Anwendung des Protokolls über die Sozialpolitik an den Rat und an das Europäische Parlament, KOM (93) 600 endg. vom 14. 12. 1993, S. 18, Rn. 46.

1811 Mitteilung der Kommission über die Anwendung des Protokolls über die Sozialpolitik an den Rat und an das Europäische Parlament, KOM (93) 600 endg. vom 14. 12. 1993, S. 18, Rn. 46.

1812 Buchner, RdA 1993, S. 193 (202).

dem die Richtlinie umgesetzt sein muß, im Wege einer Vereinbarung die erforderlichen Vorkehrungen für deren Geltung getroffen haben. Denn auch die Durchführung einer Richtlinie im Wege eines Tarifvertrages hat spätestens zu dem Zeitpunkt zu erfolgen, zu dem eine Richtlinie nach Art. 249 EGV umgesetzt sein muß.[1813]

4. Gewährleistung der Umsetzung durch den Mitgliedstaat

Art. 137 Abs. 4 EGV verpflichtet die Mitgliedstaaten, sich zu vergewissern, daß die Sozialpartner zu dem Zeitpunkt, zu dem die Richtlinie nach Art. 249 EGV umgesetzt sein muß, im Weg einer Vereinbarung die erforderlichen Vorkehrungen getroffen haben. Dabei hat der Mitgliedsstaat alle erforderlichen Maßnahmen zu treffen, um jederzeit gewährleisten zu können, daß die durch die Richtlinie vorgeschriebenen Ergebnisse erzielt werden. Auch bei der Umsetzung sozialpolitischer Richtlinien durch Kollektivvereinbarungen der Sozialpartner müssen die allgemeinen Anforderungen an Rechtssicherheit und allgemeine Geltung der gemeinschaftlichen Regelungen erfüllt werden.[1814] Der Mitgliedsstaat muß die notwendigen Vorkehrungen treffen, um die Erzielung der mit der Richtlinie bezweckten Ergebnisse sicherzustellen.[1815]

Da die Mitgliedstaaten aber gewährleisten müssen, daß die in der Richtlinie vorgesehenen Ergebnisse auch vollständig erzielt werden, bedarf es rechtlicher Vorkehrungen, die zu einer Art Allgemeinverbindlichkeit der Sozialparnterverträge mit umfassender flächendekender Wirkung im persönlichen, regionalen und fachlichen Geltungsbereich führen müssen.[1816]

a) Garantenstellung der Mitgliedstaaten einerseits

Art. 137 Abs. 4 Uabs. 2 EGV begründet eine Garantenstellung der Mitgliedstaaten für die Umsetzung der Richtlinie, die im Ergebnis zu einer „Rechtsaufsicht" über die mitgliedsstaatlichen Sozialpartner führt.[1817]

Der Europäische Gerichtshof hat diese Verpflichtungen der Mitgliedsstaaten und die konkreten Bedingungen ihrer subsidiären Einstandspflicht – vor allem im Hinblick auf die Anwendungslücken bei fehlender Tarifbindung oder mangelhafter inhaltlicher Umsetzung in den Tarifverträgen – bereits in mehreren Entscheidungen präzisiert.[1818]

1813 Mitteilung der Kommission über die Anwendung des Protokolls über die Sozialpolitik an den Rat und an das Europäische Parlament, KOM (93) 600 endg. vom 14. 12. 1993, S. 17, Rn. 43 noch zu Art. 189 EGV. Auch Blanpain/Schmidt/Schweibert, Europäisches Arbeitsrecht, 1996, Rn. 165.

1814 Kampmeyer, Protokoll und Abkommen, 1998, S. 83, 84.

1815 Blanpain/Schmidt/Schweibert, Europäisches Arbeitsrecht, 1996, Rn. 166.

1816 Wisskirchen, Festschrift für Otfried Wlotzke, 1996, S. 793 (804); Lenz – Coen, Art. 137, Rn. 34.

1817 Buchner, RdA 1993, S. 193 (202); Blanpain/Schmidt/Schweibert, Europäisches Arbeitsrecht, 1996, Rn. 166; Höland, ZIAS 1995, S. 425 (439); Kampmeyer, Protokoll und Abkommen, 1998, S. 84.

1818 Z. B. EuGH vom 10. 7. 1986, Rs. 235/84, Kommission der Europäischen Gemeinschaften gegen die Italienische Republik, Slg. 1986, S. 2291 – 2304 (S. 2302, Ziff. 20); EuGH vom 8. 6. 1982,

Der Mitgliedsstaat muß zum einen die Einhaltung der Umsetzungsfrist beachten und dafür sorgen, daß die Richtlinie innerhalb der vorgesehenen Frist ordnungsgemäß umgesetzt wird.[1819] Zum zweiten muß er sicherstellen, „daß die durch die Richtlinie vorgeschriebenen Ergebnisse erzielt werden".[1820] Er hat sich über die Einleitung der erforderlichen Maßnahmen zu vergewissern und muß prüfen, ob die Ziele der Richtlinie vollständig durch die Tarifverträge erreicht werden können.[1821] Notfalls muß er selbst die Durchführung übernehmen oder ergänzende Maßnahmen treffen.[1822] Die Mitgliedsstaaten sind verpflichtet, durch geeignete Rechts- und Verwaltungsvorschriften sicherzustellen, daß alle Arbeitnehmer der Gemeinschaft in vollem Umfang den Schutz der Richtlinie in Anspruch nehmen können.[1823] Die staatliche Garantie muß in allen Fälle gelten, in denen eine verbindliche Umsetzung der Richtlinie durch die Sozialpartner nicht gewährleistet ist.[1824]Dies gilt etwa dann, wenn ein Tarifvertrag das Ziel der Richtlinien nicht in vollem Umfang garantiert, der Tarifvertrag nur für bestimmte Wirtschaftsbereiche gilt oder auf Arbeitgeberverbände oder Unternehmen sowie auf die Gewerkschaften beschränkt ist, die den Vertrag geschlossen haben.[1825]

Die daraus resultierende „Staatsaufsicht" über die nationalen Sozialpartner ist mit dem Wesen der Tarifautonomie durchaus vereinbar.[1826] Es geht nämlich um einen Regelungsgegenstand, der auch ohne die Beteiligung der Tarifpartner vom staatlichen Gesetzgeber geregelt werden könnte.[1827] Im Einzelfall kann ein Mitgliedstaat allerdings durch seine nationale Rechtsordnung verpflichtet sein, den Sozialpartnern die Durchführung der Vereinbarung zu übertragen. Das entbindet ihn aus europarechtlicher Sicht aber nicht von der Gewährleistung für das Erreichen des Richtlinienziels. In diesem Zusammenhang ist schließlich die Regelung in Art. 136 Uabs. 2 EGV von Relevanz, wonach die Vielfalt der einzelstaatlichen Gepflogenheiten, insbesondere in den vertraglichen Beziehungen, stets Berücksichtigung finden soll.[1828]

Rs. 91/81, Kommission der Europäischen Gemeinschaften gegen die Italienische Republik, Slg. 1982, S. 2133 - 2146 (2140, Ziff. 8, 9); EuGH vom 30. 1. 1985, Rs. 143/83, Kommission der Europäischen Gemeinschaften gegen das Königreich Dänemark, Slg. 1985, S. 427 - 437 (427 Entscheidungsgrund 1, 434, Ziff. 8).

1819 EAS - Schwarze, B 8100, Rn. 92; Franzen, ZEuP 1995, S. 796 (804); Kampmeyer, Protokoll und Abkommen, 1998, S. 84.

1820 EAS - Schwarze, B 8100, Rn. 92; Franzen, ZEuP 1995, S. 796 (804); Kampmeyer, Protokoll und Abkommen, 1998, S. 84.

1821 Kampmeyer, Protokoll und Abkommen, 1998, S. 84.

1822 EAS - Schwarze, B 8100, Rn. 92; Mitteilung der Kommission über die Anwendung des Protokolls über die Sozialpolitik an den Rat und an das Europäische Parlament, KOM (93) 600 endg. vom 14. 12. 1993, S. 18, Ziff. 47.

1823 Kampmeyer, Protokoll und Abkommen, 1998, S. 84.

1824 Kampmeyer, Protokoll und Abkommen, 1998, S. 84.

1825 Kampmeyer, Protokoll und Abkommen, 1998, S. 84, 85.

1826 Kritisch: Höland, ZIAS 1995, 421 (439), der diese Rechtsaufsicht für „nicht gut verträglich" mit dem Grundsatz der Tarifautonomie hält.

1827 EAS - Schwarze, B 8100, Rn. 92.

1828 Blanpain/Schmidt/Schweibert, Europäisches Arbeitsrecht, 1996, Rn. 166.

b) Keine Pflicht zur Erleichterung der Umsetzung andererseits

Die Sozialpartner müssen die Durchführung der Richtlinien mit den ihnen zu Gebote stehenden Mitteln bewerkstelligen. Die Übertragung der Aufgabe seitens des Mitgliedstaates beinhaltet nicht die Ausstattung mit zusätzlicher Rechtssetzungsmacht.[1829] Wenn der Staat, wie die 27. Erklärung zu Art. 139 Abs. 2 EGV klarstellt, schon bei der Umsetzung von Vereinbarungen durch die Sozialpartner selbst keinerlei Erleichterung schaffen muß, dann auch nicht bei der Richtlinienumsetzung etwa durch eine Allgemeinverbindlichkeitserklärung.[1830] Mit der Ablehnung einer mitgliedsstaatlichen Pflicht zur Erleichterung der sozialpartnereigenen Umsetzung wird der Kernbereich der Tarifautonomie auch nicht verletzt.[1831] Zwar darf die vom Koalitionsgrundrecht geschützte Tarifautonomie nicht ausgehöhlt werden.[1832] Das ist aber jeweils eine Frage des mitgliedsstaatlichen Rechts und begründet keine Pflicht des Europarechts. Auch nach Auffassung der Kommission verlangt Art. 137 Abs. 4 EGV von den Mitgliedstaaten weder die Aufstellung eines besonderen oder speziellen Verfahrens noch das Vorhandensein eines ausdrücklichen offiziellen, den Sozialpartnern zu erteilenden Mandats.[1833] Eine solche Pflicht kann sich allenfalls aus den nationalstaatlichen Rechtsordnungen ergeben.

c) Möglichkeiten der Gemeinschaftsorgane bei Nichtumsetzung durch die Sozialpartner

Schließlich wird in der Literatur die Frage nach den Einflußmöglichkeiten der Kommission bzw. des Rates bezüglich der Art und Weise des Erlasses von Durchführungsbestimmungen gestellt.[1834]

Es wird dafür plädiert, in diesen Fällen die Sozialpartner als „Beliehene" des Gemeinschaftsgesetzgebers anzusehen und ihm jene Kontrollkompetenzen bei dem Erlaß von Durchführungsnormen zu geben, die dem Rat in bezug auf die Kommission als Organ des Erlasses von Durchführungvorschriften entsprechend zustehen.[1835]

1829 EAS – Schwarze, B 8100, Rn. 91.

1830 Konzen, EuZW 1995, S. 39 (47). Auch nach Buchner, RdA 1993, S. 193 (200 – 201) steht das Institut der Allgemeinverbindlichkeitserklärung in Verbindung mit einer tariflichen Vereinbarung bei der Umsetzung durch einen Mitgliedstaat grundsätzlich zur Verfügung.

1831 Konzen, EuZW 1995, S. 39 (47).

1832 BVerfG, Beschluß vom 19. 10. 1966, Rs. 1 BvL 24/65, Band 20, , S. 312 – 322 (317); BVerfG, Beschluß vom 24. 5. 1977, Rs. 2 BvL 11/74, Band 44, S. 322 – 353 (340 – 341); BVerfG, Entscheidung vom 1. 3. 1979, Rs. 1 BvR 532, 533/77, 419/78 und 1 BvL 21/78, Band 50, S. 290 – 381 (367); BVerfG, Beschluß vom 14. 6. 1983, Rs. 2 BvR 488/80, Band 64, S. 208 – 216 (215); aus der Literatur: Däubler, EuZW 1992, 329 (331 f); Wisskirchen, Der soziale Dialog, 1994, S. 653 (658); Karthaus, ArbuR 1997, S. 221 (222);Konzen, EuZW 1995, S. 39 (47).

1833 Mitteilung der Kommission über die Anwendung des Protokolls über die Sozialpolitik an den Rat und an das Europäische Parlament, KOM (93) 600 endg. vom 14. 12. 1993, S. 17 – 18, Ziff. 46.

1834 Krimphove, Europäisches Arbeitsrecht, 1996, S. 77, Fn. 269.

1835 Krimphove, Europäisches Arbeitsrecht, 1996, S. 77, Fn. 269.

Für eine solche Ausdehnung besteht jedoch kein Bedürfnis. Die Adressaten für die Umsetzung der Richtlinien aus Sicht der Gemeinschaft sind nämlich die Mitgliedstaaten, die im Rahmen ihrer Kompetenzen die Durchführungsbefugnis an die Sozialpartner weiterleiten. Daraus ergibt sich auch die Garantenstellung der Mitgliedsstaaten, die unerheblich wäre, wenn sie die Mitgliedstaaten nicht haftbar machen würde. Im Verhältnis zur Gemeinschaft muß daher der einzelne Mitgliedsstaat für die Umsetzung verantwortlich sein und nicht die einzelnen Sozialpartner. Will die Gemeinschaft auf die Umsetzung Einfluß nehmen, muß sie sich daher an die Mitgliedstaaten wenden. Auch bei der Durchführung der Richtlinien nach Art. 137 Abs. 4 EGV kann die Kommission gemäß Art. 226 EGV den Gerichtshof anrufen.[1836] Den einzelnen Mitgliedstaat trifft gegenüber der Gemeinschaft eine Einstandspflicht für die ordnungsgemäße Umsetzung der Richtlinie durch die Sozialpartner, die mit einem Vertragsverletzungsverfahren sanktioniert werden kann.[1837]

d) Ergebnis

Damit sind die Mitgliedstaaten bei der Umsetzung von Richtlinien durch die Sozialpartner aus europarechtlicher Sicht verpflichtet, für die ausreichende Umsetzung durch die Sozialpartner zu sorgen und zwar in der gleichen Art und Weise, als wären sie selbst regelnd tätig. Ob sie gegenüber den nationalen Sozialpartnern verpflichtet sind, bei der Umsetzung zu helfen, ist allein eine Frage des nationalen Rechts.

5. Die derzeitige praktische Bedeutung von Art. 137 Abs. 4 EGV

Damit die in der Richtlinie vorgesehenen Ergebnisse vollständig erzielt werden, bedarf es in der Regel eines branchenübergreifenden Tarifvertrags, bzw. eines Regelungsgefüges, das eine vergleichbare Reichweite erzielen kann.[1838] Die Tarifverträge müssen jedenfalls, auf welche Weise auch immer, erga omnes Wirkung entfalten und für sämtliche, dem Anwendungsbereich der Richtlinie unterfallende Arbeitgeber und Arbeitnehmer rechtsverbindlich sein.[1839] Die Bindungswirkung der Tarifverträge muß dergestalt sein, daß sich die Arbeitsvertragsparteien den Regelungen nicht entziehen können. Darüber hinaus muß sichergestellt sein, daß der Tarifvertrag im Falle der Kündigung durch die Tarifvertragsparteien zumindest bis zum Inkrafttreten eines neuen, die Richtlinie umsetzenden Rechtsaktes nachwirkt.[1840] Es bedarf also rechtli-

---

1836 Kampmeyer, Protokoll und Abkommen, 1998, S. 85.

1837 EuGH vom 30. 1. 1985, Rs. 143/83, Kommission der Europäischen Gemeinschaften gegen das Königreich Dänemark, Slg. 1985, S. 427 – 437 (427 Entscheidungsgrund 1, 434, Ziff. 8); aus der Literatur EAS – Schwarze, B 8100, Rn. 92; Grabitz/Hilf – Langenfeld, Nach Art. 122, Art. 2 AbkSozP, Rn. 11.

1838 Blanpain/Schmidt/Schweibert, Europäisches Arbeitsrecht, 1996, Rn. 162.

1839 Blanpain/Schmidt/Schweibert, Europäisches Arbeitsrecht, 1996, Rn. 162.

1840 Blanpain/Schmidt/Schweibert, Europäisches Arbeitsrecht, 1996, Rn. 162.

cher Vorkehrungen, die zu einer Art Allgemeinverbindlichkeit mit umfassender Wirkung im persönlichen, regionalen und fachlichen Geltungsbereich führen müßten.[1841]

Die Praktizierung dieses Verfahrens wird daher nicht zuletzt davon abhängen, ob die nationale Rechtslage es gestattet, zu einer flächendeckenden Geltung des Richtlinieninhalts zu kommen.[1842] Derzeit verfügen nur einige Mitgliedstaaten über ein Tarifvertragssystem, das für die Umsetzung von Gemeinschaftsrichtlinien in nationales Recht tauglich ist.[1843] Dies dürften Belgien und Dänemark sein.[1844]

a) Die Umsetzung durch die Sozialpartner in Belgien

In Belgien besteht die Möglichkeit, Tarifverträge auf den gesamten privaten Sektor durch ein königliches Dekret, das einer Regierungsentscheidung gleichkommt, auszudehnen.[1845] Die Durchführung der durch königliches Dekret für verbindlich erklärten Tarifverträge ist strafrechtlich sanktioniert. Nach der Kündigung des Tarifvertrags wirken die Tarifnormen zudem bezüglich des normativen Teils in der Weise nach, daß sie als Bestandteil der Einzelverträge derjenigen Arbeitnehmer angesehen werden, die von dem für verbindlich erklärten Tarifvertrag erfaßt werden. Eine derartige Erweiterung von Tarifverträgen war in Belgien in der Vergangenheit ständige Praxis. So wurden beispielsweise die Massenentlassungsrichtlinie 75/129/EWG sowie die Richtlinie zur Regelung des Betriebsübergangs 77/187 EWG in belgisches Recht ganz oder zum Teil mittels eines erweiterten Tarifvertrages umgesetzt.

b) Die Umsetzung in Deutschland

Für den Bereich der Bundesrepublik scheidet die Umsetzung durch die Sozialpartner gemäß Art. 137 Abs. 4 EGV allerdings aus, weil sie praktisch nicht durchzuführen ist.[1846] Die einheitliche und flächendeckende Umsetzung von Richtlinien kann über Tarifverträge im Regelfall nicht sichergestellt werden.[1847] In Deutschland fehlt es insoweit an allen Voraussetzungen.[1848]

1841 Wisskirchen, Festschrift für Otfried Wlotzke, 1996, S. 793 (804).

1842 Wisskirchen, Der soziale Dialog, 1994, S. 653 (673): die branchenbezogene deutsche Tarifvertragspraxis und das deutsche Tarifvertragsrecht, insbesondere die Regelung der Tarifgebundenheit gemäß § 3 TVG, reichen selbst unter Einsatz einer Allgemeinverbindlichkeitserklärung gemäß § 5 TVG, dafür regelmäßig nicht.

1843 Blanpain/Schmidt/Schweibert, Europäisches Arbeitsrecht, 1996, Rn. 164.

1844 Konzen, EuZW 1995, S. 39 (47); EAS - Schwarze, B 8100, Fn. 216; Blanpain/Schmidt/Schweibert, Europäisches Arbeitsrecht, 1996, Rn. 164 nehmen dagegen eine solche Möglichkeit auch in Deutschland und Frankreich an. Exemplarisch wird im folgenden das Tarifvertragsrecht Dänemarks dargestellt.

1845 Zu dem Beispielsfall Belgien Blanpain/Schmidt/Schweibert, Europäisches Arbeitsrecht, 1996, Rn. 163.

1846 Buchner, RdA 1993, S. 193 (202); Vorsichtiger Kampmeyer, Protokoll und Abkommen, 1998, S. 85, die eine Durchführung der Richtlinien auf diesem Weg für schwer vorstellbar hält.

1847 Buchner, RdA 1993, S. 193 (202); Kampmeyer, Protokoll und Abkommen, 1998, S. 85.

1848 Wisskirchen, Festschrift für Otfried Wlotzke, 1996, S. 793 (804).

Hauptgrund sind zunächst die verteilten Tarifzuständigkeiten.[1849] Soweit es um eine branchenübergreifende Regelung geht, gibt es schon keine umfassende Tarifzuständigkeit.[1850] Die Verbände aller Branchen müßten daher in einem koordinierten Verfahren mitwirken[1851]

Darüber hinaus haben Tarifverträge in der Bundesrepublik Deutschland nur eine beschränkte Bindungswirkung.[1852] Außenseiter können durch tarifvertragliche Abschluß-, Inhalts- und Beendigungsnormen nicht gebunden werden.[1853] Die Tarifverträge entfalten gemäß § 3 Abs. 1 TVG nur gegenüber Verbandsangehörigen beziehungsweise gemäß § 3 Abs. 2 TVG bei bestimmten Normen auch gegenüber Arbeitnehmern verbandsangehöriger Arbeitgeber Bindungswirkung. Die Richtlinien fordern als staatliches Recht aber Geltung für alle, die in ihren Regelungsbereich fallen.[1854]

Eine ordnungsgemäße Umsetzung der Richtlinien könnte in Deutschland daher allenfalls durch eine von den Verbänden aller Branchen beantragte Allgemeinverbindlichkeitserklärung der vereinbarten Tarifverträge erfolgen, die jedoch gemäß § 5 Abs. 1 TVG an enge Voraussetzungen geknüpft ist und in der Praxis nur schwer zu erreichen sein wird.[1855] Die Allgemeinverbindlichkeitserklärung setzt gemäß § 5 Abs. 1 Nr. 2 TVG nämlich voraus, daß die tarifgebundenen Arbeitgeber nicht weniger als 50 vom Hundert der unter den Geltungsbereich des Tarifvertrages fallenden Arbeitnehmer beschäftigen und sie zudem flächendeckend jeweils die Allgemeinverbindlicherklärung beantragen.[1856] Ein sozialer Notstand, der diese Voraussetzung gemäß § 5 Abs. 1 TVG verzichtbar macht, dürfte selten vorliegen. Er ist jedenfalls nicht schon mit dem Umsetzungsbedürfnis allein zu begründen.[1857]

c) Bewertung

Angesichts der geschilderten Probleme bei der praktischen Umsetzung der Möglichkeiten nach Art. 137 Abs. 4 EGV ist nicht zu erwarten, daß Art. 137 Abs. 4 EGV in der Praxis der Rechtssetzung von größerer Bedeutung sein wird.[1858] Die Rechtsordnungen der Mitgliedstaaten sehen nur zum Teil Allgemeinverbindlichkeitserklärun-

---

1849 Kampmeyer, Protokoll und Abkommen, 1998, S. 85; Konzen, EuZW 1995, S. 39 (47).

1850 EAS – Schwarze, B 8100, Rn. 91; Buchner, RdA 1993, 193, (202); Konzen, EuZW 1995, 39 (47).

1851 Buchner, RdA 1993, S. 193 (202).

1852 EAS – Schwarze, B 8100, Rn. 91.

1853 Konzen, EuZW 1995, S. 39 (47); Kampmeyer, Protokoll und Abkommen, 1998, S. 85.

1854 EAS – Schwarze, B 8100, Rn. 91; Watson, CMLRev. 1993, S. 481 (505 – 506); Blanpain, Labour Law and Industrial Relations of the European Union, 1992, Rn. 103.

1855 Kampmeyer, Protokoll und Abkommen, 1998, S. 85; Lenz – Coen, Art. 137, Rn. 34; Zur Anwendung des Institut der Allgemeinverbindlicherklärung nach § 5 TVG in diesem Fall auch Franzen, ZEuP 1995, S. 796 (804).

1856 EAS – Schwarze, B 8100, Rn. 91.

1857 EAS – Schwarze, B 8100, Rn. 91; im Ergebnis ebenso Konzen, EuZW 1995, S. 39 (47) in einem Vergleich zur Umsetzung nach Art. 4 Abs. 2 AbkSozP.

1858 Kampmeyer, Protokoll und Abkommen, 1998, S. 85; So auch Wisskirchen, Der soziale Dialog, 1994, S. 653 (672, 673).

gen von Tarifverträgen vor oder begrenzen die Laufzeit von Tarifverträgen ausdrücklich.[1859] Im Sinne einer größtmöglichen Autonomie der Sozialpartner und auch der Mitgliedstaaten ist es aber dennoch eine begrüßenswerte Regelung.

6. Ergebnis

Bei dieser Variante der Durchführung zeigen sich die gleichen Probleme, wie bei der Durchführung der Sozialpartnervereinbarungen nach den Gepflogenheiten der Mitgliedsstaaten.[1860] Es gibt keine Garantie einheitlichen Rechts, und die nicht tariflich gebundenen Arbeitnehmer und Arbeitgeber unterliegen nicht den entsprechenden Regelungen eines Tarifvertrags. Allerdings müssen bei Art. 139 Abs. 2 EGV die Mitgliedstaaten die Umsetzung nicht garantieren. Art. 139 Abs. 2 EGV enthält keine rechtliche Verpflichtung zur Durchführung der Vereinbarungen. Dies verhält sich nach Art. 137 Abs. 4 EGV, wie aufgezeigt, anders.

II. Die unmittelbare Berücksichtigung der Sozialpartner im Beschäftigungskapitel

Der EGV erwähnt die Sozialpartner neben den Sozialvorschriften unmittelbar nur an zwei weiteren Stellen, und zwar in dem durch den Vertrag von Amsterdam neu eingefügten Beschäftigungskapitel in Art. 126 und 130 EGV.

Gemäß Art. 126 EGV betrachten die Mitgliedstaaten „die Förderung der Beschäftigung als Angelegenheit von gemeinsamem Interesse und stimmen ihre diesbezüglichen Tätigkeiten nach Maßgabe des Art. 128 EGV im Rat aufeinander ab, wobei die einzelstaatlichen Gepflogenheiten in bezug auf die Verantwortung der Sozialpartner berücksichtigt werden". Art. 126 EGV enthält damit einen Vorbehalt zugunsten der Verantwortung der Sozialpartner.[1861] Wie der Zusammenhang mit den einzelstaatlichen Gepflogenheiten zeigt, sind hier von dem Vorbehalt nur die mitgliedstaatlichen Sozialpartner erfaßt.[1862] Durch den Vorbehalt wird der herausragenden Rolle der Sozialpartner in den Mitgliedstaaten im Bereich der Beschäftigungspolitik Rechnung getragen und klargestellt, daß weder der Gemeinschaft, noch den Mitgliedstaaten durch das neue Kapitel Möglichkeiten eröffnet werden, mit denen sie die Tätigkeitsfelder der Sozialpartner nach den mitgliedstaatlichen Rechtsordnungen an sich ziehen könnten.[1863]

Art. 126 Abs. 2 EGV normiert einen Vorbehalt zugunsten der nationalen Sozialpartner, deren Gepflogenheiten bei der Abstimmung der nationalen Beschäftigungsförderungen zu berücksichtigen sind.[1864] Dieser Vorbehalt reicht jedoch nicht soweit, daß

[1859] Kampmeyer, Protokoll und Abkommen, 1998, S. 85.

[1860] Im Ergebnis ebenso aber umgekehrt, da Art. 4 Abs. 2 AbkSozP vor den gleichen Problemen stehe wie Art. 2 Abs. 4 AbkSozP Kampmeyer, Protokoll und Abkommen, 1998, S. 90.

[1861] Callies/Ruffert – Krebber, Art. 126 EGV, Rn. 4.

[1862] Callies/Ruffert – Krebber, Art. 126 EGV, Rn. 4.

[1863] Zu den neuen Befugnissen der Gemeinschaft in diesem Bereich siehe 2. Teil, C., S. 85.

[1864] Callies/Ruffert – Krebber, Art. 126 EGV, Rn. 4.

einzelne Mitgliedstaaten der Abstimmung der Beschäftigungspolitiken mitgliedstaatliche Besonderheiten entgegenhalten und sich unter Berufung auf die Gepflogenheiten der Sozialpartner der Durchführung oder Umsetzung dieser Gemeinschaftspolitik entziehen könnten.[1865] Vielmehr ist er eng auszulegen und gewahrt, wenn die nationalen Besonderheiten bezüglich der Verantwortung der Sozialpartner in den Abstimmungsprozeß mit einbezogen werden. Art. 126 Abs. 2 EGV verlangt dagegen nicht, daß diese Einwände auch durchschlagen.[1866] Daraus ergibt sich schon, daß den nationalen Sozialpartnern hier keine Aufgaben und Befugnisse eingeräumt werden. Nur den Mitgliedstaaten wird die Berücksichtigung nationalstaatlich eingeräumter Sozialpartnerbefugnisse bei der Wahrnehmung ihrer „neuen Aufgaben" im Bereich der Beschäftigungspolitik aufgetragen. Die Sozialpartner haben auf diese Weise nur ein „passives" Recht in Form einer ähnlichen Position, wie sie bereits zuvor den mitgliedstaatlichen Bedingungen und technischen Regelungen durch Art. 137 EGV zugewiesen worden war, erhalten. Umgekehrt dürfte sich aus Art. 126 Abs. 1 EGV angesichts des Wortlauts, der auf einen Vorbehalt zugunsten und nicht zu Lasten der Sozialpartner hinweist, auch keine Pflicht der Sozialpartner herleiten lassen, ebenso wie die Mitgliedsstaaten im Sinne des Abs. 1 auf die Interessen der anderen Mitgliedstaaten und der Gemeinschaft Rücksicht zu nehmen.[1867]

Die zweite ausdrückliche Erwähnung finden die Sozialpartner in Art. 130 Abs. 2 EGV. Gemäß Art. 130 Abs. 2 EGV hat der neu geschaffene Beschäftigungsausschuß[1868] bei der Erfüllung seines Auftrags die Sozialpartner zu hören. Unklar ist, ob damit die mitgliedsstaatlichen oder die europäischen Sozialpartner gemeint sind. Für beides ließen sich Gründe aufführen.[1869] Aus der systematischen Überlegung heraus, daß mitgliedsstaatliche Institutionen in der Regel an gemeinschaftlichen Verfahren nicht beteiligt werden und aufgrund der Undurchführbarkeit einer Anhörung der mitgliedstaatlichen Sozialpartner, ist es überzeugender, Art. 130 Abs. 2 EGV auf die Sozialpartner auf Gemeinschaftsebene zu beschränken.[1870] Begründet wird hier also ein zusätzliches Anhörungsrecht der europäischen Sozialpartnerorganisationen gegenüber dem Ausschuß. Es hat aber nicht so weitreichende Auswirkungen, wie die Anhörungsrechte nach Art. 138 EGV, da der zur Anhörung verpflichtete Ausschuß selbst nur unterstützende Aufgaben hat. Gewährleistet werden soll nur, daß die für die Beschäftigungspolitik eine bedeutende Rolle spielenden Sozialpartner auch bei gemeinschaftseigenen Maßnahmen in diesem Bereich beachtet werden, und die Organisationen Gehör erhalten. Insoweit wird ihnen eine wichtige Rolle im Rahmen der europäischen Beschäftigungsstrategie zugewiesen.[1871]

[1865] Im Bereich der Sozialpolitik hatte der EuGH bereits bei der Entgeltgleichheit einen Vorrang der innerstaatlichen Tarifautonomie abgelehnt; EuGH vom 7. 2. 1991, Rs. C – 184/89, Helga Nimz gegen Freie und Hansestadt Hamburg, Slg. 1991, S. 297 – 322, (321, Rn. 19, 20).

[1866] Callies/Ruffert – Krebber, Art. 126 EGV, Rn. 4.

[1867] Callies/Ruffert – Krebber, Art. 126 EGV, Rn. 4.

[1868] Zu dem Beschäftigungsausschuß 2. Teil, C., III., S. 89.

[1869] Callies/Ruffert – Krebber, Art. 130 EGV, Rn. 2.

[1870] Callies/Ruffert – Krebber, Art. 130 EGV, Rn. 2.

[1871] Lenz – Coen, Art. 130, Rn. 4.

III. Die Mittelbare Beteiligung durch Ausschüsse

Die Arbeitnehmer und Arbeitgeber – zum Teil vertreten durch ihre Sozialpartnerorganisationen – finden schließlich durch ihre Mitwirkung in verschiedenen Ausschüssen als ergänzende Einrichtungen der Gemeinschaft ein weitreichendes Betätigungsfeld. Die Ausschüsse haben im wesentlichen beratende Funktion bei der Normsetzung und sonstigen Aktivitäten der Gemeinschaften.[1872] Vor allem die Kommission hört die verschiedenen Interessenausschüsse bei der Erarbeitung eines Vorschlages an.[1873] Da Ansprechpartner der Gemeinschaftsorgane in solchen Fällen die Ausschüsse sind und nicht die Sozialpartner unmittelbar, wird diese Betätigungsform hier als mittelbare Beteiligung bezeichnet. Solche Ausschüsse sind zum Teil bereits im EGV selbst vorgesehen, wie beispielsweise der in erster Linie zu nennende Wirtschafts- und Sozialausschuß als gemeinsames Hilfsorgan der Europäischen Gemeinschaft und der Europäischen Atomgemeinschaft gemäß Art. 257 EGV und Art. 165 EAGV beziehungsweise der vergleichbare Beratende Ausschuß der Europäischen Gemeinschaft für Kohle und Stahl gemäß Art. 18 EGKSV, sowie der Europäische Sozialfonds gemäß Art. 146 ff EGV. Zahlreiche weitere Ausschüsse wurden darüber hinaus im Laufe der Zeit durch Sekundärrechtsakte geschaffen, um den Rat und /oder die Kommission bei der Erfüllung ihrer Aufgaben zu unterstützen.[1874]

1. Der Wirtschafts- und Sozialausschuß gemäß Art. 257 bis 262 EGV

Durch den nach dem EGV und EAGV vorgesehenen Wirtschafts- und Sozialausschuß beziehungsweise den Beratenden Ausschuß des EGKSV werden die verschiedenen wirtschaftlichen und sozialen Interessengruppen beratend an der Rechtssetzung der Gemeinschaft beteiligt.[1875] Rat und Kommission erhalten hierdurch eine unmittelbare Verbindung zu wesentlichen Interessenverbänden.[1876] Der Ausschuß ist allerdings kein Organ der Gemeinschaft; mit der herrschenden Lehre kann er als sogenanntes Neben- oder Hilfsorgan qualifiziert werden.[1877]

a) Zusammensetzung und Arbeitsweise des Ausschusses

Der Wirtschafts- und Sozialausschuß besteht gemäß Art. 257 EGV aus Vertretern der verschiedenen Gruppen des wirtschaftlichen und sozialen Lebens, insbesondere der Erzeuger, Landwirte, Verkehrsunternehmer, Arbeitnehmer, Kaufleute und Handwerker, der freien Berufe und der Allgemeinheit. UNICE ist nicht als Organisation Mitglied des Ausschusses, sondern überwacht zum Beispiel die Handlungen derjenigen

---

[1872] EAS – Schwarze, B 8100, Rn. 89.

[1873] Krimphove, Europäisches Arbeitsrecht, 1996, S.70.

[1874] Blanpain/Schmidt/Schweibert, Europäisches Arbeitsrecht, 1996, Rn. 58.

[1875] Kasseler Handbuch – Heinze, 11 Europarecht, Rn. 209. Zum Wirtschafts- und Sozialausschuß auch; Grabitz/Hilf – Hummer, Vorbemerkungen zu Art. 193 – 198, EGV, Rn. 14.

[1876] Geiger, Art. 193, Rn. 3.

[1877] Kasseler Handbuch – Heinze, 11 Europarecht, Rn. 209; Geiger, Art. 193, Rn. 1.

Mitglieder des Wirtschafts- und Sozialausschusses, die die Arbeitgeberseite repräsentieren (Gruppe I), ungeachtet der Tatsache, daß diese individuell (ad personam) ernannt werden.[1878]

Art. 258 EGV beziehungsweise Art. 166 EAGV legen die Anzahl der Mitglieder des Wirtschafts- und Sozialausschusses auf insgesamt 219 fest. Sie werden gemäß Art. 259 EGV von den Mitgliedstaaten vorgeschlagen, wobei die Anzahl der jeweils vorzuschlagenden Mitglieder nach Art. 259 EGV der Größe der Mitgliedstaaten entspricht. Die Mitglieder werden dann gemäß Art. 258, 259 EGV nach Auswahl aus den mitgliedsstaatlichen Listen durch einstimmigen Beschluß des Rates auf vier Jahre ernannt, können wieder ernannt werden und sind weisungsunabhängig. Die konkrete Zusammensetzung des Ausschusses muß dabei nach Art. 259 Abs. 1 EGV und Art. 167 EAGV der Notwendigkeit Rechnung tragen, den verschiedenen Gruppen des wirtschaftlichen und sozialen Lebens eine angemessene Vertretung zu sichern. Bei der Entscheidung über die Festsetzung der Mitglieder des Wirtschafts- und Sozialausschusses kann der Rat gemäß Art. 259 Abs. 2 EGV und Art. 167 Abs. 2 EGV die Meinung der maßgeblichen europäischen Organisationen der verschiedenen Zweige des Wirtschafts- und Soziallebens einholen, die an der Tätigkeit der Gemeinschaft interessiert sind. Dies können ihrerseits wieder nationale und europäische Sozialpartnerorganisationen sein.

Der Wirtschafts- und Sozialausschuß hat eine Geschäftsordnung, die seine interne Arbeitsweise regelt.[1879] Die Mitglieder im Ausschuß sind in drei Gruppen aufgeteilt: Arbeitgeber- und Arbeitnehmervertreter sowie Vertreter der freien Berufe und des sozialen Lebens.[1880] Diese Gruppen gleichen Fraktionen, zu deren jeweiliger Zugehörigkeit sich die Mitglieder frei entscheiden können.[1881] Eine paritätische Besetzung mit Arbeitgebern und Arbeitnehmern ist nicht vorgesehen.[1882] Die Entscheidungen des Wirtschafts- und Sozialausschusses werden dann gemäß Art. 261 EGV in Fachgruppen, die jeweils für einzelne Hauptsachgebiete der Gemeinschaftspolitik zuständig sind, erarbeitet.[1883] Die Beschlußfassung über eine Empfehlung erfolgt mit einfacher Mehrheit.[1884]

Demgegenüber besteht der Beratende Ausschuß der Europäischen Gemeinschaft für Kohle und Stahl aus mindestens 84 und höchstens 108 Mitgliedern, und zwar aus einer gleichen Anzahl von Vertretern der Erzeuger, der Arbeitnehmer sowie der Verbraucher und Händler, Art. 18 Abs. 1 EGKSV.[1885] Sie werden gemäß Art. 18 GKSV

1878 Blanpain/Schmidt/Schweibert, Europäisches Arbeitsrecht, 1996, Rn. 96; von Voss, in: Meessen, Arbeitgeberverbände und Europäische Integration, 1980, S. 87 (99).

1879 Geschäftsordnung des Wirtschafts- und Sozialausschusses in der revidierten Fassung vom 8. 9. 1986, Abl. EG 1986, L 354, S. 1.

1880 Blanpain/Schmidt/Schweibert, Europäisches Arbeitsrecht, 1996, Rn. 59.

1881 Geiger, Art. 193, Rn. 4.

1882 Kasseler Handbuch – Heinze, 11 Europarecht, Rn. 210.

1883 Zu der internen Besetzung der Fachgruppen ausführlich Geschäftsordnung des Wirtschafts- und Sozialausschusses in der revidierten Fassung vom 8. 9. 1986, Abl. EG 1986, L 354, S. 1.

1884 Kasseler Handbuch – Heinze, 11 Europarecht, Rn. 212.

1885 Kasseler Handbuch – Heinze, 11 Europarecht, Rn. 210; Blanpain/Schmidt/Schweibert, Europäivom Rat auf zwei Jahre ernannt. Seine Arbeitsweise hat auch der Beratende Ausschuß in seiner Geschäftsordnung geregelt.[1886]

b) Aufgaben und Befugnisse des Ausschusses

Art. 257 EGV weist dem Wirtschafts- und Sozialausschuß lediglich beratende Funktion zu. Diese nimmt er durch die Abgabe nichtbindender Stellungnahmen zu aktuellen politischen Fragestellungen und zu konkreten Rechtssetzungsvorhaben an die Kommission und den Rat nach Aufforderung oder aus eigener Initiative wahr.[1887]

Gemäß Art. 262 EGV beziehungsweise Art. 170 EAGV sind Rat und Kommission zunächst verpflichtet, den Wirtschafts- und Sozialausschuß bei der Durchführung eines Gesetzgebungsverfahrens in den im einzelnen vertraglich vorgesehenen Fällen anzuhören und ihm so die Abgabe einer Stellungnahme zu ermöglichen. Die Anhörung des Ausschusses stellt in einem solchen Fall einen zwingenden Teil des jeweiligen Gesetzgebungsverfahrens nach den Art. 250, 251, 252 EGV dar. Für den Bereich des Europäischen Arbeitsrechts ist die Anhörung des Wirtschafts- und Sozialausschusses gemäß Art. 40 EGV bei Rechtssetzungsakten zur Herstellung der Arbeitnehmerfreizügigkeit im Sinne des Art. 39 EGV von Bedeutung. Vor allem aber schreibt Art. 137 Abs. 2 EGV dem Rat neben der Beteiligung des Europäischen Parlaments und der direkten Anhörung der Sozialpartner[1888] die Anhörung des Wirtschafts- und Sozialausschusses in allen arbeitsrechtlichen Fragen, für die die Gemeinschaft eine Regelungsbefugnis nach den Sozialvorschriften besitzt, vor.

Im übrigen kann der Ausschuß angehört werden, wenn Rat oder Kommission dies für erforderlich halten, was in der Praxis häufig der Fall ist.[1889] Außerdem hat der Ausschuß seit dem Pariser Gipfel 1972 ein sogenanntes Selbstbefassungsrecht, das heißt, er ist berechtigt, aus eigener Initiative Stellungnahmen in Gemeinschaftsangelegenheiten abzugeben, wenn er dies für zweckmäßig hält.[1890] Durch die Qualität seiner Stellungnahmen hat der Ausschuß inzwischen ein hohes Ansehen erlangt; über seine vertragliche Funktion hinaus kommt seinen Stellungnahmen heute daher eine große politische Bedeutung zu.[1891]

Auch der Beratende Ausschuß des EGKSV hat über obligatorische und fakultative Anhörungen in erster Linie eine beratende Funktion, allerdings nur gegenüber der

---

sches Arbeitsrecht, 1996, Rn. 60.

1886 Geschäftsordnung des Beratenden Ausschusses der Europäischen Gemeinschaft für Kohle und Stahl, 1986, 7. Fassung, Abl. EG 1986, C 149, S. 1.

1887 Kasseler Handbuch – Heinze, 11 Europarecht, Rn. 211.

1888 Durch Art. 138 EGV.

1889 Blanpain/Schmidt/Schweibert, Europäisches Arbeitsrecht, 1996, Rn. 59; Kasseler Handbuch – Heinze, 11 Europarecht, Rn. 211; Grabitz/Hilf – Hummer, Art. 198 EGV Rn. 4.

1890 Blanpain/Schmidt/Schweibert, Europäisches Arbeitsrecht, 1996, Rn. 59; Kasseler Handbuch – Heinze, 11 Europarecht, Rn. 211; Geiger, Art. 198, Rn. 4; Grabitz/Hilf – Hummer, Art. 198, Rn. 5.

1891 Kasseler Handbuch – Heinze, 11 Europarecht, Rn. 211.

Kommission.[1892] Darüber hinaus hat die Kommission Informationspflichten gegenüber dem Ausschuß, die sie gemäß Art. 19 Abs. 2 EGKSV durch Unterbreitung ihrer allgemeinen Ziele und Programme und die laufende Unterrichtung über die allgemeinen Richtlinien ihrer Tätigkeit an den Ausschuß erfüllt. Auch der beratende Ausschuß kann aus eigener Initiative Stellungnahmen in Gemeinschaftsangelegenheiten abgeben.[1893]

c) Möglichkeiten des Ausschusses bei Mißachtung seiner Kompetenzen

Unterbleibt eine obligatorische Anhörung oder fehlt der Hinweis auf die Erfüllung der Anhörungspflicht in dem Rechtsakt gemäß Art. 253 EGV, liegt ein wesentlicher Formmangel gemäß Art. 230 EGV vor.[1894] Er kann mit der Nichtigkeitsklage nach Art. 230 EGV und Art. 146 EAGV angegriffen werden und zur Nichtigkeitserklärung der von Rat oder Kommission erlassenen Rechtsakte führen.[1895]

2. Der Europäische Sozialfonds

Der Europäische Sozialfonds ist ein weiteres bereits im EGV selbst verankertes Betätigungsfeld der Sozialpartner. Der Fonds ist als einer der heute vier Europäischen Strukturfonds der Gemeinschaft[1896] in den Art. 146 bis 148 EGV geregelt. Er hat gemäß Art. 146 EGV die Aufgabe, „die Beschäftigungsmöglichkeiten der Arbeitskräfte im Binnenmarkt zu verbessern und damit zur Hebung der Lebenshaltung beizutragen“. Sein Ziel ist es, „innerhalb der Gemeinschaft die berufliche Verwendbarkeit und die örtliche und berufliche Mobilität der Arbeitskräfte zu fördern sowie die Anpassung an die industriellen Wandlungsprozesse und an Veränderungen der Produktionssysteme insbesondere durch berufliche Bildung und Umschulung zu erleichtern“.[1897] Der Fonds soll in Abstimmung mit den anderen Strukturfonds und sonstigen Finanzierungsinstrumenten der Gemeinschaft eine Stärkung des wirtschaftlichen und sozialen Zusammenhalts bewirken.[1898] Da die neu geschaffenen Möglichkeiten der Gemeinschaft im Bereich des Beschäftigungskapitels nach Art. 129 Abs. 1 EGV[1899] inhaltlich mit den bereits bestehenden Möglichkeiten des Fonds übereinstimmen, könnte der Fonds zukünftig auch die neuen Handlungsmöglichkeiten der Gemein-

---

[1892] Kasseler Handbuch – Heinze, 11 Europarecht, Rn. 211.
[1893] Blanpain/Schmidt/Schweibert, Europäisches Arbeitsrecht, 1996, Rn. 60.
[1894] Geiger, Art. 198, Rn. 2.
[1895] Kasseler Handbuch – Heinze, 11 Europarecht, Rn. 211.
[1896] Die drei anderen Strukturfonds sind der Europäische Fonds für regionale Entwicklung gemäß Art. 160 EGV, der Europäische Ausrichtungs- und Garantiefonds für die Landwirtschaft gemäß Art. 34 Abs. 3 EGV und der Kohäsionsfonds gemäß Art. 161 Uabs. 2 EGV.
[1897] Zum Fonds auch Kasseler Handbuch – Heinze, 11 Europarecht, Rn. 204; zu seiner gemeinschaftsrechtlichen Entwicklung Groeben/Thiesing/Ehlermann – Schulz, Vorbemerkungen zu Art. 123 – 125, Rn. 5 – 10.
[1898] Kasseler Handbuch – Heinze, 11 Europarecht, Rn. 205; Barth, BArbBl 1996, Heft 9, S. 9 (9).
[1899] Dazu bereits 2. Teil, C., III., S. 88.

schaft nach Art. 129 EGV abwickeln.[1900] Der Fonds besitzt keine eigene Rechtspersönlichkeit, ist aber ein Finanzierungselement der Gemeinschaft, das im Haushaltsplan erscheint und dessen Aufgaben zur Gruppe der sogenannten nicht obligatorischen Aufgaben im Sinne des Art. 272 EGV zählen.[1901] Mit der Verordnung 2081/93/EWG über den Sozialfonds[1902] wurden die Aufgaben des Sozialfonds ausgeweitet und eine Stärkung der partnerschaftlichen Zusammenarbeit zwischen dem Fonds und einzelstaatlichen sowie regionalen Verwaltungen, den Wirtschafts- und Sozialpartnern und anderen zuständigen Stellen beschlossen.[1903]

Der Fonds wird gemäß Art. 147 EGV von der Kommission verwaltet, die dabei von einem Ausschuß unterstützt wird. Der Ausschuß wird von einem Kommissionsmitglied geleitet und besteht aus Vertretern der Regierungen sowie der Arbeitgeber- und Arbeitnehmerverbände. Die Sozialpartner erhalten also über ihre Mitgliedschaft in diesem Ausschuß Einfluß auf die Tätigkeiten des Fonds.

3. Sonstige, durch abgeleitetes Gemeinschaftsrecht geschaffene Ausschüsse und Einrichtungen

Speziell im Europäischen Arbeitsrecht sind neben dem im EGV genannten Wirtschafts- und Sozialausschuß und dem Europäischen Sozialfonds auf der Basis abgeleiteten Gemeinschaftsrechts einige Ausschüsse und Einrichtungen mit Vertretern der Gewerkschaften und der Arbeitgeberverbände gebildet worden.[1904] Vor allem die Kommission hat eine Reihe von Ausschüssen eingerichtet, die die Kooperation zwischen Gemeinschaft, Mitgliedstaaten, Arbeitgeberverbänden und Gewerkschaften verbessern sollen.[1905] Diese Ausschüsse hört die Kommission fakultativ nach ihrem Ermessen an. Auf die Rechtmäßigkeit des Gesetzgebungsverfahrens hat diese freiwillige – eher politisch begründete – Anhörung keinen Einfluß.

Die Tätigkeit einiger Ausschüsse wurde bereits im dritten Teil dieser Arbeit beschrieben.[1906] Zusammenfassend zu nennen sind der ständige Ausschuß für Beschäftigungsfragen, diverse beratende Ausschüsse, paritätische Ausschüsse und informelle Arbeitsgruppen, das Europäische Zentrum für die Förderung der Berufsausbildung,

---

1900 Callies/Ruffert – Krebber, Art. 129, Rn. 6.

1901 Kasseler Handbuch – Heinze, 11 Europarecht, Rn. 204; Groeben/Thiesing/Ehlermann – Schulz, Vorbemerkungen zu Art. 123 – 125, Rn. 19 und Art. 123, Rn. 1; Geiger, Art. 123, Rn. 2.

1902 Verordnung EWG/2081/93 des Rates vom 20. 7. 1993 zur Änderung der Verordnung EWG/2052/88 über Aufgaben und Effizienz der Strukturfonds und über die Koordinierung ihrer Interventionen untereinander sowie mit denen der Europäischen Investitionsbank und der anderen vorhandenen Finanzinstrumente, Abl EG 1993, L 193, S.5;Verordnung EWG/2084/93 des Rates vom 20. 7. 1993 zur Änderung der Verordnung EWG/4255/88 zur Durchführung der Verordnung EWG/2052/88 hinsichtlich des Europäischen Sozialfonds, Abl. EG 1993, L 193, S. 39; dazu auch Kasseler Handbuch – Heinze, 11 Europarecht, Rn. 207.

1903 Kasseler Handbuch – Heinze, 11 Europarecht, Rn. 208.

1904 EAS – Schwarze, B 8100, Rn. 89.

1905 EAS – Schwarze, B 8100, Rn. 89.

1906 Siehe 3. Teil C., II., 2., a), S. 115 und C., III., 1., S. 129.

die Europäische Stiftung für die Verbesserung der Lebens- und Arbeitsbedingungen und die europäische Agentur für Gesundheitsschutz und Sicherheit am Arbeitsplatz.

Der ständige Ausschuß für Beschäftigungsfragen[1907] hat sich die Einrichtung eines ständigen Dialogs und die Unterstützung der Zusammenarbeit zwischen Rat, Kommission und Sozialpartnern zum Ziel gesetzt. Er soll den Sozialpartnern ermöglichen, einen Beitrag zur koordinierten Beschäftigungsstrategie zu leisten und den Mitgliedstaaten die Koordinierung ihrer Politik auf diesem Gebiet erleichtern. Der Ausschuß wird tätig, bevor das zuständige Gemeinschaftsorgan eine Entscheidung trifft. Er bietet ein Forum für die Auseinandersetzung mit den verschiedenen Standpunkten aller an der Formung der Sozialpolitik Beteiligten, ist aber kein eigentliches Verhandlungsforum. In der Praxis finden dort viele Gespräche statt, aber es gibt weder einen förmlichen Meinungsaustausch noch gemeinsame Entscheidungen.

Daneben existieren branchenübergreifende beratende Ausschüsse, die die Kommission bei der Konzeption spezifischer Politiken beraten und bei deren Durchführung unterstützen. Dies sind der Ausschuß für Sicherheit, Arbeitshygiene und Gesundheitsschutz am Arbeitsplatz, für die Chancengleichheit von Frauen und Männern, für die Freizügigkeit der Arbeitnehmer und für die Berufsbildung.[1908]

Schließlich gibt es für die einzelnen Wirtschaftssektoren mit Arbeitnehmern und Arbeitgebern besetzte paritätische Ausschüsse und informelle Arbeitsgruppen.[1909] Die wichtigste Aufgabe dieser gemeinsamen Ausschüsse in den einzelnen Wirtschaftssektoren ist die Unterstützung der Kommission bei der Formulierung und Umsetzung der Sozialpolitik. Sie sind darüber hinaus Foren für den Dialog, den Informationsaustausch und die Förderung der Konsultation zwischen Unternehmern und Arbeitnehmerschaft. Die Ausschüsse werden auf Verlangen der Kommission oder aus eigener Initiative tätig.[1910] In den Wirtschaftssektoren, in denen die Beziehungen der Sozialpartner noch nicht durch solche Ausschüsse institutionalisiert sind, werden entsprechende Treffen auf informeller Ebene abgehalten.[1911] Für wieder andere Sektoren

---

[1907] Beschluß 70/532/EWG des Rates vom 14. 12. 1970 zur Einsetzung des Ständigen Ausschusses für Beschäftigungsfragen der Europäischen Gemeinschaften, ABl. EG 1970, L 273, S. 25; Beschluß 75/62/EWG des Rates vom 20. 1. 1975 zur Änderung des Beschlusses 70/532/EWG zur Einsetzung des Ständigen Ausschusses für Beschäftigungsfragen der Europäischen Gemeinschaften, ABL. EG 1975, L 21, S. 17; Beschluß des Rates vom 3. 3. 1999 zur Reform des Ständigen Ausschusses für Beschäftigungsfragen und zur Aufhebung des Beschlusses 70/532/EWG, ABl. EG 1999, L 72, S. 33. Zu dem Ausschuß bereits 3. Teil C., II., 2., a), S. 115.

[1908] Mitteilung der Kommission zur Entwicklung des sozialen Dialogs auf Gemeinschaftsebene, KOM (96) 448 endg. vom 18. 9. 1996, S. 5, Ziff. 19, 20, Fn. 4. Der dort genannte Ausschuß für die Soziale Sicherheit der Wanderarbeitnehmer ist mit dem Ausschuß für die Freizügigkeit der Arbeitnehmer zusammengelegt worden. Der Ausschuß des Europäischen Sozialfonds wurde hier bereits dem Europäischen Sozialfonds zugerechnet.

[1909] Siehe bereits im 3. Teil, C., III., 1., S. 129. Eine zusammenfassende Aufstellung auch bei Blanpain/Schmidt/Schweibert, Europäisches Arbeitsrecht, 1996, Rn. 67.

[1910] Blanpain/Schmidt/Schweibert, Europäisches Arbeitsrecht, 1996, Rn. 67.

[1911] Blanpain/Schmidt/Schweibert, Europäisches Arbeitsrecht, 1996, Rn. 67.

will die Kommission Konsultationen und Treffen der Europäischen Sekretariate der betreffenden Arbeitgeber- und Arbeitnehmerverbände organisieren.[1912]

Daneben existieren dauerhafte Einrichtungen mit speziellen Tätigkeitsfeldern. Dies sind erstens das Europäische Zentrum für die Förderung der Berufsausbildung (CEDEFOP)[1913] mit dem Ziel, die Kommission bei der Förderung und Weiterentwicklung der Berufsaus- und Weiterbildung auf Gemeinschaftsebene zu unterstützen. Das Zentrum wird von einem leitenden Ausschuß aus Vertretern der Regierungen, der Kommission und der Sozialpartner verwaltet. Die zweite Einrichtung ist die Europäische Stiftung für die Verbesserung der Lebens- und Arbeitsbedingungen[1914], die mit der Aufgabe zur Förderung und Verbreitung von Kenntnissen gegründet wurde. Sie unterstützt die Entwicklung besserer Lebens- und Arbeitsbedingungen. Geleitet wird auch diese Stiftung von einem Verwaltungsausschuß, der sich aus Vertretern der Regierungen, der Kommission sowie der Arbeitgeber- und Arbeitnehmerverbände zusammensetzt. Ein Expertenausschuß steht der Stiftung beratend zur Seite. Als dritte Einrichtung ist die Europäische Agentur für Gesundheitsschutz und Sicherheit am Arbeitsplatz[1915] zu nennen, die den Gemeinschaftseinrichtungen, den Mitgliedstaaten und den betroffenen Kreisen alle sachdienlichen technischen, wissenschaftlichen und wirtschaftlichen Informationen auf dem Gebiet der Sicherheit und des Gesundheitsschutzes am Arbeitsplatz zur Verfügung stellen soll.

IV. Ergebnis

Außer in Art. 138 und Art. 139 EGV wird den Sozialpartnern durch das Primärrecht vor allem noch eine Tätigkeitsmöglichkeit bei der Umsetzung von Richtlinien nach Art. 137 Abs. 4 EGV eröffnet. Außerhalb der Sozialvorschriften finden sie eine direkte Erwähnung nur noch in dem neuen Beschäftigungskapitel. Diese Erwähnung beschränkt sich aber in erste Linie auf die Sicherung der nationalstaatlich gewährten Rechtspositionen in den Mitgliedstaaten. Ein bedeutsames Tätigkeitsfeld erreichen die Sozialpartner auch durch die Mitwirkung in Ausschüssen und Einrichtungen. Ne-

---

1912 Antwort von Marin im Namen der Kommission auf die Parlamentarische Anfrage Nr. 2844/87 vom 28. 3. 1988 von M. van Hemeldonck an die Kommission der Europäischen Gemeinschaften, Abl. EG 1989, C 1, S. 27.

1913 Verordnung EWG/337/75 des Rates vom 10. 2. 1975 über die Errichtung eines Europäischen Zentrums für die Förderung der Berufsbildung, Abl. EG 1975, L 39, S. 1; geändert durch die Verordnung EWG/1948/93 des Rates vom 30. 6. 1993 zur Änderung der Verordnung EWG/1416/76 betreffend Finanzvorschriften für das Europäische Zentrum für die Förderung der Berufsausbildung, Abl. EG 1993, L 181, S. 15.

1914 Verordnung EWG/1365/75 des Rates vom 26. 5. 1975 über die Gründung einer Europäischen Stiftung zur Verbesserung der Lebens- und Arbeitsbedingungen, Abl. EG 1975, L 139, S. 1 geändert durch die Verordnung EWG/1947/93 des Rates vom 30. 6. 1993 zur Änderung der Verordnung EWG/1365/75 über die Gründung einer Europäischen Stiftung zur Verbesserung der Lebens- und Arbeitsbedingungen, Abl. EG 1993, L 181, S. 13.

1915 Verordnung EG/2062/94 des Rates vom 18. 7. 1994 zur Errichtung der Europäischen Agentur für Sicherheit und Gesundheitsschutz am Arbeitsplatz, Abl. EG 1994, L 216, S. 1; zum Ziel der Agentur Art. 2 der Verordnung.

ben dem Wirtschafts- und Sozialausschuß sind vor allem der Ausschuß für Beschäftigungsfragen und die paritätischen Branchenausschüsse zur Vorbereitung von Gemeinschaftsrechtsakten von Bedeutung.

I. Die Sozialpartner im Sekundärrecht der Gemeinschaft

Obwohl erst mit dem Vertrag von Amsterdam wirkliche Rechtspositionen zur Schaffung eines einheitlichen Europäischen Kollektiven Arbeitsrechts im Primärrecht geschaffen worden sind, wurden bereits seit Anfang der siebziger Jahre auf der Basis der bestehenden Regelungen einige wichtige Rechtsakte angeregt und zum Teil auch erlassen.[1916] Diese beschäftigen sich zumindest ansatzweise mit einigen kollektiven Rechten und Pflichten der Arbeitnehmer und Arbeitgeber.[1917] Sie betreffen aber alle eher den Bereich des Betriebsverfassungsrechts, das heißt des Rechts der Mitwirkung der Arbeitnehmer an Entscheidungen in ihrem Betrieb, als die wirklich kollektiven Arbeitsrechtsbeziehungen der Sozialpartner auf Gemeinschaftsebene.

Ohne Anspruch auf Vollständigkeit sind nachfolgend beispielhafte, die Sozialpartner betreffende Sekundärrechtsakte aufgeführt.

I. Verordnung 1612/68/EWG

Die Bedeutung der Gewerkschaften und deren ungehinderte Tätigkeit hat der Gemeinschaftsgesetzgeber sehr früh als schützenswertes Rechtsgut anerkannt.[1918] Wenngleich es noch kein eigenständiges Gemeinschaftsgrundrecht auf Koalitionsfreiheit gibt,[1919] findet das Koalitionsrecht der Arbeitnehmer neben der Erwähnung in Art. 11 EMRK[1920], Art. 5 Europäische Sozialcharta[1921] und Nr. 11 der Gemeinschaftscharta der sozialen Grundrechte der Arbeitnehmer[1922] eine in der Praxis besonders wichtige Ausgestaltung in Art. 8 der Verordnung 1612/68/EWG über die Freizügigkeit der Arbeitnehmer innerhalb der Gemeinschaft.[1923] Hier hat der Europäische Gesetzgeber – an einer systematisch wenig befriedigenden Stelle – das Koalitionsrecht in Form eines gerichtlich einklagbaren Rechtsanspruchs der einzelnen Arbeitnehmer geregelt.[1924]

[1916] Dies geschah vor allem während der Hochzeit des europäischen Arbeitsrechts von 1972 bis 1980; dazu bereits 1. Teil, B., III., S. 18.

[1917] Krimphove, Europäisches Arbeitsrecht, 1996, S. 263.

[1918] Krimphove, EuZW 1993, S. 244 (249).

[1919] Siehe bereits 4. Teil, A., I., S. 165.

[1920] Die EMRK ist abgedruckt in Sartorius II, 130 = BGBl. II 1952, S. 686 – 700.

[1921] Die europäische Sozialcharta ist abgedruckt in Sartorius II, 115 = BGBl. II 1964, S. 1262 – 1286.

[1922] Gemeinschaftscharta der Sozialen Grundrechte der Arbeitnehmer vom 9. Dezember 1989, Sartorius II, 190 = KOM (89) 248 endg. vom 30. 5. 1989.

[1923] Verordnung (EWG) Nr. 1612/68 des Rates vom 15. 10. 1968 über die Freizügigkeit der Arbeitnehmer innerhalb der Gemeinschaft, ABl. EG 1968, L 257, S. 2; Krimphove, Europäisches Arbeitsrecht, 1996, S. 263.

[1924] Krimphove, Europäisches Arbeitsrecht, 1996, S. 263 – 264.

Nach Art. 8 der Verordnung 1612/68/EWG hat ein Arbeitnehmer, der die Staatsangehörigkeit eines Mitgliedstaates besitzt und im Hoheitsgebiet eines anderen Mitgliedstaates beschäftigt ist, Anspruch auf die gleiche Behandlung hinsichtlich der Zugehörigkeit zu Gewerkschaften und der Ausübung gewerkschaftlicher Rechte einschließlich des Wahlrechts sowie des Zugangs zur Verwaltung oder Leitung von Gewerkschaften, wie die Staatsangehörigen dieses anderen Mitgliedstaates.[1925] In gleicher Weise garantiert Art. 8 der Verordnung 1612/68/EWG die Tätigkeit in den Organen der betrieblichen Arbeitnehmervertretung, einschließlich der in einigen Rechtsordnungen vorhandenen Berufskammern, sofern diese Arbeitnehmerrechte wahrnehmen sollen.[1926] Die Arbeitnehmer mit Staatsangehörigkeit eines Mitgliedstaates der Gemeinschaft besitzen also das aktive und passive Wahlrecht bezüglich der betrieblichen Vertretungsorgane der Arbeitnehmer eines anderen Mitgliedstaates, sofern sie dort tätig sind.[1927] Ziel des Art. 8 der Verordnung 1612/68/EWG ist die Schaffung ungehinderten Zutritts und ungehinderter Mitwirkungsmöglichkeiten des europäischen Arbeitnehmers zu allen Interessenvertretungen der Arbeitnehmerschaft.[1928] Rechtsdogmatisch gewährt Art. 8 der Verordnung 1612/68/EWG das Zugangs- und Mitwirkungsrecht des europäischen Arbeitnehmers zu seinen Interessenvertretungen allerdings „nur" über dessen – aus der Freizügigkeit nach Art. 39 EGV fließendes – Gleichbehandlungsrecht gegenüber seinen inländischen Kollegen.[1929]

Die Freizügigkeit der Arbeitnehmer gemäß Art. 39 bis 42 EGV gewährt ein allgemeines Recht auf Freizügigkeit als Grundrecht für jeden Arbeitnehmer und für seine Familie in Europa.[1930] Dazu gehört die gleiche Behandlung in bezug auf die Mitwirkung in Gewerkschaften und betrieblichen Arbeitnehmervertretungen. Wenn die Verordnung das Freizügigkeitsrecht des Art. 39 EGV konkretisiert, steht dem europäischen Arbeitnehmer das Koalitionsrecht aber nur in dem Umfang zu, in dem es seinen inländischen Kollegen – durch das jeweilige nationale Recht – gewährt wird.[1931] Art. 8 schafft damit kein eigenständiges europäisches Koalitionsrecht, sondern weitet die nationalen Koalitionsrechte auf die europäischen, nicht inländischen Arbeitnehmer aus. Art. 8 der Verordnung 1612/68/EWG verpflichtet dabei zunächst die jeweilige Gewerkschaft und die betrieblichen Mitwirkungsorgane, den europäischen Arbeit-

1925 Krimphove, EuZW 1993, S. 244 (249); Krimphove, Europäisches Arbeitsrecht, 1996, S. 264.

1926 Zu den luxemburgischen Berufskammern insbesondere EuGH vom 18. 5. 1994, Rs. C-118/92, Kommission der Europäischen Gemeinschaften gegen das Großherzogtum Luxemburg, Slg. I 1985, S. 1891 – 1899 (1897 – 1898, Ziff. 5, 1899); EuGH vom 4. 7. 1991, Rs. C-213/90, Association de soutien aux travailleurs imigrés (ASTI) gegen Chambre des employés privés, Slg. I 1991, S. 3507 – 3532 (3529 – 3531, Ziff. 11 – 21, 3532). Allgemein auch Krimphove, EuZW 93, S. 249; Krimphove, Europäisches Arbeitsrecht, 1996, S. 264.

1927 Krimphove, EuZW 1993, S. 244 (249); Krimphove, Europäisches Arbeitsrecht, 1996, S. 264.

1928 Krimphove, Europäisches Arbeitsrecht, 1996, S. 264.

1929 Krimphove, Europäisches Arbeitsrecht, 1996, S. 264.

1930 Blanpain/Schmidt/Schweibert, Europäisches Arbeitsrecht, 1996, Rn. 224; Krimphove, Europäisches Arbeitsrecht, 1996, S. 83; Zu Inhalt und Reichweite der Freizügigkeit siehe bereits im 2. Teil, D., II., S. 90.

1931 Krimphove, Europäisches Arbeitsrecht, 1996, S. 264.

nehmern Zugang zu ihnen zu gewähren.[1932] Der jeweilige Arbeitgeber ist zwar nicht direkt Normadressat von Art. 8 der Verordnung 1612/68/EWG, das allgemeine Gleichbehandlungsgebot des Art. 7 der Verordnung verbietet aber auch ihm, den europäischen Arbeitnehmer etwa aufgrund seiner Gewerkschaftszugehörigkeit zu diskriminieren.[1933]

II. Richtlinie 94/45/EG

Mit der Richtlinie 94/45/EG vom 22. September 1994 über die Einsetzung eines europäischen Betriebsrates oder die Schaffung eines Verfahrens zur Unterrichtung und Anhörung der Arbeitnehmer[1934] hat der europäische Gesetzgeber fünfzehn Jahre nach dem Beginn der Diskussion um die Notwendigkeit der Errichtung europäischer Betriebsräte, erstmals die Möglichkeit einer Arbeitnehmervertretung auf Betriebsebene zur Verfügung gestellt und die Schaffung eines Organs zur Arbeitnehmervertretung geregelt.[1935] Die Richtlinie ist das Resultat eines langen und zähen Ringens zwischen zwei fundamental entgegengesetzten Ansichten über die Art und Weise, wie Marktwirtschaft funktionieren soll, und zwar ob durch Deregulierung oder Regulierung, also durch freie Marktwirtschaft oder soziale Korrekturen derselben.[1936] Die zunächst nur von elf Mitgliedstaaten unterzeichnete, nach dem Abkommen über die Sozialpolitik zustande gekommene Richtlinie[1937] wurde nach dem Einschwenken Englands auf eine gemeinschaftliche Sozialpolitik durch die Richtlinie 97/75/EG[1938] auf Großbritannien erstreckt und wird als Bestandteil des aquis communotaire mittlerweile von allen Mitgliedstaaten getragen. Sie war gemäß Art. 14 der Richtlinie bis spätestens zum 22. 9. 1996 in geltendes nationales Recht umzusetzen.[1939] In das deutsche Ar-

---

[1932] Krimphove, Europäisches Arbeitsrecht, 1996, S. 265.

[1933] Zu den in diesem Zusammenhang einzelnen und offenen Rechtsfragen Krimphove, Europäisches Arbeitsrecht, 1996, S. 265.

[1934] Richtlinie 94/45/EG des Rates vom 22. 9. 1994 über die Einsetzung eines Europäischen Betriebsrats oder die Schaffung eines Verfahrens zur Unterrichtung und Anhörung der Arbeitnehmer in gemeinschaftsweit operierenden Unternehmen und Unternehmensgruppen, Abl. EG 1994, L 254, S. 64.

[1935] Krimphove, Europäisches Arbeitsrecht, 1996, S. 270 und S. 311. Umfassende Analysen der Richtlinie bei Blanpain/Schmidt/Schweibert, Europäisches Arbeitsrecht, 1996, Rn. 561 ff; Mozet, DB 1997, S. 477 – 479; Rademacher, Der europäische Betriebsrat, 1996 (Dissertation). Zum Zustandekommen der Richtlinie auch Grabitz/Hilf – Langenfeld, Nach Art. 122, Rn. 14. Hier bereits 3. Teil, C., VI., 2., S. 141 und 4. Teil F., I., S. 255.

[1936] Blanpain/Schmidt/Schweibert, Europäisches Arbeitsrecht, 1996, Rn. 698.

[1937] Insbesondere die Ermächtigungsgrundlage war umstritten; zur Diskussion um die Rechtsgrundlage und das Zustandekommen der Richtlinie: Lecheler, JuS 1998, S. 392 (396); Goos, NZA 1994, S. 776 (776).

[1938] Richtlinie 97/74/ EG des Rates vom 15. 12. 1997 zur Ausdehnung der Richtlinie 94/45/EG über die Einsetzung eines europäischen Betriebsrats oder die Schaffung eines Verfahrens zur Unterrichtung und Annäherung der Arbeitnehmer in gemeinschaftsweit operierenden Unternehmen und Unternehmensgruppen auf das Vereinigte Königreich, Abl. EG 1998, L 10, S. 22. Dazu Lecheler, JuS 1998, S. 392 (396).

[1939] Krimphove, Europäisches Arbeitsrecht, 1996, S. 311; Kasseler Handbuch – Heinze, 11 Europabeitsrecht ist die Richtlinie 94/45/EWG nach Zuleitung der Entwürfe an die nationalen Sozialpartner zur Abgabe einer Stellungnahme mit dem Gesetz über Europäische Betriebsräte (EBRG) umgesetzt worden.[1940] Rund 270 gemeinschaftsweit tätige Unternehmen und Konzerne mit Sitz in Deutschland werden von dem Gesetz erfaßt.[1941] Das Gesetz hält sich äußerst eng an die Richtlinie.

In dem durch die Richtlinie gefundenen Kompromiß liegt der in seiner Bedeutung für das europaweite kollektive Arbeitsrecht bisher weitgehendste Vorstoß und zugleich eine „lebensrettende Maßnahme“[1942] für den sozialen Dialog auf europäischer Ebene.[1943] Dementsprechend erregte die Neuerung großes Aufsehen in Wissenschaft und Praxis.[1944] Allerdings betrifft sie den Sozialen Dialog auf Gemeinschaftsebene nicht im engeren Sinne, da sie die Interessenwahrnehmung der Arbeitnehmer auf Unternehmensebene regelt. Da die Sozialpartner bei den Planungen und dem Zustandekommen der Richtlinie aber eine bedeutsame Rolle spielten und auch die Umsetzung zumindest Gewerkschaftsrechte betrifft, wird sie aber als zum vollständigen Bild der Arbeitsbeziehungen auf europäischer Ebene zugehörig betrachtet.

1. Das Grundsätzliche Anliegen der Richtlinie

Die Richtlinie versteht sich gemäß ihrer Präambel als Reaktion auf die zunehmenden länderübergreifenden Strukturierungen von Unternehmen und Unternehmensgruppen, deren Verfahren zur Unterrichtung und Anhörung der Arbeitnehmer nach den Rechtsvorschriften und Gepflogenheiten der jeweiligen Mitgliedstaaten häufig nicht an die länderübergreifende Struktur der Unternehmen angepaßt sind. Daher werden Arbeitnehmerinteressen bei Unternehmensentscheidungen, die nicht in dem Mitgliedstaat getroffen werden, in dem die betroffenen Arbeitnehmer beschäftigt sind, nicht

---

recht, Rn. 190; Nach Kolvenbach, NZA 1998, S. 582 (582) soll die Umsetzung der Richtlinie in den Mitgliedsstaaten eine der komplexesten Unternehmungen in der Geschichte der Sozialpolitik der Europäischen Union gewesen sein.

1940 Gesetz über europäische Betriebsräte (Europäische Betriebsräte-Gesetz, EBGR), BGBl. 1996, Teil I Nr. 53, S. 1548 – 1557. Das Gesetz wurde am 28. 9. 1996 vom Deutschen Bundestag in zweiter und dritter Lesung beschlossen. Die am 22. 9. 1996 abgelaufene Umsetzungsfrist der Richtlinie ist also geringfügig überschritten worden.

1941 Kasseler Handbuch – Heinze, 11 Europarecht, Rn. 193.

1942 Blanpain/Schmidt/Schweibert, Europäisches Arbeitsrecht, 1996, Rn. 703.

1943 Krimphove, EuZW 1993, S. 244 (249).

1944 Siehe z. B. Kasseler Handbuch – Heinze, 11 Europarecht, Rn. 157; Rademacher (Dissertation), Der europäische Betriebsrat, 1996; Welslau, in: Klinkhammer/Welslau, Überblick über wesentliche Regelungsinhalte und Problemstellungen der Richtlinie zur Errichtung Europäischer Betriebsräte, 1995, S. 1 – 22; Klinkhammer, in: Klinkhammer/Welslau, Ausgewählte Problemschwerpunkte der Richtlinie, 1995, S. 65 – 91; Wirmer, DB 1994, S. 2134 – 2137; Kolvenbach, RdA 1994, S. 279 – 284; Hohenstatt, EuZW 1994, S. 427 – 431; Eser, ArbuR 1994, S. 91 (93 – 95); Gaul, NJW 1995, S. 228 – 232; Hromadka, DB 1995, S. 1125 – 1131; Junker, JZ 1992, 1100 – 1106; Willemsen/Hohenstatt, NZA 1995, S. 399 – 403 insbesondere zu Art. 13 der Richtlinie; noch zum „Vorentwurf“ Nagel, ArbuR 1991, 161 – 166. Kritik insbesondere bei Goos, NZA 1994, 776 (778 ff); Köstler, Mitbestimmung 1991, S. 67 – 68.

immer von den nationalen betriebsverfassungsrechtlichen Sicherungsmechanismen erfaßt.[1945] Ihrer Wahrung soll die Richtlinie dienen. Da die Richtlinie keine rein nationalen Sachverhalte erfaßt[1946] und bezüglich der geregelten länderübergreifenden Sachverhalte vielfach auf die nationalen Rechtsordnungen und ihre Definitionen zurückgreift,[1947] werden die bestehenden nationalen Betriebsverfassungsrechte kaum durch die Richtlinie verändert.[1948] Darüber hinaus schließt Art. 12 Abs. 2 der Richtlinie ausdrücklich aus, daß die Rechte auf Unterrichtung und Anhörung, die den Arbeitnehmern bereits nach den einzelstaatlichen Rechtsordnungen zustehenden, berührt werden.

Der europäische Betriebsrat ist gemäß Art. 1 Abs. 1 und Art. 6 der Richtlinie vorwiegend ausgestaltet als ein Informations- und Beratungsgremium für alle länderübergreifenden Unternehmenstätigkeiten und -entscheidungen, die die Interessen der Arbeitnehmer in erheblichem Maße berühren.[1949] Gemäß der Legaldefinition des Art. 2 Nr. 1 f der Richtlinie und den Erwägungsgründen der Richtlinie ist dabei unter Konsultation beziehungsweise Anhörung der Meinungsaustausch und die Einrichtung eines Dialogs bezüglich länderübergreifender Sachverhalte zu verstehen, wobei die Regelung der Einzelheiten bezüglich der Anhörung den Parteien überlassen bleibt.[1950] Nr. 1 d S. 3 der Mindestvorschriften im Anhang legt ausdrücklich fest, daß die endgültige Entscheidung ausschließlich bei der Leitung des Unternehmens oder des herrschenden Unternehmens liegt.[1951]Eigene, echte Mitbestimmungsrechte hat der europäische Betriebsrat also nicht.[1952]

2. Der wesentliche Regelungsinhalt der Richtlinie

Die Richtlinie verpflichtet gemäß Art. 1 Abs. 2 der Richtlinie 94/54/EG alle gemeinschaftsweit operierenden Unternehmen und Unternehmensgruppen mit mindestens 1000 Beschäftigten in mindestens zwei Betrieben mit je mindestens 150 Arbeitnehmern in mindestens zwei Mitgliedstaaten, unabhängig davon, ob das Unternehmen seinen Gesellschaftssitz innerhalb oder außerhalb der Gemeinschaft hat,[1953] zur Einrichtung von Informations- und Anhörungsrechten. Die Einrichtung kann durch Ein-

---

1945 EAS – Preis/Bütefisch, B 1100, Rn. 113.

1946 So auch: Münchener Handbuch zum Arbeitsrecht – Birk, § 18, Rn. 169; Junker, JZ 1992, S. 1100 (1105).

1947 Zu den Verweisen z. B. Art. 3 Abs. 6 und Art. 10 der Richtlinie; nach Blanpain/Schmidt/Schweibert, Europäisches Arbeitsrecht, 1996, Rn. 583 ist auch der Begriff der Arbeitnehmer nach dem jeweiligen nationalen Arbeitsrecht zu bestimmen.

1948 Krimphove, Europäisches Arbeitsrecht, 1996, S. 278 und Kasseler Handbuch – Heinze, 11 Europarecht, Rn. 189.

1949 Krimphove, Europäisches Arbeitsrecht, 1996, S. 311; EAS – Preis/Bütefisch, B 1100, Rn. 114. Anders als nach deutschem Recht der Betriebsrat nach dem BetrVG.

1950 Dies ist eindeutig weniger als eine Anhörung im Sinne des Betriebsverfassungsgesetzes, so auch Goos, NZA 1994, S. 776 (777).

1951 Krimphove, EuZW 1993, S. 244 (250).

1952 Krimphove, Europäisches Arbeitsrecht, 1996, S. 311; Krimphove, EuZW 1993, S. 244 (250).

1953 Nach Goos, NZA 1994, S.776 (777) gilt damit das sog. "Geiselprinzip".

setzung eines europäischen Betriebsrates oder durch Schaffung eines besonderen Anhörungs- und Unterrichtungsverfahrens erfolgen. Beiden Lösungsansätzen nimmt sich die Richtlinie gleichermaßen an.[1954] Nach Vorstellung der Kommission erfüllten bereits 1986 etwa 1 % aller Unternehmen in der Gemeinschaft, die aber 28 % der Arbeitnehmer in der Gemeinschaft beschäftigen diesen doppelten Schwellenwert.[1955]

Gebildet wird der europäische Betriebsrat beziehungsweise das Verfahren zur Unterrichtung und Anhörung der Arbeitnehmer durch eine Vereinbarung zwischen der Unternehmensleitung[1956] und dem von den Arbeitnehmern zu bildenden Verhandlungsgremium[1957]. Das Verhandlungsgremium kann dabei wegen der unterschiedlichen nationalen Betriebsverfassungen sowohl aus gewählten, als auch (von den Gewerkschaften) bestimmten Arbeitnehmervertretern zusammengesetzt werden.[1958] Es verfügt über eine beschränkte Rechtspersönlichkeit, die Möglichkeiten zum Abschluß und erforderlichenfalls auch zur Beendigung einer Vereinbarung über Anhörungs- und Informationsstrukturen eröffnet.[1959]

Unternehmensleitung und Verhandlungsgremium werden durch die Richtlinie zur Führung von Verhandlungen über die Einrichtung von Anhörungs- und Informationsstrukturen verpflichtet. Aufbauend auf der Autonomie der Sozialpartner haben die Verhandlungsparteien im übrigen aber die größtmögliche Freiheit bei der Festlegung der Zusammensetzung, Befugnisse, Arbeitsweise, Verfahren und finanziellen Ausstattung des europäischen Betriebsrates und des auf den Betriebsrat anzuwendenden Rechts.[1960] Die Richtlinie beruht insoweit ganz maßgeblich auf dem Prinzip der Freiwilligkeit.[1961] Lediglich Art. 6 Abs. 2 der Richtlinie enthält eine Aufzählung von Punkten, die im Falle der Etablierung eines europäischen Betriebsrates überhaupt zu regeln sind. Statt der Einrichtung eines europäischen Betriebsrates können die Verhandlungsparteien gemäß Art. 6 Abs. 3 der Richtlinie auch dezentrale Informations- und Anhörungsverfahren vereinbaren.[1962] Nur für den Fall, daß die Verhandlungen zwischen der Unternehmensleitung und dem Verhandlungsgremium gänzlich scheitern, erfolgt die obligatorische Errichtung eines europäischen Betriebsrates und zwar nach den Rechtsvorschriften des Mitgliedstaates der Unternehmensleitung, welche gemäß Art. 7 der Richtlinie den im Anhang der Richtlinie festgelegten Anforderungen in Form des sogenannten Standardmodells eines europäischen Betriebsrates genügen müssen.[1963] Nach diesen Mindestregelungen soll sich die Anhörung insbeson-

---

[1954] Kasseler Handbuch – Heinze, 11 Europarecht, Rn. 160.

[1955] Bundesratsdrucksache 453/94 vom 10. 5. 1994, S. 8, Ziff. 17.

[1956] Wen die Richtlinie unter der Unternehmensleitung versteht, definiert Art. 4 der Richtlinie.

[1957] Die Bildung des Verhandlungsgremiums regelt Art. 5 RL 94/45/EWG.

[1958] Goos, NZA 1994, S. 776 (777).

[1959] Blanpain/Schmidt/Schweibert, Europäisches Arbeitsrecht, 1996, Rn. 610.

[1960] EAS – Preis/Bütefisch, B 1100, Rn. 114. Nach Krimphove, EuZW 1993, S. 244 (250) ist dies insbesondere für das deutsche Mitwirkungsrecht ungewöhnlich.

[1961] Blanpain/Schmidt/Schweibert, Europäisches Arbeitsrecht, 1996, Rn. 706.

[1962] EAS – Preis/Bütefisch, B 1100, Rn. 114.

[1963] EAS – Preis/Bütefisch, B 1100, Rn. 114; Blanpain/Schmidt/Schweibert, Europäisches Arbeitsrecht, 1996, Rn. 639 ff einschl. Fn. 79.

dere auf die Struktur des Unternehmens, seine wirtschaftliche und finanzielle Situation, die voraussichtliche Entwicklung der Geschäfts-, Produktions- und Absatzlage sowie auf die Beschäftigungslage und ihre voraussichtliche Entwicklung, auf die Investitionen, auf grundlegende Änderungen der Organisation, auf die Einführung neuer Arbeits- und Fertigungsverfahren, auf Verlagerungen der Produktion, auf Fusionen, Verkleinerungen oder Schließungen von Unternehmen, Betrieben oder wichtigen Teilen dieser Einheiten und auf Massenentlassungen beziehen.[1964] Der europäische Betriebsrat soll einmal jährlich und in Ausnahmefällen mit der zentralen Leitung zum Zwecke der Unterrichtung und Anhörung zusammentreten.[1965]

Auch die Mindestvorschriften des Anhangs kommen aber dann nicht zur Anwendung, wenn das besondere Verhandlungsgremium gemäß Art. 5 Abs. 5 der Richtlinie beschließt, keine Verhandlungen zum Abschluß einer Vereinbarung zu eröffnen oder bereits eröffnete Verhandlungen zu beenden.[1966] Durch einen solchen Beschluß wird das Verfahren abgeschlossen und auch die Mindestbestimmungen des Anhangs der Richtlinie finden gemäß Art. 5 Abs. 5 Uabs. 2 der Richtlinie keine Anwendung mehr.[1967] Es gibt dann weder einen europäischen Betriebsrat noch irgendwelche Unterrichtungs- und Anhörungsverfahren der Arbeitnehmer auf europäischer Ebene.[1968] Haben die betroffenen Parteien nicht bereits bei der Beschlußfassung eine kürzere Frist festgelegt, so kann ein neuer Antrag auf Einberufung des besonderen Verhandlungsgremiums frühestens zwei Jahre nach dem Beschluß zur Beendigung der Verhandlung gestellt werden, Art. 5 Abs. 5 S. 3 der Richtlinie.[1969] Daran ändert auch Art. 1 § 1 Abs. 1 EBRG nach der Umsetzung der Richtlinie in das deutsche Recht nichts. Er sieht zwar vor, daß ein europäischer Betriebsrat kraft Gesetzes errichtet wird, wenn es nicht zu einer Vereinbarung kommt. Damit ist aber nur der Fall gemeint, daß keine Einigung erzielt werden kann. In einem solchen Fall kommen auch nach der Richtlinie die Mindestvorschriften zur Anwendung.

Kommt eine Vereinbarung zwischen dem Verhandlungsgremium und der Unternehmensleitung zustande, kann sie als spezielle Form eines Tarifvertrags angesehen werden.[1970] Sie hat, wie auch jeder andere Tarifvertrag, einen schuldrechtlichen und einen normativen Teil. Der schuldrechtliche Teil bezieht sich auf die Rechte und Pflichten der vertragschließenden Parteien, der normative Teil regelt die Verfahrensweise zur

---

[1964] Kasseler Handbuch – Heinze, 11 Europarecht, Rn. 181; Blanpain/Schmidt/Schweibert, Europäisches Arbeitsrecht, 1996, Rn. 644.

[1965] Diese Grobstruktur hat große Ähnlichkeit mit dem Betriebsrat nach deutschem Recht. Lediglich hinsichtlich der dem Europäischen Betriebsrat eingeräumten Rechte gegenüber der Unternehmensleitung ergibt sich ein Minus, weil der Katalog der Aufgaben und Befugnisse keine Mitbestimmungsrechte enthält, sondern sich auf die unteren Beteiligungsstufen der Information und Konsultation beschränkt. So Goos, NZA 1994, S. 776 (778); Blanpain/Schmidt/Schweibert, Europäisches Arbeitsrecht, 1996, Rn. 643, 645 f.

[1966] Kasseler Handbuch – Heinze, 11 Europarecht, Rn. 177.

[1967] Wie hier Blanpain/Schmidt/Schweibert, Europäisches Arbeitsrecht, 1996, Rn. 613; Kasseler Handbuch – Heinze, 11 Europarecht, Rn. 177; a. A. i. E.: Goos, NZA 1994, S. 776 (779).

[1968] Kasseler Handbuch – Heinze, 11 Europarecht, Rn. 177.

[1969] Blanpain/Schmidt/Schweibert, Europäisches Arbeitsrecht, 1996, Rn. 613.

[1970] So Blanpain/Schmidt/Schweibert, Europäisches Arbeitsrecht, 1996, Rn. 616.

Unterrichtung und Anhörung der Arbeitnehmer einschließlich des Anwendungsbereichs, der Zusammensetzung der Gremien, ihrer Kompetenzen usw.[1971] Die bindende Wirkung der schuldrechtlichen und normativen Vertragsbestandteile richtet sich dabei nach dem auf den Vertrag jeweils anwendbaren Recht.[1972] Dies wiederum wird durch den Ort des Vertragsschlusses, den Treffpunkt des europäischen Betriebsrates oder den Sitz der zentralen Leitung des Unternehmens bestimmt, wenn die Parteien nicht ausdrücklich ein anderes Rechtssystem für anwendbar erklären. Käme danach deutsches Recht zur Anwendung, würde das BGB zuzüglich der gesellschaftsrechtlichen Regelungen zur Anwendung kommen, da das speziellere Tarifvertragsgesetz gemäß § 2 Abs. 1 TVG nur für Tarifverträge im rechtlichen Sinne gilt, das heißt nur für solche Vereinbarungen, die zwischen einem Arbeitgeberverband oder einem Unternehmen und einer Gewerkschaft abgeschlossen werden.

3. Die gewerkschaftliche Einbindung des europäischen Betriebsrates

Eine Besonderheit weist der europäische Betriebsrat durch den Umstand auf, daß ihm eine gewerkschaftliche Einbindung fehlt.[1973] Im Gegensatz zur Mehrheit der Rechtssituationen in den Mitgliedstaaten fehlt jegliche gesetzliche Beteiligungsnotwendigkeit von Gewerkschaften.[1974] Auch bei den Verhandlungen mit der Unternehmensleitung über die Errichtung eines Europäischen Betriebsrates oder eines Verfahrens betreffend die Information und Konsultation der Arbeitnehmer sind weder die Gewerkschaften, noch die Arbeitgeberverbände als Partei beteiligt.[1975] Tatsächlich erwähnt die Richtlinie die Gewerkschaften an keiner Stelle und auch nach bisherigem europäischen Recht können die Gewerkschaften keine Träger von Informations- und Konsultationsrechten gegenüber dem Unternehmen sein.[1976] Diese Neutralität des europäischen Betriebsrates geht auf viele Unternehmen und ihre Organisationen zurück, die sich der Vorstellung widersetzten, durch die Hintertür des europäischen Betriebsrates die Gewerkschaften wieder zu stärken; sie wollten um jeden Preis vermeiden, daß die Gewerkschaften den verlorenen Einfluß wieder zurückgewinnen.[1977]

Das heißt aber nicht, daß die Sozialpartner von der Beteiligung an den europäischen Betriebsräten gänzlich ausgeschlossen sind. Zum einen begreift die Richtlinie als Arbeitnehmervertreter die nach den Rechtsvorschriften und/oder Gepflogenheiten der

---

[1971] Blanpain/Schmidt/Schweibert, Europäisches Arbeitsrecht, 1996, Rn. 616.

[1972] Blanpain/Schmidt/Schweibert, Europäisches Arbeitsrecht, 1996, Rn. 617.

[1973] Krimphove, Europäisches Arbeitsrecht, 1996, S. 279.

[1974] Belgien, Frankreich, Großbritannien, Irland, Italien und Luxemburg sehen eine starke auch organisatorische Präsenz von Gewerkschaften in Betriebsräten vor. Das deutsche, österreichische und niederländische Recht beinhalten zumindest eine unterstützende Tätigkeit der Gewerkschaften bei der Einsetzung und Beratung des Betriebsrates. Die geschaffene Rechtslage des europäischen Betriebsrates gleicht damit jener Spaniens und Portugals. Krimphove, Europäisches Arbeitsrecht, 1996, S. 279 und Fn. 279.

[1975] Blanpain/Schmidt/Schweibert, Europäisches Arbeitsrecht, 1996, Rn. 615.

[1976] Goos, NZA 1994, S. 776 (778).

[1977] Blanpain/Schmidt/Schweibert, Europäisches Arbeitsrecht, 1996, Rn. 702.

Mitgliedstaaten vorgesehenen Vertreter der Arbeitnehmer.[1978] Arbeitnehmervertreter ist damit keineswegs nur der im Sinne des deutschen Betriebsverfassungsgesetzes von der Belegschaft „gewählte" Arbeitnehmervertreter, sondern ebenso der nach dem nationalen Arbeitsrecht etwa Frankreichs und Italiens bestellte Gewerkschaftsvertreter im Betrieb.[1979] Es ist also nicht ausgeschlossen, daß auch Personen, die keine Arbeitnehmer sind, als Repräsentanten der Arbeitnehmer gewählt oder ernannt werden, sofern dies der nationale Gesetzgeber oder die nationalen Gepflogenheiten vorsehen.[1980] Insbesondere hier liegt eine Eingangstür für die Gewerkschaften. Denkbar ist zum Beispiel, daß die Sozialpartner durch eine Vereinbarung auf europäischer Ebene gemäß Art. 139 EGV oder innerbetrieblich mittels entsprechender Absprachen bei der Vereinbarung nach Art. 6 der Richtlinie die Beteiligung von Gewerkschaften und/oder Arbeitgeberverbänden vereinbaren.[1981] Allerdings haben offenbar auch die europäischen Gewerkschaften die Wahl getroffen, die Vereinbarungen gemäß der Richtlinie zwischen den Repräsentanten der Arbeitnehmer nicht notwendigerweise durch die Gewerkschaften abschließen zu lassen.[1982]

Denkbar wäre es außerdem gewesen, daß ein Mitgliedstaat sich gemäß Art. 137 Abs. 4 EGV spätestens zum Zeitpunkt der Umsetzung vergewissert hätte, daß die Sozialpartner durch Abschluß entsprechender Vereinbarungen selbst die erforderlichen Bestimmungen eingeführt haben, so daß die Richtlinie selbst durch einen Tarifvertrag umgesetzt worden wäre.[1983] Aber auch von dieser Möglichkeit haben – soweit ersichtlich – die nationalen Sozialpartner in keinem Mitgliedstaat Gebrauch gemacht.

Schließlich bleibt die Möglichkeit, daß die Gewerkschaften dennoch eine bedeutende Rolle, zum Beispiel bei der Schulung der Mitglieder der europäischen Betriebsräte, durch Übernahme einer beratenden Funktion als Sachverständige oder im einzelnen als vertragschließende Parteien spielen.[1984] Das gleiche gilt für UNICE sowie die nationalen Arbeitgeberverbände, die die betroffenen Unternehmen im Rahmen der Verhandlungen beraten und unterstützen können. Die nationalen Gewerkschaften können, sofern dies nach dem jeweiligen Recht der Mitgliedstaaten oder den dortigen Gepflogenheiten gestattet ist, zudem Einfluß auf die Wahl oder die Ernennung der (nationalen) Vertreter für das besondere Verhandlungsgremium nehmen.[1985]

1978 Dies war und ist einer der streitbarsten Ansatzpunkte der Richtlinie. Kasseler Handbuch – Heinze, 11 Europarecht, Rn. 164; Blanpain/Schmidt/Schweibert, Europäisches Arbeitsrecht, 1996, Rn. 583.

1979 Kasseler Handbuch – Heinze, 11 Europarecht, Rn. 164.

1980 Blanpain/Schmidt/Schweibert, Europäisches Arbeitsrecht, 1996, Rn. 598, 611.

1981 Krimphove, Europäisches Arbeitsrecht, 1996, S. 279, Fn. 701: mit Arbeitnehmern und Arbeitgebern gemischte Vertretungsorgane sehen auch Belgien, Dänemark, Frankreich, Irland und Luxemburg vor.

1982 Blanpain/Schmidt/Schweibert, Europäisches Arbeitsrecht, 1996, Rn. 615; das gilt vor allem für den EGB.

1983 Blanpain/Schmidt/Schweibert, Europäisches Arbeitsrecht, 1996, Rn. 638.

1984 Blanpain/Schmidt/Schweibert, Europäisches Arbeitsrecht, 1996, Rn. 615.

1985 Blanpain/Schmidt/Schweibert, Europäisches Arbeitsrecht, 1996, Rn. 615.

Schließlich ist für die Sozialpartner bedeutsam, daß die Richtlinie weder das Recht verleiht, Löhne und Arbeitsbedingungen zu verhandeln, noch ein Mandat für die Führung von Arbeitskämpfen auf europäischer Ebene gibt.[1986] Der europäische Betriebsrat und das vorgesehene Verfahren können aus rechtlicher Sicht kein Eingangstor für internationale Solidaritätsaktionen, wie zum Beispiel Streiks, zwischen den verschiedenen Betrieben europäischer Unternehmen sein.[1987] Die Richtlinie verpflichtet die Arbeitnehmer und die Unternehmensleitung vielmehr zur Zusammenarbeit im Sinne der gegenseitigen Verständigung.

4. Art. 13 der Richtlinie 94/45/EWG

Gemäß Art. 13 der Richtlinie gelten Vereinbarungen über ein länderübergreifendes Informations- und Anhörungsverfahren, die in Unternehmen(sgruppen) bereits vor Ablauf der Umsetzungsfrist beziehungsweise der Umsetzung der Richtlinie in die nationalen Rechtsordnungen getroffen wurden, auch nach dem Inkrafttreten, beziehungsweise nach der Umsetzung der Richtlinie fort.[1988] Dies ist unabhängig davon, ob sie bereits gemäß den Verfahrensvorschriften der Richtlinie zustande gekommen sind. Die besondere Vorschrift des Art. 13 der Richtlinie wurde als Reaktion auf die schon im Vorfeld der Verabschiedung der Richtlinie über europäische Betriebsräte vielfach, insbesondere von Seiten der Arbeitgeber geäußerte Kritik wegen des zwingenden Charakters und des zentralistischen Ansatzes der Richtlinie eingeführt.[1989] Ihm kommt völlig herausragende und fast einmalige Bedeutung zu.[1990]

Mit dieser Regelung wird insbesondere den bereits auf freiwilliger Basis gegründeten europäischen Betriebsräten in einzelnen Unternehmen Rechnung getragen.[1991] Die im Anhang der Richtlinie festgelegten Mindestbestimmungen stimmen sogar auffallend mit den zum Teil innerbetrieblich festgelegten Regelungen über die europäischen Betriebsräte überein.[1992] Bestanden bereits vor der Richtlinie länderübergreifende Informations- und Anhörungsverfahren, gilt die Richtlinie generell nicht, das heißt, weder die Richtlinie noch deren subsidiäre Vorschriften im Anhang kommen zur Anwendung, wenn bis zum Inkrafttreten des umsetzenden Gesetzes Vereinbarungen in

---

1986 Blanpain/Schmidt/Schweibert, Europäisches Arbeitsrecht, 1996, Rn. 574, 704.

1987 Blanpain/Schmidt/Schweibert, Europäisches Arbeitsrecht, 1996, Rn. 574, 704.

1988 EAS – Preis/Bütefisch, B 1100, Rn. 114; Kasseler Handbuch – Heinze, 11 Europarecht, Rn. 191; Bobke, AiB 1993, S. 355 (356 – 359); Heinze ZGR 1994, S. 47 (62 – 63); Le Friant, NZA 1994, S. 158 (159); Gester/Bobke, Festschrift für Albert Gnade, 1992, S. 729 (732 – 739); Klinkhammer, in: Klinkhammer/Welslau, Ausgewählte Problemschwerpunkte der Richtlinie, 1995, S. 65 (65 – 74). Zu den bereits bestehenden Vereinbarungen siehe ausführlich auch bereits 3. Teil, C., IV., S. 133.

1989 Blanpain/Schmidt/Schweibert, Europäisches Arbeitsrecht, 1996, Rn. 562; Goos, NZA 1994, S. 776 (779).

1990 Kasseler Handbuch – Heinze, 11 Europarecht, Rn. 191.

1991 Siehe die Beispiele in 3. Teil, C., IV., S. 133.

1992 Siehe das Beispiel VW im 3. Teil, C., IV., 2., S. 136; nach Blanpain/Schmidt/Schweibert, Europäisches Arbeitsrecht, 1996, Rn. 655 war das auch bei der Vereinbarung bezüglich des Liason-Kommittes bei Thomson Consumer Electronics der Fall.

gemeinschaftsweit operierenden Unternehmen oder Unternehmensgruppen im Ergebnis zu einer länderübergreifenden Unterrichtung und Anhörung der Arbeitnehmer führen.[1993] Entscheidend ist insoweit allein das Ergebnis: Treffen Unternehmen Vereinbarungen über die Einrichtung einer länderübergreifenden Unterrichtung und Anhörung der Arbeitnehmer innerhalb der Europäischen Gemeinschaft, genießt diese Vereinbarung insgesamt Vorrang und Bestandsschutz vor der Richtlinie.[1994]

Art. 6 Abs. 4 der Richtlinie stellt außerdem klar, daß die getroffenen Vereinbarungen den im Anhang zur Richtlinie festgeschriebenen Anforderungen nicht genügen müssen.[1995] Für die Form und für die Vereinbarungspartner gibt es also keinerlei Vorgaben.[1996] Hierdurch ist den Verhandlungspartnern ein erheblicher Spielraum eingeräumt worden, der ihnen ein beachtliches Maß an Flexibilität eröffnet.[1997] Laufen diese Vereinbarungen aus, so können die betreffenden Parteien gemeinsam beschließen, sie weiter anzuwenden oder auf dem Boden der Richtlinie in neue Verhandlungen treten.[1998] Nur im letzteren Fall kommt die Richtlinie dann wieder in vollem Umfang zur Anwendung.[1999] Gerade von den Arbeitgebern geforderte und nun mögliche maßgeschneiderte Regelungen, die auf die Bedürfnisse und Gegebenheiten des einzelnen Unternehmens zugeschnittenen sind, erhalten gemäß Art. 13 und Art. 6 Abs. 2 der Richtlinie uneingeschränkten Vorrang vor dem gesetzlichen Zwangs- und Einheitsmodell.[2000]

Hier kommt das gemeinschaftsweit geltende Subsidiaritätsprinzip in ganz besonderem Maße zur Geltung. Denn der europäische Gesetzgeber hat dem Subsidiaritätsprinzip des Art. 5 EGV erstmals in doppelter Hinsicht Rechnung getragen.[2001] Das Subsidiaritätsprinzip kommt hier zum einen zwischen der Gemeinschaft und den Mitgliedstaaten durch die bloße Verabschiedung einer Rahmenrichtlinie zum Tragen, zum anderen darüber hinaus auch im Verhältnis zur Ebene der Sozialpartner, indem deren eigenen Vereinbarungen der Vorrang eingeräumt wird.[2002]

Dieser „neue" Dualismus hat allerdings auch gleich einen unliebsamen Nebeneffekt hervorgebracht. Gemäß Art. 11 der Richtlinie ist jeder Mitgliedstaat zur Einhaltung der Richtlinie verpflichtet, wenn sich auch nur die kleinste Unternehmenseinheit in seinem Zuständigkeitsgebiet befindet, in der ein Europäischer Betriebsrat zu gründen

---

[1993] Grabitz/Hilf – Langenfeld, Nach Art. 122, Art. 2 AbkSozP, Rn. 16; Kasseler Handbuch – Heinze, 11 Europarecht, Rn. 191.

[1994] Kasseler Handbuch – Heinze, 11 Europarecht, Rn. 191; Goos, NZA 1994, S. 776 (778).

[1995] Grabitz/Hilf – Langenfeld, Nach Art. 122, Art. 2 AbkSozP, Rn. 18.

[1996] Goos, NZA 1994, S. 776 (778).

[1997] Blanpain/Schmidt/Schweibert, Europäisches Arbeitsrecht, 1996, Rn. 563; Grabitz/Hilf – Langenfeld, Nach Art. 122, Art. 2 AbkSozP, Rn. 18;

[1998] Kasseler Handbuch – Heinze, 11 Europarecht, Rn. 191.

[1999] Kasseler Handbuch – Heinze, 11 Europarecht, Rn. 191.

[2000] Goos, NZA 1994, S. 776 (778, 780).

[2001] Kasseler Handbuch – Heinze, 11 Europarecht, Rn. 193, was auch der Gesetzentwurf der Bundesregierung zur Umsetzung ins nationale deutsche Arbeitsrecht berücksichtigt hat.

[2002] Zur dogmatischen Begründung des Subsidiaritätsgedankens in diesem Fall siehe bereits im 2. Teil, A., IV., S. 63 und V., S. 65.

ist, gleichgültig wo die zentrale Leitung des Unternehmens liegt.[2003] Da gleichwohl gemäß Art. 4 Abs. 1 der Richtlinie die zentrale Unternehmensleitung für die Einsetzung eines europäischen Betriebsrates verantwortlich ist, hat die Richtlinie eine Zersplitterung der Verantwortlichkeiten, des Rechtswegs und der jeweils anzuwendenden nationalen Normen geschaffen.[2004]

Die freiwilligen Vereinbarungen nach Art. 13 der Richtlinie bleiben auch nach § 41 EBRG im deutschen Recht unangetastet.[2005] Daß die freiwilligen Vereinbarungen den größtmöglichen beiderseitigen Interessenausgleich ermöglichen, haben auch in der Bundesrepublik Deutschland zahlreiche Unternehmen vor Umsetzung der Richtlinie erkannt.[2006] Über 60 von ihnen haben rechtzeitig die Möglichkeit zum Abschluß freiwilliger Vereinbarungen genutzt und dabei auch insoweit Regelungen getroffen, als die Richtlinie unvollständig oder nicht befriedigend ausgestattet ist.[2007] Hierin liegt der enorme Erfolg der Richtlinie in den Mitgliedsländern der Europäischen Gemeinschaft begründet.[2008] Offensichtlich ist nämlich, daß all die Unternehmen, die freiwillige Vereinbarungen abgeschlossen haben, gegenüber den untätig gebliebenen Unternehmen einen erheblichen Vorteil genießen werden. Dies lag in der erklärten Absicht des europäischen Gesetzgebers.[2009]

III. Arbeitnehmermitbestimmung im Betrieb oder Unternehmen

Genauso alt wie die Diskussion um den europäischen Betriebsrat, ist die Diskussion um die Arbeitnehmermitbestimmung einschließlich der Diskussion um die europaweite Einführung einer Arbeitnehmerbeteiligung am Unternehmensgewinn.[2010] Da Fragen in diesem Bereich nicht ohne massive Eingriffe in die nationalen Sozialpolitiken entschieden werden können und die nationalen Arbeitsrechtssysteme gerade in diesem Bereich tiefgreifende Unterschiede aufweisen, stießen bisher alle Vorschläge und Entwürfe der Kommission auf erheblichen, bislang unüberwindbaren Widerstand sowohl der Mitgliedstaaten als auch der betroffenen Arbeitnehmer- und Arbeitgeber-

---

[2003] Kasseler Handbuch – Heinze, 11 Europarecht, Rn. 187; Blanpain/Schmidt/Schweibert, Europäisches Arbeitsrecht, 1996, Rn. 635 f.

[2004] Kasseler Handbuch – Heinze, 11 Europarecht, Rn. 188; Willemsen/Hohenstatt, NZA 1995, S. 399 (403).

[2005] Kasseler Handbuch – Heinze, 11 Europarecht, Rn. 193. Zu der Umsetzung der Richtlinie durch das EBRG im Vergleich zum Richtlinientext auch Welslau, EuroAS 1996, 78 – 79; Kohte, EuroAS 1996, 115 – 120; Wienke, EuroAS 1996, 120 – 125.

[2006] Kasseler Handbuch – Heinze, 11 Europarecht, Rn. 193.

[2007] Modellcharakter hatten insbesondere die Betriebsräte bei VW, Hoechst AG, Bayer AG, Bertelsmann AG, EU-Nachrichten Nr. 26 vom 4. 7. 1996, S. 5, Europäische Betriebsräte mit Modellcharakter.

[2008] Kasseler Handbuch – Heinze, 11 Europarecht, Rn. 193.

[2009] Kasseler Handbuch – Heinze, 11 Europarecht, Rn. 193; Blanpain/Schmidt/Schweibert, Europäisches Arbeitsrecht, 1996, Rn. 651.

Eine ausführliche Abhandlung zu den Problemen der Mitbestimmung bei Heinze, ZGR 1994, S. 47 – 65.

verbände.[2011] Entsprechende verbindliche Rechtsakte sind daher bisher nicht ergangen.[2012]

Dennoch ist nach wie vor im Rahmen der insbesondere von der Kommission angestrebten Harmonisierung des Gesellschaftsrechts durch das Statut der Europäischen Aktiengesellschaft der Erlaß einer Richtlinie über die Mitwirkungsbefugnisse der Arbeitnehmer geplant. Zu den letzten Vorstößen in diesem Bereich vor der Verabschiedung der Richtlinie über europäische Betriebsräte gehörten der Vorschlag für eine Richtlinie des Rates zur Ergänzung des SE-Statuts hinsichtlich der Stellung der Arbeitnehmer in der geänderten Fassung vom 6. 4. 1991[2013] und die Empfehlung 92/443/EWG des Rates vom 27. 7. 1992 zur Förderung der Beteiligung der Arbeitnehmer an den Betriebserträgen.[2014] Mit Art. 11 des Vorschlags der Richtlinie sollte zumindest die Möglichkeit normiert werden, eine Arbeitnehmerbeteiligung am Produktionsgewinn durch tarifvertragliche Absprachen zwischen der Unternehmensleitung und den Arbeitnehmervertretern in einer Art „Haustarifvertrag" zu ermöglichen.[2015] Einen solchen Vertrag hätten dann – wie beim europäischen Betriebsrat – die Sozialpartner (mit-) aushandeln können. Die Verabschiedung dieser Richtlinie wurde aber bisher im Rat blockiert. Neben dem Vorschlag der Richtlinie regt die Empfehlung zur Förderung der Beteiligung der Arbeitnehmer außer der Vereinheitlichung bereits bestehender, nationaler Beteiligungssysteme auch die Einführung der Arbeitnehmerbeteiligung am Unternehmensgewinn in größerem Umfang an.[2016] Aufgrund ihres fehlenden rechtsverbindlichen Charakters änderte die Empfehlung an der Rechtssituation in den einzelnen Mitgliedstaaten aber ebenfalls nichts.[2017]

Angespornt durch die Verabschiedung und den Erfolg der Richtlinie über europäische Betriebsräte, erlangte die festgefahrene Diskussion um die Mitbestimmung der Arbeitnehmer im Betrieb oder Unternehmen und insbesondere die Einführung eines Statuts der europäischen Aktiengesellschaft Mitte der neunziger Jahre einen neuen

---

2011 Kasseler Handbuch – Heinze, 11 Europarecht, Rn. 194.

2012 Krimphove, Europäisches Arbeitsrecht, 1996, S. 293.

2013 Geänderter Vorschlag der Kommission für eine Richtlinie des Rates zur Ergänzung des SE-Statuts hinsichtlich der Stellung der Arbeitnehmer, Abl. EG 1991, C 138, S. 8.; EAS – Preis/Bütefisch, B 1100, Rn. 115; aus der Literatur Pipkorn, RdA 1992, S. 120 (123 – 125); Blank, ArbuR 1993, S. 229 (230 – 233) auch zu den grundsätzlichen Problemen der SE; ebenso Wißmann, RdA 1992, 320 – 330; Kolvenbach, Festschrift für Ulrich Everling, 1995, S. 669 – 689 mit ausführlicher historischer Begründung, der in der Richtlinie über Europäische Betriebsräte möglicherweise einen Vorreiter für die Überwindung der Probleme bei der SE sieht (689); kritisch zu den neueren Entwicklungen Waas, ZTR 1995, S. 294 (299).

Empfehlung 92/443/EWG des Rates vom 27. 7. 1992 zur Förderung der Beteiligung der Arbeitnehmer an den Betriebserträgen (einschließlich Kapitalbeteiligung), ABl. EG 1992, L 245, S. 53 und bereits Vorschlag der Kommission für eine Empfehlung des Rates zur Förderung der Beteiligung der Arbeitnehmer an den Gewinn- und Betriebsergebnissen (einschließlich der Kapitalbeteiligung), KOM (91) 258 endg. vom 3. 9. 1991.

2015 Krimphove, Europäisches Arbeitsrecht, 1996, S. 293.

2016 Krimphove, Europäisches Arbeitsrecht, 1996, S. 293.

2017 Krimphove, Europäisches Arbeitsrecht, 1996, S. 293.

Anschub.[2018] Die Diskussion wurde durch die Kommission eröffnet, die 1995 als Ersatz für die im Rat nicht durchgebrachten Richtlinien in diesem Bereich einen neuen Vorschlag zur Unterrichtung und Anhörung der Arbeitnehmer unterbreitete, der mehrere an die Richtlinie über europäische Betriebsräte angelehnte Optionen für die zukünftige Behandlung der Information und Konsultation vorsah.[2019] Als erste Option nannte sie die Beibehaltung des Status quo, mit dem Weiterverfolgen des bisherigen punktuellen Ansatzes, der verschiedene Bündel für jede Unternehmensform vorsah. Als zweite Option stellte sich die Kommission einen globalen Ansatz vor, mit dem ein allgemeiner Rahmen bezüglich der Unterrichtung und Anhörung der Arbeitnehmer festlegt werden sollte und ein Rückzug der bisherigen Einzelvorschläge für die verschiedenen Unternehmensformen ermöglicht würde. Da ein solcher Ansatz im Rechtsrahmen zum europäischen Betriebsrat vorhanden sei, erforderte diese Option nur, den Rechtsrahmen mit einem Gemeinschaftsinstrument auch für die Unterrichtung und Anhörung der Arbeitnehmer auf nationaler Ebene verbindlich auszugestalten.[2020] Sollte sich der globale Ansatz der zweiten Option durchsetzen, schlägt die Kommission als dritte Option vor, daß entweder die europäischen Gesellschaftsformen nur in den Mitgliedsländern gebildet werden könnten, in denen die Richtlinie über den europäischen Betriebsrat umgesetzt wurde, oder als Alternative, daß die europäischen Gesellschaften ohne zwingende Verknüpfung mit der Richtlinie gegründet werden könnten.

Der Wirtschafts- und Sozialausschuß antwortete auf diesen Vorschlag mit einer umfangreichen und kritischen Stellungnahme.[2021] Nach Ansicht des Ausschusses sollte es gerade nicht um die Anhörung und Unterrichtung der Arbeitnehmer, sondern um die Frage der Mitbestimmung gehen. Vor Einleitung einer neuen europäischen Initiative in diesem Bereich sollte zunächst eine vergleichende Studie erarbeitet werden, auf deren Grundlage die Sozialpartner dann darüber zu beraten hätten, ob eine europäische Rahmenregelung zweckmäßig wäre, die vorzugsweise auf einer Vereinbarung beruhen sollte und auf nationaler Ebene ausgefüllt werden könnte. Die bisherigen Vorschläge hätten immer auch die Mitbestimmung erfaßt, die es zumindest in einigen Mitgliedstaaten der Gemeinschaft gäbe. Die Verabschiedung des Statuts der europäischen Aktiengesellschaft dürfe keinesfalls zur Folge haben, daß Unternehmen in den Mitgliedsländern mit solch weitergehenden Mitbestimmungsregelungen sich durch die Wahl einer entsprechenden europäischen Rechtsnorm dieser erweiterten Mitbestimmung entledigen könnten. Die Arbeitnehmer in den betreffenden Mit-

---

2018 Zum aktuellen Diskussionsstand Kasseler Handbuch – Heinze, 11 Europarecht, Rn. 194 ff.

2019 Mitteilung der Kommission zur Information und Konsultation der Arbeitnehmer, KOM (95) 547 endg. vom 14. 11. 1995. Die drei Optionen sind aufgezählt unter Ziffer 13, S. 10 – 12. Zu der Mitteilung bereits Blanpain/Schmidt/Schweibert, Europäisches Arbeitsrecht, 1996, Rn. 679 und Kasseler Handbuch zum Arbeitsrecht – Heinze, 11 Europarecht, Rn. 195, 198.

2020 In diese Richtung bereits Nagel, ArbuR 1991, S. 161 (165).

2021 Stellungnahme des Wirtschafts- und Sozialausschusses zu der „Mitteilung der Kommission zum Thema 'Information und Konsultation der Arbeitnehmer'“, Abl. EG 1996, C 212, S. 36. Die Kritik in Ziff. 2 – 14, S. 36 – 37. Die Stellungnahme ist auch zusammengefaßt in: Kasseler Handbuch zum Arbeitsrecht – Heinze, 11 Europarecht, Rn. 199 – 200.

gliedsländern sollten nicht auf nationaler Ebene Rechte einbüßen, nur weil Europa nicht in der Lage sei, den Arbeitnehmern über die bloße Information und Konsultation hinausgehende Mitbestimmungsrechte einzuräumen. Für die Länder mit weiterreichenden Mitbestimmungsrechten würden die von der Kommission vorgeschlagenen Möglichkeiten daher nicht ausreichen. Schließlich seien diese Bedenken in bezug auf einige mitliedstaatliche Mitbestimmungsrechte übertragbar auf die anderen geplanten europäischen Unternehmensformen,[2022] die von dem Vorschlag der SE abzukoppeln seien und getrennt möglichst rasch weiterverfolgt werden sollten.

Das Europäische Parlament beschloß als Beitrag zu der Diskussion eine Enquetekommission aus Vertretern von Gewerkschaften, Unternehmerverbänden, Regierungen der Mitgliedstaaten, dem Parlament und der Wissenschaft einzurichten.[2023] Die Enquetekommission sollte eine vergleichende Analyse mit Blick auf die rechtliche und tatsächliche Situation in den Mitgliedstaaten bei Information, Konsultation, Mitwirkung und Mitbestimmung der Arbeitnehmer erstellen, bevor der Europäischen Kommission empfohlen werde, einen entsprechenden Richtlinienentwurf im Sinne des Arbeitspapiers der Kommission vorzulegen.[2024] Insoweit entspricht die Auffassung des Europäischen Parlaments der des Wirtschafts- und Sozialausschusses.

Auf nationaler Ebene haben auf den Kommissionsvorschlag unmittelbar die BDA und der DGB geantwortet.[2025] Die BDA favorisiert danach die von der Kommission vorgeschlagene dritte Option mit der Verabschiedung des SE-Statuts und der „Fünften Richtlinie“[2026] ohne Arbeitnehmermitwirkungsbestimmungen, da diese durch die neue Richtlinie über europäische Betriebsräte bereits hinreichend geregelt seien.[2027] Eine weitere Verankerung von Arbeitnehmerrechten durch Europarechtsakte wird also abgelehnt.

Erwartungsgemäß hat der DGB alle von der Kommission in ihrer Mitteilung gemachten Vorschläge abgelehnt, da die Schaffung europäischer Gesellschaftsformen schlechthin als überflüssig angesehen wird.[2028] Zwar könne durch die Abstandnahme von der angestrebten gesellschaftsrechtlichen Harmonisierung keine Verbesserung der Rechtspositionen der Arbeitnehmer erreicht werden, dies sei aber jedenfalls noch besser als eine weitere Verschlechterung.[2029] Vor allem die Aufgabe der Mitbestimmung, wie sie die Kommission insbesondere in der dritten Option vorschlage, könnte

---

2022 Insbesondere der Europäische Verein, die Europäische Genossenschaft und die Europäisches Gegenseitigkeitsgesellschaft.

2023 Kasseler Handbuch – Heinze, 11 Europarecht, Rn. 201.

2024 Kasseler Handbuch – Heinze, 11 Europarecht, Rn. 201.

2025 Blanpain/Schmidt/Schweibert, Europäisches Arbeitsrecht, 1996, Rn. 679.

2026 Vorschlag einer fünften Richtlinie zur Koordinierung der Schutzbestimmungen, die in den Mitgliedstaaten den Gesellschaften i. S. d. Art. 58 Abs. 2 des Vertrags im Interesse der Gesellschafter sowie Dritter hinsichtlich der Struktur der Aktiengesellschaft sowie der Befugnisse und Verpflichtungen ihrer Organe vorgeschrieben sind, ABl. EG 1972, C 131, S. 49.

2027 Hornung-Draus für die BDA, EuroAS 1996, S. 46 – 47 (47).

2028 Küller für den DGB, EuroAS 1996, S. 48 f.

2029 Küller, EuroAS 1996, S. 48 – 49 (49).

keinesfalls hingenommen werden.[2030] Einigkeit zwischen diesen beiden nationalen Sozialpartnern besteht danach nur insoweit, daß jedenfalls eine Vereinheitlichung der nationalen Mitbestimmungsregelungen und damit eine Harmonisierung der nationalen Rechtsordnungen in diesem Bereich abgelehnt wird.

Auch nach der Literatur kommt - wie nach den Auffassungen vom Wirtschafts- und Sozialausschuß und dem Europäischen Parlament - der Herausarbeitung von Mindeststandards durch eine Bestandsaufnahme der Zielvorstellungen der nationalen Arbeitsrechte und deren Vergleich besondere Bedeutung zu.[2031] Nach Auffassung von Heinze ist diesbezüglich mit der Richtlinie über europäische Betriebsräte auch ein möglicher Lösungsweg für das vorliegende Problem vorgezeichnet.[2032] „Von oben übergestülpte" Lösungsmöglichkeiten, wie bislang von der Kommission vorgeschlagen, könnten eine Lösung nicht bieten.[2033] Arbeitnehmer und Arbeitgeber würden sich einer solchen Lösung auf absehbare Zukunft zu Recht widersetzen.[2034] Die Lösung könne nur unter Zuhilfenahme des vertraglichen Weges erfolgen, den die Kommission bereits in Art. 13 der Richtlinie 94/45/EWG erfolgreich beschritten habe, und zwar zunächst durch vertragliche Vereinbarungen in den jeweiligen Unternehmen mit den Mitwirkungsorganen der Arbeitnehmer, durch die Verträge der Sozialpartner und so weiter. Denn durch solche vertraglichen Vereinbarungen sei über eine europarechtliche Normierung hinaus viel weitergehend ein Bestandsschutz und eine Flexibilität bei gleichzeitigem Interessenausgleich möglich, als es Richtlinien oder Verordnungen zu erreichen vermögen.

Denn gerade in Hinblick auf die bevorstehende Osterweiterung der Europäischen Union, mit der neue Arbeitsrechtsordnungen in die Gemeinschaft eingebracht werden, ist es um so mehr angezeigt, nach grundsätzlichen Lösungen zur Entwicklung einer gemeinschaftlichen Arbeits- und Sozialordnung zu gelangen.[2035]

Für die Sozialpartner hat diese neu entstandene Diskussion jedenfalls gezeigt, daß ihnen bei der Erarbeitung kollektiven Arbeitsrechts und der Diskussion um die Einführung und Ausgestaltung eines solchen eine überragende Stellung zukommen wird, selbst, wenn ihnen inhaltlich bei der Arbeitnehmermitbestimmung keine wesentlichen gesetzlichen Aufgaben zukommen werden.

IV. Ergebnis

Durch das Sekundärrecht werden den Sozialpartnern kaum wesentliche gesetzliche Aufgaben übertragen. Sie sind aber durch Sekundärrechtsakte genauso verpflichtet

---

2030 Küller, EuroAS 1996, S. 48 – 49 (48).

2031 So Kasseler Handbuch – Heinze, 11 Europarecht, Rn. 202.

2032 Kasseler Handbuch – Heinze, 11 Europarecht, Rn. 203.

2033 Heinze, ZGR 1994, S. 47 (62).

2034 Heinze, ZGR 1994, S. 47 (62).

2035 Keinesfalls darf aber die Richtlinie 94/45/EWG eine der letzten Gemeinschaftsmaßnahmen von Bedeutung im Bereich des europäischen Arbeitsrechts gewesen sein. Dies wird etwa befürchtet von Blanpain/Schmidt/Schweibert, Europäisches Arbeitsrecht, 1996, Rn. 699.

wie alle anderen Privatrechtssubjekte auch. Art. 8 der Verordnung 1612/68/EWG verpflichtet sie darüber hinaus explizit, den Gleichheitsgrundsatz beim Zugang zu den Gewerkschaften zu wahren.

Ganz wesentliche Bedeutung erlangen die Sozialpartner aber bei dem Ausfüllen und „Umsetzen“ von Gemeinschaftsrechtsakten, die das kollektive Arbeitsrecht betreffen. An der Ausgestaltung etwa der Europäischen Betriebsräte nach der Richtlinie 94/45/EWG können vor allem die Gewerkschaften organisatorisch mitwirken. Nicht zuletzt an ihrem Engagement wird sich der Erfolg der Richtlinie messen lassen. Auch bei den Diskussionen um die Einführung neuer Sekundärrechtsakte, wie die seit Jahrzehnten umkämpfte Einführung europäischer Gesellschaftsformen, kommt den europäischen und nationalen Sozialpartnern eine bedeutende Sprecheraufgabe zu. Die „Neuausrichtung“ europäischer Maßnahmen unter erhöhter Berücksichtigung vertraglicher Wege, wie dies bei der Richtlinie über europäische Betriebsräte in Art. 13 geschehen ist, kann nur zum Erfolg führen, wenn sich die Sozialpartner auf diese Möglichkeiten einlassen und ihre Aufgaben auf europäischer Ebene wahrnehmen.

J. Bewertung der gesetzlichen Rolle der Sozialpartner im europäischen Recht

Das europäische Arbeitsrecht nach dem EGV eröffnet den Sozialpartnern mannigfaltige Betätigungsmöglichkeiten auf europäischer Ebene.

Den Schwerpunkt ihrer Betätigungsmöglichkeiten bieten das Anhörungsverfahren nach Art. 138 EGV und die Möglichkeit eigener Vereinbarungen nach Art. 139 Abs. 1 EGV, deren drittgerichtete Bestimmungen nach Art. 139 Abs. 2 EGV umgesetzt werden können. Ergänzende Funktion haben die Möglichkeit nach Art. 137 Abs. 4 EGV Richtlinien durch sozialpartnereigene Maßnahmen umzusetzen, sowie die Sicherung ihrer nationalen Sozialpartnerpositionen in dem neuen Beschäftigungskapitel. Außerdem können die Sozialpartner durch zahlreiche Ausschüsse an den Gemeinschaftstätigkeiten teilnehmen.

Unter dem Aspekt der Europäisierung der Arbeitsbeziehungen ist dabei auffallend, daß die Möglichkeit, wirklich verbindliche Tarifverträge zu schließen, die Bindungswirkung für die von den Arbeitnehmerorganisationen unmittelbar vertretenen Arbeitnehmer haben, nicht besteht. Dies ist aber gerade der Kern der Tarifautonomie in den nationalen Rechtsordnungen. Wollen die Sozialpartner ihren schuldrechtlichen Vereinbarungen normative Wirkung verleihen, kommt nur die Umsetzung durch Ratsbeschluß nach Art. 139 Abs. 2 2. Alt. EGV in Betracht. Dann erhalten sie aber gleich Verbindlichkeit für alle von dem Sachbereich der Vereinbarung erfaßten Arbeitsverhältnisse, unabhängig von einer Organisation der Arbeitnehmer und Arbeitgeber in den Mitgliedsverbänden der europäischen Spitzenorganisationen. Die entscheidende Möglichkeit, auf europäischer Ebene Vereinbarungen zu schließen, die für die, wenn auch nur mittelbar vertretenen Arbeitnehmer gelten, fehlt also. Die europäischen Spitzenorganisationen können nur unmittelbar sich selbst binden, oder über einen Ratsbeschluß Bindungswirkung für alle vom geregelten Sachbereich der Vereinbarung erfaßten Arbeitsverhältnisse erreichen.

Da der Ratsbeschluß nach der hier vertretenen Auffassung grundsätzlich immer zu erfolgen hat, würden die bislang wenigen Spitzenorganisationen auf europäischer Ebene also dauerhaft europaweit geltende Arbeitsrechtsregelungen treffen. Das kann keine Lösung sein, denn für so weitreichende Folgen genügt die lediglich mittelbare Legitimation der europäischen Spitzenverbände nicht. Es ist dringend erforderlich, Möglichkeiten für die „eigentliche" Ebene europäischer Tarifverhandlungen auszuformen. Dann, wenn die Umsetzung durch Ratsbeschluß nicht mehr die einzige Möglichkeit ist, eine Sozialpartnervereinbarung verbindlich zu machen, kann der Rat nach Art. 139 Abs. 2 2. Alt. EGV auch eine freie Entscheidung über die Umsetzung der Vereinbarungen treffen.

Die primärrechtlich geschaffenen Handlungsmöglichkeiten für die Sozialpartner können kein Ersatz für „echte" Tarifverträge sein, sondern nur ein Übergangsstadium. Das wird um so deutlicher, wenn man sich vor Augen führt, wie oft Sozialpartnerorganisationen unter Umständen an einer einzigen Maßnahme zu beteiligen wären: Plant etwa die Kommission eine Maßnahme, hört sie die Organisationen zumindest nach Art. 138 Abs. 2 und 3 EGV an. Intervenieren die Sozialpartner nach Art. 138 Abs. 4 EGV in das Gesetzgebungsverfahren und schließen eine eigene Vereinbarung, lehnt aber der Rat die Umsetzung nach Art. 139 Abs. 2 EGV ab, wird die Kommission ihr Verfahren selbst weiter verfolgen. Dann hört sie den Wirtschafts- und Sozialausschuß und zumindest noch die betroffenen Branchenausschüsse an, in denen ihrerseits wieder Sozialpartner vertreten sind. Kommt es zu einer Maßnahme, können nationale Sozialpartnerorganisationen zur Umsetzung der Vereinbarung herangezogen werden. Dieses „abschreckende" Beispiel macht deutlich, daß der europäische Integrationsprozeß gerade im kollektiven europäischen Arbeitsrecht im Grunde genommen erst begonnen hat. Von einem transparenten und in sich schlüssigen Rechtssystem kann noch keine Rede sein.

5. Teil Zusammenfassung und Folgerungen

Insbesondere das Arbeitsrecht ist bis heute von den widerstreitenden Auffassungen über das Funktionieren der Märkte geprägt. Nichtsdestotrotz hat sich die Europäische Gemeinschaft von einer ursprünglich bloßen Wirtschaftsgemeinschaft langsam und allmählich zu einer umfassenden Union ausgeweitet, in der sich das Bewußtsein um die Notwendigkeit eines europäischen Arbeitsrechts herausgebildet hat.[2036] Seit der jüngsten Revision der Verträge durch den Amsterdamer Vertrag und möglich geworden durch den Regierungswechsel in Großbritannien, gibt es mit den neuen Sozialvorschriften der Art. 136 bis 145 EGV und dem neuen Titel über die Beschäftigung umfassende Primärrechtsregelungen, die der Gemeinschaft eine weitreichende soziale Dimension geben.[2037]

Durch Art. 137 EGV hat die Gemeinschaft weitgehende Befugnisse für den Bereich des Arbeitsrechts erhalten.[2038] Bedeutsam für die Sozialpartnerorganisationen auf nationaler und europäischer Ebene sind die Ermächtigungen für die Gemeinschaft, Richtlinien im Bereich der Unterrichtung und Anhörung der Arbeitnehmer und im Bereich der Vertretung und kollektiven Wahrnehmung der Arbeitnehmer- und Arbeitgeberinteressen einschließlich der Mitbestimmung zu erlassen. Außerdem kann die Gemeinschaft selbst Arbeitsbedingungen regeln. Ausgeschlossen ist eine Gemeinschaftsgesetzgebung in den Bereichen des Arbeitsentgelts, des Koalitionsrechts, des Streikrechts sowie des Aussperrungsrechts. Daneben sind der Gemeinschaft durch den neuen Beschäftigungstitel in erster Linie Koordinierungsaufgaben eingeräumt worden, mit denen die Beschäftigungspolitiken der Mitgliedsstaaten aufeinander abgestimmt werden sollen.[2039]

Begrenzt werden die Befugnisse der Gemeinschaft durch das Subsidiaritätsprinzip, das auch im Verhältnis zu den Sozialpartnern Anwendung findet.[2040] Gerade, weil die Gemeinschaft mit dem Vertrag von Amsterdam im Arbeitsrecht umfassende Gesetzgebungsbefugnisse erhalten hat, kommt dem Subsidiaritätsprinzip auf diesem Gebiet besondere Bedeutung zu. Es begrenzt die Gesetzgebung der Gemeinschaft auf das Mindestmaß des gerade eben Erforderlichen. Ihre Befugnisse darf die Gemeinschaft nur gebrauchen, wenn eine einheitliche Regelung zur Erreichung der Gemeinschaftsziele unbedingt erforderlich ist. Im Verhältnis zu den Arbeitsrechtsordnungen der Mitgliedsstaaten wird die gemeinschaftsrechtliche Gesetzgebung auf das unabdingbare Maß begrenzt.

Die Entwicklung des Arbeitsrechts hat aber gezeigt, daß die Gemeinschaftsorgane trotz der Begrenzung durch das Subsidiaritätsprinzip zu weitgehenden Regelungen und einer weitmöglichsten Ausnutzung ihrer Kompetenzen neigen.[2041]

[2036] Siehe das Ergebnis des im 1. Teil, C., S. 41.

[2037] Ergebnis des 2. Teils, E., S. 95.

[2038] 2. Teil, B., II., 1., S. 72.

[2039] 2. Teil, C., S. 85.

[2040] 2. Teil, VII., S. 70.

[2041] Dies wurde insbesondere während der Hochzeit des europäischen Arbeitsrechts deutlich, siehe dazu 1. Teil, B., III., 2., S. 18.

Daraus erwächst für die Sozialpartner eine besondere Gefahr. Den weitreichenden Kompetenzen der Gemeinschaft und ihrer Ausnutzung steht auf europäischer Ebene nämlich kein grundrechtlich gesichertes Koalitionsrecht der Sozialpartner gegenüber.[2042] Ihnen ist noch kein Bereich vorbehalten, in dem nur sie regelnd tätig werden dürfen und dessen Kernbereich auch vom europäischen Gesetzgeber nicht berührt werden dürfte. Es ist daher möglich, daß aus gemeinschaftlichen Regelungen zum materiellen Arbeitsrecht eine Konkurrenz entsteht, die die bislang starke Position der Sozialpartner in den nationalen Arbeitsverfassungen verdrängt.

Wollen die Sozialpartner die „Schutzwirkungen" des Subsidiaritätsprinzips ausnutzen, müssen sie sich darauf berufen und durch das Ausschöpfen ihrer eigenen Möglichkeiten deutlich machen, daß es keiner europäischen Gesetzgebung bedarf und diese deshalb verfehlt wäre.

Mit der Entwicklung ihrer Beziehungen auf europäischer Ebene haben die Sozialpartnerorganisationen in Europa angefangen ihre Möglichkeiten zu nutzen.[2043] Die Hauptakteure auf europäischer Ebene sind die überfachlichen Verbände UNICE, CEEP und EGB.[2044] Daneben gibt es mittlerweile zahlreiche Branchenverbände. Sie alle versuchen durch die Mitwirkung in Ausschüssen Einfluß auf die Gesetzgebung der Gemeinschaftsorgane zu nehmen und haben begonnen „eigene" Beziehungen zu pflegen. In diesem Rahmen verabschieden sie gemeinsame Stellungnahmen und schließen Vereinbarungen.

Die Sozialpartner haben nach dem Primärrecht des EGV die gesetzliche Befugnis, Vereinbarungen mit schuldrechtlichen Charakter zu schließen, die vom Gegenstand her auch Regelungen für Dritte enthalten können.[2045] Diese können sie durch nationale Tarifverträge oder Akte der mitgliedsstaatlichen Gesetzgeber und Regierungen für die Dritten verbindlich machen lassen.[2046] Die einzige Möglichkeit, eine Aufspaltung der auf europäischer Ebene geschlossenen Vereinbarungen in fünfzehn verschiedene Rechtsordnungen zu verhindern und eine gemeinschaftsweit vergleichbare Wirkung zu erzielen, besteht derzeit allerdings darin, die Vereinbarung durch den Rat umsetzen zu lassen.[2047] Dies ist möglich, wenn die Vereinbarung einen Sachbereich regelt, in dem die Gemeinschaft selbst Gesetzgebungsakte erlassen dürfte, und wenn die vertragsschließenden Sozialpartner für den geregelten Bereich vertretungsbefugt sind.

Daneben ist die Kommission gesetzlich verpflichtet, die Sozialpartner bei der Planung eigener Maßnahmen anzuhören.[2048] Wollen die Sozialpartner nach den Anhörungen selbst eine eigenen Regelung treffen, haben sie neuen Monate Zeit, eine Eini-

---

[2042] 4. Teil, A., I., S. 165.

[2043] 3. Teil, C., S. 111.

[2044] 3. Teil, B., für die Arbeitgeber I., 1., S. 102 (UNICE), 2., S. 105 (CEEP), für die Arbeitnehmer II., 1., S. 108 (EGB).

[2045] 4. Teil, B., III., 1., S. 174 und C., I., S. 189.

[2046] 4. Teil, C., II., S. 190.

[2047] 4. Teil, C., III., S. 204.

[2048] 4. Teil, D., S. 229.

gung zu erzielen. Solange darf die Kommission ihre eigenen Planungen nicht weiterbetreiben. Schließlich nehmen die Sozialpartner auf europäischer Ebene auch an der öffentlichen Diskussion um die Ausarbeitung neuer Sekundärrechtsregelungen teil, wie insbesondere die Richtlinie über Europäische Betriebsräte und die Diskussion um die europäischen Gesellschaftsformen zeigen.[2049]

Die Etablierung europäischer Tarifvertragsstrukturen würde aus der Möglichkeit zum Abschluß eigener Vereinbarungen nach Art. 138 EGV entstehen. Gegenwärtig zeigt sich dabei allerdings, daß die europäischen Sozialpartnerorganisationen die Entwicklung wirklich eigener europäischer Arbeitsbeziehungen zurückstellen. Sie scheinen sich vielmehr mit den neuen Möglichkeiten der Anhörung und der Umsetzung einer Vereinbarung durch Ratsbeschluß zu begnügen.[2050] Sie warten auf eine Gesetzgebungsinitiative der Kommission, um dann, nach der zweiten Anhörung, wenn der Themenbereich durch die Kommission festgelegt ist, eine Vereinbarung darüber zu schließen. Diese lassen sie dann direkt durch einen Ratsbeschluß umsetzen.

Dies ist aber nur ein Bruchteil der neuen Möglichkeiten und weit entfernt von der wirklichen „Europäisierung der Arbeitsbeziehungen". Die Sozialpartner begeben sich damit in den „Windschatten" der Gemeinschaftsorgane und begnügen sich letztlich damit, Gemeinschaftsrechtsakte vorzubereiten. Sich selbst in die Rolle eines „Handlangers" zu begeben, ohne ihre grundrechtlich gesicherten nationalen Handlungsautonomien auf die Gemeinschaftsebene zu übertragen, kann nicht im Interesse der Sozialpartner sein. Zudem gehen durch diese Praxis die mit der Rechtssetzung durch die Sozialpartner ansonsten verbunden Vorteile verloren. Die flexible Berücksichtigung aktueller Entwicklungen durch eine Anpassung der Vereinbarungen ist nicht mehr möglich. Auch die Besonderheiten und die Errungenschaften der nationalen Tarifautonomien, frei von staatlicher Intervention umfassende Verträge im Bereich des Arbeitsrechts zu schließen, kann sich auf diese Weise auf Gemeinschaftsebene nicht entfalten.

Zwar muß man einräumen, daß es sich bei den bisherigen Hauptakteuren um überfachliche Verbände handelt, deren Mitgliedsorganisationen von deutscher Seite aus selbst Spitzenverbände sind, die auch auf nationaler Ebene keine Tarifverträge schließen.[2051] Diese Mitgliedsverbände können daher den europäischen Organisationen kein Mandat zum Abschluß solcher Verträge auf europäischer Ebenen erteilen. Außerdem können auf der überfachlichen Ebene nur die absoluten Mindeststandards festgelegt werden, da zu viele verschiedene Interessen gebündelt werden müssen. Der überfachliche Dialog läuft dadurch Gefahr, in deklaratorische Formeln und unverbindliche Empfehlungen überzugehen, damit überhaupt Einigungen erzielt werden können.[2052]

2049 Zu den europäischen Betriebsräten 3. Teil, C., VI., 2., S. 141 und 4. Teil, F., I., S. 255 zur Mitbestimmung 4. Teil, I., III., S. 292.

2050 3. Teil, C., VIII., S. 151 und 4. Teil, F., S. 254.

2051 3. Teil, B.; für die Arbeitgeber I., 1., S. 102 (UNICE), 2., S. 105 (CEEP), für die Arbeitnehmer II., 1., S. 108 (EGB).

2052 Dies war bei der Rahmenvereinbarung über Teilzeitarbeit der Fall. Dazu 3. Teil, C., 5., S. 145.

Gerade dies sollte aber ein Grund sein, auch auf europäischer Ebene einen sektoralen Dialog einzuführen und zu stärken. Die europäischen Branchenverbände der Seeleute haben eindrucksvoll gezeigt, daß sie durchaus Vereinbarungen schließen wollen und können.[2053] Mit dieser ersten Vereinbarung wurden sogar die bislang verbindlichsten und konkretesten Ergebnisse erzielt. Die Branchenebene ist auch in den Mitgliedsstaaten die Ebene auf der Tarifverträge geschlossen werden. Soll durch eine Europäisierung der Arbeitsbeziehungen der Verlust nationaler Regelungsautonomien verhindert werden, muß gerade die Branchenebene auf europäischer Ebene Berücksichtigung finden.

Einige europäische Branchengewerkschaften stimmen heute bereits ihre nationalen Tarifverhandlungsstrategien aufeinander ab, und auch der EGB hat sich die Abstimmung der nationalen Verhandlungen auf Branchenebene zur Aufgabe gemacht.[2054] Aus diesen Abstimmungen könnte sich zukünftig ein Verfahren ergeben, das zu immer tarifverträgsähnlicheren Absprachen führt. Eine solche Entwicklung könnte dann letztendlich zu einer Festlegung des Abstimmungsverfahrens im Rahmen einer Vereinbarung nach Art. 139 EGV führen. Mit der Umsetzung einer solchen Vereinbarung durch eine Ratsbeschluß wäre dann der Grundstein eines europäischen Tarifvertragsrechts gelegt.

Solange aber im Rahmen der Abstimmungen der Tarifverhandlungsstrategien noch kein Bedürfnis nach einer einheitlichen gesetzlichen Regelung besteht, wäre es im Lichte des Subsidiaritätsprinzips verfehlt, eine solche vom Gemeinschaftsgesetzgeber zu fordern.

2053 3. Teil, C., VII., 3., S. 149.

2054 Für Euro-FIET 3. Teil, D., II., 4., S. 160, für die Metallbranche, 3. Teil, D., II., 3., S. 160, Für das EGI 3. Teil D., II., 1., S. 158 und für den EGB 2., S. 158.

Kolibri 360 GmbH
Ferdinand-Jühlke-Straße 7
99095 Erfurt, Deutschland
produktsicherheit@kolibri360.de

Druck:
CPI Druckdienstleistungen GmbH
im Auftrag der
Kolibri 360 GmbH
Ferdinand-Jühlke-Str. 7
99095 Erfurt